U0901271

中国智能交通行业发展年鉴
（2017）

中国智能交通协会　编

電子工業出版社
Publishing House of Electronics Industry
北京·BEIJING

图书在版编目（CIP）数据

中国智能交通行业发展年鉴. 2017 / 中国智能交通协会编. —北京：电子工业出版社，2018.10
ISBN 978-7-121-35151-8

Ⅰ. ①中… Ⅱ. ①中… Ⅲ. ①公路运输－交通运输管理－智能控制－中国－2017－年鉴
Ⅳ. ①U495-54

中国版本图书馆 CIP 数据核字（2018）第 225669 号

策划编辑：徐蔷薇
责任编辑：刘小琳　　文字编辑：徐　烨
印　　刷：北京画中画印刷有限公司
装　　订：北京画中画印刷有限公司
出版发行：电子工业出版社
　　　　　北京市海淀区万寿路 173 信箱　　邮编 100036
开　　本：787×1092　1/16　印张：43.5　字数：1140 千字
版　　次：2018 年 10 月第 1 版
印　　次：2018 年 10 月第 1 次印刷
定　　价：698.00 元（含光盘 1 张）

凡所购买电子工业出版社图书有缺损问题，请向购买书店调换。若书店售缺，请与本社发行部联系，联系及邮购电话：（010）88254888，88258888。

质量投诉请发邮件至 zlts@phei.com.cn，盗版侵权举报请发邮件至 dbqq@phei.com.cn。

本书咨询联系方式：xuqw@phei.com.cn。

《中国智能交通行业发展年鉴（2017）》

编 委 会

温慧敏　熊文贵　谢　飞　徐亚国　闫学东　严新平
杨　琪　杨　颖　杨　烨　杨晓光　姚丹亚　余　志
张　可　张　毅　张　孜　张遂征　张学军　赵新勇
赵巍飞

参与年鉴撰稿和编辑的人员（按姓氏拼音排名）

安　琨　包　杰　程　珂　褚昭明　董海龙　杜云柯
高　畅　高杨斌　葛启彬　贺　松　黄　凯　康　玮
李凯龙　李　立　李　盛　李香静　廖　强　刘　昊
刘佳仑　刘金广　刘向龙　马　云　孟　悦　裴洪雨
浦玉方　秦洪懋　邱志军　邵　鹏　宋　琪　孙丹阳
孙　骄　谭永朝　王代瑜　王寒松　王　娜　王　子
文元桥　吴　兵　吴　杰　吴金成　吴　骏　吴文文
伍　静　谢小燕　谢振东　熊文贵　徐　磊　杨　飞
杨淑娟　杨　涛　杨莹莹　姚振兴　王天利　吴　坚
战宇轩　张　笛　张金奋　张峻屹　张　明　张　瞕
赵　末　赵新宇　郑森亮　钟　宇　周　韬　朱伟忠

序

2018年是《中国智能交通行业发展年鉴》连续编辑出版的第8个年头。《年鉴》编辑水平不断积累和提高，内容日益完善，在行业内的影响力也不断提升，应该说《年鉴》已经成为反映中国智能交通行业总体发展情况专业、全面和权威的资料。

经过十几年的建设与发展，中国公路、水运、高速铁路、民航等交通基础设施建设成效显著。截至2017年年底，全国公路总里程达477.35万千米，其中，高速公路里程达13.65万千米；在水运方面，全国内河航道通航里程为12.70万千米，其中三级及以上航道通航里程为1.25万千米，全国港口拥有生产用码头泊位27578个；在民航方面，我国共有定期航班航线4418条，全行业运输飞机期末在册架数3296架，共有颁证运输机场229个；在铁路方面，截至2017年年底，全国铁路营业里程达12.7万千米，其中高铁2.5万千米，占世界高铁总量的66.3%。在交通基础设施建设大规模发展的同时，我国交通管理和服务的信息化与智能化水平也不断提高，《中国智能交通行业发展年鉴（2017）》对此进行了全面展示和总结，反映了我国智能交通行业的创新应用发展趋势，是了解和认识智能交通行业发展的重要参考资料。

近年来，新一代信息技术发展迅猛，大数据、云计算、物联网、移动互联等在交通领域的广泛应用，为智能交通系统带来新的发展方向和内涵。大力发展智能交通系统，推进智能交通创新成果应用，发展智能交通产业，是我国交通行业转型、建立可持续发展交通运输系统的重要内容。在智能交通领域，新的业态和模式在不断涌现，共享交通、智能驾驶、车路协同等成为发展热点，智能交通产业前景更加广阔。

智能交通在提升交通效率、保障安全、服务社会公众、促进交通运输系统可持续发展等方面的成效显著。今后一个时期，立足国情，运用新技术手段，结合智慧城市建设，构建具有中国特色的新一代智能交通系统，将是我国智能交通发展的重要方向。

《中国智能交通行业发展年鉴》的编辑出版，全体编委、撰稿专家和学者、编辑工作人员付出了辛勤的劳动。祝贺《年鉴》成功出版发行，也向参与《年鉴》编辑工作的所有人员及为《年鉴》编辑出版提供支持与帮助的单位和个人表示感谢。

李朝晨

中国智能交通协会理事长

2018年10月

《中国智能交通行业发展年鉴（2017）》编辑说明

《中国智能交通行业发展年鉴》是由中国智能交通协会组织编写的有关我国智能交通行业年度发展的资料性工具书。总体定位是反映我国智能交通行业领域发展情况的权威性与实用性相结合的综合性资料。

《中国智能交通行业发展年鉴（2017）》的总体框架基本沿用以往年度的整体架构，根据收集的资料情况进行了适当的调整和完善。在编写过程中，广泛征求和吸收了有关领导、专家和读者提出的意见和建议。

《中国智能交通行业发展年鉴》汇集了智能交通相关行业的发展概况，从综合发展、政策标准、技术创新、产业发展等不同侧面对智能交通的发展进行总结，收录了主要城市和地区的智能交通建设成就、智能交通产业和市场发展等方面的资料，力求全面、系统地展示智能交通行业 2017 年度的总体发展情况，分析预测未来我国智能交通行业发展趋势，介绍国内外智能交通领域的新产品新技术发展情况，总结行业典型案例，增进行业技术交流，并为政府制定相关政策提供参考依据。

国家智能交通产业技术创新战略联盟参与了《中国智能交通行业发展年鉴（2017）》的编辑工作，本书的编辑出版还得到了科学技术部高新技术发展及产业化司、高技术研究发展中心，以及公安部、交通运输部、住房和城乡建设部、中国民航局等国家部委有关部门领导的指导和支持；有关行业、城市和地区的交通管理部门、高校和研究单位、企业为本书的编撰提供了大力支持；众多专家积极为本书撰稿、整理资料；电子工业出版社为本书编辑出版提供全面配合，在此一并表示衷心的感谢。

智能交通发展涉及多个行业和领域，由于条件和工作水平有限，本书团队在资料收集、统计等方面还存在很多局限性，整理的资料在系统性、全面性、准确性等方面还有待提高，新技术的应用发展、精确的行业统计资料和产业市场分析等内容也需要在今后的工作中不断加强和完善。本书中的统计数据，除特殊说明外，均不包含港澳台地区。

衷心地希望智能交通领域的广大同仁和社会各界对本书的编辑出版工作给予更多的关心和支持，使本书编辑出版的总体水平逐年提升。对于年鉴内容存在的不足之处，敬请业界朋友和广大读者予以批评指正。

《中国智能交通行业发展年鉴（2017）》编委会

2018 年 10 月

目 录

第一篇 综述篇

第二篇　政策及标准篇

第三篇　技术篇

第四篇　应用篇

第五篇　统计篇

第六篇　纪事篇

第七篇　附录

第一篇

综述篇

第一章

我国智能交通相关领域发展动态

2017 年公路运输发展概况

一、公路基础设施概况

据统计，截至 2017 年年底全国公路总里程 477.35 万千米，比 2016 年增加 7.82 万千米。公路密度 49.72 千米/百平方千米，增加 0.81 千米/百平方千米。公路养护里程 467.46 万千米，占公路总里程的 97.9%，如图 1 所示。

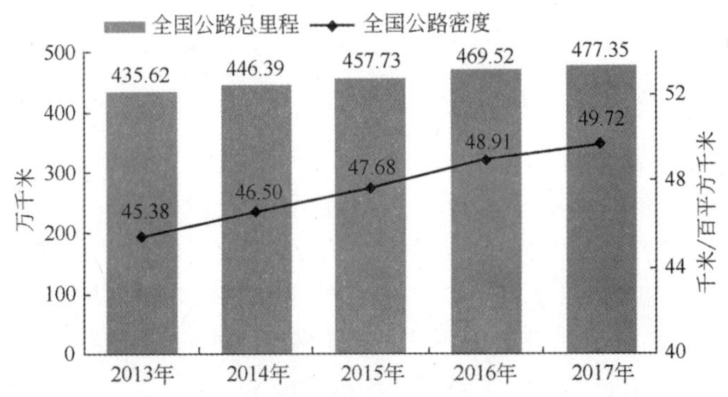

图 1　2013—2017 年全国公路总里程及公路密度

截至 2017 年年底全国四级及以上等级公路里程 433.86 万千米，比 2016 年增加 11.31 万千米，占公路总里程 90.9%，提高 0.9 个百分点。二级及以上等级公路里程 62.22 万千米，增加 2.28 万千米，占公路总里程 13.0%，提高 0.3 个百分点。高速公路里程 13.65 万千米，增加 0.65 万千米；高速公路车道里程 60.44 万千米，增加 2.90 万千米。国家高速公路里程 10.23 万千米，增加 0.39 万千米，如图 2 所示。

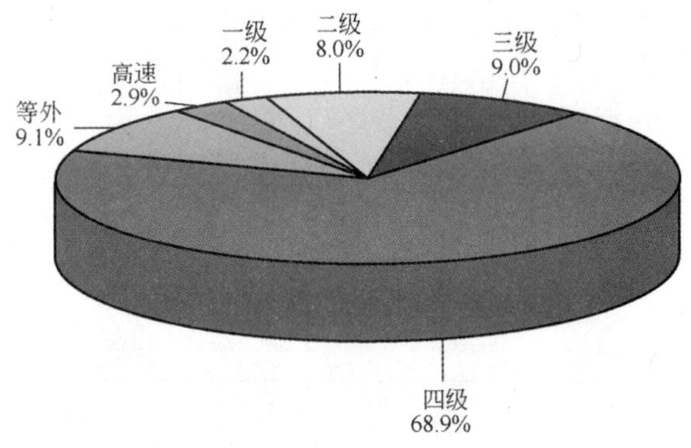

图 2　2017 年全国公路里程分技术等级构成

2017 年年底，国道里程为 35.84 万千米，省道里程为 33.38 万千米。农村公路里程为 400.93 万千米，其中，县道 55.07 万千米，乡道 115.77 万千米，村道 230.08 万千米。

2017 年年底全国通公路的乡（镇）占全国乡（镇）总数 99.99%，其中，通硬化路面的乡（镇）占全国乡（镇）总数99.39%，比2016年提高0.38个百分点；通公路的建制村占全国建制村总数 99.98%，其中，通硬化路面的建制村占全国建制村总数98.35%，提高1.66个百分点。

2017年年底全国公路桥梁83.25万座、5225.62万米，比2016年增加2.72万座、308.66万米，其中，特大桥梁4646座、826.72万米，大桥91777座、2424.37万米。全国公路隧道16229处、1528.51万米，增加1048处、124.54万米，其中，特长隧道902处、401.32万米，长隧道3841处、659.93万米。

二、国家干线公路交通流量

2017年，国道网机动车年平均日交通量为13916辆，同比增长8.9%，北京、天津、河北、上海、江苏、浙江、山东、河南、湖南和广东地区国道网的年平均日交通量均超过20000辆；国道网平均行驶量为295361万车千米，同比增长6.2%，其中广东、河南、浙江和山东的国道网日平均行驶量*均超过15000万车千米。国家高速公路日平均交通量为26328辆，日平均行驶量为127600万车千米，同比分别增长10.5%、7.9%；普通国道日平均交通量为10242辆，日平均行驶量为167764万车千米，同比分别增长7.0%、4.5%。全国高速公路日平均交通量为26265辆，日平均行驶量为154695万车千米，同比分别增长12.7%、8.5%。

三、公路运输车辆

2017年年底全国拥有公路营运汽车1450.22万辆，比2016年增长1.0%。拥有载客汽车81.61万辆，比2016年下降2.9%；2099.18万客位，下降1.9%。其中，大型客车30.57万辆，增长0.01%；1339.88万客位，增长0.5%，如图3所示。

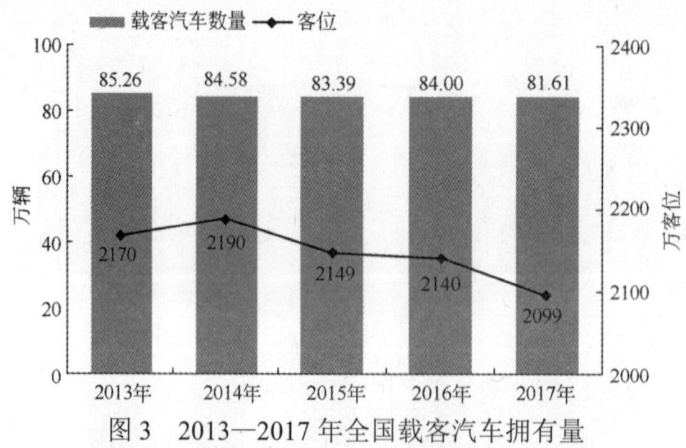

图3　2013—2017年全国载客汽车拥有量

2017年拥有载货汽车1368.62万辆，比2016年增长1.2%，11774.81万吨位，增

*行驶量：从2014年起，行驶量计算方法由“机动车当量数”与“公路总里程”的乘积调整为“机动车当量数”与“公路总观测里程”的乘积，计算单位：万车（pcu）•千米/日。

长 8.8%。其中，普通货车 902.90 万辆，下降 4.6%，4868.40 万吨位，增长 0.5%；专用货车 46.25 万辆，下降 2.8%，499.10 万吨位，下降 5.4%；牵引车 207.29 万辆，增长 19.0%；挂车 212.18 万辆，增长 15.3%，如图 4 所示。

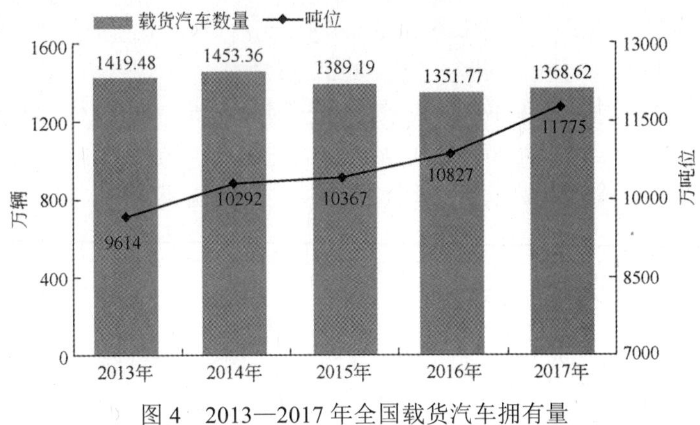

图 4　2013—2017 年全国载货汽车拥有量

四、公路运输量

2017 年全年完成营业性客运量 145.68 亿人次，比 2016 年下降 5.6%，旅客周转量 9765.18 亿人千米，下降 4.5%；完成货运量 368.69 亿吨，增长 10.3%，货物周转量 66771.52 亿吨千米，增长 9.3%。2017 年年底全国开通客运线路的乡镇比例为 99.12%，开通客运线路的建制村比例为 95.85%，建制村通车率比 2016 年提高 0.48 个百分点。

五、公路建设

2017 年全年完成公路建设投资 21253.33 亿元，比 2016 年增长 18.2%。其中，高速公路建设完成投资 9257.86 亿元，增长 12.4%；普通国省道建设完成投资 7264.14 亿元，增长 19.5%；农村公路建设完成投资 4731.33 亿元，增长 29.3%，新改建农村公路 28.97 万千米，如图 5 所示。

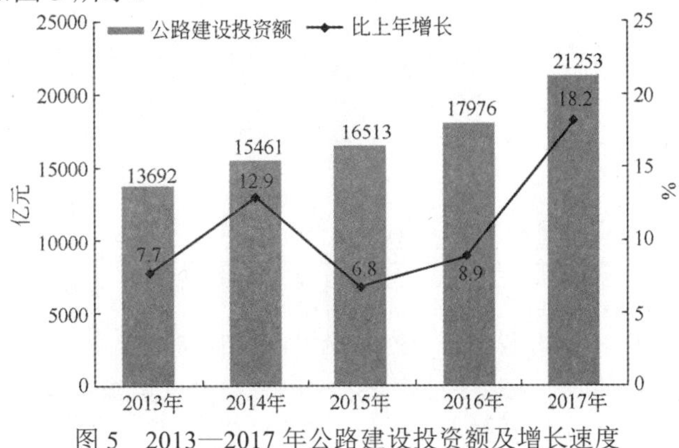

图 5　2013—2017 年公路建设投资额及增长速度

（撰稿：侯德藻）

2017 年铁路运输发展概况

2017 年，全国铁路全面贯彻党的十九大精神，以习近平新时代具有中国特色的社会主义思想为指引，坚持稳中求进的总基调，深化铁路供给侧结构性改革，落实高质量发展要求，客货运输、铁路安全、建设发展、科技创新取得新业绩。

一、铁路运输概况

1. 旅客运输（见表 1）

全国铁路旅客发送量完成约 30.84 亿人次，比 2016 年增加 2.70 亿人次，增长 9.6%；国家铁路旅客发送量约 30.38 亿人次，比 2016 年增长 9.6%，其中动车组发送旅客约 17.13 亿人，同比增长 18.7%，占比 56.4%。全国铁路旅客周转量完成 13456.92 亿人千米，比 2016 年增加 877.63 亿人千米，增长 7.0%，其中国家铁路旅客周转量为 13396.96 亿人千米，比 2016 年增长 6.9%。全国铁路旅客发送量与周转量如图 1 所示。

表 1　全国铁路旅客运输量

指　标	单位	2017 年	比 2016 年增长/（%）
旅客发送量	万人	308379	9.6
国家铁路旅客发送量	万人	303837	9.6
旅客周转量	亿人千米	13456.92	7.0
国家铁路旅客周转量	亿人千米	13396.96	6.9

（a）全国铁路旅客发送量

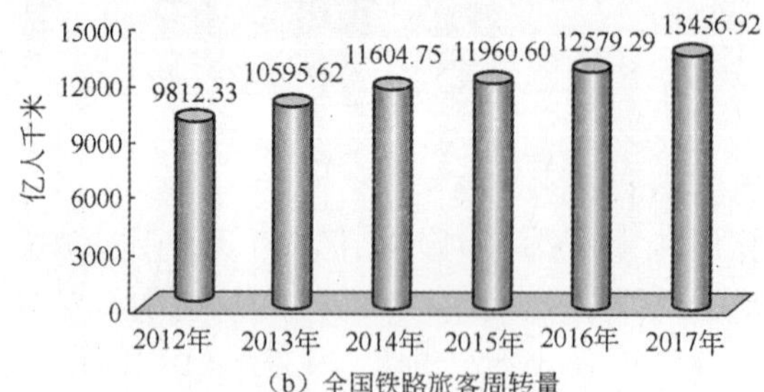

（b）全国铁路旅客周转量

图 1　全国铁路旅客发送量与周转量

2. 货物运输（见表 2）

全国铁路货运总发送量完成约 36.89 亿吨，比 2016 年增加 3.57 亿吨，增长 10.7%；其中，国家铁路货运总发送量约 29.19 亿吨，比 2016 年增长 10.1%。全国铁路货运总周转量完成 26962.20 亿吨千米，比 2016 年增加 3169.94 亿吨千米，增长 13.3%，其中，国家铁路货运总周转量为 24091.70 亿吨千米，比 2016 年增长 13.2%。集装箱、商品汽车、散货快运发送量比 2016 年分别增长 47.9%、58%、9.3%。全国铁路货运发送量及周转量如图 2 所示。

表 2　全国铁路货物运输量

指　标	单　位	2017 年	比 2016 年增长（%）
货运总发送量	万吨	368865	10.7
国家铁路货运总发送量	万吨	291874	10.1
货运总周转量	亿吨千米	26962.20	13.3
国家铁路货运总周转量	亿吨千米	24091.70	13.2

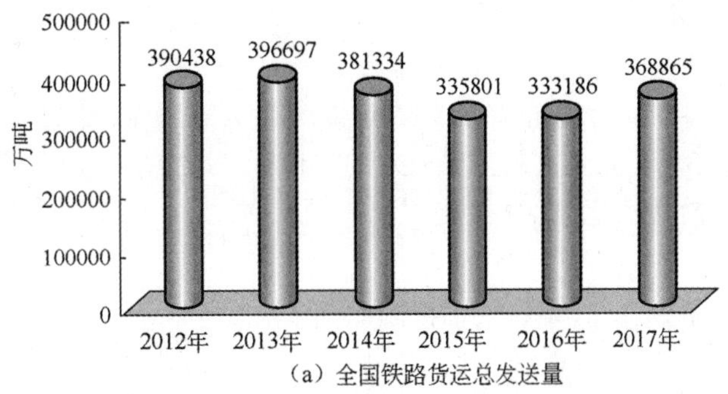

（a）全国铁路货运总发送量

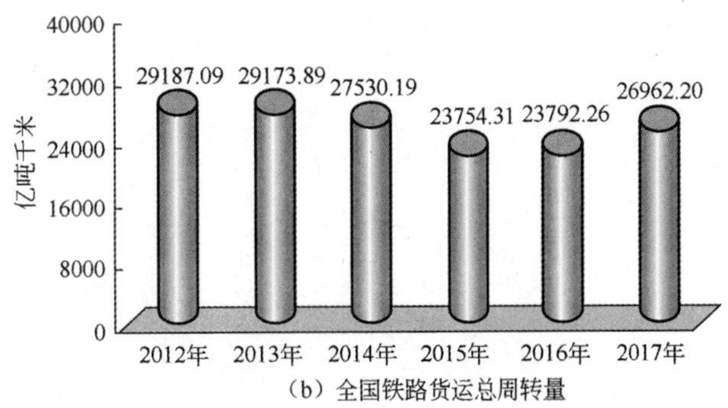

（b）全国铁路货运总周转量

图 2　全国铁路货运发送量及总周转量

3. 换算周转量（见表 3）

全国铁路总换算周转量完成 40419.12 亿吨千米，比 2016 年增加 4047.57 亿吨千米，增长 11.1%，其中，国家铁路总换算周转量完成 37488.66 亿吨千米，比 2016 年增长 10.9%。

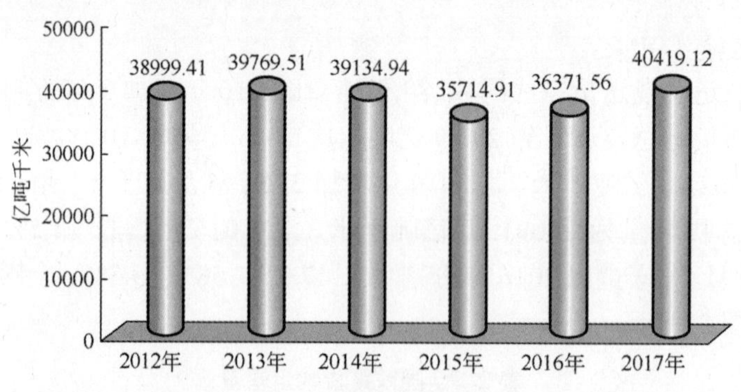

图 3　全国铁路总换算周转量

4. 运输安全

2017 年未发生特别重大、重大铁路交通事故，铁路交通事故死亡人数比 2016 年下降 3.6%。

二、铁路建设情况

铁路建设有序推进。全国铁路行业固定资产投资完成 8010 亿元；新开工项目 35 个，新增投资规模 3560 亿元；投产新线 3038 千米，其中，高速铁路 2182 千米，“四纵四横”高铁网提前建成运营。

1. 路网规模（见图 4）

全国铁路营业里程达 12.7 万千米，比 2016 年增长 2.4%，其中，高速铁路营业里程达 2.5 万千米。全国铁路路网密度为 132.2 千米/万平方千米，比 2016 年增加 3.0 千米/万平方千米。其中，复线里程 7.2 万千米，比 2016 年增长 5.4%，复线率 56.5%，比 2016 年提高 1.6%；电气化里程 8.7 万千米，比 2016 年增长 7.8%，电化率 68.2%，比 2016 年提高 3.4%。西部地区铁路营业里程 5.2 万千米，比 2016 年增加 1663.5 千米，增长 3.3%。

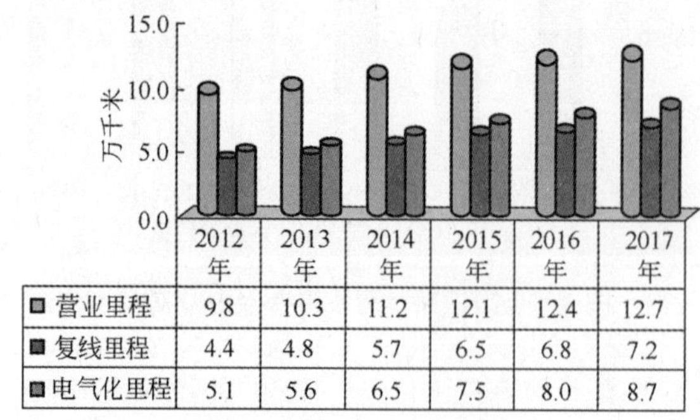

	2012年	2013年	2014年	2015年	2016年	2017年
营业里程	9.8	10.3	11.2	12.1	12.4	12.7
复线里程	4.4	4.8	5.7	6.5	6.8	7.2
电气化里程	5.1	5.6	6.5	7.5	8.0	8.7

图 4　全国铁路运营里程

2. 移动装备

全国铁路机车拥有量为 2.1 万台，比 2016 年减少 372 台。其中，内燃机车占 40.4%，比 2016 年下降 1.4%，电力机车占 59.5%，比 2016 年提高 1.4%。全国铁路客车拥有量为 7.3 万辆，比 2016 年增加 0.2 万辆，其中，动车组 2935 标准组、23480 辆，比 2016 年增加 349 标准组、2792 辆。全国铁路货车拥有量为 79.9 万辆。

三、技术标准和科技创新

1. 重要技术标准制定

发布铁道行业技术标准公告 7 批，发布《交流传动电力机车》《ZPW-2000 轨道电路技术条件》等铁道行业技术标准 89 项、铁道行业标准修改单 2 项；制定或修订《重载铁路设计规范》《铁路线路设计规范》等铁路工程建设标准 13 项；发布《铁路基本建设工程设计概（预）算编制办法》等铁路工程造价标准 18 册；发布《动车组转向架》等铁道行业技术标准英文版 25 项；发布《铁路路基设计规范》等铁路主体设计规范标准英文版 10 项、《铁路工程建设标准英文版翻译词典》1 部；发布《CRTS III 型板式无砟轨道》《铁路综合视频监控系统》《钢轨使用规范》《电动车组制动系统》《20 英尺 35 吨敞顶集装箱》《铁路旅客列车服务标识》等 104 项中国铁路总公司技术标准。

2. 科技创新

技术创新跃上新台阶，高铁工程建设、装备制造、运营管理三大领域成套技术体系进一步完善，保持世界领先水平；中国标准动车组命名为“复兴号”，并实现时速 350 千米，树立了世界高铁建设运营的新标杆；攻克艰险山区复杂工程地质建设难题，兰渝铁路、西成高铁开通运营，“蜀道难”问题取得历史性突破，“复兴号”奔驰在祖国广袤的大地上。

完成铁路重大科技创新成果库入库铁路科技项目 50 项、铁路专利 50 项、铁路技术标准 26 项、铁路科技论文 179 项。“复杂环境下高速铁路无缝线路关键技术及应用”获得国家科技进步奖一等奖；“高速运动刚柔相互作用系统非线性建模与振动分析”获得国家自然科学奖二等奖，“智慧协同网络及应用”等两个项目获得国家自然发明二等奖，“高速铁路狮子洋水下隧道工程成套技术”等 4 个项目获得国家科技进步奖二等奖。“轨道车辆实车撞击试验系统”“一种三电平双模式空间矢量过调制方法及其系统”两项发明专利荣获第十九届中国专利奖金奖；“不打孔式剪力传感器”等 11 项发明专利荣获第十九届中国专利奖优秀奖；“车头（标准动车组）”专利荣获第十九届中国专利奖外观设计金奖。铁路行业《图像大数据分析在中国铁路的应用》《铁路数据服务平台研制及其在安全领域应用》两项科技成果荣获国际铁路联盟（UIC）2017 年度数字化奖（Digital Awards）。

四、节能减排

1. 综合能耗（见图 5）

国家铁路能源消耗折算标准煤 1621.65 万吨，比 2016 年增加 24.75 万吨，增长 1.5%。

单位运输工作量综合能耗（综合单耗）4.33 吨标准煤/百万换算吨千米，比 2016 年减少 0.39 吨标准煤/百万换算吨千米。单位运输工作量主营综合能耗（主营单耗）3.96 吨标准煤/百万换算吨千米，比 2016 年减少 0.20 吨标准煤/百万换算吨千米，下降 4.8%。

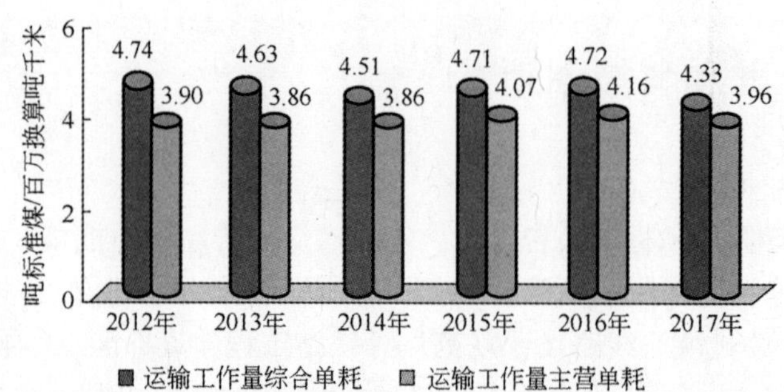

图 5　国家铁路运输工作量综合单耗、主营单耗

2. 主要污染物排放量（见图 6）

国家铁路化学需氧量排放量 1901 吨，比 2016 年减排 73 吨，降低 3.7%。二氧化硫排放量 15817 吨，比 2016 年减排 7511 吨，降低 32.2%。

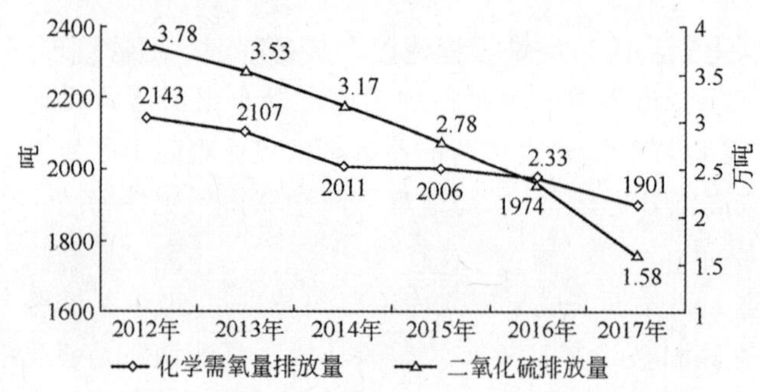

图 6　国家铁路化学需氧量、二氧化硫排放量

3. 沿线绿化

国家铁路绿化里程 4.62 万千米，比 2016 年增加 0.01 万千米，增长 0.2%。

（撰稿：史天运）

2017 年水路运输发展概况

一、发展状况

1. 基础设施建设

水路交通基础设施建设平稳发展。2017 年年底全国内河航道通航里程 12.70 万千米，比 2016 年减少 80 千米（见图 1）。等级航道 6.62 万千米，占总里程的 52.1%，下降 0.2%。其中，三级及以上航道 1.25 万千米，占总里程的 9.8%，提高 0.3%。

各等级内河航道通航里程分别为：一级航道 1546 千米，二级航道 3999 千米，三级航道 6913 千米，四级航道 10781 千米，五级航道 7566 千米，六级航道 18007 千米，七级航道 17348 千米，等外航道 6.09 万千米。

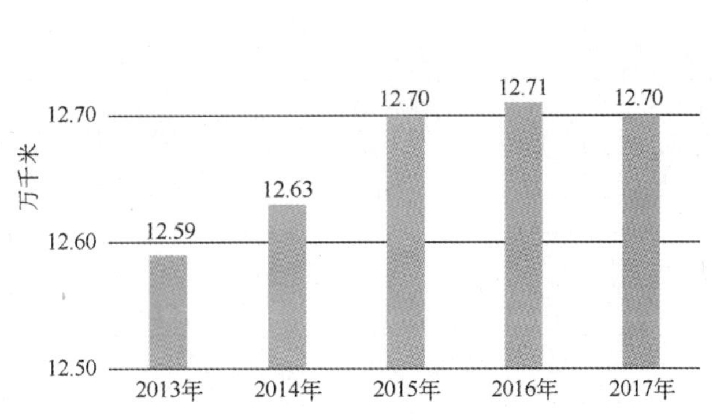

图 1　2013—2017 年全国内河航道通航里程

各水系内河航道通航里程分别为：长江水系 64857 千米，珠江水系 16463 千米，黄河水系 3533 千米，黑龙江水系 8211 千米，京杭运河 1438 千米，闽江水系 1973 千米，淮河水系 17507 千米。

2017 年年底全国港口拥有生产用码头泊位 27578 个，比 2016 年减少 2810 个。其中，沿海港口生产用码头泊位 5830 个，比 2016 年减少 57 个；内河港口生产用码头泊位 21748 个，比 2016 年减少 2753 个。2017 年年底全国港口拥有万吨级及以上泊位 2366 个，比 2016 年增加 49 个。其中，沿海港口万吨级及以上泊位 1948 个，增加 54 个；内河港口万吨级及以上泊位 418 个，减少 5 个。详细的统计情况如表 1 所示。

表 1　2017 年全国港口万吨级及以上泊位（单位：个）

泊位吨级	全国港口	比 2016 年年底增加	沿海港口	比 2016 年年底增加	内河港口	比 2016 年年底增加
合计	2366	49	1948	54	418	-5
1～3 万吨级（不含 3 万吨级）	834	20	651	14	183	6
3～5 万吨级（不含 5 万吨级）	399	15	285	6	114	9
5～10 万吨级（不含 10 万吨级）	762	5	653	25	109	-20
10 万吨级及以上	371	9	359	9	12	0

全国万吨级及以上泊位中，专业化泊位 1254 个，比 2016 年增加 31 个；通用散货泊位 513 个，比 2016 年增加 7 个；通用件杂货泊位 388 个，比 2016 年增加 7 个。详细的统计情况如表 2 所示。

表 2　2017 年全国港口万吨级及以上泊位构成（单位：个）

泊位用途	2017 年	2016 年	比 2016 年增加
专业化泊位合计	1254	1223	31
其中：集装箱泊位	328	329	-1
煤炭泊位	246	246	0
金属矿石泊位	84	83	1
原油泊位	77	74	3
成品油泊位	140	132	8
液体化工泊位	205	200	5
散装粮食泊位	41	39	2
通用散货码头	513	506	7
通用件杂货码头	388	381	7

长江干线航道设有 27 个水上交通流量观测断面，年平均日船舶流量 702.9 艘，比 2016 年增长 6.1%。其中，上游航道年平均日船舶流量 188.9 艘，比 2016 年下降 11.6%；中游航道年平均日船舶流量 295.1 艘，比 2016 年增长 1.5%；下游航道年平均日船舶流量 942.3 艘，比 2016 年增长 7.8%。

在全国水路货运中，全年完成客运量 2.83 亿人次，比 2016 年增长 3.9%，旅客周转量 77.66 亿人千米，比 2016 年增长 7.4%。完成货运量 66.78 亿吨，比 2016 年增长 4.6%，货物周转量 98611.25 亿吨千米，比 2016 年增长 1.3%。其中，内河运输完成货运量 37.05 亿吨，货物周转量 14948.68 亿吨千米；沿海运输完成货运量 22.13 亿吨，货物周转量 28578.71 亿吨千米；远洋运输完成货运量 7.60 亿吨，货物周转量 55083.86 亿吨千米。

全国港口完成旅客吞吐量 1.85 亿人次，比 2016 年增长 0.2%。其中，沿海港口完成旅客吞吐量 0.87 亿人次，比 2016 年增长 5.7%；内河港口完成旅客吞吐量 0.98 亿人次，比2016年下降4.1%。我国邮轮2017年全年旅客运输量243万人次，比2016年增长11.6%。

全国港口完成货物吞吐量140.07亿吨，比2016年增长6.1%。其中，沿海港口完成90.57亿吨，比2016年增长7.1%；内河港口完成49.50亿吨，比2016年增长4.3%。

2013—2017年全国港口货物吞吐量如图2所示，2013—2017年全国港口外贸货物吞吐量如图3所示。

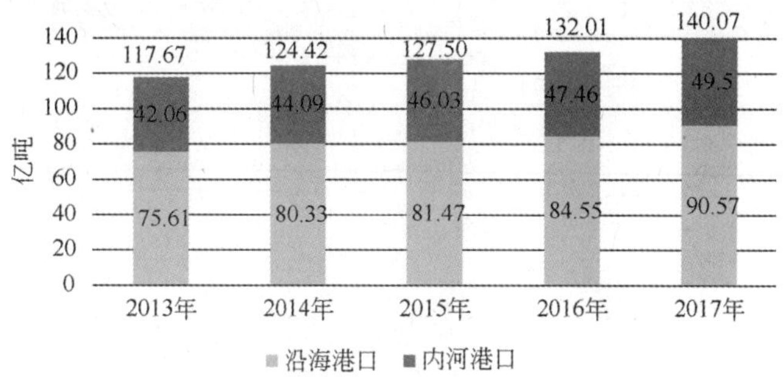

图2　2013—2017年全国港口货物吞吐量

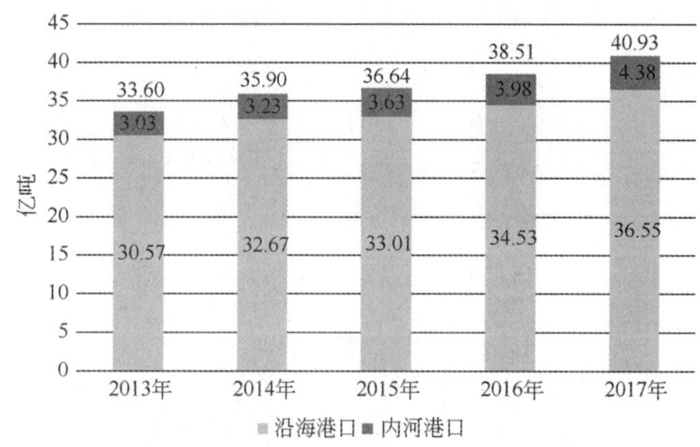

图3　2013—2017年全国港口外贸货物吞吐量

全国港口完成集装箱吞吐量约2.38亿TEU，比2016年增长8.3%。其中，沿海港口完成集装箱吞吐量2.11亿TEU，增长7.7%；内河港口完成集装箱吞吐量2739万TEU，增长13.4%。全国规模以上港口完成集装箱铁水联运量348万TEU，占规模以上港口集装箱吞吐量的比重为1.47%。

全国规模以上港口完成货物吞吐量126.72亿吨，比2016年增长6.6%。其中，完成煤炭及制品吞吐量23.34亿吨，增长8.5%；石油、天然气及制品吞吐量10.02亿吨，增长7.7%；金属矿石吞吐量20.28亿吨，增长6.0%。

2. 建设投资结构

水运建设投资稍有下降。全年完成水运建设投资1238.88亿元，比2016年下降12.6%。其中，内河建设完成投资569.39亿元，增长3.1%，内河港口新建及改（扩）建码头泊位180个，新增通过能力6597万吨，万吨级及以上泊位新增通过能力820

万吨，全年改善内河航道里程590.38千米；沿海建设完成投资669.49亿元，下降22.6%，沿海港口新建及改（扩）建码头泊位107个，新增通过能力19581万吨，万吨级及以上泊位新增通过能力18153万吨。2017年全年完成公路水路支持系统及其他建设投资648.96亿元，比2016年增长31.2%，如图4所示。

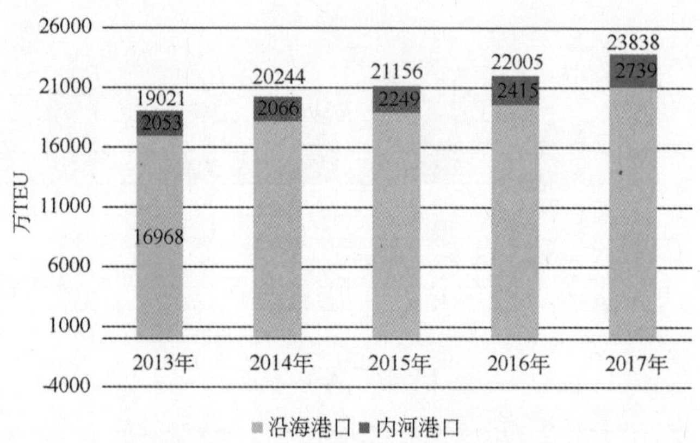

图4　2013—2017年全国港口集装箱吞吐量

3. 运输保障能力

运输保障能力进一步增强，服务水平不断提高。2017年年底全国拥有水上运输船舶14.49万艘，比2016年下降9.5%；净载重量25651.63万吨，下降3.6%；载客量96.75万客位，下降3.5%；集装箱箱位216.30万标准箱，增长13.2%，如图5所示。

图5　2013—2017年全国水上运输船舶拥有量

2017年水上运输船舶构成（按航行区域分）如表3所示。

表3　2017年水上运输船舶构成（按航行区域分）

指　标	计量单位	实　绩	比2016年增长/（%）
内河运输船舶			
运输船舶数量	万艘	13.23	-10.1
净载重量	万吨	13149.73	-1.6

续表

指　标	计量单位	实　绩	比 2016 年增长/（%）
载客量	万客位	72.30	-6.6
集装箱箱位	万 TEU	32.48	9.3
沿海运输船舶			
运输船舶数量	艘	10318	-1.9
净载重量	万吨	7044.41	4.5
载客量	万客位	22.36	9.9
集装箱箱位	万 TEU	50.17	19.7
远洋运输船舶			
运输船舶数量	艘	2306	-4.3
净载重量	万吨	5457.50	-16.3
载客量	万客位	2.08	-13.7
集装箱箱位	万 TEU	133.66	11.9

4. 交通安全监管

水上交通安全监管能力稳步提升，事故发生概率明显降低。2017 年全年共发生运输船舶水上交通事故 196 件，与 2016 年持平；死亡失踪 190 人，下降 6.4%；沉船 80 艘，下降 2.4%。

二、发展动向

1. 互联网思维将重建航运智能体系

面对"用好船"的新挑战，需要新的航运智能体系满足用户的需求，具备全面的状态了解能力、准确的趋势发展判断能力和科学及时的决策能力。基于这样的要求，"两端两云"的船舶智能体系被提出，通过构建设备端、用户端、本地云和远程云的技术体系，实现船舶由单一商品向数据终端和服务终端的转变，此体系将船舶作为整个产业链的重要载体，构建船舶产业生态链的物联网环境，实现船舶、人、环境与活动的全面融合与深度融合。在工业大数据时代，船舶工业正处于"智能船舶 1.0"时代，接下来还面临许多挑战，需要积极地用智能与创新的思想突破自我，做通智能体系、做广智能应用、做深智能水平。

2. LNG 运输及动力船舶市场有望增长

天然气将在 2034 年成为最大的单一能源来源。在这种形势下，LNG 运输船及海上天然气开采装备将成为未来船舶市场的增长点。此外，LNG 在能源总量中比例的上升对船舶动力的影响不可小觑。目前，LNG 动力船舶的建造已越来越成规模，可以预见的是，未来将有更多船舶采用 LNG 作为动力。到 2020 年，全球范围内使用 LNG

动力的新造海工支援船（OSV）将达 50%。目前，LNG 动力集装箱船、平台供应船、散货船、汽车运输船等均已面世，其中以 LNG 动力车客渡船、平台供应船及集装箱船数量最多。业内专家指出，我国在 LNG 动力船标准制定、LNG 双燃料动力船研制方面均取得了一定成绩。这些都为我国船企在 LNG 动力船舶需求日益增多的大趋势下获得更多机遇打下了基础。

3. 中国全自动化码头相继投产

青岛港全自动化码头是青岛港完全自主研发的全球领先、亚洲首个全自动化码头，其中许多技术为世界首创，如桥吊一键锚定技术、机器人自动拆装扭锁系统、循环充电自动导引车等。码头地面埋设了几万颗磁钉，AGV 车辆的位置被它们记录并传给后台，再由软件精确计算出行驶路径，导引车的行进轨迹与磁铁对接，使行进路线十分精准。2017 年 12 月 10 日，上海洋山四期码头开港运行。作为一座高科技新型码头，上海洋山四期码头集装箱的装卸转运全部由智能设备完成，码头装卸作业采用“远程操控双小车集装箱桥吊+轨道吊+AGV”的生产方案，先进的 AGV 让码头前沿的水平运输实现了无人化。自动化码头生产管控系统让船舶和堆场计划、配载计划、生产作业计划等原本必须由专业人员手工完成的任务，全部交由系统自动生成。

三、水运 ITS 的发展趋势

1. 航运业向数字化转型

马士基航运作为航运业数字化的先行者，目前该公司 55%的货物订舱是通过官网完成的，并在船舶与货物监控等实现了不同程度的数字化。马士基航运在全球各地拥有 600 艘船舶，可以从大数据中获得许多改善业务绩效的机会，节省数亿美元成本。马士基近日在数字化领域的最大动作就是与 IBM 联手，合作研究区块链解决方案，旨在将供应链流程数字化。该解决方案利用区块链技术在各方之间实现信息透明，可以大大降低贸易成本和复杂程度，帮助企业减少误判，缩短产品在运输过程中花费的时间，改善库存管理，最终减少浪费并降低成本。

2. 智能船舶研制进入“百家争鸣”阶段

智能船舶是指船舶可利用传感器、通信、物联网、互联网等技术手段，自动感知和获取内部各零部件及外部海洋环境、天气、物流、港口等方面的信息和数据，具有自动控制技术和大数据处理、机器学习和分析能力，在航行、管理和维修等方面实现智能化运行的船舶。日本开发的无人驾驶船，将安装以人工智能技术为基础的自动航行系统，利用物联网等技术，及时收集和分析与海域天气、危险障碍物及货物有关的数据，并根据这些数据规划最节省燃料、最安全和航程最短的航线。韩国公司将启动一个名为“航运服务软件”的智能软件项目，计划在 2019 年将相关软件部署至智能船舶。

目前，智能船舶研究需要在两个领域开展实践探索：一是构建以船舶自主感知、认知、预测和决策为主要形式的有人智能化船舶；二是利用更先进的感知和通信技术，开展以远程操控为主要形式的无人船舶研究。

3. 借力人工智能助推船舶产业升级

2017 年 7 月 20 日，国务院印发了《新一代人工智能发展规划》，重点对 2030 年前我国新一代人工智能发展的总体思路、战略目标和主要任务、保障措施进行系统的规划和部署，并确立了“三步走”目标。推进人工智能与新一代信息技术、先进制造技术深度融合，进一步在船舶行业推广智能制造，建立智能造船新模式，是我国船舶行业增强核心竞争力的有效途径。

（撰稿：严新平　张笛　伍静）

2017 年民用航空发展概况

2017 年，全行业深入贯彻党的十九大和中央经济工作会议精神，以及党中央、国务院领导同志重要批示精神，认真落实“一二三三四”民用航空（简称“民航”）总体工作思路，以民航强国战略目标为引领，稳中求进，深化改革，圆满完成各项工作任务，民航业在经济社会发展中的战略地位上升到新的高度。

一、运输航空

2017 年，在全球经济稳定复苏、中国经济运行稳中向好的态势下，民航主要运输指标再次实现平稳较快增长。

1. 运输周转量

2017 年，全行业完成运输总周转量 1083.08 亿吨千米，比 2016 年增长 12.6%。国内航线完成运输总周转量 694.60 亿吨千米，比 2016 年增长 11.7%。其中，港澳台航线完成 16.10 亿吨千米，比 2016 年增长 4.3%；国际航线完成运输总周转量 388.48 亿吨千米，比 2016 年增长 14.3%。

过去五年，全行业运输总周转量年均增长 12.2%。2013—2017 年民航运输总周转量如图 1 所示。

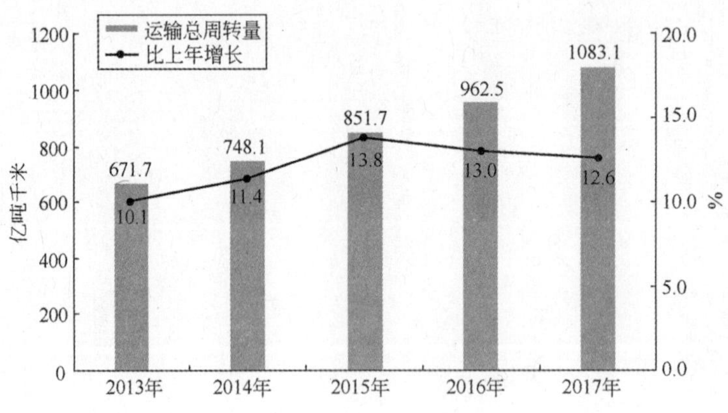

图 1　2013—2017 年民航运输总周转量

全行业完成旅客周转量 9513.04 亿人千米，比 2016 年增长 13.5%。国内航线完成旅客周转量 7036.53 亿人千米，比 2016 年增长 13.2%。其中，港澳台航线完成旅客周转量 148.25 亿人千米，比 2016 年增长 2.9%；国际航线完成旅客周转量 2476.51 亿人千米，比2016年增长14.6%。

过去五年，全行业旅客周转量年均增长13.6%。2013—2017年民航旅客周转量如图2所示。

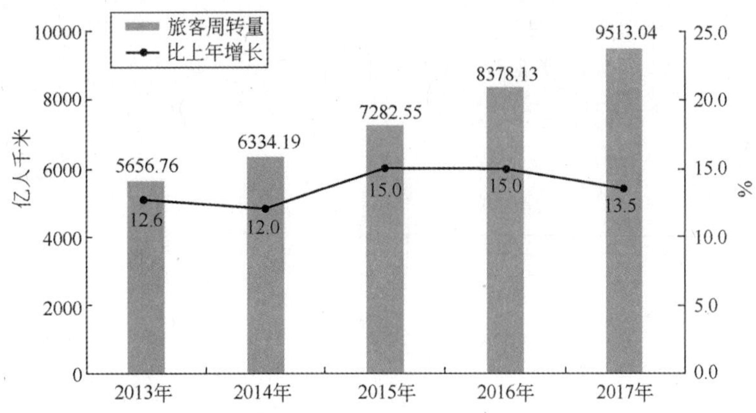

图2　2013—2017年民航旅客周转量

全行业完成货邮周转量243.55亿吨千米，比2016年增长9.8%。国内航线完成货邮周转量72.97亿吨千米，比2016年增长1.2%。其中，港澳台航线完成货邮周转量3.05亿吨千米，比2016年增长11.0%；国际航线完成货邮周转量170.59亿吨千米，比2016年增长13.9%。

过去五年，全行业货邮周转量年均增长8.2%。2013—2017年民航货邮周转量如图3所示。

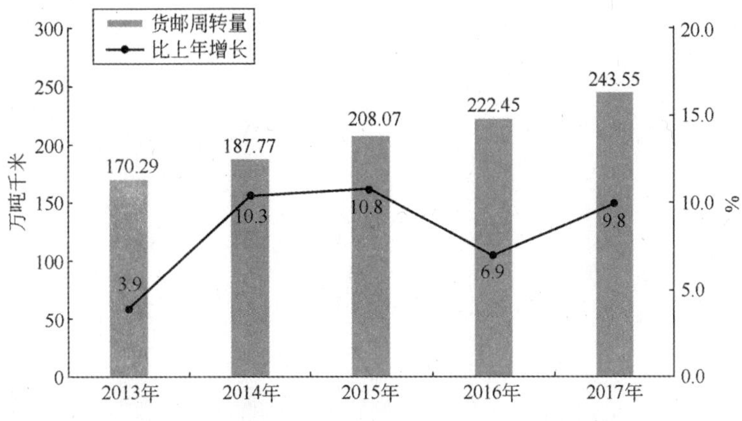

图3　2013—2017年民航货邮周转量

2．旅客运输量

2017年，全行业完成旅客运输量55156万人次，比2016年增长13.0%。国内航线完成旅客运输量49611万人次，比2016年增长13.7%。其中，港澳台航线完成旅客运输量 1027 万人次，比 2016 年增长 4.3%；国际航线完成旅客运输量 5545 万人次，比 2016 年增长 7.4%。

过去五年，全行业旅客运输量年均增长 11.5%。2013—2017 年民航旅客运输量如图 4 所示。

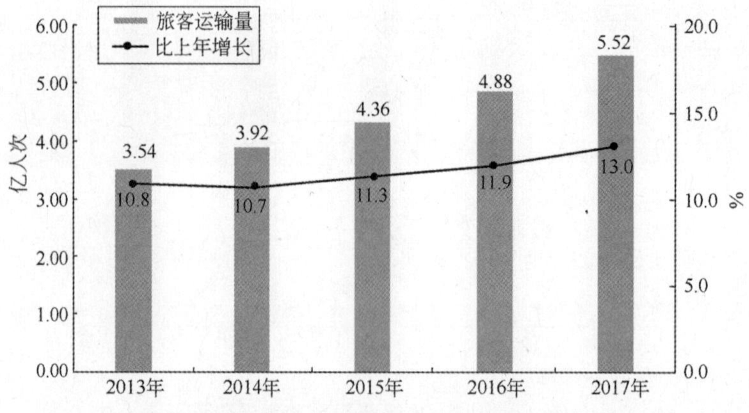

图 4　2013—2017 年民航旅客运输量

3. 货邮运输量

2017 年，全行业完成货邮运输量 705.9 万吨，比 2016 年增长 5.6%。国内航线完成货邮运输量 483.8 万吨，比 2016 年增长 1.9%。其中，港澳台航线完成货邮运输量 24.2 万吨，比 2016 年增长 10.0%；国际航线完成货邮运输量 222.1 万吨，比 2016 年增长 15.0%。

过去五年，全行业货邮运输量年均增长 5.3%。2013—2017 年民航货邮运输量如图 5 所示。

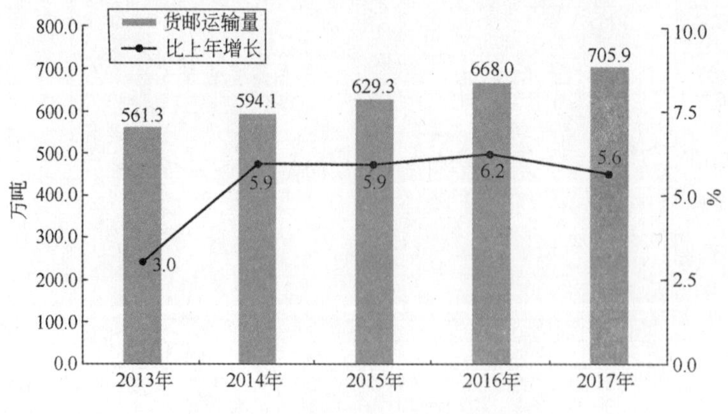

图 5　2013—2017 年民航货邮运输量

4. 机场业务量

2017 年，全国民航运输机场完成旅客吞吐量 11.48 亿人次，比 2016 年增长 12.9%。

2013—2017 年民航运输机场旅客吞吐量如图 6 所示。

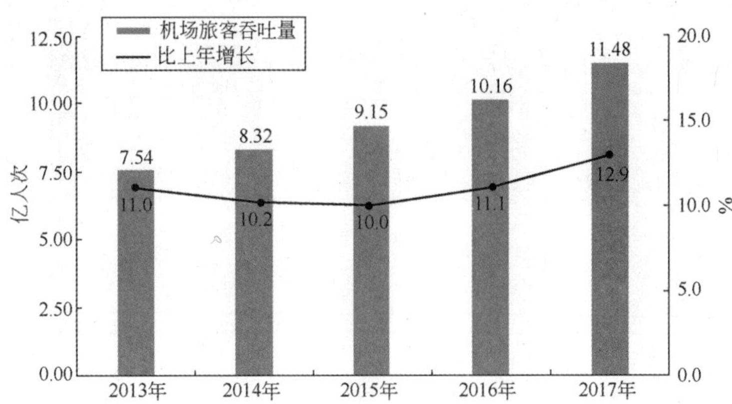

图 6　2013—2017 年民航运输机场旅客吞吐量

其中，2017 年东部地区完成旅客吞吐量 6.14 亿人次，东北部地区完成旅客吞吐量 0.72 亿人次，中部地区完成旅客吞吐量 1.22 亿人次，西部地区完成旅客吞吐量 3.40 亿人次。

2017 年民航运输机场旅客吞吐量地区分布统计如图 7 所示。

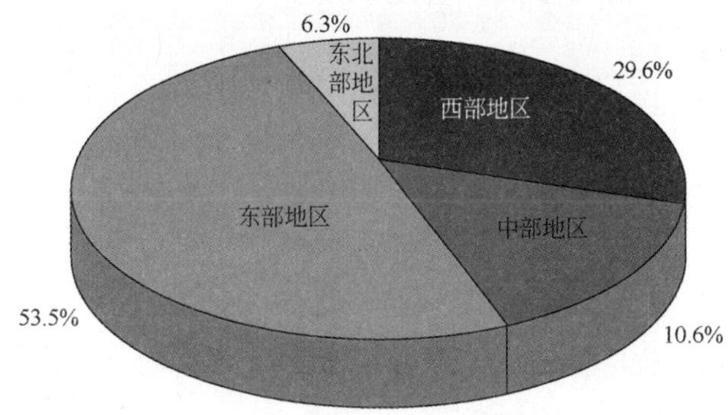

图 7　2017 年民航运输机场旅客吞吐量（按地区分布）

2017 年全国民航运输机场完成货邮吞吐量 1617.73 万吨，比 2016 年增长 7.1%。2013—2017 年民航运输机场货邮吞吐量如图 8 所示。

其中，2017 年东部地区完成货邮吞吐量 1215.89 万吨，东北部地区完成货邮吞吐量 54.74 万吨，中部地区完成货邮吞吐量 102.61 万吨，西部地区完成货邮吞吐量 244.49 万吨。

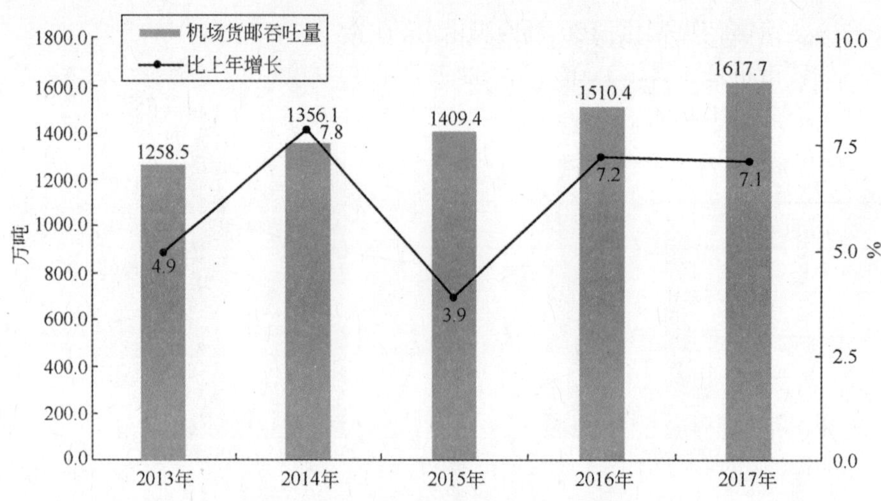

图 8　2013—2017 年民航运输机场货邮吞吐量

2017 年民航运输机场货邮吞吐量地区分布如图 9 所示。

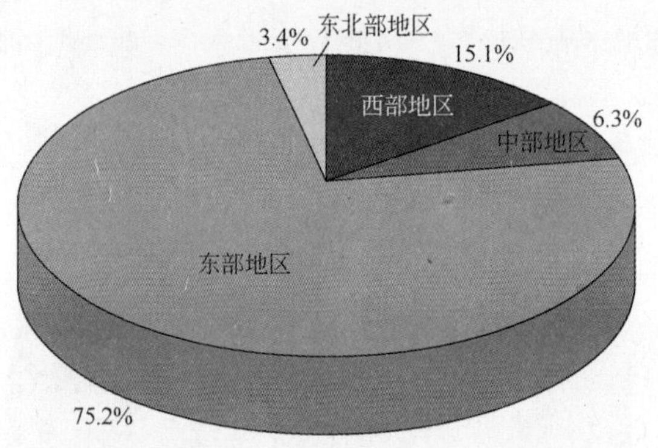

图 9　2017 年民航运输机场货邮吞吐量（按地区分布）

2017 年，全国民航运输机场完成起降 1024.9 万架次，比 2016 年增长 10.9%。2013—2017 年民航运输机场起降架次如图 10 所示。

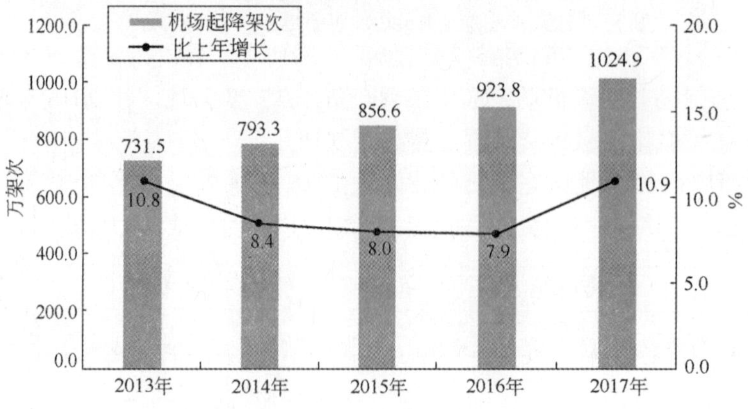

图 10　2013—2017 年民航运输机场起降架次

2017年，年旅客吞吐量100万人次以上的运输机场达84个，其中，北京、上海和广州三大城市机场旅客吞吐量占全部境内机场旅客吞吐量的24.3%。

2017年民航旅客吞吐量达到100万人次的机场数量统计如表1所示。

表1　2017年旅客吞吐量100万人次以上的机场数量

年旅客吞吐量	机场数量/个	比2016年增加/个	吞吐量占全国比例
1000万人次以上	32	4	81%
100万～1000万人次	52	3	14.9%

2017年，年货邮吞吐量1万吨以上的运输机场为52个，其中，北京、上海和广州三大城市机场货邮吞吐量占全部境内机场货邮吞吐量的49.9%。

2017年民航货邮吞吐量达到万吨的机场数量统计如表2所示。

表2　2017年货邮吞吐量万吨以上的机场数量

年货邮吞吐量	机场数量/个	比2016年增加/个	吞吐量占全国比例
10000吨以上	52	2	98.5%

2017年，北京首都机场完成旅客吞吐量0.96亿人次，连续八年位居世界第二；上海浦东机场完成货邮吞吐量382.4万吨，连续十年位居世界第三。

5. 运输机队

截至2017年年底，民航全行业运输飞机期末在册架数3296架，比2016年年底增加346架。

6. 机场数量

截至2017年年底，我国共有颁证运输机场229个，比2016年年底增加11个。2017年新增机场分别为云南澜沧机场、新疆莎车机场、内蒙古霍林郭勒机场、吉林松原机场、吉林白城机场、江西上饶机场、河北承德机场、湖南邵阳机场、贵州茅台机场、黑龙江五大连池机场、黑龙江建三江机场，而陕西安康机场停航。

2017年全国各地区颁证运输机场数量统计如表3所示。

表3　2017年各地区颁证运输机场数量

地　区		运输机场数量	占全国比例
全国		229	100%
其中，	东北部地区	27	11.8%
	东部地区	54	23.6%
	西部地区	114	49.8%
	中部地区	34	14.8%

7. 航线网络

截至2017年年底，我国共有定期航班航线4418条，按重复距离计算的航线里程为1082.9万千米，按不重复距离计算的航线里程为748.3万千米。

2017年我国定期航班条数及里程统计如表4所示。

表4　2017年我国定期航班条数及里程

指标：单位	数　量
航线条数：条	4418
国内航线	3615
其中，港澳台航线	96
国际航线	803
按重复距离计算的航线里程：万千米	1082.9
国内航线	706.6
其中，港澳台航线	15.3
国际航线	376.3
按不重复距离计算的航线里程：万千米	748.3
国内航线	423.7
其中，港澳台航线	14.8
国际航线	324.6

截至2017年年底，定期航班国内通航城市224个（不含港澳台地区）。我国航空公司国际定期航班通航60个国家的158个城市，国内航空公司定期航班从30个内地城市通航香港，从12个内地城市通航澳门，从46个大陆城市通航台湾地区。

8. 对外关系

截至2017年年底，我国与其他国家或地区签订双边航空运输协定122个，比2016年年底增加2个（巴拿马、斯洛文尼亚），其中，亚洲有44个（含东盟），非洲有24个，欧洲有37个，美洲有10个，大洋洲有7个。

9. 运输航空（集团）公司生产

截至2017年年底，我国共有运输航空公司58家，比2016年年底净减1家，按不同所有制类别划分：国有控股公司43家，民营和民营控股公司15家。在全部运输航空公司中，全货运航空公司有8家，中外合资航空公司有10家，上市公司有7家。

中航集团完成飞行小时253.3万小时，完成运输总周转量286.4亿吨千米，比2016年增长9.4%；完成旅客运输量1.26亿人次，比2016年增长9.2%；完成货邮运输量201.1万吨，比2016年增长4.9%。

东航集团完成飞行小时211.1万小时，完成运输总周转量213.2亿吨千米，比2016年增长8.2%；完成旅客运输量1.11亿人次，比2016年增长8.9%；完成货邮运输量143.9万吨，比2016年增长3.1%。

南航集团完成飞行小时256.6万小时，完成运输总周转量272.9亿吨千米，比2016年增长11.9%；完成旅客运输量1.26亿人次，比2016年增长10.2%；完成货邮运输量167.2万吨，比2016年增长3.7%。

海航集团完成飞行小时 167.4 万小时，完成运输总周转量 168.3 亿吨千米，比 2016 年增长 18.9%；完成旅客运输量 0.98 亿人次，比 2016 年增长 19.1%；完成货邮运输量 78.3 万吨，比 2016 年下降 0.3%。

其他航空公司共完成飞行小时 171.4 万小时，完成运输总周转量 142.3 亿吨千米，比 2016 年增长 20.9%；完成旅客运输量 0.90 亿人次，比 2016 年增长 22.4%；完成货邮运输量 115.5 万吨，比 2016 年增长 18.7%。

2017 年各航空（集团）公司运输总周转量比重情况如图 11 所示。

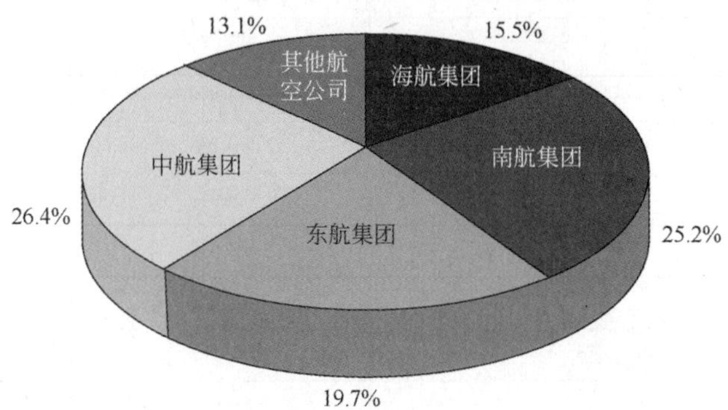

图 11　2017 年各航空（集团）公司运输总周转量比重

二、通用航空

1. 飞行小时

2017 年，全行业完成通用航空生产飞行 83.75 万小时，比 2016 年增长 9.5%。其中，工业航空作业完成 8.93 万小时，比 2016 年增长 7.8%；农林业航空作业完成 5.96 万小时，比 2016 年增长 16.8%；其他通用航空飞行 68.86 万小时，比 2016 年增长 9.2%。

2. 通用航空企业

截至 2017 年年底，获得通用航空经营许可证的通用航空企业达 365 家。其中，华北地区 92 家，中南地区 77 家，华东地区 80 家，东北地区 32 家，西南地区 40 家，西北地区 32 家，新疆地区 12 家。

3. 机队规模

截止 2017 年年底，通用航空企业在册航空器总数达 2297 架，其中教学训练用飞机为 680 架。

三、民航运输效率与经济效益

1. 运输效率

2017 年，全行业在册运输飞机平均日利用率为 9.49 小时，比 2016 年增加 0.08 小时。其中，大中型飞机平均日利用率为9.63小时，比2016年增加0.06小时，小型飞机平均日利用率为7.04小时，比2016年增加0.4小时。

2017年，正班客座率平均为83.2%，比2016年提高0.6%。2017年，正班载运率平均为73.5%，比2016年提高0.8%。2017年正班客座率和正班载运率统计如表5所示。

表5 2017年正班客座率和正班载运率

指 标	指 标 值	比2016年提高（%）
正班客座率	83.2%	0.6
国内航线	84.8%	1.0
其中，港澳台航线	80.2%	2.4
国际航线	78.9%	−0.5
正班载运率	73.5%	0.8
国内航线	75.9%	0.4
其中，港澳台航线	67.5%	1.9
国际航线	69.6%	1.5

2. 经济效益

据初步统计，2017年，全行业累计实现营业收入7460.6亿元，比2016年增长15.3%；利润总额652.3亿元，比2016年增长71.7亿元。其中，航空公司实现营业收入5333.8亿元，比2016年增长11.9%，利润总额 408.2亿元，比2016年增长32.6亿元；机场实现营业收入958.0亿元，比2016年增长14.6%，利润总额154.0亿元，比2016年增长30.9亿元；保障企业实现营业收入1168.8亿元，比2016年增长35.1%，利润总额90.1亿元，比2016年增长8.1亿元。

据初步统计，2017年，全行业运输收入水平为4.57元/吨千米，比2016年下降0.08元/吨千米。其中，客运收入水平为5.51元/吨千米，比2016年下降0.18元/吨千米；货邮运输收入水平为1.48元/吨千米，比2016年提高0.15元/吨千米。

据初步统计，2017年，民航全行业应缴纳税金381.4亿元，比2016年增长5.6%。

四、航空安全与服务质量

1. 航空安全

2017年，民航安全形势平稳，全行业未发生运输航空事故，运输航空百万小时重大事故率十年滚动值为0.015（世界平均水平为0.175）。发生通用航空事故6起，死亡4人。

自2010年8月25日至2017年年底，运输航空连续安全飞行88个月，累计安全飞行5682万小时。

2017 年，全年共发生运输航空事故征候 587 起，同比上升 12.45%，其中运输航空严重事故征候 19 起，同比上升 5.56%。运输航空严重事故征候和责任原因事故征候万时率分别为 0.018 和 0.030，各项指标较好控制在年度安全目标范围内。

2017 年，全行业共有 41 家运输航空公司未发生责任原因事故征候。

2. 安防安全

2017 年，全国民航安检部门共检查旅客 5.66 亿人次，检查旅客托运行李 3.19 亿件次，检查航空货物（不含邮件、快件）4.43 亿件次，检查邮件、快件 1.99 亿件次，处置编造虚假恐怖威胁信息非法干扰事件 52 起。

3. 航班正常率

2017 年，全国客运航空公司共执行航班 403.9 万班次，其中正常航班 289.5 万班次，平均航班正常率为 71.67%。

2017 年，主要航空公司共执行航班 298.8 万班次，其中正常航班 212.9 万班次，平均航班正常率为 71.25%。

2017 年航班不正常原因分类统计情况如表 6 所示。

表 6　2017 年航班不正常原因分类统计

指　标	占全部比例	与 2016 年相比增减/（%）
全部航空公司航班不正常原因	100.00%	0.00
其中，天气原因	51.28%	−5.24
航空公司原因	8.62%	−0.92
空管原因（含流量原因）	7.72%	−0.51
其他	32.38%	6.67
主要航空公司航班不正常原因	100.00%	0.00
其中，天气原因	51.47%	-4.99
航空公司原因	9.26%	−0.37
空管原因（含流量原因）	8.12%	−0.17
其他	31.15%	5.53

2017 年，全国客运航班平均延误时间为 24 分钟，同比增加 8 分钟。

4. 旅客投诉情况

2017 年，民航局、民航局消费者事务中心和中国航空运输协会共受理航空消费者投诉 24781 件。2017 年全年受理投诉总量比 2016 年增加 5615 件，同比增长 29.3%。

五、固定资产投资

2017 年，民航固定资产投资总额 1806.9 亿元，其中，民航基本建设和技术改造投资 869.4 亿元，比 2016 年增长 11.1%。

2013—2017 年民航基本建设和技术改造投资额统计如图 12 所示。

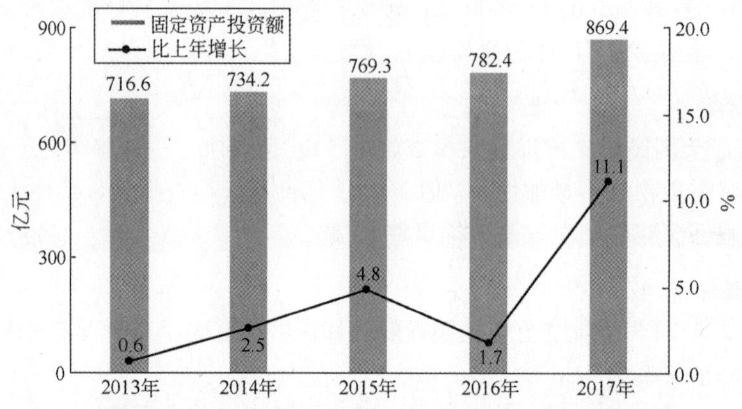

图 12　2013—2017 年民航基本建设和技术改造投资额

基本建设和技术改造投资按系统划分如下：机场系统完成固定资产投资总额 741.4 亿元，比 2016 年增加 81.0 亿元；空管系统完成固定资产投资 23.3 亿元，与 2016 年持平；民航信息系统建设投资 1.4 亿元；民航科研、教育系统投资 14.6 亿元；民航安全保卫系统投资 3.2 亿元；民航机务维修系统投资 2.0 亿元；运输服务系统投资 15.2 亿元；公共设施系统投资 10.0 亿元；其他系统投资 58.3 亿元。

六、节能减排

2017 年，中国民航吨千米油耗为 0.293 千克，较 2005 年（行业节能减排目标基年）下降 13.82%；机场每客能耗较“十二五”末期（2013—2015 年）均值下降约 22%。

2017 年，共有 35.5 万架次航班使用临时航路，缩短飞行距离 1343 万千米，节省燃油消耗 7.2 万吨，减少二氧化碳排放约 22.8 万吨。截至 2017 年，全国年旅客吞吐量 500 万人次以上的机场中 90%以上单位已完成 APU 替代设备安装并投入使用。

截至 2017 年，北京首都机场、成都双流机场等六家民航机场地面车辆“油改电”试点机场场内已投产运行的电动车辆 459 台、充电设施 213 个，年减少汽柴油消耗约 2000 吨。

七、教育与科技

2017 年，民航直属院校共招收学生 21636 人，其中，研究生 882 人，普通本科或专科生 18573 人，成人招生 2181 人。

2017 年，民航直属院校在校生数达 70291 人，其中，研究生 2743 人，普通本科或专科生 62706 人，成人在校生 4842 人。

2017 年，民航直属院校共毕业学生 16846 人，其中，硕士研究生 822 人，普通本科或专科 13868 人，成人学生 2156 人。

2017 年，民航共验收科技成果 20 项，评选民航协会科学技术奖 28 项，认定 14 个民航重点实验室和民航工程技术研究中心。

八、飞行员数量

截至 2017 年年底，中国民航驾驶员有效执照总数为 55765 本，比 2016 年年底增加 5261 本。

2017 年中国民航驾驶员统计情况如表 7 所示。

表 7　2017 年中国民航驾驶员统计表

执照种类	数量/个	比 2016 年增加/个
飞机私用驾驶员执照	2642	182
商用驾驶员执照	27349	2105
航线运输驾驶员执照	22195	2502
多成员机组驾驶员执照	147	43
直升机驾驶员执照	2741	341
其他航空器驾驶员执照	805	97

（撰稿：张学军）

2017 年汽车产业发展概况

一、2017 年汽车产业主要经济指标

2017 年，中国汽车的产销量分别为 2901.5 万辆和 2887.9 万辆，同比 2016 年产销量分别增长 3.2%和 3%，连续五年产销量均突破 2000 万辆，稳居全球第一。其中，乘用车市场产销量分别为 2480.7 万辆和 2471.8 万辆，同比 2016 年产销量分别增长 1.6%和 1.4%；商用车市场产销量分别为 420.9 万辆和 416.1 万辆，同比产销量分别增长 13.8%和 14%。截至 2017 年年底，我国机动车的保有量已高达 3.1 亿辆，其中汽车保有量为 2.2 亿辆；机动车驾驶人达到 3.9 亿人，其中汽车驾驶人超过 3.4 亿人。2017 年汽车销量与 2016 年汽车销量对比如图 1 所示。

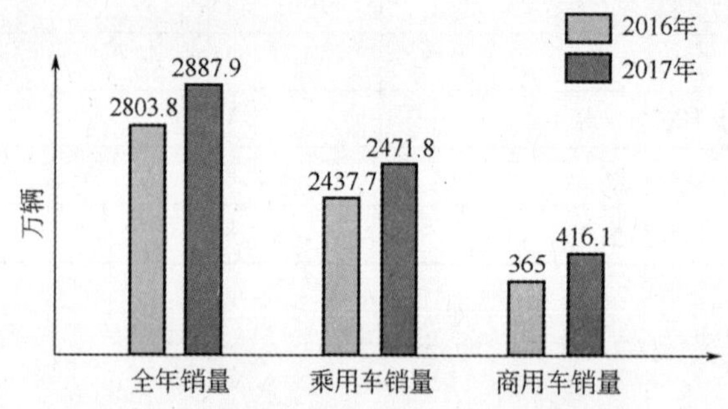

图 1　2017 年与 2016 年汽车销量对比

2017 年，中国自主品牌汽车的销量为 1478.3 万辆，占全年总销量的 51.2%。上汽集团、长安汽车、东风集团、吉利集团、北汽集团、长城汽车、奇瑞汽车、一汽集团、广汽集团和江淮汽车为自主品牌销量前十名的汽车生产企业。以上十家企业共销售自主品牌汽车 1179.1 万辆，占中国品牌汽车销售总量近 80%。

在乘用车细分市场领域，2017 年轿车销量为 1185 万辆，同比小幅下滑，较 2016 年销量同比回落 2.48%。MPV 和交叉车型销量均出现快速下滑，MPV 销量为 207 万辆，较 2016 年同比回落 17.05%；交叉车型销量为 55 万辆，较 2016 年同比回落 19.97%。而 SUV 则出现供需两旺的局面，2017 年全年销量首次突破千万大关，达到 1025 万辆，同比增长 13.32%。从乘用车细分市场数据来看，更多国内消费者将注意力集中到 SUV 车型上，对轿车、MPV 等车型的关注度下降，SUV 车型销量的快速增长支撑了乘用车销量的同比增长。

在商用车细分市场领域，随着国内经济形势的向好，货车市场作为经济发展的晴雨表，继续延续了 2016 年以来的高速增长态势。2017 全年产量和销量分别达到 368.27

万辆和 363.34 万辆，同比分别实现 16.87%和 16.9%的增长。客车市场则出现了小幅回落，全年实现大中型客车销售 17.9 万辆，同比下降 5.3%。房车市场逐渐起步，正引起越来越多消费者的兴趣。专用车市场则延续了近些年的快速发展态势，截至 2017 年登记量达到 274 万辆。

2017 年，汽车行业规模以上企业累计实现主营业务收入 87932.07 亿元，同比增长 10.82%；实现利润总额 6995.47 亿元，同比增长 5.74%；累计完成固定资产投资 13476.03 亿元，同比增长 9.22%；进出口总额为 1716.82 亿元，同比增长 9.77%。在进口领域，2017 年汽车商品的进口表现明显好于 2016 年，累计进口金额达到 882.71 亿美元，同比增长 10.69。在七大类进口汽车商品中，汽车整车占比最高，为 71.37%；其次分别为汽车零件、附件和车身。汽车商品的出口额也出现了增长，累计出口额为 834.11 美元，同比增长 8.81%。2017 年全年我国汽车出口贸易逆差为 48.6 亿美元，相比 2016 年逆差继续扩大。

从 2017 年的行业经济指标上来看，汽车产业整体保持较快的增长势头，各项指标都达到预期。全行业正积极由过去的快速增长逐渐向高质量增长过渡，正在中国汽车产业实现由大到强的道路上不断前行。

二、政策与标准

在政策领域，2017 年，工业和信息化部（简称“工信部”）、交通运输部、商务部、国家发展和改革委员会（简称“发改委”）、科学技术部（简称“科技部”）等中央部委积极贯彻中央供给侧改革的要求，纷纷出台相关政策推动汽车行业向前发展，发布的主要文件如表 1 所示。

表 1　2017 年各部委发布的汽车产业主要政策文件

文件名称	发文单位	内容概要
《关于实施第五阶段机动车排放标准的公告》	环境保护部、工信部	自 2017 年 1 月 1 日起，所有制造、进口、销售和注册登记的轻型汽油车、重型柴油车，都必须符合国五标准的排放要求
《营运客车安全技术条件》（JT/T 1094—2016）	交通运输部	要求 9 米以上的客车必须具备车道偏离预警（LDW）和前向碰撞预警（FCW）
《汽车销售管理办法》	商务部	从销售行为、销售市场程序、监督管理、法律责任四大方面对汽车销售市场进行规范
《汽车产业中长期发展规划》	工信部、发改委、科学技术部	汽车产业发展的纲领性文件，明确了未来汽车产业发展的具体目标和保障举措等
《乘用车企业平均燃料消耗量与新能源积分并行管理办法》	工信部、财政部、商务部、海关总署、国家质检总局	自 2019 年起正式实行平均燃油消耗量和新能源汽车两种积分平行的管理方式，推动实现节能降耗和促进新能源汽车发展两个目标

为促进机动车节能减排，按照《关于实施第五阶段机动车排放标准的公告》（简称“国五标准”）的要求，全国范围内自 2017 年 1 月 1 日起，所有制造、进口、销售和注

册登记的轻型汽油车、重型柴油车，都必须符合国五标准的排放要求；全国自 2017 年 7 月 1 日起，所有制造、进口、销售和注册登记的轻型柴油车，必须符合国五标准的排放要求。截至 2017 年年底，全国新生产的各类机动车均须达到国五标准才允许上市销售。另外，国六排放标准也正在紧锣密鼓的推进当中，预计到 2020 年将率先在大城市开始实施。

为进一步加强营运客车安全技术管理，切实保障人民群众生命财产安全，交通运输部制定了《营运客车安全技术条件》（JT/T 1094—2016）行业标准，并于 2017 年 4 月 1 日起正式实施。标准要求 9 米以上的客车必须具备车道偏离预警（LDW）和前向碰撞预警（FCW），成为国内首个要求安装高级驾驶辅助系统的案例，对于避免秦岭“8・10”特别重大道路交通事故的类似案例具有重要意义。

2017 年 4 月 14 日，商务部正式发布了《汽车销售管理办法》，并于 2017 年 7 月 1 日起正式开始实施。该办法从销售行为规范、销售市场程序、监督管理、法律责任四大方面，进一步明确了供应商、经销商、售后服务商等汽车销售市场相关责任主体的权利义务，为维护消费者合法利益、保障销售市场良好程序、激发汽车市场消费活力提供了支撑依据。

2017 年 4 月 25 日，工信部、发改委和科学技术部联合印发《汽车产业中长期发展规划》（简称《规划》），开篇强调：汽车产业是推动新一轮科技革命和产业变革的重要力量，是建设制造强国的重要支撑，是国民经济的重要支柱。《规划》明确了“力争经过十年持续努力，迈入世界汽车强国行列”的总目标，具体目标包括关键技术取得重大突破、全产业链实现安全可控、中国品牌汽车全面发展、新兴产业生态基本形成、国际发展能力明显提升、绿色发展水平大幅提高等。提出完善创新体系、强化基础能力、突破重点领域、加速跨界融合、提升质量品牌等重点任务，同时提出了一系列保障措施。

为进一步推动节能与新能源汽车的产业发展，2017 年 9 月 28 日，工信部等部委联合发布《乘用车企业平均燃料消耗量与新能源积分并行管理办法》，明确自 2019 年正式开始实行平均燃油消耗量和新能源汽车两种积分平行的管理方式，推动实现节能降耗和促进新能源汽车发展两个目标，努力构建市场引导、政府监管的发展环境，让企业自主决定负积分的抵偿方式，实行平等对待、统一核算的积分政策。该办法对于促进汽车产业转型升级、推动绿色发展、培育新的经济增长点具有重要意义。

在标准领域，汽车行业共进行了 62 项国家标准和 51 项汽车行业标准的申报工作，全国汽车标准化委员会（简称“汽标委”）全年共发布 8 项强制性国家标准、1 项强制性国家标准修改单、52 项推荐性国家标准、2 项汽车推荐性国家标准修改单、66 项汽车行业标准及 1 项行业标准修改单。

2017 年 9 月 29 日，《机动车运行安全技术条件》（GB 7258—2017）经国家标准化管理委员会批准发布，规定该标准自 2018 年 1 月 1 日起实施。该标准作为我国机动车安全管理最基本的技术性法规，从不同的角度、不同的方面对车辆的安全性提出了新的要求，如防抱制动、报警提示、车辆制动稳定性、车身结构制造等，对减少交通事故有积极的促进作用。

2017 年 12 月，工信部联合国家标准化管理委员会（简称“国标委”）发布《国家车联网产业标准体系建设指南（智能网联汽车）》，提出从基础、通用规范、产品技术与应用、相关标准四个层面构建智能网联汽车标准体系。2018 年 6 月，工信部、国标委联合发布《国家车联网产业标准体系建设指南》系列文件，包括总体要求、信息通信、电子产品与服务等内容，与上述智能网联汽车标准体系建设指南配套使用。

三、新能源汽车

在销量方面，2017 年，我国新能源汽车销售 77.7 万辆，同比增长 53.3%，占汽车总销量的 2.7%，其中纯电动乘用车销售 65.2 万辆，同比增长 59.6%，占新能源车的 83.4%，占据市场主力；插电式混合动力乘用车销售 12.4 万辆，同比增长 26.9%，占新能源车的 16%。比亚迪和北汽新能源分列前两名，其产销量均突破 10 万辆，其中比亚迪累计销售 113669 辆，占新能源汽车全国销量的 20.43%，北汽新能源累计销售 103199 辆，占比为 18.55%。

在政策领域，2017 年全国累计出台 31 项新能源汽车相关政策，涉及宏观、补贴、基础设施、安全管理、技术研发、智能网联等众多方面，国务院、工信部、科学技术部、商务部、能源局等均有政策出台。工信部涉及出台的政策达到 10 项，包括《新能源汽车生产企业及产品准入管理规定》《乘用车企业平均燃料消耗量与新能源汽车积分并行管理办法》等。

在关键零部件方面，2017 年，我国新能源汽车动力电池装机总电量约 36.4GW • h，同比增长 29%，其中装机总电量前十名的动力电池企业装机总电量达到 26.81GW • h，占整体的 74%。磷酸铁锂动力电池组价格从 2017 年年初的 1.8～1.9 元/W • h 下降到 2017 年年底的 1.45～1.55 元/W • h，三元动力电池从 2017 年年初的 1.7～1.8 元/W • h 下降到 2017 年年底的 1.4～1.5 元/W • h。2017 年，新能源汽车电机装机量约 87.4 万台，同比增长 56%。电机装机量前十名的企业是比亚迪、北汽新能源、上海电驱动、精进电动、江铃新能源、联合汽车电子、安徽巨一、郑州宇通、方正电机、山东德洋电子，10 家企业合计装机达到 49.4 万台，占整体装机量的 57%。

另外，跨国车企在新能源汽车领域与我国车企积极开展合作，继早期比亚迪与戴姆勒、吉利与沃尔沃“联姻”之后，2017 年江淮与大众、众泰与福特也纷纷宣布联合建厂进行新能源汽车的研发与生产。

存在的问题如下：首先，充电设施仍然是发展的短板，目前我国现有车桩比只有 3.5∶1，公共充电桩使用率仍然不足 15%；其次，政策体系仍须进一步完善，在货币化扶持政策逐渐突出之后，须研究和制定新的中央和地方联合新能源帮扶政策，并须破除地方保护主义，逐步推动破除地方新能源车销售目录；最后，核心技术突破问题，包括动力电池的研发、新一代纯电驱动平台的研发和燃料电池的研发等。

四、智能网联汽车

2018 年 1 月，发改委对外发布《智能汽车创新发展战略》征求意见稿，公开向全社会征集对智能汽车产业发展的意见与建议，提出构建自主可控的智能汽车技术创新体系、构建跨界融合的智能汽车产业生态体系、构建先进完备的智能汽车路网设施体系、构建系统完善的智能汽车法规标准体系等六项战略任务推动智能汽车在国内的技术研发和产业落地。

除此之外，在国家层面先后发布的《关于积极推进“互联网+”行动的指导意见》《“互联网+”人工智能三年行动方案》《新一代人工智能发展规划》《促进新一代人工智能产业发展三年行动计划（2018—2020 年）》等多个文件均提出多项举措努力推动智能网联汽车的发展。

2017 年，随着自动驾驶等概念的不断升温，越来越多的国内高校进入自动驾驶汽车的研究领域，国家自然基金委员会专门设立重大研究计划“视听觉信息的认知计算”，对清华大学、国防科技大学、北京理工大学、军事交通学院、中科院合肥物质研究院、西安交通大学等高校在无人驾驶领域的研究进行专项资助。为了检验高校研发的无人车在复杂环境感知和智能决策控制等方面的能力，国家自然基金委员会自 2009 年起开始举办“中国智能车未来挑战赛”，截至 2017 年共举办 9 届比赛。除“中国智能车未来挑战赛”外，2017 年中国汽车技术研究中心有限公司也成功主办了“第一届世界智能驾驶挑战赛”和“第二届中国智能汽车大赛”，受到了公众欢迎，获得了良好的社会反响。

与高校关注 FA 级全自动无人驾驶汽车不同，国内整车企业更加关注 DA 级和 PA 级自动驾驶功能在量产车型上的实现，近些年以自适应巡航（ACC）、自动紧急刹车（AEB）、盲区检测（BSD）、车道保持（LKA）等为代表的高级驾驶辅助系统（ADAS）已陆续配备在各车厂的新车型上，得到消费者的高度认可。以吉利汽车刚上市的领克 01 车型为例，其高配车型配备了高达 17 项的 ADAS 功能。但是需要注意的是，国内 ADAS 市场基本被较强势的博世、大陆等国外一级供应商垄断，目前国产自主化率很低。

随着无人驾驶在国内热度的持续增加，2017 年，除百度、腾讯、京东等互联网公司持续发力外，市场上也涌现出一大批自动驾驶相关企业。其中，既包括提供无人驾驶整体解决方案的企业，如驭势、奥特贝睿、慧拓等；也包括从事激光雷达、毫米波雷达等关键传感器研发的企业，如禾赛、北科天绘、行易道、川速微波等；还包括专注 ADAS 解决方案的企业，如安智、清智等。从整体而言，这些初创企业在资本市场上的融资表现优秀，但尚未具备持续的盈利能力，各个企业的未来发展尚待观察。

五、总结

从 2017 全年来看，中国汽车产业整体发展平稳，各项指标达到或超过预期，尤其在新能源汽车和智能网联汽车领域进展迅速。后续汽车产业须凝神聚力，继续砥砺前行，有所为有所不为，重点突破关键核心技术，把握用户需求，积极开拓全球市场，实现中国汽车产业由大到强的转变。

（撰稿：龚进峰）

2017年城市轨道交通发展概况

一、发展概况

1. 基本建设情况

截至2017年年末，全国有56个城市（部分地方政府批复项目未纳入统计）在建线路总规模6246.3千米，同比增长10.8%，在建线路254条，在建城市数量、在建线路数量和在建线路长度均超过已投运规模。共有24个城市的在建线路超过100千米，其中建设规模超过300千米的有成都、广州、北京、杭州、青岛五个城市；建设规模150～300千米的有深圳、上海、武汉、南京、厦门、重庆、西安、天津、苏州、合肥十个城市；建设规模100～150千米的有长沙、福州、佛山、昆明、温州、宁波、沈阳、南昌、南宁九个城市。

据不完全统计，在建线路共计车站4150个，其中换乘站1241个，占车站总数的29.9%，与目前运营线路换乘站占比8.84%相比，换乘站占比大幅提高，各城市城轨交通线网逐渐形成，网络化进程加快，详见表1。

表1 2017年建设规模指标计算结果汇总表

序号	城市	在建线路长度/千米	车站数量/个	换乘站数/个	序号	城市	在建线路长度/千米	车站数量/个	换乘站数/个
1	北京	343.9	199	77	13	西安	194.9	143	44
2	上海	256.6	188	52	14	哈尔滨	69.7	55	16
3	天津	183	155	42	15	苏州	170.9	128	32
4	重庆	198.6	109	44	16	郑州	76.2	59	28
5	广州	348.5	156	5	17	昆明	120.6	90	37
6	深圳	263.3	171	75	18	杭州	341.6	213	71
7	武汉	247.5	216	91	19	佛山	123.2	76	20
8	南京	233	113	43	20	宁波	110.7	76	23
9	沈阳	105	81	36	21	无锡	58.2	42	8
10	长春	41.6	35	12	22	合肥	151	124	35
11	大连	37.3	29	8	23	南昌	100.2	78	19
12	成都	405.5	279	102	24	长沙	140.6	102	43

续表

序号	城　市	在建线路长度/千米	车站数量/个	换乘站数/个	序号	城　市	在建线路长度/千米	车站数量/个	换乘站数/个
25	青岛	300.9	146	54	41	南通	39.2	28	5
26	福州	129.1	87	24	42	绍兴	41.1	23	5
27	南宁	100.2	82	24	43	芜湖	46.8	36	6
28	东莞	63.5	34	5	44	南平	26.2	9	
29	石家庄	56.5	—	—	45	淮安	—	—	—
30	太原	23.6	23	7	46	红河州	67.6	30	13
31	兰州	35	—	—	47	弥勒	18.9	19	2
32	厦门	198.9	127	38	48	文山	17.2	18	—
33	贵阳	75.7	57	13	49	瑞丽	35.5	39	3
34	常州	61.3	52	4	50	台州	70.5	73	10
35	乌鲁木齐	88.7	71	20	51	德令哈	15	20	—
36	徐州	64.3	54	15	52	三亚	8.4	15	—
37	济南	46	23	9	53	天水	13.1	13	—
38	温州	117.1	40	9	54	安顺	26.9	32	2
39	呼和浩特	49	43	10	55	泸州	44.2	21	—
40	洛阳	22.3	—	—	56	黔南州	22	18	—
合计		6246.3	4150	1241					
平均		111.5	74.1	22.2					

2. 规划情况

截至 2017 年年末，据不完全统计，全国已获得城轨交通建设项目批复的城市有 62 个（包含地方政府批复的淮安、南平、珠海、三亚、泉州、台州、黄石、渭南、安顺、红河州、文山州、德令哈、天水、毕节、泸州、黔南州、弥勒、瑞丽 18 个城市），规划线路总长度为 7424 千米，规划车站 4536 个，其中换乘站 1196 个，换乘站占比为 26.4%，详见表 2。

共计 16 个城市投资计划超过 1000 亿元，线网规模超 100 千米的有 27 个城市，规划换乘站比重稳超 1/4，超大、特大城市城轨交通规划线网规模满足网络化运营环境。预测到“十三五”期末，运营线路成网规模超过 400 千米的城市将超过十个。其中，北京、上海将形成千米级的城轨交通“巨网”城市，广州、深圳、重庆、天津、南京、成都、武汉、郑州等将形成线网规模 400 千米以上的城轨交通“大网”城市。

表 2　2017 年规划指标计算结果汇总表

序号	城市	规划线路长度/千米	规划车站数/个	换乘站数/个	序号	城市	规划线路长度/千米	规划车站数/座个	换乘站数/个
1	北京	396	195	73	32	厦门	227.5	125	38
2	上海	193.6	149	38	33	贵阳	170.1	113	29
3	天津	240.7	162	61	34	常州	61.3	52	3
4	重庆	275.5	136	55	35	乌鲁木齐	89.7	72	20
5	广州	271.2	134	—	36	徐州	67	52	15
6	深圳	263.9	171	75	37	济南	46.3	23	9
7	武汉	494	180	61	38	温州	152.9	40	9
8	南京	196.4	32	14	39	包头	42.1	32	1
9	沈阳	128	81	30	40	红河州	62.3	83	18
10	长春	69.4	36	—	41	呼和浩特	49	42	1
11	大连	143.9	79	24	42	洛阳	41.3	32	1
12	成都	423.3	277	76	43	南通	59.6	39	2
13	西安	217.9	166	44	44	绍兴	41.1	29	2
14	哈尔滨	72.1	53	17	45	芜湖	46.9	36	6
15	苏州	170.9	128	33	46	南平	26.2	9	—
16	郑州	106.1	87	39	47	淮安	—	—	—
17	昆明	110	72	32	48	弥勒	18.9	19	—
18	杭州	407.1	255	76	49	文山	38.1	37	—
19	佛山	123.3	76	19	50	瑞丽	4	6	—
20	宁波	110.9	76	22	51	台州	68.5	73	—
21	无锡	59.1	42	7	52	德令哈	14.8	20	—
22	合肥	123.3	100	30	53	三亚	8.7	15	—
23	南昌	96.4	72	20	54	天水	20	17	—
24	长沙	213.1	101	43	55	安顺	33.4	37	—
25	青岛	338.7	168	57	56	泸州	44.2	21	—
26	福州	150.9	109	31	57	黔南州	22	18	—
27	南宁	132.3	107	30	58	珠海	8.9	14	—
28	东莞	132.4	34	5	59	泉州	53.7	58	—
29	石家庄	56.5	45	13	60	黄石	20.6	26	—
30	太原	49.2	21	7	61	渭南	55	5	—
31	兰州	36	29	10	62	毕节	28.1	18	—
合计		7424	4536	1196					
平均		119.7	73.2	19.3					

二、基本运营情况

截至 2017 年年末，全国共 34 个城市（新增石家庄、贵阳、厦门、珠海）开通城轨交通运营，共计 165 条线路，总长度 5032.7 千米，各城市的城市轨道交通运营里程如图 1 所示。其中，地下线 3199.8 千米，占比 63.6%；地面线 739.5 千米，占比 14.7%；高架线 1093.4 千米，占比 21.7%。2017 年新增运营线路 32 条，同比增长 24.1%；新增运营线路长度 879.9 千米，同比增长 21.2%。2017 年运营基础指标计算机结果汇总如表 3 所示。

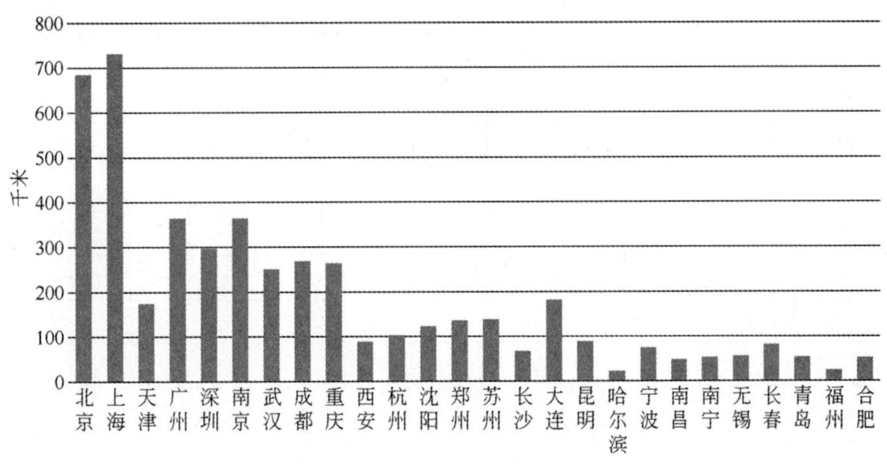

图 1　2017 年各城市的城市轨道交通运营里程

截至 2017 年年末，全国城轨交通投运车站 3234 个，比 2016 年增长 21.1%，其中换乘车站 286 个。投运车辆段和停车场 235 个。拥有换乘站的城市轨道交通城市达 26 个，占已开通城市轨道交通城市的 76.5%，比 2016 年提高 6.5%。

表 3　2017 年运营基础指标计算结果汇总表

序号	城市	线网运营长度/个	线网车站数/个	换乘站数/个	车辆段或停车场数/个	客运总量/亿人次
1	北京	685.1	376	56	30	37.78
2	上海	732.2	412	54	28	35.36
3	天津	175.3	126	7	10	35.16
4	重庆	264	153	13	12	7.43
5	广州	364.8	220	28	15	28.06
6	深圳	297.6	219	28	16	14.46
7	武汉	251.2	189	17	16	9.27
8	南京	364.3	190	17	14	9.77
9	沈阳	123.4	116	7	4	3.19

续表

序号	城市	线网运营长度/个	线网车站数/个	换乘站数/个	车辆段或停车场数/个	客运总量/亿人次
10	长春	82	99	13	6	0.9
11	大连	182.1	105	3	8	1.57
12	成都	269.3	159	14	10	7.82
13	西安	89	66	3	6	6.05
14	哈尔滨	22.7	23	1	1	1.13
15	苏州	138.4	107	5	7	2.48
16	郑州	136.6	65	3	5	2.52
17	昆明	88.7	59	2	6	1.25
18	杭州	103.7	77	5	5	3.4
19	佛山	33.5	22	—	1	—
20	宁波	74.5	51	1	3	1.12
21	无锡	55.7	46	1	4	0.92
22	合肥	52.3	47	1	2	0.43
23	南昌	48.5	41	1	3	1.1
24	长沙	67.3	46	1	3	2.33
25	青岛	53.6	52	2	3	0.66
26	福州	24.6	9	—	2	0.49
27	南宁	53.1	41	2	3	0.97
28	东莞	37.8	15	—	1	0.39
29	石家庄	28.4	26	1	3	0.4
30	兰州	61	6	—	1	—
31	厦门	30.3	24	—	1	—
32	贵阳	12.8	10	—	1	—
33	淮安	20	23	—	2	—
34	珠海	8.9	14	—	1	—
合计		5032.7	3234	286	235	184.81
平均		148.0	95.1	8.4	6.9	5.44

据不完全统计（不含5条市域快轨331.2千米和12条现代有轨电车131.6千米共462.8千米运营线路客运情况），城市轨道交通全年完成客运量总计184.8亿人次，2017年各城市城市轨道交通客运量如表3所示，2016上年160.9亿人次增长了23.9亿人次，增长14.9%。各城市的城轨交通客运量情况见图2。

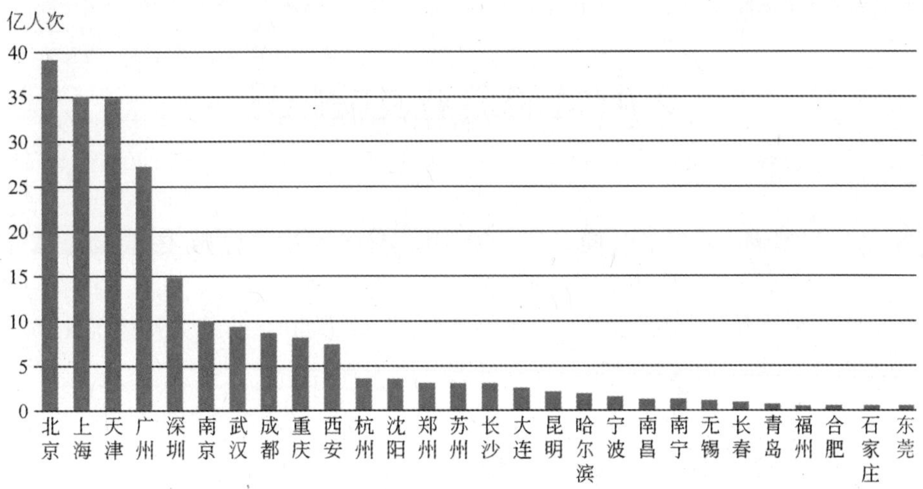

图 2　2017 年各城市的城市轨道交通客运量

2017 年，北京累计完成客运量 37.8 亿人次，日均客运量 1035 万人次，居全国首位；上海累计完成客运量 35.4 亿人次，日均客运量 969.2 万人次；广州累计完成客运量 28.1 亿人次，日均客运量 768.7 万人次；深圳累计完成客运量 14.5 亿人次，日均客运量 396.2 万人次，四城市客运量均创历史新高。伴随南京、武汉、成都等城市大量新建线路投入网络化运营，后发城市骨干网络组建完毕，北京、上海、广州、深圳客运量占全国总客运量比重从 2016 年的 67.3%降至 62.6%。

2017 年，城轨交通累计完成进站量 116.9 亿人次，比 2016 年增长 14.7 亿人次，增幅 14.4%。上海进站量达 20.4 亿人次，居全国首位；北京完成进站量 19.9 亿人次，广州完成进站量 16.5 亿人次，深圳完成进站量 9.5 亿人次。四城市进站量均创历史新高。

2017 年，城轨交通累计完成客运周转量 1513.6 亿人千米，北京、上海、广州、深圳分别完成客运周转量 330.3 亿人千米、319.9 亿人千米、206.2 亿人千米、128.4 亿人千米，均创历史新高。

（撰稿：魏运）

2017 年物流业发展概况

2017 年我国物流运行总体向好，社会物流总额增长稳中有升，社会物流总费用与 GDP 的比率有所回落。总体来看，物流运行呈现“一降、两优、三升”的特点。“一降”是指物流成本稳中趋降；“两优”是指物流需求结构和供给能力持续优化；“三升”是指物流市场价格、企业效益和行业景气度有所上升。

一、社会物流总额增长稳中有升

1. 社会物流总额稳步提升

2017 年，全国社会物流总额 252.8 万亿元，按可比价格计算，同比增长 6.7%，增速比 2016 年同期提高 0.6%。分季度看，一季度 56.7 万亿元，增长 7.1%，提高 1.1%；上半年 118.9 万亿元，增长 7.1%，提高 0.9%；前 3 季度 184.8 万亿元，增长 6.9%，提高 0.8%。全年社会物流总需求呈现稳中有升的发展态势。2010—2017 年全国社会物流总额如图 1 所示。

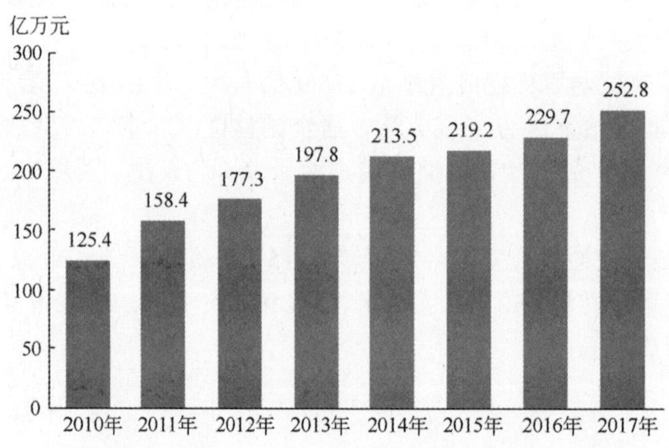

图 1　2010—2017 年全国社会物流总额

2. 物流需求结构持续改善

物流需求新旧动能的转换加快。从不同产业来看，新兴产业继续保持强劲增长趋势，传统产业转型升级。从结构来看，2017 年 1～12 月高新技术产业 PMI 指数均值水平达 53%以上，消费品行业和装备制造业均值接近 53%，较去年同期均有提升；同时，基础原材料等高耗能行业均值仍在 50%以下，物流需求低于工业平均水平。

1）工业品物流需求稳中向好

从构成来看，工业品物流总额 234.5 万亿元，按可比价格计算，同比增长 6.6%，增速比 2016 年同期提高 0.6%。2010—2017 年工业品物流总额如图 2 所示。

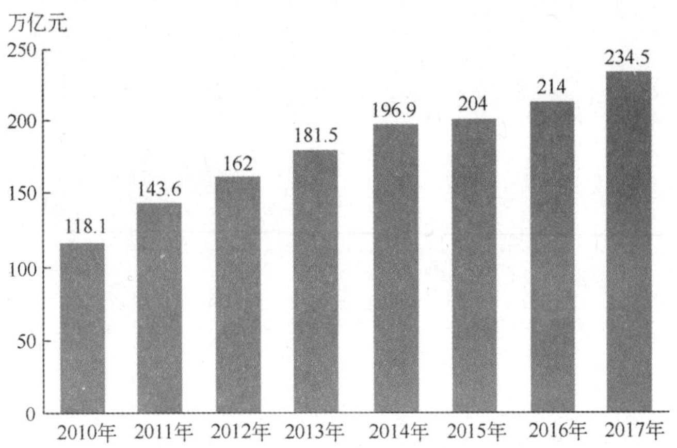

图 2　2010—2017 年工业品物流总额

2）进口物流需求形势较好

在全球经济温和复苏，内需稳中向好，彻底扭转了 2016 年同期大幅下降的局面。全球制造业 PMI 均值达到 54.7%的较高水平。在内外需求总体向好的带动下，2017 年进口物流需求保持较快增长，进口货物物流总额 12.5 万亿元，全年增长 8.7%，比 2016 年提高 1.6%。2010—2017 年港口货物物流总额如图 3 所示。

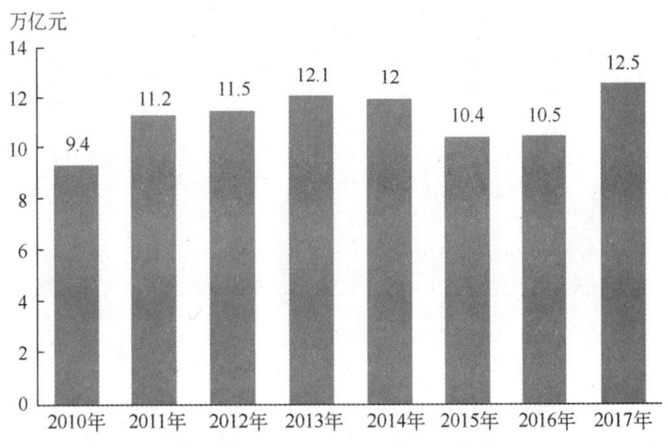

图 3　2010—2017 年进口货物物流总额

3）单位与居民物流需求保持快速增长

消费与民生领域物流需求成为物流需求增长的重要驱动力。从结构来看，消费与民生领域高速增长对物流需求的贡献率持续提高。全年单位与居民物品物流总额 1.0 万亿元，同比增长 29.9%，高于社会物流总额增长 23.2%，成为物流需求增长的重要驱动力。2010—2017 年单位与居民物品物流总额如图 4 所示。

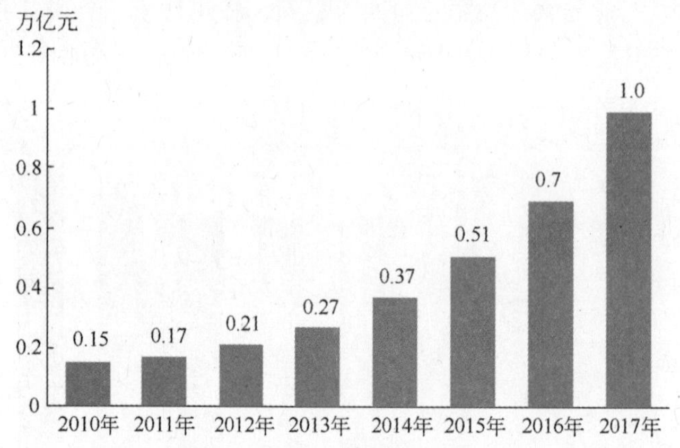

图 4　2010—2017 年单位与居民物品物流总额

4）电商等新业态物流需求持续高速增长

网络消费驱动的物流需求在 2016 年高增速的基础上继续快速增长，全年实物商品网上零售额规模超过 5 万亿元，增长 28%，带动快递及电商物流需求高速增长。2017 年电商物流行业整体向好，总业务量指数平均达 143.4 点，反映出全年电商物流业务量同比增速超过 40%，以 2015 年 1 月为基期的定比来看，2017 年总业务量指数达 354.1 点，3 年间电商业务量达到基期的 3.5 倍以上。2017 年电商物流业务量指数如图 5 所示。

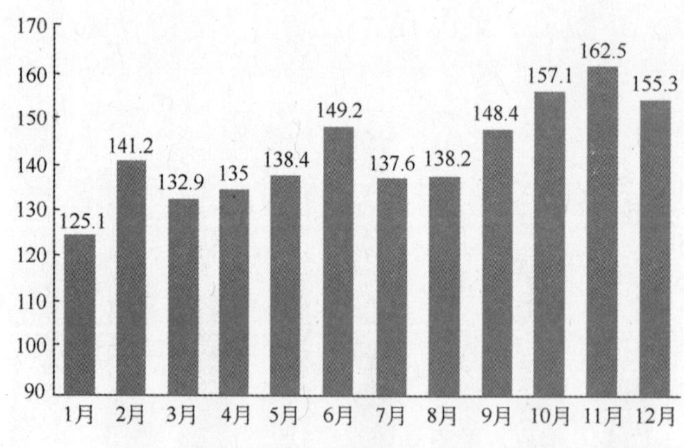

图 5　2017 年电商物流业务量指数

此外，农产品物流总额 3.7 万亿元，增长 3.9%，提高 0.8%；再生资源物流总额 1.1 万亿元，下降 1.9%。

3. 物流供给能力深度调整

物流企业群体发展壮大。物流快递企业集中上市，企业间兼并重组、联盟合作日益活跃。中国远洋海运集团经营船队综合运力排名世界第一，招商局、中外运启动物流资产重组整合。铁路总公司18个铁路局完成公司制改革。东航物流、中国国货航央企混改启动，顺丰与UPS成立合资公司，海航重组物流板块，普洛斯私有化初步完成，百世物流赴美成功上市，京东物流正式独立运营。目前，“中国物流企业50强”主营业务收入达8300亿元，进入“门槛”提高到28.5亿元，市场集中度稳步提升。全国A级物流企业已达5000家，其中5A级物流企业267家，一批综合实力强、引领行业发展的标杆型物流企业加快涌现。

行业发展动能加速转换。人工智能加快行业赋能，无人仓、无人机、无人驾驶、物流机器人等一批国际领先技术得到试验应用，我国有望实现弯道超车。目前，京东实现了全球首创的全流程无人仓及无人分拣，全部环节均由机器人完成。物流互联网逐步形成，货运车辆、集装箱、托盘等大量物流设施接入互联网。目前，我国已有超过400万辆重载货车安装北斗定位装置。物流大数据推动产业智能变革，云计算、区块链正在从理念变为现实。平台经济、数字经济、共享经济深化分工合作，互联网+高效运输、互联网+智能仓储、互联网+便捷配送等创新模式引领发展。交通运输部开展无车承运人试点，推动行业集约化、规范化发展。随着我国产业迈向全球价值链中高端，现代供应链正在成为新的增长点和发展新动能。

二、社会物流总费用与GDP的比率有所回落

1. 社会物流总费用

2017年，社会物流总费用（见图6）12.1万亿元，同比增长9.2%，增速低于社会物流总额、GDP现价增长。

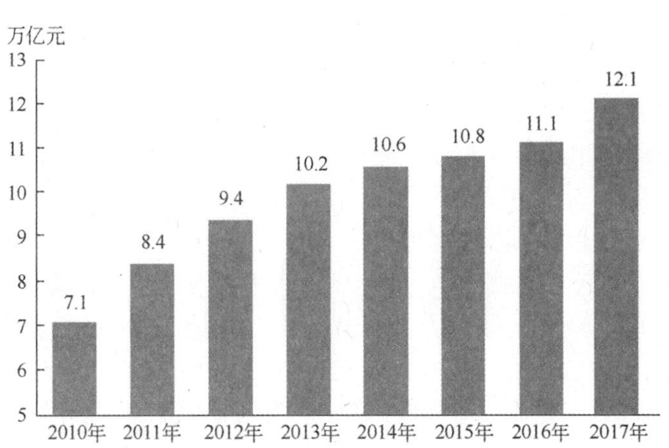

图6　2010—2017年社会物流总费用

2. 社会物流总费用与GDP的比率

1）物流领域“降成本”取得成效

随着供给侧结构性改革的深入推进，为进一步推进物流降本增效，国务院连续两年出台推进物流业降本增效的文件，物流领域“降成本”取得成效。2017年社会物流

总费用与 GDP 的比率为 14.6%，比 2016 年下降 0.3%。即每万元 GDP 所消耗的社会物流总费用为 1460 元，比 2016 年下降 2.0%，社会物流总费用占 GDP 的比率进入连续回落阶段。2010—2017 年中国全社会物流总费用占 GDP 的比重如图 7 所示。

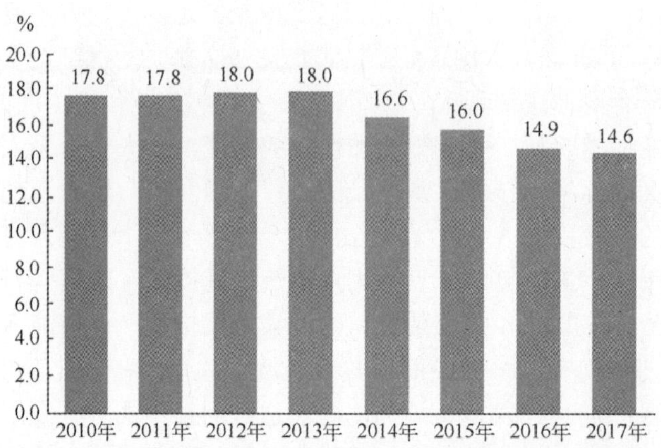

图 7　2010—2017 年中国全社会物流总费用占 GDP 的比重

社会物流成本水平持续回落的原因如下：

（1）经济结构持续调整。我国服务业占 GDP 比重从 2012 年的 45.3%上升至 2018 年前 3 季度的 51.6%，累计提高了 6.3%。历史数据表明，服务业占 GDP 的比重每上升 1%，物流费用与 GDP 的比率下降 0.3%～0.4%。经济结构的调整，约使社会物流总费用与 GDP 的比率下降 2.7%。

（2）物流运作水平持续提升。近年来，我国物流业加快提升自身运作水平，约使社会物流总费用与 GDP 的比率下降 0.6%。以工业为例，我国规模以上工业企业库存率在 9%左右，远高于发达国家 5%的水平。近年来，随着物流业与制造业深化融合，库存管理更加精细，工业企业库存率逐步降低，带来占压资金、仓储等成本下降。仓储费用与 GDP 的比率由 2012 年的 2%左右下降到 1.7%，下降 0.3%。2017 年，仓储物流指数平均为 52.4%，比 2016 年同期回升 1.1%，反映整个经济活动中库存呈下降趋势，上下游产业处于去库存阶段。

（3）政府着力降低制度性成本。近年来，国家连续出台了一系列政策措施，包括国务院出台的《降低实体经济企业成本工作方案》《关于进一步推进物流降本增效，促进实体经济发展的意见》等，提出具体政策措施，着力解决制约行业发展的关键问题，降低制度性交易成本。从物流成本构成来看，管理费用与 GDP 的比率从 2012 年的 2.2%下降到 2%，下降了 0.2%。

2）费用结构

从构成来看，物流降本增效、货畅其流取得初步成效，物流各环节的协同性不断增强。2017 年各项物流费用占比如图 8 所示。在社会物流总费用中，运输费用 6.6 万亿元，占 54.7%，同比提高 0.9%；保管费用 3.9 万亿元，占 32.4%，下降 0.8%；管理费用 1.6 万亿元，占 12.9%，下降 0.1%。从变化情况来看，运输环节在社会物流总费用中的比重持续提高，保管环节则连续下降，表明当前物流流转速度提升，库存、资金占用时间及成本有所下降。

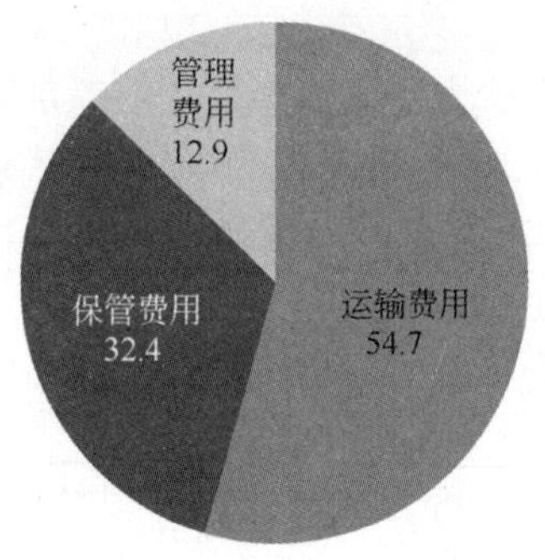

图 8　2017 年各项物流费用占比

（1）运输物流效率稳中有升。

① 运输物流协调性增强。2017 年，各种运输方式互联互通取得进展，运输费用占 GDP 的比率为 7.99%，比 2016 年下降 0.02%。其中，铁路运输持续高位运行，航空货邮运量增速提高，水运及港口货物和集装箱吞吐量保持平稳增长，多式联运、甩挂运输、江海直达运输等加快发展，主要港口集装箱铁水联运量增长超过 10%，装卸搬运费用占比连续两年小幅回落，比 2016 年下降 0.1%。

② 运输物流时效持续提升。在简政放权、信息化应用、交通运输基础设施建设等多举措带动下，运输环节时效持续提升。特别是电商物流等重点领域持续高效运行，2017 年物流时效指数平均为 121.2 点，比 2016 年提高 6.4 点。

（2）库存周转效率保持较高水平。

在去产能的大背景下，社会库存整体保持较低水平，库存周转效率保持高位。2017 年中国仓储指数中的平均库存周转次数指数平均为 52.1 点，全年均处在扩张区间，表明仓储物流企业周转效率持续保持较快增长。2017 年均库存周转次数指数走势如图 9 所示。

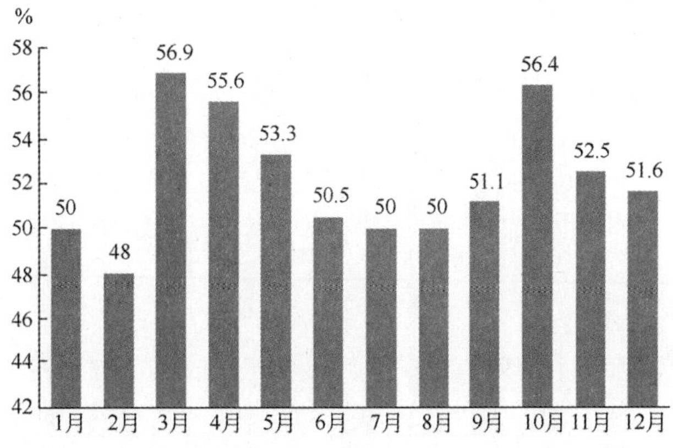

图 9　2017 年平均库存周转次数指数走势

三、物流业总收入较快增长

1. 物流市场规模持续扩大

2017 年物流专业化水平持续提升，物流市场规模加速扩张。全年物流业总收入为 8.8 万亿元，比 2016 年增长 11.5%，增速提高 6.9%。从细分市场来看，与产业升级相关的物流细分行业增势良好，冷链市场规模预计仍将超过 20%，快递服务企业业务收入比 2016 年增长 24.7%，增速均高于物流业平均水平。2010—2017 年物流业总收入情况如图 10 所示。

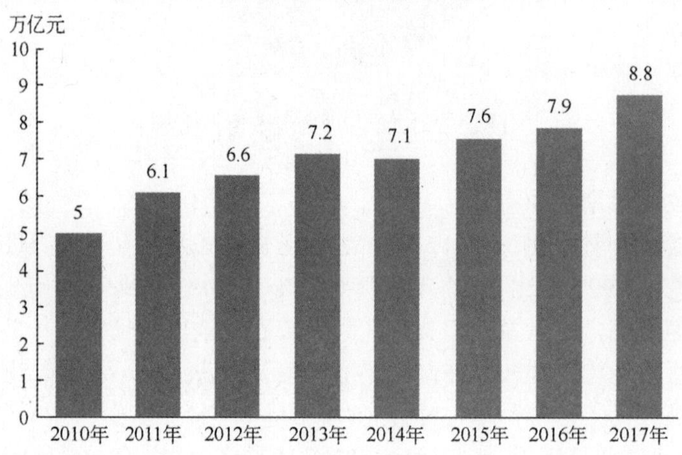

图 10 2010—2017 年物流业总收入情况

2. 企业经营状况改善

物流企业业务需求旺盛，运营效率稳中提升，物流业整体呈现活跃态势，物流业景气状况处于近年来较高水平。2017 年中国物流景气指数平均为 55.3%，比 2016 年均值高出 0.1%，2017 年 11 月回升至 58.6%，为今年以来最高水平，2017 年 12 月为 56.6%，指数有所回落但仍处于 55%的高景气区间。2017 年物流业景气指数走势如图 11 所示。

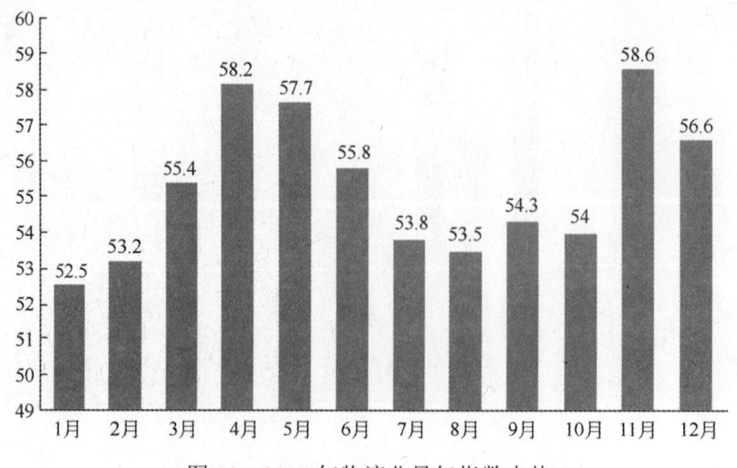

图 11 2017 年物流业景气指数走势

随着物流市场需求和物流设备利用的不断改善，企业效益稳中有升。2017 年物流业景气指数中反映企业效益的主营业务利润指数平均为 51.6%，同比提高 1.7%。其中，中国仓储指数业务利润指数平均水平为 51.6%，较 2016 年同期回升 3.5%，显示在物流需求的回升的同时，企业效益趋于改善。

四、物流市场价格回升

物流市场价格稳中有升。2017 年，一方面，受到经济整体回暖、大宗产品价格回升等因素影响，相关物流需求增势良好；另一方面，在相关政策及企业转型升级等多方因素推动下，公路和水运等领域淘汰过剩运能、更新升级运力的步伐不断加快。综合来看，物流市场供需增长更趋平衡，服务价格水平稳中有升。

1. 公路物流价格总体平稳回升

2017 年，公路物流市场需求增势稳定，运力更新升级不断加快，价格总体小幅回升。中国公路物流价格指数年平均为 106.5 点，比 2016 年均值回升 3%。其中，2017 年上半年指数延续了 2016 年三、四季度冲高后的回升走势，2017 年下半年则有所趋缓。

从分车型指数看，以大宗商品及区域间运输为主的整车指数全年平均为 103.4 点，比 2016 年回升 7.7%。零担指数年内总体呈回落走势。其中，零担轻货指数平均为 117.2 点，比 2016 年回升 0.26%；零担重货指数平均为 105.7 点，比 2016 年回落 6.0%。2017 年中国公路物流价格指数走势如图 12 所示。

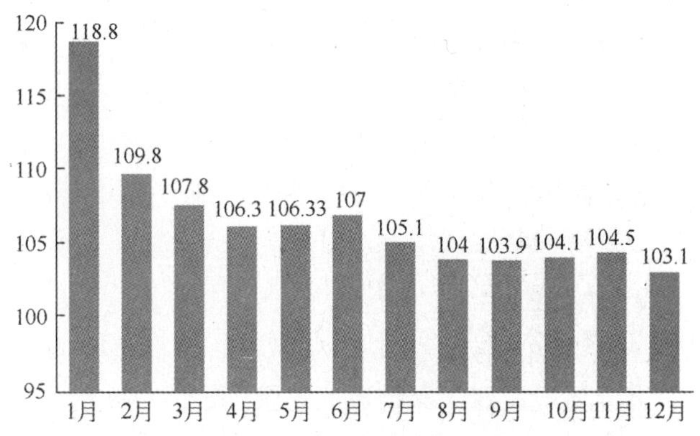

图 12　2017 年中国公路物流价格指数走势

2. 水运价格显著回升

2017 年，海运运力供给过剩情况有所改善，大宗商品需求不断上升，市场运行态势良好，价格显著回升。其中，2017 年上半年价格震荡波动，进入 2017 年下半年则显著回升，价格指数连续五个月上涨，回升幅度不断扩大，2017 年 12 月中国沿海散货运价指数升至 1500.83 点，为近五年来的最高水平。全年平均为 1148 点，比 2016 年回升 25.1%。

五、物流运行环境进一步改善

1．物流基础设施完善

1）物流相关固定资产投资保持较快增长

2017 年，物流相关固定资产投资结构质量不断提升，围绕促转型、补短板等方面有效投资保持较快增长。全年交通运输、仓储和邮政业完成投资 6.1 万亿元，增长 14.8%，增速比 2016 年提高 5.3%，全年均保持 10%以上的增长速度。

2）物流基础设施进一步完善

（1）物流运输设施网持续优化。2017 年铁路营业里程五年增长 2.7 万千米，公路总里程五年增长约 53.4 万千米，内河航道条件持续改善，通江达海干支衔接的航道网络进一步完善，民航运输机场达 229 个。各种运输方式一体化衔接协同性改善，综合货运枢纽、物流园区、港口集疏运铁路公路系统建设积极推进。

（2）物流基础设施短板进一步补强。从重点区域来看，中西部铁路建设有所加快，郑万、银西、杭温等铁路建设稳步推进；农村物流基础设施明显改善，新改建农村公路 20 万千米。从重点领域来看，冷链物流发展迅速，全国冷库总容量预计达 4775 万吨，折合 11937 万立方米，同比增长 13.7%；全国冷藏车总量预计达到 13.4 万辆，全年增加 1.9 万辆。

2．物流政策环境持续改善

国务院办公厅发出《关于进一步推进物流降本增效，促进实体经济发展的意见》（国办发〔2017〕73 号），提出 27 条具体政策措施。国务院办公厅《关于积极推进供应链创新与应用的指导意见》对发展现代供应链做出总体部署。发改委等 20 个部门签署对严重违法失信主体联合惩戒备忘录，首批 270 家“黑名单”公布。工信部开展服务型制造试点，提升工业物流发展水平。国家税务总局、交通运输部连续发文，破解道路运输企业“营改增”后税负增加问题。国家质检总局联合 11 部门出台《关于推动物流服务质量提升工作的指导意见》，扩大高质量物流服务供给等。随着“放管服”改革深入推进，制约行业发展的制度环境逐步好转。

3．物流资金环境良好

从宏观来看，2017 年金融领域去杠杆进一步深化，实体经济融资规模保持平稳增长，物流产业所处的资金环境良好。在物流业的景气中，反映运作效率的资金利用率指数 2017 年平均为 53.6%，比 2016 年提高 2.3%；2017 年 1～11 月重点调查物流企业资产负债率 50.8%，比 2016 年下降 1.4%；流动资产周转率 2.8，比 2016 年提高 0.5%。综合来看，物流领域资金环境进一步改善，企业资金流动性增强，融资压力有所缓解，偿债能力有所提高，企业经营发展态势良好。

2017 年，物流运行环境进一步改善，供给侧结构性改革成效显现，产业向高质量发展阶段迈进。

（撰稿：徐磊）

2017 年道路交通安全概况

一、我国道路交通及安全发展现状

1. 道路及运输发展情况

2017 年，我国公路通车里程为 477.35 万千米，高速公路里程达到 13.65 万千米，与 2016 年相比，分别增长了 1.67%和 5.00%。公路运输方面，全年全国营业性客运车辆完成公路客运量 145.68 亿人、旅客周转量 9765.18 亿人千米，比 2016 年分别下降 5.6%和 4.5%；全国营业性货运车辆完成货运量 368.69 亿吨，货物周转量 66771.52 亿吨千米，比 2016 年分别增长 10.3%和 9.3%。

2. 车辆和驾驶人发展情况

2017 年，我国机动车和驾驶人总量继续保持着较高增长速率，机动车保有量 3.10 亿辆，汽车 2.17 亿辆，比 2016 年分别增加 5.15%和 11.85%；全国有 53 个城市汽车保有量超过 100 万辆，24 个城市超 200 万辆，七个城市超 300 万辆，分别是北京、成都、重庆、上海、苏州、深圳和郑州。机动车驾驶人达 3.85 亿人，汽车驾驶人超 3.42 亿人，与 2016 年相比，分别增长 7.55%和 9.47%。

3. 道路交通事故情况

2017 年，全国共发生涉及人员伤亡的道路交通事故 20.30 万起，同比减少 4.60%；造成 6.38 万人死亡，同比增加 1.08%；20.97 万人受伤，同比减少 7.41%；名义直接财产损失 12.13 亿元，同比增加 0.46%。道路交通事故万车死亡率 2.06，同比减少 3.87%，十万人口死亡率 4.59，同比增加 5.4%。一次死亡三人及以上的较大交通事故 716 起，同比减少 34 起；一次死亡五人以上事故 121 起，同比减少 17 起；一次死亡十人以上的重大道路交通事故九起，同比减少两起。

二、我国道路交通事故情况与事故防控

1. 我国道路交通安全特征分析

2017 年，我国道路交通安全形式总体平稳，主要有以下特点：

（1）重大交通事故起数实现“三下降”。一次死三 3 人以上事故 716 起，同比下降 5.5%；一次死亡五人以上事故 127 起，同比下降 12.3%；一次死亡十人以上重特大事故 9 起，同比下降 18%。

（2）重特大事故起数首次降至个位数。2017 年，全国共发生一次死亡十人以上重特大道路交通事故九起，同比减少两起，延续了近年来重特大交通事故逐渐递减的趋

势，再创历史佳绩。

（3）全年首次有六个月未发生重特大道路交通事故。从重特大事故的月份分布来看，2017 年 1 月、2 月、6 月、10 月、11 月和 12 月未发生一次死亡十人以上重特大事故，创历史最好成绩。2017 年 4 月、5 月、7 月分别发生两起重特大事故，2017 年 3 月、8 月、9 月分别发生一起重特大事故。

2. 我国在道路交通事故预防方面开展的主要工作

2017 年，全国道路交通管理部门深入贯彻全国公安交通管理工作会议和全国城市道路交通管理工作现场会精神，坚持公路安全与城市畅通并重、改革创新与科技应用并举、业务发展与队伍建设并进，全力以赴保稳定、护安全、促和谐，维护道路交通安全形势的持续平稳。

（1）坚持规划引领、标准支撑、法治保障，完善交通管理顶层设计。紧紧围绕制约道路交通安全事业深层次、根本性难题，突出抓重点、打基础、补短板、强弱项，全面加强顶层设计、宏观统筹、政策引导。一是制定“两个规划”系统部署公路安全与城市畅通。聚焦长治久安，组织制定《道路交通安全“十三五”规划》并提请国务院安委会印发，围绕建安全路、造安全车、培养安全交通参与者、培育交通安全文化，部署七大主要任务和六项重大工程，对未来五年道路交通安全长远性、基础性工作做出战略安排。二是修订系列标准提升交通要素本质安全。全年制修订三项国家标准和 20 项行业标准。修订实施《机动车运行安全技术条件》，全面规范机动车运行安全技术标准，提升车辆源头生产本质安全。主导推动修订《电动自行车安全技术规范》，限定电动自行车车重、车速等核心安全指标，从源头规范“超标”车辆生产。修订《机动车驾驶人考试内容与方法》等标准，突出对安全守法文明意识和实际驾驶能力的考核，提升对驾驶人的源头教育。制定《机动车查验工作规范》，应用 PDA 智能查验终端，推广查验监管系统，严把车辆查验关，提升查验工作规范化、专业化水平。三是积极推动修法，加强道路交通法治保障。深入推进《道路交通安全法》修改立法调研，形成了 84 条修改建议，积极向全国人大法工委、国务院法制办汇报沟通，争取纳入立法计划。修订发布《道路交通事故处理程序规定》，进一步规范交通事故处理，促进阳光公正透明，提高办案质量水平，保护当事人合法权益。积极推动工信部、住房城乡建设部、交通运输部等七部委共同解决全国人大常委会《道路交通安全法》执法检查发现的源头性、基础性、根本性问题，运用法治思维和法治方式破解交通安全管理难题。

（2）坚持机制完善、模式创新、共建共治，确保交通安全形势稳定。紧紧围绕十九大交通安保，全力组织交警系统“三个不发生”创建活动，部署开展隐患歼灭、路面防控、宣传攻势、共治合成四场道路交通安全整治攻坚战，一手抓严管严治高压震慑，一手抓战法创新完善机制，打赢十九大交通安保硬仗。一是建立常态分析研判机制。制定《道路交通安全形势分析研判工作规范》，部署建立部、省、市、县四级交通安全常态化分析研判机制。研究制定《公安交通管理大数据分析研判平台建设指导意见》，稳步推进平台建设，汇聚 1700 多亿条数据，为研判工作提供支撑。二是建立源头隐患动态清零机制。牢牢抓住重点车辆、隐患人员和问题企业，滚动排查、定期通报、限期整改、对号销账。在党的十九大安保工作中，对重点隐患逐车落地追查、逐企约谈督办。同时，路面与源头齐发力，部署开展缉查布控大会战，对重点违法实施精准拦截打击，对异地隐患进行跨省联动清查。全国共清理四类重点隐患车辆 118 万辆，查处教育隐患驾驶人 131 万人，约谈 4 万多家运输企业负责人，“两客一危”车辆检验率、报废率均接近 100%，重点驾驶人审验率、换证率均达 99%。三是建立区域联合整治工作机制。围绕城市、公路、农村三大战场，梯次开展针对性区域联合整治，对重点道路联勤、相邻执法站联动、异地运营车辆联管，实现“一处发现、多省通报、多点查缉”，织密织牢路面防控的天罗地网。交替穿插开展全国周末集中夜查、各省统一行动、农村安全劝导三大行动，做到天天有整治、时时有战果。深化公安交通集成指挥平台建设应用，全国联网接入卡口 6 万余个、监控视频近 10 万路。通过该平台全年进行视频调度 37 次，并开展部省市三级视频巡查，对重要执法站联网在线、勤务落实和路面交通“三巡查、三通报”，极大地提高了工作效率和执行力、战斗力。四是建立车辆超限超载常态执法工作机制。联合交通运输部下发《关于治理车辆超限超载联合执法常态化制度化工作的实施意见（试行）》，解决多头执法、标准不一、重复罚款问题，规范货车执法管理，提升超限超载治理水平，促进货运行业健康发展。稳步推进车辆运输车治理工作，推动不合规车辆按计划退出市场。建立货车交通违法查处情况定期通报制度，督促各地以货车肇事肇祸严重违法为重点，提高执法针对性。五是建立交通事故深度调查工作机制。汇集全国 72 名事故处理、检验鉴定、车驾管理、道路安全专家，组建道路交通事故深度调查专家组，制定《道路交通事故深度调查工作规范》和《专家组管理办法》，举办培训班，召开推进会，全面推动交通事故深度调查。2017 年，各地对 387 起较大以上事故启动深度调查，发现深层隐患问题 397 个，通报相关部门 212 次，对肇事驾驶人以外的 458 名责任人追究刑事责任或行政责任，实现了倒逼整改和责任落实“双推动”。

（3）坚持媒体行动、社会发动、全民教育，提升交通安全宣传实效。充分发挥宣传教育春风化雨、润物无声的软实力和巧实力作用，大力倡导遵法守规明礼、安全文明出行，促进交通参与者的素质提升和全面发展。一是宣传提示警示铺天盖地，在全社会营造浓厚氛围。深化与中央电视台、中央人民广播电台等媒体单位的合作，持续推出“平安回家路”交通安全媒体行动，联合创办专题栏目 104 期，播发专题新闻 608 条，直播连线 37 场次，播出总时长近 2800 分钟，做到了声音画面天天播、警示教育时时有。策划制作《平安行·2017》特别节目，在央视综合频道、社会与法频道播出，取得了专业晚会收视第一的好成绩。创新节假日交通安全宣传工作，坚持提前提示、及时预警、宣传引导“三位一体”，有效防范大事故，科学引导交通流，特别是国庆、中秋八天长假没有集中出现大范围拥堵，达到近年来最好。指导全国交警系统建立各类新媒体平台 1.1 万个，全年发布双微博文 800 余万条，总“粉丝”数达 3000 万人，实现矩阵大聚焦、大联动、大传播。二是聚焦重点群体精准发力，在手段上形成有力抓手。加强重点驾驶人违法记分满分教育和审验教育的“两个教育”，建设网上学习平台，提高驾驶人再教育质量效率。联合交通运输部门开展文明交通进驾校“五个一”活动，从源头提升驾驶人交通安全意识、法治意识、文明意识。联合交通运输部举办旅游客运安全大讲堂，对1万家旅游客运、公路客运企业的2.2万名管理人员进行法制教育。大力推动农村“两站两员”建设，广泛开展劝导活动，建设农村道路交通安全管理信息系统，健全农村交通安全防控网络。组织中国道路交通安全协会捐赠安全劝导“四件套”1万套，为交通安全劝导提供支持保障。组织20多家公益企业成立公益联盟，参与交通安全宣传公益活动，其中针对小学生发放1300余个交通安全魔法箱，50多万名小学生参加活动。三是积极发动社会各方力量，在格局上形成共治合力。在党的十九大安保工作中，全国集中向交通运输、安全监管部门通报问题车辆187.8万辆次，问题企业7.2万家，隐患路段12万处，实施叠加处罚，推动隐患整改。全国公开公示严重交通违法行为93.8万条，形成有力震慑。会同工信部门联合约谈违规生产汽车企业，向社会集中曝光14家问题突出的货车企业，倒逼企业履行社会责任、安全责任。会同发改委、交通运输部门制定《关于加强交通出行领域信用建设的指导意见》，建立守信联合激励和失信联合惩戒机制，提升交通参与者文明守法意识和社会诚信意识。

三、我国道路交通安全形势与对策

1. 我国道路交通安全仍然存在的问题与隐患

中国特色社会主义进入新时代，我国社会主要矛盾发生新变化，这对我国道路交通安全改善工作提出了新要求。我们必须清醒认识新时代道路交通安全事业面临的新形势，全面准确把握交通安全管理工作新的职责定位和历史使命。

1）新时代道路交通安全管理工作面临新挑战

当前，交通管理工作进入了新的发展阶段，呈现新的阶段特征、面临诸多新的挑战。

（1）人、车、路持续快速增长的挑战。改革开放40年来，我国道路交通迎来大发展，机动车增长194倍，汽车增长159倍，驾驶人增长199倍，公路通车里程增长4.4倍。今后一个时期，随着交通强国战略的实施，人、车、路将继续保持快速增长态势，到2020年全国机动车将达3.5亿辆，汽车2.5亿辆，驾驶人4.5亿人，公路500万千米，高速公路15万千米，交通管理任务将更加繁重艰巨。

（2）城市规模迅速扩张的挑战。按照党的十九大部署，我国将以城市群为主体，构建大中小城市和小城镇协调发展的城镇格局，城镇化率到2020年将达60%，到2030年将达70%，这意味着未来十多年时间内会有上亿人口从农村转移到城市。随之带来的是汽车保有量的迅速增长，目前全国有53个城市的汽车保有量超过100万辆，24个城市的汽车保有量超过200万辆，7个城市的汽车保有量超过300万辆，到2020年预计有70个城市的汽车保有量超过百万辆。城镇化率和汽车保有量的迅速增长，是保障城市交通畅通与安全，缓解交通拥堵、出行难等城市病面临的最大挑战。

（3）建设平安乡村的挑战。近年来，农村道路交通基础设施加快改善，基本实现县县通高速、村村通公路，农村汽车年均增加1000多万辆；农村电商方兴未艾，物流配送大规模下乡，农村交通安全管理工作的压力与日俱增。随着乡村振兴战略的实施、中央农村工作会议吹响乡村振兴的号角，农村经济将进一步繁荣富裕，交通物流将更加繁忙活跃，交通安全将面临更大的压力和挑战。特别是中央关于建设平安乡村的部署，对农村交通安全管理工作提出了更高要求。虽然2017年，农村交通安全形势总体稳定，一次死亡五人以上事故同比下降26%，并且首次未发生重特大事故，但农村交通安全管理工作始终是当前工作中的短板，特别是农民的安全意识、驾驶技能没有同步跟上。

2）人民日益增长的美好生活需要对交通安全管理工作提出新要求

（1）对交通出行有了更高要求。民众出行从追求可达性到便捷性再到舒适性，不仅关注出行是否安全，还关注出行是否顺畅，既要走得了，还要走得好；不仅关注出行结果，还关注出行感受，既要安全，更要顺心。

（2）对交警执法有了更高要求。民众面对交警执法从追求合法权益到公平正义再到更有尊严，在查处交通违法、处理交通事故时，不仅要求民警严格执法、公正处理，保障人身权、财产权等合法权益不受侵犯，还要求规范执法、文明执法，使人格受到充分尊重。

（3）对交管服务有了更高要求。群众办事从追求经济成本到时间成本再到品质体验，不仅要求降低收费、减少支出，还要求更少时间、更短距离，最好能像网购一样足不出户，网上就可以把车牌办了、把车证领了、把款交了、把违法记录处理了；不仅关注是否能上得了牌、考得了证，还关注办牌办证是否公平公正公开、窗口服务是否热情高效周到。

3）新时代交通管理工作面临新机遇

新时代充满新机遇，特别是国家治理体系和治理能力现代化进程加快，推动人的全面发展、社会全面进步，交通管理工作也面临许多新机遇。

（1）推进协同共治的机遇。交通出行是一个涉及全民的问题，交通管理也是一项需要全社会共同参与的工作。党的十九大对打造共建共治共享的社会治理格局，完善党委领导、政府负责、社会协同、公众参与、法治保障的社会治理体制提出了明确要求，为争取党委政府重视、协调部门齐抓共管、发动社会力量积极参与提供了有利契机。

（2）建设智慧交通的机遇。在当今时代，大数据发展日新月异，人工智能发展进入新阶段。党的十九大就建设数字中国、智慧社会做出部署，习近平总书记指示政法机关要深化智能化建设。部党委审时度势，部署实施公安大数据战略，着力打造数据警务、建设智慧公安，为建设智慧交通、推进交通安全治理能力现代化提供了有利契机。

（3）培育汽车文化的机遇。与快速到来的汽车社会相比，我国汽车文明建设相对滞后。在很多硬件设施建设、科技应用上已经超过西方发达国家，当前最大的短板在于文化软实力的建设。党的十九大提出建设社会主义文化强国，提高全社会文明程度，推进诚信建设，强化社会责任意识、规则意识、奉献意识，为推动培育与汽车社会相适应的汽车文化提供了有利契机。

同时，必须清醒地看到，面对新形势和新使命，交通安全管理工作还存在许多不平衡、不充分、不适应的问题。从发展阶段来看，目前我国总体处于机动化发展期，但区域发展不平衡，有的接近机动化平稳期，有的处于机动化发展期，有的处于机动化初始期，或者向机动化发展期过渡的时期。从客观条件来看，城乡不平衡、大中小城市不平衡、东中西部不平衡，自然环境、道路条件、安全设施、车辆状况等各方面都存在较大差异。从服务供给来看，相比城市，针对农村交通参与者的服务不充分，农村机动车增长快、服务需求大，但很多服务措施没有延伸到农村。从交警队伍来看，整体素质能力与现代城市发展、现代交通发展、现代科技发展和新业态的发展不相适应，与新时代平安中国建设、法治中国建设和人民日益增长的美好生活需要不相适应。

2. 我国道路交通安全工作的方向与实施对策

全国公安交通管理部门应紧紧围绕平安中国、法治中国、交通强国建设和乡村振兴战略，坚持以人民为中心的发展思想，坚持公路安全与城市畅通并重，更加注重源头治理、协同共治，更加注重深化改革、科技应用，更加注重提升执法服务水平、提升文明守法意识，着力提高交通管理科学化水平，大力推进交通安全治理能力现代化，努力实现交通更加安全顺畅，不断满足人民平安出行的需要，切实增强人民获得感、幸福感、安全感，为决胜全面建成小康社会创造良好的道路交通环境。

（1）完善落实道路交通安全责任体系。充分利用国务院安委会、部际联席会议机制等平台作用，着力推动《道路交通安全“十三五”规划》实施，进一步强化地方党委、政府领导责任，推动相关部门履行监管责任、行业履行社会责任、企业落实主体责任，实现道路交通安全社会共治。借助监察制度改革有利契机，研究构建公安交管部门和监察机构的沟通协调、移送交接机制，运用法治手段倒逼政府和相关管理部门落实责任。

（2）强化源头隐患排查治理。严格实施新修订的《机动车运行安全技术条件》《机动车驾驶人考试内容和方法》等标准，严把车辆和驾驶人准入关口，提升车辆本质安全性能，提升新驾驶人安全守法素质。深入推进交通事故深度调查工作，链条式推进溯源成因、落实责任、曝光问题、倒逼整改，积极推动相关部门完善道路设计标准和车辆安全标准。巩固违规车辆通报曝光、隐患车辆清零等治理模式，加强“两客一危一重”车辆、校车、“面包车”等重点车辆源头管理。

（3）加大公路交通安全防控力度。深化全国主干公路网公路交通安全防控体系建设应用，改革创新公路交通管理勤务机制，提高公路交通安全管控能力和精准查缉能力。会同交通运输部深入开展货车超限超载、车辆运输车治理，研究开展液体危险货物罐车治理。完善道路交通应急处置指挥联动机制，推广应用“十二五”国家科技支撑计划项目科研成果，强化隧道、团雾多发路段综合管控和极端恶劣天气应急处置管理，提升道路交通安全应急智能化水平。

（4）积极参与平安乡村建设。推动将农村交通安全治理纳入县乡村三级综治体系，探索实施“路长制”。全面推广应用农村交通安全管理信息系统，制定农村“两站两员”工作规范，推进基础建设和规范化建设。引导农村基层组织制定推行交通安全村规民约，增强农村群众的主体意识、规则意识。加强农村客运、校车等方面存在的安全隐患排查治理，探索新机制，创建新办法，保持农村交通安全形势稳定。

（5）增强全社会交通安全文明素质。进一步深化警媒合作，深度策划文明交通媒体行动，扩大“122”全国交通安全日影响力，持续发挥交警系统新媒体矩阵效能，积极培育汽车安全文化。推动交通安全宣传公益项目制，依托“交通安全公益联盟”等平台，引导企业做安全公益、尽社会责任。进一步落实交通出行领域信用建设，强化守信联合激励、失信联合惩戒，提升社会诚信意识。深入开展文明交通进驾校“五个一”活动，不断丰富少年儿童交通安全宣传教育内容形式，进一步增强交通安全意识、文明意识。

（6）提高交通事故受伤人员救治效率。积极会同卫生、保险等部门完善应急救援机制，强化部门联动、信息共享，积极引导社会救援力量发展，在有条件的地方大力推行空中救援模式，健全交通事故伤员急救体系，提高交通参与者自救、互救、施救意识和技能，降低交通事故致残率和致死率。

（撰稿：褚昭明）

2017年电子信息产业发展概况

2017年，我国宏观环境持续好转，内需企稳回暖，外需逐步复苏，结构调整、转型升级步伐加快，企业生产经营环境得到明显改善。电子信息制造业实现较快增长，生产与投资增速在工业各行业中保持领先水平，出口形势明显好转，效益质量持续提升。

一、生产情况

1. 生产保持较快增长

2017年，规模以上电子信息制造业增加值比2016年增长13.8%，增速比2016年加快3.8%，快于全部规模以上工业增速7.2%，占规模以上工业增加值比重为7.7%。其中，2017年12月增速为12.4%，比2017年11月回落2.6%（见图1）。

2. 出口形势有所好转

2017年，出口交货值同比增长14.2%（2016年为同比下降0.1%），快于全部规模以上工业出口交货值增速3.5%，占规模以上工业出口交货值比重为41.4%。其中，2017年12月出口交货值同比增长13.2%，比2017年11月回落3.4%（见图1）。

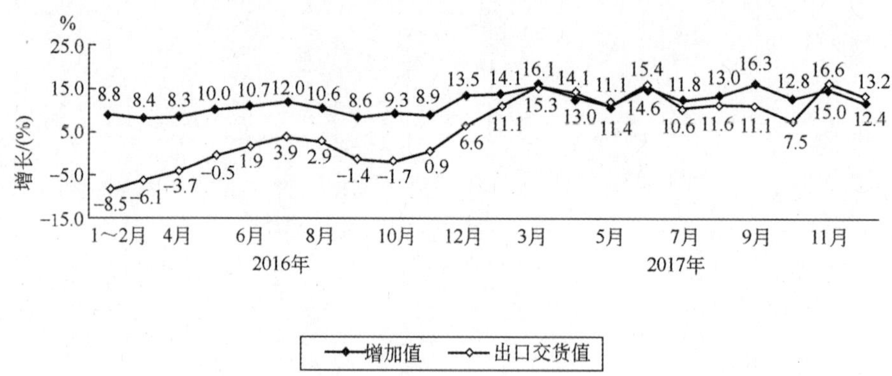

图1　2016年以来电子信息制造业增加值和出口交货值分月增速

3. 通信设备行业生产、出口保持较快增长

2017年，生产手机19亿部，比2016年增长1.6%，增速比2016年回落18.7%；其中，智能手机14亿部，比2016年增长0.7%，占全部手机产量比重为74.3%；实现

出口交货值比 2016 年增长 13.9%，增速比 2016 年加快 10.5%。2017 年手机月度生产情况如图 2 所示。

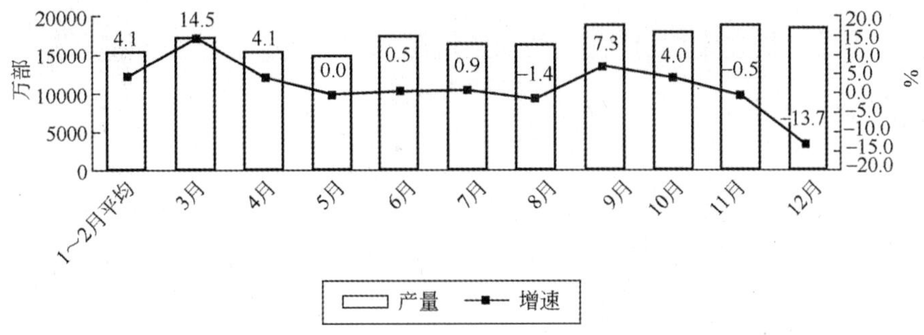

图 2　2017 手机月度生产情况

计算机行业生产、出口情况明显好转。2017 年，生产微型计算机设备 30678 万台，比 2016 年增长 6.8%（2016 年为同比下降 9.6%）。其中，笔记本电脑 17244 万台，比 2016 年增长 7.0%；平板电脑 8628 万台，比 2016 年增长 4.4%。实现出口交货值比 2016 年增长 9.7%（2016 年为同比下降 5.4%），如图 3 所示。

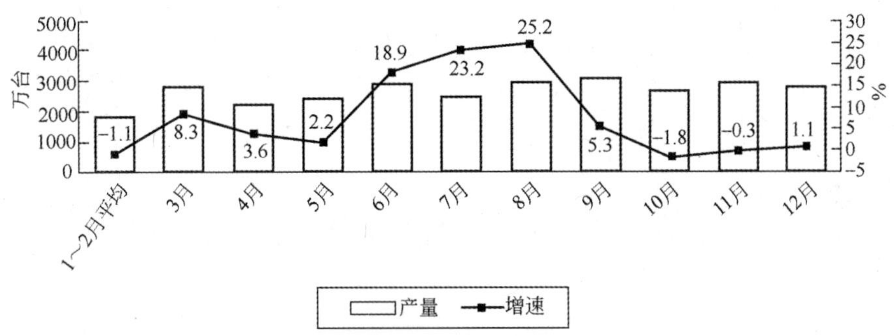

图 3　2017 年微型计算机设备月度生产情况

家用视听行业生产持续低迷，出口增速加快。2017 年，生产彩色电视机 17233 万台，比 2016 年增长 1.6%，增速比 2016 年回落 7.1%。其中，液晶电视机 16901 万台，比 2016 年增长 1.2%；智能电视 10931 万台，比 2016 年增长 6.9%，占彩电产量比重为 63.4%。实现出口交货值比 2016 年增长 11.8%，同比加快 10%。2017 年彩色电视机月度生产情况如图 4 所示。

电子元件行业生产稳中有升，出口增速加快。2017 年，生产电子元件 44071 亿只，比 2016 年增长 17.8%。实现出口交货值比 2016 年增长 20.7%，增速比 2016 年加快 18.1%。2017 年电子元件月度生产情况如图 5 所示。

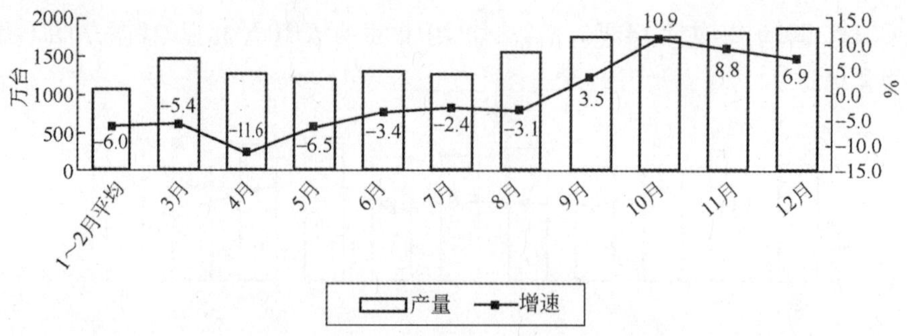

图 4　2017 年彩色电视机月度生产情况

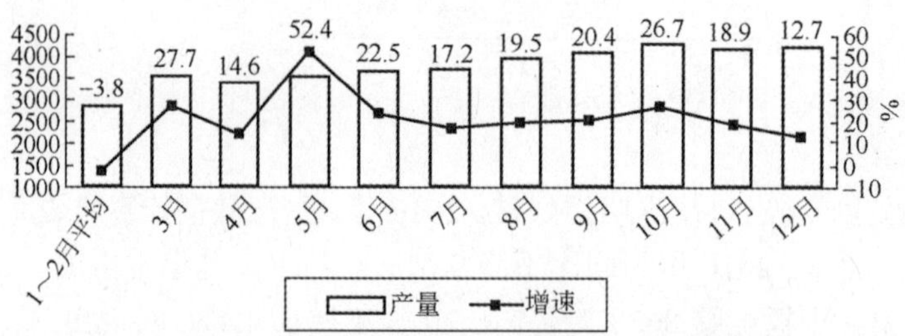

图 5　2017 年电子元件月度生产情况

电子器件行业生产、出口实现快速增长。2017 年，生产集成电路 1565 亿块，比 2016 年增长 18.2%。实现出口交货值比 2016 年增长 15.1%（2016 年为同比下降 0.7%）。2017 年集成电路月度生产情况如图 6 所示。

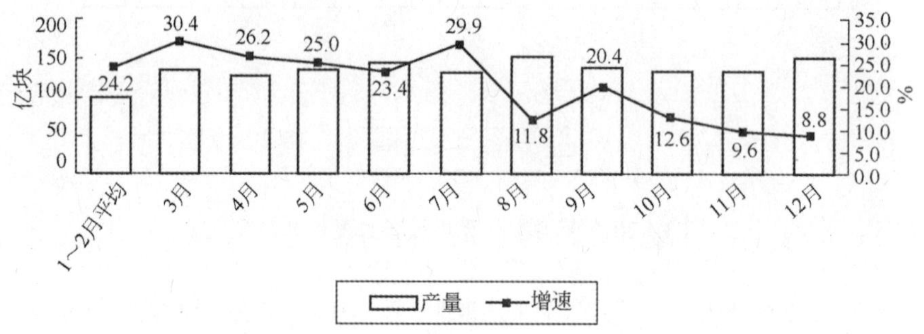

图 6　2017 年集成电路月度生产情况

二、效益情况

1. 行业效益持续改善

2017 年，全行业实现主营业务收入比 2016 年增长 13.2%，增速比 2016 年提高 4.8%；实现利润比 2016 年增长 22.9%，增速比 2016 年提高 10.1%。主营业务收入利润率为 5.16%，比 2016 年提高 0.41%；企业亏损面为 16.4%，比 2016 年扩大 1.7%，亏损企业亏损总额比 2016 年下降 4.6%。2017 年年底，全行业应收账款比 2016 年增长 16.4%，高于同期主营业务收入增幅 3.2%；产成品存货比 2016 年增长 10.4%，增速同比加快 7.6%。2017 年电子信息制造业主营业务收入、利润增速变动情况如图 7 所示。

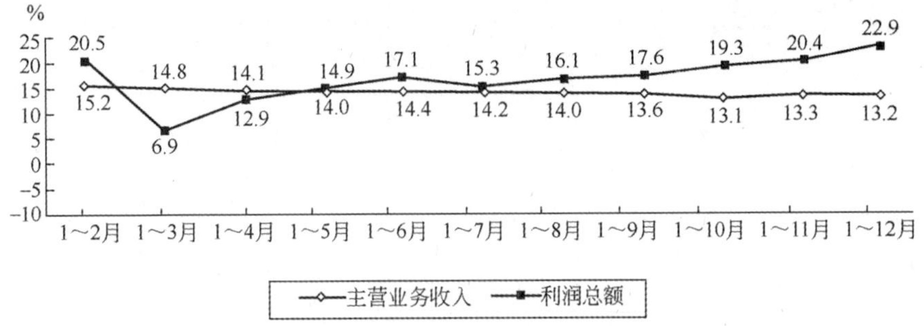

图 7　2017 年电子信息制造业主营业务收入、利润增速变动情况

2. 运行质量进一步提升

2017 年，电子信息制造业每百元主营业务收入中的成本、费用合计为 95.63 元，比 2016 年减少 0.24 元；产成品存货周转天数为 12.9 天，比 2016 年减少 0.4 天；应收账款平均回收周期为 71.1 天，比 2016 年增加 2.7 天。每百元资产实现的主营业务收入为 131.4 元，比 2016 年增加 7.3 元；人均实现主营业务收入为 119.8 万元，比 2016 年增加 11.2 万元；资产负债率为 57.3%，比 2016 年下同比降 0.2%，如图 8 所示。

三、固定资产投资情况

1. 固定资产投资保持高速增长

2017 年，电子信息制造业 500 万元以上项目完成固定资产投资额比 2016 年增长 25.3%，增速比 2016 年加快 9.5%，连续 10 个月保持 20%以上高位增长。电子信息制造业本年新增固定资产同比增长 35.3%（2016 年为同比下降 10.9%），如图 8 所示。

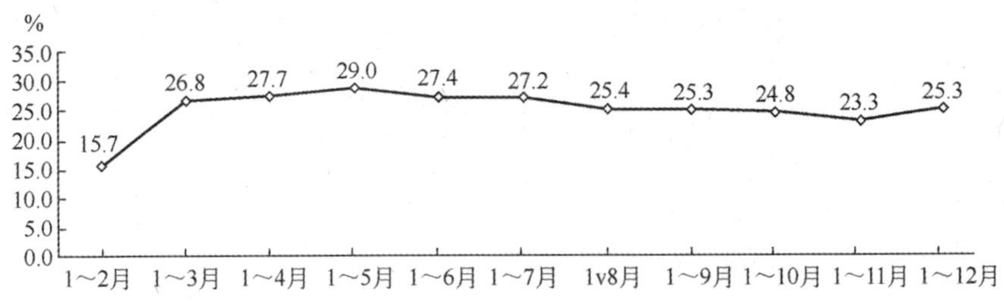

图 8　2017 年电子信息制造业固定资产投资增速变动情况

2. 通信设备、电子器件行业投资增势突出

2017 年，整机行业中通信设备投资较快增长，完成投资比 2016 年增长 46.4%，同比加快 16.1%；家用视听设备完成投资比 2016 年增长 7.6%；电子计算机完成投资比 2016 年下降 2.3%。电子器件完成投资比 2016 年增长 29.9%；电子元件完成投资比

2016 年增长 19.0%，如见图 9 所示。

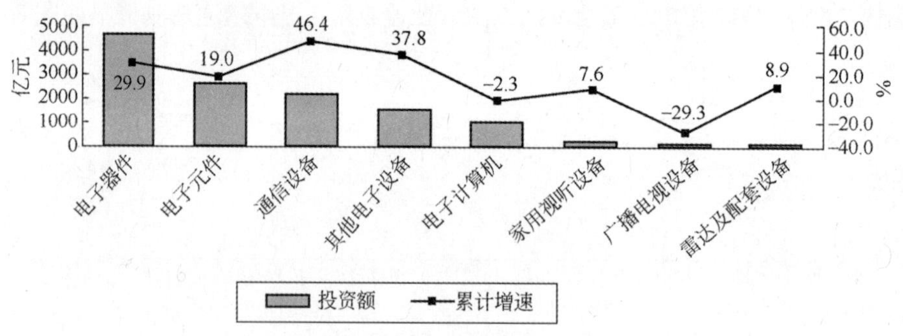

图 9　2017 年分行业固定资产投资情况

3. 内资企业投资增长较快

2017 年，企业完成投资比 2016 年增长 29.1%，其中，国有企业和有限责任公司增长较快，增速分别为 40.5%和 32.5%；港澳台企业完成投资比 2016 年增长 10.5%；外商投资企业完成投资比 2016 年增长 13.7%。

4. 西部地区投资增速领跑，东北部地区投资明显好转

2017 年，东部地区投资增长平稳，完成投资同比增长 17.1%，增速比 2016 年回落 1.6%，其中河北、广东投资增长较快，分别增长 46.4%、41.9%；中部地区投资增长较快，完成投资同比增长 25.7%，增速比 2016 年提高 11.7%，其中江西、安徽投资增长较快，分别增长 76.2%、24.6%；西部地区投资增速领跑，完成投资同比增长 46.1%，增速比 2016 年提高 26.3%，其中云南、贵州、四川投资增长较快，同比分别增长 338.9%、120.9%、118.0%；东北部地区投资由降转升，完成投资同比增长 39.7%（2016 年为同比下降 29.6%），黑龙江、辽宁投资分别增长 109.7%、60.8%，如图 10 所示。

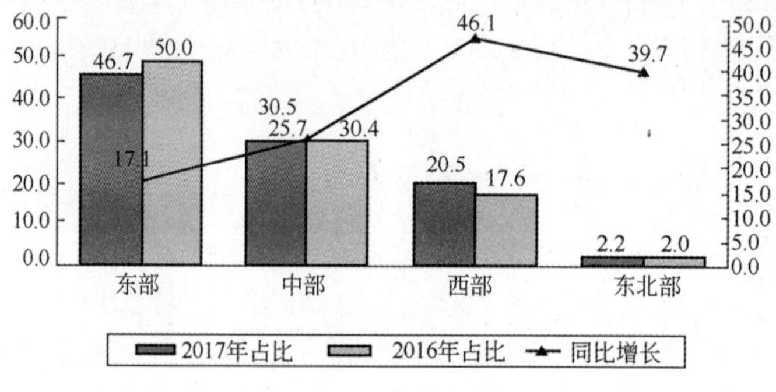

图 10　不同地区投资情况

（撰稿：关志超）

2017 年城市交通发展概况

一、总体情况

1. 发展特点

1）城市客运供给结构不断优化

2017 年，各地加大城市客运基础设施投入，大容量、快速城市公共交通系统在城市交通系统中的骨架作用日益显现，一批综合客运枢纽相继建成，快速公交、公交专用道网络逐步完善。城市轨道交通持续快速发展：全国有 34 个城市开通轨道交通，运营线路 153 条，比 2016 年增加 29 条，运营线路总长度为 4583.2 千米，比 2016 年增加 855.7 千米。北京、上海、广州等城市轨道交通日均客运量占公共交通的比例已超过 50%。公交专用道规模快速增长：全国公交专用车道 10914.5 千米，比 2016 年增加 1136.7 千米，同比增长 11.6%。快速公交系统建设加快：全国 32 个城市开通 BRT 线路，客运量达到 21.96 亿人次，比 2016 年增长 24.4%。

2017 年，城市公共交通供给总量保持稳定，公众出行偏好向大容量、快速城市公共交通系统倾斜，主要体现在城市公共汽电车客运量的下降，以及具有专有路权优势和速度优势的 BRT 及轨道交通客运量显著提升。2017 年城市公共汽电车完成客运量 722.87 亿人次，同比下降 3.0%，其中 BRT 客运量 21.96 亿人次，同比增长 24.4%；城市轨道交通完成客运量 184.30 亿人次，同比增长 14.1%；巡游出租车完成客运量 365.40 亿人次，同比下降 3.2%。城市公共汽电车、城市轨道交通、巡游出租汽车分别占城市客运总量的 56.8%、14.5%、28.7%，相比 2016 年分别下降 1.2%、增长 1.8%、减少 0.7%。城市公共交通（公共汽电车、城市轨道交通）客运量比 2016 年增加 0.31 亿人次，同比增长 0.03%。

2）城市客运服务质量不断提高

2017 年，各地大力推进轨道交通、快速公交、社区公交、定制公交等不同类型公交系统建设，构建多层次、差异化的出行服务体系。加快提升公共交通线网密度和站点覆盖率，完善优化公共交通换乘衔接，促进城市轨道交通与公共汽电车、互联网租赁自行车等服务的有效融合。不断提升综合客运枢纽的一体化服务水平，构建公共汽电车、城市轨道交通等一体化发展的智能化协调运行体系，提高城市客运运营服务的协同能力和管理水平。运输装备的更新升级速度进一步加快。截至 2017 年年底，全国拥有公共汽电车运营车辆中空调车比例达 71.5%，新能源汽车比例达 39.5%。

3）城市交通智能化水平不断提升

2017 年，交通一卡通互联互通有序推进。截至 2017 年年底，全国共有 190 个地级以上城市初步实现交通一卡通互联互通，累计发行互联互通卡 1300 万张，已覆盖京津冀、长三角、珠三角、长江经济带等多个重点区域，实现了公交、地铁、出租汽车、公共自行车及轮渡等多方式应用。

2017 年，移动支付快速发展，公交出行更加方便快捷。北京、上海、天津、广州、武汉、郑州等 40 多个城市进入公交移动支付时代。杭州主城区公交线路实现公交卡、支付宝、银联云闪付或移动支付全覆盖。青岛公交线路推出支付宝或微信移动支付，贵阳推出支持二维码扫码支付的快速公交（BRT）。北京地铁全线开通手机刷卡乘车功能，将一卡通相关应用加载于智能手机的 NFC 功能中，具有在线开卡、携带方便、充值便捷等优势。

2017 年，各地加大智慧充电桩、智能公交电子站牌、智慧公交站等多种智能交通装备的推广使用。自动驾驶等新技术快速发展，2017 年 12 月 18 日，北京发布了《北京市关于加快推进自动驾驶车辆道路测试有关工作的指导意见（试行）》和《北京市自动驾驶车辆道路测试管理实施细则（试行）》两个指导性文件，推出“车路协同”模式的自动驾驶车辆道路测试方式，这标志着我国城市交通智能化网联化向实际应用迈出了新步伐。

4）城市交通绿色发展效果显著

党的十九大报告提出，“推进绿色发展”“开展创建节约型机关、绿色家庭、绿色学校、绿色社区和绿色出行等行动”。习近平总书记多次强调，要推动形成绿色发展方式和生活方式、加快构建绿色循环低碳发展的产业体系。2017 年，各地大力推进绿色出行体系建设，取得积极成效。

各地加快新能源车辆推广应用。截至 2017 年年底，我国拥有新能源公交车辆 25.72 万辆，占公交车辆总数的 39.5%，比 2016 年增长 9.26 万辆，同比增长 56.2%，提前实现 2020 年新能源汽车推广目标。杭州主城区新能源和清洁能源公交车辆比例已达 100%；深圳已将所有公交车辆更新为纯电动汽车；太原已建成纯电动出租汽车城市；交通运输行业已成为国家新能源汽车推广应用的主阵地，为推动新能源汽车技术进步和防治空气污染做出了重要贡献。

2017 年 9 月 18 日—24 日，交通运输部、公安部、中华全国总工会联合举行以“优选公交，绿色出行”为主题的“公交出行宣传周”活动。活动期间，各地组织开展“百城市长乘公交”、集中宣传展览、关爱残疾人无障碍出行、公交出行研讨等活动；积极倡导社会公众选择公交、地铁、公共自行车等绿色交通出行方式；鼓励在公共场所组织举办公交文化、“互联网+”公交等相关公益展览，引导各地组织公交开放体验活动；邀请社会公众走进公交企业、调度中心、公交枢纽等地，参观体验公交运营环节，拉近城市公交和公众的距离，进一步扩大公众参与度。

2017 年，各地积极引导公众选择自行车出行方式，加快自行车道和步行道系统建设。厦门市建成中国首条、全球最长的空中自行车高速公路。为进一步规范互联网租赁自行车发展，各地陆续出台管理实施细则及停放导则等配套制度文件，自行车发展环境进一步得到改善。

5）城市交通新业态快速兴起

随着全球科技革命和产业变革的不断深入，交通运输行业以“智慧交通”为主战场，借助移动互联网、云计算、大数据、物联网等先进技术和理念，推动传统运输服务业与互联网融合创新，加快推进交通运输由传统产业向现代服务业转型。其中，城市客运行业成为推进“互联网+”行动的重要应用领域，涌现出网络预约出租汽车（简称“网约车”）、互联网租赁自行车（俗称“共享单车”）、汽车分时租赁等基于移动互联网技术的城市客运新业态、新模式。

截至2017年年底，全国已有65家网约车平台公司在不同城市获得经营许可，其中神州专车、滴滴出行、首汽约车在40多个城市获得经营许可。全国先后有80余个互联网租赁自行车品牌进入市场，2300万辆自行车投入运营，覆盖全国236个城市，注册用户接近4亿人次，活跃用户数约8000万人。在汽车分时租赁方面，投入运营的企业已超过100家，整体竞争环境较为激烈。

6）“网约车”发展进一步规范

2017年，各地认真贯彻国家统一部署，加快深化出租汽车行业改革，进一步规范网约车发展，截至2017年年底，29个省（自治区、直辖市）发布了网约车发展实施意见，202个城市正式出台实施细则，64个城市已公开征求意见。其中，江苏、浙江、福建、江西、山东、河南、青海七个省份所有地市均已发布实施细则。全国113个城市为65家网约车平台公司办理了《网络预约出租汽车经营许可证》，57个城市为14万车辆办理了《网络预约出租汽车运输证》，申请网约车驾驶员考试的约70万人，其中，已通过背景核查的37万人，已通过考试的23万人，并在109个城市取得《网络预约出租汽车驾驶员证》。部级网约车监管信息交互平台与119家拟从事网约车经营的企业完成数据对接，接入25家网约车平台公司运营数据，涉及182个城市。

7）公交都市创建工作持续推进

2017年，各创建城市在交通运输部、各省级交通运输主管部门的指导下，按照城市人民政府的统一领导，会同相关部门稳步推进公交都市创建工作。截至2017年年底，全国公交专用道线路长度突破1万千米，32个城市开通BRT线路，北京、重庆等城市微循环公交线路突破50条，55个公交都市创建城市推出基于互联网的定制公交服务，城市公交服务能力显著提升。

各地按照交通运输部的统一部署安排，积极开展“十三五”期公交都市创建申报工作。有关城市人民政府申报、省级交通运输主管部门审核推荐、交通运输部组织专家评选，2017年8月4日，交通运输部发布了《交通运输部关于公布“十三五”期全面推进公交都市建设第一批创建城市名单的通知》（交运函〔2017〕597号），原则上同意河北省张家口市等50个城市作为“十三五”期全面推进公交都市建设第一批创建城市。

8）城市交通标准体系持续完善

2017年，城市客运行业进一步完善标准体系建设，共发布6项标准，包括国家标准《城市公共交通发展水平评价指标体系》（GB/T 35654—2017），以及行业标准《城市公共汽电车车站设施功能要求》（JT/T 1118—2017）、《城市公共交通行业监管信息系统技术要求》（JT/T 1138—2017）、《城市公共交通管理与服务数据交换规范》（JT/T 1137—2017）、《城市公共汽电车调度系统技术要求》（JT/T 1136—2017）、《城市公共汽电车运营安全管理规范》（JT/T 1156—2017）等。其中，《城市公共交通发展水平评价指标体系》（GB/T 35654—2017）规定了重点城市公共交通发展水平评价指标体系架构和具体指标，为建立城市公共交通发展绩效评价制度提供了依据。

2017 年，全国城市客运标准化技术委员会围绕供给侧结构性改革需求，结合城市客运新业态发展情况，研究制订了“2018—2020 年城市客运重点标准制修订计划”，包括：公共汽电车、城市轨道交通及客运枢纽运营安全管理，新能源公交运营安全监管，设备安全性能评价，分时租赁汽车、网约车、共享单车及定制公交服务等相关标准，为 2018—2020 年城市客运行业标准的研究和制修订工作提供了依据。

2017 年，全国城市客运标准化技术委员会组织开展互联网租赁自行车标准体系研究，初步构建互联网租赁自行车标准体系表，形成包括基础类、服务类、技术类和信用类四类共计 105 项标准，涵盖互联网租赁自行车准入、运营、监管、退出、回收等全生命周期管理，为促进互联网租赁自行车行业健康发展，支撑城市绿色出行体系建设提供支撑。

9）城市交通秩序整治力度不断强化

2017 年，以不礼让斑马线、电动自行车整治为切入点和突破口，针对容易致乱、致堵、致祸的“三驾”（酒驾、醉驾、毒驾）、“三乱”（乱停车、乱变道、乱用灯光）、“两闯”（闯红灯、闯禁行）违法行为全面开展整治，整顿交通乱象，道路通行秩序不断改观。全国城市查处上述严重交通违法案件同比上升 19.6%。特别是抓住契机，突出不礼让斑马线整治，找准人民的期待与政府治理社会问题的契合点，把交通治理与城市文明建设有机结合，赢得党委政府重视、人民群众称赞、媒体舆论支持。

10）城市交通组织管理更加科学精细

2017 年，深入推进城市交通信号灯配时智能化和交通标志标线标准化，全国累计整改交通信号灯 12.1 万个、交通标志 15.5 万个、交通标线 183.4 万千米。对部分城市交通会诊考察，向当地政府反馈优化改进的意见建议，精准指导缓堵工作。全面排查治理车站、商圈、医院、学校等常发性堵点、乱点，36 个大城市设置严管街 1100 多条，优化组织、完善设施、治理乱象，消除道路“梗阻”，提升整体路网通行效率。大力推广杭州、南京、深圳、重庆等地“城市交通大脑”，以及青岛、武汉、长沙等地“情指勤一体”现代警务机制，推动城市交警执法向机动化、精准化发展，交通组织向科学化、精细化迈进。

2. 发展政策

1）《“十三五”现代综合交通运输体系发展规划》发布

2017 年 2 月 3 日，《国务院关于印发“十三五”现代综合交通运输体系发展规划的通知》（国发〔2017〕11 号）发布。作为“十三五”期间 22 个国家级重点专项规划之一，《“十三五”现代综合交通运输体系发展规划》（简称《规划》）分析了“十三五”

期间我国交通运输发展面临的新环境和新要求，明确了综合交通运输体系发展的总体思路、发展目标和重点任务，为构建我国现代综合交通运输体系提供了实施路径和行动指南。《规划》注重提高运输服务能力，强调高效服务、便利服务、智能服务，并在加强城市交通建设、提升城市客运服务安全便捷水平、促进城市客运绿色发展等方面对城市客运服务做出了工作部署。

2）《城市公共汽车和电车客运管理规定》出台

2017 年 3 月 7 日，交通运输部履行指导城市客运职责后制定的首部部门规章《城市公共汽车和电车客运管理规定》（中华人民共和国交通运输部令 2017 年第 5 号）（简称《规定》）颁布，自 2017 年 5 月 1 日起施行。《规定》按照推进简政放权、放管结合、优化服务改革及推进供给侧结构性改革的总体部署，明确了城市公共汽电车客运的适用范围、发展定位、基本原则和发展方向，从规划与建设、运营管理、运营服务、运营安全、监督检查、法律责任等方面提出了相关要求，为城市公共汽电车客运行业规范健康发展提供了制度依据。

3）"互联网+城市客运"新业态政策陆续出台

2017 年 1 月 15 日，中共中央办公厅、国务院办公厅印发《关于促进移动互联网健康有序发展的意见》，提出促进移动互联网和公共服务的深度融合，重点推动基于移动互联网的交通、旅游等便民服务。

2017 年 8 月 1 日，交通运输部等十部门联合印发《交通运输部 中央宣传部 中央网信办 国家发展改革委 工业和信息化部 公安部 住房城乡建设部 人民银行 质检总局 国家旅游局关于鼓励和规范互联网租赁自行车发展的指导意见》（交运发〔2017〕109 号），明确了互联网租赁自行车的发展定位和基本原则，针对行业发展存在的突出问题，从实施鼓励发展政策、规范运营服务行为、保障用户资金和网络信息安全、营造良好发展环境 4 个方面提出了 16 项具体政策措施，明确各方职责，鼓励政府、企业、社会组织和公众共参共治。

2017 年 8 月 4 日，印发了《交通运输部 住房城乡建设部关于促进小微型客车租赁健康发展的指导意见》（交运发〔2017〕110 号），明确提出鼓励分时租赁发展，并指出要充分认识发展分时租赁的作用、科学确定分时租赁发展定位、建立健全配套政策措施、企业提升线上线下服务能力，对促进行业健康规范发展具有积极意义。

4）《城市道路交通文明畅通提升行动计划（2017—2020）》发布

2017 年 8 月 17 日，公安部、中央文明办、住房城乡建设部和交通运输部联合下发了《城市道路交通文明畅通提升行动计划（2017—2020）》，决定在实施城市道路交通管理"畅通工程"和"文明交通行动计划"的基础上，进一步创新城市道路交通管理，2017—2020 年，在全国组织实施《城市道路交通文明畅通提升行动计划（2017—2020）》，目标重点为在交通秩序整顿、交通组织优化、交通基础设施、交通出行结构等方面取得明显成效。以坚持专项治理与依法治理、综合治理、源头治理、系统治理相结合为原则，创新制度、机制、方法，推进协同共治、共建共享，不断提升城市交通现代化治理能力水平，为建设和谐宜居、富有活力、各具特色的现代化城市创造有序、畅通、安全、绿色、文明的城市道路交通环境。

二、主要统计数据

1. 城市公共汽电车

截至2017年年底，全国共有城市公共汽电车运营车辆65.12万辆（折合73.93万标台），比2016年增加4.26万辆，同比增长7.0%。其中，新能源运营车辆（包括纯电动客车、混合动力车）25.72万辆，占运营车辆总数的39.5%，比2016年增加9.26万辆，同比增长56.2%；BRT运营车辆8802辆，占运营车辆总数的1.4%，比2016年增加1113辆，同比增长14.5%。

全国共有城市公共汽电车运营线路56786条，比2016年增加3997条，同比增长7.6%。运营线路长度约106.94万千米，比2016年约增加8.82万千米，同比增长9.0%。公交专用车道长度10914.5千米，比2016年增加1136.7千米，同比增长11.6%。全国共有32个城市开通BRT线路，线路长度3424.5千米。无轨电车运营线路长度1015.0千米。

2017年，全国完成市公共汽电车运营里程355.20亿千米，比2016年减少3.12亿千米，同比降低0.9%。车均年运营里程5.45万千米，比2016年减少0.44万千米，同比降低7.5%。

2017年，全国城市公共汽电车客运量722.87亿人次，比2016年减少22.48亿人次，同比降低3.0%。城市公共汽电车客运量占城市客运量的比例从2016年的58.0%降至2017年的56.8%。

2017年，全国城市公共汽电车发展情况如表1所示，全国31个省（自治区、直辖市）城市公共汽电车发展情况如表2所示。

表1　2017年全国城市公共汽电车发展情况

数据类型	单　位	2017年	比2016年新增	同比增长率/（%）
运营车辆数	辆	651208	42572	7.0
	标台	739319.2	52063.2	7.6
新能源运营车辆数	辆	257185	92556	56.2
BRT运营车辆数	辆	8802	1113	14.5
运营线路条数	条	56786	3997	7.6
运营线路长度	千米	1069377	88185	9.0
BRT线路长度	千米	3424.5	−8.5	−0.2
运营里程	亿千米	355.20	−3.12	−0.9
客运量	亿人次	722.87	−22.48	−3.0
BRT客运量	亿人次	21.96	4.31	24.4

注：数据来源为《中国城市客运发展报告（2017）》。

表 2　2017 年全国 31 个省（自治区、直辖市）城市公共汽电车发展情况

地　区	运营车辆数/辆	新能源运营车辆数/辆	运营线路长度/千米	运营线路条数/条	运营里程/万千米	客运量/万人次	IC 卡刷卡量/万人次
全国	651208	257185	1069377	56786	3552047	7228665	3493247
北京	25624	4559	19290	886	132357	335595	226162
天津	12686	4039	18883	791	46462	138124	75209
河北	32268	15837	58526	2672	131575	201589	65543
山西	14313	7417	29671	1558	64067	157950	51591
内蒙古	11644	2424	30715	1251	66889	127866	57942
辽宁	24323	8432	34685	2008	134810	397720	172842
吉林	12418	2514	17434	1126	76045	177086	57931
黑龙江	20201	5273	29070	1594	130183	266527	92771
上海	17461	7043	24161	1496	105237	220072	171709
江苏	44909	19428	74722	4048	257252	467839	259493
浙江	39021	12061	91990	5268	230518	383846	222542
安徽	22413	9119	31481	1753	108616	207278	96207
福建	19794	9118	31181	1781	109256	227450	98578
江西	12718	5087	29865	1454	81518	130281	54571
山东	62351	34926	130942	5181	280985	419313	231451
河南	30859	20209	28568	1769	136861	257219	98547
湖北	22886	5898	26874	1650	153448	343691	202646
湖南	27072	17394	29239	1860	139358	295202	111789
广东	65772	34934	105909	5467	452955	656993	426233
广西	14599	4862	30271	1732	61563	131837	19237
海南	4166	2009	7543	391	27151	34242	4383
重庆	13734	3430	18336	1254	89328	265332	215985
四川	31617	4433	44670	2996	157495	404243	187793
贵州	9575	2214	16284	1055	56353	176354	29216
云南	15744	4360	46225	2175	84756	167353	71728
西藏	658	208	1580	90	3528	9169	1626
陕西	14711	4638	18389	1039	89883	240427	46262
甘肃	8271	2053	11404	717	40524	143869	61943
青海	4006	1064	9702	459	21662	45170	27512
宁夏	4486	930	8495	436	19662	43656	5225
新疆	10908	1272	13274	829	61750	155372	48580

注：数据来源为《中国城市客运发展报告（2017）》。

2. 城市轨道交通

截至 2017 年年底，全国共有 34 个城市开通轨道交通，2017 年新增 4 个城市开通轨道交通，分别为石家庄、厦门、珠海和贵阳。

2017 年，全国共有城市轨道交通运营线路 153 条，比 2016 年增加 29 条，同比增长 23.4%；运营线路长度 4583.2 千米，年度新增运营线路长度创历史新高，达 855.7 千米，同比增长 23.0%；车站 3047 个，比 2016 年增加 579 个，同比增长 23.5%。其中，换乘站 272 个，比 2016 年增加 18 个，同比增长 7.1%。运营车辆数达 28707 辆，比 2016 年增加 4916 辆，同比增长 20.7%。

2017 年，全年累计完成客运量约 184.30 亿人次，占城市客运量的 14.5%，比 2016 年增加约 22.79 亿人次，同比增长 14.1%。全年运营里程约 5.13 亿列千米，比 2016 年增加约 0.80 亿列千米，同比增长 18.5%。

表 3　2017 年全国城市轨道交通发展情况

数据类型	单　位	2017 年	比 2016 年新增	同比增长率/（%）
开通运营城市数	个	34	4	13.3
运营线路条数	条	153	29	23.4
运营线路长度	千米	4583.2	855.7	23.0
车站数	个	3047	579	23.5
换乘站数	个	272	18	7.1
运营车辆数	辆	28707	4916	20.7
	标台	73104	15477	26.9
经营企业数	户	49	7	16.7
客运量	亿人次	184.30	22.79	14.1
运营里程	亿列千米	5.13	0.8	18.5

注：数据来源为《中国城市客运发展报告（2017）》。

3. 出租汽车

截至 2017 年年底，全国共有出租汽车 139.58 万辆，比 2016 年减少 0.82 万辆，同比减少 0.6%。其中，新能源车辆（纯电动车）2.65 万辆，比 2016 年增加 0.79 万辆，同比增长 42.2%。

截至 2017 年年底，全国共有出租汽车经营业户数 133764 户，比 2016 年增加 155 户，同比增长 0.1%。其中，我国出租汽车个体经营业户数 125207 户，较 2016 年增加 152 户，同比增长 0.1%；出租汽车企业共计 8557 户，较 2016 年增加 3 户。

2017 年，全国出租汽车共完成客运量约 365.40 亿人次，比 2016 年减少 11.95 亿人次，同比减少 3.2%。出租汽车运营总里程约 1590.86 亿千米，其中载客里程约 1050.39 亿千米，里程利用率 66.0%。

2017 年，全国出租汽车发展情况如表 4 所示，31 个省（自治区、直辖市）出租汽车发展情况如表 5 所示。

表 4　2017 年全国出租汽车发展情况

数据类型	单　位	2017 年	比 2016 年新增	同比增长率/（%）
运营车辆数	万辆	139.58	−0.82	−0.6
新能源车辆数	万辆	2.65	0.79	42.2
经营企业	万户	13.38	0.02	0.1
个体经营业户	万户	12.52	0.02	0.1
客运量	亿人次	365.40	−11.95	−3.2
运营里程	亿万千米	1590.86	38.37	2.5
里程利用率	%	66.00	−0.50	−0.8
次均载客人数	人次	1.89	−0.03	−1.8

注：数据来源为《中国城市客运发展报告（2017）》。

表 5　2017 年全国 31 个省（自治区、直辖市）出租汽车发展情况

地　区	营运车辆数/辆	运营里程/万千米	客运量/万人次	载客里程/万千米	载客车次总数/万车次
全国	1395789	15908621	3654032	10503876	1938235
北京	68484	457050	39378	290382	28127
天津	31940	327863	36547	195760	20416
河北	72872	1332988	173696	791595	116181
山西	42926	386512	100297	247101	53176
内蒙古	67825	650920	161116	430792	89279
辽宁	93260	1174788	268457	780637	139076
吉林	71138	759636	189347	605271	98615
黑龙江	104350	935212	321754	648870	157547
上海	46397	565808	75911	361305	42173
江苏	59994	663081	135112	384719	68564
浙江	44361	543258	108050	341773	58078
安徽	55810	648769	174252	438185	87321
福建	24208	288932	69777	186943	33253
江西	18363	205440	61217	124817	30756
山东	72120	773712	129604	495008	74410
河南	62212	757998	147290	530923	80347
湖北	42631	609960	143683	384192	75059
湖南	35424	463886	159459	312983	78895
广东	68477	823173	152964	517004	80582

续表

地　区	营运车辆数/辆	运营里程/万千米	客运量/万人次	载客里程/万千米	载客车次总数/万车次
广西	21678	184661	36209	122176	18255
海南	7619	102053	18942	72648	8504
重庆	23940	382613	109169	248111	52510
四川	41669	592474	172972	380089	90946
贵州	31336	313751	140126	238099	63689
云南	29493	217391	81008	145924	40632
西藏	2637	51350	14908	40605	8124
陕西	35960	464036	122891	314021	65181
甘肃	37146	352652	87966	254300	48572
青海	13183	127028	30328	102013	17697
宁夏	16122	157784	40711	106224	23097
新疆	52214	593842	150891	411406	89173

注：数据来源为《中国城市客运发展报告（2017）》。

4. 汽车租赁

截至2017年年底，全国纳入统计的汽车租赁车辆20.15万辆，比2016年增长0.46万辆，同比增长2.3%，其中，客车20.09万辆，9座及以下客车19.66万辆，分别比2016年增长0.45万辆和0.46万辆，分别同比增长2.3%和2.4%。纳入统计的汽车租赁企业共6664户，比2016年增长363户，同比增长5.8%；从业人员6.90万人，比2016年增长0.34万人，同比增长5.2%。2017年全国汽车租赁总体发展情况如表6所示。

表6　2017年全国汽车租赁发展情况

数据类型	单　位	2017年	比2016年新增	同比增长率/（%）
租赁车辆数	万辆	20.15	0.46	2.3
客车	万辆	20.09	0.45	2.3
9座及以下客车	万辆	19.66	0.46	2.4
经营企业	户	6664	363	5.8
从业人员	万人	6.90	0.34	5.2

注：数据来源为《中国城市客运发展报告（2017）》。

（撰稿：杜云柯　高畅　刘金广　刘好德）

第二章

国际智能交通发展动态

美国智能交通发展概况

一、美国智能交通系统概述与发展历程

美国的ITS正式命名是在1994年，它的前身是智能车辆公路系（Intelligent Vehicle Highway System，IVHS）。美国对其研究的最早时间可以追溯到1950年，而大规模的研究应用和开发是在近十年。由相关数据显示当前智能交通系统在美国的使用程度已达80%以上，而其附属产品也相当优秀，美国智能交通应用中51%的车辆安全系统、37%的电子计费、28%的公路及车辆管理系统、20%的导航定位系统、14%的商业车辆管理系统方面进步较大。其实美国在智能交通的研究中也经历了一段摸索过程。从20世纪60年代末期到70年代，美国致力于发展电子道路导航系统（EGRS），运用道路与车辆间的双向通信提供道路导航。

1990年，美国运输部成立智能化车辆道路系统（IVHS）组织，1991年国会制定综合地面运输效率方案（ISTEA），除了对地面运输常规项目进行安排外，重要的是安排IVHS的研发和试验，希望利用通信和信息技术进行合理的交通分配以提高整个路网的效率，1994年IVHS更名为ITS America。1995年3月，美国交通局发布《国家智能交通系统项目规划》（*National ITS Program Plan*），明确规定智能交通系统的7大领域和29个用户服务功能。7大领域包括出行和交通管理系统、出行需求管理系统、公共交通运营系统、商用车辆运营系统、电子收费系统、应急管理系统、先进的车辆控制和安全系统。

美国联邦政府1990—1997年间出资于智能交通系统研究开发的年度预算总数为12.935亿美元，而后20年美国发展规划投资预算约为400亿美元，美国ITS的方式是从高层到基层，在美国政府的支持下提出全国统一的体系化结构。

为了加速ITS的发展，2001年4月，美国召开了一次由ITS行业260名专家和有关人员参加的全国高层讨论会。会后制定了新世纪前10年ITS发展规划，勾勒了未来ITS的使命和发展目标，明确了今后为实现ITS发展目标必须采取的行动。计划确定和启动一系列建设和研究项目，包括必要的机构转换，以促进ITS技术的应用，使未来的地面交通运输系统通过ITS逐步转换成管理高效、经济适用的先进系统，这个系统将被真正地赋予安全、有效和经济地输送人员和物资的基本功能，从而能在极大程度上满足用户的各种需求，并具有与自然环境的良好相容性。

2009年12月，美国交通运输部（U.S. DOT）发布《ITS战略研究计划：2010—2014》，为2010—2014年五年中的ITS研究项目提供战略指导。该计划的核心智能驾驶Intelli Drive，即在车辆、控制中心与驾驶者三者之间建立无线关联的网络，通过实施监控和预测及时沟通信息、缓解交通堵塞、减少撞车事故、降低废气排放，实现安

全、灵活和对环境的友好性。

2014 年，美国交通运输部与美国智能交通系统联合项目办公室共同提出《ITS 战略计划 2015—2019》，为美国未来五年的在智能交通领域的发展明确了方向，该战略计划的核心是汽车的智能化、网联化。该战略计划主要针对目前交通系统存在的安全性、机动性、环境友好性等社会问题，提出使车辆和道路更安全、加强机动性、降低环境影响、促进改革创新、支持交通系统信息共享五项发展战略目标。其讨论主题分为三大类：一是使车辆连接更加成熟；二是试点和部署准备；三是与更广泛的环境整合。

2017 年是美国车联网和无人驾驶爆发式发展的一年，美国在 50 多个城市部署了车联网和无人驾驶试验场，自动驾驶正式进入落地实验阶段。各种基于无人驾驶的应用在一些社区小规模推广，无人公交也投入试运营。美国交通运输部也正式提出未来新阶段 ITS 的发展应该与智慧城市紧密融合，加强智能交通与城市其他智能设施和智能应用的交互和集成，一站式地解决城市交通的效率、安全和环境问题。

二、2017 年美国 ITS 相关会议

（1）2017 年 1 月，第 96 届美国交通运输研究委员会年会（Transportation Research Board 96th Annual Meeting）在华盛顿召开，其间召开了数个与智能交通相关的研讨会，会议的主题涵盖智慧城市、车联网、无人驾驶、大数据及车路协同。会议同时还展示了一系列当前美国 ITS 科技创新服务产品和服务。

（2）2017 年 7 月，旧金山举办无人驾驶系统研讨会。会议吸引交通管理者、实践者和研究人员共同探究如何提高无人驾驶的安全性及如何加强车联网环境下的信息集成、管理和交互技术。本次会议的重点包括无人驾驶环境下的安全、绿色驾驶行为及人机交互等问题。

（3）2017 年 9 月，俄亥俄州哥伦布市举办美国中西部 ITS 交通研讨会，会议的主题是智慧城市互联。研讨会重点讨论车联网和无人驾驶环境下的智慧城市构建框架，以及多智能体协同下的交通管理和运营。

（4）2017 年 10 月，由 IEEE 举办的第 20 届国际智能交通系统大会在日本横滨召开，会议回顾了智能交通 20 年的发展历程，并提出智能交通系统 2.0 构想。会议主要聚焦在新的智能交通系统环境下交通流理论重构、数据融合及仿真建模技术。

（5）2017 年 10 月—11 月，第 24 届世界智能交通大会在加拿大蒙特利尔举办，美国 ITS 协会代表美国 ITS 参会。会议展示了 ITS 在全世界范围各个领域取得的新进展。今年会议的主题是关于集成的智能驾驶城市构建。会议从智慧城市、下一代智能交通系统及智慧集成技术深度讨论了车联网和无人驾驶的落地问题，以及如何更好地融合为智慧城市的一部分。

三、2017 年美国典型智能交通应用系统简介

1. 无人驾驶汽车

无人驾驶汽车是通过车载传感系统感知道路环境，自动规划行车路线并控制车辆到达预定目标的智能汽车，它是利用车载传感器感知车辆周围环境，并根据感知获得的道路位置、车辆位置和障碍物信息，控制车辆的转向和速度，从而使车辆能够安全、可靠地在道路上行驶。2017 年，无人驾驶依旧是美国智能交通系统学术界与工业界的共同关注热点，相比前几年，2017 年无人驾驶的发展更加侧重于系统的落地及大规模商业化推广。

加利福尼亚州圣何塞市于 2016 年宣布其智慧城市愿景，在该愿景计划中自动驾驶汽车将担任重要作用，旨在帮助当地政府使城市变得更安全，更具包容性，更具可持续性及更佳的用户体验。与其他自动驾驶试验场不同，圣何塞市的自动驾驶试验场是由多家企业运营的多个无人驾驶引用项目共同搭建而成的，目前各项目之间是彼此独立的，未来该市区将进一步考虑多项目应用之间的融合与集成（见图 1）。

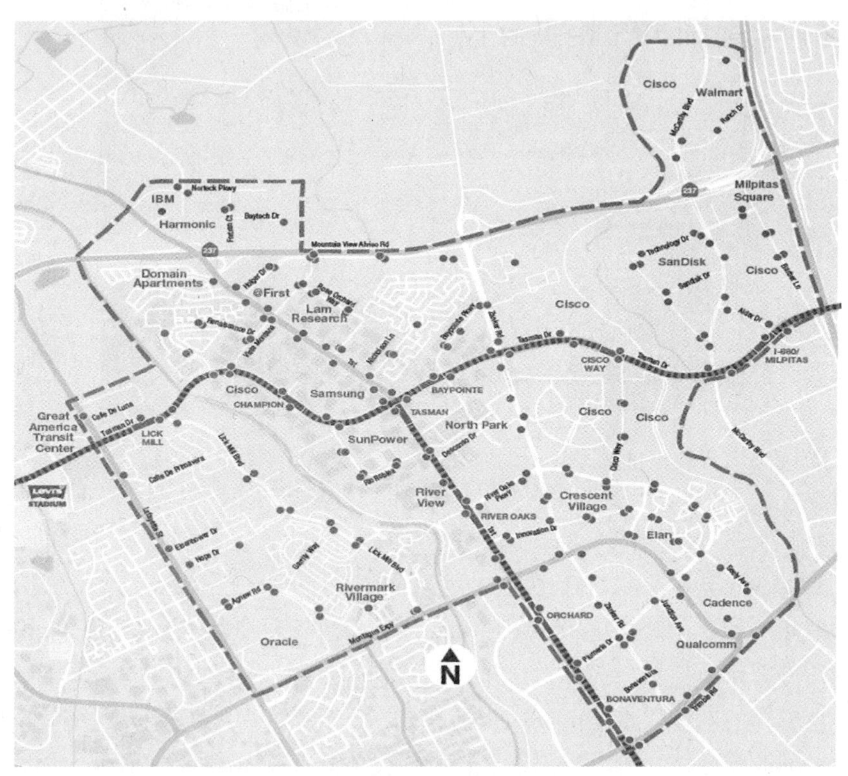

图 1　圣何塞市的自动驾驶试验场

2017 年圣何塞市的自动驾驶取得了一系列突破，催生了一系列基于无人驾驶技术的应用。图 2（a）所示为新创公司 AutoX 推出的首部自动驾驶送货车，目前在圣何塞市的部分街区试营运，这台 AutoX 无人送货车不仅为顾客送货，同时也是移动式迷你

杂货店，后座摆满商品，摇下车窗即可看到各式食品杂货，让用户无须出门就能选购生活用品，车内还有一位备用司机，主要工作是处理订单与现场销售。使用自动驾驶车运送杂货的好处是 AutoX 车体兼具仓储与零售功能；对消费者而言可省去开车到商店购物的时间、燃油费用与人力成本，让整个购物流程更加快速方便。

自动驾驶汽车企业 Voyage 在圣何塞退休社区推出了自动驾驶出租车，如图 2（b）所示，主要面向对象是退休老人，并将提供“极其优惠”的价格。Voyage 无人驾驶出租车可以通过手机上的应用程序召唤。无人驾驶出租车对许多人来说是一种福音，特别是可能无法开车的老年人和视力障碍者。图 2（c）所示为 Olli 公交车，该公交属于电力驱动，可以搭载 12 名乘客，目前率先在圣何塞市一些封闭地区运营，如校园和机场。图 2（d）所示为 Uber 公司研发的 Otto 无人驾驶货车，Uber 于 2017 年早些时候对其技术进行测试，之后开始与多家卡车公司签订合同，使用改装的无人驾驶沃尔沃重型卡车运送货物，此举可能拉开了货运革命的序幕。

(a) 无人驾驶送货车　(b) 无人驾驶出租车

(c) 无人驾驶公交　(d) 无人驾驶货车

图 2　圣何塞市的各种无人驾驶应用

2. 车联网

车联网是物联网发展的一种重要产物，它可以由各种车辆构成，形成一个车辆、速度、路线等信息整合在一起的巨大交互网络，并且通过 RFID、摄像头、GPS、传感器等软硬件设备实现信息处理，车辆可以完成自身环境状态信息的采集，并且通过物联网技术将车辆的各种信息汇聚到中央处理器，分析和处理驾驶员、车辆的工作状态，及时安排车辆的最佳路线、汇报路况和信号灯周期，保证车辆安全驾驶。

2017 年美国联邦公路局与佛罗里达坦帕市交通局合作，提出了新一代车辆互联协同应用框架（见图 3）。项目计划在坦帕市部署 1600 个配有车载 OBE 的浮动车、10 辆配有 OBE 设备的公交车、500 个行人探测器及 40 个交叉口路侦测器。通过实时获取城市道路的高精度交通流信息，实现城市路网的信号配时协同优化，改框架涵盖如下应用：基于车联网信息的智能信号控制、基于浮动车轨迹数据的城市动态交通状态监测及交叉口危险交通状态预警系统。

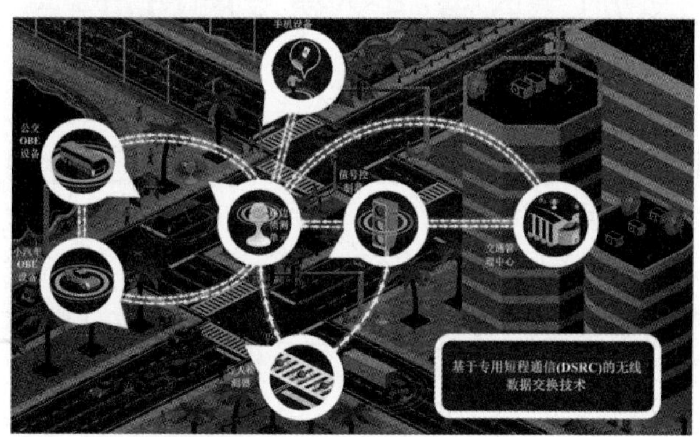

图 3　坦帕市新一代车联网应用框架

3. 智能碳排放可视化系统

随着车联网技术和无人驾驶技术的不断完善，传统的碳排放计算模型，如 MOVES 等已不再适用，如何构建车路协同环境下新的碳排放计算模型，以及如何实时监测城市区域的排放物水平，预测未来一段时间内某个区域的空气质量，成为了 2017 年交通环境研究的一个热点。由加州大学河滨分校研发的 CMEM 排放模型，在原有的 MOVES 模型基础上整合实时的车辆轨迹数据并融入车联网环境。

CMEM 模型通过实时获取的车辆轨迹数据，计算道路的瞬时车速、加速度、车辆位置及车辆类型等一系列信息，通过 R 语言开发一套完善的碳排放实时可视化平台（见图 4）。该平台可以针对 CO_2、CO、NO_x 及燃油消耗等指标进行实时监控和动态预测，为城市交通环境治理提供解决方案。

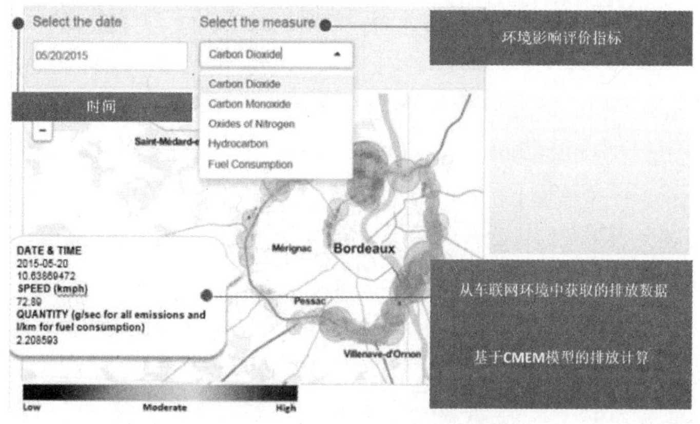

图 4　智慧碳排放可视化系统

（撰稿：包杰　刘攀）

加拿大智能交通发展概况

一、2017年世界智能交通系统大会在加拿大蒙特利尔召开

2017年10月29日—11月1日，世界智能交通系统大会在加拿大蒙特利尔市隆重召开。大会以“Next generation integrated mobility：driving smart cities”为主题，旨在反映全球城市正在部署的各种智能交通系统产品，以满足人口增长、移动需求持续增长及用户对全时服务的需求。大会分为主要会场组织：可达性和自动化，基础设施面临的挑战和机遇，智能城市，数据、安全和隐私，规划、运营和安全，新的商业模式，创新。

大会由蒙特利尔市的Claude Carette担任组委会主席。各会场组织了近250个分会议，大约540篇论文在120个会议上展示，相关行业高管、官员和国际专家在分会议分享了他们对智能交通系统主题的看法和丰富经验，包括政策、战略、经济、技术、组织和社会层面的看法和经验。

大会组织涉及200多个组织和覆盖面积超过500000平方英尺建筑面积的展览。展览厅还辅以一系列技术参观，包括当地控制服务中心及主要建筑工地的参观和示范。

会上，大量的通信演示解释了如连接车辆和路边基础设施之间的V2V和V2I通信连接的各个方面，以提高驾驶员对交通状况的意识。这些演示还显示车辆与控制中心交换信息以改善流量，预先警告交通信号并优先考虑应急车辆。

二、加拿大运输与通信参议院常务委员会发布报告

2018年1月加拿大参议院运输与通信常务委员会发布名为“驾驶改变—自动驾驶车辆的技术与未来（Driving Change-Technology and the future of the automated vehicle）”的报告。报告指出，参议员们认为加拿大必须现在开始为自动驾驶技术的到来做准备，以确保国家为即将到来的技术变革时期做好准备。报告在自动驾驶车辆与车联网车辆两方面介绍了相关技术。

报告分析指出，加拿大对即将到来的交通运输准备不足。尽管研究人员正在努力扩大其潜力，但早期的自动驾驶汽车已经在道路上，并且相关车辆技术也在新车中出现。专家表示，自动驾驶车辆将在10～15年内在城市地区扎根，这可能预示一个新交通时代的开始。

与此同时，自动驾驶也可能成为一个重大失业、汽车黑客和个人隐私侵蚀的噩梦。参议院运输和通信委员会一直在认真研究自动化和互联汽车技术带来的巨大潜力和实际风险。根据一项估计显示，这些优势可能是天文数字：自动车辆的经济效益每年可

以达 650 亿美元，可以避免碰撞，提高生产率，节省燃料成本和避免拥堵。

自动驾驶汽车还可以为老年人或行动不便的人提供更大的自由，并且可以大大降低碰撞率。另外，许多不同的公司正在研究这些技术。因此，必须制定相关指南，以便所有公司在车辆安全方面都有相同的期望。但也可能因此失去数十万个工作岗位，可能导致出租车、运输和停车等行业失业人数超过 110 万人。也存在重要的安全和隐私问题，如果没有强有力的保障措施，网络恐怖分子可以从世界各地控制加拿大汽车。

加拿大仍有时间制订一项强有力的计划，以最大限度地发挥自动化和互联技术的优势，同时应对风险。但政府现在必须采取行动。为此，委员会提出了 16 条建议，这些建议将使加拿大取得成功。

三、加拿大交通运输部推进交通系统的可达性和自动化项目

2017 年，加拿大交通运输部推进了交通系统可达性和自动化项目（Program to Advance Connectivity and Automation in the Transportation System，ACATS），旨在应对因车联网/自动驾驶车辆的引入而出现的一系列技术、监管和政策问题，从而为国际贸易市场建立更强大、更高效的交通走廊，帮助加拿大企业为加拿大中产阶级的竞争、发展和创造更多就业机会。

该项目包括：国家贸易走廊基金，11 年内资助 20 亿美元资金，以加强国家贸易走廊的效率和可靠性；贸易和运输信息系统（TTIS），11 年内资助 5000 万美元资金，为用户提供高质量、及时和可访问的数据和分析；技术创新，5 年内资助 5000 万美元资金，以刺激创新，促进无人机和车联网车辆/自动驾驶汽车（CV / AV）的采用推进。其中，国家贸易走廊项目计划建立促进车联网车辆/自动驾驶汽车（CV / AV）实践社区，以指导和支持技术、网络安全和监管准备；提供拨款和捐款资金，以研究确定车联网车辆/自动驾驶汽车技术、政策或监管问题的解决方案，制定部署车联网车辆 / 自动驾驶汽车技术所需的规范、标准、认证和指南；开展研究和测试活动，以确定并减少潜在的网络安全漏洞。

（撰稿：邱志军）

德国智能交通发展概况

德国经济研究所（DIW）2012 年报告指出，不断增长的旅客运输和商业运输需要灵活使用现有的交通基础设施，并且急待智能交通系统（ITS）来实现日益突显的交通需求。因为有限的经济资源及政治和社会因素，交通道路网络愈发难以继续延伸和拓展；尤其是随着智能手机快速普及，不难发现其快速发展显著加速了 ITS 服务业的传播，也刺激了各种新型交通服务方式的崛起。对于德国及欧盟其他国家而言，ITS 已被视作建立安全、高效、经济及可持续发展交通系统的关键因素。尤其是欧盟其他国家，尽管欧洲对环境保护的要求日益增加，但欧盟其他国家并没有选择任何措施来限制交通增长，而是将 ITS 引入欧洲，并且将解决交通快速增长及避免交通堵塞等棘手问题的希望寄托于 ITS 的实施上。

一、德国智能交通系统 ITS 体系框架与政策发展

美国是智能交通系统发展的先驱，早在 1996 年就已经颁布了美国“国家智能交通系统 ITS 体系框架”（National ITS Architecture，NITSA），欧盟也于 2000 年实施了第一版本“欧洲智能交通系统体系框架”（European ITS Framework Architecture，EITSFA）。在引入智能交通系统这个词汇及制订相应体系框架的层面上，德国则起步较晚。

1．2012 年“德国智能交通系统行动计划——道路交通”（ITS Aktionsplan “trasse” Koordinierte Weiterentwicklung bestehender und beschleunigte Einfuehrung neuer Intelligenter Verkehrssysteme in Deutschland bis 2020）

德国位于欧洲中部，地理位置优越，道路网四通八达，长久以来在交通方面具有特殊地位。同时，德国也是欧盟成员国之一，在制定交通发展战略政策之时也需要遵循欧盟的总体方针，与欧洲其他国家共同推动欧洲交通一体化的进程。在很多交通运输方式中，欧洲已经采取了一体化措施，如欧洲空域管理、欧洲内河运输信息服务（Binnenschifffahrtinformationsdienste）、欧洲铁路系统（das Europäische Eisenbahnverkehrsleitssystem，ERTMS）及海运管理和信息系统（das Seeverkehrsmanagement-und-informationssystem，VTMIS）。欧洲各国在接受和使用道路智能交通系统过程中显得颇为犹豫不决，欧洲智能交通也已经历很长时间片面且片断式的发展。因此早在 20 世纪 90 年代，欧盟就开始开展了大量研究，希望制订一个全欧洲范围共同的 ITS 框架，直到 2000 年，欧盟颁布了第一个欧洲智能交通框架体系版本（European ITS Framework Architecture，EITSFA）。而后在 2008 年年末又颁布了“欧洲智能交通系统行动计划”和相关的“欧洲智能交通系统准则”。诸多措施，如欧洲不停车电子收费系统、

实时交通限速管理、停车引导与提前预订系统、导航和车辆辅助系统（车辆电子稳定性控制 ESC、车辆变道预警系统）、电子货运 eFreight、跨欧洲车辆救援系统 eCall 等，都属于 ITS 发展的范畴。该行动计划带动了整个欧洲的智能交通发展，加强了欧洲各国之间的协作，同时为各成员国间 ITS 的兼容及智能交通服务在欧洲境内无缝推广提供了基础。

2003 年“德国交通线路计划”中的交通预测报告指出，德国 1997—2015 年交通量会大幅增长，其中货运交通将增长 64%，旅客交通量也会提高 20%，加之交通基础设施拓展的局限性，考虑交通安全、保护环境、减低能耗等方面问题，如何安全高效地使用当前的基础设施这个难题急待解决。同时由于信息通信行业的快速发展，使实施 ITS 成为可能。虽然德国较晚引入 ITS 这个概念，但早在“德国智能交通系统行动计划”颁布之前就已拥有许多潜在的 ITS 体系，如 TLS 系统和 MARS 系统等，也为这些系统建立了相应的法规和指南，如信号灯装置准则（Richtlinien fuer Lichtsignalanlagen，RiLSA）。很多既有的 ITS 系统被用来进行数据收集、传播和交通信息处理。但由于系统之间互不相连，形成了诸多孤岛，多数 ITS 系统为私人所属，也尚未有公开的系统标准，这些都极大地阻碍了一个互通的 ITS 体系的建立。因此急需制订一个国家层面统揽的体系框架，将各个既有 ITS 体系进行集成并且系统地囊括那些既有系统还未触及的领域。

2005 年，德国道路与交通研究协会（FGSV）的信息与通信系统工作委员会（Arbeitsausschuss“Telematik”）成立了“ITS 系统框架工作组”（AK 3.1.4），首先旨在拟定出 ITS 总体方针；2009 年，达姆施塔特工业大学（TU Darmstadt）交通规划与交通技术系接受了德国公路局（Bundesanstalt fuer Strassenwesen，BASt）的研究项目委托，分析借鉴其他国家的 ITS 结构框架，最终递呈一个德国 ITS 系统发展的建议报告；直到 2012 年，德国联邦政府为了支持 ITS 实施，也为了响应欧盟 2008 年年末颁布的“欧洲智能交通系统行动计划”（IVS-Aktionsplan：Aktionsplans der Europäischen Kommission zur Einführung intelligenter Verkehrssysteme in Europa）及履行欧盟相应的“欧洲智能交通系统准则”，颁布了“德国智能交通系统行动计划——道路交通”（IVS-Aktionsplan Strasse）（见图 1）。该计划由德国联邦政府和德国联邦交通，土木和城市发展部（Bundesministerium fuer Verkehr，Bau und Stadtentwicklung，BMVBS，2013 年更名为德国联邦交通和数字基础设施部 Bundesministerium für Verkehr und digitale Infrastruktur，BMVI），以及各州政府、地方政府、电子行业机构、汽车行业机构、信息与通信行业机构、各 ITS 组织、无线电广播机构、消费者组织等其他利益相关部门共同制订，并且计划于 2014 年开始实施。该计划将建立智能道路交通系统框架作为一项任务，也将多交通 ITS 框架的合并作为下一步重要行动，同时预示德国 ITS 体系发展的开始。

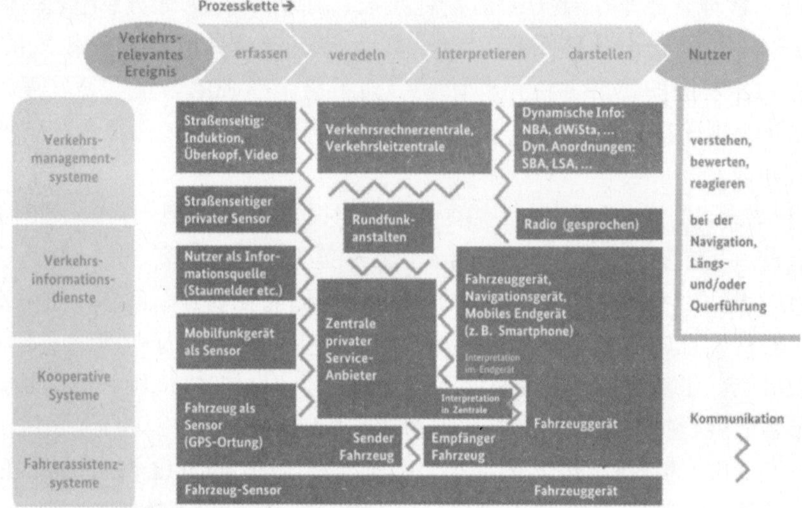

Abbildung 1: Vereinfachter Überblick über intelligente Verkehrssysteme, die Fahrzeugführer im Straßenverkehr unterstützen, anhand der Prozesskette

图 1 “智能交通系统行动计划——道路交通”中的智能交通系统简图[9]

德国“智能交通系统行动计划——道路交通”秉承“欧洲智能交通系统行动计划（2008）”的宗旨，旨在推动各交通运输方式及各方式之间合作的高效运营，推动货运物流链发展，降低欧洲道路的拥堵和事故率，进一步遏制能源浪费，优化能源使用效率，减少温室效应气体的排放，以及降低对矿物燃料能源的依赖。计划中确定了三个行动领域，其下有 17 个具体的措施，包括：①优化道路交通数据及行驶数据的使用，如建立“移动数据市场”（Mobiliaetsdatenmarktpaltzes，MDM）等；②使 ITS 服务在交通管理和交通信息领域普遍适用，如协调单一或者集成的交通信息等；③使用 ITS 提高交通安全性，交通效率和促进环境可持续发展，如引入 eCall 服务等。这些措施都聚焦在道路交通中，建立一个全面的多交通方式协作的 ITS 德国还有很长的路要走。

遵循这个行动计划，在联邦州层面又进一步拓展出不同的行动计划，如“2015 年黑森州无拥堵计划（Staufeies Hessen 2015）”，“拜人自由州 DEFAS 信息与通信倡议（DEFAS-Telematikinitiative des Freistaates Bayern）”，“下萨克森州移动交通管理规划——智慧道路（Masterplan Mobilitaetsmanagement- Intelligente Strassen in Niedersachsen）”等。

2. 2015 年“自动与互联驾驶战略”（Strategie automatisiertes und vernetztes Fahren）

德国是汽车大国，不但是汽车的发源地，也始终走在汽车行业创新领域前沿。从四冲程发动机发明到汽车防抱死系统的研发，很多在汽车制造发展中起决定性作用的发明都来自德国。全球的“数字化变革”给汽车行业带来了一个新的发展契机：自动和互联驾驶。德国于 2015 年颁布了“自动与互联驾驶战略”（Strategie automatisiertes und vernetztes Fahren），其中涉及六个行动领域：①交通基础设施，如“基础设施数字化”（Digitale Infrastruktur）及制定 5G 电信移动标准；②法律，如国际或国内交通法的修改；③创新，如在德国在高速公路德国联邦高速 9 号公路 A9 上建立数字化试验场；④互联，如使用交通地理信息系统数据和开发高准确度的地图系统；⑤信息安全于数据保护；⑥与社会群体对话，如自动与互联驾驶的机遇与风险。

在这个方针的指导下。2016 年，由德国联邦政府 2015 年提出的关于自动驾驶的修正案在《国际维也纳道路交通公约》中生效，新的修正案明确规定，在全面符合联合国车辆管理条例或者驾驶人可以选择关闭该技术功能的情况下，将驾驶车辆的职责交给自动驾驶技术可以应用到交通运输中。

之后德国积极地修改了国家的道路交通法（Strassenverkehrsgesetz，tVG）和道路交通规则（Strassenverkehrsordnung，StVO)，定义并且规定了自动驾驶的法律范畴。2017 年，德国率先通过涉及自动驾驶汽车事故追责的法案。德国联邦议院颁布了《道路交通法第八修正案》（简称《修正案》)，《修正案》明确了使用自动驾驶系统时驾驶人的权利和义务。例如，在自动驾驶系统接管状态下，驾驶人可以不对交通状况和车辆进行监控，但是驾驶人仍需时刻保持清醒戒备状态准备随时接管。在自动驾驶系统向驾驶人发出接管请求及当驾驶人发现自动驾驶系统不能正常工作时，驾驶人应立刻接管车辆。

2017 年，德国联邦交通和数字基础设施部（BMVI）的伦理委员会发布了“自动和互联驾驶”（Ethik- Kommission-Automatisiertes und Vernetztes Fahren）报告，提出了自动驾驶汽车需要遵守的 20 条伦理规则。

3. 2016 年，德国联邦议院议案“推进智能移动交通”(Bundestageantrag - Intelligente Mobilität fördern - Die Chancen der Digitalisierung für den Verkehrssektor nutzen)

到 2013 年为止，在整个欧盟已经发展并建立了 ITS 实施规则，如欧洲航空一体化航空管理项目（SESAR)，欧洲轨道交通管理系统（ERTMS)和河道运输信息系统（RIS)。但是许多都是针对单独交通方式的，欧洲之后会进一步致力于协调发展欧洲境内多交通方式智能交通服务。德国联邦议院 2016 年通过了一条议案“推进智能移动交通”（Intelligente Mobilität fördern-Die Chancen der Digitalisierung für den Verkehrssektor nutzen)，议案提议：①将交通中各元素数字化；②推动自动驾驶和数字化道路进程，如完善法律框架、公开数据的标准化、维护数据安全性、数字化交通基础设施、倡导 Car-to-X 模式和增加国家，联邦州及地区合作，建立试验区域；③建立自动化轨道交通；④物流自动化；⑤航空交通自动化；⑥内河运输和航运自动化；⑦推动科研。德国在这项提案的推动下会进一步发展除了道路交通之外各交通方式的智能交通系统，并且加强多交通方式的互联。

二、德国智能交通系统 ITS 研究项目

1. “移动数据市场”(Mobilitaet Daten Marktplatz，MDM)

MDM 是欧洲一个中立的交通数据平台，交通数据的提供者和需求者可以在这个有标准规范的平台中透明公正的交换数据，达到双赢。在 2012 年“德国智能交通系统

行动计划——道路交通”中，把建立“移动数据市场（Mobiliaetsdatenmarktpaltzes，MDM）”作为行动计划之一。其实，早在2007年建立实时交通数据网络平台的想法已经形成，并且于2010年由多特蒙德市MATERNA公司着手实现，2011年投入试运行，2014年投入正常使用，2015年拥有英文版本的MDM网络服务面向整个欧洲市场开放。

例如，正在进行的“斯图加特市实时导航的可持续交通控制NAVIGARZ”项目就紧紧依托MDM平台（见图2）。首先，斯图加特市交通控制中心将被实时交通管理策略，如城市优化的路径，信号灯控制或者引导系统等信息传输到MDM上。MDM将数据传输给导航信息供给公司Garmin。Garmin公司处理得到交通信息并进行路径选择后，再提供给300辆测试车辆，在半年时间内会对16种不同的路径选择策略进行测试和评价。这个项目的最终目的是为未来的交通参与者在路途中提供实时不断的交通信息和服务，并且将城市交通管理指令不断注入导航信息公司提供给交通参与者的实时数据中，进行提前交通管理干预，从而实现安全高效的交通。

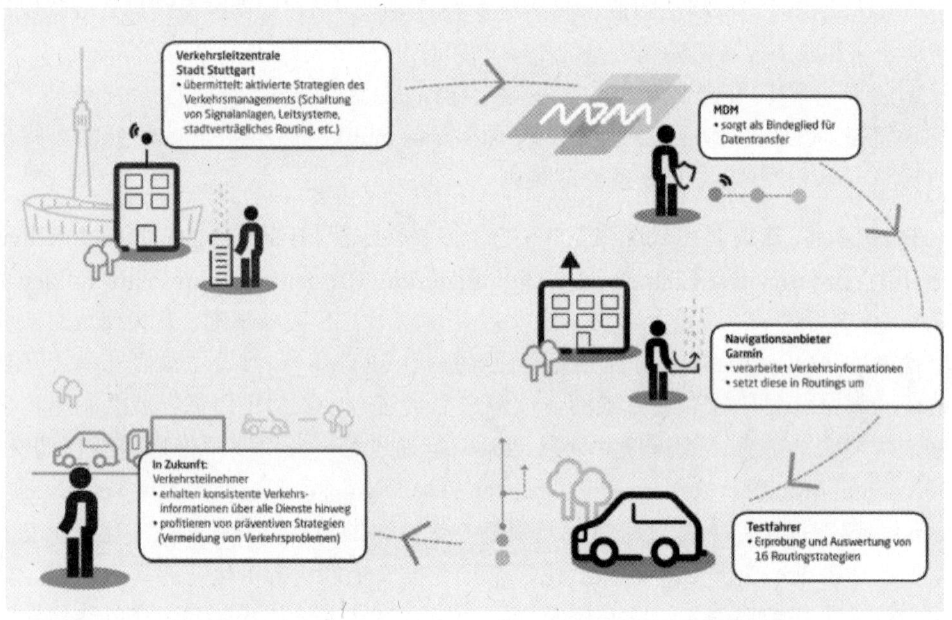

图2 “斯图加特市实时导航的可持续交通控制NAVIGARZ”项目流程图[17]

2016年，黑森州道路与交通管理部门（Hessen Mobil）与梅赛德斯—奔驰公司及MDM平台合作（见图3），在奔驰公司新的E系列汽车系统中加入了Car-to-X技术，除了可以实现之前告知故障、事故、糟糕天气的功能之外，通过MDM平台还可以传递当天交通施工地的位置信息。2013年，Car-to-X-交互技术被奔驰公司使用，拓展了汽车传感器发展的视野，可以实现与其他汽车进行实时信息交互，对危险路段提前预警。

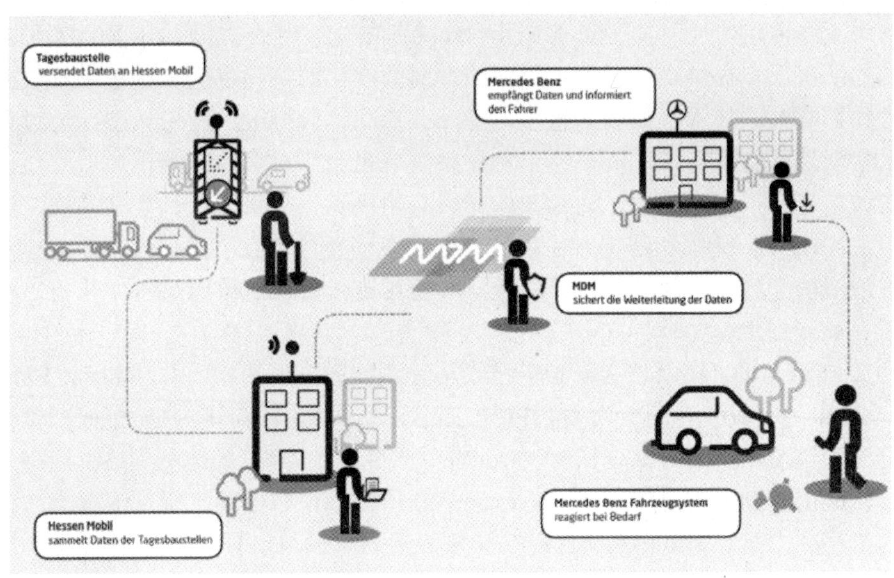

图 3　黑森州项目流程图[17]

除上述两个项目以外，在德国还有许多交通项目正在通过 MDM 平台实现。

2. “德国数字化试验场”（Digitale Testfelder）

德国 BMVI 支持在公共区域建立数字化试验场（见图 4），以便在真实交通中和复杂的行驶条件下测验新的自动与互联驾驶技术，因此这些试验场也被称为“处在真实条件中的实验室”。

图 4　德国数字化试验场模拟图[21]

德国拜仁自由州的 9 号德国联邦高速公路是德国繁忙的高速公路之一，高速公路数字化试验场 DTA 被设于此处。BMVI 将与拜仁自由州共同管理这个试验场，德国汽车行业协会及联邦信息经济，信息通信与新媒体协会也参与其中。试验场沿线有高速

LTE 网络无缝覆盖，因此这里也可以用于测试正在发展中的 5G 网络。MDM 平台也为试验场的所有用户提供交通数据。创新的道路数字化的试验也会在这里进行。新的传感技术和智慧互联技术，如用传感技术持续监控和评价桥梁的结构状态，通过信息通信技术实现违章肇事警告，货车停车诱导系统等也会在这里逐一测试。

在城市也有很多试验场，尤其在柏林、布伦瑞克、德累斯顿、杜塞多夫、汉堡和慕尼黑。2016 年，德国和法国合作项目“德法电动交通和数字化倡议”计划建立一个跨德法边境的大致呈三角形的试验路径，从德国梅尔齐希到德国萨尔布吕肯，再到法国梅斯，最终到卢森堡。

2017 年颁布的“德国数字试验场自动与互联驾驶资助战略”中，德国计划到 2020 年花费 2500 万资助六项研究项目，Providentia 项目将在试验场 DTA 进行车辆传感系统在自动驾驶使用中的可靠度试验，ConVex 项目会在 DTA 场地利用 5G 网络建立车与基础设施的交互平台，Digitaler Knoten 4.0 项目会在布伦瑞克研发混行交通在交通路口的数字化方案，Veronika 项目会在卡塞尔建立车辆与信号灯的互联，DIGINET-PS 项目会在柏林为自动驾驶处理和准备静态和动态道路交通信息，Harmonize DD 项目在德累斯顿研发新型基于云技术的市中心区域高自动化与常规汽车支持系统。

MBVI 还支持许多关于自动驾驶的项目，如“低速区域内容错的无人驾驶汽车系统（3F）”“城市自动驾驶汽车和智能交通（@CITY）”“小货车在自动化区域的全自动化（AUTOTRUCK）”等。

3. 与汽车企业合作

2015 年，在德国有大约 4260 万各工作人员，其中将近 500 万人直接或间接与汽车行业相关[11]。汽车行业的研发创新也逐渐从车辆辅助系统转向了自动驾驶。2015 年，奥迪自动驾驶车从旧金山行驶 900km 到达洛杉矶；2017 年，戴姆勒在美国高速公路上测试了卡车结队行驶技术。这些汽车公司也积极参与政府的科研工作之中，如 2015 年 BMVI 推出的“合作自动驾驶”资助战略中，奥迪、宝马和戴姆勒都参与其中。

（撰稿：王子）

日本智能交通发展概况

一、国家政府及各部委的 ITS 工作

日本政府 ITS 相关部委有内阁官房、内阁府、警察厅、总务省、经济产业省和国土交通省六部委。针对 ITS 的工作，各部委任务分工明确，协作良好。

2017 年，日本内阁官房重点围绕“我国的 IT 战略与 ITS”，内阁府重点围绕“科学技术、创新政策中的重点工作与 ITS”，警察厅、总务省、经济产业省和国土交通省等部委重点围绕所负责的“2017 年重点工作”及“ITS 国际活动”等开展了推动工作，具体内容如下。

1. 内阁官房和内阁府

内阁官房 2017 年继续推动了“自动驾驶系统”和“交通大数据应用”两项重点工程，制定了“官民 ITS 构架和行动路线图 2017”，并于 2017 年 5 月 18 日在“第六届道路交通工作组”通过后，提交数据利用基础设施、问题解决分会及新战略推动专设调查会认可后，于 2017 年 5 月 30 日得到 IT 本部的批准。

此外，面向第三级以上自动驾驶系统的市场化和服务化所需的制度建设，在道路交通工作组之下设置“自动驾驶制度建设大纲工作组分组”，经过 5 次研讨形成了“自动驾驶制度建设大纲”并明确以下内容：①交通安全方面，到 2018 年夏天编制完成自动驾驶车辆安全导则；②道路交通法规方面，参照国际条约的动态，开始进行能应对快速灵活修订需要的研讨；③为了应对万一发生交通事故时的责任认定，利用既有的自赔法能对交通事故受害者进行快速赔偿。此外，还研讨了义务安装行驶记录仪等事项。

内阁府为了实现世界领先的“Society 5.0”，于 2017 年 6 月议会确定了“综合科学技术、创新综合战略 2017”，集至今为止自动驾驶的研发之大成，向稳步实用化和产业化推进，同时在 SIP（Strategic Innovation Promotion Program）结束以后，向更高的高度推动。内阁附着力推动如下工作：①以大规模实证实验为主的研究开发；②构建工程推广、商业化模型；③产学研结合，向地方扩大；④国际合作、标准化活动。此外，2017 年 11 月，还组织召开了“第四届 SIP-adus Workshop 2017”国际会议。

2. 警察厅

警察厅的 ITS 工作任务是推动智能交通管制和保证出行安全。2017 年，警察厅在继续推动新一代交通管理系统（Universal Traffic Management Systems，UTMS）、基于车路协同的辅助安全驾驶系统（Driving Safety Support Systems，DSSS）的实用和性能

提升、利用数据挖掘的交通管控系统性能提升和基于浮动车信息的灾害发生时交通信息服务环境的建设，以及面向新一代城市交通的应用。具体内容如下：

1）UTMS 的推动工作

UTMS 是利用光信标传感器使车辆与交通指挥中心之间实现双向通信，通过信息交互，提高驾驶安全、减少交通拥堵、削减交通污染，构筑以安全、舒适和低环境污染为目标的交通社会。2017 年，UTMS 主要运用状况如下：

（1）先进的车辆信息服务系统 AMIS。（Advanced Mobile Information Systems，AMIS）利用可变情报板和交通广播等，通过光信标传感器对车载设备提供交通信息服务，以达到平衡交通流和缓解道路交通拥堵的目的。该系统 2017 年 3 月底已经推广应用到全国。

（2）紧急救援车辆保障系统 FAST。（Emergency Vehicle Preemption Systems，FAST）在紧急救援车辆出动和通行次数比较频繁的区域，通过光信标传感器检测执行任务的紧急救援车辆，对其实施信号优先控制，缩短该车辆到达目的地的时间，同时防止紧急救援车辆因高速行驶而发生交通事故。该系统 2017 年 3 月底已经在 16 个都道府县使用。

（3）公交车辆优先系统 PTPS。（Public Transportation Priority Systems，PTPS）对公交车等公共运输车辆实施交通信号优先控制，保证其优先通行，提高运行车辆的准点率和乘客的方便性。该系统 2017 年 3 月底在 41 个都道府县应用。

（4）基于交通信号信息的驾驶辅助系统 TSPS。（Traffic Signal Performance Systems，TSPS）给驾驶人在抵达信号交叉口之前提供信号控制（灯色）信息，使驾驶人的驾驶更加从容，防止紧急停车和突然加速行驶。该系统 2017 年 3 月底在 26 个都道府县应用。

（5）辅助行人信息通信系统 PICS。（Pedestrian Information and Communication Systems，PICS）以辅助行人（尤其是老龄人和视障人）出行为目的，用声音提供信号灯（灯色）信息，或者延长绿灯时间等，防止行人交通事故的发生。该系统 2017 年 3 月底在 33 个都道府县应用。

2）基于车路协同的辅助安全驾驶系统 DSSS 的应用

DSSS 是通过路侧检测器检测危险因素并进行避险信息服务的智能交通子系统。

该系统继 2015 年度进行示范道路试验后，2016 年对该系统的性能进行提升，并对直行和左转时所需要的周边信息采集和是否需要检测车辆、行人以外移动体进行调查研究；2017 年基于调查研究成果，对左转时所需要的周边信息采集等进行了模型系统构建。

3）利用数据挖掘的交通管控系统性能提升

将数据挖掘信息（车载机中储存的行驶历史数据）与既有路侧检测器数据进行融合，充实了信息内容，构建了更加详细的交通信号控制系统，力求交通流更加顺畅。2017 年在 8 个府县交通指挥系统中应用。

4）基于浮动车信息的灾害发生时交通信息服务环境建设

在灾害发生后，在基于现状交通信息采集装置采集的信息基础上，进一步融合政府和民间企业收集的浮动车信息，快速找到通行线路，在及时提供给百姓的同时，也用于交通警察的临时交通管控。2017 年在 7 个县交通指挥系统中应用。

5）面向新一代城市交通的应用

面向 2020 年东京奥林匹克运动会、残疾人奥林匹克运动会的新一代城市交通的实施及赛后推广，保证交通安全和顺畅，利用电波向公交车和行人手机推送交叉口交通信号状态信息及延长绿灯时长等。2017 年进行了模型系统构建及效果验证。

3. 总务省

总务省的 ITS 工作任务是提供通信频道和电波等相关技术及系统研发支撑，主要工作有利用 700MHz 的辅助安全驾驶通信系统、利用电波的自动驾驶系统实现，以及面向网联车社会实现等工作。具体内容如下：

1）总务省的作用和重点措施

总务省对利用电波的系统，考虑电波的利用状况及与其他无线系统之间的干扰等进行新波段的分配和技术标准的制定等工作。对于 ITS，进行（Vehicle Information and Communication Systems，VICS）、ETC 和 ITS 服务点等利用频率的分配和技术标准的制定，同时进行了上述 ITS 子系统的普及工作。

至今，为了实现安全的道路交通社会，推动着应用 700MHz 波段的安全驾驶通信系统。数字化远程信息处理的推广空出了 700MHz 波段，并将其分配给 ITS，同时研究了与其他系统的干扰，先后进行了相关行业标准的修编和制度建设、通信可靠性、互联互通、安全保障等的实证。

79GHz 高分解能雷达可以检测行人等小型物体，因此修改了相关行业标准，协调了管理制度，并从 2013 年 4 月开始已在全国普及应用。

2016 年 12 月—2017 年 7 月，举办了“面向网联车社会实现的研讨会”，并总结归纳形成研究报告。

2）利用 700MHz 的辅助安全驾驶通信系统研究

2017 年 3 月，通过了“700MHz 道路交通系统提升技术条件”的信息通信审议会审定，2017 年 7 月为将系统移植到车路通信系统，进行了相关部颁标准的修订和制度建设。

3）利用电波的自动驾驶系统实现

2017 年，在“利用 ICT 的新一代 ITS 建设”中，实施了毫米波段基础设施雷达的道路试验，该雷达不受车辆、行人等移动体之间位置、速度等信息交互的车车、车路、人车间通信及天气等周边环境的影响，可以感知交叉口及其周边车辆和行人的存在。

4）网联车系统实现

2016 年 12 月—2017 年 7 月，举办了“面向网联车社会实现的研讨会”，对创造新价值和商机的安全、安心网联车社会的实现进行了研讨，制定了基于无线通信网络的网联车社会带来的新社会和实施策略和路线图等。

4．经济产业省

2017 年，经济产业省主导发起了自动驾驶商业研讨会（面向实现自动驾驶的对策方针 2.0）、自动驾驶国际标准及普及基础建设等工作。

1）自动驾驶商业研讨会（面向实现自动驾驶的对策方针 2.0）

2017 年 2 月，经济产业省制造产业局局长和国土交通省汽车局局长共同发起“自动驾驶商业研讨会”，研究了日本产官学各界需要研究的工作：①明确社会车辆自动驾驶的框架；②协调领域的界定及其深化和扩充；③建设制定国际标准规范的战略体制；④促进产学协同的商议，归纳为“面向实现自动驾驶的对策方针 2.0”。

2）自动驾驶国际标准和普及基础建设

在 ISO/TC204 框架下，日本在 WG3（地图）和 WG14（车辆行驶控制）分科会中发挥主导作用。在欧美各国积极参与的激烈竞争中，日本在自动驾驶相关地图和车辆控制系统领域，参照欧美等国家的标准，积极进行国际标准规范的起草工作。

5．国土交通省

国土交通省的 ITS 工作任务是进行 ITS 相关路上和车路基础设施建设。2004 年 8 月，智能公路（Smartway）在“面向 ITS 的第二阶段”中获得立项以来，官产学研协作进行了“新车路协同系统的研究开发和实证”。从 2011 年 8 月开始，以全国的高速公路为中心进行了 ITS 服务点建设。从 2014 年 10 月开始，将“ITS 服务点服务”改为“ETC2.0 服务”，以推动行驶路径服务和充实民间服务。2015 年 8 月开始正式开始销售 ETC2.0 车载机，开始了利用行驶线路的服务。

1）ITS 的普及状况

（1）道路交通信息服务推动和效果。截至 2017 年年底，车载导航仪累计销售台数达约 8091 万台套。其中，进行实时信息服务的 VICS 车载导航仪（1996 年开始出售）累计出售约 5770 万台套。据测算，仅 2012 年约减少碳排放 320 万吨。

（2）ETC 的普及和效果。于 2001 年 3 月正式投入使用的 ETC 系统，2017 年底的销售量累计约 5789 万台套，据测算减少了全国约 1/3 收费站的交通拥堵。

2）ETC 2.0 服务的全国推广

（1）开始 ETC 2.0 服务。国土交通省对城市间道路每隔 10～15km，对城市道路每隔 4km 设置路侧 ETC 2.0 装置，并于 2011 年 8 月在世界上首次开展路车协同 ETC 2.0 服务，至 2016 年年底设置数量达到 700 个。

（2）车载机的销售。从 2009 年秋季开始，7 家民企开始了 ITS 服务点车载机的销售。截至 2015 年 2 月底，扩大到 26 家。截至 2017 年年底，ETC 2.0 车载仪累计销售安装约 235 万套。

（3）推广普及宣传活动。为了让更多的人了解 ETC 2.0 服务，2017 年 10 月在蒙特利尔 ITS 世界大会、CEATEC JAPAN 2017、东京汽车展 2017 等大型活动会场都设置了专门宣传展位。此外，在全国的“道路驿站”、高速公路服务区和停车场等场所也进行了积极的宣传活动，并且计划通过政府和企业相结合的形式，进一步推动宣传活动。

3）在物流领域的推动工作

在物流领域，从前仅有利用 ETC 进行不停车收费。2017 年利用 ETC 2.0 采集的线路和行程时间等信息开展对货车司机的运输线路优化服务。

4）ASV 项目的推动

ASV（Advanced Safety Vehicle）项目是从 1991 年开始，并且是通过政府主导的产官学协作方式研发的项目，2017 年基于第 6 期工程计划，进行了路肩停车安全驾驶辅助系统的功能提升。

5）访日外国游客环境建设紧急对策（交通出行服务方便性提升工程）

为了实现国家 4000 万人、6000 万人访日游客目标，提高游客停留期间的舒适性，提升旅游观光地的吸引力，保证抵达目的地的顺畅，2016 年创建了访日外国游客环境建设紧急对策补助制度，并且对公交 IC 卡系统和公交定位系统的建设进行补助。

6. 企业 ITS 的发展

2017 年，以 13 家 ITS Japan 会员企业为代表，归纳总结其年度 ITS 活动内容，如表 1 所示。

表 1　日本企业 ITS 实施案例

企业名	题　　目
日本亚马逊网络服务（AWS）株式会社	AWS 的汽车产业业务及最新云技术动向
株式会社 KCS	基于 ITS 的各种服务和产品的展开
株式会社交通综合研究所	交通综合研究所的 ITS 相关业务
日本 3M 株式会社	3M 的智联道路（Connected Road）介绍
Solace Corporation	世界车联网采用的可伸缩实用性数据融合平台
株式会社电装	电装的量子计算机应用
东洋电装株式会社	面向 CASE、自动驾驶的 HMI 开发业务介绍
丰田汽车株式会社	因联网发展的智能化出行社会
西日本高速道路设施株式会社	ITS 设施设备运用与维护的先进技术开发介绍
松下电器株式会社	基于 ETC2.0 的 Fleet Management System 2017 世界 ITS 大会参展
株式会社日本 PTV 集团	PTV 集团的 MaaS 创新业务
富士通株式会社	福岛县伊达市合乘服务的实证实验
本田技研工业株式会社	新一代交通项目相关业务

注：MaaS-Mobility as a Service

二、学术界 ITS 研究

首先，日本学术界于 2017 年 12 月 7 日，在九州大学召开了“第 15 届 ITS 年会

2017”，参加人数 321 名，投稿论文 94 篇，ETC 2.0 和自动驾驶成为了热点话题。

其次，日本学术界还积极向国际 ITS 杂志（International Journal of Intelligent Transport Systems Research）投稿，2017 年刊登论文 6 篇。

与往年相同，日本学术界积极参与了日本政府部门和企业的 ITS 技术开发工作。

（撰稿：邵春福　张峻屹）

韩国智能交通发展概况

一、基本情况

1. 韩国智慧交通发展阶段

韩国对 ITS 的定义：先进的运输系统，通过将先进的电子设备，信息和电信技术应用于各种交通模块和交通设施，包括道路和车辆。收集、处理并提供实时交通信息，最大限度地提高利用效率，改善成为方便和安全的运输并减少能源。2001—2020 年韩国的 ITS 发展分为三个阶段：

第一阶段是 2001—2005 年，主要任务是组成 ITS 机构并完成初期工作，现已经基本完成 ITS 基本框架、技术标准化、电子道路地图及数据库的建立工作。第二阶段是 2006—2010 年，这个阶段是形成产业化、扩大规模的阶段。第三阶段是 2011—2020 年，是确保系统连接、兼容及运行的效率性，是为更高级系统进行规划的高级阶段。

韩国道路公社高速公路控制中心负责人介绍，到 2020 年，高速公路里程数将达到 6160 千米，实现在全国任何一点都可以在 30 分钟内到达高速公路。

2. 韩国交通指南

1）机场

九个国际机场和七个国内机场，其中机场交通主要包括三个，仁川机场—首尔、金浦机场—首尔、首尔—仁川机场三条，其中仁川机场—首尔的交通包含机场快线（AREX）、直通列车（Express train）和一般列车（All stop Train）、机场巴士、出租车等。

2）火车

韩国的火车根据列车运行速度及列车内便利设施的不同分为高速列车 KTX、KTX-山川和一般列车、ITX-新村号、无穷花号及观光列车等，价格也有所差异。京釜线和湖南线是韩国铁路的枢纽线，此外还有连接丽水、昌原等其他地区的全罗线和京全线。

目前，韩国为外国人推出了一种可在指定期间内不限次数乘坐 KTX 和一般火车的 KORAIL PASS 通票。其中，首尔站 2016 年 12 月持通票可以搭乘沪南线，水西站 2016 年 12 月开通 SRT（Super Rapid Train）高速列车，清凉里站自 2017 年 12 月 22 日起运营连接首尔和江陵的江陵线高速列车 KTX。

3）巴士

市内巴士在韩国大众交通中占据重要位置，市内巴士在市内轻松往来，路线完备，便于大部分人使用（见图 1）。搭乘市内巴士可轻松穿梭于韩国国内的任意地区，区别于各个目的地（路线），市内巴士的颜色和编号有所不同。以首尔为例，市内巴士分为首尔市内远距离运行的干线巴士（蓝色），连接地铁站近距离运行的支线巴士（绿色），连接首尔及首都圈的快速广域巴士（红色），循环运行于首尔市内主要地区的循环巴士（黄色）等。除了首尔以外其他地区的公交大部分也分为干线、支线、快速（急行）、循环巴士运行，但根据地区特点会稍有不同。

韩国的高速/市外巴士因具有费用相对低廉、设施干净、出发准时等优点是游客出行的绝佳选择。高速/市外巴士客运站通常位于城市的中心区域，但偶尔也会有高速巴士客运站和市外巴士客运站不在相同地方的情况，建议您在出行前加以确认。综合巴士客运站则可乘坐高速巴士或市外巴士。

图 1　市内巴士

4）地铁

在韩国，地铁是可以方便地游览主要景点的交通工具。从首尔、首都圈到釜山、大邱、光州、大田等地方城市均有地铁。现在，首尔圈地铁有 1 号线至 9 号线，此外新盆唐线、京春线、京义中央线、爱宝线、牛耳新设轻电铁线等也在运营之中。为了方便广大乘客，将不同的线路分别设置为了不同的颜色。地铁票价如图 2 所示。

区分	交通卡(Tmoney卡)	一次性交通卡
成人(19岁以上)	1,250韩元	1,350韩元
青少年(13~18岁)	720韩元	1,350韩元
儿童(7~12岁)	450韩元	450韩元

图 2　地铁票价

5）出租车

各地区的出租车起步价稍有不同，主要根据距离和时间计费。首尔市的大部分出租车都可以用一般信用卡和交通卡付费。相反，地方小城市有的只能现金付费，最好提前准备一些现金。出租车种类包括中型出租车（见图 3）、模范出租车、大型出租车等。

图 3　中型出租车

6）交通贴士

交通卡：包括 Tmoney & cashbee 卡、外国人专用卡和支付宝 Tmoney 卡。

外国人铁路通票：KORAIL PASS 是韩国旅行时外国游客使用的铁路通票，可以根据自己的旅行时间（2～5 天）选择车票的使用时间。在相应的时间段内，外国游客可以不限次数地乘坐包括 KTX 在内的普通列车及特定列车。

二、韩国主要 ITS 服务系统

1. 自动售检票系统（AFC）

自动售检票系统采用的交通卡制度，乘坐出租车、巴士、地铁、火车的费用和高速路通行费统统可以用一张电子交通卡支付，用电子交通卡支付交通费用为公共交通提供了很大便利。该系统拥有一个交通卡管理中心，联合手机制造产业、电信提供商、银行/卡务公司、交通公司等，完成了从不方便的现金支付方式到便捷的一卡通制度，交通卡管理中心首先通过个人乘坐公共交通使用，然后经过数据处理等，最后通过信息的精确计算来完成整个刷卡消费过程。

2. 电子收费系统（ETC）

通过车载单元与接收天线之间的信号传输，可以使车辆不停车自动缴费通过收费站，自动从车载单元的智能卡片中扣费，目前为止韩国拥有 335 个自动收费厅，已安装的车载单元数量约为 1470 万，使用率在 75%以上。通过收费站发放卡片时的通行能力约为 450 辆/小时，系统升级以后的通行能力为 1800 辆/小时。

3. 公交车信息管理系统

公交车信息管理系统是先进的公共交通管理系统，根据收集到的数据，向公众提供实时公交车到达时间、公交车当前位置和事故信息，以增加公共交通的模式份额，通过智能手机、巴士站和地铁站 BIT 提供实时巴士到达时间，提供相邻地铁的到达时间、转移和事故信息、公共汽车路线和末班的公共汽车信息，还可以提供公交车间隔和超速驾驶监控。

4. 高速公路交通管理系统

高速公路交通管理系统是用于操作和管理高速公路上的交通流量的智能 ITS 系

统，该系统能在低于两分钟内完成从数据收集到数据处理然后提供信息的过程。其中，数据收集工具主要包括 VDS、CCTV 和报警电话等，搜集内容包括交通状态、速度和事故等，数据处理在交通信息中心进行，将处理后的信息提供给可变消息标志、互联网广播、导航 App 和智能手机等。

5. 自动交通执法系统（ATES）

自动对超速、闯信号灯、违章停车进行执法。效果表现为减少交通事故的发生和由交通违章引起的交通不便，通过强制规定 BRT 线路，来提高巴士的驾驶安全。通过执法来禁止违法停车，从而减少事故发生并使交通流畅。在容易发生超速或者事故的地区通过提前安装 ATES 来防止由超速引起的事故。

6. 预交通信号控制系统（ATSCS）

应用预定时控制方法（TOD 模式）和自适应交通信号控制方法，通过分析由 VDS 和线圈检测器收集的数据，反馈给信号控制中心，信号控制中心下发到局部控制信号机控制路口信号。

7. 国家交通信息中心

根据国家运输系统效率法（第 90 条：NTIC 的建立），NTIC 的收集和处理工作由当地政府、地区管理部门、韩国高速公路公司、高速公路特许经营和私营部门进行，随后 NTIC 将精确的交通信息提供给这些提供者和国家主要组织，包括国家应急管理机构和国家情报部门和当地公民。

主要角色和责任是实时收集和整合从全国范围内收集的流量数据作为枢纽，并提供出综合交通信息，负责 ITS 标准管理系统的运作，负责特殊场合（国定假日、重大事故、台风、大雪）交通任务组的运作。

8. 停车信息系统

基于实时监测可用停车位来提供停车信息的完整停车引导系统。通过地磁检测器、视频、微波等检测是否有空余车位，然后反馈给用户并规划合适的停车路线。

三、韩国 ITS 进展

1. 自主驾驶

1）自主驾驶测试场

2016 年，韩国政府 2017 年 10 月正式开放名为 K-city 的自动驾驶汽车测试场（见图 4）。按照规划，韩国政府对 K-city 共投资 110 亿韩元（约合 970 万美元），占地面积 360000 平方米（约合 0.36 平方千米），场内具备公交专用道、高速公路、停车场等测试场景和设施。在竣工后，K-city 将成为全球最大的自动驾驶测试场，比位于美国密歇根州安娜堡市的 Mcity 还要大一倍。

2）自主驾驶巴士

自 2015 年以来，韩国电信一直在研发自动驾驶车辆，并于 2017 年 3 月推出自动驾驶巴士（见图 5）。

图 4　K-city 自动驾驶汽车测试场

图 5　自动驾驶巴士

C-ITS 是一个平台，它允许司机和交通管理人员共享数据并使用它来协调他们的行动。考虑到韩国的最低车道宽度为 3 米，该巴士的宽度为 2.5 米，需要更先进的技术来保持巴士与车道两边的距离。为此，韩国电信采用了 V2X（vehicle-to-everything）通信技术。

据韩国电信的数据显示，自动驾驶巴士的行驶速度可以超过 70 千米/小时，同时在拥堵的市区也能自动驾驶。该公司计划在高速公路和公共道路上收集关于自动驾驶的各种信息，同时专注于在车队中开发自动驾驶技术。该公司基础设施研究实验室负责人 Jeon Hong-beom 表示："韩国电信计划为无线基础设施提供最优技术，以便将自动驾驶巴士和自动驾驶汽车商业化。我们将积极加入政府的 C-ITS 计划，在自动驾驶方面发挥主导作用。"该公司在平昌冬奥会上成功展示全球首个 5G 服务，并计划在 2019 年将其商业化。

3）自主驾驶系统

韩国计划绘制全国各大主要城市地图，为无人驾驶车辆测试打造智能交通系统，韩国希望这种更智能化的交通系统能够帮助改善无人驾驶技术测试的安全性。韩国官员正计划建立智能交通系统，以确保此类试验对行人的威胁尽可能小。韩国国土、基础设施和交通运输部表示，他们正在研究建立智能交通系统，并为无人驾驶车辆创建详细的路线图。

目前有多项无人驾驶汽车试验在韩国进行。SK Telecom 和韩国运输安全管理局已经在 K-City 完成了一项“合作驾驶”试验。在该试验中，无人驾驶汽车通过 5G 网络交换信息，可以在高速公路和步行区安全行驶（见图 6）。

图 6 “合作驾驶”试验

2. 项目计划

1）C-ITS

项目总体内容为：首先优先处理 15 项服务、在道路上部署基础设施；其次，进行安全性效益分析、扩展 C-ITS 部署方案；最后，建立标准和规范、认证发展规范、制定必要的立法。总体分为三个阶段：2014—2020 年完成 V2L 服务在高速公路标准化服务中的应用，2021—2025 年完成 V2L 扩展到大都市区 V2V 安全服务，2026—2030 年完成 V2L 扩展到中小城市 V2P 安全服务，预期效果到 2030 年将事故减少 46%，社会成本节省 28%，速度提高 30%。

2）C-AHS

C-AHS 是协调自主驾驶公路系统，目标是为了安全高效自主驾驶汽车和道路设施和系统发展之间协作的开发，项目周期为 2015—2020 年，预算为 31 亿美元（75%的政府投资和 25%的私人投资）。

3）Public-Private Cooperation on Traffic Information

该项目相对于前 20 年从全国 20%的智能交通系统部署到通过合作提供全国 100%的交通信息，从公共（红外）和私有（智能设备）生成的各种交通数据到节省红外部署预算，从 ITS 服务专注于交通信息和用户便利性到专注于 ITS 服务的安全问题，该项目所造成的影响可以节约约 12 亿美元用于额外的 ITS 部署。

四、发展方向

1. 扩充公共交通设施

通过在公共交通和铁路基础上促进交通基础设施投资，同时建设联网运输系统，提高投资效率。扩展都市巴士（M-bus）线路和快速公交（BRT），以获得更快更方便的公共汽车服务。创建专门的公共交通区，以在公共交通和行人服务的基础上振兴城市经济。开发一些运输中心，这些中心可以让人们更便捷的去中心购物或者做生意。

2. 提供更便捷和安全的交通服务

采用一卡通制度，让人们可以在全国任何地方使用不同的交通工具，只要一张卡就可以。在全国范围内的城际巴士终端建立一个往返机票和在线预订系统，方便巴士预订。在市中心建立一个智能停车系统，让人们在市中心停车更容易。促进汽车共享，改善司机的停车难问题，缓解市中心的交通拥堵。

3. 为自动驾驶汽车的商业化提供支持

建立道路驾驶测试系统，研究自动驾驶功能，开发商业化的保险，促进召回和检查系统。通过扩大测试驱动部分、指定试点驱动设施和创建测试城市（K-City）来支持技术开发。通过创建精确的路线图，提高 GPS 的准确性和建设道路基础设施，扩大无人驾驶汽车的支持基础设施。

4. 加强消费者权益，促进新汽车产业

调查汽车和汽车零部件的缺陷，召回产品制造缺陷，以确保安全驾驶。通过推广替代部件设计许可协议，扩大替代部件测试项目和加强监督，改进替代部件认证系统。

5. 促进安全、先进的交通文化

制订综合应对措施，减少交通事故死亡人数，实现保护包括残疾人和老年人在内的弱势道路使用者的权利，以确保安全、方便地使用交通工具，并取代 22.8%的城市公交车。

（撰稿：王力）

澳大利亚智能交通发展概况

一、澳大利亚智能交通系统概述

第 23 届世界智能交通大会在墨尔本顺利召开，为澳大利亚智能交通注入活力，并指明了未来的发展方向。希望通过通信技术的提升促进智能交通发展，进一步提升澳大利亚城市的宜居性，即智慧城市的建设。澳大利亚交通从业者经过讨论与总结，提出七个重点研究方向：交通自动互联技术、移动化的智慧城市、基于移动通信的公共交通、大数据获取与分析、未来货物运输、运输投资与定价、发展框架设计。

基于澳大利亚智能交通发展现状，在各个领域提出了详细说明（见表 1）。

表 1　智能交通各领域的主题

<table>
<tr><th>领域</th><th>主　题</th></tr>
<tr><td rowspan="5">交通自动互联技术</td><td>（1）业界与政府携手合作，促进互联自动驾驶车辆的研发与测试</td></tr>
<tr><td>（2）通过自动驾驶车辆测试吸引公众参与并获得市场认可</td></tr>
<tr><td>（3）促进智能交通与其他相关业界参与人员开展国内外交流</td></tr>
<tr><td>（4）统一国内互联自动驾驶车辆测试标准，引进国际相关车企</td></tr>
<tr><td>（5）支持涉及多个品牌、多机构参与的协调试验</td></tr>
<tr><td rowspan="3">移动化的智慧城市</td><td>（6）鼓励智能交通出行，优先发展智能交通</td></tr>
<tr><td>（7）城市规划中考虑发展新型交通方式，如互联自动驾驶车辆、基于移动通信的公共交通等</td></tr>
<tr><td>（8）推广公路交通管理的成功经验</td></tr>
<tr><td rowspan="5">基于移动通信的公共交通</td><td>（9）鼓励和支持基于移动通信的公共交通发展</td></tr>
<tr><td>（10）为促进基于移动通信的公共交通发展，提供开放的、实时的、动态的道路和公共交通数据支持</td></tr>
<tr><td>（11）研发个性化的移动通信工具，支持搜索、筛选、订票与支付功能</td></tr>
<tr><td>（12）允许第三方订票与支付系统在交通系统使用，包括优先实施基于移动端的公共交通购票技术</td></tr>
<tr><td>（13）明确基于移动通信的公共交通初步实施策略</td></tr>
<tr><td rowspan="3">大数据获取与分析</td><td>（14）政府免费提供实时动态数据</td></tr>
<tr><td>（15）政府与业界寻求从私营部门获取数据的途径</td></tr>
<tr><td>（16）发展大数据分析技术与网络安全技术</td></tr>
</table>

续表

领域	主　题
大数据获取与分析	（17）发展高速的、低延的迟数据传输网络
	（18）提供可靠的、全覆盖的数据，确保网络安全与数据完整
	（19）数据后台系统具有可拓展性，实现多机器协同操作
未来货物运输	（20）采用货运智能运输技术确保行车安全
	（21）通过多样化的运输策略降低运费
	（22）使用智能交通技术缓解停车困难，解决城市拥挤、货运最后一千米问题
	（23）提高货运在既有交通网络中的适用性
	（24）鼓励新兴供应链可视化与互通性的测试、示范与部署，并使澳大利亚标准体系 GS1 和澳大利亚物流理事会 ALC 与全球标准趋于一致
运输投资与定价	基础设施投资
	（25）面对日益增加的需求，急需稳定资金流确保交通运输基础设施建设
	（26）需要政府与业界合作制订完善的商业案例框架体系
	（27）智能交通维护成本需要在项目预算制订之处明确
	（28）基础设施建设与项目升级需要考虑杠杆原理
	定价
	（29）政府与业界为运输网络建设的稳定资金流制订可行的解决途径
	（30）企业财产质押有助于提升用户对定价策略的认可度
	（31）让智能交通参与者加入讨论，并达成共识
	（32）鼓励用户讨论并理解，达成实施新定价策略的协议
	（33）实现交通运输参与和支付的公平性
发展框架设计	标准与法规
	（34）包括道路规则与车辆标准的法规需要全国统一，并使之与国际接轨
	（35）政府与业界代表积极参与国际智能交通标准制定，并促使澳大利亚交通纳入国际标准体系
	隐私和安全
	（36）全国统一的隐私监管办法
	（37）网络安全有助于实现交通网络投资的稳定性与安全性
	（38）政府与业界需要保护用户数据的隐私
	考虑用户因素
	（39）车辆无过失险受伤者的保护政策需要考虑责任由驾驶人到车辆制造商的转移带来的影响
	（40）智能交通建设考虑用户使用的便捷性
	（41）宣传新兴交通技术，提高公众的接纳意识
	技能和就业
	（42）通过各项举措，提供面向新兴交通技术的技能培训与就业岗位，并通过大学、研究机构和 iMOVE 研究中心实现技能与产品的孵化与输出
	（43）探索新兴技术变革对就业和社会认知的影响

二、2017年澳大利亚智能交通发展动态

智能交通是智慧城市建设的重要支撑框架，通过信息化的交通网络构建，实现城市高效率智慧化运转。澳大利亚智能交通发展与智慧城市建设密切相关，交通设施设备完善迅速地促进了智慧城市建设。在智慧城市建设初期，2017年澳大利亚智能交通发展主要集中在自动驾驶测试与落地，智能停车站场规划等。

1. 智慧城市中的智能交通

澳大利亚大型GIS技术服务商Esri Australia于2017年在珀斯开放了Smarter Planning Perth（SPP）（见图1），为城市建设的政府机构提供合作平台。该平台的建立是珀斯智慧城市建设的重要里程碑，能促进城市建成多部门合作、提高多行业协作、加速多领域建设。其中，智能交通建设被SPP视为重要领域之一。

该平台能够提供各个城市建设领域的施工方、地点、进程等信息，提示使用的设施设备。从而减少重复建设、降低施工干扰，实现节省总体成本的目的。在道路交通信息化改善中，可以有效地实现城市规划、水务、建筑等多行业协同合作。

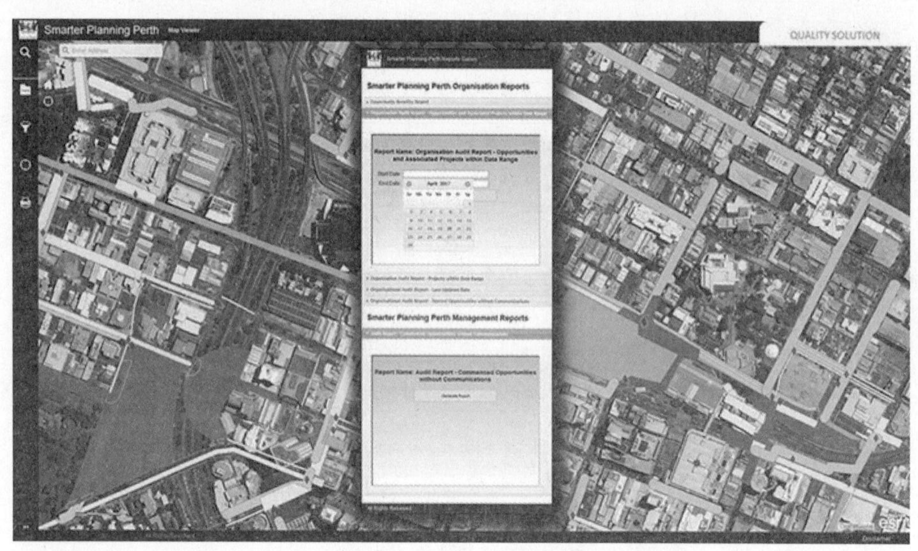

图1　Smarter Planning Perth（SPP）系统

2017年7月，由澳大利亚工程师协会主导的智慧城市研究所（Smart Cities Research Institute）在墨尔本成立。该研究所依托斯威本科技大学雄厚的科学技术能力，实现跨学科合作，目的是解决大城市快速发展带来的流动性、扩张性问题，最终缓解交通拥堵、节约能源、保护环境，实现可持续发展。

智慧城市研究所的研究主题主要包括：新城市治理结构，可持续城市交通，家庭和工作智能空间，智能与可持续的基础设施和交付系统。

围绕智能交通发展，提出土地利用与运输方案相结合的复杂系统建模研究思路，实现智慧城市迅速建设。

2. 自动驾驶测试与落地

2017 年，澳大利亚自动驾驶在部分城市获得了法律上的许可。新南威尔士州两院于 2017 年 8 月通过《自动驾驶法案》，这意味着车辆测试与运营将受到法律保护。2016 年，南澳大利亚州政府已经通过《自动驾驶合法化法案》。2018 年 2 月维多利亚州政府也通过了类似法案。但是，截至 2017 年年底，国家运输委员会尚未制定适用于全国范围内的无人驾驶试验指南和法案。

自动驾驶测试与落地在以上地区广泛实施，下面是一些典型案例：

2017 年 1 月，国际无人驾驶公司 International driverless car company 在阿德莱德设立办事处，提供无人驾驶车辆、信息化道路设计等一系列相应服务。除此之外，南澳大利亚州本土企业 Cohda Wireless 也与当地政府保持紧密联系，推进自动驾驶发展。

2017 年 3 月，弗林德斯大学主导的自动驾驶车辆在阿德莱德机场进行落地实验（见图 2），利用无人驾驶穿梭巴士运送由停车场到候机楼的乘客。与此同时，科廷大学在校园内首次使用自动驾驶巴士服务在校师生，也被视为澳大利亚第一所试用商用无人驾驶车辆的学校。该车辆由法国公司 Navya 制造，每辆车可以乘坐 11 名乘客，通过计算机程序进行远程控制，借助立体摄像技术和 GPS 技术，车辆可以以 45 千米/小时的速度行驶。

2017 年 4 月，澳大利亚综合多模式生态系统（The Australian Integrated Multimodal Ecosystem）在墨尔本建立（见图 3），该系统是一个智能交通试验区，在 100 千米的道路上分布 1000 个传感器，用于收集车辆行驶和行人移动相关数据。

2017 年 8 月，悉尼的自动驾驶巴士在奥林匹克公园进行测试（见图 4），仍然使用了法国公司 Navya 制造的车辆，但是该车辆容量有了很大提升。维多利亚州政府同时开始了为期三个月的自动驾驶车辆运行测试，测试车辆来自六家汽车企业的 12 个车型。测试目的是检验道路状态以应对未来大量自动驾驶车辆的涌入。

2017 年 11 月，Cohda 自动驾驶车辆在阿德莱德城市道路上进行无人驾驶测试，其目的是检验车辆与周边设施设备的联络，完善车辆在运行过程中与其他车与物的互联。同时，阿德莱德启动了一项为期五年的自动驾驶巴士项目，力图解决出行最后一千米问题。同一个月内，拉筹伯大学校园内也进行了无人驾驶穿梭巴士的测试（见图 5），该车辆运行也为维多利亚州政府制定自动驾驶法案提供借鉴作用。

图 2　墨尔本综合多模式生态系统

图 3　悉尼自动驾驶巴士

图 4　弗林德斯大学自动驾驶巴士

图 5　拉筹伯大学自动驾驶巴士

3. 智能停车站场规划

停车站场规划也是智能交通系统重要环节，能够在有限的土地上实现利用最大化，解决停车难问题。充分利用信息技术能够提高停车位的周转率，诱导车辆停泊。2017年4月阿德莱德宣布对该市停车站进行智能化升级（见图6）。市议会希望建造一套线上与线下相结合的平台，通过安装传感技术及应用平台，实现停车泊位信息公开、停车位置预约、停车费用在线支付功能。建造智能停车设施的最终目的是改进服务质量，提高停车的便利性。

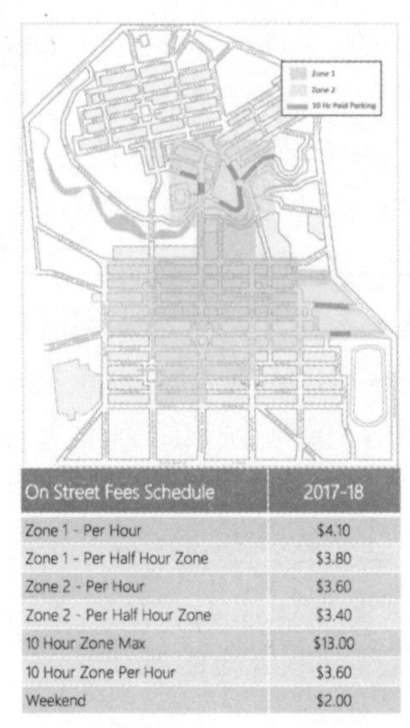

On Street Fees Schedule	2017-18
Zone 1 - Per Hour	$4.10
Zone 1 - Per Half Hour Zone	$3.80
Zone 2 - Per Hour	$3.60
Zone 2 - Per Half Hour Zone	$3.40
10 Hour Zone Max	$13.00
10 Hour Zone Per Hour	$3.60
Weekend	$2.00

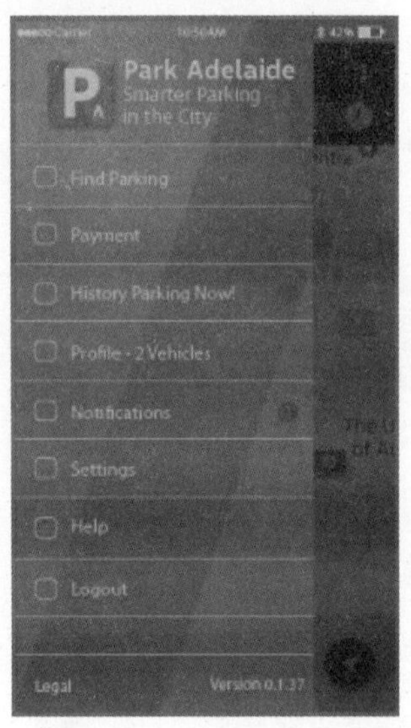

图 6　阿德莱德智能停车系统

2017年12月，堪培拉与阿德莱德签署合作协议，通过智能交通系统建设推荐智能城市发展。其中，着重指出智能停车设施设备的建设，通过开放的无线网技术、数据共享技术实现停车站场信息化升级。正如阿德莱德市长所言：2017年是阿德莱德智能停车发展的关键一年，将作为智慧城市建设的关键组成部分。

（撰稿：安琨　黄凯）

沙特阿拉伯智能交通发展概况

沙特阿拉伯（简称“沙特”）交通运输部积极致力于将智能交通技术应用于实际道路中，以加强道路安全，提升道路管理水平。基于此，2011年年底，沙特提出“沙特智能交通系统部署及整合计划”。该计划首先列出了交通运输部将应用于沙特道路网的智能交通系统主要框架，后续制定沙特道路网智能交通系统的用户服务。其中，主要框架是根据ISO准则及相关技术报告和国际标准，结合沙特自身需求制定的；用户服务用于解决和满足道路使用者的特殊问题和需求，主要包括出行信息、交通管理、货运物流、紧急救援、电子支付、天气监测等。该计划包括61个ITS项目，这些项目将部署在沙特交通运输部（Ministry of Transport，MOT）管理的路网上。项目部署的路网场景分为五种：城市快速路、城际高速公路、隧道、边境口岸和道路网络。

为了保证ITS项目涉及多方部门的协作，该计划提出了ITS系统框架。系统框架由功能需求、接口，及ITS服务的相关信息组成，定义了用户服务、功能实体和数据流。该框架的构建流程包括：①定义用户服务；②定义针对用户服务提供的功能；③定义ITS系统的物理实体；④定义物理实体之间的数据流；⑤开发通用的数据模型；⑥建立通信标准。该框架的主要内容如表1所示。

表1　沙特智能交通系统框架主要内容

服务项目	服务功能	内容	方法	用户/利益相关方
出行者信息				
出行前信息	出行前信息	一服务使出行者可以在出行前通过多种信息平台获知当地的道路交通状况。他们可以对特定路线进行实况查询，以规划自己的出行。闭路电视摄像头还可以提供关键道路上的实时监控视频。基于这些信息，出行者可以准确地估计出行时间，选择自己最理想的出发时间和出行路径	实时信息通过多渠道获取，包括检测器、道路维护承包商、气象服务、闭路电视监控等。信息将会通过网络客户端提供给出行者，包括计算机、手机、收音机等	出行者、交通运输部、设备维护部、气候环境部
出行中信息	出行中信息	通过路侧可变信息板向出行者提供道路信息，如临时限速，至下一出口的行程时间，意外延误，以及危险道路状况预警。这些信息也可通过广播电台、导航系统及网页获知	实时信息通过多渠道获取，包括检测器、道路维护承包商、气象服务、闭路电视监控等。相应的算法将用于计算出行时间和延误等。通过可变信息板（英文及阿拉伯语）、网页和手机均可查询	出行者、交通运输部、交警、高速路巡警、沙特红新月会、民防部、气候环境部
动态道路预警	道路几何信息及预警	这一服务基于道路状况，向驾驶人提供实时的安全预警。例如，超速提示、车道变窄提示、受恶劣天气影响的路段提示	这一服务包含一个可实时监控车速的预警系统。当遇到陡坡、急转弯、恶劣天气等状况时，该系统将触发不同的信号以提示司机减速	出行者、交通运输部、气候环境部

续表

服务项目	服务功能	内容	方法	用户/利益相关方
交通管理及运行				
交通管控	监管	管理者基于路网监测设备监管交通流。监测内容主要包括：设备采集的分析数据和事故视频图像	采集设备包括：检测器、电子监测设备、将数据传回控制中心的通信设备。设备数据可直接提供给信号控制机使用，也可间接回传给控制中心。数据可用于监控、事故识别、设备故障标定和交通数据普查。其他用户也可提取数据后进行分析和研究	交通运输部、交警
	信息及引导	该服务向驾驶员提供有效信息。提供服务的设备包括：可变信息板、交通状况无线电广播和卫星导航。发布的信息包括：实时路网状况、事故信息及紧急突发事件	信息服务功能需要驾驶人位于设备网点覆盖范围内。经仔细设计，设备安置于驾驶人可能的路径变更点之前。服务功能亦包括衔接设备，以连接交管中心和路侧设备及其他媒介。设备确保了事故信息和路/桥通行信息的正常传播	出行者、交通运输部、红新月会、民防部
	可变车速管理	该功能通过路侧设备影响车速限制	中央计算机系统运算获得不同路段最优车速以确保最大通行能力，避免拥堵。可变车速板与系统连接。基于运算结果实施动态车速限制	交通运输部、交警
	交通统计与分类	该服务功能用于统计流量、车速、车辆类型（包括各类机动车，同时也具备统计非机动车和行人的功能）	该统计功能是基于不同类别检测器共同实现，如感应线圈、雷达检测、声波检测、视频图像识别。统计数据可能存储于离线设备，需要实地下载；也可能是直接在线传输至中央存储器保存	出行者、交通运输部、交警
交通运输事故管理	事故的检测和判别（包括水运）	该服务提供事故的检测和判别功能，能够实现：紧急事故响应、交通复原、快速精确的协调和管理，以期最大程度缓解因事故引起的拥堵	该服务功能使用了检测设备、数据处理设备、闭路电视监测设备及通信设备。事故检测和判别功能需要用到交通流检测、环境检测（如洪灾检测）、天气检测、出行检测和闭路电视监测等设备和信息	交通运输部、红新月会、民防部、气候环境部
	紧急事故信息	该服务应能起到对事故高效地响应、协调的功能，提供紧急的资源调配。该服务的目标是快速缓解拥堵的影响	提供的信息应给予车辆合理的调度及安全保障，并优化信号控制策略。该服务功能必须向交通运输部提供各类事故及事故响应信息，如数据、视频图像	出行者、交警、交通运输部、红新月会、民防部
需求管理	匝道控制策略	匝道设施控制车流从干路流向高速路的速率，其目标是保持高速路的通行效率	控制决策需要基于该匝道及上下游匝道数据，数据包括车流量、排队状况等。决策算法是基于匝道现有控制策略和接收的实时数据。数据可用于系统自动控制，也可用于支撑交警的交通控制决策，如限制通行等物理手段	出行者、交警、交通运输部、高速路巡警

续表

服务项目	服务功能	内容	方法	用户/利益相关方
需求管理	重型货运车通行管理	该环节负责管理重型货运车在城市主要道路的通行。目前，重型货车在城市的一些道路部分时段限行。该些信息已标注在路侧指示牌中。此外，车辆管理的其他特殊限行决策，通过动态信息板，基于道路条件和交通状况的综合考虑发布	中央计算机监控路网交通状况，并基于实地路网图像信息，做出特殊的通行决策。该特殊决策信息通过动态可变信息板传递给驾驶人。该信息亦需要告知交警，以便交警实施管理	出行者、交警、交通运输部、交警
	公路路肩通行权	为了应对交通流量的波动，该环节允许临时开通右侧路肩的通行权。当高峰时段道路资源不足时，该策略能有效缓解拥堵	允许路肩通行的前提条件是路肩足够宽，并能调整上下游进出口的几何布局以匹配通行能力。当流量到达通行能力时，中央计算机将建议路段使用路肩。右侧路肩可通行的全路段，需要强制配备闭路电视，以监控路肩开放前是否停靠车辆。道路管理的动态信号标识和高速路运营中心相连	出行者、交通运输部
交通设施维护管理	作业区安全管理	该服务环节管理作业区，控制交通流以助于养护、建设和其他作业活动的正常运行。该服务的主要功能包括作业区运行和安全管理，道路养护管理和作业规划及其通告工作	来自养护承包方的作业区时刻表和闭路监控的交通信息，将及时详尽地提供给用户。为了减少可预测的出行延误，缓解拥堵，有关车道关闭、绕行和特殊事件的信息，将在电子显示牌上进行公告	出行者、交警、交通运输部、高速路巡警
货运交通				
商用车预清关	预清关	这一服务系统给予货物、车辆和驾驶人跨境通行所需的文件。通过与边境管理部门和边检交涉，进行清关	这一服务处理车辆、货物和驾驶人入境所需的文件，检查其是否符合进出口及移民规范，并处理关税	重型载货车驾驶人、交通运输部、道路市政部
自动的路侧安全检查	移动称重	移动称重站使执法人员可以在商用车到达检查点前获知其重量，因此他们只需要将非法或存在安全隐患的车辆拦截下来进行检查。安全合法的车辆将可以不停车通过检查点	该环节负责检测识别不同类型商用车和货运车，并能用路测检测站设备测得车轴数、车重和车轴重。检测系统亦需要具备详细检测的能力及相应的指引标志。当车辆进入时，能够扫描确认并引导车辆通过。引导设备包括可变信息板、红绿（黄闪）灯等	重型载货车驾驶人、交通运输部
紧急事件				
紧急车辆管理	紧急车辆管理方案	该方案目标是减少拥堵时间。系统应及时响应，并将事故响应车辆调派到适合的位置	系统应为紧急事件服务提供实时交通信息，并在交通控制中心和调配中心建立有效的通信联系	交通运输部、红新月会、民防部
有害物质及事故提醒	有害物运输车追踪	当有害物运输车被卷入交通事故中，该服务项目需要提供精确的信息，追踪运输状况，并给予安全信息提示。此外，涉事人员需要做出快速响应	系统需提供协调其他部门及服务项目的机制，包括：地方交通办公室、警察局、紧急医疗服务、环保部门、车辆维护服务等其他必要部门和项目。此外，系统也需提供精确的时间和地点信息	交通运输部、有害物运输的驾驶人及运营者、红新月会、民防部、交警、高速路巡警

续表

服务项目	服务功能	内容	方法	用户/利益相关方
交通运输电子支付				
交通运输交易行为	电子缴费	该功能要求能够识别并处理违规行为，对其收取罚款。此外，该功能也需要处理交通需求管理有关的收费	该服务包括电子缴费设备（如电子钱包）、卫星定位、费用计算和票据生成等功能	出行者、交通运输部、收费运营方
气候环境状况				
气候监测和通告	道路气候监测和通告，雾和侧风的检测和警告	该环节检测道路恶劣天气数据，并于路侧电子牌显示警告信息，如：危险的道路状况、绕行指引和车速指引	该环节的采集数据包括道路条件和气候环境条件。当处于危险状况时，该服务功能会强制车辆保持一定速度。此外，预测的未来天气状况数据，也可能被系统采纳	出行者、交通运输部、气候环境部

（撰稿：马万经）

法国智能交通发展概况

智能交通系统又称“智能运输系统”（法文：Système de Transport Intelligent，STI；英文：Intelligent Transport/Transportation System，ITS）是将先进的通信技术、信息技术和地理定位技术等集成到交通运输系统的高级应用或服务系统（DGITM，2012），其初始应用以道路交通为主，后逐渐拓展为以多模式智能出行为目标的服务体系。

一、发展概述

1. *发展历程*

智能交通系统自发地出现在20世纪80年代初的交通运营中，而这个术语直到20世纪90年代才出现在美国主导的交通运输体系语言环境中（Janin，2003，2013）；在学术研究领域，20世纪60年代初就存在对缓解交通拥堵造成的不良影响的智能交通系统的研究。

智能交通系统的发展可大致划分为五个时期：①1960年代至1970年代，起步期；②1980—1995年，车载道路信息嵌入；③1995—2000年，协同性、自动票务和自动化高速公路；④2000—2005年，可持续的出行、多模式交通及道路安全；⑤2005至今，战略融合，全面合作与发展。

在环境友好，生态、经济可持续发展的要求下，智能交通系统在日常的运输管理中发挥着重要作用：提高服务质量、用户舒适度，增进安全，充分合理地使用交通网络，促成运输工具向节约时间、成本和能源的类型转换。智能交通系统的发展需要加强国际及国内运输政策制定者与相关企业的对话及协作，积极融入数字城市的建设，适应可持续经济发展的趋势，迎接大都市生长和区域城市运作的挑战。法国作为欧洲智能交通发展的主要参与国之一，面对城市发展中新的战略课题，为智能交通的开发提供了良好的平台和众多机会，其中涉及车辆间通信、车辆与基础设施通信和新的出行服务等（Lambert，2017）。

2. *组织架构*

在宏观政治、经济的制度背景下，法国智能交通系统形成了公共部门规划指导，独立的监管结构规范、支持，企业和服务商共同研发和运营，用户体验和期望导向的发展格局（见图1）。以下将详述决策机构，监管机构，生产、管理和经营者及受益者四个主体各自的角色和承担的主要作用。

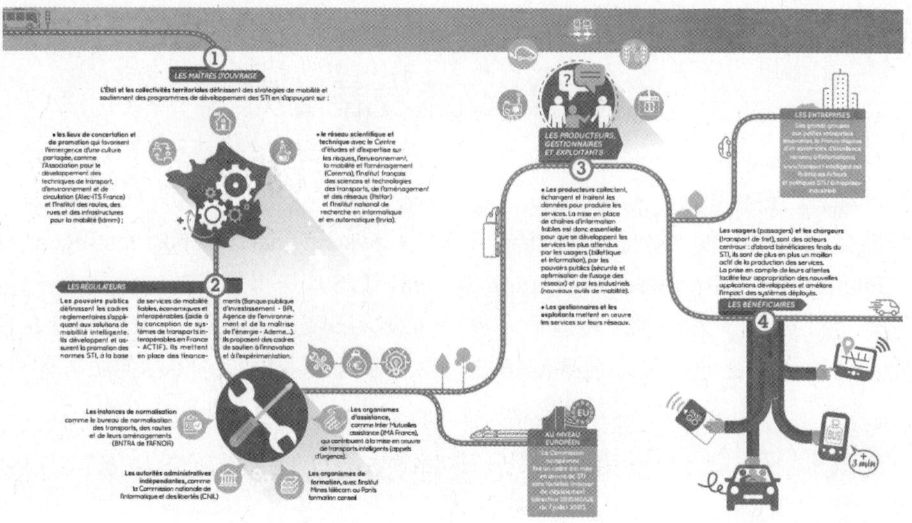

图 1　法国智能交通系统发展的组织架构（来源：Lambert，2017。）

1）决策机构

国家和各地方政府根据国家科研和战略咨询机构的调研，制定发展战略并引导 ITS 发展计划的实施。配合欧盟委员会《智能交通法令 2010/40/EU》的实施，法国政府于 2012 年 8 月 27 日向欧盟委员会提交《2012—2017 智能交通系统五年行动纲要》（DGITM，2012）。该纲要定义了此时间段内的研发重点和具体计划，为决策过程提供了技术依据。

战略咨询机构主要包括运输、环境和出行技术发展协会（Atec-ITS France），道路、街道和交通设施研究所（IDRRIM）。目前，Atec-ITS France 主导的“出行 3.0 计划”（Mobilité 3.0）定义了未来 ITS 发展的方向及急待解决的技术、行政壁垒；科研机构主要有风险、环境、出行及规划研究鉴定中心（CEREMA），法国交通、规划及网络科技研究院（IFSTTAR）和法国国立计算机及自动化研究院（INRIA）。

2）监管机构

为此，政府制定了智能出行解决方案的监管程序：基于提供可靠、经济和协同的出行服务（ACTIF 平台）的理念，统一编制并推广智能交通系统标准；设立基金，通过公共投资银行（BPI）、环境和能源管理署（ADEME）进行项目管理；国家分设以下机构为智能交通系统的创新和实验提供认证与支持：

（1）标准化机构，如运输、道路及其整改标准化办公室（BNTRA de l’AFNOR）。

（2）独立的行政机构，如国家信息和自由委员会（CNIL）。

（3）协助机构，如 Inter Mutuelles Assistance（IMA）配合智能交通（紧急求援板块）的实施。

（4）培训机构，Institut Mines Télécom 和 Ponts formation conseil。

3）生产、管理和经营者

生产者收集、交换和处理信息来创造 ITS 产品并生成相关服务。因此，在用户（出行信息和凭证）、公共部门（网络使用的安全保障和优化）和企业（新出行工具的研发）间建立可靠的信息渠道对于实现预期的服务来说至关重要。设施管理和服务运营者在网络上加载生产者提供的产品，以提供相应服务。

4）受益者

作为 ITS 的最终受益者，出行者（客运）和托运人（货运）越来越多地对 ITS 服务生产的导向产生影响，将他们的期望融入新应用的开发及既有产品的改进中，有助于系统的认可和推广。

3. 发展规模和领域

智能交通在宏观上是当今新的经济增长点，在微观上仍为企业业务开发的热点之一，在运输领域是优化出行的根本途径。1000 多家享有国际盛誉的卓越法国企业在该领域创造约 45 亿欧元的年营业额，提供 45000 个直接就业岗位（ATEC-ITS，2017）。这些岗位并未统计与智能交通相关的建造和运营基础设施、车辆制造及物流货运管理等间接工作。

法国 ITS 的重点项目主要涉及以下五大领域（Lambert，2017）：

（1）优化运输设施的使用：Optimod’Lyon，Gerfaut II 系统（Seine-Saint-Denis），Autolib’服务（Paris），Tranquilien 应用程序（Île-de-France）。

（2）改善道路安全：新型测速雷达，货车荷载的监管。

（3）提高服务质量：综合多式联运信息（Picardie），非接触式票务（Grenoble）。

（4）促进出行公平：MobiAnalyst 解决方案，Handimap 应用（Rennes）。

（5）保护环境：与公共交通铆合的合乘平台，经济驾驶辅助工具。

二、典型系统简介

目前法国较具特色的四类智能交通系统产品是：用户端信息服务、设施管理及优化、促进出行公平、鼓励合乘。

1. 用户端信息服务

电子信息技术的快速发展正在悄然改变人们的生活方式，智能手机的普及使人们的网联性获得空前发展，对实时信息的获取也成为生活的一项重要需求。近年来在交通出行领域，越来越多的城市正在搭建出行信息平台，致力于提供准确、实时、多模态的交通信息，为出行提供决策帮助。

1）Optimod’Lyon

Optimod’Lyon 是由里昂政府牵头，联合当地交通服务运营商、通信技术供应商，于 2012—2015 年开发的多模式交通信息管理、发布平台。其目的在于促进公共交通和私营交通服务的互联与合作，形成多模式交通（Multimodality）及多式联运（Intermodality）的交通格局，进而达到可持续交通的目标，其主要的功能模块包括：

（1）多模态出行信息采集：多模态交通信息数据库（30 多种实时信息采集）、标准化数据存储、开放协作的 ITS 平台。

（2）中央信息处理系统：数据融合、系统运行效率评估、短时期交通预测等。

（3）信息发布与决策辅助：多模态导航系统（Optimod’Lyon）、信息发布网站（Onlymoov.com）及货运优化导航工具等。

其解决方案由 Cityway EUROPE 提供技术支持，核心功能框架如图 2 所示。

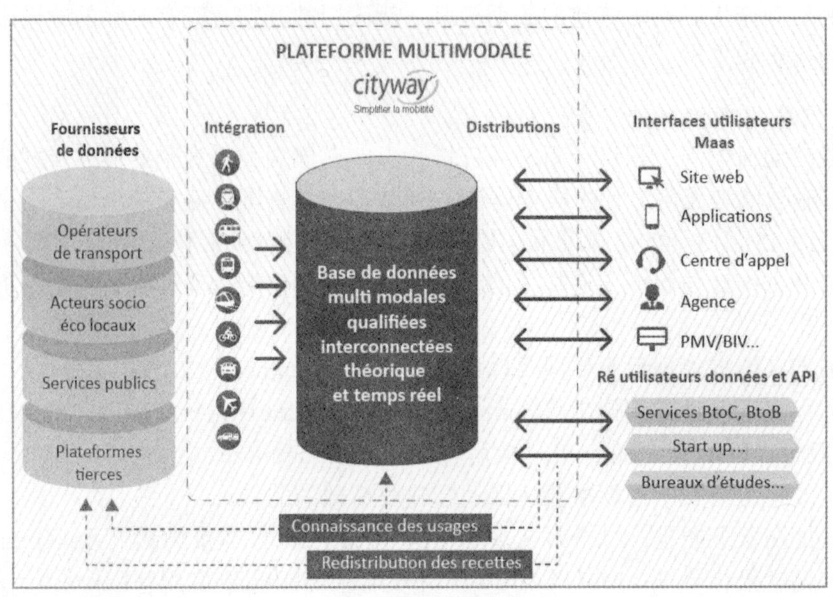

图 2　Optimod’Lyon 系统技术框架（来源：Cityway Europe。）

2）Tranquilien

Tranquilien 是一款信息助手软件（Mobile Assiantant），由 Snips 开发，联合法国国营铁路公司（SNCF）运营，为用户提供列车内部实时信息及短期预测情报。出行者通过该应用查询列车时刻表并获取预测的乘载率信息，以便规划自身的出行时刻并可选择乘载率较低的车辆（厢）以提高乘车舒适度。模型是通过历史数据和用户反馈的实时信息来实现对每列客车及相关车厢乘载率的预测。应用这一预测模型和出行者的反馈，公交运营商能够更好地平衡需求并优化车辆供给。与此同时，该模型正在优化升级，后续版本将会结合天气、其他交通模式及当地市镇发布的信息更新，以提升模型预测的精准度。届时将会融合 50 多种信息，并构建开放的数据共享平台。

2. 设施管理及优化

在智能交通监管方面，法国涌现出一系列旨在提高交通设施使用效率的产品，其中最具代表性的是由法国交通、规划及网络科技研究院（IFSTTAR）开发的多模式交通监督平台 Claire-Siti，及其在大巴黎塞纳 • 圣丹尼的实地应用项目“Gerfaut II System”。该项目的研发和实施可追溯至 20 世纪 90 年代，目前正在更新与多模式交通并行的对接。该项目的主要功能特征如下：

（1）交叉口信号智能优化：系统借助摄像头、传感器和天气预测点采集的交通网络的相关信息，通过交通监督模块来评估路网运行状况，依据此状态和预测对信号进行实时调整。该系统维护与协调公交轨道交通和道路交通对基础设施的共同使用，有条件地提供公交信号优先。

（2）交通系统管理平台：融合多元数据搭建交通系统仿真平台（基于 Aimsun Predictive Simulator），对交通流进行模拟、预测和评估，并向管理者提供决策支持。

3. 促进出行公平

行动有约束的出行者即出行行为受到个体特征或设施限制的人群，包括残障人士、孕妇、带孩童的人士、老年人等。近年来，无障碍设施被持续更新并投入使用，但其分布情况未能被相关者全面获知而作为出行选择的依据，这是很遗憾的。基于“互联网应用程序”，通过为行动有约束的出行者提供相关的公共交通及路况信息，减少他们的出行障碍，并最大限度地避免因该困难造成的拥堵，是构建该项服务的基本目标。进一步来说，智能交通系统通过有筛选性的信息为行动有约束的出行者提供定制化的服务，在既有设施的条件下，减少行动有约束的出行者的路径选择费用，缩小了与正常人群的出行选择差别，促进了出行公平。

早在 2011 年，Handimap（见图 4），一款旨在为行动不便者提供出行信息的应用在法国西部城市雷恩（Rennes）投入使用，并在短时间内覆盖洛里昂（Lorient）、蒙彼利埃（Montpellier）、拉罗歇尔（La Rochelle）和尼斯（Nice）等多个城市。该服务对于用户完全免费，仅通过广告获取一定收入。这个应用程序自动获取用户地理位置，在系统综合路面情况及无障碍设施分布（如指示人行横道的触觉区域，有声音辅助提示的十字路口，行动不便的旅客可到达的公交车站与站台，预留停车位等）的基础上，通过最短路径算法获取一条适合行动不便者出行的交通线路。因此，无论是乘坐轮椅的残障人士，还是手推婴儿车的年轻母亲都可以利用此系统方便自己的出行。此外，该程序亦可在智能手机等移动终端上使用，实时地提供可靠的出行建议。

4. 鼓励合乘

长期以来，合乘行为被认为有助于减少小汽车的使用和道路流量，进而降低交通拥堵和环境污染；它们也为在公共交通系统尚未覆盖区域的居民或使用成本偏高的居民提供便捷。

近些年，在公交优先战略的背景下，小汽车合乘也取得了新的进展。2013 年，法国国营铁路公司（SNCF）推出了自己的小汽车合乘平台（iDVROOM）（见图 3），截至目前全法范围内拥有超过 70 万的注册用户。与传统小汽车合乘不同的是，该平台鼓励用户将合乘用于多式联运的出行中：在给出以合乘径直到达路线的同时，给出“合乘+公共交通”（以重轨为主）的选择建议。此举尤其增加了都市圈远郊居民的出行选择，使其通过小汽车合乘抵达相应的站点，再换乘轨道交通到达城市中心。此平台和相关的举措结合公共交通的供给，实现了小汽车合乘与公交优先战略的有机结合。

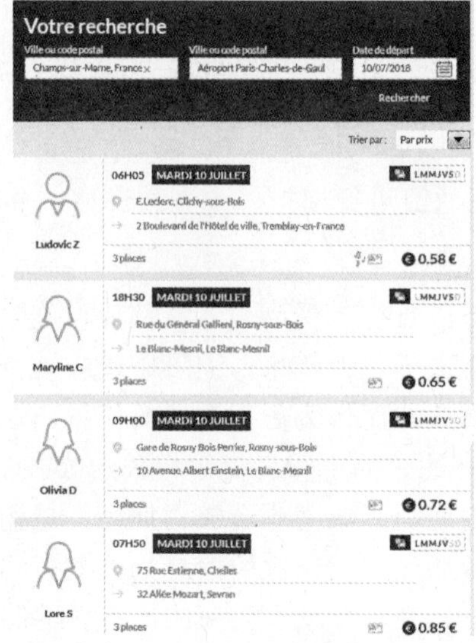

图 3　合乘请求反馈示例

（来源：https://www.idvroom.com/。）

三、研发方向

经过 20 余年的发展，伴随信息、通信和人工智能技术的突飞猛进，ITS 系统本身的概念内涵随之演进，产品的推陈出新也往往超越计划的初衷。在这一时期，系统的运算处理能力大大加强，用户获取信息的方式更加直观快捷，这种趋势使跨交通方式、用户导向型的服务和产品更具前景。

在此背景下，ITS 系统从传统的独立型产品研发走向多模式产品的融合，从管理者提供信息及配套设施走向信息接收端的个体化，从信息采集、处理和发布的分离走向系统的整合。2015 年，生态及可持续发展部提出了智能出行（Mobilité intelligente）的概念，并委托 Atec-ITS France 发布了 Mobilité 3.0 的绿皮书。智能出行的目标是让出行更具效率、更可靠、更加经济及环保，同时它也将成为智能城市建设框架下的重要组成部分。

具体而言，在这一转型期间生态及可持续发展部对过去 20 年的研发进展进行回顾总结，分析了优势和不足，确认了核心需求，并制订了 3～10 年的行动计划。在这些计划中有四个优先发展的方向：自动驾驶汽车（Véhicule Autonome）、智能道路（Route Intelligente）、出行即服务（Mobility as a Service，MaaS）和多模式交通管理（Gestion Multimodale des Trafics）。

1. 自动驾驶汽车（Véhicule Autonome）

法国经济、财政部根据预期的无人驾驶汽车功能将其划分为个人用车、公共交通用车及工业用车。对这三类车辆的试验都须遵循从封闭空间到有限的开放空间，最终到无限制运行场所的步骤。

如图 4 所示，计划到 2020 年实现有监控的无人驾驶公共交通系统，自动化水平达到级别 3，到 2022 年自动化水平达到级别 4，发展对货物运输的无人驾驶服务。

为了配合这一规划的实施，在保障安全的前提下加快无人驾驶汽车的研发进程，2015 年通过的法令在 2018 年 3 月被更新为《n°2018-211 du 28 mars 2018》。法令重新定义了试验车辆种类，试验人员及试验环境，并提出了安全要求及相关准备和提示措施。

2017 年，EasyMile 与 RATP 协作在大巴黎地区的 Vincennes，La Défense 及 Gare de Lyon 等地开展了为期 6～8 月的试验；雷诺集团和 TransDev 集团联合在 Saclay 及 A13 高速公路上进行了自主开发的自动驾驶汽车的试验；Navya，Keolis 集团携开发车辆与巴黎机场集团，在航空城区域内进行了在高密度复杂交通流环境下的车辆反应测试。

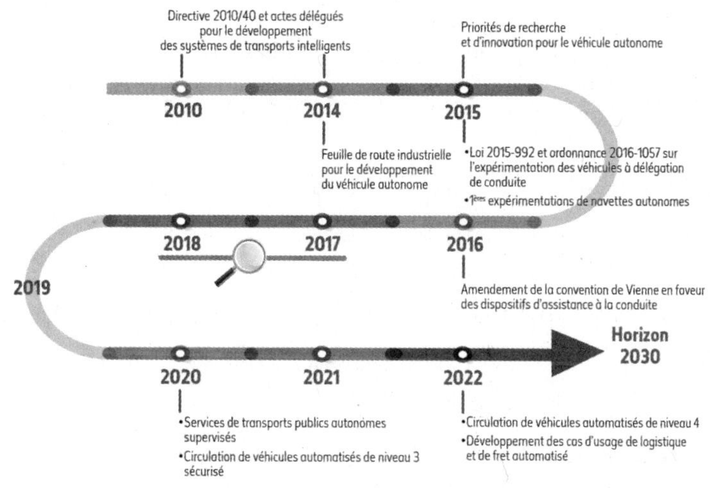

图 4　无人驾驶汽车研发预期计划（来源：生态及可持续发展部。）

2. 智能道路（Route Intelligente）

智能道路又称为第五代道路，即运用现代的材料、信息、能源转换技术更好地实现运输人和物的目标，并同时达到生态可持续发展的要求（见图 5）。全法拥有不少于一百万千米的道路（其中 12000 千米高速公路），道路密度和人均道路长度都居世界前列，如此规模的道路网就对道路综合利用、优化维护改造成本及提高道路服务水平提出了内在要求。2015 年签署的《高速公路重整计划》启动了 32.7 亿欧元，针对 20 个高速公路路段进行改造。2017 年，Colas 集团在 Montréverd 完成了首条智能道路的改造，这条道路可根据不同时段的交通需求变化来动态划分道路空间，如货运与普通停车位的共享，车道与路边停车位的转换，动态显示行人过街通道等。

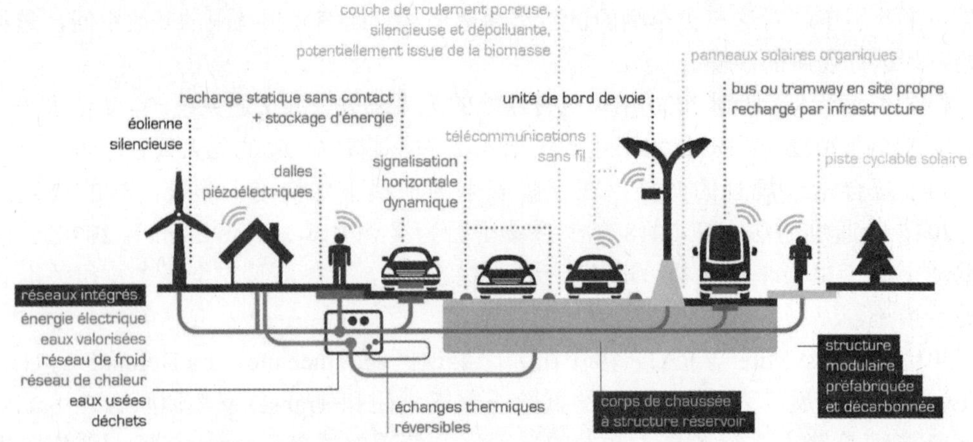

图 5　智能道路示意图（来源：法国交通、规划及网络科技研究院。）

未来的智能道路能够对道路本身进行自我诊断和干预，提供传递动态信息的媒介，并生产和传输能源，主要目标如下：

（1）减少事故和拥堵。通过在此类道路上行驶的智能车辆提供的共享信息，结合天气、道路条件和对事件的检测，为驾驶员提供相关的驾驶建议，包括行驶车道、速度和路线等。

（2）设施状态检测和干预。智能道路通过埋设在路面下的传感器和路边的天线对道路状况进行自我检测，如温度、道路的损毁程度及车流密度等。在达到阈值时自动启动相应装置来除雪除霜、夜间的自明标线、设施状态预警等。

（3）减少或摆脱能源依靠。采用可循环材料作为道路建设的主要材料来源，为后石油时代的道路材料升级做准备，并延长道路的使用寿命。利用道路自产能源，实现与环境或周边的生产活动交互能源的目的。

3. 出行即服务（Mobility as a Service，MaaS）

出行即服务是在协调多种方式的出行接口及信息基础上提供链式服务，并最终实现多模式统一定价的服务机制。目标状态是出行者可根据系统提供的各种出行方案及相应的费用，来选择自身效用较高的方式，这种服务是根据供需关系动态变化的。

MaaS 的发展按照计划要经历三个阶段：第一阶段着重整合交通信息，需求侧通过各种自动验票装置或道路感知系统来完成，供给侧通过运营者的动态信息及设施的静态信息汇总而得；第二阶段在信息融合的基础上，提供多模式的一票制服务，费用涵盖出行采用的所有交通方式，如地铁+共享单车，合乘+自动驾驶汽车等；第三阶段导入价格互动机制，系统通过各种方式的组合、对比，以及模式间、时空间的差异化定价来达到调节需求的目的。

4. 多模式交通管理（Gestion multimodale des trafics）

信息和服务的融合不仅为用户提供了一体化的出行选择，同时也对设施的管理者提供了动态控管的条件。目前的交通管理仍仅仅停留在交叉口信号灯的管理上。

未来多模式交通管理通过四方面的措施来实现：

（1）完善信息收集和发布：例如，控制中心对浮动车信息的广泛采集，基于前方信号为车辆提供行驶速度建议，对车道使用权的动态分配，对道路和公共交通系统运行的预测等。

（2）加强设施和服务的综合利用；如鼓励合乘；建立部门间协调机制，加强交通共管的效率意识，在各城镇编制多模式交通管理规划等。

（3）技术层面发展通信、数据处理融合技术。目的是国家对交通数据实施统一管理，解决数据壁垒和垄断问题，使各方的信息能够完全及时地反馈给控制中心并得以充分利用。

（4）加强对过境交通的引导和管理，减少对核心区的交通压力。

（撰稿：李盛　谢小燕　孙丹阳　康玮）

第三章

主要行业信息化与智能化发展综述

2017 年公路运输信息化与智能化发展

一、智慧公路

2017 年 7 月，交通运输部办公厅发布《关于开展新一代国家交通控制网和智慧公路试点（第一批）工作的通知》，正式启动新一代国家交通控制网和智慧公路试点工作，并选取北京、河北、吉林、浙江、福建、江西、河南、广东、江苏 9 个省、直辖市承担第一批试点任务。

2017 年年底，交通运输部通过阶段调研和专家咨询等方式，进一步确定了试点工作的实施重点，包括基础设施智能化、路运一体化车路协同、北斗高精度定位综合应用、基于大数据的路网综合管理、互联网+路网综合服务、新一代国家交通控制网 6 个方面，试点内容（见图 1）。

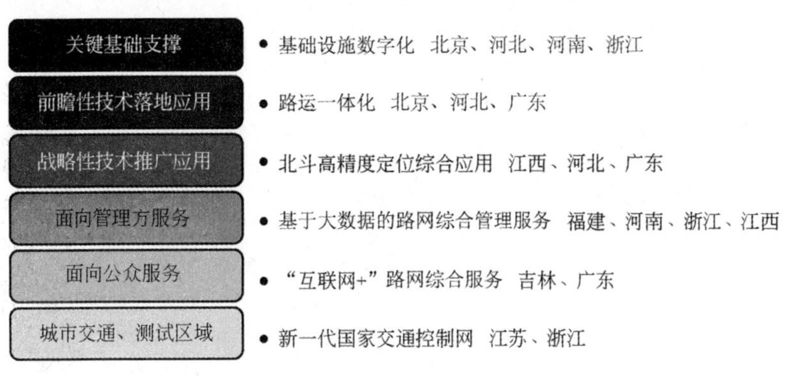

图 1　新一代国家交通控制网和智慧公路试点内容分布

目前，各试点工程均在有序推进，部分工程已进入了可行性研究和初步设计阶段。预计，试点工程最早将于 2019 年实现部分试点效果，2020 年所有试点工程将全部完工。

二、高速公路电子收费

2017 年 ETC 交易量约 34.08 亿笔，全网 ETC 使用率达 38%，平台承载海量运行数据的能力日益增强，日均处理非现金交易量近 1000 万笔。近年来，ETC 技术也在不断拓展到其他应用场景，如应用到北京、上海等 19 个省、直辖市的城市停车收费，部分高速公路交通信息采集及服务区、加油站等。

全国联网收费总体框架由部级收费公路联网结算管理中心（以下简称“部中心”）、

省（自治区、直辖市）级联网结算管理中心（以下简称“省中心”）、省内路段收费分中心、收费站、收费车道（MTC 车道、ETC 车道）等五级组成。

ETC 是目前世界上最先进的路桥收费方式。通过安装在车辆挡风玻璃上的车载电子标签与在收费站 ETC 车道上的微波天线之间的微波专用短程通信，利用计算机联网技术与银行进行后台结算处理，从而达到车辆通过路桥收费站不需停车而能交纳路桥费的目的。截至 2017 年年底，全国 ETC 用户总量已达 6046 万个，是联网初期（2015 年 9 月底）的 5.58 倍；建成 ETC 专用车道 17295 条，占高速公路收费车道总数的 23% 左右，是联网初期的 2.58 倍；专用车道覆盖率主线收费站达 99.19%、匝道收费站达 95.55%，如图 2 所示。

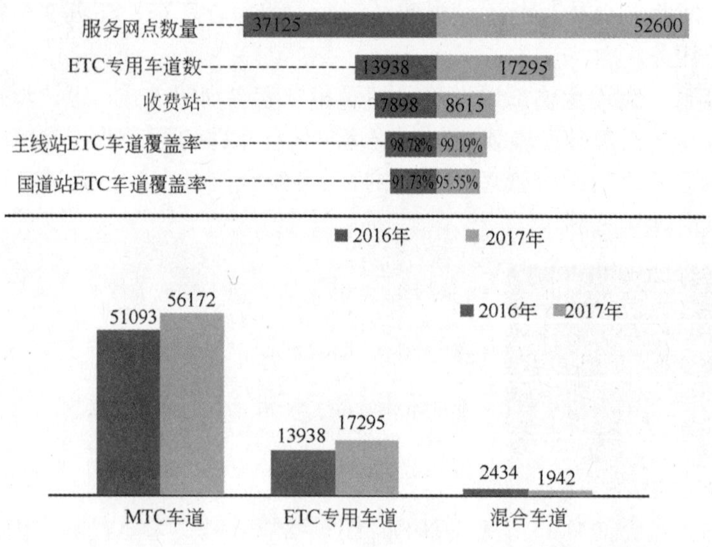

图 2　2017 年度 ETC 发展建设总体情况

三、交通旅游服务大数据

交通旅游服务大数据应用试点工程是落实国家《促进大数据发展行动纲要》的具体举措，也是交通运输部和国家旅游局联合印发的《促进交通旅游服务大数据应用实施方案（2016—2018 年）》的主要任务。2017 年 5 月，交通运输部办公厅发布了《关于启动交通旅游服务大数据应用试点工作的通知》，选取山西、江西、湖南、重庆、四川、贵州、青海、宁夏、浙江 9 个省（自治区、直辖市）承担交通旅游服务大数据应用试点工作。

交通旅游服务大数据应用试点充分发挥大数据的创新驱动作用，挖掘数据资源的潜在价值，促进综合交通运输体系衔接、交通旅游融合发展、政企合作模式创新，切实提升交通旅游协同管理和公共服务能力。

交通运输部和国家旅游局联合印发了《关于加快推进交通旅游服务大数据服务应用试点工程的通知》（交办规划函〔2018〕244 号），提出 4 个重点试点方向，①运游一体化服务：整合交通旅游资源，开展旅游交通综合运行分析；②交通旅游市场协同监管：加强交通、旅游等部门间信息双、多向整合应用，推动执法信息互联互通；③景区集疏运监测预警：推动重点景区和周边路网动态运行监测数据跨部门共享；④旅游交通精准信息服务：依托市场力量，开展旅游交通特征分析，根据旅游特征、节庆安排活动等，开发特色交通旅游增值服务产品。

目前，各试点省份积极推进试点前期工作，在试点建设内容、建设运营模式、工作组织方式等方面进行有益的探索和创新，取得了有效进展。各试点工程均已进入了可行性研究和初步设计阶段。预计，试点工程最早将于 2019 年实现部分试点效果，2020 年所有试点工程将全部完工。

四、多式联运

2017 年 1 月，交通运输部等 18 个部门联合印发了《关于进一步鼓励开展多式联运工作的通知》，提出推广先进运输组织形式、推广标准化运载单元、加强专业化联运设备研发的工作任务，包括研发应用跨运输方式的吊装、滚装、平移等快速换装转运专用设备、开展重大技术装备关键技术和物联网在集装箱多式联运领域集成应用等专项科。2017 年 2 月，《“十三五”现代综合交通运输发展规划》发布，将发展多式联运作为“十三五”期间重点任务。

示范企业主动拥抱“互联网+”，开发建设集装箱海铁联运、公铁联运等物流信息系统，加强与上下游企业和海关海事等部门的信息互联，为多式联运相关方提供开放式、一站式多式联运信息服务，实现在站场设施、运力调配、货源汇集、通关查验等方面的信息共享装备技术不断进步。转运装备技术及信息技术促进多式联运快速发展。部分企业应用快速转运装备技术，充分利用无线射频、物联网等先进信息技术，建立智能转运系统，大大提高多式联运换装转运的自动化作业水平。

五、交通综合大数据

随着行业信息化的深入推进，各级交通运输管理部门在业务工作中收集了大量的信息资源。为推进数据资源开放共享，有效破解交通运输数据资源共享利用难题，提高行业数据要素的流通效率和利用价值，交通运输部于 2017 年启动交通运输数据资源交换共享与开放应用平台建设。

交通运输数据资源交换共享与开放应用平台定位于由部省两级共同构成的交通运输共享数据资源交换共享主枢纽，共同支撑全国性、跨区域的行业协同运行，主要发挥三大作用：一是资源平台，实现行业共享资源的部省两级汇聚、融合，实现共享资源的统一管理，形成统一的交通运输共享数据资源池；二是传输通道，实现行业数据资源的协同调度，为跨地域跨系统数据传输提供安全、高效、可靠、便捷的数据传输通道；三是服务窗口，实现交通运输数据资源的部门对接、行业共享和对外开放。

目前，部级信息资源共享平台现已完成170项信息资源140余万条数据入库，并已接入国家法人库数据，后续的信用黑名单、信用双公示、职业资格、项目环评、河道水情等其他行业信息也在接入过程当中。交通运输部印发了省级信息资源共享平台建设指南，目前已有21个省份正在根据指南要求开展省级平台建设。部级平台总体功能，如图3所示。

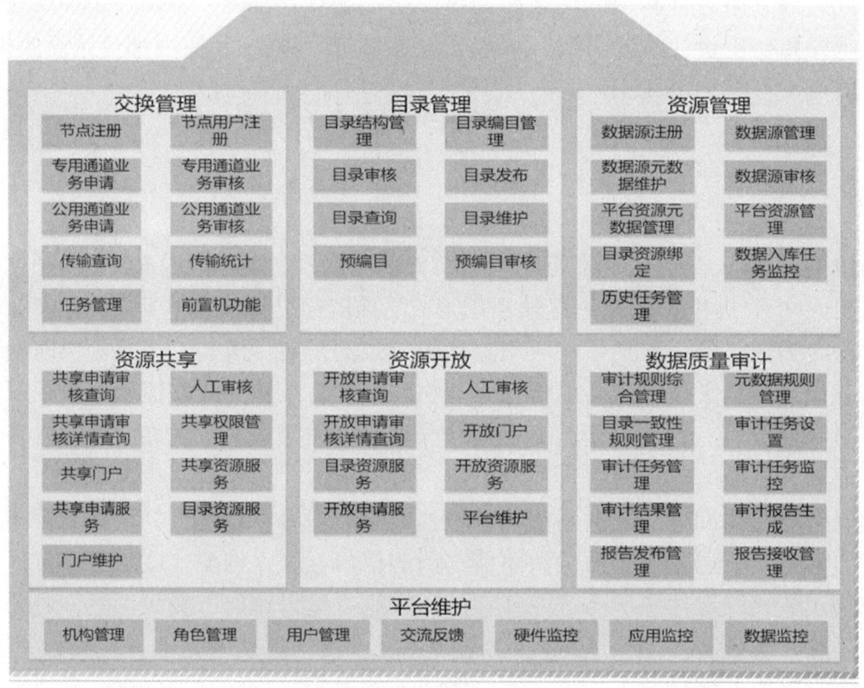

图3　部级平台总体功能框架

六、汽车维修电子健康档案

汽车维修电子健康档案是为每辆机动车建立从购置到报废全生命周期的电子维修记录，通过采集真实、可靠的维修数据，形成以车辆识别代码（VIN码）为唯一标识的“一车一档”健康档案。汽车维修电子健康档案系统紧紧把握车主端、企业端、管理端三个要素，以服务满意度评价为核心，打造满意“车主端”，以服务规范透明为导向，打造诚信“企业端”，以数据积聚共享为基础，打造智慧“管理端”，形成了一整套行之有效的汽车电子健康档案工作体系，如图4所示。

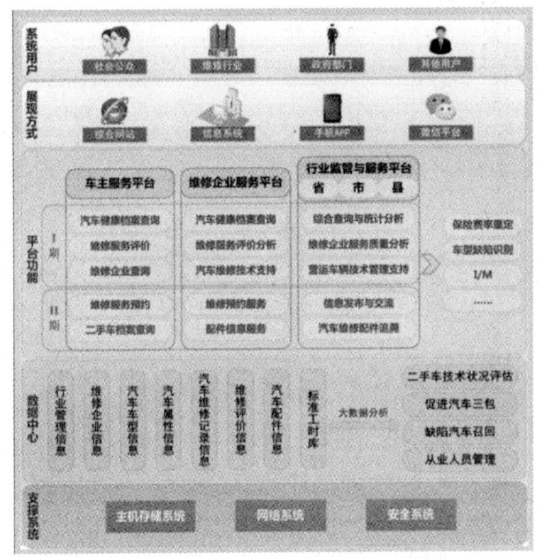

图 4　汽车维修电子健康档案系统架构

汽车维修电子健康档案系统建设是“十三五”期间交通运输行业的一项重要制度建设，是推动汽车维修业与互联网深度融合、推进汽车维修业转型升级的重要工程。交通运输部高度重视系统建设工作，2016 年验证试点和 2017 年深入试点工作成效显著，并在 2018 年继续持续推进，同时将系统建设工作列入交通运输部 2018 年更贴近民生实事，向社会承诺 2018 年年底前完成全国 20 个省份的系统建设并实现部省对接。

目前，全国汽车维修电子健康档案系统已覆盖 23 个省（直辖市、自治区）的 288 个地市，其中 19 个省（直辖市、自治区）完成部省对接，为 4391 万余辆汽车建立了“健康档案”，超额完成了民生实事工作目标。

七、高分遥感

2017 年 12 月，交通运输部发布了《关于高分交通数据中心提供高分遥感数据服务的通知》（交办科技函〔2017〕1691 号），标志着该中心开始正式面向交通运输行业提供高分遥感数据服务。作为国防科工局认定的唯一代表交通行业，为交通行业提供数据分发的行业高分数据中心，依托与中国资源卫星应用中心的数据专线，实时接收由中国资源卫星应用中心推送的高分系列卫星数据。实现了高分遥感数据的大规模有效组织管理、快速检索、深入分析以及高分影像的无缝拼接、深度融合及三维可视化信息服务。

在应用软件系统方面，结合交通路网规划、勘察设计、路网监控与应急等典型应用需求，集成了交通路网规划与可行性分析、道路勘察设计、路网监控与应急、高分交通出行服务、航运与环境监测、机场规划与环境监测 6 大应用子系统，可提供高分数据和高分应用两类服务。高分交通出行服务子系统界面如图 5 所示。

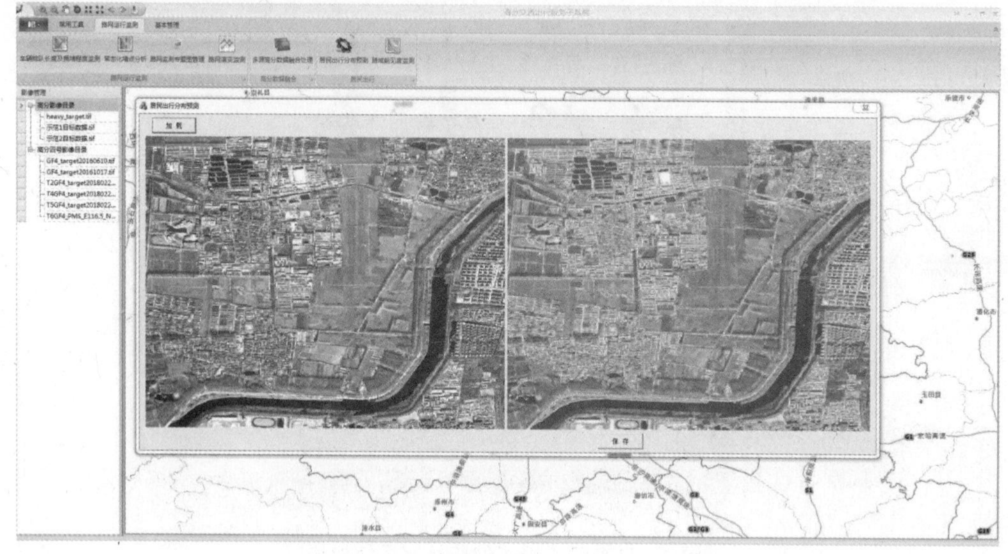

图 5 高分交通出行服务子系统界面

目前已在宁夏、新疆等 22 个示范区开展了交通路网规划、公路勘察设计、路网监控与应急等典型示范应用，为交通运输部科学研究院、交通运输部路网监测与应急处置中心、长江航道局等行业重点单位提供数据支持。曾在 2017 年 8 月，九寨沟地区震后第二天利用高分二号灾后影像对该地区进行了周围主要道路、地质灾害等信息的提取，并分析交通运行情况，为灾后应急提供了有效支撑。

八、交通密钥

《交通运输信息化“十三五”发展规划》提出，到 2020 年基本建成“统一协调的行业信息安全认证体系。”交通运输部印发《交通运输行业重要业务领域密码应用推进总体规划》，以推进密码技术在交通运输行业的应用，加强密码应用的管理，夯实交通运输行业网络安全的基石，实现交通运输行业网络安全的自主可控，为实现“综合交通”提供重要的安全保障。这样，密码技术在智能交通领域应用就拥有了更明确的目标和依据，截至 2017 年，交通运输密码管理和技术体系发展得到了长足的发展。

在网络信任体系建设方面，目前已形成了以国家网络信任源为原点，辐射行业各业务领域、行业各级单位，自主可控的行业密码统一管理体系。

行业以各业务领域根密钥和根 CA 为关键节点和管理中心，分别辐射各业务领域和各级单位，有序开展密钥管理和电子认证等密码服务。第二级信任源以下密码应用管理根据行业管理和业务需要，在部密码管理部门统一管理和监督下逐级展开，密钥管理体系框架如图 6 所示。

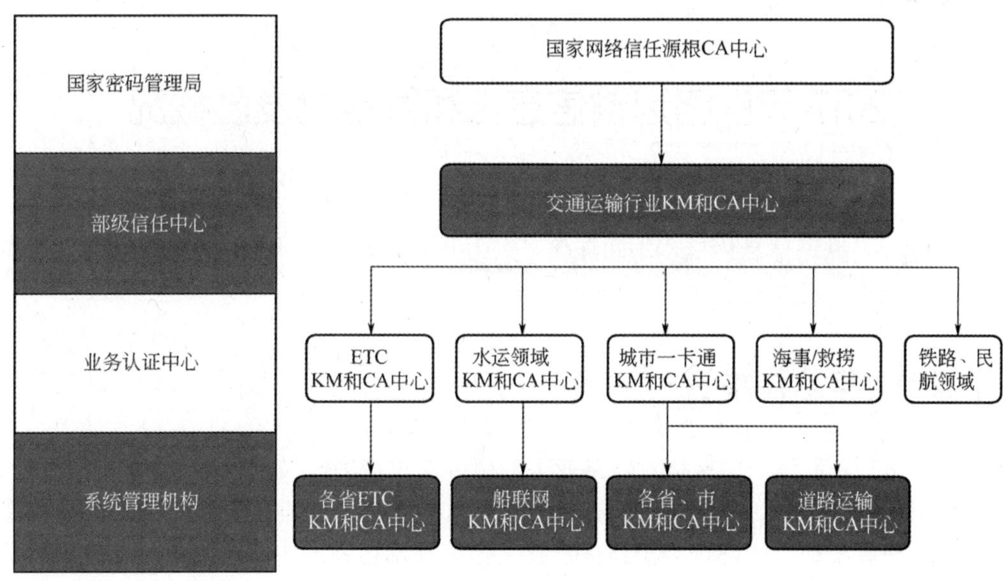

图 6　密钥管理体系框架

目前，交通运输行业密钥管理与证书认证中心共接入 RA 注册管理平台 9 个，除西藏外均设立了二级密钥管理中心，共发放密钥发放证书 122135 张。交通运输行业密钥管理与证书认证中心 RA 接入统计表，如表 1 所示。

表 1　交通运输行业密钥管理与证书认证中心 RA 接入统计表

接入类型	接入单位	主要服务系统
公务人员根 RA 接入	中国交通通信信息中心	交通运输部网站内容管理系统
	交通运输部科学研究院	交通运输部行政许可网上办理平台
	交通运输部公路科学研究院	水运综合管理平台系统
	路网监测与应急处置中心	国省干线公路网技术状况监测信息系统
	河南省交通通信中心	河南省公路水路建设市场信用信息服务系统
	国家交通运输物流公共信息平台	国家交通运输物流公共信息平台
	广东联合电子服务股份有限公司	粤通卡网上充值系统
设备根 RA 接入	广西捷通高速	八桂行卡网上充值系统
	湖南高速管理局	湘通卡空中充值系统
	交通运输部公路科学研究院	车路协同系统（测试证书发放）

（撰稿：侯德藻）

2017 年铁路运输信息化和智能化发展概况

2017 年，铁路信息化技术不断深化，大力开展智能铁路研究，铁路信息化、智能化技术水平实现较大突破。

一、2017 年总体情况

2017 年，立足强化信息化对铁路业务的基础支撑能力和技术保障能力，科学设计、精心组织、周密部署、扎实推进，建立以“一部一中心一企业”为主体的总公司信息化专业管理新架构。一部作为全路信息化工作管理部门；一中心负责信息化建设具体实施工作；一企业承担铁路应用系统研发运维和信息资源经营工作。

为推动铁路信息化可持续发展，促进快速发展的信息新技术与快速发展的铁路业务深度融合，铁路总公司正式发布实施信息化总体规划。总结了信息化发展成绩，在分析信息化面临形势的基础上，指明了至 2020 年信息化发展的总体目标，确定了“统一规划、统一标准、统一平台”的三统一原则，设计了以一体化集成平台为支撑、六大业务板块信息系统为核心、两个体系为保障、三大能力为标志的 CR1623 工程，系统谋划了新时代中国铁路总公司信息化发展的纲领和蓝图。为了推进铁路大数据应用，正式发布《铁路大数据应用实施方案》，以数据为核心，以平台为基础，以应用为关键，确定了运输调度、客货运、建设管理、安全管理等 16 项重点应用。

圆满完成宝兰、西成等九条高铁新线的开通工作。实施了客票系统、旅客服务系统、调度集中系统和动车组管理信息系统等工程，对高铁开通运营发挥了重要作用。

积极推进铁路信息化建设，在运输安全、经营管理、铁路建设等领域发挥了重要作用，取得丰硕成果：

（1）业务应用范围进一步扩大，信息系统功能覆盖了铁路主要业务领域，形成总公司、铁路局、站段三级联网应用。

（2）运输生产业务应用水平明显提高，有效促进了工作效率的提升和运营成本的降低。货运票据电子化正式运行，覆盖 3600 个货运办理站，1200 个集装箱办理站，190 个货检站，6200 个现车作业站，每日完成各种主要电子单据 17 万张，货运业务途中不再需要携带纸质票据；TDMS5.0 全面推广，客运列车计划使用率达 98.7%，货运列车计划使用率达 75.5%，有力支撑“一日一图”，显著提升运输组织效率。

（3）客户服务能力大幅提升，广大旅客和货主获得感显著增强。客运领域陆续推出互联网订餐、动车组选座、智能验票进站、中转接续换乘、常旅客服务、大站智能导航等便民利民服务，全路最高日售票量达 1274.6 万张，其中互联网售出 961.5 万张，占总售票量的 75.4%，全路 90%票款通过电子支付完成；复兴号动车组实现列车 Wi-Fi 上网等功能；95306 网站货物日运输需求、货物阶段运输需求受理率分别达到 78%和 86%。

（4）推进货运、机务、车辆、工务、电务、牵引供电等专业监测监控应用，运输安全保障能力显著增强。

（5）铁路工程建设管理系统 1.0 版在全路投入使用，基于 BIM 的 2.0 版在京张高铁上得到应用，大幅提升建设管理水平，有力支撑铁路建设。

（6）运输信息集成平台上线运行，数据完整率、及时率、准确率均达 98%以上，基础数据编码统一工作初见成效，信息共享情况明显改善。

不断加强铁路行业网络安全管理，优化技术防护手段，网络安全保障能力得到明显提升。发布总公司网络安全、信息系统运行维护和铁路综合信息网安全防护等系列制度办法，初步构建了以外部服务网、内部服务网、安全生产网为纵深防护框架的网络安全技术防护体系。加强行业等级保护测评能力建设，依托铁科院，形成专业性强、测评手段完善的网络安全技术队伍，为铁路网络安全等级保护测评工作提供了技术支撑。

近几年来，深入开展云计算、大数据、物联网、北斗导航及人工智能等信息技术在铁路行业的应用研究。在运输服务方面，12306 网站构建了公有云+私有云的混合云模式，售票能力达 1500 万张/日、点击量超过 1600 亿次；部分车站已经实现使用人脸识别技术刷脸进站、使用机器人为旅客提供引导问询服务，极大地提升了用户体验和服务效率。在工程建设方面，研究形成了铁路工程建设全生命周期 BIM 应用总体框架和铁路 BIM 技术标准体系，融合 BIM 和 GIS 等技术为工程建设、管理单位提供全流程可视化管理手段。在移动装备方面，使用北斗导航技术，在机车定位和短报文通信中提供服务。

二、2017 年重点业务领域科技创新情况

1. 深入研究智能铁路重大关键技术，打造成套解决方案

以“精品工程、智能京张”为契机，对标国内外先进应用场景，深度挖掘国内客运出行需求，全力推进智能铁路成套关键技术和系统研发工作。客运生产与指挥、客运设备管理、站车一体化应急指挥、大件行李服务、同步安检、机器人服务、无障碍出行服务、站内导航、国际化自动售票机、安全门、站台电子标识、北斗导航等多项成果初现，初步构建智能票务、智能车站总体框架，全面提升铁路客运服务、运营管理智能化水平。开展京沪标准示范线建设，优化京沪本线及跨线列车开行方案和售票组织策略，促进京沪高铁运营收入取得新高。积极开展铁路物联网总体方案、VR/AR 技术应用等研究，逐步引领技术发展。

2. 进一步加强 12306 基础设施建设，持续完善客票系统核心功能，大力开拓延伸服务业务，成效显著

圆满完成新一代客票系统三期工程主要建设任务，12306 互联网售票系统日处理能力达 1500 万张，实现了电子支付平台双活，有力保障了 2018 年春运工作。积极推进互联网售票系统新功能开发，成功上线自助选座、接续换乘、微信支付、常旅客等功能，改版手机 App 人机交互界面，不断提升铁路旅客购票和出行体验。大力开发客运延伸服务，成功推出 12306 互联网订餐、动车组 Wi-Fi 业务，不断完善酒店预订、定制服务等服务功能，为总公司依托 12306 平台开展多种经营奠定了基础。搭建客运大数据平台，开展了铁路旅客用户画像研究。研发完成铁路互联网售票风险防控系统，通过采集用户终端环境、行为信息等多维度数据建立风控系统，实现售票高峰期风险的安全防范。

3. 深入开展基于 BIM 的铁路工程管理平台的研发和应用，推进全寿命周期管理

依托数字“郑万”，完成了超前地质预报、原材料追溯、平台轻门户等研发，不断丰富 2D 平台功能，完成路局级平台的研发和试点。积极开展京张高铁基于 BIM 的工程管理平台的研发和应用，完成全线线、桥、隧、涵、站前的 3D 场景建立及“三隧”的 BIM 施工深化应用，推进京张智能建造。依托中老磨万铁路，完成铁路工程管理平台英文版开发工作，并成功运用。开展基于 BIM 的铁路基础设施运维平台研究及京沈试验，为实现全寿命周期管理奠定基础。依托 BIM 联盟牵头制定发布《铁路工程信息模型表达标准》等五项 BIM 技术标准，不断提升中国铁路软实力。

4. 研发铁路数据服务平台，深入开展大数据研究与应用创新

研发铁路数据服务平台，通过工信部数据中心联盟组织的第三方认证测评，成为国内大数据产品第一梯队。基于数据服务平台，完成多个业务系统的数据资源整合，积极开展平台应用。编制并发布第二批铁路主数据标准，铁路主数据管理平台已在全路正式上线应用。积极推进太原局、京沪公司的大数据应用并取得初步成效，太原局安全大数据应用获得用户高度认可。前瞻开展基于深度学习的图像识别研究，在铁路接触网缺陷检测等领域取得新突破。完成铁路地理信息平台部署，具备面向内部服务网为全路用户提供 GIS 服务的能力。平台支撑能力进一步增强。

5. 深化客服、客管、客设系统应用，丰富自助设备谱系，强化深度融合和拓展，打造智能车站

持续优化旅服系统，集成普速、城际铁路业务，增设移动旅服应用，不断扩展应用领域和场景。完成客运管理信息系统 2.0 版本的开发，新增车站安全管理、乘务派班管理等功能，有效提升客运生产效率和服务质量。研发全路统一的客运设备管理系统，实现客运设备实时监控和节能控制，有效提升车站管控水平。完成多功能自动售票机、铁路发票双路供纸模块等自助设备及核心模块的开发和试点。开展长沙南站、通辽站、青岛站、太原站等智能车站的研发与建设，展现了车站大脑、站内导航、应

急指挥、机器人服务、舒适度监控等新亮点。

6. 货运及运营领域应用研发成果明显，为优化运输组织、提高运输效率和对外服务水平给予有力支撑

深化铁路 95306 网站和全路统一货运电子商务平台建设，上线网上营业厅、完善手机 App 等货运服务，完成新版铁路商城开发，拓展路企交互、国际联运等业务领域。扩大电子支付接入渠道，强化支付平台业务管控，完成工行企业网银、微信支付等多种电子支付手段。进一步完善运输调度管理系统，深化车流推算应用，实现全路货调系统和调度命令持续优化升级。完成货运票据电子化开发工作，已在全路试点运行，将对货运业务流程的优化再造产生重要影响。研发机务管理信息系统，构建一车一档和一人一档的机务信息平台，正在上海等四个铁路局试点。完成铁路工务安全生产系统全路部署工作，开展工务 8M 试点研究。货运及运营信息化工作全力推进。

7. 不断完善车辆运行安全监控 5T 系统，深化全路防灾安全监控应用，构建全方位、立体化的铁路安全监控保障体系

完成全路 TPDS3.1、TVDS、TCDS 系统优化升级和 TEDS2.0 系统研发上线，试点动车组综合在线监测系统，研发车辆运行安全监测设备监控平台，实现 5T 轨边设备及各级服务器设备的实时状态监控，形成车辆监测、设备监控全面安全防护。开展货运计量安全检测监控系统联网工程建设，完成 60 多台超偏载、180 多台轨道衡的联网接入工作。积极开展防灾安全监控系统的总结和优化，深化高速铁路周界入侵报警系统研究。完成铁路应急平台 2.0 升级工作，实现突发事件应急处置联动。

8. 加强应用技术创新，提升运力资源信息化水平，加快企业经营管理信息化建设

开展全路货车信息系统整合研发与实施工作，搭建铁路车辆管理平台应用框架，实现用户统一管理。完成动车组管理信息系统基础信息及底层功能架构的变更升级工作，拓展动车段综合管理平台、动车组作业过程控制等多项功能，不断丰富应用。完成动车组技术变更系统研发，构建总公司、技术中心、铁路局、造修企业四级联动体系，支撑动车组源头质量问题的全过程闭环管理。开展货车、动车组运用检修、运行动态大数据分析及可视化研究，逐步实现货车、动车组整车及关键部件全寿命周期管理，推进计划修向状态修转变，提升精细化管理水平。

三、2018 年重点工作

1. 坚持科技创新引领，充分发挥骨干和尖兵作用，全面推进轨道交通信息化建设

1）认真做好智能京张成套关键技术和系统研究和开发

充分发挥智能京张、智能京雄等重大项目的引领作用，深入研究智能铁路、智能票务、智能车站总体框架和成套技术体系，着力开展全面电子客票、12306 国际化、

新一代旅客服务、站车应急指挥、新型站台安全门、客站能耗管控、智能车站大脑、智能服务机器人、全线信号增强北斗卫星导航等一系列智能创新技术研究与应用，确保总公司确定的“精品工程、智能京张”创新目标高质量推进。完成京沈高铁试验段BIM运维管理、安全门防护系统、北斗卫星导航、自动驾驶等智能综合试验项目，努力实现交通强国、铁路先行、智能引领的宏伟目标。

2）完善新一代客票系统，丰富延伸服务，打造智能出行

做好新一代客票系统三期工程第二阶段建设工作，进一步补强基础设施。大力开展全面电子客票、多级票价动态调整、网络预约平台、无票候补、“铁路畅行”常旅客差异化服务、英文版售票等系统研发，进一步提升旅客出行体验。积极推进定制服务、酒店预订、旅游专列、共享汽车、网上商城等旅客出行关联服务，完善互联网订餐、网约车、动车组Wi-Fi运营服务平台等，打造高铁网与互联网“双网旅行生活”。深化客运大数据应用，完善客运大数据平台，包括用户画像、精准营销、客运新产品设计和优化、收益管理等，提升铁路客运运营管理精细化。

2. 全力开展货票电子化、95306网站优化，研发智能综合调度系统，全面提升货运信息化、智能化水平

完善货票电子化相关系统研发，推进95306网上营业厅、国际联运、路企交互等功能优化，拓展电子支付服务领域，努力提升客户体验。深入研发铁路智慧物流园区关键技术和系统，确保应用成效，发挥重要作用。深化铁路货物运到时限监控预警研究。研发智能综合调度系统并试点应用。提出智能蒙华铁路系统总体方案，大力开展综合研发和集成应用，全面提升货运智能化水平。

3. 加大基于BIM的铁路工程管理平台研发和深度应用，巩固工程建设信息化核心地位，逐步实现智能建造

持续优化平台基础架构，完善功能应用，固化铁路工程管理平台1.0版本，在全路推广应用。完成铁路工程质量监督管理系统的总体方案评审、研发和试点应用。完成基于BIM的3D平台研发，实现原厂模型和铁路联盟IFC标准的BIM模型成果入库、轻量化展示、建设管理、工程监督等核心功能。深化数字京张工程管理信息化，做好“三站”BIM应用研发，发挥BIM的作用和价值。推动BIM技术向“四电”领域延伸，扩大应用场景。大力开展基于BIM的运维平台研发，逐步实现铁路基础设施全寿命周期管理。

4. 全力建设铁路大数据服务平台，推进大数据应用，力争成为中国铁路“大脑”

依托京沪高铁，全面推进铁路数据服务平台的整线建设，形成数据接口规范，实现数据接入、大数据管理分析应用，形成样板。不断丰富GIS信息数据内容及服务，深化主数据应用，建设一体化集成平台，切实推进大数据共享共用。高质量完成铁路总公司主数据中心系统建设，深化路局安全大数据运用，着力开展客货运服务、经营管理、运输设备管理等典型场景大数据应用，发挥大数据价值，为全面落实铁路供给侧结构性改革提供决策支撑。

5. 构建全方位、立体化的铁路安全监控保障体系

着力研究集风、雨、雪、异物侵蚀，地震预警，周界入侵报警及线路障碍自动监测报警于一体的高铁立体防灾系统一体化集成方案及技术体系，全力开展智能综合视频监控系统 2.0、周界入侵报警系统、大风监测点优化及预警等技术攻关。大力开展车辆技术状态评价、动客货 5T 系统智能预警技术研究和应用。深化机务 6A、工务 8M、通信安全、供电 6C 等铁路安全生产系统研发，努力构筑铁路全方位安全监控体系。完成货运计量安全监测监控系统 3.0 升级研发，深化货运安全系统应用。开展货运安全大数据分析运用研究，争取在修程修制、货运营销方面创造价值。

6. 深化技术优势，不断扩大运力及经营资源信息化业务阵地

进一步优化完善 HMIS、EMIS、机务、工务信息系统，提升管理水平。积极推动智能动车段建设，以 EMIS 为核心，集成智能检修机器人、库内定位、大数据分析等软硬件产品，形成整套解决方案。大力推进供电管理系统、通信管理系统的研发，探索智能车辆段、机务段、工务段解决方案及新技术。全力做好铁路总公司协同办公系统的研发和应用，并向全路推广。积极开展铁路电子招投标系统的设计应用，开展总公司财务共享中心建设，完善全面预算管理信息系统和铁路物资管理系统，推进铁路网上商城研发和应用，集成整合，打造适用于铁路现代企业的综合协同管理解决方案。

7. 加强新技术研究，发挥科技引领作用

全面开展云计算、大数据、物联网、移动互联、人工智能、机器人、VR/AR、移动支付等新技术的研发应用，加快与现有业务深度融合，实现新技术应用重大突破，全力开展铁路前沿信息技术谋划和研究，实现智能铁路技术研究持续引领铁路发展。

加快中国铁路客货运咨询研究中心、铁路大数据研究与应用创新中心、铁路北斗卫星导航技术应用研究开发中心等平台的支撑平台建设和关键技术研究，联合相关单位协同创新，做好行业创新服务。

认真开展铁路行业和企业技术标准制/修订，梳理补强逐步形成高速铁路信息化技术标准体系。

8. 努力加大信息平台建设，打造平台经济

发挥铁路线上线下综合服务优势，统筹资源，发展“互联网+铁路网”双网融合经济，围绕旅客出行和便捷物流，开展平台经济业务，重点做好四个方面内容：一是开展 12306、95306、动车组 Wi-Fi 等平台品牌的广告经营，实现精准营销。二是依托 12306 网站，围绕旅客吃、住、游、购等其他出行需求，开展网络订餐、酒店预订、旅游预订等经营增值服务。三是利用铁路大数据资源，研发特征核验、数据标签、分析报告等数据服务产品，为金融企业、征信机构等提供大数据应用服务。四是依托 95306 网站，建立统一的货运数据服务经营平台，面向企业开展铁路货运物流信息服务。

（撰稿：史天运）

2017 年水路运输信息化与智能化发展概况

一、发展概述

水路运输作为五种典型运输方式之一，在运输能力、运输成本和运输距离上具有明显的比较优势，从而能够充分发挥多种交通运输方式的组合效率。党的十九大报告提出了建设交通强国的目标，智能信息化既是交通强国的核心要素，也是建设交通强国的基本途径，同时是衡量交通强国的重要标准，在交通强国建设中发挥着驱动和引领作用。

随着信息化和智能化技术的不断发展，以及在水路运输中的不断应用，水路运输信息化与智能化发展随着新兴技术的不断发展和成熟，已经逐步应用于水路运输领域并取得了长足进展，具体体现在：

（1）区块链技术已经开始与航运业结合，并将在改变航运供应链运作模式，形成通道堆叠模式，改变港航电子数据交换系统和创新航运金融服务等方面发挥重要作用。

（2）3D 打印技术将实现船舶制造业的升级，并能够降低船舶制造成本，缩短工期，提高产品质量和工艺水平。

（3）智能船舶技术的测试、研发及应用已经取得了重大进展，各种核心关键技术正在逐步突破。

（4）虚拟现实技术在航运和船舶制造业应用广泛，为船舶制造业提供全寿命周期虚拟现实解决方案。

（5）全自动化码头应用成效明显，目前我国已经在多个港口实现了全自动化码头。

二、关键技术及研究进展

1. 区块链技术在航运业务中的应用

区块链是通过分布式方式集体维护一个加密数据库的技术方案，通俗解释为一种多人共同记账的对账机制。其优点集中在去中心化、去信任化、降低成本、交易透明、双方匿名、智能合约等多个方面。

区块链和航运业的结合，主要表现于通过航运区块链积聚企业的交易运营数据，形成大数据库，进而打造全流程自动区块链系统，彻底打通平台各个环节，形成信息共享渠道。丹麦航运巨头马士基宣布已完成首次区块链试验，该试验旨在优化价值数万亿美元的全球航运业务。马士基在全球航运贸易中占有 15.8%的市场份额，由于年收入大幅下降，所以设计该区块链应用程序，以节约航运成本和时间成本；此外，商船三井、日本邮船及川崎汽船等 14 家日本企业，成立了基于区块链技术的贸易数据共享平台企业联盟。在区块链技术影响下，航运电商平台也可被视为“搬上线”的航运交易所。货运代理人、航运经纪人、海商法律师、公估师等各类从业者，将告别事务所和小团体，成为业务更聚焦、分工更明细、服务质量更高的自由职业者，在平台上继续为港口、航运业提供专业服务或咨询。

未来区块链技术将对航运智能化和信息化产生以下变化：①航运供应链运作模式面临变化，利用智能合约，大量单证可被消除，使航运实现无纸化运作；②面向国际供应链，形成通道堆叠模式；③将改变港航电子数据交换系统；④创新航运金融服务。

2. 3D打印技术在船舶制造中的应用

3D打印技术是快速成形技术的一种，又称增材制造。始于20世纪80年代的快速成型技术，其概念则起源于更早的19世纪美国，直到最近几年才逐渐发展成一项热门技术，因此也被称为“上上个世纪的思想，上个世纪的技术，这个世纪的市场”。3D打印是直接从数字模型通过材料堆积来生产三维实体的技术，由于其加工过程省去了开模、削切等中间的繁杂流程，因而在小批量、结构复杂的实体加工方面具有得天独厚的优势，据测算可以缩短加工周期70%以上，节省材料90%以上，降低一般制造费用50%以上。3D打印对航运业未来的可持续发展大有益处，传统的消减制造过程中每次钻孔、每次切削都在浪费原材料和金钱，而使用3D增量打印技术，不仅可以灵活地制造出那些具有独特结构形式的产品或零部件，而且还可以实现原材料和金钱的“零浪费”。

据了解，目前3D打印技术在航运业已经有了成功应用。全球首个3D打印的船用螺旋桨在荷兰诞生，法国船级社（BV）在测试阶段参与其中，通过严格的试验验证了3D打印螺旋桨的适用性。RAMLab研究人员表示，3D打印技术是制造螺旋桨概念的一个根本改变。采用增材制造，就能打印原则上需要的绝大多数金属零件，这些技术将对未来的供应链造成巨大冲击。3D打印螺旋桨的成功显示了海事领域3D打印技术应用的前景，RAMLab首席执行官AllardCastelein表示这个项目向造船业展示了用于生产船舶部件的3D打印技术的潜力。此外，西班牙在造船的过程中也采用了3D打印技术，西班牙最大的军舰建造厂纳万蒂（Navantia）宣布将在西班牙南部的安达卢西亚地区打造一个配备了最前沿技术的造船厂——Shipyard4.0，其中就包括3D打印技术。根据造船厂总监PabloLopez的说法，造船厂4.0有明确的目标，即降低成本、缩短工期、提高产品质量和工艺水平，实现公司的竞争力。可以预见，在不久的将来，这项技术将是生产的重要组成部分。

全球范围内新一轮科技与产业革命正在萌发，世界各国纷纷将增材制造作为未来产业发展的新增长点，全球制造、消费模式开始重塑，通过政策支持、技术规范、政府引导等方式，在社会各界共同努力下，我国航运业增材制造产业将迎来巨大发展的新形势、新机遇。现阶段，造船工业的发展主要是靠要素的投入，如大船坞、大厂房的投入来提高产能。

3. 智能船舶核心关键技术逐步突破

智能船舶是指利用传感器、通信、物联网、互联网等技术手段，自动感知和获得船舶自身、海洋环境、物流、港口等方面的信息和数据，并基于计算机技术、自动控制技术和大数据处理分析技术，在船舶航行、管理、维护保养、货物运输等方面实现智能化运行的船舶，以使船舶更加安全、更加环保、更加经济和更加可靠。

智能船舶近年来取得了飞速发展，罗罗与新加坡海详和船舶技术中心（TCOMS）达成战略合作并签署谅解备忘录。根据协议，双方将共同致力于为智能船舶研发全球顶级的基础性技术框架，如智能传感技术、数字化模型技术及集成建模技术等；中国船级社、珠海市政府和武汉理工大学携手南方软件园入园企业云洲智能公司举行合作备忘录签约仪式，共同打造无人船海上测试场和启动全球首艘小型无人货船项目；此外，海航科技集团发起的无人货物运输船开发联盟成立。

《智能船舶规范》将智能船舶的功能分为智能航行、智能船体、智能机舱、智能能效管理、智能货物管理和智能集成平台，基本囊括了智能船舶所应具备的所有功能。所以智能船舶的七大关键技术是与船舶有关的信息感知技术、通信导航技术、能效控制技术、航线规划技术、状态监测与故障诊断技术、遇险预警救助技术、驾机一体化和自主航行技术。其中船舶信息感知是指船舶能够基于各种传感设备、传感网络和信息处理设备，获取船舶自身和周围环境的各种信息，使船舶能够更安全、可靠航行的一种技术手段。通信技术是用于实现船舶上各系统和设备之间，以及船舶与岸站、船舶与航标之间的信息交互。能效控制技术是分析通航环境、装载量、吃水、主机功率（转速）等因素与船舶营运能效指数 EEOI 之间的内在关系，在保证船舶安全和营运效率的前提下，通过优化控制船舶航速、装载量、吃水、航线等，以最大限度降低 EEOI 指数。航线规划是指船舶根据航行水域交通流控制信息、前方航道船舶密度情况、公司船期信息、航道水流分布信息、航道航行难易信息，智能实时选择船舶在航道内的位置和航道，以优化航线，达到安全高效、绿色环保的目的。状态监测技术是以监测设备振动发展趋势为手段的设备运行状态预报技术，通过了解设备的健康状况，判断设备是处于稳定状态或正在恶化。船舶遇险预警与搜救技术能够有效地降低事故的发生率及降低事故的损失。智能航行系指利用计算机技术、控制技术等对感知和获得的信息进行分析和处理，对船舶航路和航速进行设计和优化；航行时，借助岸基支持中心，船舶能在开阔水域、狭窄水道、复杂环境条件下自动避碰，实现自主航行。

4. 虚拟现实技术与航运业深入结合

虚拟现实技术是一种可以创建和体验虚拟世界的计算机仿真系统，它利用计算机生成一种模拟环境，是一种多源信息融合的、交互式的三维动态视景和实体行为的系统仿真，使用户沉浸到环境中。该技术具有多感知性、存在感、交互性、自主性四大特点。

VR 技术在航运业的影响力正在迅猛发展。近些年，VR 技术不断成熟发展，在航运业的各个方面都体现出巨大优势。由于 VR 技术自身特点，它主要应用于工程、培训及检查等领域。韩国现代重工将 VR 技术应用于船厂的安全管控，并在蔚山总部成立船厂安全培训中心，以此来提高员工的安全意识。温特图尔发动机有限公司（简称WinGD）就安装了W-Xpert全功能模拟器用于船员培训。

未来虚拟现实技术将在船舶设计、船舶工艺、船舶航行等方面深度结合，提供PLM产品全寿命周期虚拟现实解决方案，通过对船舶全寿命周期的船舶虚拟设计系统的开发，可大大提高船舶设计的质量，减少船舶建造费用，缩短船舶建造周期。

（1）船舶设计。船舶设计在前期规划设计中做好整体数据采集、资料分析、三维建模、方案评估等步骤至关重要，虚拟现实系统由于可视性和互动性具有天然的优势。

（2）船舶工艺。船舶工艺虚拟现实系统可通过系统同步，监控车间各操作进展，精确把握实时动态。省略人工检查步骤，实现船厂生产、材料设备和成本等自动化管理。

（3）船舶航行。虚拟现实系统可有效规避危险，并且其费用远远小于实际操作的损耗和花费。同时虚拟现实系统可模拟任何一种船型及航行中多变的水面环境进行试验，完善实操经验，为安全航行提供可靠信息。

5. 全自动化码头应用成效明显

相对于传统的集装箱码头，全自动化码头最大的特点是实现了码头装卸、水平运输、堆场装卸环节的全过程智能化、无人化的操作，对降低码头运营成本，提高作业效率与安全性、环保性都具有重要意义。

自动化系统是全自动码头的“灵魂”，ECS软件系统（设备控制系统）和TOS系统（码头操作系统），组成全自动化码头的“神经”与“大脑”。TOS系统覆盖自动化码头全部业务环节，衔接上海港的各大数据信息平台，提供智能的生产计划模块、实时作业调度系统及自动监控调整的过程控制系统。ECS系统取代了传统设备上的操作人员，给港口设备赋予智能化。ECS系统把一辆辆AGV小车变成智能的AGV车队，把场桥起重机变成智能化的堆场，把岸桥起重机变成能自主作业的巨型机器人。同时ECS把这些智能化设备和系统有机地协调起来，使它们能够密切地配合，自动高效地完成码头操作系统TOS的装卸任务，从而实现整个码头智能化运作。岸桥安装扭锁自动拆装产品。集装箱在运输过程中为了避免海损，箱体外部需要装上锁销，以往靠泊后需要靠人工拆装锁销。机器人能够自行拆装扭锁，彻底实现岸桥上的无人化作业。在海一侧的岸桥全部实现了自动化远程操控；在陆一侧使用的轨道吊也实现了自动化装箱。另外码头投放数量庞大的AGV小车，这是自动化码头的水平运输工具。

码头装卸作业采用“远程操控双小车集装箱桥吊＋自动导引车＋自动操控轨道式龙门起重机”的生产方案，远程操控让驾驶人员可以在办公室内通过远程操作台控制桥吊和轨道吊；自动导引车让码头前沿的水平运输实现了无人化；生产管控系统让船舶和堆场计划、配载计划、生产作业计划等全部交由系统自动生成，显著降低了码头各个环节的人力资源成本，实现了码头作业从传统劳动密集型向自动化、智能化的革命性转变，可以提供24小时全天候、高效、绿色、安全的服务。

三、发展趋势

1. 信息化应用呈现集成化、移动化、智能化

云计算、移动互联、物联网和社交网络技术的蓬勃发展，正推动航运信息化进入一个全新的阶段。总体来说，航运信息化应用将呈现出集成化、移动化、智能化的趋势。集成化应用打破了“信息孤岛”，信息系统真正成为有机整体；移动应用突破了时空限制，多终端随时随地访问系统，将显著提高协同效率；大量采用智能化技术，使应用系统操作更人性化、体验更好。

2. 信息技术与航运业务融合更为紧密

未来一段时期，信息技术与航运业务的融合将更为紧密，这个过程不是简单的技术加业务，而是融合后的一种质变，它是航运业通过信息技术整合传统优势，来实现服务和产品的升级。信息技术的应用将在航运创新与供应链管理中发挥更为重要的作用。将先进信息技术系统搭建在航运业务组织和工作流程上，通过对航运业务组织形式的逐步调整；通过对业务流程进行不断梳理，使航运的经营方针更好地向“以业务为中心”的目标转变。

3. 人工智能将在航运网络安全方面发挥重要作用

随着传统防御、监视和网络安全侦察的日益融合，对基于算法的 AI 的需求更为突出。人工智能在防御领域有着天然的优势。由于航运网络攻击是不断演变的，防御过程中经常需要面临先前未知类型的恶意软件。而人工智能则可凭借其强大的大规模运算能力脱颖而出，迅速排查筛选数百万次事件，以发现异常、风险和未来威胁的信号。随着航运网络的不断完善，航运网络安全问题更为突出，这就需要充分发挥人工智能在这方面的作用。

4. 基于深度学习的认知能力将为航运提供可靠的辅助决策

人工智能技术之所以能够获得快速发展，主要源于三个元素的融合：性能更强的神经元网络、价格低廉的芯片及大数据。神经元网络是对人类大脑的模拟，是机器深度学习的基础，对某一领域的深度学习将使得人工智能逼近人类专家顾问的水平，并在未来进一步取代人类专家顾问。当然，这个学习过程也伴随着大数据的获取和积累。在未来，可为船舶辅助驾驶、个性化的航运保险、金融风险监管、船舶活动预测等多个方面提供辅助决策。

5. 边缘计算将进一步促进航运业务信息化的发展

边缘计算为了解决云计算带来的延迟问题而生。其本质上是分散计算服务，将其向靠近数据源的方向移动的过程。这会对延迟产生重大影响，因为它可以大大减少需要传输的数据量和传输的距离。随着越来越多的终端设备利用边缘计算来实现性能和功能的增强，边缘计算技术已经呈现爆炸性增长，目前其已经被广泛地应用于虚拟现实设备，同时其为物流等潜在用途实现更高的安全性。

（撰稿人：吴兵）

2017 年民用航空信息化和智能化发展概况

纵观全球发展，世界新一轮科技革命和产业变革正以迅雷之速席卷全球，它带来的巨大冲击力前所未有，为世界经济和社会的发展带来日益广泛而深刻的影响。而以大数据和人工智能为代表的信息化和智能化技术的广泛应用，不仅变成了与其他国家竞争的核心，代表了当今世界科技发展的大趋势，也对人类的思维、生产、生活和学习方式带来革命性的影响，为提升国家和行业治理能力带来了颠覆性变革。

在党的十九大以来，党中央、国务院从全局高度，把加快信息化建设当作带动国民经济和社会发展的重要举措，强调通过实施网络强国战略、大数据战略、“互联网+”行动等一系列重大决策，推行新型工业化、信息化、城镇化、农业现代化同步发展，特别指出要推动互联网、大数据、人工智能和实体经济的深度融合，将信息化建设上升到前所未有的战略高度。与此同时，在全国民航科教创新大会上，民航局局长也表示，建设创新型民航产业，必须充分发挥科技创新的引领作用、教育培训的支撑作用和深化改革的推动作用。并进一步指出：今后，我们还要以信息化、智能化为支撑，以大数据利用、移动互联网为平台，推进服务质量管理体系与生产运行体系全面融合，建立全流程服务质量管控体系，进一步提升民航服务质量。

民航业作为社会经济的战略产业，在这个“人在干，云在算，天在看”的时代，信息化与智能化的发展既成为民航强国建设的重要支撑，也成为民航强国建设的重要内容和重要任务。信息化与智能化以其巨大的推进作用，全方位、大深度地影响、改变着民航的业务内涵、操作流程、管理模式和运行绩效，为民航运输的未来发展带来难以估量的影响。

回首 2017 年，在经历了“十三五”开局之年——2016 年的迅猛发展之后，借助于信息化与智能化的飞速发展，中国民航继续不负众望，迅猛发展，在重要信息系统开发和运行，技术队伍建设和人才培训等方面都取得了一系列令人瞩目的骄人战绩。

1. 人工智能引领民航智能服务

随着“互联网+”时代的来临，旅客对旅游出行各个环节的电子化产品和服务愈加青睐，期望航旅移动等 App 可以提供机票预订、值机选座、航班动态、旅游度假、酒店租车、接送机等综合服务。而随着人工智能推荐算法在日常生活中的深入使用，为不同的使用者制定不同的推荐服务就显得愈发迫切。在这种需求形式下，南方国际航空公司顺应“互联网+出行”的新形势，积极变革商业模式，将移动互联网和航空出行的全流程服务结合起来，整合机票预订、值机选座、航班动态等上下游行业资源，为旅客提供门到门的服务体验，全力打造以移动客户端全流程一站式服务平台为载体的“南航 e 行”智能服务软件，实现“一机在手，全程无忧”的服务目标。

针对出行特征，将旅客出行分为出行前、出行后、去机场、在机场、飞行中、目的地六个环节。针对每个环节，为每个旅客量身定做属于自己的服务软件。该软件直接从航空公司各部门的数据源头直接获取航班动态信息，保证了数据的准确性与及时性、能够覆盖值机、登机、起飞、飞机实时位置、飞机落地等全流程，保证每个旅客可以在出行前实时掌握自己搭乘航班的动态信息，同时再融入导航、选座值机、非自愿改签、延误证明及旅客反馈等 21 等全流程元素，充分体现出个性化服务。例如，在选座值机方面，购买南航客票的旅客可提前选择座位，并办理电子登机牌，无须再到机场换取纸质登机牌，截至 2018 年 4 月，开通电子登机牌的城市已达 24 个。同时，旅客在购买机票之后可以直接申请电子发票，免除了打印行程单的烦琐流程，南航也是目前唯一一家实现发票电子化的航空公司。除此之外，南航还推出了一项更加便捷的服务，即与微信联合推出登机牌“扫一扫”功能。旅客在获取登机牌以后，只要拿出手机“扫一扫”登机牌上的条形码，就可以知道自己乘坐的航班状态信息，包括计划起飞时间、登机时间、到达时间、登机口、出发地及目的地天气状况等信息。

在收获人工智能数字化应用为旅客带来的良好体验之后，南航下一步计划继续致力于将人工智能贯穿到整个飞行流程中，形成包括人脸识别登机、贵宾室、机场寻人、客舱服务等高端智能服务，从而为旅客提供更加信息化、智能化及人性化的专属服务。

2. 智慧机场辅助智慧出行

智慧机场体现出的是智慧地球的理念和技术在民航中的应用，即充分应用现代信息技术实现对民航机场客货运输保障、数字化管理、可视化呈现及智能化支持，逐步赋予机场越来越多的智慧，全面提高机场航班运行和运营管理的保障效率、服务质量和管理水平，在整个流程的生产、安全、服务、物流、管理、交通、商业和环保等方面体现出智能化。

在民航总局、中南管理局的大力支持下，郑州新郑国际机场无论是在外部发展环境还是自身建设发展角度都迎来了重大的发展机遇与挑战，实现快速发展，2017 年跻身全球机场排名第 54 位，旅客吞吐量突破 2000 万人次，提前进入双跑道、多机坪、多货站运行的新阶段。

在智慧出行方面，郑州新郑国际机场将信息化、智能化与智慧出行紧密结合，不断提升旅客对航空服务的获得感。通过提高自助化服务水平，间接提升办理自助值机、微信值机的旅客人数，并将自助服务延伸至市区内的高铁站、地铁中心站；通过研发进出港行李追踪系统，保证旅客能够实时了解自己行李的运送情况；通过建设智慧停车场，开通微信、支付宝、银联云闪付等非现金交付模式，联通停车场与全国高速 ETC 系统，实现旅客停车的无感支付；通过航站楼全景监控系统，实时关注现场旅客服务动态，第一时间发现老弱病残孕等特殊旅客和旅客排队超时，工作人员操作不规范等事件，一键秒通现场，迅速解决，同时优化晚到旅客服务模式，及时协调指挥摆渡车，通过一键快速响应服务，提高服务保障效率。以上种种信息化与智慧化相结合的保障措施在提升旅客出行效率，保障旅客满意度等方面都取得了一定的成效。

在智慧安保方面，首先在航站楼区域开启人脸识别安检通道，自动验证辨别真伪，降低安检人为差错，提高验证精确度、安全率和过检率；其次，打造全数字安防监控系统，在航站区和飞行区铺设全方位的高清数字视频监控，搭建统一的安防操控平台，通过智能化视频监视，将搜索目标的全部监控视频同时呈现在一个画面上，实现一键调阅，增强机场安全监管能力；再次，在飞行区实现视频拼接和全景监控，将73路监控视频流拼接成11幅全景监控画面，充分还原目视盲区实时场景，提高生产运行的安全力度。同时依托高清度定位终端和机场定理信息系统，对机坪运行的车辆、人员、航空器进行实时精准定位和测速，通过电子地图对场内各类车辆的实时位置和分布状态进行直观展示；最后，通过设置电子围栏，对车辆违章行为进行自动报检，实现在大雾等低能见度天气下，对车辆实时位置的精确掌握，有效提高安全风险管控能力。

在内外环境齐头发展的新形势下，郑州新郑国际机场机场借助信息化和智能化发展的东风，不断完善科技发展规划，不断提升智慧机场建设的奋斗目标，极大地推动了我国智慧机场的建设步伐。

3. 空地互联保障梦起云端

空地联网属于空中互联网技术的一种，是指在飞行中的飞机机舱中，通过移动互联设备登录互联网的技术。经过多年发展，空中互联技术在国外一些发达国家已经相当成熟并得到了广泛应用，而在我国却尚属于起步阶段，但也取得了一定的成果。目前空地联网的方式主要有两种，分别是基于卫星方式的空地通信和基于地面基站（ATG）的空地宽带通信直连两种。

中国联通集团作为首批混合所有制改革的试验单位，已经成功完成从基础电信服务商到互联网服务商的转型，积攒了雄厚实力。其中，联通航美就是由中国联通专门为航空互联网业务量身打造的专业化、市场化公司，使中国联通集团的业务范围更广、更深、更具有专业性。

目前，国内民航公司想实现空地互连，只能依赖Ku卫星技术，因为允许在飞机上使用的航电设备技术门槛较高，需要美国FAA或者欧盟EASA的适航许可，使许多技术需要不断跟进。经过多年努力，中国联通已经获得了工信部颁发的卫星组网许可和机载业务经营许可，拥有亚洲最大的卫星通信基础设施及经验丰富的卫星运营团队，其备份基地布局全国，联通航美建成了三套卫星主站系统，实现全球组网，涵盖松下、Rockwell Conllince、GoGoair、Thales和GEE等多家国际主流设备提供商和运营商，实现为国内航空公司提供“天地一体”卫星通信，提供完善的技术解决方案和业务运营方案。其集成式的综合技术解决方案使我国任何一家民航公司在采用卫星方式进行客舱互联网接入网络都变得很轻松，它提供的一站式空中互联网解决方案也让客户的选择更加具有可行性。除此之外，针对目前国际主流的卫星通信技术方式都采用Ku频段这一问题，联通航美也正在致力于研发高通量的HTS Ku频段和Ka频段，简单类比目前的移动通信体验，Ku类似目前的3G，Ka则为4G+甚至是5G，带宽更宽速率更大，使在客舱内使用空地互联的乘客有更好的乘机体验，真正实现空中畅想，梦起云端。

4. 大数据护航飞行品质

“大数据”作为时下最火的IT行业词汇之一，随之而来的数据仓库、数据安全、数据分析、数据挖掘等围绕大数据商业价值的利用自然逐渐成为各行业人士争相追捧的焦点和热点，民航系统自然也不例外。在民航系统中，海量数据最主要的价值挖掘体现在它对航班飞行品质的监控上。

飞行品质监控是国际上公认的保证飞行安全的重要手段之一，已经得到世界民航业的普遍认可。在这样的背景下，民航局与中国民航科学技术研究院对飞行品质监控基站进行建设。

首先，局方配合基站的建设，按照机型、不同的飞行阶段、不同的重点事件包括危害较大的红色时间来进行重点监测制定了各个监控项目标准。监测数据涵盖50多种数据格式，每天8点对前一天的航班运行情况进行人工确认，尤其是如GPWS警告、TCAS RA警告等红色事件，同时对照航空安全信息网进行信息匹配，确保明确警告原因。

其次，目前的WQAR数据主要通过各个运输航空公司进行采集，之后通过直接、间接两种方式传至民航飞行品质监控基站。因此，整个飞行品质监控基站的数据处理工作可分为数据接收、译码及监控、飞行品质数据在线分析及报表发布及浏览四个阶段。地面接收站接收到通过专线传来的WQAR数据后，AGS等译码监控工具开始工作，产生的结构数据文件直接进入数据仓库用于日常分析使用；产生的数据文件则进入Hadoop分布式文件系统进行存储，待有特定需求时，从中提取相应数据进入数据仓库，用作在线分析使用；在线分析系统针对飞行品质数据仓库中的数据进行在线分析，产生各种预定义及自行定义的报表，并发布在飞行品质监控（FOQA）门户网站上，供有权限的特定用户浏览。

最后，在对飞行品质数据仓库中的数据进行集中分析处理以后，建立各种分析模型，使除了能够提供事件监控以外，还在人、飞机、环境、管理等多角度提供辅助帮助，在提高飞行安全性的同时提高安全管理水平。分析模型的建立体现了飞行品质数据分析的最大价值。通过所建模型可以计算出在某个零部件失效、半失效状态下，飞机的行为特征，总结出机长正确的应对方式；通过所建模型还可以计算出某个跑道在不同的天气（雨、雪、风、霜）条件下，各种机型的着陆滑跑距离，总结出机场跑道的开放/关闭条件；通过所建模型还可以计算出各个航班操作飞行员（PF）在各个飞行阶段的超限事件发生率及其分布情况，有针对地总结出合格或基本合格PF的平均水平和分布区间，得到需要慎重使用或者需要加强培训的飞行员归类；通过发动机空停数据所建模型还可以计算出各类发动机空停前一个或几个航班的相关参数表现，进而建立起导致各类空停的特征参数并找出最为敏感的一个或多个参数，总结出预防发动机空中停车的预测模型和检查方案，减少发动机空中停车的发生。

目前，所用数据的获取途径只有QAR数据，尚属单一，而在未来期望QAR数据会和其他数据信息，如某些基础数据及航班信息等数据进行数据融合，使其在安全领域以外获得更大应用。

在“互联网+”及“工业 4.0”的时代背景下，在信息化和智能化建设方面，中国民航总体上走在国内其他行业的前列，但随着信息技术日新月异的发展，我们也必须清醒地认识到，当前我国民航的信息化建设还有不少局限性，还不能完全满足、适应我国民航快速发展的需要。但是我们也可喜地看到，信息化技术在民航领域的日新月异，不断推动民航安全安保、商业服务的不断更新换代，即以移动互联网、云计算、物联网、区块链及人工智能等技术为代表的新一轮信息浪潮，以及数字经济、共享经济、平台经济等新型经济形态为民航发展注入了新动力、开辟了新空间、启迪了新方向。

在新时代的背景下，中国民航应该继续力争通过建设运行信息监控网络，努力打造信息开放、资源共享、协同决策的行业管理平台，通过引进智能化新产品、新服务、推动实现设备互连、信息互通、资源共享、协同决策，进而提升运行效率，将信息化与智能化作为民航转型升级、提质增效的重要手段，实现我国由民航大国向民航强国的持续迈进。

（撰稿：赵嶷飞　赵末）

2017 汽车智能化与信息化发展概况

一、汽车智能化与信息化发展的需求

在我国经济社会持续快速发展的背景下，机动车保有量继续保持快速增长态势，据公安部统计，截至 2017 年年底，全国机动车保有量达 3.10 亿辆，机动车驾驶人达 3.85 亿人，均创历史新高。机动车及驾驶人数量迅速增长，给人们生活带来便捷的同时，也带来诸多问题，如交通事故、交通拥堵和环境污染等。面对这样的形势，从政府到企业再到百姓，已经越来越关注交通出行的智慧性及驾驶的绿色性。而作为汽车智能化与信息化发展的代表，智能网联汽车被认为是目前最具潜力的发展方向。

对于汽车产业而言，汽车智能化与信息化发展是汽车、交通、电子信息等多产业发展的综合体现，不同于以往任何一次汽车技术的升级，技术的爆发除发生汽车产业内部外，在互联网企业等跨界领域也都有体现，需要多个产业间的积极推动与融合发展。由于智能网联汽车需要高度智能化的数据分析能力，而这些都是互联网企业的长处。传统车企与互联网企业通过跨界合作，充分利用自身优势，渐进式推进自动驾驶技术创新并已取得明显成果，与此同时，着手信息化技术研究并实现跨越式发展，汽车智能化与信息化迎来了前所未有的发展需求。

近两年来，我国汽车智能化与信息化发展迅速，各部门、企业都在汽车智能化与信息化发展方面做了大量工作。汽车智能化发展带动了一大批传统车企和零部件企业与互联网公司，汽车信息化也随着移动通信的快速发展及政府对 ITS（智能交通系统）重视的提高，由早期的互联网、物联网之后，逐渐转变为了车联网，迎来了一个高速发展的时期。从这个意义上说，汽车不仅是机械工业的产物，也是融合了 IT 行业信息技术的智能化产品，在行驶、转向、制动等功能基础上，增加了智能化和信息化功能，以满足各方需求，汽车智能化与信息化的大潮势不可挡。

二、汽车智能化与信息化发展环境分析

1. 国家政策分析

中国政府高度重视汽车智能化的发展，2017 年中国密集发布了一系列相关政策和法规，来引领中国智能网联汽车产业的发展方向，并加速推动汽车智能化进程。

2017 年 4 月工信部、发改委和科学技术部联合印发了纲领性文件《汽车产业中长期发展规划》，明确指出智能网联汽车有望成为抢占先机、赶超发展的突破口，提出组建智能网联汽车创新中心、推动宽带网络基础设施建设和多行业共建智能

网联汽车大数据交互平台、开展智能网联汽车示范推广等多项举措推动智能网联汽车的迅速发展。

2017 年 7 月 8 日，国务院印发并实施《新一代人工智能发展规划》，抢抓人工智能发展的重大战略机遇，构筑中国人工智能发展的先发优势，加快建设创新型国家和世界科技强国。

2017 年 12 月 14 日，工信部印发了《促进新一代人工智能产业发展三年行动计划（2018—2020 年）》，以信息技术与制造技术深度融合为主线，以新一代人工智能技术的产业化和集成应用为重点，推动人工智能和实体经济深度融合，加快制造强国和网络强国建设。

随着智能网联汽车产业政策体系的不断完善，政府及产学研各界从各个角度谋求突破，包括研发新技术、完善智能网联技术的顶层设计、制定相关的法规标准，规范市场行为，有力地推动了智能网联汽车产业的健康发展。

智能网联汽车是信息化与工业化深度融合的重要领域，智能化和信息化发展已经成为汽车产业的未来趋势，具有空间大、产业潜力大、社会效益强的特点，对带动汽车、电子、信息、通信、交通管理等行业的产业转型升级具有重要意义。信息、通信技术是汽车信息化发展的重要基础，也是汽车智能化发展的重要支撑。

与此同时，在工信部、交通运输部等主管部门的指导下，众多相关研究机构、企业和组织积极配合，联合推进人、车、路协同的 V2X 全方位网络连接标准体系建设、标准规范制定和专用无线频段的研究工作。工信部大力推进应用示范，在全国范围内批准建立了共七个智能网联汽车试点示范园区，为开展 V2X 无线通信技术研究与测试评估提供环境支撑和资源保障。

2. 相关标准发展现状

标准及法规在智能网联汽车行业发展过程中具有重要的引领和支撑作用，全国汽车标准化委员会、全国智能运输系统标准化技术委员会、全国信息技术标准化技术委员会全国通信标准化技术委员会和全国信息安全标准化技术委员会等标准制修订组织都从各自专业的角度制定了汽车智能化与信息化相关的、不同层级的标准。同时，为了科学规划、统筹安排、协同实施、有序推进标准体系建设，全国汽标委建立了智能网联汽车分技术委员会，统一归口管理和协调我国智能网联汽车领域的国家标准和行业标准。

2017 年 12 月，工信部联合国家标准化管理委员会发布了《国家车联网产业标准体系建设指南（智能网联汽车）》，提出从基础、通用规范、产品技术与应用、相关标准四个层面构建智能网联汽车标准体系。到 2020 年规划建立 30 项以上涵盖功能安全、信息安全、决策预警、辅助控制等核心功能相关的驾驶辅助及低级别自动驾驶的智能网联汽车标准。到 2025 年其标准体系能够涵盖 100 余项支撑高级别自动驾驶的相关标准，如图 1 所示。

智能网联汽车分标委也一直非常关注与国际标准族中的协调合作，目前已经和联合国、WP29、包括国际电信联盟 ITU 和 SAE 开展了多项合作。

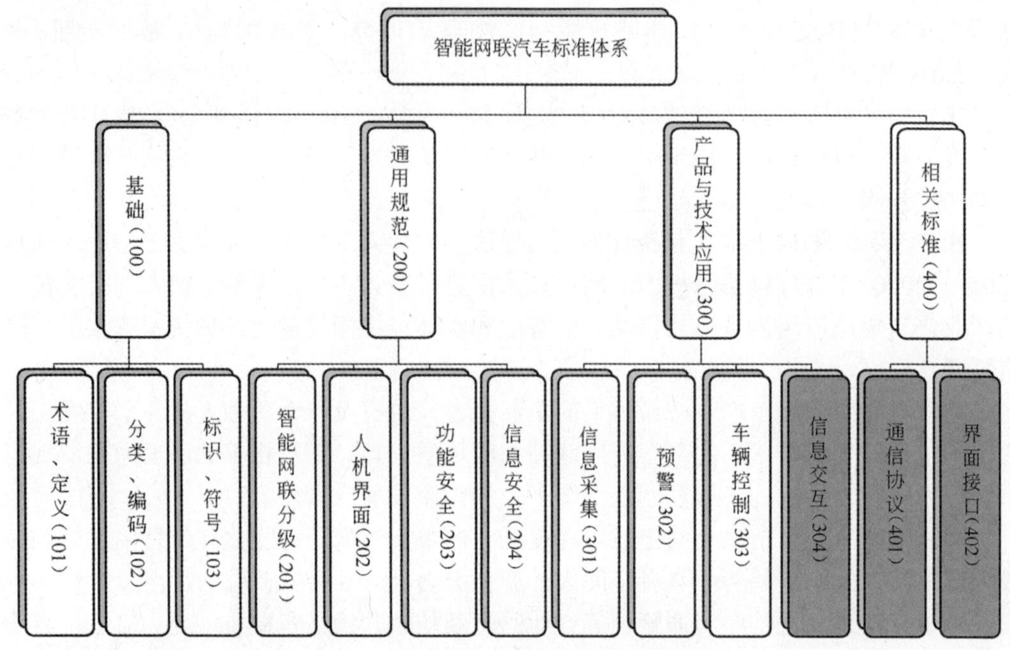

图 1　中国智能网联汽车标准体系图

道路测试是开展智能网联汽车技术研发和应用不可或缺的重要环节。智能网联汽车在正式推向市场之前，必须要在真实交通环境中进行充分的测试，全面验证自动驾驶功能，实现与道路、设施及其他交通参与者的协调。国家和各主要城市就道路测试开始制定相应的管理测试规范。2017 年 12 月 15 日，北京市交通委、公安交管局、经信委共同发布《自动驾驶车辆道路测试管理实施细则（试行）》，从测试主体、测试车辆、测试申请流程、测试管理及违规操作责任等方面给出定量的管理规范。工信部等部委也正在紧锣密鼓的筹备国家规范地制定，同时鼓励支持有条件的地方和机构积极开展自动驾驶封闭场地建设及测试工作，促进自动驾驶道路测试健康有序开展，进而推动自动驾驶技术的发展。

信息、通信标准体系以车、路、人、云服务平台的信息交互和相互间安全、有序、高效协同为目标，实现汽车全范围感知与信息交互。智能网联汽车信息通信标准体系主要包括信息通信类基础标准、通信协议和设备技术标准、业务与应用标准、网络与数据安全标准四大部分。“十三五”期间重点研究制定基于 LTE 的 V2X 专用无线通信（LTE-V2X）网络建设及关键技术标准体系，探索 5G 技术在智能网联汽车领域的应用，关注车辆应急救援信息平台等涉及民生安全的重点领域，制定、完善智能网联汽车信息通信安全相关标准等，促进信息通信相关技术的发展、应用和推广。2018 年年底前完成 LTE-V2X 关键技术标准体系，开展车辆应急救援平台，车联网通信安全等重点标准体系建设。到 2020 年开展 5G-V2X 标准制定，进一步完善健全信息通信安全与数据安全等标准。

我国华为、大唐、中兴等企业都积极参与国际标准化机构 3GPP 为车辆通信增强进行的标准研究和开发。当前，C-V2X 的标准化可以分为三个阶段，如图 2 所示。支持 LTE-V2X 的 3GPP R14 版本标准已于 2017 年正式发布，主要包括业务需求、系统架构、空口技术和安全研究四个方面；支持 LTE-V2X 增强（LTE-eV2X）的 3GPP R15 版本标准于 2018 年 6 月正式完成，目标在保持与 R14 后向兼容性要求下，进一步提升 V2X 直通模式的可靠性、数据速率和时延性能，以部分满足 V2X 高级业务需求；支持 5G-V2X 的 3GPP R16+版本标准宣布于 2018 年 6 月启动研究，与 LTE-V2X/LTE-eV2X 形成互补关系，用于支持 V2X 的高级业务场景。

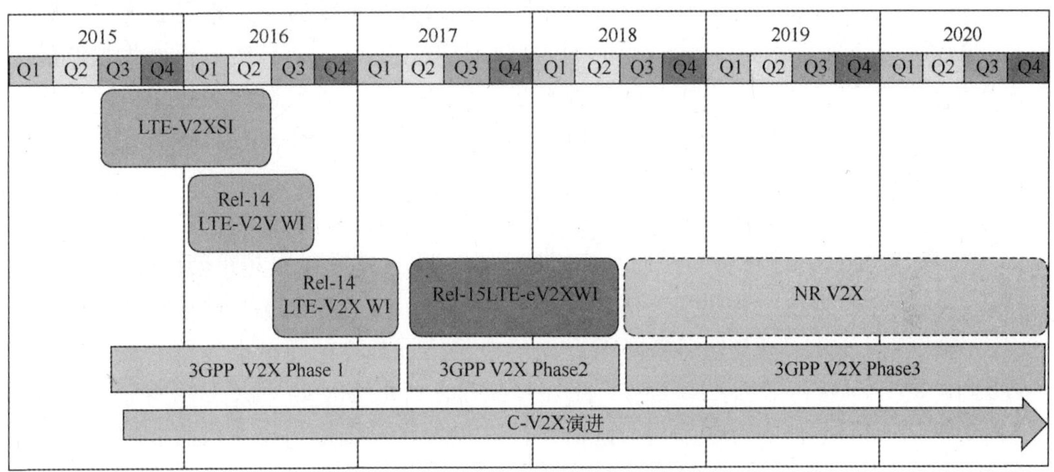

图 2　3GPP C-V2X 标准研究进展

国家团体标准应用示范单位 TIAA（车载信息服务产业应用联盟）联合国内多家单位，承担了 LTE-V2X 终端等多个汽车信息化领域的标准制定工作，其中包括《基于长期演进技术（LTE）的车联网终端射频和通信性能》系列标准等。

3. 智能网联汽车相关产业链的组成和发展方向

1）相关产业链组成

智能驾驶汽车相关产业链主要围绕着传感器、组合定位、高精度电子地图、信息安全、芯片、ADAS 相关产品等要素来展开。

国内已初步实现激光雷达、毫米波雷达量产，核心芯片开发生产任重道远。无人驾驶汽车需要传感器来提供周围环境信息，相当于无人车的眼睛和耳朵，目前国内有一些专门做传感器的公司已经可以提供相关产品。激光雷达方面，速腾聚创、北科天绘、禾赛光电、万集科技等国内公司已经开发出了 8 线、16 线、40 线等不同型号的激光雷达产品，部分产品已在市场上销售，售价远低于国外类似产品。毫米波雷达方面，国内有北京行易道、隼眼科技、森思泰克等多家公司可以提供 77G、24G 雷达产品，但是雷达芯片的开发和生产是国内的技术短板。国内公司对标 MobileEye 视觉芯片，加快视觉算法开发。地平线是一个专注于视觉芯片和算法的高科技公司，目前已经推出国内首款视觉芯片。另外，国内也有量产 ADAS 产品的公司，给国内主机厂的配套量逐步增加。

高精度电子地图和组合定位是未来实现无人驾驶的必备关键技术。百度、四维、高德都投入资源开发高精电子地图，开拓 ADAS 及无人驾驶市场；同时国内已有相关企业开发 MEMS 惯导芯片，同时北斗导航产业的日益成熟都将助力我国无人驾驶定位技术的发展。

新兴科技公司专注无人驾驶整体解决方案，互联网、通信巨头加大投入，布局无人驾驶领域。驭势科技、智行者、景驰科技、小马智行 Pony.ai、Roadstar.ai 等新兴科技公司在特定场景无人驾驶和智能驾驶出行方面可提供解决方案，很多公司已进行了多轮融资。百度具有国内最大规模的无人驾驶开发团队，正在打造以百度为核心的无人驾驶的生态体系；阿里巴巴和滴滴也在投入资源研发无人驾驶相关技术；华为也在大力布局 C-V2X 市场，同时在无人驾驶方面进行全面研究，多地团队相互配合，实现传统优势领域与智能汽车的深度融合。

国内信息通信领域涌现一批世界级领军企业，通信设备制造商已进入世界第一阵营，在国际 C-V2X、5G 等新一代通信标准的制定中也发挥了越来越重要的作用。C-V2X 产业链从狭义上来说主要包括通信芯片、通信模组、终端与设备、整车制造、解决方案、测试验证以及运营与服务等环节，这其中包括了芯片厂商、设备厂商、主机厂、方案商、电信运营商等众多参与方。此外，若考虑到完整的 C-V2X 应用实现，还需要若干产业支撑环节，主要包括科研院所、标准组织、投资机构及关联的技术与产业，整个 C-V2X 产业地图如图 3 所示。信息安全成为智能网联汽车领域新的焦点。智能网联汽车需要打造“云管端”纵深安全体系，实现高效顺畅的联动信息安全机制，国内有一些公司在从事方案设计、安全产品开发、安全测试等相关业务，例如梆梆安全、银基安全、科恩实验室、360 等安全公司，为智能网联汽车安全出行保驾护航。

图 3　C-V2X 产业地图（数据来源：IMT-2020（5G）推进组。）

2）发展方向

L3 级别无人驾驶汽车接近量产，L4 级别仍需砥砺前行。奥迪 A8 是世界上首款正式量产的 L3 自动驾驶汽车，上汽、广汽、北汽、长安等国内主机厂加大 L3 级别无人驾驶汽车开发力度，希望近期量产。L4 级别无人驾驶汽车开发难度远超 L3，正式量产任重道远。

智能驾驶共享出行成为市场焦点，代客泊车或自主泊车成为自动驾驶量产切入点。国内一些新兴科技公司把智能驾驶共享出行作为业务方向，国内资本市场加大投资力度，关注共享出行“蛋糕”。自主泊车主要依靠自动驾驶汽车自身传感器实现功能，代客泊车需要和停车场结合实现，国内主机厂开始尝试自主泊车和代客泊车功能，并逐步前装量产。

多场景下低速无人驾驶应用在国内逐步落地。封闭环境、半开放环境、开放环境、固定线路的物流、环卫、接驳等低速场景应用的 L4 级别无人驾驶汽车逐步量产，可以节省驾驶人人工成本，并结合示范运营向社会展示无人驾驶应用。

车联网作为 5G 的典型应用，急需优先开展行业之间的示范应用，探索可行的发展模式。我国目前正在大力推进智慧城市和智慧小镇建设，对交通基础设施进行信息化升级。C-V2X 产业可借助此发展契机，在城市主干道布设 RSU 和差分 GPS，协同布设 4G/5G 基站，以支持云端服务功能扩展，并逐渐向一般道路扩展，为城市道路行驶的已安装 T-BOX/OBU 的车辆提供安全服务应用支撑。

4. 相关汽车制造商发展现状分析

国内整车企业智能网联汽车研发进展和计划如表 1 所示。

表 1 国内整车企业智能网联汽车研发进展和计划

车企	研究进展	2020 年	2025 年
一汽	“挚途”展示了手机交车、自主停车、拥堵跟车、自主驾驶四项功能	发布告诉公路代驾产品及深度感知和城市智能技术，具备多任务长时间托管和智慧城市解决方案提供功能	实现智能商业服务平台运营，高度自动驾驶技术整车产品渗透率 50%以上
上汽	初步实现 120km/h 下的自动巡航、自动跟车、车道保持、换道行驶、自主超车及远程遥控停车等功能	实现高速公路上的自动驾驶	实现复杂环境下的自动驾驶
长安	先后推出 CS35、睿骋自动驾驶样车	实现第三阶段高度自动驾驶技术的应用，完成样车测试工作和示范运行	力争突破第四阶段无人驾驶关键技术，实现产业化应用
吉利	实现自动紧急制动和自适应巡航等基本驾驶辅助技术的量产开发，与信息产业及研究院合作开发车载通信技术及智能驾驶技术	实现局域协同控制技术的开发，完成有条件自动驾驶技术的开发及产业化，量产高速导引功能，实现告诉公路上的自主变道及自主超车功能	实现网联信息与自车智能的协同控制技术的开发，实现高度自动驾驶技术的开发
广汽	开发广汽自动驾驶汽车，初步实现城市环境下全开放路段的自动驾驶	基本实现高速公路上的自动驾驶	计划实现综合环境下全自动驾驶，并实现产业化应用

经过近几年的快速发展，国内长安、吉利等汽车品牌已开始前装量产具有 ADAS 功能的产品，同时也对无人驾驶汽车发展有了进一步思考。

长安汽车在 2015 年就发布智能化汽车战略，2016 年完成 2000 千米国内超长距离无人驾驶测试。2017 年 12 月完整融合 V2X、远程自动泊车、自动驾驶的 L4 级网联式城区无人驾驶系统完成国内首测。未来，长安计划 2020 年实现 L3 级自动驾驶，2025 年将达到 1500 人规模，累计投入 130 亿元实现 L4 级甚至 L4+级自动驾驶。

2017 年 5 月吉利发布智能驾驶技术 G-Pilot。目前吉利全新一代车型包括博瑞、博越等均已搭载 G-Pilot 1.0 的相关功能，如 ACC 自适应巡航、LDW 车道偏离预警、PAS 半自动泊车等。未来，吉利计划 2020 年达到 G-Pilot 2.0，实现车辆多方向的联合控制和高级信息辅助。

广汽集团早在 2013 年就展示了其无人驾驶的试验车。2017 年 11 月，广汽无人驾驶汽车在“中国智能车未来挑战赛”中获总成绩第二名。目前，广汽形成了大约 500 人的研发团队，负责无人驾驶智能网联汽车研发工作。目前广汽已经获批重庆市首批自动驾驶测试车辆牌照并计划在 2020 年的上半年，向市场推出高速公路的 L3 级的无人驾驶汽车。

上汽集团于 2015 年在展示其自主研发的智能驾驶汽车 iGS。iGS 可以初步实现远程遥控泊车、自动巡航、自动跟车等功能。截止目前，上汽无人驾驶整车测试累计里程超过 5 万千米。

北汽集团在 2016 年北京车展上，展示了其基于 EU260 打造的无人驾驶汽车。同时，北汽集团与百度 Apollo 合作，将于 2019 年前后实现 L3 级别自动驾驶车辆量产，2021 年前后实现 L4 级别自动驾驶车辆量产。

长城汽车在 2012 年成立了专业团队，对驾驶辅助（ADAS）进行研发。2017 年发布“i-Pilot 智慧领航”自动驾驶系统。预计在 2020 年，将会推出能够在高速公路上实现自动驾驶的车辆。

近年在国内汽车制造商均提出了无人驾驶发展方案，也均付出巨大的人力、物力，相信再经过几年的发展，国内无人驾驶相关技术将会有巨大的提升。

三、汽车智能化与信息化发展展望

智能化和信息化是汽车产业发展的必然趋势，智能网联汽车产业覆盖汽车、通信、互联网等多个领域，该产业的发展将加速推动相关产业的融合，汽车行业面临着机遇与挑战。随着国家政策的颁布及相关法规标准制定，智能网联汽车相关产业焕发了蓬勃生机，并且取得了较大进展，虽然中国在智能网联汽车领域起步较晚，但是正在走一条具有中国特色的智能网联汽车之路。

中国虽然在智能网联汽车行业取得了很大进展，但在这个领域还有很多不足。自动驾驶汽车面对的驾驶环境非常复杂，需要加快推动自动驾驶测试验证。有效而全面的测试验证是无人驾驶汽车上路应用的可靠保障，无人驾驶汽车的发展将加快行业对无人驾驶测试验证的投入和研究。无人驾驶汽车实际行驶过程中难免会产生事故，如何划分事故责任，如何公正裁决等都是需深入讨论与验证的问题。中国政府或行业需要加快无人驾驶相关法律法规的制定。自动驾驶汽车标准的制定与法规不应限制无人驾驶汽车等新事物发展，要在自动驾驶技术的产生与发展中发挥重要作用，形成以点带面的区域效应。

中国智能网联汽车行业的发展，不仅涉及国家政策引领、基础设施建设、法律法规制定、行业标准制定等多个方面，还涉及汽车、通信、互联网等多个领域的技术应用，需要相关各方循序渐进，共同推动。

（撰稿：龚进峰）

2017年城市地面公交信息化与智能化发展概况

一、地面公交智能化发展现状

1. 总体情况

近年来，各地加快了城市公交基础设施建设和车辆装备改造更新的进度，在公交车辆保有量、运营线路长度、客运量、运营里程不断增长的同时，智能化装备与系统水平也在不断提高。截至2017年年底，全国拥有公共汽电车65.12万辆，其中BRT车辆8802辆。公交运营线路56786条，总长度106.9万千米，其中BRT线路长度3424.5千米，公交专用车道10914.5千米；公共汽电车运营里程355.20亿千米；2017年公共汽电车客运量722.87亿人次，其中BRT客运量21.96亿人次*。

我国已将发展新能源汽车上升为国家战略，按照国务院有关部署，交通运输部不断完善行业相关政策措施，提升新能源公交车推广应用水平，推动新能源公交车高质量发展。全国各地把推广应用新能源公交车作为改善公交服务水平，提升公交吸引力的重点工作。2017年新能源公交车销量呈持续爆发式增长状态，新能源公交车生产企业由77家增长至80家；运营新能源公交车的公交企业数量达2347家，占全部公交企业的55%，比2016年新增了400多家；全国共新增及更换9万余辆新能源公交车。

2. 标准规范

2017年11月，交通运输部发布实施了行业标准《城市公共交通管理与服务信息系统数据交换规范》（JT/T 1137—2017），该标准规定了城市公共交通管理与服务信息系统企业级平台与城市级平台、城市级平台与省级、省级平台与部级平台之间的数据交换要求和交换内容，适用于城市公共交通管理与服务信息系统数据交换平台的建设。截至2017年年底，《城市公共汽电车出行信息服务系统技术要求》（JT/T 1098—2016）、《城市公共汽电车客运服务规范》（GB/T 22484—2016）、《城市公共汽电车调度系统技术要求》（JT/T 1136—2017）等多项标准规范已经发布并实施。《城市公共汽电车车载终端数据总线接口通信规范》（GB/T 35174—2017），《城市公共交通发展水平评价指标体系》（GB/T 35654—2017）和《公共汽电车信息服务评价规范》（JT/T 1157—2017）等多项标准在2018年实施。

---

* 数据来源于《2017年交通运输行业发展统计公报》。

二、示范工程与典型项目

1. 城市公共交通智能化应用示范工程

1）工程进展情况调研

为深入了解示范工程建设情况，总结工程建设效果和存在的问题，督促各地开展工程建设，推广工程建设成果，进一步支撑“十三五”期间公交都市创建城市的公交智能化建设，2017 年 7 月，交通运输部运输服务司组织部科学研究院等单位启动了示范工程实施情况专项函调工作，要求各试点城市全面总结示范工程的进展情况、部补助资金使用情况、存在的问题、实施效果等，提出相关建议及下一步工作计划。截至 2017 年 8 月底，36 个试点城市的示范工程调研材料已全部收集完成。

2）工程建设进展汇总

总体上来看，示范工程作为公交都市创建活动中部重点支持项目，各创建城市将示范工程作为公交都市创建的亮点和重点工程，在部补助资金的基础上积极解决配套资金和自筹资金推进工程建设，但示范工程的总体进度较为缓慢，与《关于进一步加快推进城市公共交通智能化应用示范工程建设有关工作的通知》（交办运〔2015〕88 号）要求仍有一定差距。截止到 2017 年年底，北京、长沙、南京、上海等城市已完成初步验收；济南、深圳、武汉等城市已完成工程建设内容，待初步验收；郑州、西安、大连等城市已完成工程主体建设。详见表 1 和表 2。

表 1　第一批示范工程进展情况（截至 2017 年 8 月底）

序号	城市	进展阶段	进展情况
1	北京	完成初步验收	完成七大系统、终端设备、支撑软硬件等建设，完成 11 项技术要求
2	长沙	完成初步验收	完成应用系统、终端设备、支撑软硬件等建设
3	南京	完成初步验收	完成全部建设内容，完成工程竣工财务决算审计，完成内部验收，已报省厅组织竣工验收
4	济南	待初步验收	完成应用系统、终端设备、支撑软硬件等建设，已完成工程建设
5	深圳	待初步验收	完成应用系统、终端设备、支撑软硬件等建设，已完成工程建设
6	重庆	待初步验收	已完成工程建设，并投入试运行，准备初步验收
7	郑州	完成主体建设	已完成五大应用系统、支撑软硬件建设，已完成投资 1830.1457 万元。其余投资已完成变更批复，正在施工招投标，预计整个示范工程 2017 年年底前建成
8	西安	完成主体建设	行业部分已完成交工验收，企业部分已完成建设进入试运行阶段
9	大连	完成主体建设	已完成工程主体建设，完成应用系统、终端设备、支撑软硬件建设，监控中心正在施工
10	哈尔滨	招标及施工阶段	项目已经进入招标建设阶段，其中机房物理环境建设已经签订合同，4000 套车载设备已经完成招标，相关的 IT 设备和网络服务也在招标过程中。2017 年年底能够完成机房环境建设

表 2　第二批示范工程进展情况

序号	城市	进展阶段	进展情况
1	上海	完成初步验收	完成应用系统、终端设备、支撑软硬件等建设
2	新乡	待初步验收	城市一卡通系统、企业 ERP 办公系统及公众出行服务系统、后台硬件设备及十个场站监控系统已经通过竣工验收，智能化运营调度系统近期开展竣工验收
3	武汉	待初步验收	公交集团已完成应用系统、终端设备、支撑软硬件等，准备初验；公交办（行业部分）已完成应用系统、支撑软硬件等，已初验
4	石家庄	完成主体建设	行业平台已经开发建设完成试运行，公交企业综合信息管理平台还在实施中，相关配套工程正在实施
5	合肥	完成主体建设	硬件设备及基础软件、智能停保场建设任务已完成初步验收；专用软件智能调度系统升级和企业信息平台等完成实施；数据服务平台和 GIS 应用平台软件正在实施
6	昆明	完成主体建设	完成应用系统、终端设备、支撑软硬件等建设，准备试运行；行业监控指挥中心建设已纳入智慧城市项目，未启动建设
7	沈阳	完成主体建设	已基本建设完成，完成应用系统、终端设备、支撑软硬件等建设
8	西宁	完成主体建设	完成应用系统、终端设备、支撑软硬件等建设
9	乌鲁木齐	完成主体建设	装饰装修、硬件设备安装调试工作已全部完成，数据工程及软件平台仍在开发或修改完善过程中，项目整体进度约 75%
10	长春	完成主体建设	基本完成应用系统、终端设备、支撑软硬件等建设，项目整体进度约 90%
11	杭州	完成主体建设	完成应用系统、终端设备、支撑软硬件等建设
12	宁波	完成主体建设	政府决策支持平台（含软硬件采购）已完成初验
13	南昌	完成主体建设	完成应用系统、终端设备、支撑软硬件等建设
14	柳州	完成主体建设	基本完成应用系统、终端设备、支撑软硬件等建设
15	苏州	施工阶段	车载设备、出行服务系统、行业系统正在实施；企业系统、机房环境、调度大厅、支撑软硬件已完成建设，并投入使用
16	广州	施工阶段	部补贴资金建设内容正在实施；地方财政资金配套、企业自筹资金建设内容已完成
17	株洲	施工阶段	2017 年完成招标工作，机房基础建设基本完成，其他部分正在实施
18	呼和浩特	施工阶段	支撑软硬件已完成、投入使用；出行服务系统已完成开发；智能调度系统试运行；ERP 正在实施
19	兰州	施工阶段	完成升级和新装公交车辆车载终端等；2017 年 7 月 13 日已完成项目总进度的 50%。预计 2017 年 10 月建成，并交付使用
20	银川	施工阶段	机房、硬件等配套设施已经全部安装到位，应用系统正在调试中
21	青岛	施工阶段	企业的智能调度系统已建设完成并投入使用；行业主管部门的监管平台正在实施，已完成基础设施建设和硬件、软件安装
22	贵阳	施工阶段	2017 年 7 月完成实施投标工作
23	天津	招标及施工阶段	软件开发已完成招标及详细设计；硬件、软件支撑环境正在招标

续表

序号	城市	进展阶段	进展情况
24	太原	未开展施工	前期工作已完成，按市政府要求，计划与纯电动公交车更新工作一并推进
25	保定	未知	未明确介绍示范工程相关建设内容及完成情况
26	海口	未知	未明确介绍示范工程相关建设内容及完成情况

3）工程建设成就

通过示范工程，部补助资金作为引导资金，带动了大规模地方投资，实现智能公交建设规模总投资达到20余亿元，在公共交通智能化建设理念、标准规范、运行监测、行业监管、企业运营、出行服务等方面发挥了工程实效，提高了行业管理部门及企业对公交智能化建设的认识；系统构建了我国城市公共交通智能化标准规范体系；推动了城市交通综合运行监测业务与信息体系的建设；提高了试点城市公交行业管理科学决策水平；提升了企业运营管理精细化和服务精准化水平；拓展了公共交通出行信息服务广度与深度。

2. 新能源公交车运营补助信息申报与管理系统应用

根据《财政部 工业和信息化部 交通运输部关于完善城市公交车成品油价格补助政策 加快新能源汽车推广应用的通知》（财建〔2015〕159号）、《交通运输部 财政部 工业和信息化部关于印发<新能源公交车推广应用考核办法（试行）>的通知》（交运发〔2015〕164号）的要求，交通运输部组织开发了城乡道路客运燃油消耗信息申报与补贴管理系统。系统功能主要包括节能与新能源公交车运营补助申报工作中的补助资格、数据审核及数据报送等。通过车型认定功能工信部门认定申报补助的新能源公交车是否具备补助资格；通过数据审核功能交通运输管理部门可以考查和审核新能源公交车的全年运营里程是否达到3万千米；在报表打印功能中提供了新能源公交车的运营明细表、新增及更换明细表及所辖地区的新能源公交车推广应用情况汇总表，相关报表可直计算生成该地区的新能源公交车推广比例等考核指标。该系统为新能源公交车推广应用考核、节能与新能源公交车运营补助数据申报工作的顺利开展奠定了基础。

申报数据统计分析结果表明，2017年度共新增及更换10余万辆公交车，其中新能源公交车超过9万辆，占比86%。节能与新能源公交车中达到补贴标准的车辆超过17万辆，运营月数超过185万月。在营车辆中新能源车辆占比比2016年增长56%，而传统能源车辆比2016年下降11%。湖南、北京、浙江、安徽、福建等地推广数量逐年增加。截至2017年年底，该系统已经持续支持了2015—2017年三年的节能与新能源公交车运营补助申报工作，见证了新能源公交车连续保持高速增长，三年中共增加约22万辆新能源公交车。

3. 全国公共交通IC卡互联互通

根据《国务院关于城市优先发展公共交通的指导意见》要求，交通运输部于2013

年3月正式启动全国交通一卡通互联互通工作。截至2017年，全国交通一卡通已实现190 个地级以上城市互联互通。全国（不含港澳台）范围内已经累计发行互联互通卡1300万张，覆盖京津冀、长三角、珠三角、长江经济带等多个重点区域，总共覆盖全国（不含港澳台）1.6万条公交线路。详见表3。

表3　2017年度全国（不含港澳台）交通一卡通互联互通城市名单

地区	城市数量/个	互联互通城市
北京	1	北京市全部公交和轨道线路
天津	1	天津市全部公交和轨道线路
河北	11	石家庄市全部公交和轨道线路；承德市、张家口市、秦皇岛市、唐山市、廊坊市、保定市、沧州市、衡水市、邢台市、邯郸市全部公交线路
山西	7	大同市、阳泉市、长治市、晋中市、忻州市、临汾市、运城市全部公交线路
内蒙古	2	呼和浩特市部分公交线路、包头市全部公交线路
辽宁	12	沈阳市、营口市、锦州市、朝阳市、鞍山市、盘锦市、铁岭市、葫芦岛市、大连市、抚顺市、辽阳市、丹东市全部公交线路
吉林	10	长春市全部公交和轨道线路；吉林市、四平市、辽源市、通化市、白山市、松原市、白城市、延边朝鲜族自治州、长白山管委会及全省县区全部公交线路
黑龙江	1	哈尔滨市部分公交线路
上海	1	上海市部分公交线路
江苏	13	南京市、苏州市、无锡市全部公交和轨道线路；徐州市、常州市、南通市、连云港市、淮安市、盐城市、扬州市、镇江市、泰州市、宿迁市及全省县区全部公交线路
浙江	6	杭州市部分公交线路；宁波市部分公交和轨道线路；温州市、嘉兴市、台州市、绍兴市全部公交线路
安徽	4	蚌埠市、滁州市、马鞍山市、芜湖市全部公交线路
福建	10	福州市、厦门市、漳州市、泉州市、三明市、莆田市、南平市、龙岩市、宁德市、平潭综合实验区全部公交线路
江西	4	南昌市、赣州市、吉安市、九江市全部公交线路
山东	5	青岛市全部公交和轨道线路；威海市、临沂市、德州市、菏泽市全部公交线路
河南	18	郑州市、洛阳市、平顶山市、安阳市、新乡市、焦作市、许昌市、商丘市、信阳市、驻马店市、濮阳市、开封市、济源市、南阳市、漯河市、三门峡、鹤壁市、周口市全部公交线路
湖北	9	荆门市、黄石市、咸宁市、随州市、潜江市、襄阳市、宜昌市、鄂州市、十堰市全部公交线路
湖南	2	张家界市、邵阳市全部公交线路
广东	11	广州市部分公交线路；深圳市、中山市、韶关市、河源市、江门市、云浮市、揭阳市、肇庆市、珠海市、东莞市全部公交线路
广西	6	南宁市全部公交和轨道线路；桂林市、北海市、防城港市、贵港市、玉林市全部公交线路
海南	3	海口市部分公交线路；三亚市、儋州市全部公交线路

续表

地区	城市数量/个	互联互通城市
重庆	1	重庆市部分公交线路
四川	19	成都市、泸州市、内江市、绵阳市、遂宁市、乐山市、南充市、自贡市、攀枝花市、宜宾市、眉山市、德阳市、广安市、达州市、巴中市、雅安市、广元市、凉山州（西昌市）、甘孜州（康定市）全部公交线路
贵州	7	贵阳市全部公交和轨道线路；黔南州（都匀）、遵义市、六盘水市、铜仁市、黔东南州（凯里）、黔西南州（兴义）全部公交线路
云南	5	昆明市全部公交和轨道线路；楚雄市、玉溪市、保山市、文山市全部公交线路
西藏	1	拉萨市全部公交线路
陕西	9	西安市部分公交线路和全部轨道线路；宝鸡市、咸阳市、铜川市、渭南市、延安市、汉中市、安康市、商洛市全部公交线路
甘肃	5	武威市、张掖市、酒泉市、平凉市、金昌市全部公交线路
青海	2	西宁市、海东市全部公交线路
宁夏	2	银川市、固原市全部公交线路
新疆	1	乌鲁木齐部分公交线路
生产建设兵团	1	生产建设兵团部分公交线路

在京津冀地区，北京市京津冀交通一卡通互联互通建设工程历时三年。其间，北京市地面公交系统共升级改造线路共计 1296 条，涉及车辆 25475 辆，改造刷卡机具 60000 余台；轨道交通系统 19 条、345 个车站，升级 6300 台票卡读写器、15000 台设备。目前，凡标有“交通联合”标识的“京津冀互通卡”，均可在北京地面公交（除定制商务公交外）、轨道交通线路及京津冀区域内接入省级平台城市的指定线路刷卡乘车。北京市公共交通基本实现与京津冀区域内接入省级平台城市的互联互通，一卡走遍京津冀的出行模式已初步形成。

在标准规范保障方面，《交通一卡通运营服务质量管理办法（试行）》于 2018 年 4 月 1 日起正式实施，其中要求，持有“交通联合”标志的交通一卡通，可以在全国实现互联互通的所有城市通用，并享受当地有关优惠政策，支持现金、银行转账、移动支付和互联网等方式充值，押金和余额可以赎回。《交通一卡通二维码支付技术规范》于 2018 年 5 月 1 日起正式实施，该规范实施后可有效解决不兼容问题，实现技术标准的统一和互联互通应用，同时加强对人民群众财产和信息安全的保护。

按照交通运输部的计划，2018 年年底前将完成 220 个城市的互联互通，并力争到 2020 年基本实现全国城乡的互联互通。

三、地面公交信息化智能化发展趋势

1. 新能源公交车运营监测管理将进一步加强

新能源汽车增长迅猛，但在实际应用过程中仍存在一些问题。在技术层面，由于续航里程短等问题，车辆性能仍然不能很好地满足行业发展需要，使用效率较低。在管理层面，因缺乏技术手段和数据支撑，开展行业指导工作的针对性不强，管理部门在新能源汽车推广应用中话语权不足。

针对当前新能源汽车在交通运输行业表现的突出问题，未来将建设交通运输行业新能源汽车运营监测与应用效果评估系统，提供交通运输领域新能源汽车（公交、出租、物流配送）运营监测、新能源汽车推广应用效果评估、新能源汽车安全事故统计分析、新能源公交车运营补助管理等功能，可及时查询新能源公交车基本档案信息、运营状态信息、安全事故信息等，以满足新能源汽车运营监测、应用效果评估、运营补助管理等方面的迫切需求。

2. 自动驾驶技术将推动自动驾驶公交车进一步发展

在车辆电动化、智能化和网联化趋势的推动下，国内外许多企业都纷纷开始了自动驾驶交通工具的研发和生产。从自动驾驶目前的应用水平来看，离实现全路况自动驾驶还有一定距离，目前仅以高级辅助驾驶和封闭场景、固定线路的自动驾驶为主。而自动驾驶公交车具有线路固定、运行路况相对简单、具有运营管理的基础等特点，具有采用自动驾驶技术的优势条件。

中国下一代新能源智能公交系统（CBSF）示范项目，是国家 ITS 中心与中国道路运输协会城市客运分会直接参与及指导下的国家级智能驾驶示范工程项目，旨在为中国城市公交行业研发一套智能驾驶与新能源公交解决方案和生态系统。该项目规划一共分为四个阶段，第一阶段在 2017 年期间建立示范基地，开展项目预研究；第二阶段在 2018—2019 年期间基于示范基地，拓展示范城市，开展项目示范应用；第三阶段是 2020—2025 年期间基于示范效果，增强公众认知，争当全国首创；第四阶段为 2025 年基于示范效果，着眼未来，引领行业发展。

3. 出行服务新理念将推动交通模式进一步整合

MaaS（出行即服务）的内涵是旨在深刻理解公众的出行需求，通过将各种交通模式全部整合在统一的服务体系与平台中，从而充分利用大数据决策，调配最优资源，满足出行需求的大交通生态，并以统一的 App 对外提供服务。

出行是人类最基本的生存需求，新技术、新理念、新模式和新需求必然带来新的发展趋势。中国发展 MaaS 拥有良好的基础。在国家意志方面，国家已经发布了一系列的政策文件来支撑 MaaS 的发展，包括交通领域、技术领域的一些重大政策，如在《现代综合交通运输体系规划》中提出要构建“一站式”出行服务体系；在技术层面，我国移动互联网发达，手机网民的比例非常高，占 95%，同时我国整个移动互联网的研究和应用也走在了世界前列。同时，我国交通模式快速创新发展，新理念新技术日新月异，尤其是分享理念深入人心。中国拥有全球最大的出行市场，MaaS 作为一种面向门到门间不同交通模式高度整合的出行服务新理念，在我国具有广泛的市场前景。在未来迫切需要构建广泛的联盟，围绕政策法规、体制机制、发展路径、技术选型、标准规范、信用体系等方面开展深入研究。

（撰稿：吴骏　孟悦　刘向龙）

2017 城市轨道交通信息化与智能化发展概况

智慧化是 2017 年年度城市轨道交通发展的热点，目前我国轨道交通的智慧化建设已从探索阶段进入实际开发和应用阶段，特别是人工智能、大数据、云计算、无线通信等新兴技术的发展，为城市轨道交通不断走向智慧化提供了技术支撑。纵观 2017 年城市轨道交通信息系统智慧化发展成果，对实现数字化、智慧化轨道交通发挥了巨大的作用。城市轨道交通 ITS 技术应用在 2017 年取得了显著成效，也成为“智慧”的变化一年。智能运维、综合运行管理平台、人脸识别过闸、快速安检等技术得以研究及部分示范应用。

一、核心设备智能运维系统应用

大力推进“互联网+城市轨道交通”，以信息化、智能化覆盖城市轨道交通的运维各个领域。通过搭建智能运维系统，实现车辆、通信、信号、电扶梯、大型风机等核心系统设备的状态集中在线自动故障监测与诊断，对设备故障进行早期的监测、诊断、分析、定位，实现故障智能诊断预警与协同处置，实现部件健康管理及检修维护支持；车辆智能运维应依托车载系统和地面应用系统，通过传输系统，实现城轨车辆状态实时监视、故障智能诊断预警、部件健康管理、检修维护支持等功能，降低设备故障风险。

上述核心设备智能运维系统已在北京、上海等地示范应用。

二、综合运行管理平台系统（IOMS）设计

深圳轨道交通 16 号线工程弱电系统设计结合国内各地轨道交通系统工程的设计、施工及调试、运营各阶段的问题与经验，国内首次提出综合运行管理平台系统（IOMS）（见图 1）。通过对各通信、信号、供电、机电设备系统、轨道交通列车 TCMS 系统的信息共享，搭建统一的运行平台和集中监控系统，实现各系统基础数据的统一管理及系统之间的数据共享，信息互通。实现各相关系统在各种情况下的联动操作，提高紧急情况下的操作效率。通过一致的操作和维护人机界面，为运营操作和维护提供方便。

三、人脸识别过闸技术研究

针对特殊人群（如地铁员工、老年人及其他优惠票人群）定制进出站方案，试点

人脸识别过闸，并建立人脸识别数据分析平台，实现人脸识别、验票、过闸，并进行人证合一的1∶1及1∶N模式过闸检验。根据人脸比对系统反馈比对结果，对乘客出入站行为进行统计，并进行消费确认、结算；可与公安业务系统对接，实时更新白名单库内容，与第三方支付系统对接，实现第三方平台充值、计费等功能。

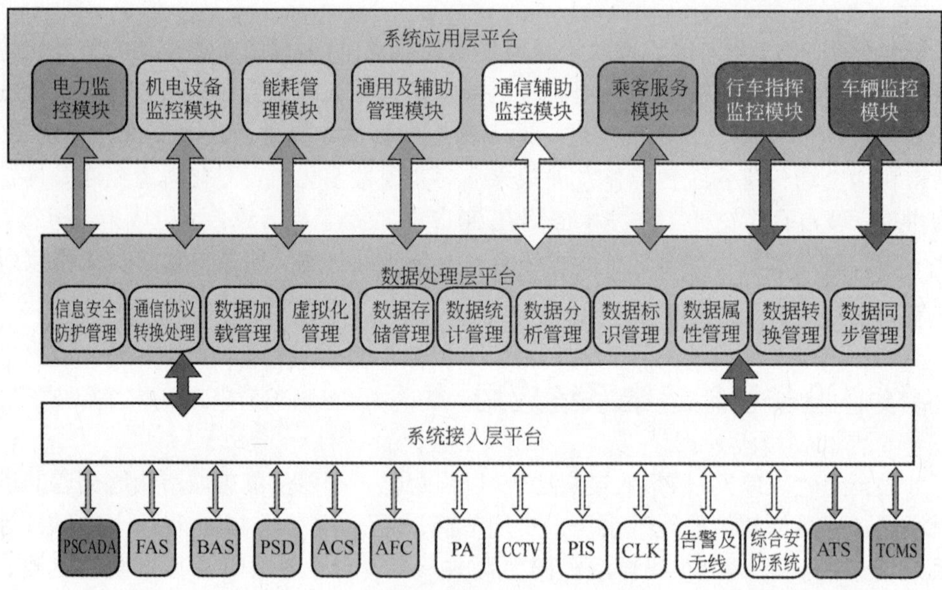

图1　综合运行管理平台系统（IOMS）

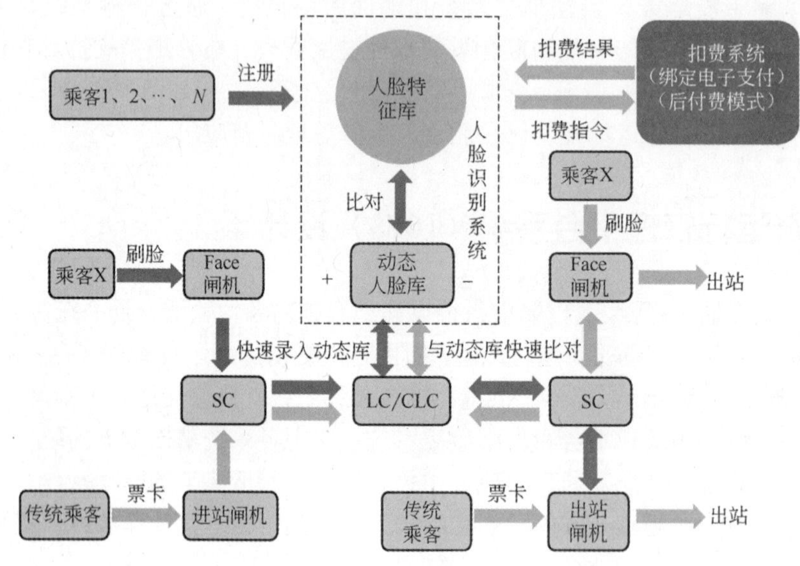

图2　人脸识别过闸系统

地铁高峰时期人流量大，规模也大，对精确度的要求更高，如果对乘客人脸比对采用1∶N的方式进行，且用人脸完全替代电子卡，还存在许多关键技术有待研究。

截至 2017 年年底，北京、广州、武汉、郑州、上海等地正在内测人脸识别直接过闸功能。

四、快速安检技术研究

广州地铁、武汉地铁均开展基于人脸识别技术的高峰期快速安检技术研究，计划于 2018 年进行部分车站试点。其中，广州地铁、武汉地铁高峰期快速安检技术基于人脸识别技术，集合了互联网、脱机二维码、生物识别、大数据分析等多种创新技术，通过乘客实名认证大数据、公交生态大数据、地铁乘客大数据分析等手段对乘客进行精准分类，对具有良好出行信用的上班族、常客实现快速安检服务。乘客只需事先打开 App，进行实名认证和人脸采集开通“快速安检”功能，开通成功后即可直接人脸识别或刷码通过安检通道，同时随身携带的小背包也可随行通过。目前快速安检技术项目处于内测阶段，内测成功后将会推广至广州、武汉地铁车站，甚至是全国地铁车站。其最终目标是从根本上解决高峰期安检入口过度拥挤的问题，为广大乘客提供更优质更可靠的安检服务。

（撰稿：魏运）

2017 年国内物流信息化与智能化发展概况

物流行业兴起于改革开放前，经历了萌芽、学习、引进、起步到现在的快速发展阶段。21 世纪是物流行业迅猛发展的时代，顺丰、三通一达（圆通、中通、申通、韵达）、京东等快递公司的出现，国内的物流服务业蒸蒸日上；但是依靠人力服务的快递行业愈加无法适应社会快节奏的生活；针对快递信息不透明、收发件困难、单一的快递服务等问题，需要对物流行业进行“系统升级”，因而出现了依托于大数据、物联网、云服务、AI 等技术的智能化设备和信息化系统的建设。

一、物流信息化与智能化的发展

2017 年 2 月 13 日，国家邮政局发布《快递业发展“十三五”规划》，明确了“十三五”时期我国快递发展的总目标：到 2020 年，基本建成普惠城乡、技术先进、服务优质、安全高效、绿色节能的快递服务体系，形成覆盖全国、联通国际的服务网络。2017 年 8 月 17 日，国务院办公厅出台《关于进一步推进物流降本增效促进实体经济发展的意见》进一步加强建设物流仓储信息化、标准化、智能化的物流产业联动。

现代物流已不满足单一的快递服务，而是为客户提供一体化的、综合的、高质量的物流服务，延伸至价值链前端的产、供、销、配等环节。因此，“智慧物流”成为物流公司新的追逐方向，“智慧物流”最开始由 IBM 公司提出通过传感器、射频技术、GPS 及其设备生成实时的“智慧供应链”演化而来，国内则由中国物流技术协会信息中心、华夏物联网、《物流技术与应用》编辑部最先提出，要求未来的物流业向信息化、智能化、实时化的趋势发展。国内绝大部分行业正处于工业 2.0（电气化）向 3.0（信息化）转化的阶段，但物流行业以顺丰、京东等为代表的一批物流公司却迈入了 4.0（智能化）阶段；利用信息化系统和智能化设备达到无人快递、人工智能辅助决策、寻找最优途径等效果。

二、物流信息化发展概况

物流信息化主要包含企业物流信息化、物流公共服务平台信息化、政府物流监管信息化三个方面的内容。物流信息化具体可以划分为四个层次：单点应用、流程优化、综合管理、公共平台。企业利用信息技术对物流信息进行采集、汇总、识别、查询和过程的优化，以达到最小的投资成本得到最大的效益。

1. 企业物流信息化

2009 年，中国物流与采购联合会发布《2009 年中国企业物流信息化调研报告》，报告显示 76.3%的企业拥有自主网站，63.8%成立了独立的 IT 部门，67.2%的企业着手设计管理信息系统；在建有局域网的企业中，74.2%设有内部局域网，同时信息化系统建设效果显著。《2010 年中国企业物流信息化调研报告》，显示 58.7%的企业处于广度和深度的单点扩展应用阶段，39.2%的刚进入流程整合和系统集成优化阶段，仅有 20%的企业实现了创新智能发展，但仍没有大面积投入使用。《2015 年中国物流市场调研报告》显示，建有信息系统并投入使用的企业占 40%，选择信息服务外包的占 42.86%；其中企业有门户网站主要用于信息发布的有 76.67%，只有 23.33%将电子交易纳入体系并逐步向其他应用推广。

这几年的调研报告显示：大部分物流企业在 2016 年前处于信息化前两个阶段（单点应用和流程优化），中小型物流公司一般处于第一阶段和第二阶段的过渡期，或是处于第二阶段探索阶段。一些大型物流企业，如顺丰、圆通、申通等走在行业前列，这些大企业已经扎根第三阶段，正逐步向第四阶段迈进。2017 年，顺丰引入 SAP（企业管理解决方案），并自主研发一整套以 SAP 为核心的 ERP 智慧网络系统平台，其构成包括物流企业管理系统、电子商务系统、客户服务系统、物流作业管理系统等子系统（见图 1），现已全面在顺丰企业上线运营，实现了物流企业物资、资金、信息三合一，促进全价值链的高效协同和数据集成，对快递运营各环节进行全面科学管理，并完成与国家邮政管理局、全国个人诚信综合管理平台系统等相关第三方的对接；SAP 系统是目前 ERP 产品中对企业构架和财务控制考虑得最细致的系统，也是整体控制逻辑和整体系统结构是最严谨和稳定的系统；能够最大程度为企业进行业务预测与业务把控，为企业提供专业的服务。图 2 是顺丰基于 SAP 研发的智慧系统中一个子系统——物流企业管理系统的作业流程，该系统由货主企业下单，物流企业配送中心制定最优运输方案，下达仓储系统及运输系统，仓储系统和运输系统根据相应指令进行入库作业、出库作业和运输调度、运输跟踪，物流末端由仓配系统选择最优配送方案，进行送件服务。

除 SAP 系统外，许多企业采取将传统 ERP 系统进行自主创新的方法，研发适合企业的信息化系统。例如，圆通的“金刚系统”升级为能为企业整体运作服务的新一代综合智慧系统，“金刚系统”整合圆通旗下各类业务的子系统（“行者”“罗汉”“如意”等）覆盖了快递服务全过程、人力资源、财务结算等日常管理的各方面，基本实现对快件流转全生命周期的信息监控、跟踪及资源调度，以及优化企业方方面面的功能；申通的“梧桐系统”是申通核心运营系统，集快递服务、运输资源、财务结算、数据分析、国际系统等多个板块于一体，为市场营销、物流管理，加盟连锁、信息安全提供保障，先后完成与上海网安日志平台搭建和对接等。

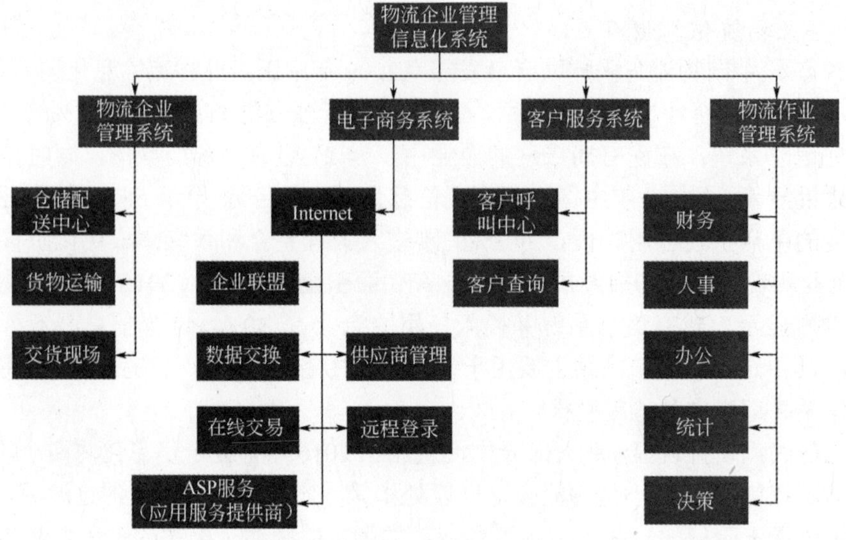

图 1　物流企业信息化系统

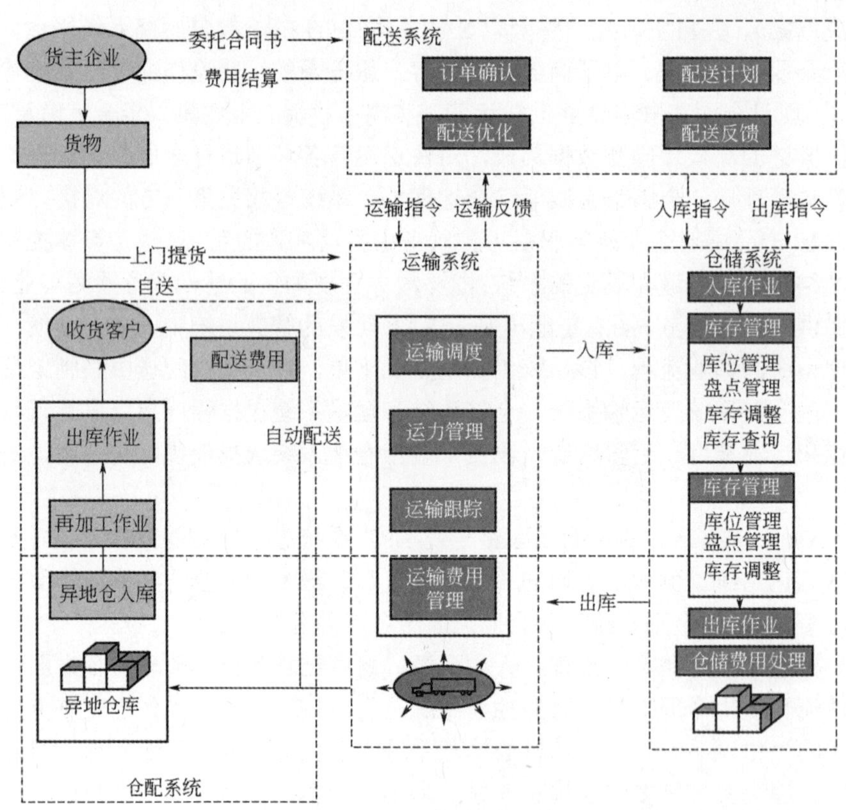

图 2　SAP 系统物流运输系统流程

2017 年度，以顺丰为代表的大企业引领物流企业信息化程度正在快速发展，已基本完成对整个企业的综合管理，实施企业级的信息系统建设（包括企业通用的综合管理信息系统、物流行业专用的综合关系信息系统），即完成第三阶段的建设，为探索第四阶段奠定坚实的基础。

2. 物流公共服务平台信息化

2006 年，国家发布《中华人民共和国国民经济和社会发展第十一个五年计划规划纲要》，提出要大力推进现代物流信息化，而信息化的载体是建立在公共信息服务平台之上，对于物流领域，建设物流公共服务平台是加快物流信息化的有力措施；2009 年国务院出台《物流业调整与振兴规划》明确指出“要加快物流公共信息平台建设”，2009 年 11 月中国国家标准化管理委员会发布《第三方电子商务服务平台及服务质量等级划分规范第三部分：现代物流服务平台》，全国刮起建设物流公共服务平台的热潮。

截至 2017 年年底，国内知名的物流公共服务平台有中国物通网、锦程物流网、LOGINK（国家交通运输物流信息平台），前两者是私营企业，后者是国家主办建设的平台。除此之外，还有一些各地省级（市级）运输单位组建的省部（市）级物流信息平台，如四川省物流公共信息平台、江西省物流公共信息平台、嘉兴市物流公共信息平台、广州物流公共信息平台等，以及一些中小物流平台，如传化陆鲸、路歌、融链天下等。

相对其他物流信息平台，以中国物通网和锦程物流网为代表的物流公共信息平台的功能建设最为完善。其功能基本涵盖：物流资讯、物流园区、物流服务（国际与国内）、货源信息、车源信息、物流专线、快递公司、报价中心、各省级分站及开放接入中心等模块（见图 3）；为物流企业及客户企业提供专业行业信息平台。

图 3　锦程物流网（左）和中国物通网（右）平台界面

物流公共信息服务平台功能不止局限于为物流企业或者货主提供行业资讯等信息，而且主动承担物流企业的一部分功能，逐渐向物流第三方发展的趋势。以企业互联为例（见图 4）：货主通过物流公共信息平台，将订单发往企业的信息系统，由企业调度人员审核后调动下游专线物流企业（藏青色箭头走向）；下游企业进行车辆、人员、路线的规划，然后将这些信息通过平台发往货主、企业及相应的货物运输人员（红色箭头走向）；司机的信息通过平台传达给客户和企业，运输过程中企业和货主能通过平台对货物的状态进行实时监控（蓝色色箭头走向）；年终下游企业可通过平台下载账单核查，减少和企业的对账时间。不仅可以实现企业与企业间的互联还可以实现多个企业之间的互联，在这一流程中，平台都充当着物流运输第三方信息整合和发送的中转站角色。

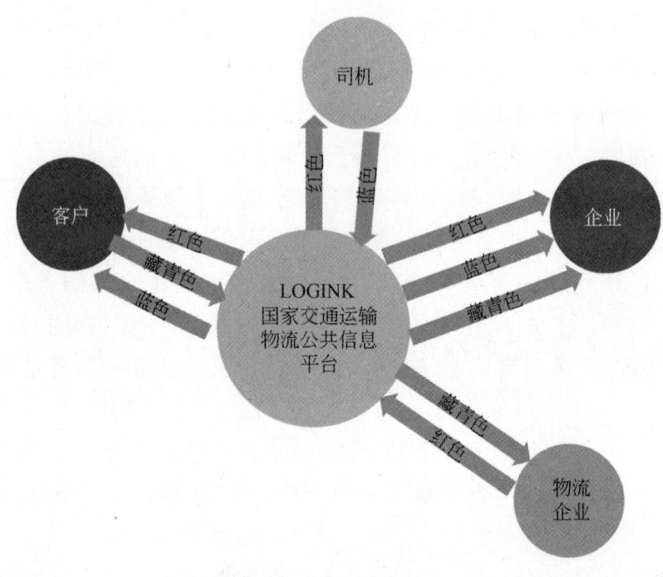

图 4　企业互联流程

3. 政府物流监管信息化

物流行业经过几十年的发展，已经小有规模；近几年，物流行业出现爆发式增长。快速增长的物流及监管部门的监察制度不健全，导致出现一系列不良现象，如暴力投递、故意延迟送货、危险品包装不正规等。因此，需要对物流行业进行规范，健全快递行业政府监管体制。2017 年度，为了适应快速发展的物流，国务院推出《快递暂行条例（草案）》针对个人隐私保护、快递赔偿、快递人员规范、快递末端网点等出现的问题做出了相应的应对措施；其他法案也有序推进，《邮件快件寄递协议服务安全管理办法（试行）》保证运输渠道安全；《快递业信用管理暂行办法》加强快递业信用制度建设；《快递封装用品》《冷链快递服务》等文件的出台促进政府对物流行业的监管和完善物流行业监管制度。

随着相关文件的颁布，为了适应物流快速发展的信息化，政府监管的方式也不仅仅局限于对快递末端的监管，而是集中于运输过程及源头的监管，实现政府物流监管信息化。政府物流监管信息化主要体现在六个方面：药品运输监测、危货运输监测、危废运输监测、无车承运监测、物流园区监测、货运实名监测。

1）药品运输监测

据统计，2015 年全国七大类医药商品销售总额 16613 亿元，药品市场增长较快。因此，医药行业的运输模式也逐渐被人们所关注。面对药品运输质量安全信息不透明、药品安全监管未形成闭环、药品运输监管全程跟踪与可追溯性差等问题，国家制定了《道路运输电子单证（食品药品版）2015》《药品运输监管平台接入技术指南》规范监管对象信息系统的互联接入流程及相关要求；并与外部药品供应链平台结合运作及数据交换。

2）危货运输监测

在新形势下，路危运输企业标准低，同时缺少能及时发现企业存在问题监测工具，与企业缺乏可靠信息互动平台；因此，国家开始构建浙江省道路危险货物运输综合监管平台，建设行业综合监测系统，建设行业综合监测系统，与各相关横向部门对接（安监、环保、公安等），实现危运监管大闭环。

3）危废运输监测

面对交通管理部门无法实时获取危险废物转移联单（托运单）信息、环保部门无法掌握危险废弃物运输全过程的相关信息；环保部门和交通运输部门联合推进建设废物生成企业、运输企业、废物处置企业交互联动的监管平台。

4）无车承运监测

交通部办公厅于2017年3月7日下发了《关于做好无车承运试点运行监测的通知》（交办运[2017]256号），加强对无车承运试点工作的运行监测提出了具体的要求。明确由国家物流信息平台建设部级无车承运人试点运行监测系统，对全国283家无车承运人试点企业的运行情况进行监测。

5）物流园区监测

根据《交通运输部办公厅关于进一步做好交通运输物流公共信息平台区域交换节点（分平台）建设推进物流园区互联应用工作的通知》（交办规划函[2014]501号）、《交通运输部办公厅关于印发<物流园区互联应用技术指南>的通知》（交办科技[2015]3号）明确要求加快全国物流园区互联互通，实现了物流园区“车辆注册及审核共享、园区基本信息共享、车辆进出数据信息共享、园区信用信息共享、车货源信息共享、金融服务信息共享”

6）货运实名监测

针对货运纸质账单核对效率低、实名信息更新不及时等问题，国家设立货运实名制项目，进行上报和认证软件的建设，路运企业可以通过软件上报实名信息，由国家交通物流公共信息平台上传至相关部门信息系统进行统一管理。

三、物流智能化发展

物流业的发展对物流信息化和智能化程度要求越来越高。物联网、云计算技术的发展使物流业更加高效化、智能化、有序化；智能化物流具有感知、学习、判断、推理能力，能够解决物流中一些常见的问题；目前物流智能化集中体现在三个方面：物流服务智慧化、物流运输智能化、物流仓配一体化。

1．物流服务智慧化

物流的服务质量决定了企业的业务量，以往人员不足或者工作人员专业性不够，导致客户对企业产生认知错误，企业流失大量业务；当下，信息技术的成熟、各类软件App盛行及用户量大的聊天工具（如微信等）、智能客服、数据灯塔兴起，为物流企业创造条件，使物流企业服务更加多样化、智慧化。运营智能化产品如下：

1）新客户端

相比其他App（包括企业自主研发的软件），微信客户端是国内智能手机用户最多的App，截至2016年第二季度覆盖率达到94%，且用户范围广、流量大、支持移动支付、支持第三方平台及程序接入的特点；物流企业可以根据公司的特色开发新的微信客户端，新客户端具备基础的简单便捷寄件、查询及常见问题解答等功能，为顾客提供更优质快捷的服务。以顺丰为例，截至2017年年底，微信客户端已累积个人用户7500万人，仍在不断上涨；客户端新上线的拍照识别地址和手机号码的技术解决了客户代寄时填写订单的麻烦，仅2017年12月当月微信客户端下单量就占散单总量的16%。

2）智能客服

大部分物流企业推出了智能客服板块，主要运用在自主研发的App、网站或者基于其他平台的客户端。智能客服是一种基于自然语言建立企业与客户间高效连接关系的技术手段；以人机交互Chatlog支撑与保护、运营装备支撑与保护、常识图谱运维、常识库构建和继续更新这几个方面技术支撑着智能客服的运营。

截至2016年年底，智能客服已实现自然语言分析及语义分析，为用户咨询提供更精准的回答（自然语言分析指把一个句子拆分，里面每一个词加以分析，给每个词加一个权重，根据权重的综合算法来匹配知识库中的答案）；2017年，智能客服进入深度学习，机器人更了解人的意图的深层次研究阶段，目前最先进的机器学习算法架构，有循环神经网络、卷积神经网络、LSTM（长短记忆网络）等。

深度学习算法对上下文进行建模，提升上下文语义识别能力，从大量未标注的数据中进行学习从而理解上下文内容，再根据实时提取到的客户情绪加以分析，从而给出准确解答。即对于客户提出的问题，智能客服系统用Word2vec工具将文本转化为词向量（包含问题词向量和答案词向量），将词向量矩阵输入LSTM（长短期记忆网络）中识别学习次序序列的语义特征信息，并将各自网络输出向量接入CNN（卷积神经网络）提取问题和答案文本更深层次的语义特征；将得到的词语特征进行计算得出匹配程度矩阵，并将该矩阵做基于注意力机制的池化操作，然后再选择语义中最相关的词导入LSTM训练，输出语义特殊向量，然后根据语义特征向量的空间距离得到文本间匹配分数，选取分数较高的词向量，即为正确答案文本（见图5）。

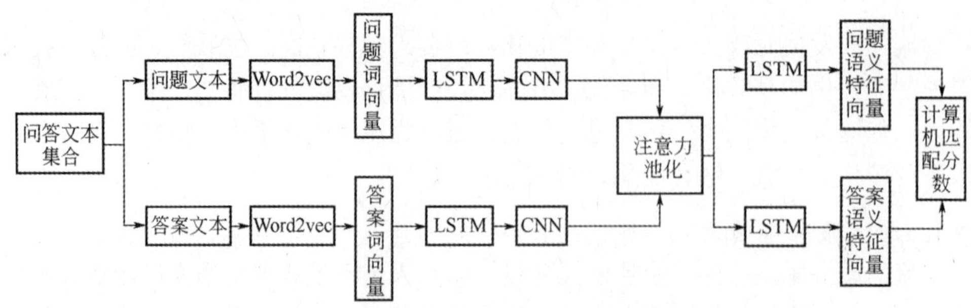

图5　智能客服学习机制

2. 物流运输智能化

物流运输智能化是对人和物有序的空间流动进行有效的组织和管理，实现运输管理智能化，实现客运与货运快速联动的运输方式。

1）智慧地图

运输过程透明化一直是物流企业追求的目标。其中，顺丰控股公司走在行业的前列，顺丰于2015年组建针对顺丰物流的地图团队，是基于四维的基础上绘制的地图，与传统地图的七级（省、市、县/区、乡、街、路）相比，顺丰地图拥有18级的标准地址库，根据位置、根据定位的坐标来命名地址。到2016年年底，顺丰智慧地图进一步升级，以GIS（地理信息系统）/GPS技术为基础，融合大数据、优化算法、AI技术，实现高精度定位匹配，以坐标为基点，将与其关联的内容进行连接，作为地址口径，已基本实现在哪个区县、什么小区、哪一栋楼的定位。2017年，依赖顺丰全国80万快递小哥的移动数据、小哥的小车移动数据等信息，收集与人、车、物流相关的数据，如高度、层高、承重等。如今，智慧地图可高精度定位在哪一门、哪一户、门的哪一侧，实现实时地绘制地图上不存在的数据。

2）运输网络

国内物流的企业拥有独立航空公司的民营企业只有顺丰与圆通两个，其他物流企业皆是承包航空公司的飞机或是没有航空运输业务。因而相对于其他物流企业，前两者的航空运输网络优势更加突出。

2016年，顺丰物流网络覆盖全国331个地级市、2620个县区级城市，近13000个自营网点；全货机36架，外包全货机15架；每日开航航班约3000架次；自有车辆约1.5万辆，开通9600多条运输干线和68000多条运输支线；拥有12个枢纽级中转场，19个航空、铁路站点，127个综合中转场，133个简易中转场，其中部分已投入使用全自动高效分拣系统；终端客服网络方面，9个独立呼叫中心，约7140个座席，每天提供115万人次的话务服务；95338交互式语音应答系统、顺丰官网、大客户发件系统、会员系统、App手机客户端、在线客服等多渠道提供7×24小时的自助服务；最后一千米方面，近3万个合作代办点，安装运营的智能快递柜超过35150个。

2017年年底，顺丰以全货机+散航+无人机组成的“天网”（其中，全货机57架，空线线路1776条，日平均3400班次）；以服务网点、中转网点、陆路网络、客户呼叫网络、最后一千米网络连接而成的“地网”（其中，82个电商仓库，占地115万平方米；51个食品冷库，占地22.4万平方米；108条食品运输干线，通达108城；3个医药冷库，占地2.3万平方米；12条医药冷运路线，通达132城；10个枢纽中转场；39个航空、铁路站点；113个片区中转场；172个集散点），以及一套完整的智慧“信息网”平台（基于数据挖掘、 机器学习、统计分析等科技方法），包括顺丰物流各项核心营运系统、顺丰地图平台、大数据平台、信息安全平台、智能运维管理平台等信息系统。“天网+地网+信息网”三网合一的运输综合网络，打造智慧化的坚实底盘，快速、灵活、安全、全面地支撑业务发展，实现数据交互分析、业务决策，助力智慧物流升级（见图6）。

3. 物流仓配与终端服务

1）仓配管理

2016年，物流仓储与配送普遍处于部分集成化，其侧重点集中在仓储管理，表现在四个方面：一是传统仓储设施的智能化与网络化，这是实现仓储设施互联网的基础；二是仓储设备的自动化和标准化，这是实现仓储作业智能化的基础；三是智能追溯系统应用，这是物流系统信息互联互通的基础；四是物流大数据推动仓储资源整合与共享。其中，仓储系统自动与智能的作业方面技术体现在自动化立体库集成技术、自动输送分拣技术设备、智能穿梭车与货架系统、物流机器人搬运、无人机配送等方面。

图6　“天网+地网+信息网”三网合一

2017年，物流仓储与配送高度一体化。

（1）智慧物流技术驱动仓储与配送体系变革，即前置布仓推动物流先行，通过在互联网中集合、运算、分析、优化、运筹，实现对现实物流系统进行管理、计划与控制，按照大数据预测提前在全国仓储网点前置布仓和集约调配；技术创新重新定义店仓系统，让传统零售门店成为线上线下融合的节点、客户体验的中心、产品销售的场景，同时又成为离消费者最近的末端配送网点，改变了传统的中心化的仓储与配送体系，分布式的去中心化仓配网络逐步形成；网络末端的店仓节点的货物实现了智能调配。去中心化的店仓末端网络互联互通，改变了传统逆向物流的体系。

（2）智慧物流推动推动仓储与配送链接深化。其典型场景：数据共享，实现仓储数据互联互通，减少物流信息的重复采集，消除物流企业的信息孤岛；销售预测，利用用户消费特征、商家历史销售等海量数据，通过大数据预测分析模型，对订单、促销、清仓等多种场景下的销量进行精准预测；网络规划，利用历史大数据、销量预测，构建成本、时效、覆盖范围等多维度的运筹模型，对仓储、运输、配送网络进行优化布局；库存部署，在多级物流网络中科学部署库存，智能预测补货，实现库存协同，提升整个供应链的效率；行业洞察，利用大数据技术，挖掘分析3C、家电、鞋服等不同行业及仓配、快递、城配等不同环节的物流运作特点及规律，形成最佳实践，为物流企业提供完整的解决方案。

（3）智慧物流推动仓储与配送资源共享，通过搭建互联网平台，实现货运供需信息的在线对接和实时共享，改进了运输的组织方式。通过互联网+智能仓储，建立云仓网络共享系统，实现全国仓储资源联网，推动仓储资源网络化的共享共用。借助互联网平台，搭建城市配送运力池，开展共同配送、集中配送、智能配送等先进模式，有效解决“最后一千米”的痛点。利用互联网+智能终端，整合末端人力资源、服务网络和智能终端，实现资源的分布式布局和共享式利用，提升资源利用效率和用户服务体验。

2）物流终端

2016—2017 年年底，物流终端配送服务发生较大改变，从“领件”到如今“送件”，“最后一千米”的物流服务逐渐向“最后一百米”迈进。收件方式数字化全面普及，基于 Android 操作系统智能手持终端，进行电子签收、与平台数据交换更新实现快速收件；“私家驿站”研发的“智能信包箱”进一步推进“快递到家”服务（流程：包裹入箱后，系统向用户发送短信，用户用手机扫描即可开箱）；以及持久火热的“无人机送件”服务，至 2017 年年底，顺丰、京东已经在部分区域实现无人机送件，由于“无人机安全事件”频频发生导致该技术无法得到全面推广，虽有人实现“无人机定向碎片化”（即无人机发生安全事故时会自动解体，成碎片掉落，降低造成安全事故的后果）技术解决部分安全问题，但要想无人机真正得到推广，仍然有很长的路要走（见图 7）。

图 7　智能手持终端（左 1）、智能信包箱、无人机送件（右 1）

四、结束语

2017 年国内物流信息化与智能化的建设取得显著的成绩。无论是企业物流信息化、物流公共平台信息化，还是政府物流监管信息化的建设和完善都取得了丰硕的成果；物流智能化设备也得到充分体现，各类基于大数据、互联网+、云计算、AI 等技术研发的智能化产品投入使用，反响热烈。

在未来，企业、公共服务平台、政府监管这三方将朝着互联互通深层次方向继续发展；无人机技术的成熟与应用，物流设备的高度智能化，实现物流流程无人化、高效化、智能化；达到真正的物流智慧化。

（撰稿：王代瑜　吴文文）

第二篇

政策及标准篇

第一章

相关政策及解读

关于加强城市轨道交通人才建设的指导意见

发改基础〔2017〕74 号
国家发展改革委
教　　育　　部
人力资源社会保障部
2017 年 1 月 11 日

各省、自治区、直辖市及计划单列市、新疆生产建设兵团发展改革委、教育厅（委、局）、人力资源社会保障（劳动保障）厅（局）：

城市轨道交通是城市公共交通体系的骨干，是构建城市综合交通运输体系的重要支撑。发展城市轨道交通，有利于优化城市空间结构、缓解交通拥堵、带动城市综合开发，显著提升城市环境质量、生活质量和竞争力，是建设和谐宜居现代化城市的重要抓手。近年来，我国城市轨道交通进入快速发展时期，建设运营规模快速增长、新建轨道交通城市数量不断增加、技术装备水平不断提高，目前全国已批准 43 个城市建设城市轨道交通，特别是“十二五”以来陆续批准的 16 个城市，正处于构建城市轨道交通骨架线路的起步阶段。与当前快速发展的形势相比，城市轨道交通人才规模不足、结构不合理等问题逐渐凸显，不能适应行业快速发展需要，成为制约城市轨道交通健康、安全、可持续发展的短板。为加强城市轨道交通行业人才建设，特制定本指导意见。

一、总体思路

全面贯彻党的十八大和十八届三中、四中、五中、六中全会精神，深入学习贯彻习近平总书记系列重要讲话精神，以服务城市轨道交通行业发展为宗旨，以满足人才需求为导向，统筹考虑规划、设计、建设、运营、管理等方面对人才规模、结构和质量的要求，充分调动各方面积极性，加强规划协同、注重产教融合，加快建设与城市轨道交通行业发展相适应的人才队伍，为促进城市轨道交通的可持续发展提供坚实的人才保障和智力支持。

到 2020 年，人才培养标准体系基本完善，学校、企业等培养主体培养规模和质量快速提升，实训能力大幅增强，建立起覆盖规划、设计、建设、运营、管理、安全等多方位、全链条的人才队伍，人才总体规模达到 30 万人以上，基本消除城市轨道交通发展人才缺口，有效满足行业发展要求。

二、强化人才建设规划引领

各城市要高度重视城市轨道交通人才建设工作，注重通过规划引领，同步推进城市轨道基础设施和人才“软硬件”建设。在编制轨道交通规划时，统筹建设规模、发展时序对人才的需要，重点针对行业急需的运营安全、管理经营等各类人才加强培养，相关内容一并纳入，同步规划，使人才规模、结构和质量与城市轨道交通建设运营要求相匹配。国家发展改革委审批城市轨道交通建设规划时，将各城市轨道交通人才建设及各项保障政策措施作为审核的重要内容。

三、落实企业培养主体责任

轨道交通企业应围绕发展规划、生产运营和技术进步的要求，编制企业人才建设体系，量化人才建设各项目标，加强人才战略储备，提升人才素质水平。

筹备建设城市的企业，应通过市场化招聘、企业间委托培养等方式，重点引进、培养规划、运营、安全及投融资等方面的人才，为安全平稳的开通运行和长期可持续发展做好人才储备。大型轨道交通企业及其他有条件的企业应充分利用自有设备、设施、场地、师资和技术力量，在自主开展职工技能培训的同时，积极为筹备建设的企业提供职工培训服务。

已开通运营城市的企业应紧跟生产运营和技术进步的要求，制订职工培训计划，通过在岗培训、脱产培训、业务研修、岗位练兵、技能竞赛等方式，保证职工年均培训不少于150学时，加快提升职工的技能水平。加强从业人员在职安全教育，注重专业知识、操作技能、安全管理、应急处置等培训，提高安全意识，加强安全行为养成。

四、加强普通高校学科专业建设

鼓励高等学校根据需求设置城市轨道相关专业或专业方向，合理确定相关学科专业招生规模。优化专业课程体系，面向城市轨道交通企业需要，调整课程设置，支持计算机科学与技术、电子信息工程、自动化等专业培养轨道交通方向复合型人才。加强师资队伍建设，用新理论、新知识、新技术更新教学内容，提升教学质量和科研水平。加强创新创业人才培养，鼓励高校科研人员开展面向需求的应用开发，进一步提升行业装备技术和运营管理的现代化水平。

五、扩大职业教育培养规模

加快扩大轨道交通职业教育培养规模，着力解决运营企业技能型人才总量短缺难题。充分利用市场机制，简化审批流程，支持轨道交通企业通过独资、合资、合作等形式参与和举办民办职业教育。

推动职业学校和企业成为技术技能人才培养的“双主体”，加强课程内容、教学方式与生产实践对接，提升学生实际操作能力。促进职业学校教师和企业技术人才双向交流，鼓励职业学校聘请管理专家、高级技术人员、经验丰富的一线操作员工担任兼职教师，支持职业学校专职教师赴轨道交通建设或运营企业开展合作科研或挂职锻炼。鼓励支持推行校企联合招生、联合培养的现代学徒制。

六、实施高端人才提升工程

遵循高端人才成长规律，重点创新、拓宽战略规划、资本运作、安全管理、综合开发等高端人才提升模式和引进渠道。

鼓励通过高技能人才合作培养、技师研修等方式，大力培养高技能人才。支持企业选派高端人才赴海外相关学校、企业学习工作，加大对高层次管理人才、高水平技术创新人才和高素质应用型专业人才的能力提升力度。

完善高端人才引进机制，提升高端人才市场化选聘比例，支持企业面向全球招聘海内外高端人才。创新人才激励办法，鼓励企业建立高端人才职务津贴和特殊岗位津贴制度，探索建立成果收益和股权激励机制。

七、深化校企合作培养模式

完善普通高等学校、职业学校与企业的合作机制，探索建立互利共赢的产教融合、协同育人模式，推动建设轨道交通职教集团，推广优质教学课程，共享师资、设施等教育资源。采用订单培养、预就业等方式，推动普通高等学校、职业学校与企业协同育人，定向培养城市轨道交通人才。轨道交通企业应主动加强与相关高等学校、职业学校的对接，在明确双方责任义务的前提下，为在校学生实习创造条件。鼓励轨道交通有关企业积极参与教育部门产学合作项目，支持高校开展专业综合改革、课程改革、师资培训、大学生创新创业训练计划等，校企共同培养适应城市轨道交通需要的高质量人才。

八、加快实训基地规划建设

鼓励普通高等学校和职业学校加快城市轨道交通人才实训基地建设，提升软硬件教学条件。加强实训资源共享共用，有条件的普通高等学校、职业学校与城市轨道交通企业合作共建实训基地。城市轨道交通企业应对车辆段等自有土地资源进行综合利用，集约高效建设实训基地。鼓励北京、上海、广州等城市轨道交通企业利用既有资源，打造区域性轨道交通实训示范平台，加强区域合作，提升中西部企业实训能力。

九、健全人才培养标准体系

为进一步加强人才培养工作的系统化、专业化和针对性，教育部、人力资源社会保障部等部门根据工作职责，尽快细化城市轨道交通各层次人才的职业分类、水平要求和培养目标，构建轨道交通人才培训标准化体系，进一步规范轨道交通人才培训工作。

推动健全轨道交通行业职业分类和职业标准体系，加快制定城市轨道交通职业标准，重点完善水平评价类职业资格相关标准。加快推进行业（调度、行车、站务等）标准化建设，统一岗位名称、分类标准、主要工作内容。

十、搭建人才培养协作平台

行业协会要发挥人才培养协作平台作用，深入开展行业人力资源跟踪研究，评估行业人才发展水平，根据行业发展、企业需求情况，制订年度行业人才培养指南，定期发布行业人才需求报告。参与行业职业标准规范制订，组织开展技能水平评价工作，通过行业自律保证评价的权威性和社会认可度。积极组织全国性职业技能竞赛活动，加强人才技能交流。

十一、优化人才培养政策环境

相关部门应在简化轨道交通实训基地建设审批流程、鼓励符合条件的企业通过发行企业债券、优先保障相关设施用地等方面，出台、细化支持城市轨道交通人才培养的政策措施。各地抓紧细化相关措施，集中解决制约城市轨道交通人才培养的突出问题，在住房医疗、子女就学、保险接续等方面向紧缺人才适当倾斜，强化物质和精神激励，营造人才汇聚、落地生根的良好政策环境。

相关部门根据职责分工，加强协作、形成合力，抓紧落实各项工作措施，明确重点事项的进度安排，指导各地将本意见的要求落到实处。各城市要加强组织领导，把加强轨道交通行业人才建设工作摆上重要议事日程，应结合当地实际研究制定实施意见，统筹做好城市轨道交通发展与人才建设工作。发展改革委会同相关部门对各城市落实情况进行跟踪分析和定期评估。

关于进一步下放政府投资交通项目审批权的通知

发改基础〔2017〕189号
国家发展改革委
2017年1月25日

交通运输部、铁路局、民航局、中国铁路总公司，各省、自治区、直辖市及计划单列市、新疆生产建设兵团发展改革委：

经报国务院批准同意，我委以交通领域作为深化投资项目审批改革的重点，除涉及国务院、中央军委事权外，对能用规划实行有效管理的项目最大程度下放审批，仅保留少部分重大项目和中央投资为主项目的审批权限，同时加强规划管理和事中事后监管。现将有关事项通知如下：

一、下放政府投资交通项目审批事项

1. 列入国家批准的相关规划中非跨省的新建（含增建双线）普通铁路项目，铁路总公司投资为主的由铁路总公司自行决定，地方和社会投资为主的由省级政府审批可行性研究报告，均通过投资项目在线审批监管平台报国务院投资主管部门备案。

2. 列入国家批准的相关规划中的新建高速公路项目，由省级政府审批可行性研究报告，通过投资项目在线审批监管平台报国务院投资主管部门备案。

3. 列入国家批准的相关规划中的跨10万吨级及以上航道海域、跨大江大河（现状或规划为一级及以上通航段）的独立公（铁）路桥梁（隧道）项目，由省级政府审批可行性研究报告，通过投资项目在线审批监管平台报国务院投资主管部门备案。

4. 列入国家批准的相关规划中的交通行业直属院校、科研机构等中央本级非经营项目（使用中央预算内投资5000万元及以上项目除外），由行业部门审批可行性研究报告，通过投资项目在线审批监管平台报国务院投资主管部门备案。

二、强化规划引领和约束作用

在下放项目审批权限的同时，我委将强化规划引领和约束作用，提高“管”的有效性；提升行政服务质量和水平，增强“服”的主动性。加快实现从微观转向宏观、从审批转向监管、从项目安排转向制度供给，更好适应把握引领经济发展新常态。

1. 完善规划体系

借鉴城市轨道等交通项目审批权下放后以审批建设规划作为管理手段的经验，我委将强化交通规划编制、审批和组织实施，重要规划报国务院审批，实现简政放权后的有效管控。编制和完善铁路、公路、内河高等级航道、沿海港口、民用机场、油气管道等中长期布局规划，编制综合交通五年发展建设规划，编制或审批国防交通、城际铁路、城市轨道交通、高速公路、内河高等级航道、沿海港口、空管系统等专项建设规划，建立健全“中长期布局规划+五年发展建设规划+年度实施方案”相结合的规划管理体系，更好指导交通行业重大基础设施布局和项目建设实施。

2. 强化规划实施监管

我委将联合有关部门形成多方联动、共同监管工作格局，加强组织协调，层层分解、细化落实规划任务，明确各级责任主体，全程跟踪了解规划实施进展。充分利用信息化手段，依托投资项目在线审批监管平台等政府监管服务平台，运用市场、信用、法治等手段协同监管，切实保障规划有序实施。

3. 提升服务保障能力

对于下放的审批事项，我委将加强对承接单位的业务指导，开展规划、管理、技术等方面人才培训和交流，提高依法行政、依法管理的能力水平。完善交通项目有关报告编制和评估等规范，积极研究支持规划实施、项目建设的相关配套政策，协调解决跨部门、跨领域等重点难点问题。

三、有关要求

本次下放到省级政府的审批事项不得再行下放，由有关部门和单位自行审批或决定的事项不得再行转移。请各地方、有关部门和单位落实责任，完善制度办法，规范审批行为，加强能力建设，切实接住管好，提高行政效率和决策水平。

“十三五”现代综合交通运输体系发展规划

国发〔2017〕11号
国务院
2017年2月3日

交通运输是国民经济中基础性、先导性、战略性产业，是重要的服务性行业。构建现代综合交通运输体系，是适应把握引领经济发展新常态，推进供给侧结构性改革，推动国家重大战略实施，支撑全面建成小康社会的客观要求。根据《中华人民共和国国民经济和社会发展第十三个五年规划纲要》，并与“一带一路”建设、京津冀协同发展、长江经济带发展等规划相衔接，制定本规划。

一、总体要求

1. *发展环境*

“十二五”时期，中国各种交通运输方式快速发展，综合交通运输体系不断完善，较好完成规划目标任务，总体适应经济社会发展要求。交通运输基础设施累计完成投资13.4万亿元，是“十一五”时期的1.6倍，高速铁路营业里程、高速公路通车里程、城市轨道交通运营里程、沿海港口万吨级及以上泊位数量均位居世界第1位，天然气管网加快发展，交通运输基础设施网络初步形成。铁路、民航客运量年均增长率超过10%，铁路客运动车组列车运量比重达到46%，全球集装箱吞吐量排名前10位的港口我国占7席，快递业务量年均增长50%以上，城际、城市和农村交通服务能力不断增强，现代化综合交通枢纽场站一体化衔接水平不断提升。高速铁路装备制造科技创新取得重大突破，电动汽车、特种船舶、国产大型客机、中低速磁悬浮轨道交通等领域技术研发和应用取得进展，技术装备水平大幅提高，交通重大工程施工技术世界领先，走出去步伐不断加快。高速公路电子不停车收费系统（ETC）实现全国联网，新能源运输装备加快推广，交通运输安全应急保障能力进一步提高。铁路管理体制改革顺利实施，大部门管理体制初步建立，交通行政审批改革不断深化，运价改革、投融资改革扎实推进（如表1所示）。

表 1 “十二五”末交通基础设施完成情况

指　　标	单位	2010 年	2015 年	2015 年规划目标
铁路营业里程	万千米	9.1	12.1	12
其中：高速铁路	万千米	0.51	1.9	—
铁路复线率	%	41	53	50
铁路电气化率	%	47	61	60
公路通车里程	万千米	400.8	458	450
其中：国家高速公路	万千米	5.8	8.0	8.3
普通国道二级及以上比重	%	60	69.4	70
乡镇通沥青（水泥）路率	%	96.6	98.6	98
建制村通沥青（水泥）路率	%	81.7	94.5	90
内河高等级航道里程	万千米	1.02	1.36	1.3
油气管网里程	万千米	7.9	11.2	15
城市轨道交通运营里程	千米	1400	3300	3000
沿海港口万吨级及以上泊位数	个	1774	2207	2214
民用运输机场数	个	175	207	230

注：国家高速公路里程统计口径为原“7918”国家高速公路网。

“十三五”时期，交通运输发展面临的国内外环境错综复杂。从国际上看，全球经济在深度调整中曲折复苏，新的增长动力尚未形成，新一轮科技革命和产业变革正在兴起，区域合作格局深度调整，能源格局深刻变化。从国内上看，“十三五”时期是全面建成小康社会决胜阶段，经济发展进入新常态，生产力布局、产业结构、消费及流通格局将加速变化调整。与“十三五”经济社会发展要求相比，综合交通运输发展水平仍然存在一定差距，主要是：网络布局不完善，跨区域通道、国际通道连通不足，中西部地区、贫困地区和城市群交通发展短板明显；综合交通枢纽建设相对滞后，城市内外交通衔接不畅，信息开放共享水平不高，一体化运输服务水平亟待提升，交通运输安全形势依然严峻；适应现代综合交通运输体系发展的体制机制尚不健全，铁路市场化、空域管理、油气管网运营体制、交通投融资等方面改革仍需深化。

综合判断，“十三五”时期，中国交通运输发展正处于支撑全面建成小康社会的攻坚期、优化网络布局的关键期、提质增效升级的转型期，将进入现代化建设新阶段。站在新的发展起点上，交通运输要准确把握经济发展新常态下的新形势、新要求，切实转变发展思路、方式和路径，优化结构、转换动能、补齐短板、提质增效，更好满足多元、舒适、便捷等客运需求和经济、可靠、高效等货运需求；要突出对“一带一路”建设、京津冀协同发展、长江经济带发展三大战略和新型城镇化、脱贫攻坚的支撑保障，着力消除瓶颈制约，提升运输服务的协同性和均等化水平；要更加注重提高交通安全和应急保障能力，提升绿色、低碳、集约发展水平；要适应国际发展新环境，提高国际通道保障能力和互联互通水平，有效支撑全方位对外开放。

2. 指导思想

全面贯彻党的十八大和十八届二中、三中、四中、五中、六中全会精神，深入贯彻习近平总书记系列重要讲话精神和治国理政新理念新思想新战略，认真落实党中央、国务院决策部署，统筹推进“五位一体”总体布局和协调推进“四个全面”战略布局，牢固树立和贯彻落实新发展理念，以提高发展质量和效益为中心，深化供给侧结构性改革，坚持交通运输服务人民，着力完善基础设施网络、加强运输服务一体衔接、提高运营管理智能水平、推行绿色安全发展模式，加快完善现代综合交通运输体系，更好地发挥交通运输的支撑引领作用，为全面建成小康社会奠定坚实基础。

3. 基本原则

衔接协调、便捷高效。充分发挥各种运输方式的比较优势和组合效率，提升网络效应和规模效益。加强区域城乡交通运输一体化发展，增强交通公共服务能力，积极引导新生产消费流通方式和新业态新模式发展，扩大交通多样化有效供给，全面提升服务质量效率，实现人畅其行、货畅其流。

适度超前、开放融合。有序推进交通基础设施建设，完善功能布局，强化薄弱环节，确保运输能力适度超前，更好发挥交通先行官作用。坚持建设、运营、维护并重，推进交通与产业融合。积极推进与周边国家互联互通，构建国际大通道，为更高水平、更深层次的开放型经济发展提供支撑。

创新驱动、安全绿色。全面推广应用现代信息技术，以智能化带动交通运输现代化。深化体制机制改革，完善市场监管体系，提高综合治理能力。牢固树立安全第一理念，全面提高交通运输的安全性和可靠性。将生态保护红线意识贯穿到交通发展各环节，建立绿色发展长效机制，建设美丽交通走廊。

4. 主要目标

到2020年，基本建成安全、便捷、高效、绿色的现代综合交通运输体系，部分地区和领域率先基本实现交通运输现代化。

网络覆盖加密拓展。高速铁路覆盖80%以上的城区常住人口100万以上的城市，铁路、高速公路、民航运输机场基本覆盖城区常住人口20万以上的城市，内河高等级航道网基本建成，沿海港口万吨级及以上泊位数稳步增加，具备条件的建制村通硬化路，城市轨道交通运营里程比2015年增长近一倍，油气主干管网快速发展，综合交通网总里程达到540万千米左右。

综合衔接一体高效。各种运输方式衔接更加紧密，重要城市群核心城市间、核心城市与周边节点城市间实现1～2小时通达。打造一批现代化、立体式综合客运枢纽，旅客换乘更加便捷。交通物流枢纽集疏运系统更加完善，货物换装转运效率显著提高，交邮协同发展水平进一步提升。

运输服务提质升级。全国铁路客运动车服务比重进一步提升，民航航班正常率逐步提高，公路交通保障能力显著增强，公路货运车型标准化水平大幅提高、货车空驶率大幅下降，集装箱铁水联运比重明显提升，全社会运输效率明显提高。公共服务水平显著提升，实现村村直接通邮、具备条件的建制村通客车，城市公共交通出行比例不断提高。

智能技术广泛应用。交通基础设施、运载装备、经营业户和从业人员等基本要素信息全面实现数字化，各种交通方式信息交换取得突破。全国交通枢纽站点无线接入网络广泛覆盖。铁路信息化水平大幅提升，货运业务实现网上办理，客运网上售票比例明显提高。基本实现重点城市群内交通一卡通互通，车辆安装使用 ETC 比例大幅提升。交通运输行业北斗卫星导航系统前装率和使用率显著提高。

绿色安全水平提升。城市公共交通、出租车和城市配送领域新能源汽车快速发展。资源节约集约利用和节能减排成效显著，交通运输主要污染物排放强度持续下降。交通运输安全监管和应急保障能力显著提高，重特大事故得到有效遏制，安全水平明显提升（如表 2 所示）。

表 2 “十三五”综合交通运输发展主要指标

指 标 名 称		2015 年	2020 年	属性
基础设施	铁路营业里程/万千米	12.1	15	预期性
	高速铁路营业里程/万千米	1.9	3.0	预期性
	铁路复线率/%	53	60	预期性
	铁路电气化率/%	61	70	预期性
	公路通车里程/万千米	458	500	预期性
	高速公路建成里程/万千米	12.4	15	预期性
	内河高等级航道里程/万千米	1.36	1.71	预期性
	沿海港口万吨级及以上泊位数/个	2207	2527	预期性
	民用运输机场数/个	207	260	预期性
	通用机场数/个	300	500	预期性
	建制村通硬化路率/（%）	94.5	99	约束性
	城市轨道交通运营里程/千米	3300	6000	预期性
	油气管网里程/万千米	11.2	16.5	预期性
运输服务	动车组列车承担铁路客运量比重/（%）	46	60	预期性
	民航航班正常率/（%）	67	80	预期性
	建制村通客车率/（%）	94	99	约束性
	公路货运车型标准化率/（%）	50	80	预期性
	集装箱铁水联运量年均增长率/（%）	10		预期性
	城区常住人口 100 万以上城市建成区公交站点 500 米覆盖率/（%）	90	100	约束性

续表

指 标 名 称		2015 年	2020 年	属性
智能交通	交通基本要素信息数字化率/（%）	90	100	预期性
	铁路客运网上售票率/（%）	60	70	预期性
	公路客车 ETC 使用率/（%）	30	50	预期性
绿色安全	交通运输 CO_2 排放强度下降率/（%）	7*		预期性
	道路运输较大以上等级行车事故死亡人数下降率/（%）	20*		约束性

注：1．硬化路一般指沥青（水泥）路，对于西部部分建设条件特别困难、高海拔高寒和交通需求小的地区，可扩展到石质、砼预制块、砖铺、砂石等路面的公路。

2．通用机场统计含起降点。

3．排放强度指按单位运输周转量计算的 CO_2（二氧化碳）排放。

4．*表与“十二五”末相比。

二、完善基础设施网络化布局

1．建设多向连通的综合运输通道

构建横贯东西、纵贯南北、内畅外通的“十纵十横”综合运输大通道，加快实施重点通道连通工程和延伸工程，强化中西部和东北地区通道建设。贯通上海至瑞丽等运输通道，向东向西延伸西北北部等运输通道，将沿江运输通道由成都西延至日喀则。推进北京至昆明、北京至港澳台、烟台至重庆、二连浩特至湛江、额济纳至广州等纵向新通道建设，沟通华北、西北至西南、华南等地区；推进福州至银川、厦门至喀什、汕头至昆明、绥芬河至满洲里等横向新通道建设，沟通西北、西南至华东地区，强化进出疆、出入藏通道建设。做好国内综合运输通道对外衔接。规划建设环绕我国陆域的沿边通道（如表 3 所示）。

表 3　综合运输通道布局

一、纵向综合运输通道
1．沿海运输通道。起自同江，经哈尔滨、长春、沈阳、大连、秦皇岛、天津、烟台、青岛、连云港、南通、上海、宁波、福州、厦门、汕头、广州、湛江、海口，至防城港、至三亚
2．北京至上海运输通道。起自北京，经天津、济南、蚌埠、南京，至上海、至杭州
3．北京至港澳台运输通道。起自北京，经衡水、菏泽、商丘、九江、南昌、赣州、深圳，至中国香港（中国澳门）；支线经合肥、黄山、福州，至台北
4．黑河至港澳运输通道。起自黑河，经齐齐哈尔、通辽、沈阳、北京、石家庄、郑州、武汉、长沙、广州，至中国香港（中国澳门）
5．二连浩特至湛江运输通道。起自二连浩特，经集宁、大同、太原、洛阳、襄阳、宜昌、怀化，至湛江
6．包头至防城港运输通道。起自包头（满都拉），经延安、西安、重庆、贵阳、南宁，至防城港
7．临河至磨憨运输通道。起自临河（甘其毛都），经银川、平凉、宝鸡、重庆、昆明，至磨憨、至河口
8．北京至昆明运输通道。起自北京，经太原、西安、成都（重庆），至昆明
9．额济纳至广州运输通道。起自额济纳（策克），经酒泉（嘉峪关）、西宁（兰州）、成都、泸州（宜宾）、贵阳、桂林，至广州

续表

10．烟台至重庆运输通道。起自烟台，经潍坊、济南、郑州、南阳、襄阳，至重庆
二、横向综合运输通道
1．绥芬河至满洲里运输通道。起自绥芬河，经牡丹江、哈尔滨、齐齐哈尔，至满洲里
2．珲春至二连浩特运输通道。起自珲春，经长春、通辽、锡林浩特，至二连浩特
3．西北北部运输通道。起自天津（唐山、秦皇岛），经北京、呼和浩特、临河、哈密、吐鲁番、库尔勒、喀什，至吐尔尕特、至伊尔克什坦、至红其拉甫；西端支线自哈密，经将军庙，至阿勒泰（吉木乃）
4．青岛至拉萨运输通道。起自青岛，经济南、德州、石家庄、太原、银川、兰州、西宁、格尔木，至拉萨
5．陆桥运输通道。起自连云港，经徐州、郑州、西安、兰州、乌鲁木齐、精河，至阿拉山口、至霍尔果斯
6．沿江运输通道。起自上海，经南京、芜湖、九江、武汉、岳阳、重庆、成都、林芝、拉萨、日喀则，至亚东、至樟木
7．上海至瑞丽运输通道。起自上海（宁波），经杭州、南昌、长沙、贵阳、昆明，至瑞丽
8．汕头至昆明运输通道。起自汕头，经广州、梧州、南宁、百色，至昆明
9．福州至银川运输通道。起自福州，经南昌、九江、武汉、襄阳、西安、庆阳，至银川
10．厦门至喀什运输通道。起自厦门，经赣州、长沙、重庆、成都、格尔木、若羌，至喀什

2．构建高品质的快速交通网

以高速铁路、高速公路、民用航空等为主体，构建服务品质高、运行速度快的综合交通骨干网络。

推进高速铁路建设。加快高速铁路网建设，贯通京哈—京港澳、陆桥、沪昆、广昆等高速铁路通道，建设京港（台）、呼南、京昆、包（银）海、青银、兰（西）广、京兰、厦渝等高速铁路通道，拓展区域连接线，扩大高速铁路覆盖范围。

完善高速公路网络。加快推进由 7 条首都放射线、11 条北南纵线、18 条东西横线，以及地区环线、并行线、联络线等组成的国家高速公路网建设，尽快打通国家高速公路主线待贯通路段，推进建设年代较早、交通繁忙的国家高速公路扩容改造和分流路线建设。有序发展地方高速公路。加强高速公路与口岸的衔接。

完善运输机场功能布局。打造国际枢纽机场，建设京津冀、长三角、珠三角世界级机场群，加快建设哈尔滨、深圳、昆明、成都、重庆、西安、乌鲁木齐等国际航空枢纽，增强区域枢纽机场功能，实施部分繁忙干线机场新建、迁建和扩能改造工程。科学安排支线机场新建和改扩建，增加中西部地区机场数量，扩大航空运输服务覆盖面。推进以货运功能为主的机场建设。优化完善航线网络，推进国内国际、客运货运、干线支线、运输通用协调发展。加快空管基础设施建设，优化空域资源配置，推进军民航空管融合发展，提高空管服务保障水平（如表 4 所示）。

表 4　快速交通网重点工程

一、高速铁路
建成北京至沈阳、北京至张家口至呼和浩特、大同至张家口、哈尔滨至牡丹江、石家庄至济南、济南至青岛、徐州至连云港、宝鸡至兰州、西安至成都、成都至贵阳、商丘至合肥至杭州、武汉至十堰、南昌至赣州等高速铁路
建设银川至西安、贵阳至南宁、重庆至昆明、北京至商丘、济南至郑州、福州至厦门、西宁至成都、成都至自贡、兰州至中卫、黄冈至黄梅、十堰至西安、西安至延安、银川至包头、盐城至南通、杭州至绍兴至台州、襄阳至宜昌、赣州至深圳、长沙至赣州、南昌至景德镇至黄山、池州至黄山、安庆至九江、上海至湖州、杭州至温州、广州至汕尾、沈阳至敦化、牡丹江至佳木斯、郑州至万州、张家界至怀化、合肥至新沂等高速铁路

续表

二、高速公路 实施京新高速（G7）、呼北高速（G59）、银百高速（G69）、银昆高速（G85）、汕昆高速（G78）、首都地区环线（G95）等6条区际省际通道贯通工程；推进京哈高速（G1）、京沪高速（G2）、京台高速（G3）、京港澳高速（G4）、沈海高速（G15）、沪蓉高速（G42）、连霍高速（G30）、兰海高速（G75）等8条主通道扩容工程。推进深圳至中山跨江通道建设，新建精河至阿拉山口、二连浩特至赛汗塔拉、靖西至龙邦等连接口岸的高速公路 三、民用航空 建成北京新机场、成都新机场以及承德、霍林郭勒、松原、白城、建三江、五大连池、上饶、信阳、武冈、岳阳、巫山、巴中、仁怀、澜沧、陇南、祁连、莎车、若羌、图木舒克、绥芬河、芜湖/宣城、瑞金、商丘、荆州、鄂州/黄冈、郴州、湘西、玉林、武隆、甘孜、黔北、红河等机场 建设青岛、厦门、呼和浩特新机场，邢台、正蓝旗、丽水、安阳、乐山、元阳等机场。建设郑州等以货运功能为主的机场。研究建设大连新机场、聊城等机场。开展广州、三亚、拉萨新机场前期研究 扩建上海浦东、广州、深圳、昆明、重庆、西安、乌鲁木齐、哈尔滨、长沙、武汉、郑州、海口、沈阳、贵阳、南宁、福州、兰州、西宁等机场 推进京沪、京广、中韩、沪哈、沪昆、沪广、沪兰、胶昆等单向循环空中大通道建设，基本形成以单向运行为主的民航干线航路网格局

3．强化高效率的普通干线网

以普速铁路、普通国道、港口、航道、油气管道等为主体，构建运行效率高、服务能力强的综合交通普通干线网络（如表5所示）。

完善普速铁路网。加快中西部干线铁路建设，完善东部干线铁路网络，加快推进东北地区铁路提速改造，增强区际铁路运输能力，扩大路网覆盖面。实施既有铁路复线和电气化改造，提升路网质量。拓展对外通道，推进边境铁路建设，加强铁路与口岸的连通，加快实现与境外通道的有效衔接。

推进普通国道提质改造。加快普通国道提质改造，基本消除无铺装路面，全面提升保障能力和服务水平，重点加强西部地区、集中连片特困地区、老少边穷地区低等级普通国道升级改造和未贯通路段建设。推进口岸公路建设。加强普通国道日常养护，科学实施养护工程，强化大中修养护管理。推进普通国道服务区建设，提高服务水平。

完善水路运输网络。优化港口布局，推动资源整合，促进结构调整。强化航运中心功能，稳步推进集装箱码头项目，合理把握煤炭、矿石、原油码头建设节奏，有序推进液化天然气、商品汽车等码头建设。提升沿海和内河水运设施专业化水平，加快内河高等级航道建设，统筹航道整治与河道治理，增强长江干线航运能力，推进西江航运干线和京杭运河高等级航道扩能升级改造。

强化油气管网互联互通。巩固和完善西北、东北、西南和海上四大油气进口通道。新建和改扩建一批原油管道，对接西北、东北、西南原油进口管道和海上原油码头。结合油源供应、炼化基地布局，完善成品油管网，逐步提高成品油管输比例。大力推动天然气主干管网、区域管网和互联互通管网建设，加快石油、成品油储备项目和天然气调峰设施建设。

表 5 普通干线网重点工程

一、普速铁路
建成蒙西至华中、库尔勒至格尔木、成昆扩能等工程。建设川藏铁路、和田至若羌、黑河至乌伊岭、酒泉至额济纳、沪通铁路太仓至四团、兴国至永安至泉州、建宁至冠豸山、瑞金至梅州、宁波至金华等铁路，实施渝怀、集通、焦柳、中卫至固原等铁路改造工程
二、普通国道
实现 G219、G331 等沿边国道三级及以上公路基本贯通，G228 等沿海国道二级及以上公路基本贯通。建设 G316、G318、G346、G347 等 4 条长江经济带重要线路，实施 G105、G107、G206、G310 等 4 条国道城市群地区拥堵路段扩能改造，提升 G211、G213、G215、G216、G335、G345、G356 等 7 条线路技术等级。推进 G219 线昭苏至都拉塔口岸、G306 线乌里雅斯太至珠恩嘎达布其口岸、G314 线布伦口至红其拉甫口岸等公路升级改造
三、沿海港口
稳步推进天津、青岛、上海、宁波—舟山、厦门、深圳、广州等港口集装箱码头建设。推进唐山、黄骅等北方港口煤炭装船码头以及南方公用煤炭接卸中转码头建设。实施黄骅、日照、宁波—舟山等港口铁矿石码头项目。推进唐山、日照、宁波—舟山、揭阳、洋浦等港口原油码头建设。有序推进商品汽车、液化天然气等专业化码头建设
四、内河高等级航道
推进长江干线航道系统治理，改善上游航道条件，提升中下游航道水深，加快南京以下 12.5 米深水航道建设，研究实施武汉至安庆航道整治工程、长江口深水航道减淤治理工程。继续推进西江航运干线扩能，推进贵港以下一级航道建设。加快京杭运河山东段、江苏段、浙江段航道扩能改造以及长三角高等级航道整治工程。加快合裕线、淮河、沙颍河、赣江、信江、汉江、沅水、湘江、嘉陵江、乌江、岷江、右江、北盘江—红水河、柳江—黔江、黑龙江、松花江、闽江等高等级航道建设
五、油气管网
建设中俄原油管道二线、仪长复线、连云港—仪征、日照—洛阳、日照—沾化、董家口—东营原油管道。新建樟树—株洲、湛江—北海、洛阳—临汾、三门峡—西安、永坪—晋中、鄂渝沿江等成品油管道，改扩建青藏成品油管道，适时建设蒙西、蒙东煤制油外输管道。建设中亚 D 线、中俄东线、西气东输三线（中段）、西气东输四线、西气东输五线、陕京四线、川气东送二线、新疆煤制气外输、鄂尔多斯—安平—沧州、青岛—南京、重庆—贵州—广西、青藏、闽粤、海口—徐闻等天然气管道，加快建设区域管网，适时建设储气库和煤层气、页岩气、煤制气外输管道

4. 拓展广覆盖的基础服务网

以普通省道、农村公路、支线铁路、支线航道等为主体，通用航空为补充，构建覆盖空间大、通达程度深、惠及面广的综合交通基础服务网络（如表 6 所示）。

合理引导普通省道发展。积极推进普通省道提级、城镇过境段改造和城市群城际路段等扩容工程，加强与城市干道衔接，提高拥挤路段通行能力。强化普通省道与口岸、支线机场以及重要资源地、农牧林区和兵团团场等有效衔接。

全面加快农村公路建设。除少数不具备条件的乡镇、建制村外，全面完成通硬化路任务，有序推进较大人口规模的撤并建制村和自然村通硬化路建设，加强县乡村公路改造，进一步完善农村公路网络。加强农村公路养护，完善安全防护设施，保障农村地区基本出行条件。积极支持国有林场林区道路建设，将国有林场林区道路按属性纳入各级政府相关公路网规划。

积极推进支线铁路建设。推进地方开发性铁路、支线铁路和沿边铁路建设。强化与矿区、产业园区、物流园区、口岸等有效衔接，增强对干线铁路网的支撑作用。

加强内河支线航道建设。推进澜沧江等国际国境河流航道建设。加强长江、西江、京杭运河、淮河重要支流航道建设。推进金沙江、黄河中上游等中西部地区库湖区航运设施建设。

加快推进通用机场建设。以偏远地区、地面交通不便地区、自然灾害多发地区、农产品主产区、主要林区和旅游景区等为重点，推进200个以上通用机场建设，鼓励有条件的运输机场兼顾通用航空服务。

完善港口集疏运网络。加强沿海、长江干线主要港口集疏运铁路、公路建设。

表6 基础服务网重点工程

一、农村公路 除少数不具备条件的乡镇、建制村外，全部实现通硬化路，新增3.3万个建制村通硬化路。改造约25万千米窄路基或窄路面路段。对约65万千米存在安全隐患的路段增设安全防护设施，改造约3.6万座农村公路危桥。有序推进较大人口规模的撤并建制村通硬化路13.5万千米 二、港口集疏运体系建设 优先推进上海、大连、天津、宁波—舟山、厦门、南京、武汉、重庆等港口的铁路、公路连接线建设。加快推进营口、青岛、连云港、福州等其他主要港口的集疏运铁路、公路建设。支持唐山、黄骅、湄洲湾等地区性重要港口及其他港口的集疏运铁路、公路建设。新开工一批港口集疏运铁路，建设集疏运公路1500千米以上

三、强化战略支撑作用

1. 打造“一带一路”互联互通开放通道

着力打造丝绸之路经济带国际运输走廊。以新疆为核心区，以乌鲁木齐、喀什为支点，发挥陕西、甘肃、宁夏、青海的区位优势，连接陆桥和西北北部运输通道，逐步构建经中亚、西亚分别至欧洲、北非的西北国际运输走廊。发挥广西、云南开发开放优势，建设云南面向南亚东南亚辐射中心，构建广西面向东盟国际大通道，以昆明、南宁为支点，连接上海至瑞丽、临河至磨憨、济南至昆明等运输通道，推进西藏与尼泊尔等国交通合作，逐步构建衔接东南亚、南亚的西南国际运输走廊。发挥内蒙古联通蒙俄的区位优势，加强黑龙江、吉林、辽宁与俄远东地区陆海联运合作，连接绥芬河至满洲里、珲春至二连浩特、黑河至港澳、沿海等运输通道，构建至俄罗斯远东、蒙古、朝鲜半岛的东北国际运输走廊。积极推进与周边国家和地区铁路、公路、水运、管道连通项目建设，发挥民航网络灵活性优势，率先实现与周边国家和地区互联互通。

加快推进21世纪海上丝绸之路国际通道建设。以福建为核心区，利用沿海地区开放程度高、经济实力强、辐射带动作用大的优势，提升沿海港口服务能力，加强港口与综合运输大通道衔接，拓展航空国际支撑功能，完善海外战略支点布局，构建连通内陆、辐射全球的21世纪海上丝绸之路国际运输通道。

加强“一带一路”通道与港澳台地区的交通衔接。强化内地与港澳台的交通联系，开展全方位的交通合作，提升互联互通水平。支持港澳积极参与和助力“一带一路”建设，并为中国台湾地区参与“一带一路”建设作出妥善安排。

2. 构建区域协调发展交通新格局

强化区域发展总体战略交通支撑。按照区域发展总体战略要求，西部地区着力补足交通短板，强化内外联通通道建设，改善落后偏远地区通行条件；东北地区提高进出关通道运输能力，提升综合交通网质量；中部地区提高贯通南北、连接东西的通道能力，提升综合交通枢纽功能；东部地区着力优化运输结构，率先建成现代综合交通运输体系。

构建京津冀协同发展的一体化网络。建设以首都为核心的世界级城市群交通体系，形成以“四纵四横一环”运输通道为主骨架、多节点、网格状的区域交通新格局。重点加强城际铁路建设，强化干线铁路与城际铁路、城市轨道交通的高效衔接，加快构建内外疏密有别、高效便捷的轨道交通网络，打造“轨道上的京津冀”。加快推进国家高速公路待贯通路段建设，提升普通国省干线技术等级，强化省际衔接路段建设。加快推进天津北方国际航运核心区建设，加强港口规划与建设的协调，构建现代化的津冀港口群。加快构建以枢纽机场为龙头、分工合作、优势互补、协调发展的世界级航空机场群。完善区域油气储运基础设施。

建设长江经济带高质量综合立体交通走廊。坚持生态优先、绿色发展，提升长江黄金水道功能。统筹推进干线航道系统化治理和支线航道建设，研究建设三峡枢纽水运新通道。优化长江岸线利用与港口布局，积极推进专业化、规模化、现代化港区建设，强化集疏运配套，促进区域港口一体化发展。发展现代航运服务，建设武汉、重庆长江中上游航运中心及南京区域性航运物流中心和舟山江海联运服务中心，实施长江船型标准化。加快铁路建设步伐，建设沿江高速铁路。统筹推进高速公路建设，加快高等级公路建设。完善航空枢纽布局与功能，拓展航空运输网络。建设沿江油气主干管道，推动管网互联互通。

3. 发挥交通扶贫脱贫攻坚基础支撑作用

强化贫困地区骨干通道建设。以革命老区、民族地区、边疆地区、集中连片特殊困难地区为重点，加强贫困地区对外运输通道建设。加强贫困地区市（地、州、盟）之间、县（市、区、旗）与市（地、州、盟）之间高等级公路建设，实施具有对外连接功能的重要干线公路提质升级工程。加快资源丰富和人口相对密集贫困地区开发性铁路建设。在具备水资源开发条件的农村地区，统筹内河航电枢纽建设和航运发展。

夯实贫困地区交通基础。实施交通扶贫脱贫“双百”工程，加快推动既有县乡公路提级改造，增强县乡城镇中心的辐射带动能力。加快通乡连村公路建设，鼓励有需求的相邻县、相邻乡镇、相邻建制村之间建设公路。改善特色小镇、农村旅游景点景区、产业园区和特色农业基地等交通运输条件。

4. 发展引领新型城镇化的城际城市交通

推进城际交通发展。加快建设京津冀、长三角、珠三角三大城市群城际铁路网，推进山东半岛、海峡西岸、中原、长江中游、成渝、关中平原、北部湾、哈长、辽中南、山西中部、呼包鄂榆、黔中、滇中、兰州—西宁、宁夏沿黄、天山北坡等城市群城际铁路建设，形成以轨道交通、高速公路为骨干，普通公路为基础，水路为补充，民航有效衔接的多层次、便捷化城际交通网络。

加强城市交通建设。完善优化超大、特大城市轨道交通网络，推进城区常住人口300 万以上的城市轨道交通成网。加快建设大城市市域（郊）铁路，有效衔接大中小城市、新城新区和城镇。优化城市内外交通，完善城市交通路网结构，提高路网密度，形成城市快速路、主次干路和支路相互配合的道路网络，打通微循环。推进城市慢行交通设施和公共停车场建设。

四、加快运输服务一体化进程

1. 优化综合交通枢纽布局

完善综合交通枢纽空间布局。结合全国城镇体系布局，着力打造北京、上海、广州等国际性综合交通枢纽，加快建设全国性综合交通枢纽，积极建设区域性综合交通枢纽，优化完善综合交通枢纽布局，完善集疏运条件，提升枢纽一体化服务功能（如表 7 所示）。

表 7　综合交通枢纽布局

一、国际性综合交通枢纽 重点打造北京—天津、上海、广州—深圳、成都—重庆国际性综合交通枢纽，建设昆明、乌鲁木齐、哈尔滨、西安、郑州、武汉、大连、厦门等国际性综合交通枢纽，强化国际人员往来、物流集散、中转服务等综合服务功能，打造通达全球、衔接高效、功能完善的交通中枢
二、全国性综合交通枢纽 全面提升长春、沈阳、石家庄、青岛、济南、南京、合肥、杭州、宁波、福州、海口、太原、长沙、南昌—九江、贵阳、南宁、兰州、呼和浩特、银川、西宁、拉萨、秦皇岛—唐山、连云港、徐州、湛江、大同等综合交通枢纽功能，提升部分重要枢纽的国际服务功能。推进烟台、潍坊、齐齐哈尔、吉林、营口、邯郸、包头、通辽、榆林、宝鸡、泉州、喀什、库尔勒、赣州、上饶、蚌埠、芜湖、洛阳、商丘、无锡、温州、金华—义乌、宜昌、襄阳、岳阳、怀化、泸州—宜宾、攀枝花、酒泉—嘉峪关、格尔木、大理、曲靖、遵义、桂林、柳州、汕头、三亚等综合交通枢纽建设，优化中转设施和集疏运网络，促进各种运输方式协调高效，扩大辐射范围
三、区域性综合交通枢纽及口岸枢纽 推进一批区域性综合交通枢纽建设，提升对周边的辐射带动能力，加强对综合运输大通道和全国性综合交通枢纽的支撑 推进丹东、珲春、绥芬河、黑河、满洲里、二连浩特、甘其毛都、策克、巴克图、吉木乃、阿拉山口、霍尔果斯、吐尔尕特、红其拉甫、樟木、亚东、瑞丽、磨憨、河口、龙邦、凭祥、东兴等沿边重要口岸枢纽建设

提升综合客运枢纽站场一体化服务水平。按照零距离换乘要求，在全国重点打造 150 个开放式、立体化综合客运枢纽。科学规划设计城市综合客运枢纽，推进多种运输方式统一设计、同步建设、协同管理，推动中转换乘信息互联共享和交通导向标识连续、一致、明晰，积极引导立体换乘、同台换乘。

促进货运枢纽站场集约化发展。按照无缝衔接要求，优化货运枢纽布局，推进多式联运型和干支衔接型货运枢纽（物流园区）建设，加快推进一批铁路物流基地、港口物流枢纽、航空转运中心、快递物流园区等规划建设和设施改造，提升口岸枢纽货运服务功能，鼓励发展内陆港。

促进枢纽站场之间有效衔接。强化城市内外交通衔接，推进城市主要站场枢纽之间直接连接，有序推进重要港区、物流园区等直通铁路，实施重要客运枢纽的轨道交通引入工程，基本实现利用城市轨道交通等骨干公交方式连接大中型高铁车站，以及年吞吐量超过 1000 万人次的机场。

2. 提升客运服务安全便捷水平

推进旅客联程运输发展。促进不同运输方式运力、班次和信息对接，鼓励开展空铁、公铁等联程运输服务。推广普及电子客票、联网售票，健全身份查验制度，加快完善旅客联程、往返、异地等出行票务服务系统，完善铁路客运线上服务功能。推行跨运输方式异地候机候车、行李联程托运等配套服务。鼓励第三方服务平台发展“一票制”客运服务。

完善区际城际客运服务。优化航班运行链条，着力提升航班正常率，提高航空服务能力和品质。拓展铁路服务网络，扩大高铁服务范围，提升动车服务品质，改善普通旅客列车服务水平。发展大站快车、站站停等多样化城际铁路服务，提升中心城区与郊区之间的通勤化客运水平。按照定线、定时、定点要求，推进城际客运班车公交化运行。探索创新长途客运班线运输服务模式。

发展多层次城市客运服务。大力发展公共交通，推进公交都市建设，进一步提高公交出行分担率。强化城际铁路、城市轨道交通、地面公交等运输服务有机衔接，支持发展个性化、定制化运输服务，因地制宜建设多样化城市客运服务体系。

推进城乡客运服务一体化。推动城市公共交通线路向城市周边延伸，推进有条件的地区实施农村客运班线公交化改造。鼓励发展镇村公交，推广农村客运片区经营模式，实现具备条件的建制村全部通客车，提高运营安全水平。

3. 促进货运服务集约高效发展

推进货物多式联运发展。以提高货物运输集装化和运载单元标准化为重点，积极发展大宗货物和特种货物多式联运。完善铁路货运线上服务功能，推动公路甩挂运输联网。制定完善统一的多式联运规则和多式联运经营人管理制度，探索实施“一单制”联运服务模式，引导企业加强信息互联和联盟合作。

统筹城乡配送协调发展。加快建设城市货运配送体系，在城市周边布局建设公共货运场站，完善城市主要商业区、社区等末端配送节点设施，推动城市中心铁路货场转型升级为城市配送中心，优化车辆便利化通行管控措施。加快完善县、乡、村三级物流服务网络，统筹交通、邮政、商务、供销等农村物流资源，推广“多站合一”的物流节点建设，积极推广农村“货运班线”等服务模式。

促进邮政快递业健康发展。以邮区中心局为核心、邮政网点为支撑、村邮站为延伸，加快完善邮政普遍服务网络。推动重要枢纽的邮政和快递功能区建设，实施快递“上车、上船、上飞机”工程，鼓励利用铁路快捷运力运送快件。推进快递“向下、向西、向外”工程，推动快递网络下沉至乡村，扩大服务网络覆盖范围，基本实现乡乡设网点、村村通快递。

推进专业物流发展。加强大件运输管理，健全跨区域、跨部门联合审批机制，推进网上审批、综合协调和互联互认。加快发展冷链运输，完善全程温控相关技术标准和服务规范。加强危险货物全程监管，健全覆盖多种运输方式的法律体系和标准规范，创新跨区域联网联控技术手段和协调机制。

4. 增强国际化运输服务能力

完善国际运输服务网络。完善跨境运输走廊，增加便利货物和人员运输协定过境站点和运输线路。有效整合中欧班列资源，统一品牌，构建“点对点”整列直达、枢纽节点零散中转的高效运输组织体系。加强港航国际联动，鼓励企业建设海外物流中心，推进国际陆海联运、国际甩挂运输等发展。拓展国际航空运输市场，建立海外运营基地和企业，提升境外落地服务水平。完善国际邮件处理中心布局，支持建设一批国际快件转运中心和海外仓，推进快递业跨境发展。

提高国际运输便利化水平。进一步完善双多边运输国际合作机制，加快形成“一站式”口岸通关模式。推动国际运输管理与服务信息系统建设，促进陆路口岸信息资源交互共享。依托区域性国际网络平台，加强与“一带一路”沿线国家和地区在技术标准、数据交换、信息安全等方面的交流合作。积极参与国际和区域运输规则制修订，全面提升话语权与影响力。

鼓励交通运输走出去。推动企业全方位开展对外合作，通过投资、租赁、技术合作等方式参与海外交通基础设施的规划、设计、建设和运营。积极开展轨道交通一揽子合作，提升高铁、城市轨道交通等重大装备综合竞争力，加快自主品牌汽车走向国际，推动各类型国产航空装备出口，开拓港口机械、液化天然气船等船舶和海洋工程装备国际市场。

5. 发展先进适用的技术装备

推进先进技术装备自主化。提升高铁、大功率电力机车、重载货车、中低速磁悬浮轨道交通等装备技术水平，着力研制和应用中国标准动车组谱系产品，研发市域（郊）铁路列车，创新发展下一代高速列车，加快城市轨道交通装备关键技术产业化。积极发展公路专用运输车辆、大型厢式货车和城市配送车辆，鼓励发展大中型高档客车，大力发展安全、实用、经济型乡村客车。发展多式联运成套技术装备，提高集装箱、特种运输等货运装备使用比重。继续发展大型专业化运输船舶。实施适航攻关工程，积极发展国产大飞机和通用航空器。

促进技术装备标准化发展。加快推进铁路多式联运专用装备和机具技术标准体系建设。积极推动载货汽车标准化，加强车辆公告、生产、检测、注册登记、营运使用等环节的标准衔接。加快推进内河运输船舶标准化，大力发展江海直达船舶。推广应用集装化和单元化装载技术。建立共享服务平台标准化网络接口和单证自动转换标准格式（如表 8 所示）。

表 8　提升综合运输服务行动计划

一、旅客联程运输专项行动
建设公众出行公共信息服务平台，为旅客提供一站式综合信息服务。推进跨运输方式的客运联程系统建设，实现不同运输方式间有效衔接。鼓励企业完善票务服务系统，提高联程、往返和异地票务服务便捷性
二、多式联运专项行动
加快完善货运枢纽多式联运服务功能，支持运载单元、快速转运设备、运输工具、停靠与卸货站点的标准化建设改造，加快多式联运信息资源共享，鼓励组织模式、管理模式和重大技术创新，培育一批具有跨运输方式货运组织能力并承担全程责任的多式联运经营企业

续表

三、货车标准化专项行动 按照“政策引导消化存量、强化标准严把增量”的原则，引导发展符合国家标准要求、技术性能先进的车辆运输车、液体危险货物罐车、模块化汽车列车等货运车辆，强化对非法改装、超限超载货运车辆的治理，推动建立门类齐备、技术合理的货运车型标准体系，推进标准化货运车型广泛应用 四、城乡交通一体化专项行动 选取100个左右县级行政区组织开展城乡交通一体化推进行动，完善农村客货运服务网络，支持农村客货运场站网络建设和改造，鼓励创新农村客运和物流配送组织模式，推广应用农村客运标准化车型，推进城乡客运、城乡配送协调发展 五、公交都市建设专项行动 在地市级及以上城市全面推进公交都市建设，新能源公交车比例不低于35%，城区常住人口300万以上城市基本建成公交专用道网络，整合城市公交运输资源，发展新型服务模式，全面提升城市公共交通服务效率和品质

五、提升交通发展智能化水平

1. 促进交通产业智能化变革

实施“互联网+”便捷交通、高效物流行动计划。将信息化智能化发展贯穿于交通建设、运行、服务、监管等全链条各环节，推动云计算、大数据、物联网、移动互联网、智能控制等技术与交通运输深度融合，实现基础设施和载运工具数字化、网络化，运营运行智能化。利用信息平台集聚要素，驱动生产组织和管理方式转变，全面提升运输效率和服务品质。

培育壮大智能交通产业。以创新驱动发展为导向，针对发展短板，着眼市场需求，大力推动智能交通等新兴前沿领域创新和产业化。鼓励交通运输科技创新和新技术应用，加快建立技术、市场和资本共同推动的智能交通产业发展模式。

2. 推动智能化运输服务升级

推行信息服务“畅行中国”。推进交通空间移动互联网化，建设形成旅客出行与公务商务、购物消费、休闲娱乐相互渗透的“交通移动空间”。支持互联网企业与交通运输企业、行业协会等整合完善各类交通信息平台，提供综合出行信息服务。完善危险路段与事故区域的实时状态感知和信息告警推送服务。推进交通一卡通跨区（市）域、跨运输方式互通。

发展“一站式”“一单制”运输组织。推动运营管理系统信息化改造，推进智能协同调度。研究铁路客票系统开放接入条件，与其他运输方式形成面向全国的“一站式”票务系统，加快移动支付在交通运输领域应用。推动使用货运电子运单，建立包含基本信息的电子标签，形成唯一赋码与电子身份，推动全流程互认和可追溯，加快发展多式联运“一单制”。

3. 优化交通运行和管理控制

建立高效运转的管理控制系统。建设综合交通运输运行协调与应急调度指挥中心，推进部门间、运输方式间的交通管理联网联控在线协同和应急联动。全面提升铁路全路网列车调度指挥和运输管理智能化水平。开展新一代国家交通控制网、智慧公路建设试点，推动路网管理、车路协同和出行信息服务的智能化。建设智慧港航和智慧海事，提高港口管理水平和服务效率，提升内河高等级航道运行状态在线监测能力。发展新一代空管系统，加强航空公司运行控制体系建设。推广应用城市轨道交通自主化全自动运行系统、基于无线通信的列车控制系统等，促进不同线路和设备之间相互联通。优化城市交通需求管理，提升城市交通智能化管理水平。

提升装备和载运工具智能化自动化水平。拓展铁路计算机联锁、编组站系统自动化应用，推进全自动集装箱码头系统建设，有序发展无人机自动物流配送。示范推广车路协同技术，推广应用智能车载设备，推进全自动驾驶车辆研发，研究使用汽车电子标识。建设智能路侧设施，提供网络接入、行驶引导和安全告警等服务。

4. 健全智能决策支持与监管

完善交通决策支持系统。增强交通规划、投资、建设、价格等领域信息化综合支撑能力，建设综合交通运输统计信息资源共享平台。充分利用政府和企业的数据信息资源，挖掘分析人口迁徙、公众出行、枢纽客货流、车辆船舶行驶等特征和规律，加强对交通发展的决策支撑。

提高交通行政管理信息化水平。推动在线行政许可“一站式”服务，推进交通运输许可证件（书）数字化，促进跨区域、跨部门行政许可信息和服务监督信息互通共享。加强全国治超联网管理信息系统建设，加快推动交通运输行政执法电子化，推进非现场执法系统试点建设，实现异地交换共享和联防联控。加强交通运输信用信息、安全生产等信息系统与国家相关平台的对接。

5. 加强交通发展智能化建设

打造泛在的交通运输物联网。推动运行监测设备与交通基础设施同步建设。强化全面覆盖交通网络基础设施风险状况、运行状态、移动装置走行情况、运行组织调度信息的数据采集系统，形成动态感知、全面覆盖、泛在互联的交通运输运行监控体系。

构建新一代交通信息基础网络。加快车联网、船联网等建设。在民航、高铁等载运工具及重要交通线路、客运枢纽站点提供高速无线接入互联网公共服务。建设铁路下一代移动通信系统，布局基于下一代互联网和专用短程通信的道路无线通信网。研究规划分配智能交通专用频谱。

推进云计算与大数据应用。增强国家交通运输物流公共信息平台服务功能。强化交通运输信息采集、挖掘和应用，促进交通各领域数据资源综合开发利用和跨部门共享共用。推动交通旅游服务等大数据应用示范。鼓励开展交通大数据产业化应用，推进交通运输电子政务云平台建设。

保障交通网络信息安全。构建行业网络安全信任体系，基本实现重要信息系统和关键基础设施的安全可控，提升抗毁性和容灾恢复能力。加强大数据环境下防攻击、防泄露、防窃取的网络安全监测预警和应急处置能力建设。加强交通运输数据保护，防止侵犯个人隐私和滥用用户信息等行为（如表 9 所示）。

表 9 交通运输智能化发展重点工程

一、高速铁路、民用航空器接入互联网工程 选取示范高速铁路线路，提供基于车厢内公众移动通信和无线网的高速宽带互联网接入服务。选取示范国内民用航空器，提供空中接入互联网服务 二、交通运输数据资源共享开放工程 建设综合交通运输大数据中心，形成数据开放共享平台。增强国家交通运输物流公共信息平台服务功能，着力推动跨运输方式、跨部门、跨区域、跨国界交通物流信息开放与共享 三、综合交通枢纽协同运行与服务示范工程 在京津冀、长江经济带开展综合交通枢纽协同运行与服务示范，建设信息共享与服务平台、应急联动和协调指挥调度决策支持平台，实现城市公交与对外交通之间动态组织、灵活调度 四、新一代国家交通控制网示范工程 选取公路路段和中心城市，在公交智能控制、营运车辆智能协同、安全辅助驾驶等领域开展示范工程，应用高精度定位、先进传感、移动互联、智能控制等技术，提升交通调度指挥、运输组织、运营管理、安全应急、车路协同等领域智能化水平 五、高速公路电子不停车收费系统（ETC）应用拓展工程 提高全国高速公路 ETC 车道覆盖率。提高 ETC 系统安装、缴费等便利性，着重提升在道路客运车辆、出租汽车等各类营运车辆上的使用率。研究推进标准厢式货车不停车收费。提升客服网点和省级联网结算中心服务水平，建设高效结算体系。实现 ETC 系统在公路沿线、城市公交、出租汽车、停车、道路客运等领域广泛应用 六、北斗卫星导航系统推广工程 加快推动北斗系统在通用航空、飞行运行监视、海上应急救援和机载导航等方面的应用。加强全天候、全天时、高精度的定位、导航、授时等服务对车联网、船联网以及自动驾驶等的基础支撑作用。鼓励汽车厂商前装北斗用户端产品，推动北斗模块成为车载导航设备和智能手机的标准配置，拓宽在列车运行控制、港口运营、车辆监管、船舶监管等方面的应用

六、促进交通运输绿色发展

1. 推动节能低碳发展

优化交通运输结构，鼓励发展铁路、水运和城市公共交通等运输方式，优化发展航空、公路等运输方式。科学划设公交专用道，完善城市步行和自行车等慢行服务系统，积极探索合乘、拼车等共享交通发展。鼓励淘汰老旧高能耗车船，提高运输工具和港站等节能环保技术水平。加快新能源汽车充电设施建设，推进新能源运输工具规模化应用。制定发布交通运输行业重点节能低碳技术和产品推广目录，健全监督考核机制。

2. 强化生态保护和污染防治

将生态环保理念贯穿交通基础设施规划、建设、运营和养护全过程。积极倡导生态选线、环保设计，利用生态工程技术减少交通对自然保护区、风景名胜区、珍稀濒危野生动植物天然集中分布区等生态敏感区域的影响。严格落实生态保护和水土保持措施，鼓励开展生态修复。严格大城市机动车尾气排放限值标准，实施汽车检测与维护制度，探索建立重点区域交通运输温室气体与大气污染物排放协同联控机制。落实重点水域船舶排放控制区管理政策，加强近海以及长江、西江等水域船舶溢油风险防范和污染排放控制。有效防治公路、铁路沿线噪声、振动，减缓大型机场噪声影响。

3. 推进资源集约节约利用

统筹规划布局线路和枢纽设施，集约利用土地、线位、桥位、岸线等资源，采取有效措施减少耕地和基本农田占用，提高资源利用效率。在工程建设中，鼓励标准化设计及工厂预制，综合利用废旧路面、疏浚土、钢轨、轮胎和沥青等材料以及无害化处理后的工业废料、建筑垃圾，循环利用交通生产生活污水，鼓励企业加入区域资源再生综合交易系统（如表 10 所示）。

表 10　交通运输绿色化发展重点工程

一、交通节能减排工程 支持高速公路服务区充电桩、加气站，以及长江干线、西江干线、京杭运河沿岸加气站等配套设施规划与建设。推进原油、成品油码头油气回收治理，推进靠港船舶使用岸电。在京津冀、长三角、珠三角三大区域，开展船舶污染物排放治理，到 2020 年硫氧化物、氮氧化物、颗粒物年排放总量在 2015 年基础上分别下降 65%、20%、30% 二、交通装备绿色化工程 加快推进天然气等清洁运输装备、装卸设施及纯电动、混合动力汽车应用，鼓励铁路推广使用交—直—交电力机车，逐步淘汰柴油发电车。加速淘汰一批长江等内河老旧客运、危险品运输船舶 三、交通资源节约工程 提高土地和岸线利用效率，提升单位长度码头岸线设计通过能力。积极推广公路服务区和港口水资源综合循环利用。建设一批资源循环利用试点工程 四、交通生态环保工程 建设一批港口、装卸站、船舶修造厂和船舶含油污水、生活污水、化学品洗舱水和垃圾等污染物的接收设施，并与城市公共转运处置设施衔接。在枢纽、高速公路服务区建设一批污水治理和循环利用设施

七、加强安全应急保障体系建设

1. 加强安全生产管理

强化交通运输企业安全管理主体责任，推动企业依法依规设置安全生产管理机构，健全安全生产管理制度，加强安全生产标准化建设和风险管理。实施从业人员安全素质提升工程，加强安全生产培训教育。重点围绕基础设施、装备设施、运输工具、生产作业等方面安全操作与管理，打造全寿命周期品质工程。强化对安全生产法律法规和安全常识的公益宣传引导，广泛传播交通安全价值观与理念。

2. 加快监管体系建设

构建安全生产隐患排查治理和风险分级管控体系，加强重大风险源动态全过程控制，健全交通安全事故调查协调机制。完善集监测、监控和管理于一体的铁路网络智能安全监管平台和信息传输系统。完善国家公路网运行监测体系，实时监测东中部全部路段和西部重点路段的高速公路运行情况，全面实现重点营运车辆联网联控。完善近海和内河水上交通安全监管系统布局，加强远海动态巡航执法能力建设，加强“四类重点船舶”运行监测。提升民航飞机在线定位跟踪能力，建立通用航空联合监管机制，实现全过程、可追溯监管。加快城市公交安全管理体系建设，加强城市轨道交通运营安全监管和物流运行监测。实施邮政寄递渠道安全监管“绿盾”工程，实现货物来源可追溯、运输可追踪、责任可倒查。加快实现危险货物运输全链条协同监管，强化应对危险化学品运输中泄漏的应急处理能力，防范次生突发环境事件。

3. 推进应急体系建设

加强交通运输部门与公安、安全监管、气象、海洋、国土资源、水利等部门的信息共享和协调联动，完善突发事件应急救援指挥系统。完善全国交通运输运行监测与应急指挥系统，加快建设省级和中心城市运行监测与应急指挥系统。加快建设铁路、公路和民航应急救援体系。完善沿海、长江干线救助打捞飞行基地和船舶基地布局，加强我国管辖海域应急搜救能力和航海保障建设。提升深海远洋搜寻和打捞能力，加强海外撤侨等国际应急救援合作（如表 11 所示）。

表 11　交通运输安全应急保障重点工程

一、深海远海监管搜救工程
研究启动星基船舶自动识别系统，配置中远程监管救助载人机和无人机，提升大型监管救助船舶远海搜救适航性能，推动深海远海分布式探测作业装备研发与应用。提升南海、东海等重点海域监管搜救能力
二、长江干线交通安全工程
完善长江干线船舶交通管理系统、船舶自动识别系统和视频监控系统，强化长江海事巡航救助一体化船舶、公安巡逻船和消防船舶配置，建设大型起重船及辅助装备、库区深潜器等成套打捞系统。加强长江干线船舶溢油应急设备库建设
三、铁路安保工程
加快建设国家铁路应急救援基地，加强高铁运行、监控、防灾预警等安全保障系统建设；加大道口平交改立交及栅栏封闭等安全防护设施建设力度
四、公路安全应急工程
继续实施公路安全生命防护工程。持续开展农村公路隐患治理，加强农村公路隧道隐患整治，继续开展农村公路危桥改造。不断完善道路交通应急体系，提高应急保障能力
五、航空安全工程
建设民航安保体系，提高民航空防安全保障和反恐怖防范能力。加强适航审定能力建设，建设全国民航安全保卫信息综合应用平台。依托航空运输等企业加快构建民航应急运输和搜救力量
六、邮政寄递渠道安全监管“绿盾”工程
建设行政执法、运行监测、安全预警、应急指挥、决策支持、公共服务 6 类信息系统，完善国家邮政安全监控中心，建设省级和重点城市邮政安全监控中心

八、拓展交通运输新领域新业态

1. 积极引导交通运输新消费

促进通用航空与旅游、文娱等相关产业联动发展，扩大通用航空消费群体，强化与互联网、创意经济融合，拓展通用航空新业态。有序推进邮轮码头建设，拓展国际国内邮轮航线，发展近海内河游艇业务，促进邮轮游艇产业发展。大力发展自驾车、房车营地，配套建设生活服务功能区。鼓励企业发展城市定制公交、农村定制班车、网络预约出租汽车、汽车租赁等新型服务，稳妥推进众包服务，鼓励单位、个人停车位等资源错时共享使用。

2. 培育壮大交通运输新动能

以高速铁路通道为依托，以高铁站区综合开发为载体，培育壮大高铁经济，引领支撑沿线城镇、产业、人口等合理布局，密切区域合作，优化资源配置，加速产业梯度转移和经济转型升级。基本建成上海国际航运中心，加快建设天津北方、大连东北亚、厦门东南国际航运中心，提升临港产业发展水平，延伸和拓展产业链。建设北京新机场、郑州航空港等临空经济区，聚集航空物流、快件快递、跨境电商、商务会展、科技创新、综合保障等产业，形成临空经济新兴增长极。

3. 打造交通物流融合新模式

打通衔接一体的全链条交通物流体系，以互联网为纽带，构筑资源共享的交通物流平台，创新发展模式，实现资源高效利用，推动交通与物流一体化、集装化、网络化、社会化、智能化发展。推进"平台+"物流交易、供应链、跨境电商等合作模式，鼓励"互联网+城乡配送""物联网+供应链管理"等业态模式的创新发展。推进公路港等枢纽新业态发展，积极发展无车承运人等互联网平台型企业，整合公路货运资源，鼓励企业开发"卡车航班"等运输服务产品。

4. 推进交通空间综合开发利用

依据城市总体规划和交通专项规划，鼓励交通基础设施与地上、地下、周边空间综合利用，融合交通与商业、商务、会展、休闲等功能。打造依托综合交通枢纽的城市综合体和产业综合区，推动高铁、地铁等轨道交通站场、停车设施与周边空间的联动开发。重点推进地下空间分层开发，拓展地下纵深空间，统筹城市轨道交通、地下道路等交通设施与城市地下综合管廊的规划布局，研究大城市地下快速路建设（如表12所示）。

表12　交通运输新领域建设重点工程

一、通用航空工程 积极发展通用航空短途运输，鼓励有条件的地区发展公务航空。在适宜地区开展空中游览活动，发展飞行培训，提高飞行驾驶执照持有比例。利用会展、飞行赛事、航空文化交流等活动，支持通用航空俱乐部、通用航空爱好者协会等社团发展。规划建设一批航空飞行营地，完善航空运动配套服务，开展航空体育与体验飞行
二、国家公路港网络建设工程 以国际性、全国性综合交通枢纽为重点，建设与铁路货运站、港口、机场等有机衔接的综合型公路港；以区域性综合交通枢纽为重点，建设与主干运输通道快速连通的基地型公路港；以国家高速公路沿线城市为重点，形成一批与综合型和基地型公路港有效衔接、分布广泛的驿站型公路港
三、邮轮游艇服务工程 有序推进天津、大连、秦皇岛、青岛、上海、厦门、广州、深圳、北海、三亚、重庆、武汉等邮轮码头建设，在沿海沿江沿湖等地区发展公共旅游和私人游艇业务，完善运动船艇配套服务
四、汽车营地建设工程 依托重点生态旅游目的地、精品生态旅游线路和国家旅游风景道，规划建设一批服务自驾车、房车等停靠式和综合型汽车营地，利用环保节能材料和技术配套建设生活服务等功能区
五、城市交通空间开发利用工程 重点在国际性、全国性综合交通枢纽，以高速铁路客运站、城际铁路客运站、机场为主体，建设一批集交通、商业、商务、会展、文化、休闲于一体的开放式城市功能区。鼓励建设停车楼、地下停车场、机械式立体停车库等集约化停车设施，并按照一定比例配建充电设施
六、步道自行车路网建设工程 规划建设城市步行和自行车交通体系，逐步打造国家步道系统和自行车路网，重点建设一批山地户外营地、徒步骑行服务站

九、全面深化交通运输改革

1. 深化交通管理体制改革

深入推进简政放权、放管结合、优化服务改革，最大限度取消和下放审批事项，加强规划引导，推动交通项目多评合一、统一评审，简化审批流程，缩短审批时间；研究探索交通运输监管政策和管理方式，加强诚信体系建设，完善信用考核标准，强化考核评价监督。完善“大交通”管理体制，推进交通运输综合行政执法改革，建设正规化、专业化、规范化、标准化的执法队伍。完善收费公路政策，逐步建立高速公路与普通公路统筹发展机制。全面推进空域管理体制改革，扎实推进空域规划、精细化改革试点和“低慢小”飞行管理改革、航线审批改革等重点工作，加快开放低空空域。加快油气管网运营体制改革，推动油气企业管网业务独立，组建国有资本控股、投资主体多元的油气管道公司和全国油气运输调度中心，实现网运分离。

2. 推进交通市场化改革

加快建立统一开放、竞争有序的交通运输市场，营造良好营商环境。加快开放民航、铁路等行业的竞争性业务，健全准入与退出机制，促进运输资源跨方式、跨区域优化配置。健全交通运输价格机制，适时放开竞争性领域价格，逐步扩大由市场定价的范围。深化铁路企业和客货运输改革，建立健全法人治理结构，加快铁路市场化运行机制建设。有序推进公路养护市场化进程。加快民航运输市场化进程，有序发展专业化货运公司。积极稳妥深化出租汽车行业改革，完善经营权管理制度。

3. 加快交通投融资改革

建立健全中央与地方投资联动机制，优化政府投资安排方式。在试点示范的基础上，加快推动政府和社会资本合作（PPP）模式在交通运输领域的推广应用，鼓励通过特许经营、政府购买服务等方式参与交通项目建设、运营和维护。在风险可控的前提下，加大政策性、开发性等金融机构信贷资金支持力度，扩大直接融资规模，支持保险资金通过债权、股权等多种方式参与重大交通基础设施建设。积极利用亚洲基础设施投资银行、丝路基金等平台，推动互联互通交通项目建设。

十、强化政策支持保障

1. 加强规划组织实施

各有关部门要按照职能分工，完善相关配套政策措施，做好交通军民融合工作，为本规划实施创造有利条件；做好本规划与国土空间开发、重大产业布局、生态环境建设、信息通信发展等规划的衔接，以及铁路、公路、水运、民航、油气管网、邮政等专项规划对本规划的衔接落实；加强部际合作和沟通配合，协调推进重大项目、重大工程，加强国防交通规划建设；加强规划实施事中事后监管和动态监测分析，适时开展中期评估、环境影响跟踪评估和建设项目后评估，根据规划落实情况及时动态调整。地方各级人民政府要紧密结合发展实际，细化落实本规划确定的主要目标和重点任务，各地综合交通运输体系规划要做好对本规划的衔接落实。

2. 加大政策支持力度

健全公益性交通设施与运输服务政策支持体系，加强土地、投资、补贴等组合政策支撑保障。切实保障交通建设用地，在用地计划、供地方式等方面给予一定政策倾斜。加大中央投资对铁路、水运等绿色集约运输方式的支持力度。充分发挥各方积极性，用好用足铁路土地综合开发、铁路发展基金等既有支持政策，尽快形成铁路公益性运输财政补贴的制度性安排，积极改善铁路企业债务结构。统筹各类交通建设资金，重点支持交通扶贫脱贫攻坚。充分落实地方政府主体责任，采用中央与地方共建等方式推动综合交通枢纽一体化建设。

3. 完善法规标准体系

研究修订铁路法、公路法、港口法、民用航空法、收费公路管理条例、道路运输条例等，推动制定快递条例，研究制定铁路运输条例等法规。加快制定完善先进适用的高速铁路、城际铁路、市域（郊）铁路、城市轨道交通、联程联运、综合性交通枢纽、交通信息化智能化等技术标准，强化各类标准衔接，加强标准、计量、质量监督，构建综合交通运输标准体系和统计体系。完善城市轨道交通装备标准规范体系，开展城市轨道交通装备认证。依托境外交通投资项目，带动装备、技术和服务等标准走出去。

4. 强化交通科技创新

发挥重点科研平台、产学研联合创新平台作用，加大基础性、战略性、前沿性技术攻关力度，力争在特殊重大工程建设、交通通道能力和工程品质提升、安全风险防控与应急技术装备、综合运输智能管控和协同运行、交通大气污染防控等重大关键技术上取得突破。发挥企业的创新主体作用，鼓励企业以满足市场需求为导向开展技术、服务、组织和模式等各类创新，提高科技含量和技术水平，不断向产业链和价值链高端延伸。

5. 培育多元人才队伍

加快综合交通运输人才队伍建设，培养急需的高层次、高技能人才，加强重点领域科技领军人才和优秀青年人才培养。加强人才使用与激励机制建设，提升行业教育培训的基础条件和软硬件环境。做好国外智力引进和国际组织人才培养推送工作，促进人才国际交流与合作。

附件：

重点任务分工方案

序号	任　　务	责 任 单 位
1	建设多向连通的综合运输通道	国家发展改革委、交通运输部牵头，国家铁路局、中国民航局、中国铁路总公司等按职责分工负责
2	构建高品质的快速交通网。推进高速铁路建设，完善高速公路网络，完善运输机场功能布局	国家发展改革委、交通运输部、国家铁路局、中国民航局、中国铁路总公司等按职责分工负责

续表

序号	任务	责任单位
3	强化高效率的普通干线网。完善普速铁路网，推进普通国道提质改造，完善水路运输网络，强化油气管网互联互通	交通运输部、国家发展改革委牵头，国家能源局、国家铁路局、中国民航局、中国铁路总公司等按职责分工负责
4	拓展广覆盖的基础服务网。合理引导普通省道发展，全面加快农村公路建设，积极推进支线铁路建设，加强内河支线航道建设，加快推进通用机场建设，完善港口集疏运网络	交通运输部、国家发展改革委牵头，国家铁路局、中国民航局、中国铁路总公司等按职责分工负责
5	打造“一带一路”互联互通开放通道。着力打造丝绸之路经济带国际运输走廊，加快推进 21 世纪海上丝绸之路国际通道建设，加强“一带一路”通道与港澳台地区的交通衔接	国家发展改革委牵头，交通运输部、外交部、商务部、国家铁路局、中国民航局、中国铁路总公司等按职责分工负责
6	构建京津冀协同发展的一体化网络。打造“轨道上的京津冀”，完善综合交通网络	国家发展改革委牵头，交通运输部、住房城乡建设部、国家铁路局、中国民航局、中国铁路总公司等按职责分工负责
7	建设长江经济带高质量综合立体交通走廊。打造长江黄金水道，构建立体交通走廊	国家发展改革委牵头，交通运输部、水利部、环境保护部、国家铁路局、中国民航局、中国铁路总公司等按职责分工负责
8	发挥交通扶贫脱贫攻坚基础支撑作用。强化贫困地区骨干通道建设，夯实贫困地区交通基础	交通运输部、国家发展改革委牵头，国务院扶贫办、国家铁路局、中国民航局、中国铁路总公司等按职责分工负责
9	发展引领新型城镇化的城际城市交通。推进城际交通发展，加强城市交通建设	国家发展改革委、交通运输部、住房城乡建设部牵头，国家铁路局、中国民航局、中国铁路总公司等按职责分工负责
10	优化综合交通枢纽布局。完善综合交通枢纽空间布局，提升综合客运枢纽站场一体化服务水平，促进货运枢纽站场集约化发展，促进枢纽站场之间有效衔接	交通运输部、国家发展改革委牵头，住房城乡建设部、国家铁路局、中国民航局、国家邮政局、中国铁路总公司等按职责分工负责
11	提升客运服务安全便捷水平。推进旅客联程运输发展，完善区际城际客运服务，发展多层次城市客运服务，推进城乡客运服务一体化	交通运输部牵头，国家发展改革委、国家铁路局、中国民航局、中国铁路总公司等按职责分工负责
12	促进货运服务集约高效发展。推进货物多式联运发展，统筹城乡配送协调发展，促进邮政快递业健康发展，推进专业物流发展	交通运输部牵头，国家发展改革委、商务部、质检总局、国家铁路局、中国民航局、国家邮政局、中国铁路总公司等按职责分工负责
13	增强国际化运输服务能力。完善国际运输服务网络，提高国际运输便利化水平，鼓励交通运输走出去	交通运输部牵头，国家发展改革委、商务部、海关总署、质检总局、国家铁路局、中国民航局、国家邮政局、中国铁路总公司等按职责分工负责
14	发展先进适用的技术装备。推进先进技术装备自主化，促进技术装备标准化发展	国家发展改革委、交通运输部、工业和信息化部牵头，科学技术部、公安部、质检总局、国家铁路局、中国民航局、国家邮政局、中国铁路总公司等按职责分工负责
15	促进交通产业智能化变革。实施“互联网+”行动计划，培育壮大智能交通产业	国家发展改革委、交通运输部牵头，工业和信息化部、科学技术部、国家铁路局、中国民航局、中国铁路总公司等按职责分工负责

续表

序号	任　　务	责 任 单 位
16	推动智能化运输服务升级。推行信息服务“畅行中国”，发展“一站式”“一单制”运输组织	交通运输部、国家发展改革委牵头，工业和信息化部、国家铁路局、中国民航局、中国铁路总公司等按职责分工负责
17	优化交通运行和管理控制。建立高效运转的管理控制系统，提升装备和载运工具智能化自动化水平	交通运输部牵头，国家发展改革委、工业和信息化部、公安部、国家铁路局、中国民航局、中国铁路总公司等按职责分工负责
18	健全智能决策支持与监管。完善交通决策支持系统，提高交通行政管理信息化水平	交通运输部牵头，工业和信息化部、国家铁路局、中国民航局、中国铁路总公司等按职责分工负责
19	加强交通发展智能化建设。打造泛在的交通运输物联网，构建新一代交通信息基础网络，推进云计算与大数据应用，保障交通网络信息安全	国家发展改革委、交通运输部牵头，工业和信息化部、国家国防科工局、国家铁路局、中国民航局、中国铁路总公司等按职责分工负责
20	推动节能低碳发展。优化运输结构，推广应用节能低碳技术和产品	交通运输部、住房城乡建设部牵头，国家发展改革委、环境保护部、国家能源局、国家铁路局、中国民航局、中国铁路总公司等按职责分工负责
21	强化生态保护和污染防治。加强全过程全周期生态保护，强化大气、水、噪声污染防治	交通运输部牵头，国家发展改革委、环境保护部、国家铁路局、中国民航局、中国铁路总公司等按职责分工负责
22	推进资源集约节约利用。提高交通资源利用效率，加强资源综合循环利用	交通运输部牵头，工业和信息化部、环境保护部、国家铁路局、中国民航局、中国铁路总公司等按职责分工负责
23	加强交通运输安全生产管理	交通运输部牵头，公安部、安全监管总局、国家铁路局、中国民航局、中国铁路总公司等按职责分工负责
24	加快交通安全监管体系建设	交通运输部牵头，公安部、安全监管总局、国家铁路局、中国民航局、国家邮政局、中国铁路总公司等按职责分工负责
25	推进交通运输应急体系建设	交通运输部牵头，公安部、安全监管总局、国家铁路局、中国民航局、中国铁路总公司等按职责分工负责
26	积极引导交通运输新消费	国家发展改革委、交通运输部牵头，工业和信息化部、住房城乡建设部、国家旅游局、中国民航局、国家邮政局、中国铁路总公司等按职责分工负责
27	培育壮大交通运输新动能	国家发展改革委、交通运输部牵头，商务部、海关总署、国家旅游局、体育总局、中国铁路总公司等按职责分工负责
28	打造交通物流融合新模式	国家发展改革委、交通运输部牵头，商务部、工业和信息化部、海关总署、中国铁路总公司等按职责分工负责
29	推进交通空间综合开发利用	国家发展改革委、交通运输部、住房城乡建设部牵头，国土资源部等按职责分工负责
30	深化交通管理体制改革	国家发展改革委、交通运输部牵头，工商总局、国家铁路局、中国民航局、中国铁路总公司等按职责分工负责
31	推进交通市场化改革	国家发展改革委、交通运输部牵头，工商总局、国家铁路局、中国民航局、中国铁路总公司等按职责分工负责

续表

序号	任　　务	责 任 单 位
32	加快交通投融资改革	国家发展改革委、财政部、交通运输部牵头，国土资源部、人民银行、银监会、证监会、保监会、国家铁路局、中国民航局、中国铁路总公司等按职责分工负责
33	完善法规体系	交通运输部牵头，国务院法制办、国家铁路局、中国民航局、国家邮政局、国家交通战备办公室、中国铁路总公司等按职责分工负责
34	强化标准支撑	质检总局、交通运输部牵头，工业和信息化部、科学技术部、住房城乡建设部、国家铁路局、中国民航局、国家邮政局、中国铁路总公司等按职责分工负责

民航节能减排“十三五”规划

中国民用航空局

2017 年 2 月 28 日

本规划依据《中国民用航空发展第十三个五年规划》《国务院关于促进民航业发展的若干意见》《民航局关于加快推进行业节能减排工作的指导意见》等编制，主要阐明未来五年（2016—2020 年）民航业绿色发展的指导思想、基本原则、目标要求和重要任务，是“十三五”时期推进行业节能减排与应对气候变化工作的纲领性文件。

一、发展基础

1. 主要成绩

“十二五”以来，民航业深入贯彻落实生态文明建设要求，采取有效措施，加大工作力度，节能减排工作全面推进，初步形成了全行业推进节能减排工作的良好氛围，超额完成了“十二五”规划确定的节能减排目标，节能减排工作取得显著成效。

工作体系基本建立。行政管理部门和各企事业单位均成立了节能减排工作领导小组，设立了节能减排工作专/兼职岗位。科研支持能力逐步提升，决策支撑体系初步建立。构建了行业节能减排项目效果评估体系。建立了航空运输企业生产能耗排放数据统计与报告机制。重点企业建立了节能减排内部考核机制。

减排能力不断增强。设立民航节能减排专项资金，支持了 1228 个节能减排项目，累计投入 15.9 亿元，带动行业数百亿资金投入，形成年减排能力超过 90 万吨二氧化碳。持续推进重大专项，年旅客吞吐量 500 万人次以上机场 APU 替代设备安装率超过 90%，使用率逐年提高，年减排二氧化碳能力近 30 万吨；不断提升临时航线使用效率，5 年累计节省航空煤油 30 余万吨，减少二氧化碳排放 100 余万吨。

燃效水平稳中有升。2015 年单位周转量油耗为 0.294 千克，单位周转量二氧化碳排放 0.926 千克。“十二五”期间，5 年平均单位周转量油耗为 0.293 千克，比“十一五”下降 4.2%，处于全球领先水平。

国际合作深入开展。全面参与国际航空与气候变化多边、双边谈判，在国际航空减排政策和规则制定中的话语权不断提升，有效维护了中国民航的发展权益。与主要发达国家建立了双边合作机制，学习借鉴国际节能减排先进技术和经验。

2. 存在的主要问题

总体上看，民航节能减排工作起步顺利，但面对国内国外新形势新要求，行业绿色低碳发展基础不牢、能力不强、动力不足等问题依然突出。主要体现：一是对绿色发展的重要性和紧迫性认识不到位，主动适应意识淡薄，缺乏工作内生动力以及责任压力传导机制，工作系统性不强。二是基础工作仍显薄弱，行业绿色标准体系不健全，能耗排放的计量、统计与监测体系建设亟待加强，行业管理能力难以适应低碳发展需要。三是行业节能减排专业人才匮乏，创新能力不足，技术和产品的对外依存度高，对基础性、战略性问题的研究能力亟待提高。四是行业燃效已处于较高水平，持续提升难度大，缺乏有效的技术和政策措施储备。

二、发展形势

“十三五”期间，我国民航业面临的资源环境约束将日益明显。从国家层面看，为实现中国到2020年碳强度降低40%～45%的约束性目标，以及2030年左右二氧化碳排放达到峰值、且将努力早日达峰的目标，国家生态文明制度体系建设将迈向新高度，环境保护与节能减排领域的硬约束将不断强化。

从国际范围看，国际气候治理进程进入政治协定的落实阶段，围绕气候变化和经济发展的博弈更加激烈。一方面，国际多边机制下标准与规则制定进程快速推进，发达国家凭借技术优势已占得先机。另一方面，全球范围内绿色经济、低碳发展被广泛认同，主要经济体不断增加投入，支持节能环保、新能源和低碳技术等领域创新发展，抢占未来发展制高点的竞争日趋激烈。

从行业层面看，随着中国工业化、城镇化进程加快和消费结构升级，民航运输需求保持快速增长，生产规模扩大的压力将长期保持，基础设施建设力度保持较高强度。受技术水平、管理能力及空域资源等制约，能源消耗量与排放量在较长的一段时期内仍难以改变与运输同步增长的趋势，并将对行业发展形成越来越大的压力。推进行业可持续发展，有效应对国际竞争将是今后面临的重大课题。

综合判断，“十三五”时期，中国民航节能减排工作将面临前所未有的挑战和机遇。必须正确认识和把握行业发展规律和发展与减排之间的关系，增强危机意识和责任意识，筑牢基础，顺势而为，妥善应对各种风险挑战，不断开创民航绿色发展新境界。

三、总体思路

1. 指导思想

牢固树立绿色发展理念，以提升发展质量和运行效率为中心，以控制行业能效水平为主线，以高效、低碳、循环为途径，以创新、改革、开放为手段，把节约资源和环境保护的基本国策融入民航强国建设各领域和航空运输生产、运营服务全过程，着力夯实民航节能减排基础，强化标准引导，运用市场手段，激发和不断提升行业节能减排内生动力，为构建安全、便捷、高效、绿色的现代民用航空系统奠定坚实基础。

2. 基本原则

推进“十三五”时期民航节能减排工作必须遵循以下原则。

政府引导，企业履责。发挥政府在推进民航节能减排中的引导和服务作用，优化管理制度，推动激励约束机制建设。突出民航企业在民航节能减排中的主体地位，激发企业内生动力和创造力，积极适应和应用市场化减排措施，认真履行企业社会责任。

创新驱动，标准引领。推进民航绿色发展的理论创新、技术创新和管理创新，加强民航排放的源头治理。建立健全民航绿色生产、建设、运行等标准，为绿色民航建设提供基础支撑。

整体推进，重点突破。加强顶层设计，强化协同联动，提高节能减排工作的全局性和系统性，着力提升民航绿色发展整体水平。选择具有示范效应的项目重点突破，充分发挥试点示范的带动作用，以点带面，努力缓解行业发展与节能减排之间的矛盾。

统筹协作，开放共享。破除行业壁垒，充分利用国内国际两个市场、两种资源，推动民航绿色发展国际合作，扩大民航绿色发展资源有效供给，促进国内国际航空减排机制有机联动。

3. 总体目标

到2020年，民航运输绿色化、低碳化水平显著提升，建成绿色民航标准体系，资源节约、环境保护和应对气候变化取得明显成效，行业单位运输周转量能耗与二氧化碳排放5年平均比“十二五”下降4%以上，行业运输机场单位旅客吞吐量能耗5年平均值较“十二五”末下降15%以上。新建机场垃圾无害化及污水处理率均达到90%以上。

四、主要任务

以加强行业节能减排政策标准体系建设为核心，创新治理模式。积极推广先进技术和管理手段，有效利用市场手段，提升资源节约集约利用水平。加大基础能力建设，加强科研创新和人才培养，为行业绿色发展提供持久有力支撑。整合国内优势资源，积极推动国际交流合作，不断拓展行业发展空间。

1. 加快推进治理模式创新

建立健全绿色民航政策支撑体系。更加重视法治思维和法治方式在行业绿色发展中的规范与促进作用，建立与法治民航相适应的政策与约束机制，在民航绿色发展中贯彻落实国家环境保护与应对气候变化相关法律法规。建立符合市场经济规律的激励政策和制度安排，激发行业节能减排的自觉性和主动性，提升行业节能减排的成本效益。研究建立与财政资金管理规定相适应的支持政策和机制，以推进行业节能减排重大项目等为重点，支持引导行业单位加大节能减排投入，强化财政资金的绩效管理。

建成绿色民航标准体系。建立以机场航站楼设计与建设、机场空气质量及机场周边区域航空噪声监控为主体框架的绿色机场标准体系。完善和研究制定符合中国民航适航审定需要的航空器二氧化碳排放标准、发动机污染物排放标准、发动机噪声标准、航空替代燃料审定标准和全生命周期减排评估标准等，加强与国际相关标准的对接。开展行业能效“领跑者”行动，补充完善行业相关标准。建立民航企业能耗与排放监测、报告和核查标准与规范，有力支撑行业参与碳排放权交易市场。

构建绿色民航考评激励机制。强化政府在行业节能减排中的引导作用和服务职能，进一步完善民航节能减排统计、监测、考核体系，研究建立民航企业能耗与排放预警机制，建立行业节能减排工作评价制度。强化指标管理，鼓励企业建立节能减排内部考核激励机制。研究建立空管部门节能减排考核激励政策机制。建立民航行业绿色发展蓝皮书发布机制，正向激励民航企业提升工作积极性。支持民航院校、科研机构、行业协会等非政府组织参与民航节能减排考评体系建设和实施。加强部门间节能减排政策协调，探索建立行业参与中央、地方两级考核的机制，降低民航单位相关管理成本。

引入市场机制。建设行业节能减排产品服务信息交流平台，提高市场供求信息透明度。加强人才和能力建设，建立健全组织机构，积极参与国内外碳市场建设，提升民航企业参与碳排放权交易的能力。大力推动合同能源管理、合同节水管理和环境污染第三方治理在行业中的应用，提升行业节能减排精细化和专业化水平。着力培育民航专业节能服务、碳排放交易咨询服务等企业主体。加快推动第三方核查等制度建设。

2. 全面提升能源资源利用水平

努力提升机队燃效水平。明确目标任务，推动技术改造，强化监督管理，推动航空公司将节能减排融入运行管理全链条、各方面，控制航油消耗与排放。航空公司要加快建立多部门联动的节能减排管理架构，利用大数据等新技术开展基于飞行、性能、市场等数据的全过程节能管理，不断优化航线网络布局和运力配备，完善飞行与维修程序，提升燃油效率。持续推进航空器节油改造，提高地面电动化替代设备设施使用率。不断加强在碳市场、航空替代燃料等领域的战略能力储备。

着力推进机场节能减排。推动机场能源管理体系建设，加强机场能源、资源消费计量和统计工作，年旅客吞吐量1000万人次以上机场全面建成航站楼能耗监测系统并逐步提升系统智能化、可视化水平。加大机场节能改造力度，实施机场综合性节能减排改造项目与工程，鼓励节能减排新技术、新产品的应用。因地制宜开展太阳能、地热能等新能源综合利用，逐步提升新能源在机场能源消费中的比例。推进机场节水增效，提升中水回用率和雨水利用率。加强机场固体废弃物、污水、垃圾、化学制剂等集中处理和循环利用。强化新建及改扩建机场节能减排评估，坚持节地、节水、节材、节能建设理念，严把规划、设计、施工、验收等各关口，深化绿色内涵。

加强空管运行组织效率和保障能力。科学合理规划空域，优化空域和航路航线结构，提升航路网络容量，疏通航路拥堵。推动空域整体高效使用，完善空域灵活使用机制，推进临时航线划设和使用，缩短飞行距离。推行空管运行一体化，完善运行程序，初步实现空域管理、流量管理、管制服务一体化运行。建设中央协同决策系统，与各地区流量管理系统有效衔接；整合机场进离场管理功能，实现进离场、场面管理等运行信息共享。引接整合各地综合航迹及飞行动态数据，实现全国航班运行态势集中监控。建立管制运行安全与效率评价体系。加强航空气象和情报服务能力建设，提升气象预报的准确性、及时性和实用性。

强化行业主体间工作协同。树立系统性节能减排观念，着力推动开展机场、航空公司、空管等行业主体共同参与的节能减排项目，鼓励联合规划、综合施策，努力破解制约协同运行的深层矛盾和问题，实现行业整体节能减排。全面规范实施飞机 APU 替代、机场地面车辆“油改电”专项，启动优化飞机地面滑行、清洁能源综合利用等重大项目试点，总结形成可复制、可推广的经验模式，以点带面，逐步推广。加强机场周边区域航空噪声监测与管控。

促进行政机关及企事业单位办公场所节能降耗。各级行政机关要发挥带头作用，推动直属机构和民航企业办公场所开展节能减排。明确节能指标，积极采取减排降耗措施，严格控制水、电、油、气消费总量。积极采用合同能源管理方式加快节能改造项目实施，重点抓好空调、采暖、照明、信息机房等耗能设施设备的节能改造。减少“一次性”用品使用。

3. 扎实推进基础能力建设

开展民航绿色发展基础研究。坚持战略导向和需求导向，大力加强事关民航绿色发展全局的基础理论研究。围绕行业发展与节能减排的关系、民航低碳发展战略、民航绿色竞争力等重大问题，部署启动一批重大科研项目，努力补齐民航绿色发展理论短板。加快推进民航能耗排放基础数据库、航空环境模型等定量分析工具的开发。

加强科研创新平台建设。依托行业院校，建立民航绿色发展智库，面向全球引入民航绿色发展领域专家和优秀人才，完善民航绿色发展决策咨询支撑体系，发挥智库机构在行业节能减排管理以及对外交流中的关键作用。构建民航节能减排政产学研用一体的科研创新网络，依托民航企业或院校、科研机构，建立行业节能减排技术和产品重点实验室（工程中心），推进民航节能减排技术的自主创新、集成创新和引进消化吸收再创新，大力推动民航节能减排科研成果转化。升级完善民航节能减排专家库。

强化行业节能减排管理能力建设。建立健全管理、督导、服务“三位一体”的行业节能减排管理体系，充实机构人员，提升管理能力。推进民航节能减排战略规划、技术工程、国际谈判等领域人才培养机制建设，促进政府、企业、科研机构节能减排专业人才资源的合作共享和合理流动。推荐和鼓励优秀人才到国际民航组织相关机构任职，完善配套政策，畅通回国任职通道。支持行业院校开展民航节能减排与应对气候变化领域学科建设。

4. 积极促进开放合作共赢

破除壁垒，优化绿色发展资源配置。以民航需求为导向，加强与能源、制造业等民航运输上游产业的信息沟通和政策协同，引导推动国产化装备质量和性能提升，扩大民航绿色发展有效供给。促进合作共享，建立行业内部交流平台和常态化交流机制，推动民航节能减排优秀做法、研究成果、数据信息等共享与应用，提升行业节能减排工作整体水平。

坚持开放，深化绿色发展国际合作。积极开展民航绿色发展对外战略对话，加强在行业节能减排基础研究、运行实践、新技术研发等方面交流互鉴。全面参与国际航空减排政策和规则制定，提供中国智慧和方案，维护我国民航发展权益。加强与“一带一路”沿线国家和地区的合作，发挥中非航空合作等平台作用，积极倡导区域航空运输绿色发展，提升合作内涵。重点推动绿色机场设计建设、航空公司绿色运营、国产装备与设施设备组团输出，促进中国民航节能减排标准、管理、技术、产品、服务“走出去”。支持我国民航企业、高校、科研机构、行业协会等深度参与国际航空排放治理进程。

民航参与碳市场管理体系建设：民航行政机关增加民航碳市场监管职能，承担民航企业参与碳市场监管与服务等职责。民航企业设立碳市场相关专职机构。建立民航参与碳市场相关政策与标准，加强国内国际间政策协调。加大投入，强化行业参与碳市场基础能力建设及相关人才培养。

绿色机场标准体系建设：以绿色机场建设为重点，开展绿色机场规划、设计、建造、验收、运行等全链条标准与规范的编写或修订，实现机场标准绿色化。

平台建设：建设民航节能减排产品服务信息交流平台。借助互联网技术，搭建节能减排产品与服务信息供需交流平台，扩大民航节能减排资源合理配置和有效供给。

建立民航绿色发展科技支撑平台。建立民航绿色发展智库型机构，创新管理与运行模式，为政府决策提供有力支持。建立 1-3 家民航节能减排重点实验室（工程中心），集中攻关民航节能减排关键性技术，大力推动成果转化。

试点示范项目建设：开展机场地面滑行优化、机场新能源综合利用试点示范项目，推进绿色机场运行示范项目。加强对试点示范项目效果评估，推广成功经验。

绿色民航考评体系建设：完善民航能耗与排放统计、监测、考核体系，推进监测方法与手段建设。注重第三方在绿色民航考评过程中的作用。建立民航绿色发展蓝皮书定期发布机制。

民航绿色发展基础研究：开发中国民航能耗与排放定量分析工具。深入开展行业节能减排规律，以及发展与减排的关系等战略性问题研究。开展行业排放与噪声系统性监测与控制方案研究。

五、规划实施

1. 加强组织领导

充分发挥民航局节能减排工作领导小组的作用，强化顶层设计，加强统筹协调，推动重大项目，狠抓督促检查。航空运输企业、机场、空管部门要发挥节能减排主体作用，加大投入，主动作为，做好本单位节能减排规划与本规划主要目标、重点任务协调，强化减排指标的衔接落实。各有关单位要加强沟通配合，理顺工作关系，建立健全工作机制，协同推进各项任务。

2. 健全实施机制

民航局节能减排主管部门要会同有关部门加强对本规划执行的指导，制定年度工作计划，认真做好规划实施的监督评估，跟踪重点工作落实情况，及时通报评估结果。要及时掌握规划落实中出现的新情况、新问题，认真总结经验，适时研究对策。

3. 加强舆论引导

加强宣传引导，掌握舆论主动，宣传规划实施过程中的先进做法和取得的成绩。发挥新媒体在宣传中的作用。加大节能减排生产和生活理念宣传力度，为规划实施营造良好舆论氛围。将民航节能减排纳入民航局对外宣传计划。

促进汽车动力电池产业发展行动方案

工信部联装〔2017〕29 号
工业和信息化部
国家发展和改革委员会
科学技术部
财政部
2017 年 2 月 20 日

动力电池是电动汽车的心脏，是新能源汽车产业发展的关键。经过 10 多年的发展，中国动力电池产业取得长足进步，但是目前动力电池产品性能、质量和成本仍然难以满足新能源汽车推广普及需求，尤其在基础关键材料、系统集成技术、制造装备和工艺等方面与国际先进水平仍有较大差距。为加快提升中国汽车动力电池产业发展能力和水平，推动新能源汽车产业健康可持续发展，制定本行动方案。

一、总体要求

1. 指导思想

深入贯彻落实党的十八大和十八届三中、四中、五中、六中全会精神，牢固树立创新、协调、绿色、开放、共享的发展理念，以推动供给侧结构性改革为主线，加快实施创新驱动发展战略，按照《中国制造 2025》总体部署，落实新能源汽车发展战略目标，发挥企业主体作用，加大政策扶持力度，完善协同创新体系，突破关键核心技术，加快形成具有国际竞争力的动力电池产业体系。

2. 基本原则

坚持创新驱动。以市场为导向、企业为主体，强化产学研用协同创新体系建设，加快关键核心技术突破，大幅提升产品安全和质量水平。

坚持产业协同。加强政策措施引导，充分发挥行业组织、产业联盟作用，促进动力电池与材料、零部件、装备、整车等产业紧密联动，推进全产业链协同发展。

坚持绿色发展。倡导全生命周期理念，完善政策法规体系，大力推行生态设计，推动梯级利用和回收再利用体系建设，实现低碳化、循环化、集约化发展。

坚持开放合作。充分利用全球资源和市场，创新思路和模式，不断提升合作的层次和水平，积极参与国际标准和技术法规制定，不断提高国际竞争能力。

二、发展方向和主要目标

1. 发展方向

持续提升现有产品的性能质量和安全性，进一步降低成本，2018 年前保障高品质动力电池供应；大力推进新型锂离子动力电池研发和产业化，2020 年实现大规模应用；着力加强新体系动力电池基础研究，2025 年实现技术变革和开发测试。

2. 主要目标

1）产品性能大幅提升。到 2020 年，新型锂离子动力电池单体比能量超过 300 瓦时/千克；系统比能量力争达到 260 瓦时/千克、成本降至 1 元/瓦时以下，使用环境达 -30～55℃，可具备 3C 充电能力。到 2025 年，新体系动力电池技术取得突破性进展，单体比能量达 500 瓦时/千克。

2）产品安全性满足大规模使用需求。新型材料得到广泛应用，智能化生产制造和一致性控制水平显著提高，产品设计和系统集成满足功能安全要求，实现全生命周期的安全生产和使用。

3）产业规模合理有序发展。到 2020 年，动力电池行业总产能超过 1000 亿瓦时，形成产销规模在 400 亿瓦时以上、具有国际竞争力的龙头企业。

4）关键材料及零部件取得重大突破。到 2020 年，正负极、隔膜、电解液等关键材料及零部件达到国际一流水平，上游产业链实现均衡协调发展，形成具有核心竞争力的创新型骨干企业。

5）高端装备支撑产业发展。到 2020 年，动力电池研发制造、测试验证、回收利用等装备实现自动化、智能化发展，生产效率和质量控制水平显著提高，制造成本大幅降低。

三、重点任务

1. 建设动力电池创新中心

推动大中小企业、高校、科研院所等搭建协同攻关、开放共享的动力电池创新平台，引导支持优势资源组建市场化运作的创新中心。加快建设具有国际先进水平的研发设计、中试开发、测试验证和行业服务能力，开展动力电池关键材料、单体电池、电池系统等重大关键共性技术、基础技术和前瞻技术研究，以及知识产权布局和储备研究，为行业提供技术开发、标准制定、人才培养和国际交流等方面的支撑。（工业和信息化部）

2. 实施动力电池提升工程

通过国家科技计划（专项、基金）等统筹支持动力电池研发，实现 2020 年单体比能量超过 300 瓦时/千克，不断提高产品性能，加快实现高水平产品装车应用。鼓励动力电池龙头企业协同上下游优势资源，集中力量突破材料及零部件、电池单体和系统关键技术，大幅度提升动力电池产品性能和安全性，力争实现单体350瓦时/千克、系统260瓦时/千克的新型锂离子产品产业化和整车应用。（工业和信息化部、科学技术部）

3. 加强新体系动力电池研究

通过国家重点研发计划、国家自然科学基金等，鼓励高等院校、研究机构、重点企业等协同开展新体系动力电池产品的研发创新，积极推动锂硫电池、金属空气电池、固态电池等新体系电池的研究和工程化开发，2020年单体电池比能量达到400瓦时/千克以上、2025年达到500瓦时/千克。（科学技术部、工业和信息化部、自然科学基金会）

4. 推进全产业链协同发展

依托重大技改升级工程、增强制造业核心竞争力重大工程包，加大对瓶颈制约环节突破、关键核心技术产业化等的支持，加快在正负极、隔膜、电解液、电池管理系统等领域培育若干优势企业，促进动力电池与材料、零部件、装备、整车等产业协同发展，推进自主可控、协调高效、适应发展目标的产业链体系建设。支持高性能超级电容器系统的研发，进一步加大产业化应用。（工业和信息化部、发展改革委、科学技术部）

5. 提升产品质量安全水平

结合技术进步、产业发展情况，调整完善动力电池行业规范条件、新能源汽车生产企业及产品准入管理规则等管理措施，加强产品质量和安全性监督检查，促进动力电池生产企业加强技术和管理创新，健全产品生产规范和质量保证体系，确保产品安全生产，提高产品质量在线监测、在线控制和产品全生命周期质量追溯能力，不断提升产品性能和质量安全水平。（工业和信息化部、质检总局）

6. 加快建设完善标准体系

发布实施并不断完善新能源汽车标准化路线图。加强动力电池产品性能、寿命、安全性、可靠性和智能制造、回收利用等标准的制修订工作；制定并实施动力电池规格尺寸、产品编码规则等标准。做好国家标准的贯彻实施工作，鼓励企业建立高于国家标准要求的企业标准体系。支持行业组织和企业积极参与国际标准和技术法规的制定，不断提升在国际标准和技术法规领域的话语权。（工业和信息化部、质检总局）

7. 加强测试分析和评价能力建设

通过中国制造2025专项资金、国家科技计划等，支持动力电池检测和分析能力建设。加强测试技术及评价方法研究，加快制定行业通用的测试评价规程，完善企业自主检测、公共服务检测和国家认证检测相结合的评价体系。鼓励研究机构、检测认证机构以及动力电池、新能源汽车生产企业加强产品测试验证等相关数据积累，为产品开发、标准制修订、产品一致性管控夯实基础。（工业和信息化部、发展改革委、科学技术部、质检总局）

8. 建立完善安全监管体系

实施动力电池生产、使用、报废等全过程监管，鼓励行业组织、专业机构建立产品信息服务平台。完善新能源汽车安全监管体系建设，新能源汽车生产企业应对所销售的整车及动力电池等关键系统运行和安全状态进行监测和管理，建立产品安全预警制度和安全隐患定期排查机制，加强安全事故防范。（质检总局、工业和信息化部）

9. 加快关键装备研发与产业化

通过重大短板装备升级工程等，推进智能化制造成套装备产业化，鼓励动力电池生产企业与装备生产企业等强强联合，探索构建资本与风险共担的合作模式，加强关键环节制造设备的协同攻关，推进数字化制造成套装备产业化发展，提升装备精度的稳定性和可靠性以及智能化水平，有效满足动力电池生产制造、资源回收利用的需求。（工业和信息化部、发展改革委）

四、保障措施

1. 加大政策支持力度

发挥政府投资对社会资本的引导作用，鼓励利用社会资本设立动力电池产业发展基金，加大对动力电池产业化技术的支持力度。通过国家科技计划（专项、基金）等统筹支持核心技术研发；利用工业转型升级、技术改造、高技术产业发展专项、智能制造专项、先进制造产业投资基金等资金渠道，在前沿基础研究、电池产品和关键零部件、制造装备、回收利用等领域，重点扶持领跑者企业。动力电池产品符合条件的，按规定免征消费税；动力电池企业符合条件的，按规定享受高新技术企业、技术转让、技术开发等税收优惠政策。（工业和信息化部、财政部、税务总局、科学技术部、发展改革委、商务部）

2. 完善产业发展环境

全面清理整顿不利于全国公平竞争的政策措施。国家统一产品检测标准及规范，地方严格贯彻落实国家标准。加强对第三方检测机构的监督检查，保障检验测试公平公正。落实《电动汽车动力蓄电池回收利用技术政策（2015年版）》；适时发布实施动力电池回收利用管理办法，强化企业在动力电池生产、使用、回收、再利用等环节的主体责任，逐步建立完善动力电池回收利用管理体系。预防和制止垄断行为和不正当竞争行为。加强舆论监督和引导，营造产业发展的良好舆论环境。（工业和信息化部、质检总局、发展改革委、科学技术部、商务部）

3. 发挥产业联盟作用

在动力电池企业与科研机构、高等学校、上下游产业之间建立有效运行的产学研合作新机制，充分利用现有的基础和条件，建立健全动力电池产业创新联盟，发挥行业协会等组织的作用，围绕共性关键技术开发、知识产权许可和保护、标准研究、政策措施建议等交流协作，加强行业自律管理，促进动力电池及相关产业的协同发展。（工业和信息化部）

4. 加快人才培养和引进

建立多层次的人才培养体系，推进人才培养、引进和引智工作。鼓励企业、科研院所在材料、系统集成等关键核心技术领域，加快培养和聚集一批国际知名领军人才。加强动力电池及系统集成等相关学科建设，鼓励企业、科研院所和高校建立联合培养机制，加强联合培养基地建设，培养相关学科应用型人才。（教育部、人力资源社会保障部、工业和信息化部）

5. 加强国际合作与交流

充分发挥多边或双边合作机制的作用，加强技术标准、政策法规等方面的国际交流与合作，积极参与和推动国际标准和技术法规的制定。鼓励国内企业与国外高水平企业的互利合作，推进动力电池技术和人才交流、项目合作和成果产业化。支持国内动力电池企业技术输出、产品出口以及到国外投资建厂，鼓励有条件的企业在发达国家设立研发机构。

2017年北京市缓解交通拥堵行动计划

京政办发〔2017〕12号
北京市人民政府办公厅
2017年3月1日

为进一步改善全市交通运行状况，全面提升交通治理能力，不断提高交通服务水平，有效缓解城市交通拥堵，制定本行动计划。

一、总体思路和主要目标

以习近平总书记视察北京重要讲话精神为奋斗纲领和行动指南，牢固树立和贯彻落实新发展理念，坚持“改革创新、建管结合、综合施策、标本兼治”的原则，聚焦关键问题、突出重点区域、强化社会共治，综合运用科技、经济、法律和必要的行政手段，大力提高交通基础设施建设水平、有效改善绿色出行环境、切实加强交通精细化管理，确保缓解交通拥堵工作取得明显成效。

2017年，实现机动车保有量控制在600万辆以内，轨道交通运营里程达到600千米以上，中心城区路网交通指数控制在5.7左右，绿色出行比例达到72%，城市交通运行总体安全平稳有序。

二、重点工作任务

1．加快交通基础设施建设，提高交通供给能力

1）加快中心城区次干路、支路建设，打通断头路，畅通道路微循环。城六区开工建设次干路、支路不少于90条。

责任单位：城六区政府、市交通委、市发展改革委、市规划国土委。

完成时限：12月底前。

2）实施疏解道路拥堵改造工程100项。在全市主要道路拥堵点段完成市级疏堵工程20项、区级疏堵工程80项。

责任单位：市交通委、各有关区政府、市园林绿化局、市公安局公安交通管理局。

完成时限：11月底前。

3）构建高效密集的轨道交通网。开通运营S1线、西郊线、燕房线，新增运营里程 30 千米以上，加快推进轨道交通新机场线、6 号线西延、7 号线东延、8 号线、12 号线、14 号线剩余段、16 号线、17 号线、19 号线等线路建设，开工建设中央商务区（CBD）线、燕房支线。

责任单位：市重大办、各有关区政府、市交通委。

完成时限：12 月底前。

4）加快城市主干道建设。完成北苑路北延、青年路南段、化二东侧路工程，加快推进长安街西延、北辛安路、京良路东延及大红门南路等工程，开工建设来广营北路、古城南街等工程，做好万寿路南延、青年路北延等工程前期工作。

责任单位：市交通委、市规划国土委、市发展改革委、市住房城乡建设委、各有关区政府。

完成时限：12 月底前。

5）加快实现城市快速路网规划。加快推进西外大街西延、姚家园路、京包路、京密路等重点道路的升级改造工作。

责任单位：市交通委、市规划国土委、市发展改革委、市住房城乡建设委、各有关区政府。

完成时限：12 月底前。

6）加快城市副中心道路建设。完成运河东大街、宋梁路工程，推进孔兴路、宋梁路北延等工程，开工建设广渠路东延、京哈高速公路与九德路立交等工程，加快推进京塘路升级改造。

责任单位：市交通委、市规划国土委、市发展改革委、市住房城乡建设委、通州区政府。

完成时限：12 月底前。

7）推进京津冀路网互联互通。完成京秦高速公路建设，实施京开高速公路拓宽工程，加快推进首都地区环线高速公路建设。加快京秦高速公路和京台高速公路综合检查站建设。

责任单位：市交通委、市规划国土委、市发展改革委、市住房城乡建设委、各有关区政府。

完成时限：12 月底前。

8）加快建设新机场配套道路。加快推进新机场高速公路建设，开工建设新机场北线高速公路，做好团河路等工程前期工作。

责任单位：市交通委、市规划国土委、市发展改革委、市住房城乡建设委、各有关区政府。

完成时限：12 月底前。

9）推进 2022 年北京冬奥会、2019 年北京世园会相关道路建设。加快推进兴延高速公路、延崇高速公路建设，统筹做好北京冬奥组委办公区周边道路建设。

责任单位：市交通委、市规划国土委、市发展改革委、市住房城乡建设委、各有关区政府。

完成时限：按时间节点完成。

10）推进综合交通枢纽及公交场站建设。加快推进苹果园、北苑北综合交通枢纽建设，研究提出京唐城际铁路城市副中心站、清河火车站、星火火车站、丰台火车站和北京新机场草桥航站楼等枢纽周边配套交通方案。协调推进郭公庄公交站、首钢二通厂公交站等一批公交场站建设。

责任单位：市交通委、市重大办、市发展改革委、各有关区政府。

完成时限：12月底前。

2. 提高公共交通服务水平，创造良好绿色出行环境

11）继续加大公交专用道施划力度，新增公交专用道40千米以上。实施三环路、京藏高速公路、京港澳高速公路公交专用道科技设施建设，加强监督管理，确保形成连续的公交快速通勤走廊。

责任单位：市交通委、市公安局公安交通管理局。

完成时限：12月底前。

12）优化自行车出行环境，完善步行系统。完成600千米自行车道治理；加强自行车停车设施建设，规范停放区域管理。在三环路以内主要道路人行步道上设置阻车桩，防止机动车占用人行步道；结合园林绿化工程建设，进一步优化完善步行绿道系统；在部分重点路段新建或改建一批人行过街天桥。

责任单位：市交通委、市园林绿化局、市公安局公安交通管理局、各有关区政府。

完成时限：11月底前。

13）引导共享自行车行业规范有序发展。研究制定规范共享自行车管理的指导意见，明确主体责任，规范停放秩序，引导行业有序发展。

责任单位：市交通委、市城市管理委、市公安局公安交通管理局、市城管执法局、各有关区政府。

完成时限：6月底前。

14）提升公共交通运行服务水平。新开、优化调整公交线路40条，研究制定摆渡接驳专线管理办法，加快完善社区交通环境。推进公交站台设施改造，实施公交候车亭综合治理。组织开展金融街、中关村和国贸等地区定制公交线路和区域微循环公交线路的规范化管理工作。

责任单位：市交通委、市公安局公安交通管理局、各有关区政府。

完成时限：11月底前。

15）完善轨道交通和地面公交的接驳换乘。研究地面公交线路与轨道交通站点接驳换乘方案，做好地铁S1线、西郊线、燕房线等新开通轨道交通线路的公交接驳换乘，实现站点周边500米内公交车站覆盖率达到100%。研究制定城市副中心行政办公区所在区域轨道交通与地面公交接驳方案并组织实施，开展城市副中心地面公交线网调整工作。

责任单位：市交通委、市公安局公安交通管理局、各有关区政府。

完成时限：11月底前。

3. 加强静态交通治理，大力整顿停车秩序

16）加快公共停车设施建设。研究细化停车设施建设的财政补助标准，加大在用地选址、商业配套等方面的支持力度，优化行政审批流程，加快推进公共停车设施建设。充分挖掘地下空间资源潜力，将地下空间综合整治与停车设施建设有机结合。

责任单位：各区政府、市发展改革委、市交通委、市财政局、市规划国土委、市住房城乡建设委、市民防局。

完成时限：12 月底前。

17）提高轨道交通驻车换乘（P+R）服务水平。制定加强本市驻车换乘停车场建设管理的意见，实现驻车换乘停车场随轨道交通新建、在建线路同步建设并投入使用，推动驻车换乘停车场“平改立”工作。建设苹果园、北苑北等交通枢纽的驻车换乘停车场，研究在城市副中心与河北省三河市、大厂县、香河县之间设置驻车换乘停车场。

责任单位：市交通委、市重大办、市规划国土委、各有关区政府。

完成时限：12 月底前。

18）开展居住区停车综合治理。城六区各选择 5 个区域作为试点，将区域停车管理纳入社会综合治理范畴。鼓励街道办事处、社区居委会、物业公司、居民共同参与，结合老旧小区改造，通过增划车位、建设机械式立体停车设施等方式，增加基本车位供给；协调辖区党政机关、企事业单位停车资源错时共享；因地制宜引入社会企业参与停车治理，提高停车设施建设管理水平。

责任单位：城六区政府、市社会办、市住房城乡建设委、市交通委、市国资委。

完成时限：11 月底前。

19）深入推进路侧停车管理改革。扩大城六区和通州区路侧停车改革试点路段范围，完善路侧停车位规划设置，改革经营管理体制，创新优化收费管理模式，强化监管执法，实现“规范收费、人钱分离”。

责任单位：各有关区政府、市交通委、市城市管理委、市公安局公安交通管理局、市城管执法局。

完成时限：12 月底前。

20）完善差别化停车收费政策。在加强占道停车秩序管理的基础上，适当提高中心城路侧停车收费价格，引导车辆合理停放。完善公共停车场定价机制，实现停车资源优化配置。鼓励引导社会单位自有车位以合理价格向周边居民开放使用。

责任单位：市发展改革委、市财政局、市交通委、各有关区政府。

完成时限：11 月底前。

21）加大停车秩序治理力度。研究制定违法停车清理拖移实施办法。加快推进道路交通标志标识和电子监控执法设施建设，加大违法停车非现场执法力度。持续开展停车秩序大整治专项行动，在全市范围内建设 180 条停车秩序严管街。研究建立城市副中心智能停车诱导系统。

责任单位：市公安局公安交通管理局、市交通委、各有关区政府。

完成时限：11 月底前。

4. 实施创新驱动发展，利用“互联网+交通”治理拥堵

22）加强交通信息化与智能化建设。推进交通行业大数据创新应用，推动跨部门数据融合共享。科学设置交通分级预警标准，构建综合交通运行预警管理指标体系。加强城市交通趋势预测研判，及时发布交通运行预报信息。

责任单位：市交通委、市经济信息化委、市公安局公安交通管理局。

完成时限：9 月底前。

23）着力推进道路交通信号系统改造。在中心城区和城市副中心实施主干道路信号灯绿波工程，优化调整 100 处路口、重要桥区及联络线关键节点信号灯配时，在重点拥堵路口探索实施反溢式信号灯控制系统。

责任单位：市公安局公安交通管理局、市交通委。

完成时限：12 月底前。

24）加大新能源小客车分时租赁推广力度。鼓励引导新能源小客车分时租赁发展，以中心城区、城市副中心等区域为重点，加快推进新能源小客车分时租赁网点建设，实现总体规模达到 2000 辆。

责任单位：市交通委、市科委、市经济信息化委、市城市管理委、市发展改革委。

完成时限：11 月底前。

5. 加强区域交通治理，严厉查处交通违法行为

25）在城六区实施区域交通综合治理。以故宫、什刹海、大山子、清华大学、天坛医院、石景山万达商务区等区域为重点，组织实施区域交通综合治理，努力打造交通运行组织高效、交通节点畅通、空间资源匹配共享的交通综合治理示范区。

责任单位：城六区政府、市城市管理委、市交通委、市园林绿化局、市城管执法局、市公安局公安交通管理局。

完成时限：12 月底前。

26）优化重点路口路段交通组织。根据重要路口路段交通流量变化特点，结合道路疏堵工程建设，重新施划道路标识标线，科学调整机动车车道宽度。针对重要路段潮汐交通流的特点，开展路口可变导向车道建设，增加设置潮汐车道，提高通行能力。

责任单位：市交通委、市公安局公安交通管理局。

完成时限：11 月底前。

27）加大交通违法行为查处力度。聚焦 74 处交通堵点、129 处秩序乱点和动态挂账点位，制定治理台账，综合运用各类执法手段，加大对机动车闯禁行、闯红灯、酒后驾车、违法停车、乱并线、占用公交专用道和应急车道等行为的处罚力度，加强对行人和非机动车的管理，有效改善道路通行秩序。

责任单位：市公安局公安交通管理局、各有关区政府、市交通委。

完成时限：12 月底前。

28）加强对学校、医院周边地区的交通秩序管理。学校、医院要积极落实“门前三包”责任，协助有关部门加强对门前秩序的管理，加大对违法占路停车、不按交通标志行车等行为的劝阻力度。

责任单位：各有关区政府、市城市管理委、市城管执法局、市教委、市卫生计生委、市交通委、市公安局公安交通管理局。

完成时限：11月底前。

29）开展占道经营专项整治工作。坚决取缔无照占道经营违法行为，严格管控道路两侧经营商户占道经营行为，加强对经过审批许可设立的便民服务点等占道经营行为的规范管理，确保道路交通顺畅有序。

责任单位：各有关区政府、市城市管理委、市城管执法局、市交通委、市公安局公安交通管理局。

完成时限：12月底前。

30）加强道路交通运输秩序管理。打击各类非法营运行为，营造有序的交通出行环境。强化对出租汽车和省际客运、旅游客运车辆监管，规范行业经营行为。坚持交通运输专业执法与城市管理综合执法相协调，部门执法与联合执法相结合，切实提升执法效能。

责任单位：市交通委、市公安局公安交通管理局、市城管执法局、市环保局、市城市管理委、各有关区政府。

完成时限：11月底前。

31）实施超标电动车治理三年行动计划。采取严格措施，强化对超标电动二轮、三轮、四轮车的管理，控制增量、消化存量，规范行驶秩序。

责任单位：市公安局公安交通管理局。

完成时限：12月底前。

32）在远郊区实施区域交通综合治理。以新城、重点商圈、旅游景区周边道路为重点，开展区域交通综合整治，改善交通环境。

责任单位：各有关区政府、市交通委、市公安局公安交通管理局。

完成时限：12月底前。

6. 强化政策支持，优化城市交通管理

33）健全完善城市开发强度与交通承载力匹配机制。研究制定利用疏解腾退土地建设交通基础设施、轨道交通车站与周边土地一体化开发等政策，形成城市功能、土地开发强度与交通基础设施协调发展模式。

责任单位：市规划国土委、各有关区政府、市交通委。

完成时限：11月底前。

34）优化完善交通基础设施建设前期工作。落实行政审批制度改革工作要求，进一步提高交通基础设施建设前期手续办理效率。研究制定交通基础设施建设征地拆迁工作的指导意见。调整优化道路交通设施管理机制，统筹完善相关审批、建设和管理职责。

责任单位：市编办、市规划国土委、市发展改革委、市住房城乡建设委、市交通委、市公安局公安交通管理局。

完成时限：11月底前。

35）研究代征代建道路用地管理办法，规范项目验收。组织开展代征代建道路的清理和移交，制定城六区未实施的代征代建道路用地腾退计划。

责任单位：市规划国土委、市交通委、市住房城乡建设委、城六区政府。

完成时限：11 月底前。

36）抓紧推进《北京市机动车停车管理条例》《北京市非机动车管理规定》等法规规章的制定、修订工作。

责任单位：市交通委、市政府法制办、市发展改革委、市环保局、市公安局公安交通管理局。

完成时限：12 月底前。

37）大力推广“互联网+”办公模式，鼓励中央商务区（CBD）、中关村科技园区等重点功能区内企业实施弹性工作制，从源头上减少高峰时段交通出行。

责任单位：各有关区政府、市交通委。

完成时限：11 月底前。

7. 加大宣传力度，营造共治共建良好氛围

38）做好缓解交通拥堵措施的宣传工作。通过电视、网络、广播、报纸等媒介，大力宣传交通发展成就、交通治理理念，倡导绿色出行，营造缓解交通拥堵人人有责的社会氛围。

责任单位：市交通委、市委宣传部、首都精神文明办。

完成时限：12 月底前。

39）推进治理交通拥堵互动平台建设。继续办好“治堵大家谈”广播节目，邀请交通、法律、经济、社会、环保等方面的专家学者，就交通治理热点难点问题分专题进行解读，推动社会各界在治理理念和思路上逐步形成共识；推出“交通缓堵，我来说两句”网络互动栏目，广泛听取群众意见，及时回应社会关切。

责任单位：市委宣传部、市交通委。

完成时限：12 月底前。

40）开展文明交通宣传教育。充分发挥交通宣讲团、“一区一警”作用，通过进单位、进学校、进社区的方式，讲好交通故事，展现行业精神，宣传管理政策，引导绿色出行，培育交通文明。

责任单位：市交通委、市教委、市公安局公安交通管理局、首都精神文明办、各区政府。

完成时限：12 月底前。

三、工作要求

1. 加强组织领导

充分发挥市缓解交通拥堵工作推进小组的作用，切实加强组织领导和督促检查，

及时研究解决工作中遇到的重点、难点问题，保障各项工作顺利推进。市有关部门、各区政府要进一步增强责任感和紧迫感，将缓解交通拥堵纳入本部门、本地区重点工作，统筹谋划、协调推进，确保优质高效完成各项任务。

2. 严格落实责任

市缓解交通拥堵工作推进小组办公室要根据本行动计划，认真编制并及时发布市有关部门和各区政府 2017 年缓解交通拥堵行动计划任务书。市有关部门要按照职责分工，密切沟通配合，积极协调调度，加强政策集成，形成工作合力；各区政府要严格落实治理交通拥堵主体责任，结合实际制定本地区缓解交通拥堵工作方案，细化重点任务，倒排时间，科学统筹，周密组织，狠抓落实。

3. 强化督查问责

将缓解交通拥堵工作纳入市、区两级政府重点工作任务督查和绩效考核内容，通过采取第三方跟踪评估、新闻媒体检查曝光及政府专项督查等方式，对各地区、各部门和各单位落实情况进行督促检查。对工作落实不力、效能低下、敷衍塞责、弄虚作假等行为，严肃追责问责。

“十三五”国际科技创新合作专项规划

国科发外〔2017〕118 号
科学技术部
2017 年 5 月 4 日

“十三五”时期是全面建成小康社会决胜阶段，是确保实现《国家中长期科学和技术发展规划纲要（2006—2020 年）》（以下简称《纲要》）总体目标的攻坚时期。为全面落实创新驱动发展战略，以全球视野谋划和推动创新，提升国际科技创新合作水平，深度融入全球创新体系，有效运用全球科技创新资源，在更高层次上构建开放创新机制，积极有序地推动“十三五”国际科技创新合作与交流，按照《国家创新驱动发展战略纲要》和《“十三五”国家科技创新规划》的总体部署，特制定本专项规划。

一、面临的形势与需求

当前，世界经济在深度调整中曲折复苏，新一轮科技革命和产业变革呼之欲出，全球治理体系深刻变革，以创新推动可持续发展已成为全球共识。信息通信、生物、新材料、新能源等技术广泛渗透，带动以绿色、智能、泛在为特征的群体性技术突破，全球形成经济发展转型与科技、产业变革相交织的态势。科技创新活动不断突破地域、组织、技术的界限，创新要素在全球范围内的流动空前活跃。开展持久、广泛、深入的国际合作，成为积极应对全球性挑战，实现经济增长和可持续发展的必要途径。国际科技创新合作是新形势下推动建立以合作共赢为核心的新型国际关系的重要路径，也是中国积极参与全球治理，融入全球创新网络，保障国家外交战略实施的有效途径。

从国际上看，发达国家的国际科技创新合作日益深入，新兴经济体成为全球科技创新合作中不可忽视的主体。科研资金、技术和研究人员的国际流动日益加快，国外资金在一国研发资金中占比增加。主要国家纷纷制定出台各种吸引和留住国外优秀人才的政策和措施，助力本国科技创新和经济发展。促进企业创新合作成为各国科技创新合作的着力点，各国创新战略纷纷打造有利于企业创新合作的政策环境。开放科学与开放创新已经成为国际科技创新发展的重要模式。科技创新全球化要求必须坚持互利共赢的开放战略，全方位加强国际合作，深度参与国际科技、经济合作与竞争，不断提升统筹和综合运用国际、国内两种资源的能力。

从国内来看，中国处于重要战略机遇期，经济社会发展处在从要素驱动向创新驱动转型的关键时期。为确保 2020 年进入创新型国家行列、实现“两个一百年”的奋斗目标，在经济短期稳增长和长期调结构的双重需求下，国际科技创新合作是落实创新驱动发展战略，集聚全球资源，提升中国在全球价值链位置的有效抓手。落实党的十八届五中全会提出的“创新、协调、绿色、开放、共享”五大发展理念，推进“一带一路”建设，贯彻科技体制改革精神和举措，都对国际科技创新合作提出了新的要求。国际科技创新合作是推动构建新型大国关系，打造周边命运共同体，加强与发展中国家合作，切实推进多边外交，推动国际体系和全球治理改革，提升我国话语权和影响力的重要途径。随着我国国力的不断增强，需要采取更为积极主动的科技创新合作战略。

“十二五”以来，我国科技创新能力实现历史性跃升。国际科技合作实力和影响力不断攀升，全方位、多层次、多渠道的国际科技合作体系初步形成。国际科技合作投入显著增长，合作能力显著提高。通过政府推动引导和民间合作相结合的方式，比较完整的国际科技合作网络已逐步形成。截至“十二五”末期，已建立了包括国际创新园、国际联合研究中心、国际技术转移中心和示范型国际科技合作基地在内的国家国际科技合作基地 549 家。中国已经与 158 个国家和地区建立了科技合作关系，签订了 111 个政府间科技合作协定，加入了 200 多个政府间国际科技合作组织，形成了稳定的政府间合作机制，覆盖了世界主要国家、地区和国际组织。依托“科技伙伴计划”开展务实合作，拓展了与发展中国家的科技合作新局面。科技合作支撑和引导企业“走出去”初见成效。建立了跨部门国际科技合作统筹协调机制。

尽管中国已经初步具备从全球角度谋划和配置资源的能力，但有效推动国际科技创新合作，仍需解决若干深层次问题。主要包括：中国融入全球科技创新网络的程度有待提高；开放创新的体制机制亟待完善；参与国际科技创新议题磋商的人才储备不足，各创新主体的合作能力不足；促进企业“走出去”的激励措施和服务体系有待完善；国际科技合作经费投入水平和使用政策与合作需求不匹配；相关政策瓶颈亟待突破。

由此，“十三五”期间，应以全球视野谋划和推动创新，从思路、目标和任务部署上全方位、多角度地开启合作的新局面，有计划、有步骤地开展中国对外科技创新合作工作。

二、思路和目标

1. 总体思路

“十三五”国际科技创新合作的总体思路是：深入贯彻党的十八大和十八届三中、四中、五中、六中全会精神，习近平总书记系列重要讲话精神，认真落实党中央、国务院决策部署，坚持“创新、协调、绿色、开放、共享”发展理念，紧密围绕《纲要》重点任务和建设创新型国家的总体目标，通过创新对外合作机制，打造面向全球的科技创新合作体系，进一步融入全球创新网络，培育国际科技创新竞争合作新优势，助力产业结构转型升级，为全面建成小康社会做出积极贡献。深入贯彻新时期中国总体外交战略方针，切实发挥国际科技创新合作巩固双边、多边合作关系的引领和催化剂作用，深化政府间科技创新合作，深度参与国际科技创新合作治理，推动科技外交成为国家总体外交工作的重要组成部分，为有中国特色的大国外交做出应有贡献。

实现创新驱动发展，必须以全球化视野谋划和推动科技创新，在更高起点上推进自主创新。“十三五”国际科技创新合作要做好“四个统筹”。一是统筹运用好国际国内两种资源，全方位、多层次吸引全球人才、技术、资金等创新资源，促进国内外资源有序流动和互利共享，发挥资源最大效益。二是统筹运用好国际国内两类规则，积极破除国内政策机制障碍，深度参与并逐步推动国际科技创新治理体系改革。三是统筹运用好国家和地方两个层面的科技创新合作，将地方国际科技创新合作纳入国家整体对外合作框架，推动地方科技、经济和社会发展。四是统筹运用好政府和民间科技创新合作两个途径。充分调动科研机构、高校、企业，以及科学家个人科技创新合作的积极性和创造性，形成官方合作聚焦重点、民间合作遍地开花的新局面。

2. 主要目标

“十三五”中国国际科技创新合作的主要目标是。

1）构建面向全球的科技创新体系，支撑和引领中国经济社会发展的重大需求。通过创新合作机制，构建面向全球的科技创新合作体系，围绕各行业、部门和地方的重大需求，为解决重大、核心、关键科学技术问题提供强有力的支撑。增强各类创新主体的能力，培育国际科技创新合作竞争新优势，以合作带动科技创新、产业转型发展和民生改善。

2）初步建成具有国际影响力和吸引力的科技创新聚集地。国家创新体系开放程度不断提高，与全球创新网络融合日益紧密，全球人才、技术、资金等创新资源有效聚集。加快培育和引进复合型国际化人才，提升科研创新人才国际化水平。重点支持一批国际合作基地，以多种形式开展国际联合研究与产学研合作。推动建立区域科技创新互利合作共同体。

3）形成互利共赢、共同发展的国际科技创新合作新局面。服务总体外交，创新政府间合作机制，推动形成深度融合的国际科技创新合作共赢新格局。推动“一带一路”建设，开创互联互通新局面。积极参与并适时牵头实施国际大科学计划和大科学工程。承担大国责任，与世界各国携手应对气候变化、人口健康、能源安全、粮食安全、环境问题等全球挑战。通过双边、多边及区域合作机制，参与全球科技创新合作治理，提升我国在合作规则制定中的影响力和话语权。推动科技援外工作，深化与发展中国家合作。

4）支持企业深度参与国际科技创新合作，大力推动“大众创业、万众创新”。通过构建专业化服务体系，积极带动、引导和服务企业“走出去”“引进来”，提高企业国际化层次和水平，促进企业全球竞争力提升。通过国际科技合作推动“大众创业、万众创新”。

三、任务部署

为实现规划目标，“十三五”期间，国际科技创新合作将着力实施以下 9 项重点任务。

1. 深化对外科技合作，助力构建以合作共赢为核心的新型国际关系

进一步丰富对外科技合作的内涵，完善对发达国家、新兴经济体和发展中国家的政府间科技合作布局，创新合作机制，提升合作水平。紧密围绕国家总体外交战略和创新驱动发展战略要求，根据政府间科技合作协定（协议），落实双（多）边重要共识和承诺，完善从基础前沿、重大共性关键技术到应用示范的全链条政府间科技合作布局。充分发挥政府间科技创新合作的“伞”式作用，丰富和深化与大国的“创新对话”机制，形成与人文交流、高层对话机制间的有机衔接。通过充分交流增信释疑，为构建新型大国关系注入科技创新内涵。谋划建立双（多）边“创新基金”，支持双（多）边技术创新与成果转移转化合作。在“创新对话”机制下，与相关国家（地区）建立“创新论坛”，为政府间和民间国际科技创新交流与合作搭建新的机制与平台。加强同周边国家（地区）和发展中国家（地区）科技创新需求的对接，进一步建立或完善与发展中国家及新兴经济体之间的科技伙伴计划，以科技创新合作为纽带强化命运共同体理念。加强多边科技合作，广泛深入参与多边机制中关于创新议题的磋商，为全球重大发展议题和挑战提供解决方案，为国际社会创造更多的公共产品。

2. 推进“一带一路”建设，开创与沿线国家科技创新互联互通新局面

全面发挥科技创新合作对共建“一带一路”的先导作用，打造发展理念相通、要素流动畅通、科技设施联通、创新链条融通、人员交流顺通的创新共同体。大力推动科技创新人员交流合作，与沿线国家合作共同培养科技创新人才，积极开展科技创新政策交流与沟通，构建多层次的科技创新人文交流平台。与沿线国家共建一批国家联合实验室（联合研究中心）、技术转移中心、技术示范与推广基地等国际科技创新合作平台。引导和鼓励中国高新技术产业开发区和自主创新示范区与沿线国家主动对接，协助沿线国家建设一批符合本国特色的高技术产业园区。聚焦沿线国家在经济社会发展中所面临的问题，充分利用部分沿线国家的优势科技资源，积极开展重大科学问题、共性关键技术和应对共同挑战的合作研究。加强技术合作，支撑沿线国家的铁路、公路、电网等重大基础设施和工程建设，推动在相关领域的产业、产能、标准国际合作。促进科研仪器与设施、科研数据、科技文献、生物种质等科技资源互联互通。鼓励科技型企业在沿线国家创新创业，开拓国际市场。

3. 加大对外开放，构建面向全球的科技创新合作体系

加大国家科技计划（专项、基金等）的开放力度。支持外国专家牵头或参与战略研究、指南编制、项目实施、项目评审和验收等工作。鼓励在华外资研发中心参与承担国家科技计划项目。针对发达国家、新兴经济体和发展中国家建立不同的研发合作机制。搭建研发创新合作平台，吸引更多的海外技术、人才和资本到中国创新创业，

形成包括基础研究、新兴和共性产业技术、应对社会民生挑战的全方位合作布局，面向全球构建涵盖项目合作、人员交流、信息共享、基础设施研发合作的优势互补、互利共赢的科技创新合作体系。

4. 积极参与并牵头组织国际大科学计划和大科学工程，提升我国科技国际影响力

以“立足现实、定位清楚、循序渐进、稳步推进”为方针，基于中国自身情况制定发展战略与计划，稳步推进中国参与和牵头国际大科学计划和大科学工程。继续参与国际热核聚变试验堆计划（ITER）、国际地球观测组织（GEO）、平方千米阵列射电望远镜（SKA）、大洋发现计划（IODP）等大科学计划和大科学工程，提升中国参与的广度和深度。在中国有优势的重点领域，围绕全球性重大科学问题，研究提出中国可能组织发起的国际大科学计划和大科学工程的方向，力争发起和组织新的国际大科学计划和大科学工程。探索建立符合中国国情和科技创新规律的大型研究基础设施和装置国际共建共享机制，积极推动和完善相关领域大型研究基础设施和装置、科学数据等科技资源的国际合作共享。

5. 丰富完善科技援助内涵与方式，提升科技援外层次

面向发展中国家开展合作，以“科技伙伴计划”为载体，在尊重不同国家（地区）发展需求基础上，帮助受援国改善民生、增强科技自生能力，有效发挥科技对当地经济和社会发展的支撑作用。以联合实验室、联合研究中心、技术示范与推广基地、技术转移中心以及科技园区为引领，带动提升发展中国家的整体科技创新能力。以技术转移中心为支撑，解决发展中国家产业发展和民生改善中的实际问题。依托杰出青年科学家访华计划、援外技术和科技管理政策培训、国际青少年科普活动、来华留学政府奖学金等机制，创造持续交流机会，帮助发展中国家培养科技人才，提升发展中国家科技人员能力。继续推进发展中国家科技特派员工作。以科技创新合作助力维护发展中国家的共同利益。

6. 加快培育满足新形势需求的科技创新合作人才队伍，全面提升人才国际化水平

积极统筹规划科技引智工作，开拓引智渠道，创新引智模式，继续依托各类创新人才引进政策，大力引进国内紧缺的海外高端人才，吸引海外留学人员、优秀华人科学家和外国科学家来华工作。加快培养一批既掌握国内外科技发展态势和政策，又熟悉国际科技创新合作规则的、具备国际视野的青年科研与科研管理人员队伍。逐步启动重要科研岗位全球招聘，推动面向全球选聘各层次科技创新人才。鼓励和支持中国科学家和科研管理人员到国际组织任职，大力推进国际组织任职高端化，逐步形成国际组织任职人才梯队。鼓励中国科学家参与新兴国际科技组织的创立与发展。加强我国参与多边机制科技创新议题人才的培养和储备。

7. 优化形成覆盖创新全链条的国际科技合作平台网络，推动可持续的合作研发

面向全球有目的、分重点地在基础研究、前沿技术、竞争前技术等领域加强和

优化国际科技合作平台布局。支持设立一批国际联合研究中心和海外研发基地，建立若干具有专业特色，符合区域合作需求的国际产学研联盟。打造国际科技创新合作试验区，率先开展相关政策和机制的试点、推广工作。吸引国际知名科研机构来华联合组建研发中心。充分发挥企业优势，引入公私合作模式，建成一批有影响力的产学研合作基地和国际技术转移服务平台。将国际科技合作基地纳入政府间科技合作框架，引导其积极参与“创新对话”“创新论坛”等交流机制。依托各类平台推动可持续的合作研发，形成以成果为导向的国际科技合作基地动态调整和重点资助机制。

8. 发挥区域优势，推动构建深度融合的区域科技创新互利合作共同体

依托地缘优势，充分发掘重点地区特色科技创新资源，支持若干区域重大国际科技创新互利合作共同体。支持相关省、自治区和直辖市建设区域科技合作桥头堡；与中亚国家在生态环境保护、可持续发展、科技人员培训、科技成果转移转化、产业化示范基地以及科技园区建设等方面开展深入合作；与东盟、南亚国家在农业、能源、资源、生态环境等领域开展合作研究和基地共建；与阿拉伯国家开展科技创新与技术转移合作。

9. 推动企业科技创新走出去，助力大众创业、万众创新

吸纳企业参与政府间科技创新合作机制，实现政府对话、企业对接，提高合作层次。引导支持有条件的企业设立海外研发机构，开展国际产学研合作。鼓励中国企业、高等院校和科研机构与外国机构或跨国公司合资、合作建立研发机构。围绕“一带一路”建设，支持企业推广适用技术和成果，以科技创新合作带动产能合作。支持企业主导或参与国际技术标准的制定。

采用政府购买服务的方式，支持一批合格的科技服务机构为中小企业开展国际合作、技术引进、技术转移等提供专业服务，推动我国企业与国外科技企业对接，开展创新合作。鼓励国外知名科技服务机构在我国设立分支机构。搭建企业国际合作信息服务平台，提供政策咨询、技术、项目、人才、投融资、知识产权等一站式服务，助力企业“走出去、引进来”。

支持国内创新创业人才、初创企业开展国际交流。鼓励专业服务机构为国内创新创业人才、初创企业提供国外技术、政策、资金等信息服务。引导留学归国人才回国创业、境外科技人才来华创业。

四、保障措施

“十三五”期间，要进一步加强部际、省部协调机制建设，协调完善引进人才落地等有利于创新要素流动的配套政策，继续推动加大财政资金对国际科技创新合作的投入，引导形成多元化投入格局，协调完善涉外科研经费管理使用制度，完善与加强决策咨询和监测评估等，为国际科技创新合作提供有力保障。

1. 进一步加强国际科技合作部际协调，推动构建省部协调机制，促进国际科技创新合作统筹衔接

进一步扩大现有部际协调机制的覆盖范围与信息共享程度，提升协调机制的参与层次。构建省部国际科技创新合作协调机制。推动重大合作项目部门、地方会商。发挥部门、地方、机构科技创新合作各自的优势，加强合作资源、政策工具和资助渠道之间的统筹衔接，形成既分工又协作，高效运转的国际科技创新合作协作体系。

2. 协调完善有利于创新要素流动的配套政策，提高合作资源利用效率

协调有关部门通过试点完善外国人永久居留审批管理办法，全面放宽国家亟须的高层次科技创新人才取得外国人永久居留证的条件。推动相关部门完善外国人在华工作的有关管理规定，优化相关工作许可、签证、居留和生活政策等。协调相关部门进一步完善因公出国（境）分类管理政策，进一步优化和放宽科技创新管理、科技评估咨询机构承担国际组织管理及联络工作机构的因公临时出国（境）限量管理政策。协调相关部门落实国际组织任职人员配套激励政策。推动对研发所需设备、样本及样品进行分类管理，提高相关设备、样品出入境审核效率。

3. 继续推动加大财政资金投入力度，引导形成多元化投入格局，协调完善涉外科研经费管理使用制度

进一步加强国际科技创新合作财政资金的投入力度。加大对科技创新合作专项、大科学工程（计划）、对外科技援助、国家国际科技合作基地、建立与参与国际组织等工作的国拨经费投入。引导国家科技计划（专项、基金等）对国际科技创新合作的资金支持，鼓励和引导企业、科研院所、高等院校等采取公私合作等方式加大对国际科技创新合作的投入，形成多元化投入格局。

4. 强化战略研究，支撑科技创新合作国别区域多元化布局

加强国际科技创新合作战略研究，面向不同发达国家、新兴经济体、发展中国家，以及“一带一路”等具有区域特点的国家群，开展有重点、差异化的战略研究。以战略研究支撑对特定国别、区域采取分类化合作机制，在特定研发领域、研发创新阶段，与不同类型的创新主体开展区别化的国际科技创新合作，有效提升合作效率和效益。

5. 加强监测评估与信息共享，促进国际科技创新合作绩效有效提升

落实科技体制改革要求，以国际标准或规则为标杆，对国际科技创新合作专项、基地等有序地开展监测、考核与评估，加强信息共享，有效推进部门、地方、机构之间的科技创新合作，为改进管理、动态完善、提高国际科技创新合作绩效提供决策支撑。依托国际科技创新合作考核指标体系研究与试点，对科技创新合作规划开展监测、考核与评估，支撑对任务部署的必要调整，确保规划目标如期完成，为制定新一轮规划提供依据。

6. 强化科技外交官职责使命，推动科技创新合作

进一步加强驻外科技机构战略布局和科技外交官队伍建设，优化完善其职责定位

和工作任务。深入发掘和充分利用国际国内科技创新资源，服务国家总体外交大局，服务国家创新驱动发展战略，推动中外科技创新合作，支持区域创新战略和地方经济社会发展需求，大力协助企业拓展国际科技创新合作渠道。

7. 加强智库建设，完善国际科技创新合作决策咨询制度

加强国际科技创新合作专业智库建设，支持其开展前瞻性、针对性、储备性研究。积极推动智库参与全球性、区域性科技创新议题的研究合作，提升中国科技软实力。鼓励智库主动布局研究网络，与国外相关机构建立经常性、长期性合作研究与交流机制，共建合作研究平台。探索建立国际合作决策咨询需求发布与政府购买服务机制。推动部门、地方加强智库建设，构建国际科技创新合作专业智库网络。

关于促进汽车租赁业健康发展的指导意见

交通运输部

2017 年 6 月 1 日

汽车租赁是满足人民群众个性化出行、商务活动、公务活动和旅游休闲等需求的交通服务方式。为促进新形势下汽车租赁业的健康发展，推动移动互联网与汽车租赁业的融合发展，更好满足人民群众多层次出行需求，现提出以下指导意见。

一、总体要求

1. 指导思想

全面贯彻落实党的十八大和十八届三中、四中、五中、六中全会精神，深入贯彻习近平总书记系列重要讲话精神和治国理政新理念新思想新战略，牢固树立创新、协调、绿色、开放、共享的发展理念，充分发挥市场在资源配置中的决定性作用和更好发挥政府作用，深化供给侧结构性改革，优化行业发展环境，激发市场活力和社会创造力，促进行业健康发展，推动建设龙头企业引领、网络覆盖广泛、经营行为规范、服务品质优良的汽车租赁服务体系，更好地满足人民群众多样化出行需要。

2. 基本原则

用户为本，安全第一。坚持以人民为中心的发展思想，牢固树立安全发展理念，加快提升行业服务水平，提供安全、便捷、优质的汽车租赁服务。

改革创新，融合发展。坚持问题导向，深化行业供给侧结构性改革，推动汽车租赁业与互联网融合发展，促进汽车租赁业创新发展。

科学监管，规范有序。加强信用体系建设，利用先进技术手段，提升事中事后监管能力，维护公平竞争的市场秩序，保障各方合法权益。

二、夯实安全管理基础

1. 规范汽车租赁车辆管理

汽车租赁是指在约定时间内汽车租赁经营者将租赁车辆交付承租人使用，收取租赁费用，不提供驾驶劳务的经营方式。汽车租赁车辆是汽车租赁经营者提供车辆租赁服务以获取利润为目的而使用的机动车，应按照相关法律法规和技术标准规定到公安机关办理登记。车辆的安全技术检验、环保检验和报废等按照有关规定执行。车辆购买交强险、第三者责任险等相关保险时按照登记的使用性质对应的保险费率投保，鼓励汽车租赁企业与保险公司根据汽车租赁业务特点和风险大小，开发保险产品，提高汽车租赁经营者抗风险能力，保障承租人合法权益。汽车租赁经营者应加强对租赁车辆的日常使用管理，建立租赁车辆技术档案，定期进行检测维护，确保租赁车辆性能及安全状况良好，车容车貌卫生整洁。

2. 落实汽车租赁身份查验制度

为保障汽车租赁经营者和承租人合法权益，开展汽车租赁业务要落实完善身份查验制度。汽车租赁经营者应当具备身份查验所需的设施设备，对承租人提供的有效证件原件进行查验，并将有关信息在车辆租赁合同中记录，并载明所有驾驶人身份证件和驾驶证信息。承租人是个人的，应查验承租人的有效身份证件和驾驶证原件；承租人为企业法人或其他组织的，应查验企业法人营业执照或其他有效登记证件，授权委托书和经办人有效身份证件原件。租赁车辆应交付给经过身份查验的承租人，对身份不明或者拒绝身份查验的，不应提供汽车租赁服务。

三、鼓励分时租赁发展

1. 充分认识发展分时租赁的作用

分时租赁，也称为汽车共享，是以分钟或小时等为计价单位，使用9座及以下小型客车，利用移动互联网、全球定位等信息技术构建网络服务平台，为用户提供自助式车辆预定、车辆取还、费用结算为主要方式的汽车租赁服务，是传统汽车租赁业在服务模式、技术、管理上的创新，改善了用户体验，为城市出行提供了一种新的选择，有助于减少个人购车意愿，一定程度上缓解城市私人小汽车保有量快速增长趋势以及对道路和停车资源的占用。

2. 科学确定分时租赁发展定位

各地交通运输部门要会同住房城乡建设（规划）部门综合考虑城市经济发展、交通出行结构、汽车保有量、停车资源等实际，在坚持公交优先发展战略的前提下，考虑分时租赁非集约化出行的特点，合理确定分时租赁在城市综合交通运输体系中的定位，研究建立与公众出行需求、城市道路资源、停车资源等相适应的车辆投放机制，使其与城市公共交通、出租汽车等出行方式协调发展，形成多层次、差异化的城市交通出行体系。

3. 提升线上线下服务能力

分时租赁经营者应具备线上服务能力，要通过技术手段落实承租人身份查验制度，应通过大数据分析，强化车辆智能组织调配，动态优化车辆布局，实现不同时间、不同区域间的车辆供需平衡。推广应用“电子围栏”技术，设立虚拟停车区域，引导用户有序停车，加强停车管理。分时租赁经营者应具备线下运营服务能力，要通过运营人员日常巡检、车辆自检等方式，确保车辆安全状况良好，要建立完善车辆调度、维修、救援、回收机制和流程。分时租赁经营者应采用安全、合规的支付结算服务，确保用户押金和资金安全，确保用户个人信息安全。

4. 建立健全配套政策措施

鼓励城市商业中心、政务中心、大型居民区、交通枢纽等人流密集区域的公共停车场为分时租赁车辆停放提供便利。鼓励探索通过优惠城市路内停车费等措施，推动租赁车辆在依法划设的城市路内停车泊位停放，在不增加城市道路拥堵、不影响其他社会车辆停放的情况下，提高路内停车泊位的使用效率和租赁车辆使用便利度。对使用新能源车辆开展分时租赁的，按照新能源汽车发展有关政策在充电基础设施布局和建设方面给予扶持。

四、提升服务能力

1. 完善基础设施规划建设

各地交通运输部门应当会同当地住房城乡建设（规划）部门依据城市总体规划，根据当地经济社会发展和居民出行需要，综合考虑人口数量、经济发展水平、居民出行需求以及城市交通状况等因素，制定汽车租赁业发展规划，并纳入综合运输体系规划和城市综合交通体系规划，统筹安排租赁网点和停车场地；加强汽车租赁与不同交通运输方式的换乘衔接，推进机场、火车站、汽车站、港口等交通枢纽汽车租赁营业网点以及客流密集区域停车站点建设。

2. 加强日常经营管理

鼓励汽车租赁经营者利用卫星定位装置、地理信息系统等远程监控技术和车联网、“电子围栏”等智能技术，强化对租赁车辆安全的管控力度，降低经营风险；鼓励汽车租赁经营者利用互联网、移动互联网应用程序（App）开展车辆预订、取还车和电子支付等服务，提高租车便捷性。汽车租赁经营者应当遵守国家网络和信息安全有关规定，完善网络安全防范措施，依法合规采集、存储、使用和保护个人信息，不得超越提供汽车租赁服务所必需的范围。汽车租赁经营者应当加强汽车租赁合同管理，明确经营者和承租人权利义务，建立投诉处理机制，接受社会公众投诉，及时答复处理结果。

3. 推动规模化、网络化、品牌化发展

鼓励汽车租赁经营者通过兼并重组、合资合作、上市融资等方式，提升规模化水平。支持汽车租赁经营者通过特许经营、连锁经营、战略联盟等形式，扩大网络覆盖范围，优化经营网点布局，为消费者提供“一点租多点还”“一城租多城还”租赁服务，不断提升服务体验。引导汽车租赁经营者加强品牌建设，创新经营服务内容，增强企业核心竞争力。

五、营造良好发展环境

1. 加快推进制度标准建设

进一步完善汽车租赁规章制度，修订汽车租赁相关标准。规范汽车租赁合同管理，统一汽车租赁合同格式文本。规范租赁车辆道路交通违法处置，推动解决诈骗租赁汽车突出问题，形成统一、开放的汽车租赁市场，为行业健康发展创造条件。

2. 创新监管方式

各地交通运输部门要建立行业基本信息采集分析机制，全面及时准确掌握行业发展动态。加快汽车租赁行业信用体系建设，建立汽车租赁经营者和承租人信用评价制度，构建跨地区、跨部门、跨领域的联合激励和惩戒机制。定期开展服务质量测评和用户满意度调查，并向社会发布测评和调查结果。

各地交通运输部门要充分认识促进汽车租赁业健康发展的重要意义，在当地党委政府的统一领导下，制定配套政策措施和实施方案，加强组织领导，健全工作机制，强化协调沟通，充分发挥行业协会作用，确保各项政策措施落地见效，促进汽车租赁业健康发展，更好满足人民群众多样化出行需求。

深入开展平安交通专项整治行动方案

交安监发〔2017〕76 号
交通运输部
2017 年 5 月 18 日

为认真贯彻落实党中央国务院关于加强安全生产工作的一系列重要决策部署和习近平总书记等中央领导同志关于安全生产工作的重要指示批示精神，坚持问题导向，深刻汲取交通运输安全生产重大事故教训，全面整治交通运输安全生产领域存在的突出问题，有效防范和坚决遏制重特大事故，部决定深入开展平安交通专项整治行动。具体方案如下：

一、总体要求

认真贯彻落实《中共中央 国务院关于推进安全生产领域改革发展的意见》，牢固树立安全生产红线意识，突出交通运输行业安全生产重点领域，采取有力整治措施，深化平安交通建设，切实增强交通运输安全生产治理能力，着力提升安全生产管理水平。

坚持问题导向、压实责任。全面查找存在的突出问题和薄弱环节，严格落实安全生产监管责任和企业安全生产主体责任；坚持突出重点、标本兼治。针对道路水路客运、危险货物运输等重点领域，完善安全管理长效机制，集中有效整治安全生产存在的顽症痼疾；坚持依法治理、改革创新。严格规范公正文明执法，提高监管执法效能，创新方式方法，增强安全发展内生动力；坚持人民利益至上、促进社会和谐。认真贯彻以人民为中心的发展思想，把保障人民的生命财产安全放在首位，全力保障交通运输安全生产形势稳定，为经济社会和谐发展创造有利条件。

通过深入开展平安交通专项整治行动，对安全生产风险和隐患要实施动态管理、持续跟踪，有效管控重大风险、切实消除重大隐患，大幅减少一般和较大事故，坚决防范和有效遏制重特大事故，努力实现事故总数、死亡人数和重特大事故数“三个下降”，促进交通运输安全生产形势总体稳定。

二、整治内容

1. 道路客运

继续推进2017年“道路运输平安年”活动，重点抓好以下专项整治工作。

1）开展安全隐患排查治理。迅速全面开展道路客运安全隐患排查整治，对于发现的隐患要按照“四不放过”的原则坚决整改。各地要加强跟踪督办和抽查督查，特别是要把发生较大以上事故的道路客运企业作为重点抽查对象，对排查出的重大隐患挂牌督办；对隐患整治不力的，要依法依规严肃问责；对存在严重问题的企业，要依法停产停业整顿、上限处罚。

2）严格营运驾驶人管理。突出营运驾驶人应急处置知识、处置方法和处置能力的要求，严格营运驾驶人从业资格考试；督促指导客运企业加强驾驶人管理，加大营运驾驶人继续教育和案例警示教育，提升驾驶人突发事件的应急处置能力和技能，严肃查处超载超员超速和疲劳驾驶的驾驶人，对导致事故的驾驶人进行再教育，情节严重的调离驾驶岗位或解除劳动合同。

3）严格道路客运许可管理。暂停审批新的800千米以上长途客运线路，不再审批新的卧铺客车；新开通农村客运班线，必须符合《农村客运班线安全通行条件审核规则》要求的通行条件；组织客运企业自行或委托第三方评估机构对夜间通行山区公路的客运线路进行全面安全评估，对存在较大安全隐患的要调整班线运营时间，避免夜间运行。

4）严格汽车客运站安全管理。督促客运企业严格落实“三不进站、六不出站”规定，严格执行客车安全例检和出站检查制度，安全例检不合格的客车不得排班发车，“六不出站”要求不满足的客车不得放行出站；严格落实安全告知制度，监督指导入站客运车辆发车前，循环播放《道路客运安全告知》《安全带—生命带》宣传片，确保乘客出站前系好安全带、熟悉应急装备器材使用方法。

5）开展道路客运市场秩序整治。各地交通运输部门要积极会同有关部门，加大对汽车客运站及周边、旅游景区等客流集中地的执法检查力度，严厉打击站外揽客、超范围经营、旅游包车无证经营等违法违规行为；严格旅游包车证管理，必须通过旅游包车管理信息系统申领派发包车证。

6）严格落实道路客运实名制管理。组织开展省际、市际客运班线实名制管理全面排查工作。切实履行《反恐怖主义法》有关要求，督促相关经营者和售票单位、客运站，严格执行实名售票和实名查验要求，明确售票、查验等相关环节操作流程。

7）切实加强动态监控系统应用。各地要充分利用联网联控系统监管平台加强重点营运车辆动态监管，做好事前预防、事中事后监管工作；要结合工作实际，定期抽查一定数量“两客一危”车辆运行情况，重点检查车辆上线率、轨迹完整率、超速报警、疲劳驾驶报警等指标，抽查结果要及时向各有关部门通报，并督促企业调查整改处理，监管部门要依法处罚，形成闭环管理长效机制；要督促企业严格落实动态监控主体责任，对拆除或屏蔽动态监控设备的车辆和驾驶人，严格依法依规处理。

2. 道路危险货物运输

1）严格落实道路危险货物运输企业安全生产主体责任。督促危险货物道路运输企业按照《危险化学品安全管理条例》《道路运输条例》等法律、法规要求，切实强化企业经理人、企业安全生产管理岗位及其他人员工作职责，完善并严格落实各项安全生产管理制度，有效履行对企业所属人员、运输车辆及设施设备的安全管理责任。

2）严格道路危险货物运输驾驶人从业资格管理。根据《道路运输条例》《道路危险货物运输管理规定》要求，严格道路危险货物运输从业人员考试与证件发放管理制度，杜绝考试和发证过程中弄虚作假、徇私舞弊等行为，督促道路危险货物运输企业加强对所属驾驶人的日常教育培训，提高安全驾驶和应急处置能力。

3）加强道路危险货物运输企业停车场地安全管理。根据《道路危险货物运输管理规定》要求，加强道路危险货物运输企业停车场的监督检查。道路危险货物运输企业停车场应当封闭并设立明显标志，不得妨碍居民生活和威胁公共安全，必须配备相应的安全防护、环境防护和消防防护设备，对于不符合以上要求的，要立即责令整改。

3. 城市公交和城市轨道交通运营

1）严格落实城市公共汽电车安全管理制度。指导、督促企业建立健全企业安全生产管理制度，设置安全生产管理机构，配备专职安全生产管理人员，明确相关从业人员安全操作规程。定期开展安全素质教育、安全应急训练和考核，强化驾驶人安全意识、防御性驾驶能力和突发情况应急处置能力。

2）确保城市客运服务设施设备安全运行。督促城市公共汽电车企业开展运营车辆及附属设备、应急设备全面检查，确保车辆及灭火器、应急锤等应急设备配置齐全、状态良好。坚决杜绝将存在安全隐患、应急设备配置不达规定要求的车辆投入运营。要指导城市公共汽电车企业落实在公共汽电车主要站点醒目位置、车辆等公布禁止携带的违禁物品目录、设置安全警示标志、安全疏散示意图等相关要求。

3）强化城市轨道交通运营安全和应急管理。有关城市交通运输管理部门要积极指导城市轨道交通运营单位按照我部部署的运营安全检查要求，对照督查中发现的问题及时整改，明确责任人、整改措施、整改期限和整改要求。要督促城市轨道交通运营单位进一步提高城市轨道交通应急处置能力，完善城市轨道交通突发事件应急预案，细化岗位操作手册，提高应急预案可操作性；健全专业应急救援队伍力量建设，完善应急装备和物资储备；强化实战型应急演练，对演练发现的问题及时进行分析和总结，并整改到位。

4. 水路客运

1）严把客运船舶市场准入。严格客运船舶公司安全管理体系审核，严格执行客船强制报废标准，淘汰更新老旧客船。严格客运船舶检验质量，对船舶稳性、乘客定额、重要设备、水密、风雨密和重大改建情况进行核查。继续推进水路旅客运输实名制。

2）加强琼州海峡、渤海湾、中国台湾海峡、长江干线客（滚）运输和港澳高速客运安全监管。严禁客船超载、超员、超速航行，严格遵守客船抗风等级要求和恶劣天气条件下禁限航规定，强化客滚船车辆系固绑扎，坚决打击船舶非法夹带危险品运输行为。

3）加强中韩客货班轮监管。严禁营运船舶委托管理，加大港口国监督检查力度，船龄超过 25 年船舶按特别定期检验标准实施检验。

4）加强渡口渡船和岛际旅客运输安全管理。督促县、乡人民政府落实安全管理责任，坚决取缔未经审批、非法渡运的渡口，深入推进渡船标准化，加快渡船更新，做到渡船 100%配齐应急、消防、救生设施设备。

5. 水路危险货物运输

继续推进船舶载运危险货物安全综合治理行动，重点抓好以下专项整治工作。

1）严格水路危险货物运输企业和危险货物运输船舶准入。严肃查处船舶管理公司“代而不管”和航运公司接受船舶挂靠等违法违规行为，加强企业安全管理体系和制度建设。加强危险货物运输船舶检验质量控制，禁止违规检验发证。

2）禁止内河单壳化学品船舶和 600 载重吨以上的单壳油轮进入“两横一纵两网十八线”水域航行。禁止通过内河封闭水域运输剧毒化学品；禁止通过内河运输国家规定禁止的剧毒化学品及其他危险化学品。

3）严格船舶载运危险货物申报管理。提高对高危化学品集装箱开箱抽检比例，规范危险货物申报员和集装箱装箱现场检查员从业资格和从业行为管理，严厉查处未按规定申报或将危险货物瞒报、谎报为普通货物的违法行为，并将责任人纳入黑名单。

6. 港口危险货物储存作业

继续推进危险货物港口作业安全治理专项行动和加强港口危险货物储罐安全管理，重点抓好以下专项整治工作。

1）继续整治内河重点水域危险货物码头“未批先建”和港口建设项目超期试运行。对逾期未完成竣工验收的危险货物港口建设项目，港口行政管理部门要责令其停止经营，严厉打击无证、超许可范围经营和超量存储行为。

2）开展在役储罐安全专项整治。督促港口危险货物经营人深入开展自查，强化隐患排查治理。对罐龄长、基础资料缺失、缺乏有效监测记录的高危储罐集中开展定期检测。

3）开展危险货物集中区域安全风险评估。所在地港口行政管理部门组织专业机构对港口储罐区等危险货物作业集中区域开展一次全面安全风险评估，及时研究制定和采取措施，消除区域系统性风险，加强应急能力建设。

7. 公路安保和治超

继续推进公路安全生命防护工程，扎实开展公路货车违法超限超载、车辆运输车治理专项整治行动，重点抓好以下专项整治工作。

1）加强公路安全生命防护工程建设和桥隧安全管理。2017 年年底，完成急弯陡坡、临水临崖重点路段 6.5 万千米农村公路安全隐患治理。严格落实桥梁安全运行“十项制度”，强化公路桥梁、隧道的日常巡查和安全运行监管，加强危桥和隐患隧道整治。

2）深入开展车辆运输车治理工作。各地道路运输管理机构要根据企业申报信息对本辖区车辆运输挂车信息及退出计划逐一进行核查，强化对不合规车辆运输车的执法检查，督促汽车整车物流企业尽快按计划淘汰退出不合规车辆运输车，2017 年 12 月底，完成 60%不合规车辆运输车的更新改造。

3）积极稳妥推进超限超载治理工作。全面落实交警、路政联合派驻和处罚记分制度，严格规范执法、文明执法，按照职责分工、规定流程和超限超载认定标准进行处罚、记分，集中查处三轴及以上货运车辆车货总质量超过限载标准的违法行为，切实做到不消除违法行为不放行。

8. 公路水运建设工程

继续推进公路水运建设工程质量安全隐患大排查大整治专项行动，重点抓好以下专项整治工作。

1）严格按照规定编制和审查隧道、桥梁围堰、支架等专项施工方案。严禁没有专项施工方案的工程进行施工，严禁未开展超前地质预报、监控测量和采取支护措施的隧道开挖。严禁深基坑防护措施不足、不满足安全施工条件的桥梁围堰施工建设。

2）全面开展施工驻地设置和作业现场安全评估。坚决杜绝在陡坡、临崖、危岩以及易发生泥石流、滑坡、洪水、落石等灾害影响地点选址建设。施工现场、生产区、生活区、办公区等防火或临时用电必须满足规范要求。

3）开展施工风险评估和重大事故隐患清单管理。在建高速公路、长大桥隧等大型构造物工程以及重点水运建设项目，要全面开展施工风险评估。列入 2017 年国家和地方基本建设的公路、水运重点工程，要全面实施重大事故隐患清单管理，严格督促企业认真开展隐患排查建档和整改销号，对发现整改不力的企业，一律依法上限处罚。

三、行动安排

专项整治行动从 2017 年 5 月 18 日开始至 2017 年 12 月 31 日结束，分三个阶段进行。

1．部署阶段（2017 年 5 月）。各单位根据本方案要求，结合工作实际，制定具体实施方案，明确责任，细化措施，认真做好前期准备和动员部署。5 月 31 日前，各单位将专项行动方案报部安委办。

2．整治阶段（2017 年 6 月—11 月）。各单位按照具体实施方案精心组织实施，并认真开展督导检查，及时解决专项整治行动过程中发现的问题，确保各项工作有序推进，取得实效。

3．总结阶段（2017 年 12 月）。各单位对本次平安交通专项整治行动认真总结，发现不足，找出亮点，研究提出相关建议。12 月 20 日前，各单位将工作总结报部安委办。

四、组织措施

1. 加强组织领导。部成立深入开展平安交通专项整治行动领导小组，部长、部安委会主任李小鹏同志任组长，部安委会副主任和执行副主任任副组长，部办公厅、政研室、公路局、水运局、运输服务司、安全质量司、公安局、搜救中心、海事局、长江航务管理局、珠江航务管理局的主要负责同志为成员。领导小组办公室设在部安委办。各单位也要成立领导小组，主要领导任组长，明确分工、落实责任，切实加强专项整治行动的组织领导。

2. 精心组织实施。各地交通运输管理部门要高度重视，结合各自实际，突出重点，制定针对性的专项整治行动实施方案，细化任务措施，并将本次专项整治与今年正在开展的其他整治行动有机结合，保持好工作的连续性。督促交通运输企业要严格按照本次专项整治行动的要求，落实具体整改措施，切实履行安全生产主体责任。部相关司局要按照职能分工加强对 8 个重点领域专项整治行动的指导和督促，注重协调解决整治行动中存在的问题，确保专项整治取得实效。

3. 全面督促检查。部将组织 10 个督查组，由部领导、部内有关司局领导和行业专家组成，对各单位专项整治行动开展情况进行督查，督查时间贯穿整治行动始终，督查范围覆盖所有省份。各单位也要采取明查暗访、“四不两直”等形式，深入基层、深入现场，开展督促检查，加大对违法违规企业信息公开曝光力度，利用信用管理加强企业自我约束。对督查中发现的问题和隐患，要及时督促整改；对专项整治行动不力的要开展约谈、挂牌督办，情节严重的单位要通报批评、追责问责，问题突出的企业和从业人员要列入黑名单、上限处罚。

4. 强化应急响应。要科学安排应急力量和物资，保证应急设施设备处于良好状态，遇有突发事件，要迅速赶赴现场，确保突发事件得到快速有效处置，避免险情扩大和次生、衍生事故发生。要加强应急值守，畅通信息渠道，按规定快速准确核实、上报突发事件信息，严禁漏报、谎报、瞒报、迟报。

5. 注重舆论引导。要充分发挥新闻媒体的舆论引导作用，全面宣传报道专项整治行动，既要注重总结好的经验，又要曝光反面典型，要及时发布权威信息，及时有效应对舆情，营造大力开展专项整治工作的良好氛围。

请国家铁路局、中国民用航空局和国家邮政局结合各自安全监管职责和安全生产的实际，自行开展本领域专项整治行动。

深入推进水运供给侧结构性改革行动方案（2017—2020年）

交办水〔2017〕75号
交通运输部办公厅
2017年5月19日

为深入贯彻落实党中央、国务院关于深化供给侧结构性改革的战略部署，紧抓交通运输基础设施发展、服务水平提高和转型发展的黄金时期，大力推进水运供给侧结构性改革，加快水运提质增效升级，特制定本方案。

一、总体要求

1. 指导思想

全面贯彻党的十八大和十八届三中、四中、五中、六中全会精神，深入贯彻习近平总书记系列重要讲话精神和治国理政新理念新思想新战略，认真落实党中央、国务院决策部署，统筹推进“五位一体”总体布局和协调推进“四个全面”战略布局，牢固树立和贯彻落实创新、协调、绿色、开放、共享的发展理念，以推进供给侧结构性改革为主线，以降成本、去产能、补短板、调结构、强服务为主要抓手，提高水运供给的质量和效率，加快构建现代水运体系，更好地服务国民经济社会发展。

2. 工作目标

到2020年，水运供给侧结构性改革取得明显进展，转型升级取得实效，内河水运基础设施和港口集疏运体系短板基本补齐，船舶运力结构进一步优化，水运服务质量效率和行业治理能力显著提升。

内河高等级航道达标率达到90%。

重点港口集装箱铁水联运量平均每年同比增长10%以上。

长江经济带江海直达运输经济社会效益得到显现。

内河船舶船型标准化率达到70%，平均吨位提高到1000载重吨。

二、主要任务

1. 降成本，发挥水运比较优势

1）完善港口集疏运体系。落实《“十三五”港口集疏运系统建设方案》，以主要港口和航运中心为重点，加强铁路、公路集疏运系统建设，强化集疏运服务功能，（规划司牵头，2020 年底前完成）。

2）积极发展以港口为枢纽的联运业务。建立实施集装箱铁水联运统计制度，深化铁水联运示范范围和内容，持续提升铁水联运比重。加快以沿海和内河主要港口城市为节点的货运枢纽（物流园区）建设，延伸和拓展港口物流产业链（水运局、规划司分工负责，持续推进）。

3）降低水路运输成本。深化港口价格形成机制改革，修订港口收费计费办法，改革拖轮计费方式以及国内客运和旅游船舶港口作业费定价模式。做好停止征收船舶登记费、船舶及船用产品设施检验费（中国籍非入级船舶法定检验费）工作（水运局、海事局分工负责，2017 年年底前完成）。

4）优化江海运输组织。落实推进特定航线江海直达运输发展的意见，制定特定航线江海直达船舶配员标准及船舶监管要求，建立健全特定航线江海直达船舶法规规范体系，推进特定航线江海直达船型研发。继续推进江海联运、干支直达发展，提高水水中转比重，（水运局、海事局分工负责，2017 年年底前完成）。

2. 去产能，促进水运转型升级

5）优化船舶运力结构。积极推进内河船型标准化，实施好老旧运输船舶和单壳油轮提前报废更新政策，逐步化解过剩运能，研发推广新能源动力船舶，提高船舶安全经济、节能环保水平，（水运局负责，财审司、海事局配合，持续推进）。

6）促进区域港口协调发展。完善港口布局规划，加强港口岸线管理，有序推进大型综合性港区和重要货类专业化码头建设。制定推进区域港口一体化发展的意见，促进区域港口资源整合，加快推进津冀港口功能优化、错位发展，化解局部地区产能过剩矛盾，（规划司、水运局分工负责，持续推进）。

7）深入开展船舶与港口污染防治专项行动。协同推进船舶与港口污染物岸上接收设施建设，并做好与城市公共转运、处置设施的衔接，推动多部门联合监管。优化危化品船舶锚地和洗舱站布局，推进珠三角、长三角、环渤海（京津冀）水域船舶排放控制区建设，开展干散货码头粉尘专项治理，推进靠港船舶使用岸电、水运行业推广应用液化天然气和原油成品油码头油气回收工作（规划司、水运局、海事局分工负责，2020 年年底前完成）。

3. 补短板，增强水运保障能力

8）继续加快内河高等级航道建设。加强长江干线航道系统治理，加快建设长江三角洲高等级航道网。加快京杭运河和西江航运干线高等级航道扩能改造。全面建成珠江三角洲高等级航道网并向北江上游延伸，统筹推进各支线高等级航道建设，大力推动引江济淮航运工程实施，促进航道等级提升和区域成网（规划司、水运局分工负责，2020 年年底前完成）

9）做好内河航道通航管理和养护。落实全国航道管理与养护发展纲要，加强航道养护及重要通航建筑物监督检查，开展重点航道技术等级评定和保护范围划定工作，做好跨越国家重要航道项目航道通航条件影响评价审核及监督工作（水运局负责，持续推进）。

10）推进解决三峡船闸瓶颈制约。推动理顺三峡通航建筑物管理体制，按分工组织做好三峡升船机试通航和竣工验收，配合推进三峡枢纽水运新通道建设前期工作，（水运局负责，2020 年年底前完成）。

11）提升水运安全发展水平。加快构建双重预防性工作机制，深入开展危险货物港口作业安全治理行动等专项整治，加强储罐技术状况安全检测评估和管控。以危险货物水路运输从业人员素质为重点实施水路运输从业人员安全素质提升实施方案。开展油船、散装液体化学品船安全专项整治。完善近岸海域和内河高等级航道安全监管系统布局（水运局、海事局分工负责，2017 年年底前完成）。

12）健全水运应急体系。修订发布水路交通突发事件应急预案，研究制定加强水上搜救工作的意见。推进实施国家重大海上溢油应急能力建设规划和水上交通安全监管相关规划，推进空中巡航救助联动，提升深海远海搜救、大吨位沉船打捞、大规模溢油和危化品污染应急处置能力。研究建立与国家海上搜救应急预案相衔接的邮轮突发事件应急反应程序（水运局、搜救中心、海事局、救捞局分工负责，2020 年年底前完成）。

4. 调结构，提高水运服务品质

13）加快邮轮游艇运输发展。完善邮轮始发港、访问港等港口体系布局，有序推进邮轮码头建设，鼓励通过老港区功能调整、改造现有设施以满足邮轮靠泊要求。研究推进邮轮运输发展措施，配合制定推进全国邮轮旅游发展总体规划，研究制定中资邮轮公司、方便旗邮轮试点政策，提出加强邮轮运输安全监管的特别举措，支持企业拓展国际国内邮轮航线。推进粤港澳游艇自由行工作，支持游艇有序发展（规划司、水运局、海事局分工负责，2017 年年底前取得阶段性成果）。

14）大力发展现代航运服务业。做好自贸区海运政策复制推广，研究制定并实施新增自贸区交通运输试点政策。促进传统航运服务业升级，推进上海航运交易所体制改革，积极推进国际航运中心建设（水运局负责，海事局配合，持续推进）。

15）推进“互联网+”水运应用。开展智慧港口示范工程建设，推进港口物流信息平台、长江航运物流公共信息平台等信息化建设。推动大数据、物联网等技术在水运业的应用，支持“互联网+”水运新业态，引导水运企业和互联网企业联盟发展（水运局牵头，规划司、科技司配合，持续推进）。

5. 强服务，提升行业治理能力

16）深化水运放管服改革。深化行政审批改革，研究取消中央指定地方实施的部分许可事项。推进行政许可全程网上办理，提高政务服务效率。推进水运市场信用体系建设，探索建立信用信息公示和黑名单制度。依托国际集装箱班轮运价备案制度，强化国际海运监管（水运局负责，政研室、法制司配合，持续推进）。

17）深化水运重点领域改革。统筹研究中俄界河航运管理体制事宜。稳妥实施取消国内航行船舶进出港签证改革措施。健全港航、海事管理部门安全协同监管机制，强化涉水部门综合联动执法。深化实施国际航行船舶联合登临检查机制（水运局、海事局分工负责，人教司、财审司配合，2017 年年底前取得阶段性成果）。

18）完善水运法规体系。继续组织做好《港口法》《国际海运条例》重大法律制度研究修订，推进《航道法》配套法规建设（水运局负责，法制司配合，2020 年年底前完成）。

19）完善水运标准体系。推进建立水路运输标准化技术委员会，加强水运工程和水路运输国家、行业标准制修订工作，建立健全水运工程绿色发展标准体系（水运局、科技司分工负责，持续推进）。

三、保障措施

1. 加强组织领导

有关部门和单位要切实加强组织领导，把改革放在更加突出的位置，紧密结合本地区、本单位实际，完善工作机制，统筹组织各项工作任务的落实，主要领导亲自抓，确保取得工作成效。

2. 强化分工协作

牵头单位要会同有关部门和单位进一步细化任务措施，明确路线图和时间表，并加强与有关部门和地方的沟通，协同推进各项任务的落实。

3. 加强监督考评

有关部门和单位要将相关工作纳入年度重点工作目标任务，建立动态跟踪机制，加强监督考评，督促各项工作按时完成。

“十三五”城镇化与城市发展科技创新专项规划

国科发社〔2017〕100 号
科学技术部
2017 年 4 月 21 日

依据《中华人民共和国国民经济和社会发展第十三个五年计划规划纲要》《国家创新驱动发展战略纲要》《“十三五”国家科技创新规划》《国家中长期科学和技术发展规划纲要（2006—2020 年）》《国家新型城镇化规划（2014—2020 年）》等的总体部署，为明确“十三五”期间城镇化与城市发展领域科技创新工作的发展思路、总体目标、重点任务和保障措施，特制定《“十三五”城镇化与城市发展科技创新专项规划》（以下简称“规划”）。

中国已进入全面建成小康社会的决定性阶段，正处于经济转型升级、加快推进社会主义现代化的重要时期，也处于新型城镇化建设的关键时期，必须深刻认识城镇化与城市发展对经济社会发展的重大意义，牢牢把握城镇化蕴含的巨大机遇，准确研判城镇化发展的新趋势新特点，妥善应对城镇化面临的风险挑战。城镇化与城市发展科技创新就是指在城乡规划与区域发展、城镇基础设施、绿色建筑及建筑工业化等领域，开展科学研究、技术开发及其成果转化应用、支撑引领经济社会发展的价值创造活动。

一、形势与需求

1. 中国城镇化与城市发展领域科技创新现状

中国政府对城镇化与城市发展领域科技发展工作高度重视，经过几个 5 年计划的努力，特别是自《国家中长期科学和技术发展规划纲要（2006—2020 年）》实施以来，本领域自主创新能力不断提升。

《国家中长期科学和技术发展规划纲要（2006—2020 年）》首次将城镇化与城市发展领域作为重点领域进行独立部署，设立了“城镇区域规划与动态监测、城市功能提升与空间节约利用、建筑节能与绿色建筑、城市生态居住环境质量保障、城市信息平台”5 个优先主题。在国家科技支撑计划、863 计划、973 计划和国家自然科学基金等国家科技计划的支持下，中国在区域规划、建筑节能、城市基础设施、生态居住环境等技术领域得到快速发展。

通过 10 多年的发展，总体看中国城镇化与城市发展领域技术水平在某些关键科技点上处于国际领先水平，但大部分还处于“跟跑”“并跑”的水平。

具体来看，中国在超高层建筑、大跨度空间结构、跨江跨海超长桥隧等特种结构领域的工程设计建造和集成技术应用已居于世界领先水平，在新型建筑结构技术方面突破了技术瓶颈，中国重大工程建造科技方面已达到国际先进水平；在建筑节能、绿色建筑等领域取得突破，抢占了部分技术制高点，取得了一批重大成果，孵育了一批高新技术企业，高水平研发团队、科研条件和平台建设得到快速发展。

同时，也必须清醒的认识到中国城镇化与城市发展领域科技创新还存在一些薄弱环节和深层次问题，主要体现在：一是基础研究偏少，理论创新不足，无法有力支撑城镇化与城市发展领域科技的全链条一体化发展；二是技术集成创新聚焦程度不足，新技术和交叉学科技术研发和应用与国际领先水平相比仍有差距，创新能力亟待进一步提升；三是相关技术转化平台的协同共享机制尚未建立，技术转化比率低于发达国家，部分技术领域核心产品竞争力仍处于劣势。

2. 国内外科技创新发展趋势

当下城镇化领域科技创新已成为世界各国促进社会可持续发展、节能环保和改善民生最为重要的手段之一，研究对象不断增多，手段和方法不断创新，内涵不断丰富。

1）研究领域从单一要素向系统整体转变，研究手段从传统技术方法向大力发展交叉学科促进技术创新转变

发达国家在城镇化科学基础研究方面，已经进入以复杂巨系统为对象的综合集成研究阶段，聚焦于现有城市空间结构对通勤流、交通流、商务流、信息流等“流”的影响，研究空间扩张、形态变化对城镇群用地布局、土地利用、生态廊道、功能组织和环境质量等的影响，探索旧城更新与历史文化的保护及延续。此外还通过信息化技术，实现城市人居环境品质和基础设施服务功能的长期连续监测，期望在更大程度上揭示城市与人员活动的相互影响机制。美国 2050、欧洲空间发展规划（ESDP）的研究，都关注跨区域、跨行业协同发展、城市地区人居环境质量的提升，研究方法与手段实现了从单项技术走向多种技术的集成。

2）研究热点从工业化向可持续理念转变

作为节能减排和改善居住品质的关键途径，可持续理念成为近 30 年来国际上的研究热点。一方面，发达国家开始重视城镇资源生态承载力研究，20 世纪 90 年代初“生态足迹”概念的提出，使承载力的研究从生态系统中的单一要素转向整个生态系统，并与城镇化可持续发展相融合。另一方面，发达国家积极研究绿色建筑与低碳节能技术、标准的发展和技术集成，大力研发新型节能设备和功能材料，最近部分发达国家还开展了近零能耗建筑的研究与实践，目标是基本不再主动向外需求能源。此外，发达国家还大力推进绿色建筑、低碳城市技术集成与示范建设，据统计近 20 年国外发达国家绿色建筑推广已经超过 10 万栋、面积超过上亿平米，而生态低碳城市的建设数量也超过了上百个。

3）研究重点从重视规划建设向建设与运营管理并重转变

从城镇化水平较高国家的经验来看，现阶段更多关注城市功能的可靠性、安全性、可持续性和效率再提升，城市生命线工程系统（基本单元如地下管线，重要工程如自来水厂等）的安全性、可靠性和高效运营逐渐成为研究重点，地下空间开发建设和运

营管理技术也得到格外重视。地下空间利用综合化、分层开发与深层开发、3S技术在地下空间开发中的推广应用、勘察、设计、施工、运营和维护的信息化整合、地下环境保障技术和地下工程建造与运营安全技术、运用BIM技术提高综合信息化水平、在建筑机械装备的开发和应用中推广机电一体化技术逐步成为研究热点。此外，发达国家工程建设已从工业化专用体系走向大规模通用体系，以标准化、系列化、通用化建筑构配件、建筑部品为中心，发展专业化、社会化生产和商品化供应的住宅产业现代化模式，重视现场施工创新技术服务体系以及先进技术（机器人、数字化制造、3D打印、三维扫描、精益制造）和现代化管理技术在城镇基础设施和建设工程领域的研究应用。

3. 中国城镇化发展对科技创新的战略需求

党中央国务院高度重视城镇化工作。十八大以来，党中央、国务院就深入推进新型城镇化建设做出了一系列重大决策部署。2015年12月，中央城市工作会议时隔37年再次召开。2016年2月，习近平同志对深入推进新型城镇化建设做出重要指示；2月，中共中央、国务院陆续出台了《关于深入推进新型城镇化建设的若干意见》《关于进一步加强城市规划建设管理工作的若干意见》，对我国新型城镇化建设科技创新提出了新的更高的要求。

第一，伴随经济发展进入“新常态”，中国城市发展和城镇化的动力机制将发生结构性变化。发展方式从密集要素投入和粗放型发展转向创新型活动和生产型服务业，将导致城市就业结构、职能分工、空间布局等发生变化，乃至城镇化模式的调整。科学分析和准确把握“新常态”下城市发展及城镇化的新规律，提高城市及城镇群规划的科学性和前瞻性，不仅事关未来数10年中国城市建设的大方向，也事关中国进一步提升城市的综合竞争力。

第二，中国将很快达到人口峰值，推动城市发展从注重数量扩张到以质量提升为主。过去30多年，由于人口持续增长和城镇化水平不断提高，中国城市经历了前所未有的高速扩张，面临着突出的城市病和极大的资源环境压力，制约着城市的持续健康发展。城市内涝、地下管线事故、环境污染、供水短缺、交通拥挤、城市垃圾等问题，亟须发挥科技创新的核心作用，加强技术集成和推广应用，形成系统解决方案。如何通过科技创新提升城市发展的质量和城市的服务功能，并进一步实现城乡统筹发展、建设美丽中国，是“十三五”期间面临的重大而迫切的现实问题。

第三，中国社会发展步入“新常态”，对城市功能和管理体系提出了新需求。一方面，中国正在进入老龄化社会，城市老龄人口规模日益庞大，对城市的功能和设施提出了新的要求。另一方面，城乡、城市之间的人口流动日益复杂，急需通过科技创新实现城市功能的再造和服务管理技术水平的提高，加快外来人口的市民化，推动就近就地城镇化，优化城乡空间布局和结构。因此，通过科技创新来引领和适应社会发展“新常态”，是科技界的一项新的重大工作。

第四，国家节能减排战略、治理雾霾和应对全球气候变化对城镇化领域科技创新带来新需求。目前，城镇领域建筑与交通能耗带来的碳排放已成为中国碳排放的主要贡献因素。2030年碳排放达峰、巴黎协议生效和雾霾治理等多重压力，加快了中国城镇能源结构调整，亟须通过科技创新，推进城镇领域供给侧、消费侧能源革命，减少用能需求，加强需求侧响应，解决城镇热电气高效协同问题。在不断满足人民群众日益提高的人居环境品质需求的同时，突破节能减排技术瓶颈，给出城镇领域应对气候变化的有效技术解决途径。

第五，生态文明建设、中央城市工作会议和“一带一路”战略对建筑产业科技创新提出了新要求。首先，生态文明已经成为新常态，城镇建设与运营需要更加重视以人为本，科技研发理念需要改变。其次，建设具有国际影响力的城市和城镇群，亟须提高城市建筑的设计水平和建造技术。最后，只有对标国际顶级水平、不断提高我国建筑产业的科技贡献率，才能更有力地支撑建筑业“走出去”，强化“一带一路”建设科技支撑能力和海外建筑承包的国际竞争力。

二、指导思想和发展目标

1. 指导思想

高举中国特色社会主义伟大旗帜，全面贯彻党的十八大和十八届三中、四中、五中、六中全会精神，深入贯彻习近平总书记系列讲话重要精神，按照“五位一体”总体部署，坚持“四个全面”战略布局和以人民为中心的发展思想，牢固树立和贯彻落实“创新、协调、绿色、开放、共享”五大发展理念，坚持“自主创新、重点跨越、支撑发展、引领未来”的指导方针，面向世界城镇化领域科技前沿、面向国民经济主战场、面向国家重点需求，围绕美丽中国、新型城镇化和生态文明建设，实施创新驱动发展战略，增强自主创新能力。

以节能减排和改善民生为出发点和落脚点，以推进新型城镇化为主要任务，结合科技体制改革契机，进一步整合城镇化与城市发展领域科技资源。以“六个加强”和“六个提升”为抓手，即“加强城市发展规律研究，提升城市及区域规划的前瞻性及科学性；加强关键技术集成研究，提升城市基础设施保障能力与空间效率；加强新技术应用研究，提升建筑品质及建造水平；加强大数据平台建设，提升城市智慧管理和社会治理能力；加强技术转化平台建设，提升科技成果产业化水平；加强国际合作与人才队伍建设，提升科技创新能力”，通过全创新链设计、系统部署和重点突破，着力提升城镇化领域科技支撑能力，破解城镇化发展难题，释放经济发展新动能，开创中国城镇化与城市发展领域科技创新工作新局面。

2. 基本原则

1）坚持民生为先，以人为本

解决城镇化进程中人民群众最直接、最关心、最迫切的问题，坚持科技进步造福人民，科技成果惠及百姓。坚持人才是科技创新第一资源的理念，坚持在创新实践中发现人才，在创新活动中培育人才，在创新事业中汇聚人才。

2）坚持顶层设计，系统集成

针对制约城镇化与城市发展科技创新的重大问题，探索围绕产业链部署创新链、围绕创新链配置资金链的新模式和新机制。坚持发挥不同创新主体的作用，按照功能定位、分类统筹的原则建设完善社会发展科技创新平台，营造城镇化与城市发展领域科技创新的新局面。

3）坚持政府引导，市场为主

以新型城镇化市场需求为导向，充分发挥市场配置创新资源的作用，构建政府和社会在资金、技术和人才等方面实现多主体融合、多渠道汇集的科技创新格局，促进城镇化与城市发展领域科技创新跨越式发展。

4）坚持创新驱动，开放协同

通过放管结合、优化服务，充分调动高校、科研院所、企业等各方面的积极性、主动性、创造性，构建开放高效的创新资源共享网络，推动科技创新与大众创业、万众创新有机结合，拓展公众参与空间，丰富公众参与载体，以协同创新牵引城镇科技发展。

3. 发展目标

1）总体目标

到 2020 年，城镇化与城市发展领域科技创新体系更趋完善，创新能力显著提高，科技进步对城镇化发展贡献率稳步提高，为新型城镇化规划、建设、运行和管理提供更高质高效的技术解决方案，相关产业发展壮大，科技成果更多更好地惠及民生和服务国家节能减排。

2）具体目标

（1）推动城镇建设基础理论创新，引领城镇发展方向。围绕城镇区域规划与动态监测、区域协同发展、城镇精细化管理等方面面临的深层次问题，通过城镇发展基础理论创新，理清城市发展规律，加强城市设计技术、方法、体系及标准研发，形成绿色低碳的生产生活方式和城市建设运营模式；通过规划体制改革，以主体功能区规划为基础，统筹各类空间性规划；通过提升规划水平，增强城市规划的科学性和权威性，促进“多规合一”；通过城市治理方式创新，提升城市的通透性和微循环能力，实现城镇精细化管理。融合以人为本、尊重自然、传承历史、绿色生态、高效集约等发展理念，研究提出一批新理论、新方法、新标准、新模式，为落实我国“一带一路”建设、京津冀协同发展、长江经济带建设等国家战略提供科技支撑。

（2）突破一批重大关键技术，完成一批重大工程示范。在城乡区域规划与城市设计技术、人居环境优化提质、城镇能源系统、地下空间开发、建筑工业化等方面突破一批重大关键技术，在北方集中供暖系统、城镇和建筑大数据平台、绿色建筑节能环保技术、建筑安全和品质提升技术等方面取得一批自主创新重大成果，达到国际领先水平。开展一批城市（区）的综合示范或专项示范，建设完成各类系列重点示范工程，完成一批工程技术标准。

（3）建成一批科技创新人才队伍、创新企业和科研平台。通过自主培养、积极引进等多种形式，培育形成科技领军人才、高技能人才、企业家人才、科技惠民专员和创新服务人员，培养一批城镇化领域国家级高端人才和核心队伍。积极搭建平台，推动城镇化领域科研人员成为“双创”主力军，培育一批城镇化领域科技创新骨干企业和全产业链应用示范骨干企业，推动国家科技创新基地、创新团队和产业技术创新战略联盟建设。

三、重点任务

1．加强城市发展规律研究，提升城市及区域规划的前瞻性及科学性

针对传统城市增长模式面临挑战、城市发展规律尚未明晰，通过城市及区域规划编制和实施来破解资源环境约束的创新科技体系尚未形成等瓶颈，通过科技创新，以人为本，解决规划设计技术与发展要求脱节、各层次各部门空间规划不协同的技术难题。

专栏 1　城市规划与区域发展

1．基础科学问题

研究资源环境生态承载力和基础设施承载力理论与评价方法，城市与区域发展驱动力与驱动机制，城镇集聚与扩散规律，空间组织运行规律，城市群及城镇综合交通规划一体化理论，城市发展的路径依赖与人文传承，建立并研究城镇的优化设置与城镇布局、城乡协同发展的空间耦合机制及演变规律，多规融合机制研究等。

2．城市和区域规划新技术

研究国土空间优化开发技术，城镇发展地质环境承载与协调技术，城镇体系规划方法，区域与城市群规划方法，“多规合一”技术方法，集约节约用地与低效建设用地提升技术，不同层级规划体系的衔接融合技术，生态修补城市修补技术及数字化管控技术，开展国家重大遗址保护规划等文化设施营造技术研究与示范，城市应对和适应气候变化规划设计技术。开展生态城市、绿色城区的规划建设技术研究和试点示范。研究城市数据融合方法，城市综合数据库构建与开放技术，数据采集、挖掘与处理技术，规划模型系统开发，模拟预测与虚拟现实技术研究，动态监测技术，城市群及城镇综合交通规划一体化技术，完成相关标准体系，不断提升规划水平。

3．人居环境优化提质关键技术与工程示范

研究人居环境质量优化提质理论方法，大城市、中小城市和小城镇人居环境质量优化技术，和谐宜居社区建设技术，城市特色塑造技术，城市人居环境规划建设管理技术，进行人居环境质量优化提升示范。研究城市生物多样性保护、生态空间构建与管控技术；城市开发边界、绿地系统、生态保护红线划定技术与管理机制；既有城市绿色基础设施生态承载能力评估，开展城市通透性和微循环能力的研究。城市环境卫生与环境再造技术；绿化与休闲性微景观营造技术；社区水体景观营造技术；居住区休闲性微景观营造技术；城市及社区绿化与休闲游憩景观营造技术与示范。研究特大型城市问题诊断关键技术，特大型城市人口流动与空间发展监测预警机制，特大型城市土地利用与产城融合发展模式与关键技术，特大型城市多交通模式与空间发展耦合机制与关键技术，低碳、生态城市空间布局新模式与规划建设关键技术。

2. 加强关键技术集成研究，提升城市基础设施保障能力与空间效率

按照党和国家提出的“城镇化必须进入以提升质量为主的转型发展新阶段”的要求，开展城市综合防灾和城市生命线规划建设技术研究，加强城市防灾减灾关键技术研究与示范，提升城市高效运行、安全运行和环境保护能力；攻克地下空间规划建设和地下管廊规划建设技术，提升空间利用效率；突破城镇热电气协同、工业余热利用和直流供电等关键技术，提升城镇节能减排能力；研究海绵城市规划建设技术，提高城市自然调节能力；完成相关标准体系，不断提升城镇基础设施建设运营水平。

专栏 2　基础设施能力与空间利用

1. 城市生命线工程与综合防灾

保障城市“生命线”的正常运行，重点研究城市“生命线”工程空间布局规划设计；既有“生命线”工程设施现状承载力诊断、网络优化、存量评估与更新改造；城市“生命线”工程设施检测、监测、预警、修复和防灾减灾技术；城市防灾减灾关键技术研究与示范；城市燃气多源运行及能效提升技术与理论；城市排水系统功能提升与内涝协同防治；选择典型城市或区域开展技术集成与示范工程研究。

2. 海绵城市

为大力规划建设自然积存、自然渗透、自然净化的“海绵城市”，重点开展海绵城市专项规划及多专业衔接技术；建筑与小区雨水控制利用设计优化技术；海绵型公园绿地建设及生态修复技术，海绵城市建设设计模型研发，海绵城市建设中植物适应性研究与应用技术城市源头减排与雨水污染治理技术；地块与公共部分海绵系统功能平衡及防洪排涝调蓄设施建设技术；城市河道水体综合整治技术；初期雨水控制与处理技术；水系及生态修复技术；绿色和灰色调蓄技术在海绵城市中的组合应用技术；海绵城市模拟与评估系统开发；海绵城市建设运营管理体系；海绵城市规划建设引导技术政策支撑体系。

3. 地下空间

研究利用城市地下空间，引导人车、车车立体分流、减少环境污染、改善城市生态，缓解城市人口、环境、资源矛盾，实现城市可持续发展。开展城市地下与地上空间、新建与既有地下空间协同开发规划、高效利用设计、空间开发承载力评价、综合影响评估的理论与技术体系研究；地下空间开发建设新技术和新装备技术开发；地下空间高性能结构体系，地质安全探测与监测；城市地下空间防灾减灾技术以及地质安全评价技术；相邻地下空间衔接共生建造技术；超深城市综合体、地下车库、地下实验室、地下污水处理厂、地下垃圾处理场、地下雨水储池等设计建造新技术；地铁隧道和地下车站的空气流动规律；适应于严寒、寒冷、夏热冬冷、干燥以及夏热冬暖地区地铁热湿环境营造技术。

4. 城市综合管廊

城市综合管廊与城市发展的协同规划技术；综合管廊与城市地下空间、城市人防及地下轨道交通协同规划与共建、合建技术；多种类（重点研究天然气、热力、排水等）管线的共舱技术；多种地势条件下排水管线采用重力流进入管廊敷设技术；综合管廊各类交叉节点位置预制实施技术；地下综合管廊安全运行评估指标体系、评估模型和评估方法；地下综合管廊安全运行动态监测、实时监控和预报预警技术集成方法体系；地下综合管廊安全运行管理责任边界、协作机制、管理制度及管理模式，构建安全运行保障体系；综合管廊正常状态与事故状态低能耗运营技术。

5. 城市热电气协同

研究巨量蓄热和分布式蓄热装置与技术、利用蓄热装置为热电联产实现电力调峰的技术、利用天然气在末端为热网调峰的技术与装置、利用蓄热装置协调工业余热源与供暖末端供需协调的技术与装置等，实现电、热、燃气之间的协调，工业余热与供暖末端的高效协调。

6. 工业余热集中供暖

研究多种热源热汇互联和长距离输送成套技术，包括热量变换装置、楼宇型吸收式换热装置、热力站型吸收式换热装置、长距离大高差热水管网水击防治和调压方式、以及多源多汇的优化调控。通过这些技术的突破，实现多个热源热汇之间在百千米尺度上的高效与经济的互联互通。

7. 建筑直流供配电

研究建筑直流供配电与分布式蓄电技术；开发用于建筑直流供配电的直流—直流、直—交和交流—直流变换器，以及建筑内各类用电器具的直流化方式、直流供电建筑LED照明方式，直流微电网调控方式等。

8. 景观园林

主要开展国家公园体系与国家保护地体系构建研究；国家公园、风景名胜区、世界自然遗产资源评价与监管、生态保护技术，风景名胜区、世界自然遗产规划管控技术国家公园游憩发展与生态保护协调技术；城乡绿地和绿道系统专项规划技术，立体绿化技术应用与植物选择技术；特色景观风貌营造技术；生态园区规划技术；城市水系与园林绿地建设耦合技术；盐碱地改良技术应用与植物选择技术；景观工程透水蓄水材质应用性设计技术。

9. 城市生态修复

主要研究城市生态现状评估技术，受损山体保护修复与评价技术，河湖、坑塘、湿地等水体保护修复与评价技术，采矿废弃地生态修复、评价与管理技术，工业废弃地修复、评价与管理技术，已封场垃圾填埋厂生态修复、评价与管理技术，动植物栖息地生境保护与重建技术，绿地系统生态修复效益评价技术。

10. 城市交通基础设施

研究城市智能交通控制管理相关技术、慢行交通系统设计建设技术、国际枢纽综合交通优化提升技术、城市路网通行效率提升技术、基于 BIM 技术的城市交通基础设施设计和运营管理技术、新型智能停车场（车库）建造技术等。

3. 加强新技术应用研究，提升建筑品质及建造水平

针对中国目前建设领域全寿命过程的节地、节能、节材、节水和环保（以下简称“四节一环保”）等关键共性问题，加快研发绿色建筑和建筑工业化领域的核心技术和产品，完成一批建筑工程建设标准，使中国在建筑节能、环境品质提升、工程建设效率和质量安全等关键环节的技术体系和产品装备达到国际先进水平。

专栏 3　绿色建筑及建筑工业化

1. 基础数据系统和理论方法

建立城镇建筑“四节一环保”大数据系统并研究相应的数据获取机制；研究基于实际运行效果的绿色建筑性能后评估方法及应用示范；开展被动式技术在节能与改善室内热环境中的基础理论研究；研究城镇建筑绿色发展规划；建立、完善建筑节能设计基础数据库。

2. 规划设计方法与模式

研究目标和效果导向的绿色建筑设计新方法；开发建筑环境、能耗及碳排放简化模拟工具；研究基于文脉传承的地域绿色建筑技术与模式，低碳城市住区与县域城镇规划设计运营优化技术，绿色校园规划建设适宜技术，既有城区功能提升与改造技术；养老适老社区与建筑规划设计技术；开发建筑全性能仿真平台内核。

3. 建筑节能与室内环境保障

研究近零能耗建筑技术体系及关键技术，长江流域居住建筑供暖空调解决方案和相应系统，藏区、川西、西北及高原地区太阳能采暖和干空气能空调，新型建筑供热空调末端技术体系，区域可再生能源规模化耦合应用技术。研究民用建筑室内空气质量基础理论研究，居住建筑室内通风策略与室内空气质量营造方法，建筑室内材料和物品 VOCs、SVOCs 污染源散发机理及控制技术，室内微生物污染源头识别、在线监测及综合控制技术，公共建筑光环境提升关键技术，居住建筑室内声环境控制及提升关键技术，建设建筑室内空气质量控制示范工程。研究既有公共建筑综合性能提升与改造关键技术，既有居住建筑宜居改造及功能提升关键技术，公共建筑能耗总量控制全过程管理关键技术，大型公共交通场站建筑节能技术。研究洁净空调厂房的节能设计与关键技术设备，高污染散发类工业建筑室内环境保障与通风系统节能关键技术。

4. 绿色建材

研究建筑围护材料性能提升关键技术；功能型装饰装修材料的关键技术；地域性天然原料制备建筑材料的关键技术；适应超低能耗需求的建筑节能材料，关键技术研究与应用、高节能性能门窗关键技术研究与应用；工业及城市大宗固体废弃物的建材资源化利用关键技术研究与应用；水泥基高性能结构材料的关键技术；高性能结构钢材应用关键技术研究与应用；绿色建筑材料认证技术体系研究。

5. 绿色高性能生态结构体系

研究高性能结构体系性能与设计理论；高性能钢结构体系，既有工业建筑结构诊治及性能提升关键技术、高效节地立式工业建筑结构体系、高性能组合结构体系、高性能纤维增强复合材料（FRP）新型结构体系、既有建筑及其地下空间性能提升关键技术、新型木竹结构体系、海水海砂混凝土结构体系、智能结构体系、沙漠砂混凝土结构体系等的研究与示范；研究既有建筑诊治及高性能提升技术。

6. 建筑工业化体系与关键技术

建立装配式建筑技术标准体系，研发装配式建筑集成设计技术与平台，设计、施工、建造和检测评价技术，研究装配式建筑部品与构配件制造、结构体系与连接节点、产业化技术，开发工程建造关键设备。

7. 建筑信息化

研究新型建筑智能化系统平台技术，基于预制装配建筑体系 BIM 应用技术，绿色建造、绿色施工与智慧建造关键技术。基于大数据的绿色建筑管理技术，基于 BIM 的绿色建筑运营优化关键技术，绿色建筑垃圾管理定量化和精准化技术。

4. 加强大数据平台建设，提升城市智慧管理和社会治理能力

面向中国加强和创新城市智慧管理和社会治理的重大需求，研发全国城乡规划管理信息平台，重点围绕社会组织、流动人口和贫困人群、就业创业、社会保障等领域，建立城市运营、社会治理与公共服务平台、标准、系统和装备，推进在全国的推广运用与示范，提升社会治理能力和公共服务精细化水平，为实现社会治理和公共服务智慧化与现代化提供强有力的科技支撑。

专栏 4　城市智慧管理与社会治理

1. 城市信息平台

主要研究智慧城市理论内涵、建设内容和适用技术，城市时空信息基准、城市三维仿真、公共信息资源共享开放和云服务技术，公共信息平台和综合决策平台技术，城市规划建设管理的全生命周期一体化云平台技术，城镇用地数字表达、在线协同、电子政务、智慧控制云平台技术，城市创客空间开发平台技术，建立全国城乡规划管

理信息平台。

2. 社会治理和公共服务基础研究

重点针对快速城镇化、人口流动和老龄化等问题，研究大规模人口流动和社会结构变化等易引发社会稳定性的基础理论；研究社会大数据管理、挖掘与分析方法；人口基础模型与方法；城乡劳动力变化预测方法；城乡医疗保险与养老保险仿真模型与方法；社会服务政策理论研究等，为社会治理和公共服务现代化提供理论方法。

3. 大数据环境下的社会治理和公共服务精细化

面向社会治理与公共服务大数据的管理、分析和利用，重点研究社会组织、流动人口和贫困人群动态监测技术；失业率和失业状况动态监测技术；社会收入分配及工资动态监测技术；流动和灵活就业群体社会保障个性化服务技术；社会保险仿真技术；政策仿真建模和分析技术；符合社区特点的网格化管理技术；人才测评和甄选技术；智能交通信息服务技术，基于大数据的城市交通需求管理协调技术、重大活动交通疏导协调技术、“最后一千米”交通设施布局和运输组织技术、城市大型社区出行服务技术；居家养老智能系统，智慧社区建设和物业服务智能化；地址信息高效编码技术；多源地名信息资源的多渠道分发、智慧化服务与快速展示技术。

4. 新型城镇化下的社会治理和公共服务智慧化平台与装备

重点研发一批新型城镇化背景下的社会治理和公共服务智慧化平台与装备，开展社会治理与公共服务平台设计开发方法体系研究；多种平台融合管理和服务模式、相关技术标准和服务规范研究；社会治理与公共服务跨地域、跨平台实时衔接、动态监测与信息共享技术研究；研发社区服务跨地域、跨部门集成大数据平台；流动人员信息采集物联网设备；适老化和助残类智能康复辅具；采用新能源和物联网技术实现传统地名标志智能化改造的关键设备等，推进社会治理和公共服务模式、手段和方法智慧化。

5. 加强技术转化平台建设，提升科技成果产业化水平

优化平台整体布局。完善平台科学领域和技术方向布局，面向城镇功能提升和行业可持续发展，持续推进行业重点实验室和工程技术研究中心建设，重点在建筑节能与绿色建筑、装配式建筑、海绵城市、城市管理等领域新建 20 个左右行业重点科研平台。加强中西部地区重点科研平台的培育与布局。规范以企业、高校为主体的行业协同创新平台和协调创新中心建设，鼓励构建以企业为主导、产学研合作的产业技术创新战略联盟。

发挥既有平台作用。强化行业重点实验室和行业工程技术中心的功能定位，明确平台的义务和社会责任，更好发挥平台在重大工程建设、重大研发任务、公共灾害性事件危机管理中的技术支撑保障作用。完善制度规则，搭建信息平台，推进行业重点科研平台、大型仪器设备和科学基础设施的开放共享，提升平台的国际性和开放性，加大对国际标准、技术的跟踪、评估和转化力度。完善平台运行管理机制，加强平台

间的合作交流。改进平台评估机制，侧重针对平台的基础研究、公益研究、技术创新、技术转移等能力和业绩开展专项评估与总体评估，评估结果作为政策支持的重要参考依据，促进平台更好发挥“创新高地”的领跑作用。

支持平台持续发展。完善平台发展政策，支持平台开展科研基础条件建设，不断提高研究实验水平。支持平台围绕各地住房城乡建设发挥技术支撑与创新牵头作用，开展重大科技研发、研究试验验证，推动科技成果的工程化和产业化。鼓励各地依托本地科技资源，打破行业界限、部门界限和所有制界限，加强地方科研平台建设，服务各地住房城乡建设发展。支持平台开展国际合作，与世界一流科研机构开展科技研发和标准对比、人才培养和平台建设合作。积极培育建设国家科研平台，对符合“十三五”国家重点科研平台建设领域和建设方向的行业重点研究平台，加大支持力度，力争培育进入国家重点科研平台序列，不断提升行业重点科研平台的发展水平。

进一步加强科技成果转化推广管理体系和服务体系建设，强化政府在科技成果转移转化政策制定、平台建设、人才培养、公共服务等方面职能。构建适应新形势、新要求的行业科技成果转化和推广应用政策，促进科技成果转化和产业化。健全区域性技术转移服务机构，完善技术转移机构服务功能，提升服务能力和水平，切实发挥技术转移服务机构的纽带作用。引导科研院所、高校以市场需求为导向开展科技创新，推动企业加强科技成果转化应用。

完善科技成果推广发布机制。围绕绿色建筑与建筑节能、海绵城市建设、智慧城市建设、城市地下综合管廊建设、城市老旧小区更新改造、装配式建筑与建筑产业现代化等重点领域，以需求为导向，通过发布重点技术领域、技术标准、技术公告、行业科技成果推广目录、产业化基地等形式，推动一批符合行业发展方向、市场需求强烈、技术水平先进的技术与产品的转化应用。

6. 加强国际合作与人才队伍建设，提升科技创新能力

进一步加强国际合作。加强与发达国家及相关国际机构和组织的合作交流，以中国美国清洁能源合作、中国欧洲生态城市合作、全球环境基金（GEF）、可持续城市综合示范项目等作为依托，持续开展基础研究、工程开发和应用示范等多层次多维度的合作，全面提升城镇化与城市发展领域科技创新的国际化水平。围绕“一带一路”等国家战略，提升科技支撑能力和国际竞争力。

培育城镇化与城市发展领域科技领军人才和创新团队。实施科技创新人才推进计划，推进重点领域科技领军人才、卓越创新团队和科技人才培养示范基地建设。完善人才引进培养使用政策，继续依托重大建设工程、重点科研项目和重点研发平台，支持科研骨干和优秀团队承担重大任务，大力培育国际化专家型人才和创新团队，逐步扩大本领域人才在世界舞台的影响力和话语权。

支持青年科技人才持续发展。加大优秀青年科技人才培养力度，支持青年科技人才承担重大科研项目，开展独立性和原创性研究。注重青年科技人才的早期职业规划，鼓励科研机构设立青年科技人才培养基金，支持青年科技人才明确主攻方向，走专业化、职业化发展道路，持续开展前瞻性、基础性研究。

构建城镇化与城市发展行业专家智库。完善工作机制，充分发挥专家在行业新技术跟踪与预测、科技规划计划编制和实施评估、行业科技服务等方面的指导和咨询作用。

四、政策措施

1. 构建保障规划实施的管理机制

1）加强部门协调，统筹推进规划落实

由科学技术部牵头，联合住房城乡建设部、教育部等相关部门共同推动，加强统筹协调，协同推进，协调解决规划实施中的重大问题，做好产业和行业政策、规划、标准与科技创新的衔接。

2）建立规划实施的过程管理与绩效评估机制

进一步加强规划实施的动态监测和绩效评价，加强规划的中期和末期评估，通过加强规划实施的过程管理，确保规划任务有效完成。

2. 改革并完善科技投入机制

1）建立规划任务与资金分配相匹配的协调机制

围绕产业链部署创新链，围绕创新链构建资金链，聚焦规划目标，形成资金合力，针对城镇化与城市发展领域制约经济和社会发展的重大关键技术问题，建立兼顾科技规律和问题导向的科技计划任务部署的新机制。

2）建立多元化的资金投入机制

积极探索科技创新与金融结合的机制，引入社会资本。运用股权融资、债券融资的金融手段，构建政策性支持、成果和知识产权共享等的机制，推动以市场需求为指向的科技成果孵化和转化机制进一步建立。推动科技人员成为“双创”主力军，建立健全科技成果分类评估评价制度，以科学评估吸引银行资金、风险投资、产业资本、民间资本等，形成全社会参与的多渠道、多层次、多元化的科技投融资格局。

3）建立提升资源配置效率的激励机制

完善科技创新体系和科技管理创新的组织方式，提升资源配置的科学性、公平性和效率，弥合科技界与政府、企业和社会之间的需求差异，促进科技经济教育融合。加快相关政策、办法出台，进一步破除资源配置机制障碍，解放科研人员禁锢；促进有关考核制度建立，逐步建立科研诚信体系，积极奖励鼓励成果的转化与应用。

3. 建立健全科技创新和管理创新的体制机制

1）着力培养科技创新人才和团队

以《国家中长期人才发展规划纲要（2010—2020 年）》为指导，加大国家科技计划、重大科技工程对城镇化与城市发展领域的支持力度。着力实施创新人才推进计划和领域科研杰出人才培养计划，加快培养城镇化与城市发展领域科技领军人才和创新团队。完善人才激励机制和评价体系，鼓励大众创业、万众创新，以国家科技计划项目为纽带，重点培养中青年科研骨干。

2）重点强化科技创新平台建设

加强城镇化与城市发展领域国家重点实验室建设，突出重点学科方向，扩大建设规模。加强本领域国家工程研究中心建设，选择重点产业，加大建设力度。推动国家科技创新基地建设，加强城镇化与城市发展领域标准体系和标准化建设。

3）构建和完善成果转化机制

加强城镇化与城市发展领域科技成果转化与推广的政策支持、管理体系和服务体系建设。积极推动政府、企业、高等院校和科研院所结合自身情况制定配套政策，着力解决技术成果转化和推广的制度瓶颈。探索建立科技成果信息共享、传播、转化的机制，提升技术转化市场化服务水平，推动经济增长、社会发展和环境改善。协调专项成果的示范、应用和推广等工作，推动技术成果转化与应用，促进新兴产业的发展。广泛开展城镇化与城市发展科技创新科普宣传活动，提高公众对本领域科技成果和城镇化进程的认知程度。

智慧交通让出行更便捷行动方案（2017—2020 年）

交办科技〔2017〕134 号
交通运输部办公厅
2017 年 9 月 14 日

为加快落实《“十三五”现代综合交通运输体系发展规划》（国发〔2017〕11 号），坚持以人民为中心的发展思想，充分发挥市场决定性作用和更好发挥政府作用，推动企业为主体的智慧交通出行信息服务体系建设，促进“互联网+”便捷交通发展，让人民群众出行更便捷，特制定本方案。

一、行动内容

1. 提升城际交通出行智能化水平

1）拓展铁路客运信息市场化应用。支持中国铁路总公司研究铁路客票系统有序开放条件，按市场化原则向社会提供列车车次、停站、余票、列车正晚点等客运信息，推动各类出行信息服务企业综合多种运输方式信息，形成“一站式”票务信息服务。

2）加快推进 ETC 拓展应用。制定发布《关于促进高速公路电子不停车收费（ETC）系统应用健康发展的指导意见》，不断提升 ETC 安装使用便利性，着重提升 ETC 客车使用率。研究推进标准厢式货车使用 ETC，探索 ETC 系统与车车通信、车路协同等智慧交通发展方向的深度融合，为用户提供全方位出行服务。鼓励地方交通运输主管部门、高速公路运营主体探索 ETC 停车场应用，以及 ETC 在出租汽车、租赁汽车、公路物流等领域推广应用。

3）开展道路客运联网售票系统建设。深化推广省域道路客运联网售票系统，逐步实现全国联网售票。积极引导和推动客运站、出行信息服务企业推行非现金支付方式，加大自动售（取）票设备投放。

4）创新道路客运信息服务模式。鼓励道路客运企业和出行信息服务企业利用移动互联网等信息技术，开展灵活、快速、小批量的道路客运定制服务，促进基于移动互联网的道路客运定制服务产品有序规范发展。

5）推动水上客运信息服务发展。鼓励和引导水路客运企业推进海峡、岛屿等重点水域客运联网售票，率先在三峡库区实现联网售票，逐步拓展至渤海湾等水域。实施船员“口袋工程”。

6）实施民航“互联网+”行动计划。建设智能化新一代民航旅客服务系统（PSS）。支持民航运输企业和出行信息服务企业研究突破海量异构数据存储与整合、大并发在线交易快速响应、旅客价值挖掘、旅客个性化推荐等关键技术并进行产品研发集成。

7）推动开展智慧机场建设。引导和推动出行信息服务企业运用通信、GIS、GPS、物联网、移动互联网和大数据分析等先进技术，感知和定位服务对象，组装服务信息，并在恰当时机、以恰当方式、推送恰当服务给恰当对象。鼓励和支持机场运营主体开展智慧机场旅客服务示范。

8）推进旅客联运信息服务建设。推广实名制购票，加快完善电子客票标准规范。推进铁路、道路、水运、民航等票务信息共享，引导和推动客运企业、出行信息服务企业提供旅客出行一站式购票应用服务。推动各种运输方式在综合客运枢纽互设自助售（取）票设备。

9）提升邮轮信息化智能化水平。构建集邮轮航线、船票销售咨询服务等于一体的邮轮信息网络，实现信息共享。充分利用信息技术，提升邮轮运输市场监督管理的信息化水平，充分发挥行业协会在信息发布、行业自律、信息服务方面的作用。

10）推进国际道路客运信息化建设。建设国际道路运输管理与服务信息系统，完善国际道路运输管理基础数据库，推广部署应用系统，建立国际道路运输监管体系，推进实现与口岸管理相关部门间的信息资源共享交换，提升国际道路旅客运输管理服务水平。

2. 加快城市交通出行智能化发展

1）建设完善城市公交智能化应用系统。深入实施城市公交智能化应用示范工程，充分利用社会资源和企业力量，推动具有城市公交便捷出行引导的智慧型综合出行信息服务系统建设。充分利用互联网技术加强对城市公共交通运行状况监测、分析和预判，定期发布重点城市公共交通发展指数。到2020年，国家公交都市创建城市全面建成城市公共交通智能系统。

2）推动城市公交与移动互联网融合发展。鼓励和引导城市公交运营主体大力推动城市公交一卡通互联互通，加快推广移动支付等非现金支付技术在城市公交领域的应用，引导各市场主体研发推广城市公交智能化服务App，鼓励和规范基于移动互联网技术的个性化公交服务发展。

3）鼓励规范互联网租赁自行车发展。推动落实《关于鼓励和规范互联网租赁自行车发展的指导意见》，鼓励和规范互联网租赁自行车发展。

4）鼓励规范城市停车新模式发展。鼓励基于移动互联网的单位、个人停车位等资源错时共享使用，推动智能停车信息服务产品在交通运输行业有序规范发展。

3. 大力推广城乡和农村客运智能化应用

1)加强城乡客运智能化应用推广。加强城乡客运服务一体化过程中的信息化建设，引导道路客运企业和出行信息服务企业加快信息开发应用，推动智能交通出行信息服务产品覆盖范围从城际、城市向乡村拓展。

2）开展农村客运智能化应用示范。开发推广农村客运App，鼓励和引导道路客运企业和出行信息服务企业在条件成熟、需求迫切地区推广开展农村客运出行信息服务平台示范。

4. 不断完善智慧出行发展环境

1）深化出行公共信息资源开放示范。推动相关政府部门、事业单位加快交通出行公共信息资源开放，充分利用以综合交通出行大数据开放云平台为代表的各类数据开放平台，支撑各类出行信息服务产品的研发推广。鼓励各类主体利用开放信息资源开展出行服务创新。

2）加快出行信息服务领域标准规范建设。加快制定完善高速铁路、城际铁路、市域（郊）铁路、城市轨道交通、联程联运、综合性交通枢纽信息化智能化技术标准。

3）促进交通旅游服务大数据应用。加强交通、旅游、气象等跨部门出行信息资源共享，提升交通和旅游运行监测、协同管理、应急联动能力，鼓励和支持各类市场主体积极探索，提高交通和旅游综合信息服务水平。

二、工作要求

1. 依靠市场主体力量推进

各项任务实施都应以市场为主体力量推进，借助市场竞争促进各类市场主体为百姓提供丰富、精准的出行信息服务，鼓励和规范社会资本进入出行信息服务市场。

2. 做好政府监管和服务

紧密跟踪各类出行信息服务和互联网出行新业态发展，做好相关发展政策制度、标准规范等研究工作，及时做好相关监管和服务工作，有序规范出行信息服务市场发展。

3. 加强政企合作交流

加强与出行信息服务市场主体的沟通交流，在资本合作、运营模式创新、信息资源共享开放等领域开展合作探索，总结推广有效做法和成功经验，合力营造出行信息服务市场良好环境。

4. 确保出行信息安全

关注互联网背景下出行信息服务的网络安全问题，确保全局性、规模化和涉及个人隐私的重要出行信息资源合法采集、可靠存储、安全传输和合规使用。

附件

智慧交通让出行更便捷行动方案（2017—2020 年）重点任务

序号	任务内容	分年度工作目标	
1	加快推进 ETC 拓展应用	2017 年	印发《关于促进高速公路电子不停车收费（ETC）系统应用健康发展的指导意见》，ETC 客车使用率达 38%
		2018 年	ETC 客车使用率达 42%
		2019 年	ETC 客车使用率达 46%
		2020 年	ETC 客车使用率达 50%
2	开展道路客运联网售票系统建设	2017 年	实现道路客运联网售票二级及以上客运站覆盖率 90%以上；完成京津冀道路客运信息联网服务工程主体建设，向社会正式推出京津冀区域道路客运联网售票服务
		2018 年	基本完成全国 32 个省份的道路客运联网售票系统建设，继续推进跨省域联网售票服务
		2019 年	基本实现全国道路客运联网售票统一服务，加快推进旅客联程运输服务，推动建立道路客运电子客票体系
		2020 年	基本实现全国范围内旅客联程运输服务，推动道路客运电子客票体系应用
3	推动水上客运联网售票建设	2017 年	基本实现三峡库区水上客运联网实名制售票
		2018 年	基本实现渤海湾水上客运联网实名制售票
		2019 年	基本实现中国台湾海峡、琼州海峡水上客运联网实名制售票
4	实施船员“口袋工程”	2017 年	新增 30 万用户，服务船员总数达到 120 万个
		2018 年	为船员提供移动服务、自助服务业务办理，试点应用船员远程考试和远程培训
		2019 年	拓展船员移动服务、自助服务业务办理功能，推广船员远程考试和远程培训
		2020 年	基本实现全国 130 万余船员贴身服务
5	建设完善城市公交智能化应用系统	2017 年	分批在 36 个试点城市开展城市公共交通智能化应用示范工程
		2018 年	基本完成 36 个城市的城市公共交通智能化应用示范工程建设工作
		2019 年	以“十三五”期新公布的公交都市创建城市为重点，推进城市公共交通智能系统建设应用
		2020 年	国家公交都市创建城市公共交通智能系统得到充分应用
6	开展农村客运智能化应用示范	2017 年	将农村客运 App 应用列入部科技示范工程，完成贵州省内 35 个县市的示范工作
		2018 年	推动示范工程实施，并在贵州省推广应用，覆盖贵州省 88 个县市的示范工作
		2019 年	总结推广贵州省示范成果，在其他条件成熟地区启动推广
		2020 年	在全国农村客运示范县和大部分县（市）普遍应用

《航道通航条件影响评价审核管理办法》解读

日前，交通运输部以2017年第1号部令发布《航道通航条件影响评价审核管理办法》（简称《办法》），明确了航道通航条件影响评价报告的编制要求、航道通航条件影响评价的申请与审核及事中事后监管措施等。《办法》将于2017年3月起施行。针对《办法》出台的背景、主要内容以及实施相关要求，本报邀请部水运局副局长解曼莹进行了深入解读。

一、建设单位应在工程可行性研究阶段编制完成航评报告

中国共有内河航道通航里程近13万千米，沿海航道通航里程8000多千米，这些航道承载的货运量和货物周转量分别约占社会总量的11%、47%。

有关普查数据显示，全国航道上的拦河建筑物共4186座，其中建有过船设施的仅908座，而能正常使用过船设施的只有621座；航道上40972座桥梁中不满足通航标准的占70%。由于一些拦截航道的工程没有建设相应的过船设施等，自新中国成立以来，全国17万千米的内河航道通航总里程中有4万多千米航道中断。

由于碍航工程一旦建成，再要拆除或改建代价巨大，中国于2015年3月1日起实施的《航道法》设定了航道通航条件影响评价审核制度，作为与航道有关的工程项目审批或建设的条件。

“此次出台的《办法》，强调了建设单位应当在工程可行性研究阶段编制航道通航条件影响评价报告（简称航评报告），同时对报告编制的要求及审核程序等进行了细化，将进一步规范相关工作”。解曼莹表示，相关要求的提出，是在总结1994年以来桥梁通航净空尺度和技术要求审批、涉水工程通航安全影响论证实践经验的基础上，综合“放管服”改革和加强事中事后监管等要求最终形成的，有助于确保审核制度落到实处，切实依法保护航道。

二、审核部门应于受理后20个工作日内出具意见

对于建设单位和审核部门来说，《办法》既是航评报告编制的“说明书”，又是评价审核工作的“流程表”。

解曼莹介绍，《办法》首先明确了航评报告应涵盖8个方面的主要内容，建设项目概况，所在河段、湖区、海域的通航环境，选址评价，与通航有关的技术参数和技术要求的分析论证，对航道条件、通航安全、港口及航运发展的影响分析，减小或者消除对航道通航条件影响的措施，航道条件与通航安全的保障措施，以及征求各有关方

面意见的情况及处理情况。

“根据《办法》，航评报告既可以由建设单位自行编制，也可以委托具有相应经验、技术条件和能力且信誉良好的机构编制；审核部门不得以任何形式要求建设单位委托特定机构编制航评报告”。解曼莹表示。

在编制完成航评报告后，建设单位即可进入申请环节。在这一阶段，建设单位应当提交审核申请书、航评报告、建设依据、建设单位机构证明文件以及有关承诺函、协议等材料。

随后，审核单位将以有关法律、法规、规章、技术标准、相关规划以及建设项目所在河段、湖区、海域航道建设养护、通航安全、航运发展的相关要求等为依据进行审核。《办法》明确，审核部门在审核中认为必要的，可以采取专家咨询、委托第三方技术咨询机构开展技术咨询等方式完成审核，但咨询费用由审核部门按照国家有关规定纳入预算管理。

《办法》要求，审核部门在收到申请后，应于5个工作日内一次性告知需要补正的全部内容，受理后20个工作日内应完成审核并出具审核意见。但考虑到审核的技术的复杂性，技术咨询、专家评审、评价材料修改完善所需时间不计入审核期。

三、强化事中事后监管规范自由裁量

为了在工程建设中将审核意见落到实处，《办法》建立了事中事后监管制度。在具体操作中，由审核部门组织对审核意见的执行情况进行监督检查，其中对于交通运输部负责审核的建设项目，根据就近便利原则，规定由省级交通运输主管部门或派出机构负责组织进行监督检查；项目所在水域负责航道现场管理的机构，按照就近原则承担现场监督检查工作，从而形成审核部门审核、就近组织监督、现场监督检查相衔接的闭合监管链条。

“双随机一公开”的监督检查机制也在《办法》中得到进一步强调。《办法》要求，交通运输部和省级交通运输主管部门应当建立随机抽取被检查对象、随机选派抽查人员的抽查机制，对建设项目执行审核意见的情况进行监督检查，并将检查结果及时向社会公开。

解曼莹表示，当发现建设单位以提供虚假材料等不正当手段取得审核意见，或审核单位超越权限出具审核意见、违反规定程序出具审核意见等情况，审核部门可以撤销已出具的审核意见。

此外，对未依法报送航道通航条件影响评价材料，或者报送的航道通航条件影响评价材料未通过审核而建设单位开工建设的，《办法》对《航道法》相对宽泛的“处20万元以上50万元以下的罚款”进行了细化。《办法》提出，实施罚款时，应当综合考虑航道的等级及重要性、建设项目对航道条件与通航安全的影响程度、建设单位采取补救措施的及时性和有效性等因素，合理确定罚款额度。其中，对位于内河四级及以上航道或者通航5000吨级及以上海轮航道的建设项目，在法律规定的幅度内从重处罚；对位于内河四级以下航道上且对航道条件与通航安全影响较小并及时消除隐患的建设项目，在法律规定的幅度内可给予从轻处罚。

《“十三五”现代综合交通运输体系发展规划》解读

国家发改委新闻发言人李朴民、国家发改委基础产业司副司长郑剑、交通运输部综合规划司副司长张大为对《“十三五”现代综合交通运输体系发展规划》（以下简称《规划》）进行了解读。

一、打造“三张网”

《规划》提出要打造“三张网”，一是构建高品质的快速交通网，也就是以高铁、高速公路、民航等为主体，构建品质高、运行速度快的骨干网络；二是强化高效率的普通干线网，也就是以普通高等级公路、普速铁路、内河航道等为主体，形成普通干线网络；三是拓展广覆盖的基础服务网，也就是以农村公路、支线铁路等为主体的服务网络。

张大为表示，要着力构建现代综合交通运输体系，首先以基础网络作为支撑，尤其是基础网，中西部地区面临的任务十分艰巨。除了完善国内交通网络以外，“一带一路”国际大通道的建设也是很重要的方面。

规划在基础设施、运输服务、智能交通、绿色安全 4 个方面，设置了 24 项主要指标，其中包括民航航班正点率、建制村通客车率、铁路客运网上售票率、公交站点覆盖率、交通排放强度等与群众感受密切相关的指标，构建了定性定量结合、预期性和约束性兼具的目标体系。规划还提出了包括完善设施网络、加强战略支撑、优化运输服务、提升智能管理、促进绿色发展、强化安全保障、新领域新业态和深化改革 8 项重点任务。

“我们已经压减了 90%以上的交通行政审批事项，并在交通项目的核准方面实现‘零审批’”。郑剑介绍，以交通行政审批制度改革为突破口，发改委交通投资管理工作的重心，从事前的审批逐渐转向过程服务和事中、事后的监管。例如，加大投融资的改革力度，推出 8 个社会资本投资铁路的示范项目，明确国家高速公路网新建 PPP 项目的批复方式，构建涵盖规划审核、项目审批监管、资金安排等各领域、多层次、可操作的规章制度，推进依法决策、依法行政、依法管理。

二、释放发展红利

郑剑表示，规划的指标体系里设置了一系列有时代特征、能够让老百姓有切身感受的效果性指标。规划选取了步道自行车路网、邮轮游艇、通用航空等交通消费升级的重点工程为抓手，释放发展红利，让老百姓实实在在体验到交通与经济深度融合发展的成效。

郑剑说“我们提出了提升全国铁路客运动车服务比重、实现村村直接通邮、具备条件的建制村通客车、城市公共交通出行比例不断提高、全国交通枢纽站点无线接入网络广泛覆盖等具体要求”。

规划大幅增加了运输服务方面的内容，强调高效服务、便利服务、智能服务，在不断满足基本公共服务需求的同时，更好地满足不断增长的新兴交通需求。在旅客联程运输、城际城市客运、城乡客运等事关出行体验的各个环节都提出了具体要求。

李朴民说，站在新的发展起点上，交通运输要准确把握新形势和新要求，坚持交通运输服务人民，更好地发挥对经济社会发展的支撑引领作用。通俗地讲，就是交通运输发展要从“走得了”升级到“走得快”“走得好”。

三、加强融合发展

“从群众的获得感和体验感来说，综合交通运输主要体现在客运站场、货运站场，枢纽要体现便捷性、高效率，也就是实现客运零距离换乘、货运无缝化衔接”。张大为说，不同交通方式融合发展是构建现代综合交通运输体系的必然要求，要构建一批现代化的综合客运枢纽、货运枢纽包括物流园区，从基础设施的衔接上加强各种交通方式融合。

张大为表示，在运输组织管理上加强各种交通方式融合发展，加快发展旅客联乘联运和货物多式联运，这是融合发展的主攻方向。要构建比较完善的公共信息平台，加强不同交通方式信息互联共享，为消费者提供比较便捷方便的交通运输服务。

交通运输领域是投资量比较大的领域，面临的资源环境、土地等约束也越来越大。张大为说，只有促进不同交通方式融合发展，充分发挥各自比较优势，加强管理，才能有效降低社会物流成本。要促进不同交通方式融合，就要不断完善体制机制，加强管理体制机制协同，包括法规统一体系、标准统一体系等，这既是难点，也是下一步工作的重点。

《关于鼓励和规范互联网租赁自行车发展的指导意见》解读

8 月 2 日，交通运输部、中央宣传部、中央网信办、国家发展改革委、工业和信息化部、公安部、住房城乡建设部、人民银行、质检总局、国家旅游局 10 部门联合出台《关于鼓励和规范互联网租赁自行车发展的指导意见》（简称《指导意见》）。中国交通新闻网邀请交通运输部运输服务司司长徐亚华对《指导意见》进行深入解读。

一、新政汇聚多方建议

近年来，中国互联网租赁自行车（俗称“共享单车”）快速发展，有效满足了公众短距离出行需求，缓解了城市交通拥堵，应当予以鼓励，但同时也出现了车辆乱停乱放、车辆运营维护不到位、企业竞争无序、企业主体责任不落实、用户资金和信息安全风险等亟待规范的问题。

据不完全统计，截至 2017 年 7 月，全国共有互联网租赁自行车运营企业近 70 家，累计投放车辆超过 1600 万辆，注册人数超过 1.3 亿人次，累计服务超过 15 亿人次。

为做好《指导意见》起草工作，交通运输部会同中央宣传部、中央网信办、国家发展改革委、工业和信息化部、公安部、住房城乡建设部、人民银行、质检总局、国家旅游局组建联合工作组，对北京、深圳等城市已出台的政策或发布的征求意见稿进行全面梳理，通过发函调研、网络问卷调查、召开座谈会等形式，广泛听取各方意见和建议。在向社会公开征求意见期间，共收到反馈意见 780 件。

《指导意见》坚持问题导向、鼓励创新、统筹协调 3 项起草原则，共 5 个部分 16 条，肯定了互联网租赁自行车发展对方便群众短距离出行、构建绿色低碳交通体系的积极作用，明确了互联网租赁自行车在城市综合交通运输体系中的定位，提出要按照“服务为本、改革创新、规范有序、属地管理、多方共治”的基本原则，从实施鼓励发展政策、规范运营服务行为、保障用户资金和网络信息安全、营造良好发展环境 4 个方面，鼓励和规范互联网租赁自行车发展，进一步提升服务水平，更好地满足人民群众的出行需求。

二、明确鼓励新业态创新

《指导意见》在文件标题中明确了“鼓励和规范发展”的总体方向，充分肯定了其积极作用。坚持问题导向，实施包容审慎监管，明确了发展定位、引导有序投放车辆、完善自行车交通网络、推进自行车停车点位设置和建设等鼓励发展政策。鼓励新技术推广应用，充分利用车辆卫星定位、大数据等信息技术加强所属车辆经营管理，创新经营服务方式，不断提高用户体验，提高服务水平。营造良好发展环境，包括明确责任分工、加强社会公众治理、建立公平竞争市场秩序等，促进行业健康发展。

三、引导企业合理有序投放

《指导意见》规定，各城市可根据城市特点、公众出行需求和互联网租赁自行车发展定位，研究建立与城市空间承载能力、停放设施资源、公众出行需求等相适应的车辆投放机制，引导运营企业合理有序投放车辆，保障行业健康有序发展和安全稳定运行。城市人民政府是互联网租赁自行车的管理主体，要坚持属地管理的原则，鼓励各地从实际出发，探索建立相对科学合理的投放机制，适应城市发展需要，满足老百姓出行需求。

四、多方共治乱停乱放

互联网租赁自行车乱停乱放问题引发社会关注，反映也较为强烈。《指导意见》提出坚持多方共治原则，发挥好政府、企业、社会组织和社会公众的合力，共同治理。一是城市政府要完善自行车交通网络建设，规范自行车停车点位设施，加强对违法违规行为的监督执法。二是落实运营企业车辆停放管理的责任，推广运用电子围栏等技术，综合采取经济奖惩、记入信用记录等措施，引导用户规范停放。目前，一些城市正在积极探索电子围栏等管理，取得了一些经验。三是加强对用户使用规范和安全文明骑行的宣传教育，通过平台推送、公益广告、主题教育、志愿者活动等多种方式，引导用户增强诚信和文明意识，遵守交通规则，遵守社会公德。

五、不鼓励发展租赁电动自行车

《指导意见》提出“不鼓励发展互联网租赁电动自行车”，主要有5个方面考虑。一是车辆普遍超标，目前市场上投放的租赁电动自行车普遍不符合《电动自行车通用技术条件》标准要求。二是容易发生交通事故，骑行人不固定，且多数未经过专门的交通安全教育和驾驶培训，加上租赁电动自行车自重大、速度快，发生事故会带来较大伤害和损失。三是火灾安全隐患突出，租赁电动自行车存取点充电、消防等配套设施建设不到位，充电过程和露天停放影响电池安全，存在较大消防安全隐患。四是车辆运行安全风险高，如车辆保养维护管理不及时、不到位，极易出现隐患车辆上路行驶。五是电池污染问题严重，主要使用铅酸蓄电池等，大量废旧电池被随意拆解，严重影响环境。

《指导意见》建议各地审慎对待租赁电动自行车，有发展意向的，要深入研究论证，充分听取各方意见，完善配套政策制度，依法依规加强管理，防范各类问题特别是安全问题。

六、用户实名制注册使用

《指导意见》规定“互联网租赁自行车实行用户实名制注册、使用”。征求意见过程中，绝大部分意见认为有必要实行实名制，也有少数用户担心个人信息泄露的风险，建议通过用户注册手机号码的实名制，来替代互联网租赁自行车的用户实名制注册和使用。

目前，各主要运营企业现实操作中均采取用户实名制，并且从信用体系建设角度看实名制也确有必要。2017 年以来，国家发展改革委正积极联合有关部门推动互联网租赁自行车运营企业签署信用信息共享协议，引入信用手段推进该领域的信用建设。

七、禁止未满 12 岁儿童骑行

根据《道路交通安全法实施条例》第七十二条规定，驾驶自行车必须年满 12 周岁。据此，《指导意见》规定“禁止向未满 12 岁的儿童提供服务”。目前，各主要互联网租赁自行车运营企业新投放市场的自行车已用醒目颜色张贴了“十二岁以下儿童禁止骑行”等安全提示语。为落实好这项法律要求，需要企业和用户严格实施实名制，同时加强安全宣传，让用户自觉遵守相关法律法规要求。

八、鼓励免押金提供服务

用户资金安全是“守住安全底线”中的底线之一，《指导意见》提出了 3 项措施。一是鼓励采取免押金方式提供租赁服务，有助于从源头解决用户资金安全问题。一些运营企业目前正在探索采取信用积分等免押金方式提供服务，为约束用户行为提供了新的路径。二是鉴于当前通过收取押金来约束用户行为具有一定的现实需要，《指导意见》对用户押金、预付资金专用账户设立及专款专用、接受监管等内容作出了原则性要求。三是加快实现“即租即押、即退即还”等模式，尽可能减少押金资金规模，防止形成资金池。四是要求运营企业涉及的资金结算业务，必须通过银行或者非银行支付机构来提供。

九、做好企业退市保障工作

为有效保障消费者权益，《指导意见》规定“互联网租赁自行车运营企业实施收购、兼并、重组或退出市场经营的，必须制定合理方案，确保用户合法权益和资金安全”。个别互联网租赁自行车运营企业根据企业自身发展情况决定退出市场，并公告了后续用户资金退还等措施。各地各部门要按照此精神指导有关方面建立完善制度，认真落实好用户资金安全监管等要求，密切关注行业发展情况，在企业退市时防止企业因规避经营风险而拖欠用户押金、预付资金等行为，保障用户合法权益。

第二章

行业标准化

国际标准化组织智能运输系统技术委员会工作动态

2017 年，国际标准化组织智能运输系统技术委员会（ISO/TC204）正在开展工作的工作组（如表 1 所示）。

表 1 2017 年国际标准化组织 ISO/TC204 开展活动的工作组

序号	英文名称	中文名称	召集人
WG01	Architecture	体系结构	英国
WG03	TICS Database Technology	终端接口控制系数数据库技术	日本
WG04	Automatic vehicle and equipment identification	自动车辆和设备识别	挪威
WG05	Fee and Toll Collection	收费系统	瑞典
WG07	General Fleet Management and Commercial-Freight	车队管理及商用车辆/货车	加拿大
WG08	Public Transport-Emergency	公共交通与紧急事件	美国
WG09	Integrated Transport Information，Management and Control	综合运输信息、管理及控制	澳大利亚
WG10	Traveler information systems	出行者信息系统	英国
WG14	Vehicle-Roadway Warning and Control Systems	交通工具报警及控制系统	日本
WG16	Wide Area Communications－Protocols and Interfaces	宽带通信协议和界面	美国
WG17	Nomadic & Portable Devices for ITS Services	为智能运输系统提供服务的便携式移动装置	韩国
WG18	Co-Operative System	协作系统	德国

一、各工作组开展标准项目

进展情况如图 1 所示。

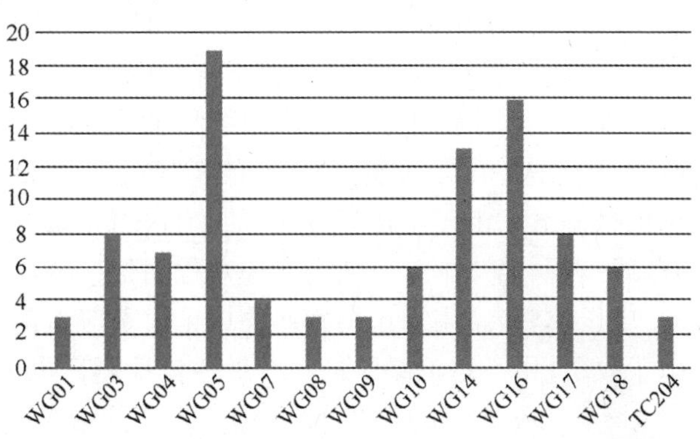

图 1 ISO/TC204 各工作组进展标准项目数

第一工作组（WG1）完成了两项国际标准最终草案，智能运输系统 ITS 数据字典 第 3 部分：ITS 数据概念的对象标识符分配，智能运输系统 ITS 框架参考模型 第 6 部分：ASN.1 的应用；一项国际标准草案，智能运输系统 ITS 的参考模型体系结构 第 5 部分：体系结构描述的标准要求。

第三工作组（WG3）完成了两项委员会草案，智能运输系统面向 ITS 应用的共享地理空间数据库 第 1 部分：框架，智能运输系统 地理数据文件（GDF）GDF5.1 第 1 部分：应用独立的地图数据的多个数据源之间的共享；两项新工作项目提案，智能运输系统 基于地理数据库的位置参照 第 4 部分：车道水平定位参照，智能运输系统 地理数据文件（GDF）GDF5.1 第 2 部分：用于自动驾驶系统 合作式智能运输系统和综合运输的地图数据；一项国际标准草案，智能运输系统 基于地理数据库的位置参照 第 2 部分：预编码位置参照（预编码专用标准）；一项委员会内部投票，智能运输系统 协作式智能运输系统应用中关于本地动态地图数据库规范；一项技术报告草案，智能运输系统 空间数据字典；一项网络投票，交通信息与控制系统 车载导航系统 智能运输系统信息集转化为 ASN.1 格式定义。

第四工作组（WG4）完成了五项国际标准草案，分别是道路运输和交通车联网 自动车辆和设备识别 编号和数据结构 修订版 1，智能运输系统 自动车辆和设备识别 编号和数据结构 修订版 1，智能运输系统 车辆和设备自动识别 接口，车辆与设备的自动识别 车辆的电子注册识别（ERI）第 4 部分：用非对称技术的安全通信 修订，智能运输系统 自动车辆和设备识别 联运货物运输体系结构和术语；两项系统回顾，智能运输系统 自动车辆和设备识别 编号和数据结构 修订 1，智能交通系统 自动车辆和设备识别 系统参数。

第五工作组（WG5）完成了六项国际标准草案，分别是电子收费 符合 ISO/TS 17575-3 的设备评估 第 1 部分：测试组件结构及测试目的，电子收费 符合 ISO/TS 17575-1 的设备评估 第 1 部分：测试组件结构及测试目的，收费系统 基于 IC 卡的车载账户接口定义，电子收费 符合 ISO/TS 17575-1 第 2 部分：设备评估 抽象测试程序组，电子收费 符合 ISO/TS 17575-3 的设备评估 抽象测试程序，电子收费 专用短距离通信的应用接口定义；三项技术规范草案，电子收费 安全防护指南，收费系统 收费的实施 第 1 部分：指标，收费系统 收费的实施 第 2 部分：检测框架；两项技术报告草案，电子收费 个性化的车载设备（OBE）第 1 部分：框架，电子收费 个性化的车载设备（OBE）第 2 部分：使用专用短程通信；两项网络投票，电子收费 个性化的车载设备 第 1 部分：体系架构，电子收费 个性化的车载设备 第 2 部分：使用专用短程通信；两项新工作项目提案，电子收费 个性化的车载设备 第 1 部分：体系架构，电子收费 个性化的车载设备 第 2 部分：使用专用短程通信；两项新立项草案，电子收费 支持交通管理，电子收费 应用于通用媒质的电子收费应用接口的需求；两项最终国际标准草案，电子收费 用于自治系统的符合性通信检测，电子收费 自主系统本地化扩展通信。

第七工作组（WG7）完成了一项委员会草案，智能运输系统 受管制商用车辆的协同远程信息处理应用（TARV）框架 第 21 部分：监测和监管受管制的使用路侧传感器和从车辆数据采集的车辆；一项新工作项目提案，智能运输系统 货物运输的内容识别和通信 第 3 部分：运输过程中货物状态信息的监控；一项新立项草案，智能运输系统 受管制商用车辆的协同远程信息处理应用（TARV）框架 第 22 部分：货运车辆稳定性监测；一项国际标准草案，智能运输系统 监管商用货运车辆协同通信框架 第 21 部分：监管车辆使用路侧传感器和车辆。

第八工作组（WG8）完成了一项新工作项目提案，智能运输系统 自行车共享数据交换；一项国际标准草案，智能运输系统 合作式智能运输系统 第 1 部分：基于合作系统体系结构背景下合作智能交通的角色和职责；一项技术报告草案智能运输系统 公共交通 基于账户的票务标准要求。

第九工作组（WG9）完成了两项新立项草案，智能运输系统 路侧模块 SNMP 数据接口 通用外场管理 基本管理，智能交通系统 路侧模块的 SNMP 数据接口 第 1 部分：概述；一项国际标准草案，运输信息和控制系统之间的接口 数据中心的交通信息和控制系统 第 3 部分：中心间数据接口的智能交通系统（ITS）使用 XML。

第十工作组（WG10）完成了三项技术规范草案，智能运输系统 基于二代运输协议（TPEG2）的交通和出行信息 第 22 部分：开放位置参照，智能运输系统 基于二代运输协议（TPEG2）的交通和出行信息 第 7 部分：位置参照信息包，智能运输系统 基于二代运输协议（TPEG2）的交通和出行信息 第 21 部分：地理位置参照（TPEG-GLR）；两项技术报告草案，电子费用的收集 按照 ISO/TS 17575-2 的标准对设备进行评估 第 1 部分：测试套件的结构和测试目的，子费用收集 对 ISO 17575-2 合格设备的评估 第 2 部分：抽象测试套件；一项系统回顾，智能交通系统 交通和旅游信息（TTI）通过传输协议专家组 第 2 代（TPEG2）第 2 部分：UML 建模规则。

第十四工作组（WG14）完成了三项委员会草案，智能运输系统 自适应巡航控制系统 性能要求和试验方法，智能运输系统 合作式自适应巡航控制（CACC）操作、性能和验证要求，智能运输系统 道路边界偏离预防系统（rbdps）性能要求和试验方法；三项新工作项目提案，智能运输系统 自适应巡航控制系统 性能要求和试验方法，智能运输系统 半自动车道驱动系统 性能要求和测试程序，智能运输系统 紧急电子刹车灯系统 性能要求和测试程序；三项新立项草案，道路机动车辆 自动驾驶系统 术语定义及分类，智能交通系统 部分自动变线系统 功能操作要求及测试规程，智能交通系统 自行车检测与碰撞减缓系统 性能要求及测试规程；三项最终国际标准草案，智能运输系统 车道偏离警告系统 性能要求和测试方法，智能交通系统 行人探测和碰撞缓解系统（PDCMS）性能需求和测试规范，智能交通系统 辅助停车系统（APS）性能要求和测试程序；一项国际标准草案，智能运输系统 自适应巡航控制系统 性能要求和测试程序。

第十六工作组（WG16）完成了七项新工作项目提案，智能运输系统 陆地移动通信接入 第 3 部分：车联网，智能运输系统 陆地移动通信接入 IPv6 网络，智能运输系统 陆地移动通信接入接入技术支持，智能运输系统 陆地移动通信接入 ITS 站管理

第 1 部分：本地管理，智能运输系统 陆地移动通信接入 ITS 站管理 第 2 部分：ITS 站通信单元远程管理，智能运输系统 陆地移动通信接入 ITS 站管理 第 3 部分：服务接入点，智能运输系统 陆地移动通信接入 ITS 站管理 第 4 部分：站内部管理通信；五项国际标准草案，智能运输系统 快速服务广告协议（FSAP），车辆与设备的自动识别 车辆的电子注册识别（ERI）第 5 部分：用对称技术的安全通信 修订，智能传输系统 本地化通信 第 1 部分：快速网络和传输层协议（FNTP）智能传输系统 局部通信 ITS-M5，智能传输系统 混合通信 获得技术支持；两项委员会草案，智能运输系统 浮动车系统服务框架，智能运输系统 陆地移动通信接入 演进的通用陆地无线通信接入（E-UTRAN）第三部分：LTE-V2X；一项技术报告草案，智能运输系统 智能运输系统应急和救灾通信的通信网络优先购买权；一项新立项草案，智能交通系统 局部通信 光学摄像机通信。

第十七工作组（WG17）完成了两项国际标准草案，智能运输系统 用于提供和支持 ITS 服务的车辆接口 第三部分：统一的车辆接口协议（UVIP）服务与用户 API 规范，智能运输系统 通过便携终端的安全系统引导协议 第 3 部分：道路指引协议（RGP）一致性测试规范；两项委员会草案，智能运输系统 使用游动与便携式设备支持的智能运输系统服务和车辆的多媒体规定 第 2 部分：移动业务融合的定义和使用案例，智能传输系统 绿色 ITS（g-ITS）标准的框架 第 2 部分：集成的移动服务应用程序和规范；一项技术报告草案，智能运输系统 绿色智能交通标准体系框架 第 1 部分：一般信息和用例的定义；一项网络投票，智能运输系统 通过便携终端的安全系统引导协议 第 3 部分：道路指引协议（RGP）一致性测试规范；一项新工作项目提案，智能运输系统 利用移动设备车辆的即插即用功能的框架结构（PNP）；一项新立项草案，智能运输系统 ITS 服务配置与支持的车辆接口 第 4 部分：统一车辆接口协议一致性测试规范。

第十八工作组（WG18）完成了三项国际标准草案，智能运输系统 合作系统本地动态地图全局概念定义，智能运输系统 协作系统 全球唯一标识，智能运输系统 合作式系统 用于通信配置选择的 ITS 应用需求及目标；两项技术规范草案，智能运输系统 合作系统 测试系统架构，智能运输系统 合作式智能运输系统 使用 V2I 和 I2V 通信的相关信号控制交叉口的应用；一项委员会草案，智能交通系统 部分自动车道驾驶系统（PADS）性能要求和测试程序。

ISO/TC204 秘书处组织了三次网络投票，智能运输系统 地理数据文件（GDF）GDF5.1 第 1 部分：应用独立的地图数据的多个数据源之间的共享，电子收费 支持交通管理，电子收费 通用媒体上 EFC 应用程序接口的需求。

二、中国参与国际标准化工作情况

2017 年 1 月—12 月，ITS 标委会完成了国际标准各个阶段草案投票数量 99 项。其中，新工作项目提案（NP）28 项，委员会草案（CD）11 项，委员会内部投票（CIB）

7 项，国际标准草案（DIS）26 项，最终国际标准草案（FDIS）7 项，技术规范草案（DTS）10 项，技术报告草案（DTR）6 项，国际标准复审（SR）4 项。

由中国提出并起草的第一个智能运输系统领域的国际标准 ISO 13111-1：2017《智能运输系统（ITS）支持 ITS 服务的便携终端应用 第 1 部分：通用信息与用例》（Intelligent transport systems（ITS）—The use of personal ITS station to support ITS service provision for travellers—Part 1：General information and use case definitions）已由 ISO 于 2017 年 6 月发布实施。此标准由交通运输部公路科学研究院牵头，北京神舟空间信息技术有限公司、高德软件公司、清华大学、大唐电信、中国信息通信研究院等单位共同参与完成。

由中国提出的国际标准新工作项目提案 ISO/CD 17515-3《智能运输系统 陆地移动通信接入 演进通用陆地无线接入网络 第 3 部分：车联网》（Intelligent transport systems—Communications access for land mobiles（CALM）—Evolved-universal terrestrial radio access network（E-UTRAN）—Part 3：LTE-V2X）已经于 2017 年 4 月正式获得国际标准化组织智能运输系统技术委员会（ISO/TC204）的立项批复，截至 2017 年年底已通过委员会草案投票，进入 DIS 工作阶段。项目从 2016 年着手准备，由中国提出并主导编制，德国、美国、日本、韩国等国家积极支持该项目。

已申报国际标准新工作项目提案 ISO/NP 13111-2《智能运输系统 支持 ITS 服务的便携终端的应用 第 2 部分：数据交换协议》（Intelligent transport systems（ITS）—The use of personal ITS station to support ITS service provision for travelers—Part 2：General protocol requirements for data exchange between personal ITS station and other ITS stations）。截至 2017 年年底，交通运输部科技司已批准提案申请，材料已报国家标准委审批。

此外，ISO/TC204 中国秘书处组织国内专家参加了 2017 年 ISO/TC204 春季和秋季会议，会议期间，10 余名中国专家参加了热点技术交流会、各工作组会议、工作组技术协调会和全体会议，并与各国专家围绕标准和智能交通领域的技术展开交流。

（撰稿：侯德藻）

国内智能交通标准化发展动态

一、正式发布出版的 ITS 国家标准及行业标准

截至 2017 年年底，全国智能运输系统标准化技术委员会（SAC/TC268）归口的已发布的国家及行业标准共 94 项。2017 年发布智能运输系统标准 6 项。

2017 年智能运输系统标准发布情况如表 1 所示。

表 1　2017 年智能运输系统标准发布情况

序号	标准号	标准名称	发布日期	实施日期
1	GB/T 33577—2017	智能运输系统　车辆前向碰撞预警系统　性能要求和测试规程	2017 年 5 月 12 日	2017 年 12 月 1 日
2	GB/T 33576—2017	跨区域交通出行服务信息交换	2017 年 5 月 12 日	2017 年 12 月 1 日
3	GB/T 35174—2017	城市公共汽电车车载终端数据总线接口通信规范	2017 年 12 月 29 日	2018 年 7 月 1 日
4	GB/T 20999—2017	交通信号控制机与上位机间的数据通信协议	2017 年 12 月 29 日	2018 年 7 月 1 日
5	JT/T 1117—2017	综合客运枢纽智能化系统信息交换技术规范	2017 年 4 月 12 日	2017 年 8 月 1 日
6	GB/T 34599—2017	匝道控制系统设置要求	2017 年 10 月 14 日	2018 年 5 月 1 日

二、新增 ITS 国家标准及行业标准计划

2017 年新增国家及行业标准计划 5 项如表 2 所示。

表 2　2017 年新增国家及行业标准计划

序号	项目计划号	标准名称
1	20162546-T-469	道路内电子泊车　第 1 部分：系统及设备技术要求
2	JT 2017-91	营运车辆智能驾驶分类和分级
3	JT 2017-92	营运车辆自动紧急制动系统性能要求和测试规程
4	JT 2017-93	营运车辆弯道速度预警系统性能要求和测试规程
5	JT 2017-94	营运车辆服务　车路交互信息集

（撰稿：侯德藻）

2017 交通运输信息通信及导航标准化发展情况

一、交通运输通信信息及导航标准化技术委员会

1. 简介

交通运输通信信息及导航标准化技术委员会（以下简称“信通导标技委”），主要负责归口管理通信、导航和信息化方面的国家及交通运输行业相关标准。秘书处的日常工作由中国交通通信信息中心交通运输信息化标准研究所承担。

2. 归口管理的标准范围

（1）交通行业基础性、通用性、公共数据等信息化标准。

（2）交通通信组网技术要求。

（3）水运、公路通信和导航设备性能标准。

（4）公路通信、监控系统标准。

（5）设备的管、用、养、修标准。

（6）设备试验方法、验收方法标准及基础标准。

近年来交通运输信息通信及导航标准化技术委员会（以下简称“标委会”）通过引进国际标准，制定和修订适合我国国情的国家标准和行业标准，对交通运输通信、信息及导航领域规范产品研发、生产及技术进步等起到了积极的引导作用。

3. 归口管理的标准项目（见图 1）

（1）现行有效国家标准 16 项。

（2）现行有效行业标准 135 项。

4. 标准体系表

二、2017 交通运输信息通信及导航标准标准制修订工作

2017 年，标委会在交通运输标准化管理委员会和交通运输部科技司的领导下，认真履行标准归口管理职责、充分发挥协调服务作用，深入贯彻落实《交通运输标准化工作 2016 年总结和 2017 年工作要点》，努力加强队伍建设、夯实基础工作，厘清工作思路、制订工作措施，较好地完成了标准制修订、专项标准体系编制、标准宣贯培训等各项工作任务，有力地推动了交通运输信息通信及导航专业领域标准化事业的发展。

1. 2017 年正式公布出版的国家标准及行业标准

2017 年，由标委会归口制修订的 1 项国家标准和 14 项行业标准经公告发布（详

见表 1）。

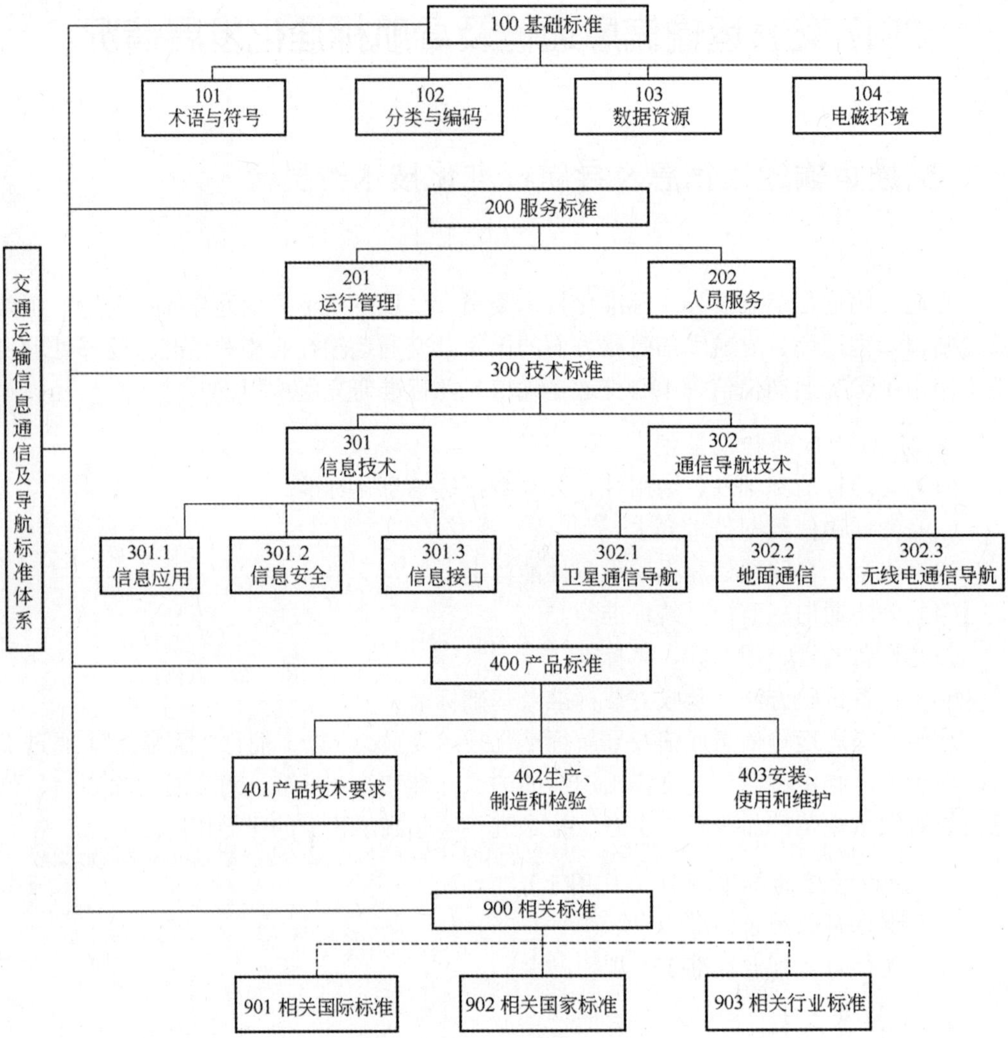

交通运输信息通信及导航标准体系

- 100 基础标准
  - 101 术语与符号
  - 102 分类与编码
  - 103 数据资源
  - 104 电磁环境
- 200 服务标准
  - 201 运行管理
  - 202 人员服务
- 300 技术标准
  - 301 信息技术
    - 301.1 信息应用
    - 301. 2 信息安全
    - 301.3 信息接口
  - 302 通信导航技术
    - 302.1 卫星通信导航
    - 302.2 地面通信
    - 302.3 无线电通信导航
- 400 产品标准
  - 401产品技术要求
  - 402生产、制造和检验
  - 403安装、使用和维护
- 900 相关标准
  - 901 相关国际标准
  - 902 相关国家标准
  - 903 相关行业标准

图 1　归口管理的标准项目

表 1　2017 年归口标准发布情况

序号	标准号	标准名称	发布日期	实施日期
1	JT/T 1140.1—2017	交通运输安全应急资源数据元 第 1 部分：公路	2017 年 7 月 4 日	2017 年 11 月 1 日
2	JT/T 1140.2—2017	交通运输安全应急资源数据元 第 2 部分：水路	2017 年 7 月 4 日	2017 年 11 月 1 日
3	JT/T 1141—2017	交通运输安全应急平台技术要求	2017 年 7 月 4 日	2017 年 11 月 1 日
4	JT/T 1157—2017	公共汽电车信息服务评价规范	2017 年 9 月 29 日	2018 年 2 月 1 日
5	JT/T 1159.1—2017	道路运输车辆卫星定位系统 北斗兼容卫星定位模块 第 1 部分：技术要求	2017 年 9 月 29 日	2018 年 2 月 1 日
6	JT/T 1159.2—2017	道路运输车辆卫星定位系统 北斗兼容卫星定位模块 第 2 部分：通信协议	2017 年 9 月 29 日	2018 年 2 月 1

续表

序号	标准号	标准名称	发布日期	实施日期
7	JT/T 1160.1—2017	交通运输卫星导航增强应用系统 第 1 部分：信息数据元	2017 年 9 月 29 日	2018 年 2 月 1 日
8	JT/T 1160.2—2017	交通运输卫星导航增强应用系统 第 2 部分：差分数据电文	2017 年 9 月 29 日	2018 年 2 月 1 日
9	JT/T 1160.3—2017	交通运输卫星导航增强应用系统 第 3 部分：位置信息交换与共享	2017 年 9 月 29 日	2018 年 2 月 1 日
10	JT/T 1160.4—2017	交通运输卫星导航增强应用系统 第 4 部分：基于数字广播的差分信息播发技术要求	2017 年 9 月 29 日	2018 年 2 月 1 日
11	GB/T 20068—2017	船载自动识别系统（AIS）技术要求	2017 年 10 月 14 日	2018 年 5 月 1 日
12	JT/T 1174.1—2017	公路水路建设与运输市场信用信息分类编码及格式 第 1 部分：公路建设市场	2017 年 11 月	2018 年
13	JT/T 1174.2—2017	公路水路建设与运输市场信用信息分类编码及格式第 2 部分：水运工程建设市场	2017 年 11 月	2018 年
14	JT/T 1174.3—2017	公路水路建设与运输市场信用信息分类编码及格式第 3 部分：道路运输市场	2017 年 11 月	2018 年
15	JT/T 1174.4—2017	公路水路建设与运输市场信用信息分类编码及格式第 4 部分：水路运输市场	2017 年 11 月	2018 年

2. 2017 年完成国家标准及行业标准制修订计划情况

在 2016 年计划中，有 18 项应于 2017 年全部完成，截至本文发稿前已报批 2 项，还有 16 项已通过送审稿审查，2017 年 12 月底前完成报批；2017 年计划共 29 项，其中有 8 项应于 2017 年完成，截至本文发稿前已报批 4 项，其余 4 项已完成征求意见稿，2017 年 12 月底前完成送审稿审查和报批工作。制修订标准化项目计划完成情况如表 2 所示。

表 2 2017 年标准制修订计划完成情况

序号	计划编号	标准名称	完成时间	所处阶段
A-1	20160752-T-348	差分全球导航卫星系统（DGNSS）技术要求	2017	通过审查，待报批
A-2	JT 2016-8	交通运输行业信息系统安全风险评估指南	2016	已报批
A-3	JT 2016-9	落水人员主动报警定位终端技术规范	2017	已报批
A-4	JT 2016-75	城市公共交通 IC 卡检测规范 第 1 部分：卡片应用		通过审查，待报批
A-5	JT 2016-76	城市公共交通 IC 卡检测规范 第 2 部分：应用终端		通过审查，待报批
A-6	JT 2016-77	城市公共交通 IC 卡检测规范 第 3 部分：非接触卡片电气特性和通信协议		通过审查，待报批
A-7	JT 2016-78	城市公共交通 IC 卡检测规范 第 4 部分：非接触终端电气特性及通信协议		通过审查，待报批
A-8	JT 2016-84	海上数字广播系统技术要求	2017	通过审查，待报批

续表

序号	计划编号	标准名称	完成时间	所处阶段
A-9	JT 2016-85	营运货车能耗在线监测平台技术要求	2017	通过审查，待报批
A-10	JT 2016-86	营运货车能耗在线监测平台数据交换格式和内容	2017	通过审查，待报批
A-11	JT 2016-87	营运货车能耗在线监测数据采集设备技术要求	2017	通过审查，待报批
A-12	JT 2016-88	内河船舶能耗在线监测平台技术要求	2017	通过审查，待报批
A-13	JT 2016-89	内河船舶能耗在线监测平台数据交换格式和内容	2017	通过审查，待报批
A-14	JT 2016-90	港口数字专用移动通信技术要求	2017	通过审查，待报批
A-15	JT 2016-93	卫星导航系统港口高精度应用技术要求	2017	通过审查，待报批
A-16	JT 2016-94	北斗卫星导航系统船舶监测终端技术要求	2017	通过审查，待报批
A-17	JT 2016-95	北斗卫星导航系统船舶监测终端数据交换协议	2017	通过审查，待报批
A-18	JT 2016-96	国际移动卫星 F77 船舶地球站 操作和性能要求、试验方法和要求的试验结果	2017	待审查
B-19	JT 2017-81	公路水路建设与运输市场信用信息分类与编码 第 1 部分：公路建设市场	2017	已报批
B-20	JT 2017-82	公路水路建设与运输市场信用信息分类与编码 第 2 部分：水运工程建设市场	2017	已报批
B-21	JT 2017-83	公路水路建设与运输市场信用信息分类与编码 第 3 部分：道路运输市场	2017	已报批
B-22	JT 2017-84	公路水路建设与运输市场信用信息分类与编码 第 4 部分：水路运输市场	2017	已报批
B-23	JT 2017-85	公路水路建设与运输市场信用评价指标　第 1 部分：公路建设市场	2017	已完成征求意见稿，征求意见阶段
B-24	JT 2017-86	公路水路建设与运输市场信用评价指标　第 2 部分：水运工程建设市场	2017	已完成征求意见稿，征求意见阶段
B-25	JT 2017-87	公路水路建设与运输市场信用评价指标　第 3 部分：道路运输市场	2017	已完成征求意见稿，征求意见阶段
B-26	JT 2017-97	交通运输视频图像文字信息显示规范（4 个部分）	2018	征求意见稿初审
B-27	JT 2017-144	交通一卡通二维码支付技术规范	2017	已完成征求意见稿，征求意见阶段
B-28	JT 2017-78	交通运输信息资源目录体系　第 1 部分：总体架构	2018	已完成征求意见稿，征求意见阶段
B-29	JT 2017-79	交通运输信息资源目录体系　第 2 部分：技术要求	2018	已完成征求意见稿，征求意见阶段
B-30	JT 2017-80	交通运输信息资源目录体系　第 3 部分：技术管理要求	2018	已完成征求意见稿，征求意见阶段

3. 2017年申报国家标准及行业标准制修订计划和宣贯项目情况

标委会秘书处组织申报的2017年度标准制修订项目29项，宣贯项目3项，全部列入了交通运输部下达的“2017年交通运输行业标准制修订项目”计划（见表3）。

表3 2017年标准制修订计划项目

序号	计划编号	项目名称	制修订	应完成时间
1	JT 2017-18	基于AIS的水上生命探测与搜索系统技术要求	制定	2018
2	JT 2017-19	基于北斗系统的船舶遇险示位信标技术要求	制定	2018
3	JT 2017-55	交通一卡通移动支付检测规范 第1部分：可信服务管理系统	制定	2018
4	JT 2017-56	交通一卡通移动支付检测规范 第2部分：客户端	制定	2018
5	JT 2017-57	交通一卡通移动支付检测规范 第3部分：终端设备	制定	2018
6	JT 2017-58	交通一卡通移动支付检测规范 第4部分：安全单元	制定	2018
7	JT 2017-73	公路交叉分类与编码规则	修订	2018
8	JT 2017-74	交通信息资源核心元数据	修订	2018
9	JT 2017-75	公路水路交通信息资源业务分类	修订	2018
10	JT 2017-76	交通信息资源标识符编码规则	修订	2018
11	JT 2017-77	交通运输行业安全生产监督监察信息数据元	制定	2018
12	JT 2017-78	交通运输信息资源目录体系 第1部分：总体架构	制定	2018
13	JT 2017-79	交通运输信息资源目录体系 第2部分：技术要求	制定	2018
14	JT 2017-80	交通运输信息资源目录体系 第3部分：技术管理要求	制定	2018
15	JT 2017-81	公路水路建设与运输市场信用信息分类与编码 第1部分：公路建设市场	制定	2017
16	JT 2017-82	公路水路建设与运输市场信用信息分类与编码 第2部分：水运工程建设市场	制定	2017
17	JT 2017-83	公路水路建设与运输市场信用信息分类与编码 第3部分：道路运输市场	制定	2017
18	JT 2017-84	公路水路建设与运输市场信用信息分类与编码 第4部分：水路运输市场	制定	2017
19	JT 2017-85	公路水路建设与运输市场信用评价指标 第1部分：公路建设市场	制定	2017
20	JT 2017-86	公路水路建设与运输市场信用评价指标 第2部分：水运工程建设市场	制定	2017
21	JT 2017-87	公路水路建设与运输市场信用评价指标 第3部分：道路运输市场	制定	2017
22	JT 2017-88	交通运输违法行为代码	制定	2018
23	JT 2017-97	交通运输视频图像文字信息显示规范（4个部分）	制定	2018
24	JT 2017-98	IC卡道路运输证 第2部分：IC卡技术要求	修订	2018
25	JT 2017-99	IC卡道路运输证 第3部分：IC卡道路运输证数据格式	修订	2018

续表

序号	计划编号	项目名称	制修订	应完成时间
26	JT 2017-100	IC 卡道路运输证　第 4 部分：IC 卡道路运输证规格与样式	修订	2018
27	JT 2017-101	交通运输行政执法装备配备及技术要求	制定	2018
28	JT 2017-102	交通行政执法案件数据交换规范	制定	2018
29	JT 2017-144	交通一卡通二维码支付技术规范	制定	2017
30	支撑类	《交通一卡通移动支付技术规范》系列标准	宣贯	2017
31	支撑类	《道路客运联网售票系统》系列标准	宣贯	2017
32	支撑类	《交通信息基础数据元》等数据元标准	宣贯	2017

4. 申报 2018 年国家标准及行业标准制修订计划和宣贯培训项目情况

2017 年 3 月～5 月，秘书处还根据标准化主管部门的要求，组织申报了 2018 年交通运输标准化项目，包括标准制修订项目 25 项、标准宣贯类项目 1 项（见表 4）。

表 4　2018 年标准制修订和宣贯培训项目

序号	项目名称	项目类型	计划完成时间
1	全球海上遇险和安全系统（GMDSS）术语	制修订	2018—2019 年
2	水上移动业务通信规则总则	制修订	2018—2019 年
3	卫星导航船舶监管信息系统第 1 部分：系统组成与功能定义	制修订	2018—2019 年
4	卫星导航船舶监管信息系统第 2 部分：系统信息交换协议	制修订	2018—2019 年
5	卫星导航船舶监管信息系统第 3 部分：船载终端技术要求	制修订	2018—2019 年
6	道路运输电子政务平台编目编码规则	制修订	2018—2019 年
7	交通一卡通芯片集成电路安全规范	制修订	2018—2019 年
8	国际移动卫星 C 船舶地球站和增强群呼设备操作和性能要求、试验方法和要求的试验结果	制修订	2018—2019 年
9	长江航运信息系统互联技术规范	制修订	2018—2019 年
10	交通运输卫星导航增强应用系统第 5 部分：基于移动通信的差分信息播发技术要求	制修订	2018—2019 年
11	交通运输卫星导航增强应用系统第 6 部分：基于 AIS 的差分信息播发技术要求	制修订	2018—2019 年
12	交通运输卫星导航增强应用系统第 7 部分：基准站及增强信息共享与交换	制修订	2018—2019 年
13	交通运输移动卫星 VSAT 系统测试规范	制修订	2018—2019 年
14	公路地理信息服务接口规范	制修订	2018—2019 年
15	交通运输安全生产监督监察数据交换与共享技术要求	制修订	2018—2019 年
16	自动识别搜救发射器（AIS-SART）性能要求	制修订	2018—2019 年
17	海峡两岸海上客运协作报文规范	制修订	2018—2019 年

续表

序号	项目名称	项目类型	计划完成时间
18	船舶电子倾斜仪性能要求	制修订	2018—2019 年
19	甚高频数字通信系统第 1 部分：总体技术要求	制修订	2018—2019 年
20	船舶综合无线电通信系统（IRCS）技术要求	制修订	2018—2019 年
21	水上工程船舶信息采集规范	制修订	2018—2019 年
22	航标信息数据元	制修订	2018—2019 年
23	航标遥测遥控通信技术要求	制修订	2018—2019 年
24	水上工程船舶远海调遣施工安全信息交换与共享技术要求	制修订	2018—2019 年
25	车辆语言导航标准用语	制修订	2018—2019 年
26	《交通运输信息系统 数据字典编制规范》等交通运输信息系统系列标准	宣贯	2018 年

第三章

重要讲话和报告

万钢在 2017 年全国科技工作会议上的报告（摘选）

万钢　全国政协副主席　科学技术部部长

科技工作深入贯彻新发展理念，全面落实创新驱动发展战略，取得一系列突破性进展，呈现出崭新的气象。我国科技实力和创新能力进一步增强，重大科技创新成果亮点纷呈；科技创新融入经济社会发展全局，新动能加快成长，对供给侧结构性改革的支撑引领作用显著提升；大众创新创业蓬勃开展，全社会支持创新、参与创新的热情空前高涨；科技体制改革主体架构基本建立，企业创新政策、计划经费管理、科技成果转化、收入分配制度等重点领域改革取得实质性突破，科技人员获得感进一步增强；科技创新的国际位势不断提升。2016 年，全社会 R&D 支出达 15440 亿元，占 GDP 比重 2.1%，企业占比 78%以上；全国技术合同成交额达 11407 亿元，科技进步贡献率增至 56.2%，创新型国家建设取得重要进展。

一是初步完成了创新驱动发展战略顶层设计。2016 年，党中央国务院召开全国科技创新大会，颁布实施《国家创新驱动发展战略纲要》，确立创新驱动发展三步走战略目标，明确“坚持双轮驱动、构建一个体系、推进六大转变”的战略布局。

二是支撑引领型发展的科技基础进一步夯实。战略高技术取得重大突破，神舟十一号载人飞船与天宫二号空间实验室实现自动交会对接，大推力新一代运载火箭长征五号发射升空，首颗量子科学实验卫星“墨子号”、首颗全球二氧化碳监测科学实验卫星成功发射，“悟空号”暗物质探测卫星在轨运行一年，采用自主研发芯片的世界首台十亿亿次超算系统“神威·太湖之光”居世界之冠。基础前沿加速赶超引领，国际科技论文数量稳居世界第二，科学研究的国际影响力大幅提升，首次在光晶格中并行制备并测控约 600 对超冷原子比特纠缠对，首次实现精准定位高分辨全脑连接图谱，发现人源寨卡病毒治疗性抗体及其作用机制等。科技创新基地布局进一步优化，世界最大单口径 500 米球面射电望远镜（FAST）落成启用，科研设施与仪器国家网络管理平台建成运行。科技创新人才队伍持续壮大，研发人员总量居世界第一位。

三是有效支撑供给侧结构性改革。“十二五”民口重大专项中央财政投入 769 亿元，带动企业地方投入 1080 亿元，直接带动新增产值 1.42 万亿元，实缴税金总额 1300 亿元，获专利授权 1.1 万项，技术标准 8478 项，凝聚了 24 余万名科研大军，取得了一批重大创新成果。2016 年，全国新能源汽车销量预计达到 50 万辆，同比增长 60%以上；“十城万盏”工程推广应用 LED 灯 2400 余万盏，我国成为全球最大的 LED 照明产品生产基地；“数控一代”、制造业信息化等应用示范工程深入实施，研制专用数控系统及相关设备350余种，推广应用22.3万台套。

四是进一步激发全社会创新创业活力。众创空间数量超过4200家，与3000多家科技企业孵化器、400多家加速器形成创业孵化服务链条，服务创业企业和团队超过40万家，培育上市挂牌企业近1000家，提供180万个就业岗位；科技特派员达到73.9万人，服务农民6000万人。国家科技成果转化引导基金设立9支创业投资子基金，总规模达到173亿元；各级科技管理部门、国家自创区和高新区设立的科技创业投资公司（基金）已达550多家，资本规模超过2300亿元。成功举办2016年全国科技活动周，组织各类科普活动2万余项，超过2亿人次参与。

五是关键领域改革取得实质性突破。《关于实行以增加知识价值为导向分配政策的若干意见》由中办、国办印发实施。科技计划管理改革取得决定性进展，纳入整合范围的近百项科技计划（专项、基金等）基本完成优化整合，新五类科技计划布局初步成型；重点研发计划部署启动42个重点专项1163个科技项目，承担单位覆盖全国各省（区市），立项数量明显减少，资助强度显著增加。普惠性政策进一步落实，新增备案高新技术企业2.5万家，累计达10.4万家，据税务总局统计，2016年减免高企所得税1150亿元；研发费用加计扣除政策减免税收约760亿元。

六是进一步拓展创新发展空间。国家自主创新示范区和高新区、上海科技创新中心、京津冀等8个区域全面创新改革试验区及创新型省份等区域创新高地加快形成，146家国家高新区营业收入预计达28万亿元，同比增长11.5%。科技开放合作进一步深化，落实双（多）边政府间科技合作协定和领导人承诺，深化政府间创新对话与科技合作；成功举办首届G20科技创新部长会议，发布《G20科技创新部长会议声明》，率先落实G20峰会成果；发布《推进“一带一路”建设科技创新合作专项规划》；支持团结香港基金成功举办“创科博览2016”，澳门科技发展基金举办“‘十二五’科技创新成果展”。

当前，我国科技事业站在新的历史起点。科技工作面临大有作为的战略机遇，也面临前所未有的重大挑战。我们要牢固树立“四个意识”特别是核心意识和看齐意识，坚决与以习近平同志为核心的党中央保持高度一致，深入学习贯彻习近平科技创新思想。要围绕建设世界科技强国的宏伟目标，持续夯实科技发展基础；顺应新一轮科技革命和产业变革趋势，加快构筑支撑高端引领的先发优势；适应引领经济发展新常态，充分发挥科技创新在推进供给侧结构性改革、培育壮大新动能中的重要作用；按照加快职能转变的新要求，切实在推进“四抓”、狠抓落实上下功夫。

2017年科技工作的总体思路是：全面贯彻党的十八大和十八届三中、四中、五中、六中全会精神及中央经济工作会议、中央农村工作会议、全国科技创新大会精神，深入贯彻习近平总书记系列重要讲话精神和治国理政新理念新思想新战略，围绕统筹推进“五位一体”总体布局和协调推进“四个全面”战略布局，牢固树立和贯彻落实新发展理念，适应把握引领经济发展新常态，坚持稳中求进的总基调，以支撑引领供给侧结构性改革为主线，以建设世界科技强国为目标，全面实施国家创新驱动发展战略纲要和“十三五”国家科技创新规划，把工作重心从规划部署转移到全面落实上来，着力提升科技创新能力，着力深化科技体制改革，着力加快科技成果转移转化，着力加快政府职能向创新服务转变，着力构建良好创新生态，激发全社会创新创业活力，充分发挥科技创新在促进经济平稳健康发展和社会和谐稳定中的核心关键作用，以优异成绩迎接党的十九大胜利召开。

杨传堂在2017年全国交通运输工作会议上的讲话

杨传堂　交通运输部党组书记

这次会议的主要任务是，全面贯彻落实党的十八大、十八届三中、四中、五中、六中全会和中央经济工作会议精神，深入贯彻落实习近平总书记系列重要讲话精神，总结2016年工作，分析当前形势，部署2017年工作。小鹏同志将作的讲话，我都同意。

今年以来，面对复杂严峻的国内外环境和艰巨繁重的改革发展稳定任务，以习近平同志为核心的党中央统揽全局、科学决策，攻坚克难、扎实推进，坚持适应把握引领新常态，坚持稳中求进工作总基调，坚持发展新理念，以推进供给侧结构性改革为主线，适度扩大总需求，坚定推进深化改革，妥善应对风险挑战，经济社会保持了平稳健康发展，实现了“十三五”良好开局。2017年是实施“十三五”规划的重要一年，是供给侧结构性改革的深化之年，也是党和国家事业发展中具有重大意义的一年。做好明年交通运输工作任务繁重艰巨，意义重大。总体要求是：全面贯彻落实党的十八大、十八届三中、四中、五中、六中全会精神和中央经济工作会议精神，认真落实“五位一体”总体布局和“四个全面”战略布局，坚持稳中求进工作总基调，坚持牢固树立新发展理念，坚持适应把握引领经济发展新常态，坚持以提高交通运输发展质量和效益为中心，坚持以推进交通运输供给侧结构性改革为主线，着力完善交通运输基础设施网络，着力提升运输服务品质，着力加快行业转型升级，着力推进安全绿色发展，着力推进现代综合交通运输体系建设，全面做好稳增长、促改革、调结构、惠民生、防风险各项工作，努力建设人民满意交通，为促进经济平稳健康发展和全面建成小康社会当好先行，以优异成绩迎接党的十九大胜利召开。

我们要按照中央经济工作会议精神，按照习近平总书记系列重要讲话精神特别是关于交通运输工作的系列重要指示批示，把握机遇，乘势而上，在基础设施、客货运输、转型升级、深化改革、党的建设等重点方面创新发展，努力取得更大成绩。下面，我讲几点意见。

一、坚持稳中求进工作总基调，正确理解和切实用好黄金时期

习近平总书记明确指出，“十三五”是交通运输基础设施发展、服务水平提高和转型发展的黄金时期，要抓住这一时期，加快发展，不辱使命，为实现中华民族伟大复兴的中国梦发挥更大的作用。总书记的这一重大判断，是对交通运输发展阶段的科学

定位，是对交通运输发展形势任务的深刻把握，饱含着党中央对交通运输发展的亲切关怀和殷切期望。从交通运输发展历程来看，改革开放以来，在国家波澜壮阔的发展征程上，交通运输行业取得的每一步进展，实现的每一次跨越，都是全行业广大干部职工贯彻落实中央要求，抢抓机遇、攻坚克难，顺势而为、乘势而上的结果。当前，在我国经济发展进入新常态后，总书记作出交通运输仍处于黄金时期的重大判断，我们理解，主要在于交通运输作为国民经济重要的基础性、先导性、服务性行业的基础地位没有改变，交通运输在经济社会发展中先行官的职责和使命没有改变，交通运输在稳增长、促投资、促消费中的重要作用没有改变，交通运输由基本适应向适度超前发展的阶段性特征和态势没有改变。所以，黄金时期是经济发展新常态、战略机遇期、全面建成小康社会决胜阶段、推进国家“三大战略”等大的时代背景综合作用于交通运输的集中体现。

与此同时，我们还要看到，现在的黄金时期与我们以往的重大机遇期又有所不同。一是行业发展的基础不同。改革开放之初，我国交通运输基础薄弱、总量不足，是制约国民经济发展的“瓶颈”。而现在，我国交通基础设施网络基本形成，交通运输实现了从“总体缓解”向“基本适应”的重大跃升。过去那种主要以规模扩张为主导的增长已不可持续，必须统筹数量与质量、速度与效益，从注重总量增加向提高质量效益转变。二是行业发展的环境不同。过去，我们还处在相对短缺的时代，只要搞活，就能显著增加有效供给，与外部旺盛的需求相结合，就可以创造交通运输高速增长的奇迹。而现在，土地、资源、环境等刚性约束进一步增强，建设成本快速增长，资金筹措难度加大，行业债务风险增加，这些都给交通运输发展带来新的挑战，要求我们必须牢牢贯彻稳中求进工作总基调，加快改革创新，主要从过去的“铺摊子”转为“上台阶”，从“粗放经营”转为“精耕细作”。三是行业发展的动力不同。过去，我们主要是靠投资等要素驱动，只要加大投资，行业就能快速发展。而现在，交通运输生产正在由过去的高速增长向中高速增长转变，交通投资虽然仍保持高位运行，但下行压力加大，投资的边际效应递减，再继续依靠投资驱动一条腿走路，已经难以持续，必须深化改革、创新驱动，促进新动能发展壮大，推动传统动能焕发生机。

因此，现在的黄金时期，其内涵和外延都发生了很大变化，并不是交通运输大建设时期的简单延续，必须既要充分考虑现阶段的发展要求，更要考虑长远时期的发展，加快形成适应经济发展新常态的交通运输发展新路径。综合来看，关键要抓住以下 4 个方面：

第一，这是交通运输基础设施加速成网的黄金时期。从“十三五”来看，全面建成小康社会、深入实施国家“三大战略”、推进新型城镇化发展，都为交通运输加快建设、快速成网带来了重大机遇。同时，中西部地区，尤其是老少边穷地区的交通基础设施还存在许多薄弱环节，亟须加大投入、补齐短板。综合判断，“十三五”仍然是我国交通运输基础设施集中建设、扩大规模的重要时期，更是加快成网、优化结构的关键时期。

第二，这是现代综合交通运输体系加快构建的黄金时期。加快构建安全、便捷、高效、绿色、经济的现代综合交通运输体系，是实现交通运输现代化的主体工程，对于深入实施国家发展战略，优化国土空间布局，有效拓展经济发展新空间，更好地服务“两个一百年”奋斗目标，具有重要意义。从“十三五”来看，构建现代综合交通运输体系，是交通运输行业转型发展的重点方向，若错过这个阶段，今后付出的代价将更大。

第三，这是交通运输行业加快转型升级的黄金时期。随着我国消费结构不断升级和产业逐步迈向中高端，客货运输需求和结构都在发生深刻变化，行业转型发展的新动能蓄势待发。“十三五”时期，我们要把创新驱动和转型升级作为交通运输工作的重要内容，加快推动由建设为主向建设与服务并重转型，实现交通运输从传统产业向现代服务业转变；由规模速度为主向质量效益为主转型，改变长期以来依靠规模扩张和资源消耗的传统路径，真正走出一条质量效益型发展的新路子；由要素驱动为主向创新驱动转型，依靠创新驱动打造发展新引擎，开辟行业发展新空间。

第四，这是交通运输现代治理能力持续提升的黄金时期。经过多年的改革发展，交通运输行业管理已基本适应社会主义市场经济体制要求，但距离治理体系和治理能力现代化还有不小的差距。“十三五”时期，国家将在重要领域和关键环节改革上取得决定性成果，在推动全球治理体系变革中发挥重要作用。从交通运输来看，随着改革的深入推进，将进一步从政府、市场、社会三个维度破除体制机制障碍，完善现代治理体系，不断提升现代治理能力和水平。

总的来看，黄金时期，既是机遇，更是责任。我们要在适应经济发展新常态的经济政策框架下，准确把握黄金时期的深刻内涵，坚持稳中求进工作总基调，既要在稳的前提下有所进取，又要在把握好度的前提下奋发有为，为实现我国由交通运输大国迈向交通运输强国奠定坚实的基础。

二、坚持融合发展，加快推进现代综合交通运输体系建设

推进现代综合交通运输体系建设，是行业全面深化改革的重中之重。2012 年国务院制定的《“十二五”综合交通运输体系规划》就明确提出“十二五”是构建综合交通运输体系的关键时期。近年来，经过各方面努力，已具备了“融合”起来的有利条件。一是综合交通运输基础设施网络基本形成，各种运输方式的服务能力和服务水平明显提高，融合发展具有较好的物质基础。二是随着人民生活水平的提高和经济平稳健康发展，人民群众对出行中的“零换乘”、货物运输中的“门到门”服务，以及物流降本增效的要求越来越高，融合发展具有广泛的社会基础。三是大数据、云计算等新一代信息技术的普及应用，打通了不同运输方式之间的信息不对称问题，融合发展具备良好的技术基础。四是综合交通运输改革不断深化，国家层面综合管理体制已基本建立，地方层面也已逐步建立了综合管理运行协调机制，融合发展具备一定的体制机制基础。

同时，我们也要清醒看到，当前综合交通运输发展还存在不少矛盾和问题。一是体制机制仍不健全，各种运输方式统筹发展不够，特别是规划建设统筹不够，土地、

岸线等资源综合利用率仍然较低；二是法规标准滞后，各种运输方式衔接不畅，信息资源共享程度不高，综合交通运输枢纽建设需进一步加强；三是网络布局尚不完善，跨区域通道、国际通道连通不足，中西部地区、贫困地区和城市群交通发展短板亟待补齐；四是运输结构不合理，多式联运、旅客联程运输发展相对缓慢，各种运输方式的比较优势和组合效能发挥不够。

习近平总书记强调，综合交通运输进入新的发展阶段，各种运输方式都要融合发展，提高效率、提升质量。当前，加快推进现代综合交通运输体系建设，关键要促进各种运输方式在更广范围、更高层次、更大程度上融合，重点要做到“三个融合”：

一是交通基础设施网络的融合。要继续深化交通运输管理体制改革，加快形成有利于综合交通运输发展的组织管理体系、工作运行体系、政策制度体系，重点在省级层面和中心城市推动建立综合管理运行协调机制。要切实加强规划统筹，充分发挥规划引领作用，科学确定各种运输方式基础设施空间布局和建设时序，努力实现规划“一张图”、建设“一盘棋”。

二是运输服务的融合。要加快完善综合交通运输法规标准体系，加强各种运输方式相关标准规范的衔接。要加强综合交通运输信息资源开放与共享，建立健全各种运输方式信息资源交互与共享机制。要抓住货物多式联运、旅客联程运输两个关键环节，提升综合运输服务的可达性、便捷性、经济性、安全性。

三是新旧业态的融合。要推动交通运输组织管理创新，规范引导各种运输方式新业态的发展。要推进“互联网+”运输服务模式创新，以“互联网+”推动各种运输方式新旧业态加快融合。此外，还要注重加强综合交通运输与物流业、旅游业、装备制造业等经济社会产业的融合。

三、坚持改革攻坚，大力推进供给侧结构性改革和重点领域改革

推进供给侧结构性改革，引导经济朝着更高质量、更有效率、更加公平、更可持续的方向发展，是当前和今后一个时期我国经济工作的主线，也是交通运输工作的主线。近年来，各级交通运输部门深入贯彻落实中央改革决策部署，特别是紧紧围绕“三去一降一补”重点任务，深化“放管服”改革，取消下放行政审批事项，优化规范行政审批行为，强化事中事后监管，有效降低行政成本；大力推进降本增效，大幅减少行政事业性收费，清理规范经营性收费，着力减轻企业负担；积极发展甩挂运输、多式联运、无船无车承运等先进货运组织形式，稳步推进货运车型、船型及多式联运等装备设施标准化，促进物流业“降本增效”；着力补齐短板，推进交通扶贫脱贫攻坚，注重提升交通运输基本公共服务水平，一批具有全局性、引领性的重点改革任务加快落地。

习近平总书记强调，供给侧结构性改革最终目的是满足需求，主攻方向是提高供给质量，根本途径是深化改革。对照党中央的要求，我们应当清醒地看到，虽然我国交通运输供给总量问题逐步缓解，但仍然面临着交通基础设施有效供给不足、运输服

务供给质量效率不高、现代治理能力不强等突出问题。我们要认准主攻方向、精准发力，以锲而不舍、驰而不息的精神，加大改革攻坚力度，重点抓好 3 个方面的工作：

一是深入落实“三去一降一补”重点任务。中央明确提出，2017 年要推动“三去一降一补”重点任务有实质性进展。交通运输行业落实“三去一降一补”的任务依然很重，特别是要在降成本和补短板上狠下功夫。在降成本方面，要在降低物流成本上加大工作力度，充分发挥市场在资源配置中的决定性作用，有效促进组织创新、管理创新，推进运输资源高效整合和优化配置。要更好发挥政府作用，通过简政放权降低制度性交易成本，统筹推进重要运输环节普遍性降费和结构性收费调整。在补短板方面，既要补硬短板也要补软短板，既要补发展短板也要补制度短板。同时，也要在去产能、去库存、去杠杆等方面有所作为，继续配合相关部门化解钢铁、煤炭等过剩产能。要高度重视交通债务风险，坚决防止发生系统性债务风险。

二是着力提升交通运输供给效率和品质。在提升供给效率方面，要加快通道、枢纽建设和管理，提高交通基础设施运行效率，稳步推进既有设施升级改造，充分挖掘存量资源潜力。要着力提高物流运行效率，大力推进多式联运发展，加快城乡配送一体化进程，促进“互联网+”高效物流发展。要着力提高旅客运输效率，积极推进旅客联程运输发展，建设集约高效的城市公共交通系统。在提升供给品质方面，要全面推进交通运输“品质工程”建设，着力打造高品质、多样化的客货运输服务体系。要大力发展先进适用的运输装备，加快推进货运装备专业化、标准化、现代化，进一步提高运输装备安全绿色水平。要大力提升出行服务品质，完善高品质、多样化、个性化的客运服务，鼓励和支持各类企业提供多元化、全方位出行信息服务。

三是加强行业重点领域改革攻坚。当前，全面深化交通运输改革已进入攻坚期，必须狠抓具有牵引作用的重点改革。要做好交通运输财政事权和支出责任划分改革，这是影响交通运输长远发展的重大事项，要认真研究推进。要深化交通运输投融资改革，持续推进交通基础设施 PPP 模式的运用推广工作，加强产业发展基金、政府专项债等研究工作。要深化交通运输综合行政执法改革，发挥改革试点的示范带动作用，力争取得更大改革成果。要进一步完善收费公路管理体制改革、农村公路养护管理体制改革、城乡道路客运改革、事业单位分类改革等重点改革，加快提升行业现代治理能力。

四、坚持创新驱动，加快推进行业转型升级

实施创新驱动发展战略，是一项事关交通运输行业长远发展的基础性、全局性、战略性重大任务。近年来，交通运输行业大力加强重大科技研发和创新能力建设，取得了一批科技创新成果。同时也要看到，交通运输领域基础性、前瞻性研究不够，核心技术研发不足，管理体制机制不健全，科技人才队伍不强，特别是领军人才和高技能人才不足，影响了行业创新的整体效能。

当前，全球新一轮科技革命、产业变革加速推进，将对交通运输发展带来深刻变

革。对标国际先进水平，我们要始终坚持抓创新就是抓发展、谋创新就是谋未来，深入落实国家创新驱动发展战略，使行业真正走出一条创新驱动、转型发展的新路径。

一是加快科技创新，不断释放创新驱动原动力。随着自动驾驶、新能源等技术不断涌现，交通运输科技创新呈现出新的发展态势。要加强面向交通运输现代化战略需求的基础前沿和高新技术研究，密切跟踪全球科技发展方向，聚焦关键核心技术，结合重大工程建设，加快实施一批重大科技攻关项目，着力在新材料、新装备、新能源等领域取得一批重大成果，提高行业自主创新能力。要加快促进科技成果转化应用，加快智能绿色制造技术、现代能源技术、海洋和空间先进适用技术等研发和应用，加快发展高铁、高技术船舶、新能源汽车等装备和产品，把创新成果变成实实在在的交通运输生产能力。要深化科技创新体制改革，推进协同创新，加强产学研结合和技术成果转化，加大交通运输领域引才引智力度，最大限度释放交通运输创新活力。

二是加快组织管理创新，积极培育行业发展新动能。近年来，智能制造、“互联网+”、分享经济等新产业、新业态、新模式给行业发展带来深刻影响。我们要充分利用互联网广泛覆盖、高效连接等特性，解决传统产业中存在的信息不对称、中间环节多等问题，以旅客便捷出行、货物高效运输为导向，全面推进“互联网+交通运输”行动。要依托大众创业、万众创新，加快推进交通运输组织创新、管理创新，切实做好新旧动能转换、新旧业态融合，正确处理政府和市场的关系，采取包容创新、审慎监管的态度，综合考虑各方利益诉求，释放更多政策性红利，推动行业加快转型发展。

三是加快信息化智能化步伐，改造提升传统产业。信息化智能化水平，是衡量交通运输现代化发展水平的重要标志。要坚持以发展智慧交通为主攻方向，通过信息化智能化手段加快改造提升传统产业。要坚持以信息化驱动交通运输现代化，推动云计算、物联网、大数据、移动智能终端等技术在交通运输领域的深度应用，推动交通运输传统产业向自动化、智能化转变。要围绕智慧城市的建设，加快交通基础设施标准化、数字化、智能化技术改造，推动智能运输装备的发展，不断提高交通运输服务的机动性、安全性、可达性和经济性。

五、坚持以人民为中心，切实做好行业安全生产工作

习近平总书记强调，以人民为中心的发展思想，不是一个抽象的、玄奥的概念，不能只停留在口头上、止步于思想环节，而要体现在经济社会发展各个环节。在交通运输工作中切实体现以人民为中心的发展思想，既要多办贴近民生的实事好事，努力建设人民满意交通，更要高度重视做好安全生产工作。当前，交通运输安全生产形势仍然十分严峻。特别是公路恶性交通事故多发频发，铁路、水上交通安全生产形势不容乐观，桥梁和隧道工程事故不断出现，民航领域事故征候时有发生，这些暴露出行业安全生产基础工作仍然较为薄弱。安全生产只有起点没有终点，必须始终保持清醒头脑，任何时候不能马虎、松懈。天津港“8·12”爆炸等事故殷鉴不远，教训绝不能再用鲜血和生命去验证。

我们要认真落实习近平总书记关于安全生产工作的重要指示，全面贯彻落实好中共中央、国务院印发的《关于推进安全生产领域改革发展的意见》，重点做好以下工作：

一是强化安全生产责任落实。安全红线是发展必须坚守的底线。要针对交通运输安全生产面临的严峻形势，进一步强化红线意识，按照“党政同责、一岗双责、齐抓共管、失职追责”的安全生产责任体系要求，不断织密织紧行业安全生产责任网，建立健全安全生产监管责任清单、权力清单和督查清单，履职尽责，落实行业监管责任。

二是强化安全隐患排查治理。要深入开展安全生产大检查，全面摸清安全隐患和薄弱环节，推进铁路、公路、水运、民航、邮政快递等安全隐患专项治理，堵塞安全漏洞。要建立完善隐患排查治理体系，健全安全投入、激励约束等机制，把隐患排查治理工作做得更加扎实有效。

三是强化安全生产基础建设。要加快推进安全防控体系建设，准确识别安全风险，采取有效措施防控风险。要加大安全基础设施设备投入，加强从业人员安全技能培训，切实提高安全应急保障能力。

六、坚持全面从严治党，以党的建设新成效推动交通运输事业新发展

党的十八届六中全会全就新形势下加强党的建设作出新的重大部署，充分体现了以习近平同志为核心的党中央坚定不移推进全面从严治党的坚强决心和历史担当。我们要认真学习贯彻六中全会精神，落实好全面从严治党的责任，把全面从严治党要求体现在党组领导经济工作之中，不断提高党的建设科学化水平，努力把党的理论优势、政治优势、组织优势、制度优势、群众工作优势，转化为引领和促进交通运输改革发展稳定的强大力量。

一是坚决落实全面从严治党要求。要把深入学习贯彻习近平总书记系列重要讲话精神作为首要政治任务，牢固树立“四个意识”，自觉在思想上政治上行动上同以习近平同志为核心的党中央保持高度一致。要坚持围绕核心聚力、向党中央看齐，各项工作都要从政治上考量、在大局下行动。要认真落实党中央经济决策部署，围绕服务经济社会发展大局，议大事、抓大事，不断加强和改进交通运输工作，进一步把党对经济工作的领导落到实处。要严肃党内政治生活，坚持以《关于新形势下党内政治生活的若干准则》为遵循，以坚定理想信念宗旨和严明政治纪律规矩为抓手，开展严肃认真的党内政治生活，净化党内政治生态。要把强化党内监督作为党的建设的重要基础性工程，认真贯彻执行《中国共产党党内监督条例》《中国共产党问责条例》等，聚焦监督执纪问责，有效运用“四种形态”，开展巡视“回头看”，推进部属单位巡察工作，支持各级纪检组织开展工作，着力扎紧制度笼子，减少权力寻租空间，遏制腐败蔓延势头。

二是持之以恒抓好作风建设。作风问题本质上是党性问题，是政治问题。要深入落实中央八项规定精神，在坚持中深化，在深化中坚持，使作风建设落地生根、成为

常态。要聚焦“四风”，以严的态度、严的措施狠抓惩治“四风”问题。要始终保持昂扬向上的精神状态，真正把心思集中到“想干事”上，把本领体现在“能干事”上，把目标锁定在“干成事”上，提起精气神，激发新状态，展现新作为。

三是加强干部人才队伍建设。事业发展，干部是关键因素，人才是第一资源。要加强理想信念教育，牢记使命、不忘初心、继续前进、当好先行。要突出抓好干部队伍能力建设，加大全行业干部教育培训、交流锻炼力度，不断提高干事创业能力。要大力实施“人才强交”战略，努力培养和造就一批有影响力的行业领军拔尖人才，不断提升人才队伍素质。

四是提升行业软实力。要深入细致地抓好行业宣传和思想文化工作，弘扬主旋律、传播正能量，讲好交通故事，提升服务形象。要深入开展社会主义核心价值观实践活动，建立完善交通运输行业文化体系，培育文化品牌，树立先进典型。要大力弘扬和发展“两路”精神，逢山开路、遇水架桥，进一步展现新时期交通人的风采。

同志们，新时期赋予新使命，新征程充满新希望。让我们紧密团结在以习近平同志为核心的党中央周围，进一步增强使命感、责任感，振奋精神，开拓进取，扎实工作，切实抓住和用好黄金时期，努力开创交通运输事业新局面，以优异的成绩迎接党的十九大胜利召开！

李小鹏在全国交通运输安全生产电视电话会议上的讲话

李小鹏　交通运输部部长

2017年1月17日

同志们：

岁末年初，各类会议多、活动多，春运忙、工作忙，在昨天下午召开部安委会的基础上，今天上午召开全国交通运输安全生产电视电话会议，说明安全生产工作的重要性，说明我们重视安全生产工作。刚才，成平同志传达了国务院安委会全体会议和全国安全生产电视电话会议精神，志强同志通报了2016年交通运输安全生产工作情况以及2017年安全生产重点工作安排，部水运局、运输服务司和江苏、河南、重庆交通运输厅（委）以及山东海事局分别作了发言，大家讲的很好，我都赞同。下面，我讲三点意见：

一、清醒认识当前交通运输安全生产形势

2016年，在党中央国务院的正确领导下，全国交通运输系统坚持红线意识，坚持法治思维，开拓创新、狠抓落实，做了大量工作。在大家的共同努力下，交通运输安全生产形势总体平稳，事故总量明显下降，尤其是重特大事故件数和死亡人数同比下降均超过50%。成绩来之不易，值得充分肯定。在此，我代表交通运输部向奋战在交通运输安全生产战线的广大干部职工表示衷心的感谢和诚挚的问候！

在看到成绩的同时，我们必须清醒认识到，当前交通运输安全生产还存在很多突出问题，与党中央习总书记对我们的要求有很大差距，与人们群众对“平安交通”的期望还有很大差距，与交通运输改革发展的要求有很大差距。突出表现在五个方面：

一是思想认识上有差距。目前仍有部分领导和同志对安全生产工作漫不经心、敷衍了事，口头上重视、行动上轻视。有些同志自己认为已经很重视安全生产，做了很多工作，但实际上一遇到发展问题、效益问题，安全生产工作就摆到了次要的位置，对待安全生产工作态度不够坚决、措施不够得力，发生了事故就急着找客观理由，甚至推卸自己的责任。有些同志过高地估计本单位安全生产形势，盲目乐观；有些同志过高地估计本单位干部职工对安全生产重要性的认识程度，放松教育；有些同志过高的地估计自己安全生产的能力、水平，不学习先进，不汲取事故教训，固步自封。另外，随着国家加大事故追责力度，有些同志对如何履行安全生产管理职责产生了迷茫，有的不敢作为，有的过度执法，有的不能汲取事故教训，还有的不能及时解决问题，

对安全生产工作造成了极大危害。

二是责任落实上有差距。部分管理部门安全监管职责不清晰，履职行为不规范，总书记指出的安全生产工作“认不清、想不到、管不到”问题在交通运输行业不同程度的存在。甚至有些同志对安全生产工作存在着惧怕担责、畏难情绪，不敢管、不愿管。部分企业重效益、轻安全，管理制度不健全，侥幸心理严重，安全投入不足。部分交通运输从业人员“三超三驾”（超速、超载、超员，酒驾、毒驾、疲劳驾驶）等违法违规行为时有发生。

三是事故防范上有差距，特别是风险辨识管控、隐患排查治理上有差距。一些制约交通运输安全发展的突出问题和薄弱环节长期存在，没有得到有效解决。安全生产风险辨识和管控、事故隐患排查和治理工作还不健全，应对安全生产所面临的新老问题、新老挑战，缺乏针对性防范措施。安全管理方式依然较为传统，不适应新形势、新要求，安全生产风险没有得到有效控制，很多隐患不能及时发现和消除，各类事故易发多发势头尚未得到根本遏制。

四是依法治安上有差距。交通运输安全生产法律法规、标准规范仍不完善，部分亟待填补空白或进行修订。安全生产基层监管队伍力量薄弱，监管执法装备设施缺乏，业务素质不高，执法不严等问题依然突出，导致非法违规行为屡禁不止，依法治安任重道远。

五是基础保障上有差距。交通运输安全基础设施还不完善，安保工程建设、危桥改造、渡改桥、航道整治等任务仍然十分繁重，车辆船舶等运输装备安全技术水平相对较低，安全生产保障基础还很薄弱。交通运输从业人员准入门槛偏低、素质参差不齐，培训教育和市场退出机制尚未形成，部分一线员工特别是关键岗位人员安全意识淡薄、安全技能较差等问题依然突出。

交通运输面广、量大、点多、线长，涉及人民群众的切身利益，因此交通运输安全生产责任特别重大、任务特别艰巨。同时，我国还处于社会主义初级阶段，交通运输安全基础设施还不够完善、安全生产水平总体还不高、法规制度还不够健全、从业人员素质还不能满足要求，行业安全生产的治理能力和治理水平还不够高，而随着经济社会快速发展，人民群众对平安交通的要求越来越高，越来越强烈，交通运输安全生产面临的形势更加严峻、任务更加繁重。我们必须正视存在的问题，以高度的政治责任感和对人民高度负责的态度，勇于担当、迎难而上，直面问题、解决问题，全力推进交通运输事业安全发展。

二、坚决贯彻落实习总书记关于安全生产工作的重要讲话和指示精神

习总书记高度重视安全生产工作。党的十八大以来，总书记就如何抓好安全生产工作作出了一系列重要指示。2016 年初，在中央政治局常委会上，总书记指出：“重特大突发事件，不论是自然灾害还是责任事故，其中都不同程度存在主体责任不落实、

隐患排查治理不彻底、法规标准不健全、安全监管执法不严格、监管体制机制不完善、安全基础薄弱、应急救援能力不强等问题”。2016 年 10 月，总书记对全国安监系统提出：“要牢固树立发展决不能以牺牲安全为代价的红线意识，以防范和遏制重特大事故为重点，坚持标本兼治、综合治理、系统建设，统筹推进安全生产领域改革发展。各级党委和政府要认真贯彻落实中央关于加快安全生产领域改革发展的工作部署，坚持党政同责、一岗双责、齐抓共管、失职追责，严格落实安全生产责任制，完善安全监管体制、强化依法治理、不断提高社会安全生产水平，更好维护广大人民群众生命财产安全”。

总书记关于安全生产工作的一系列重要指示，给交通运输安全生产工作指明了方向，我们要认真学习领会、坚决贯彻落实，在“六个突出”上狠下功夫：

（1）突出以人民为中心的发展理念。安全生产事关人民福祉，事关经济社会发展大局，必须坚持以人民为中心，牢固树立发展决不能以牺牲安全为代价的红线意识，始终保持高度警觉，任何时候都不能麻痹大意，切实把保障人民群众安全出行作为交通运输一切工作的基础，优先考虑、周密部署、切实保障。

（2）突出坚决遏制重特大事故的目标。重特大安全生产事故会造成人民群众生命财产巨大损失，严重影响经济社会改革发展和稳定大局，必须坚决予以遏制。要大力构建安全生产风险管控和隐患治理双重预防机制，扎实开展专项治理，按照马凯副总理在全国安全生产电视电话会议上的要求，将全面实现事故总量、死亡人数、重特大事故“三个继续下降”作为今年交通运输安全生产工作的目标要求，切实维护好人们群众生命财产安全。

（3）突出推进安全生产领域改革发展。改革创新是推进安全发展的强大动力，也是构建“平安交通”安全体系、强化交通运输安全生产管理的必然要求。要坚决按照《中共中央国务院关于推进安全生产领域改革发展的意见》，破解交通运输安全生产工作体制机制方面存在的深层次问题和瓶颈制约，通过创新思路、丰富手段、多措并举，不断提升交通运输安全治理能力和水平。

（4）突出汲取事故教训和问题整改。重特大突发事件不论是自然灾害还是责任事故，都不同程度存在隐患排查治理不彻底、安全责任落实不到位等问题。我们必须认真汲取事故教训，彻查事故原因，动真格、硬碰硬，逐一抓好交通运输领域每一起事故，特别是重特大事故整改工作的落实，堵塞各类安全漏洞，做到自己曾经犯过的错误不再重犯，别人犯过的错误我们争取不犯。只有这样才能减少事故发生，实现安全生产形势平稳。

（5）突出安全生产责任担当和责任落实。抓好安全生产工作，必须增强忧患意识和责任意识，坚持党政同责、一岗双责、齐抓共管、失职追责，党政一把手必须亲力亲为、亲自动手抓，严格落实安全生产责任制，以更强的责任心、事业心和进取心，敢于担当、勇于担当、善于担当，以更严更实的作风，始终把安全责任牢记在心，尽职尽责。

（6）突出监督检查和严肃问责。一分部署，九分落实，监督检查是保障各项安全措施落实的重要手段，必须采取多种检查形式，切实加大监督检查力度，确保工作取得实效。要建立健全督查问责机制，加大安全生产工作落实情况跟踪督办，对责任不落实、工作不到位、履职不规范的单位和人员，要依法依规严肃问责追责。

三、扎实做好 2017 年安全生产工作

2017 年是实施“十三五”规划的重要一年，也是深化交通运输领域供给侧结构性改革的关键一年，党的十九大将在今年下半年召开，做好全年的交通运输安全生产工作意义重大、任务艰巨。今年安全生产工作的总体要求是：深入贯彻落实党的十八大和十八届三中、四中、五中、六中全会精神以及中央经济工作会议精神，坚决贯彻落实习总书记关于安全生产重要指示精神，按照国务院安委会和全国安全生产电视电话会议的部署，牢固树立红线和底线意识，以“平安交通”为统领，以改革发展为动力，以落实安全责任为核心，坚持问题导向，突出隐患排查治理和风险管控，扎实推进安全生产基础设施设备建设，扎实推动安全生产工作系统化、规范化、标准化，不断提高安全生产工作管理水平，坚决遏制重特大事故，全力保障交通运输安全生产形势持续稳定。

部将印发 2017 年交通运输安全生产工作要点，各部门、各单位要认真抓好落实。我再强调几点：

第一，全力推进安全生产领域改革发展。一是贯彻落实党中央国务院《关于推进安全生产领域改革发展的意见》，印发交通运输安全生产领域改革发展实施意见，进一步细化目标任务，明确时限和工作措施，确保各项工作落到实处。二是建立健全交通运输安全生产风险管控、隐患治理工作制度，扎实推进双重预防体系建设。三是加大工作力度，积极与有关部门和地方政府的沟通协调，加快推进港航公安体制改革。

第二，深化“平安交通”建设。一是要大力推进“平安路”“平安车”“平安船”“平安港”“平安站”“平安工地”建设。二是尽快完善各领域考核评价办法，开展考核评价工作。三是要继续加大“平安交通”和安全体系试点工作力度，提炼固化经验做法，发挥示范引领作用，形成可复制、可推广的成果，在全行业应用。四是推进安全文化建设，加强安全生产公益宣传和社会监督，加强国际交流合作，学习借鉴国内外安全生产与职业健康先进经验。

第三，狠抓安全责任落实。一是要按照《交通运输安全监管责任规范导则》的要求，逐级逐部门逐岗位厘清安全生产工作职责，确保责任落实。二是强化履职检查和履责考核，建立省级交通运输主管部门“平安交通”建设和部属单位安全生产工作考核制度和指标体系。三是要积极推进安全生产标准化和信用体系建设，推动企业严格落实安全生产主体责任。四是要按照“尽职照单免责、失职照单问责”的要求，尽快研究建立健全责任落实激励约束机制。

第四，坚决防范遏制重特大事故。要认真汲取事故教训，针对事故暴露出的薄弱环节，制定任务清单，逐项采取针对性措施，落实整改。一是坚决贯彻落实《国务院

办公厅关于印发危险化学品综合治理方案的通知》要求，按照我部贯彻落实的任务分工，切实抓好各项工作的落实。二是深入开展“道路运输平安年”、隐患排查治理攻坚行动等专项治理，集中解决各领域安全生产突出问题。三是继续抓好“8·12”“6·26”“7·1”等重特大事故的整改工作。四是强化“两客一危”车辆、“四类重点”船舶、“六区一线”水域、城市轨道交通、港口作业、工程建设等领域的安全监管。

第五，着力提升依法治安能力。一是加快《海上交通安全法》《内河交通安全管理条例》《危险货物道路运输安全管理办法》等法规制修订工作。二是突出重点领域加快制定针对性和操作性强、科学规范的管理制度和标准，出台《客车行李舱载货运输规范》《船舶检验机构认可与管理规则》等标准规范。三是强化监督检查，建立并落实年度安全生产监督检查计划，规范检查事项及内容，采取“四不两直”暗查暗访、突击检查等方式，依法依规开展执法行动。

第六，强化安全生产基础保障。一是继续实施公路安全生命防护工程，加大危桥改造和渡口改造、渡改桥、船型标准化等工作力度。二是督促企业严格落实安全生产费用提取和使用，提高运输工具和装备设施的安全技术水平，在交通运输重点领域强制实施安全生产强制保险制度。三是加强安全生产科技攻关，鼓励研究和推广应用先进技术和装备设施，加快安全生产监管监察、危险货物运输安全监管等信息化平台建设。

第七，大力提升从业人员安全素质。一是大力推进实施从业人员安全素质提升工程，建立健全从业人员安全素质管理制度体系、教育培训体系、考试考核评价体系以及支持保障体系。二是充分运用“互联网”和“移动互联网”技术和手段，推进建立企业、管理部门和社会服务机构协同工作机制。三是依法开展安全生产能力考核，严把企业主要负责人、安全管理人员适任关；强化依法持证人员的培训考试，严把关键岗位人员准入关。

同志们，当前正值春运繁忙时期，做好春运工作是对交通运输系统的重大考验。有关做好春运工作，中办、国办在部署岁末年初工作时提出了要求，我部与相关部委已做出部署，各部门、各单位要认真抓好落实，坚决防范和遏制各类事故发生，确保春运安全。

同志们，安全生产工作使命光荣，责任重大。让我们更加坚定地团结在以习近平同志为核心的党中央周围，稳中求进、扎实工作，全力做好交通运输安全生产各项工作，以优异成绩迎接党的十九大胜利召开。

陆东福在中国铁路总公司工作会议上的报告（摘要）

陆东福　中国铁路总公司总经理党组书记

一、关于 2017 年铁路工作

在以习近平同志为核心的党中央坚强领导下，全路党政工团各级组织和广大干部职工以迎接党的十九大胜利召开和学习宣传贯彻党的十九大精神为动力，深入贯彻落实习近平总书记对铁路工作的重要指示批示精神和党中央、国务院的决策部署，在中央机动式巡视的强有力推动下，坚持稳中求进工作总基调，坚持“强基达标、提质增效”工作主题，坚持目标和问题导向，统筹推进铁路各项工作，担当作为，奋力开拓，圆满完成了 2017 年铁路各项目标任务。

① 运输安全持续稳定，全年未发生一般 A 类及以上责任行车事故。

② 铁路建设有序推进，全国铁路行业固定资产投资完成 8010 亿元，新开工项目 35 个，“四纵四横”高铁网提前建成运营。

③ 客货运输强劲增长，国家铁路完成旅客发送量 30.39 亿人、同比增长 9.6%，货物发送量 29.18 亿吨、同比增长 10.1%。

④ 经营效益大幅提升，铁路运输总收入 6958 亿元，同比增收 1010 亿元、增长 17%，增收额创历史纪录。

⑤ 技术创新跃上新台阶，高铁工程建设、装备制造、运营管理三大领域成套技术体系保持世界领先水平；中国标准动车组命名复兴号并实现时速 350 千米商业运营，“复兴号奔驰在祖国广袤的大地上”。

⑥ 国铁企业公司制改革取得重大进展，18 个铁路局改制为集团有限公司；总公司机关组织机构改革顺利完成；6 个所属非运输企业改革方案已批复实施。

⑦ 节能减排成效明显，单位运输工作量综合能耗同比下降 3.6%。

⑧ 运输业劳动生产率和职工工资收入稳步增长，劳动生产率同比增长 17%。

实现上述目标，离不开全年各项重点工作的有力推进。

（1）深入抓好习近平新时代中国特色社会主义思想的学习宣传贯彻。以习近平总书记系列重要讲话精神和治国理政新理念新思想新战略为主要内容，对全路 2 万多名处级以上干部进行了集中培训；提出 18 个事关铁路改革发展重点课题；确定 7 个重大专题，形成一批重要研究成果和实践成果。党的十九大召开后，总公司党组带头开展专题学习研讨，启动铁路领导人员集中轮训，开展面向一线干部职工的大学习、大宣讲活动；围绕贯彻落实十九大精神，确定 17 个重大课题，形成框架成果。

（2）着力构建“三位一体”安全保障体系。牢固树立高铁和旅客安全“万无一失”的工作理念；完善安全生产责任体系，深入推进安全生产标准化建设；人防、物防、技防“三位一体”安全保障体系不断健全完善；高铁环境整治联动机制基本形成。

（3）切实加强铁路规划建设。紧密对接和服务国家战略，印发实施《铁路“十三五”发展规划》；推进投融资体制改革，实施分类分层建设新模式；强化建设为运输服务的理念，加大运输部门介入力度；改革建设管理体制，整合建设管理力量；坚持对工程质量安全问题“零容忍”，实施质量安全红线管理；组织开展高铁开通达标评定，切实把问题隐患消除在铁路开通之前。

（4）努力提升运输供给质量和效益。发挥高铁成网优势，大幅增加客运产品有效供给；扎实推进高铁“强基达标、提质增效”工程，京沪高铁标准示范线建设成效明显；加大货运营销力度；圆满完成重点物资运输和军运、特运、专运、抢险救灾物资运输任务，为降低社会物流成本、打好污染防治攻坚战作出重要贡献。

（5）加强国铁企业改革和经营管理工作。确立国铁企业公司制改革“三步走”目标并强力推进，铁路局集团公司法人治理结构基本形成，新旧体制实现平稳过渡。

（6）积极推进法治化市场化经营。加强重大经营管理活动的法律审核把关；优化完善价格体系和清算办法；客运市场化经营迈出坚实步伐；一批资本运营项目开始启动。

（7）着力推进应用型技术创新。组织完成时速 350 千米中国标准动车组研制及上线运营工作，系列化中国标准动车组研制工作取得新进展。自主化列控系统、智能牵引供电系统、高铁地震预警系统等功能不断优化，设备监测检测、故障预警技术和应急救援能力显著提升。完善 12306 和 95306 网站功能升级。复杂艰险地质条件下桥梁、隧道等重大工程技术攻关取得新突破。

（8）深入抓好铁路扶贫工作。中西部地区（含东北三省）累计完成铁路基建投资 3964 亿元；14 个集中连片贫困地区、革命老区、少数民族地区、边境地区累计完成铁路基建投资 4338.4 亿元。百项交通扶贫骨干通道工程安排的 16 个铁路项目，12 个已开工建设。精心开好公益性“慢火车”和农民工集中地区普速客车，总公司和各铁路局集团公司实施的 77 个定点扶贫项目取得新成果。

（9）强化铁路对“一带一路”建设的服务支撑作用。今年开行中欧班列 3600 列，超过 2011—2016 年六年开行数量的总和，中欧班列成为“一带一路”建设标志性成果。印尼雅万高铁、中老铁路、巴基斯坦拉合尔橙线轻轨工程等项目务实推进。

（10）关心维护职工切身利益和身心健康。全年建成保障性住房 4.18 万户，完成棚户区改造 1.87 万户。投入 31.36 亿元用于生活线、文化线、卫生保健线建设。组织职工健康体检 134.8 万人次、健康休养 23.7 万人次。全年投入助困、助学、助医等帮困资金 9.1 亿元，救助职工和家属 45.3 万人次。依法依规解决职工群众合理诉求。

（11）全面加强党的建设向纵深发展。贯彻“两个一以贯之”的要求，对加强国铁企业党的领导作出制度性安排，把党建工作总体要求纳入铁路企业章程，把党组织研究讨论重大问题作为企业决策前置程序。严格落实党内政治生活制度，推进“两学一做”学习教育常态化制度化。深入推进运输一线党支部建设三年基础工程。大力实施“百千万人才”工程。开展“强基达标、提质增效”主题教育活动，讲好中国铁路故事。

（12）加强党风廉政建设和反腐败斗争。配合中央巡视组完成对总公司党组的机动式巡视，从严从实抓好巡视反馈问题整改。认真落实“两个责任”，修订总公司党风廉政建设责任制实施办法。建立总公司巡视制度，设立总公司巡视机构。制定贯彻落实中央八项规定实施细则《实施办法》，严肃查处顶风违纪行为。积极实践监督执纪“四种形态”，始终保持反腐败高压态势。

与此同时，铁路统战、民族事务、机要保密、爱国卫生、文艺体育、国防动员、人民武装以及各类学协会等工作也取得了新进步、新发展。

二、在习近平新时代中国特色社会主义思想的指引下，奋勇担当“交通强国、铁路先行”历史使命

第一，先行有基础——党的十八大以来我国铁路事业实现全面进步发展，有条件在交通强国中当好先行。

我国的政治和制度优势，推动铁路事业五年里实现了大发展。我国铁路技术标准和装备水平大幅提升；技术经济水平全面跃升；党对国铁企业的领导全面加强，我国铁路管理体制实现重大变革。

第二，时代有召唤——中国特色社会主义进入新时代，铁路必须继承和发扬光荣传统，在交通强国中再当先行。

党的十九大明确提出加强铁路等基础设施网络建设，建设交通强国。全路必须自觉贯彻新发展理念，更加注重质量和效益的提升，进一步在综合交通融合发展中发挥骨干作用，为服务国家发展战略、促进我国经济实现高质量发展提供有力保障。铁路系统要以建好管好经营好世界一流铁路网为己任，全面提高铁路建设发展水平和运输供给质量，践行以人民为中心的发展理念，在新时代展示铁路行业的新气象新作为。

第三，奋斗有目标——党的十九大开启全面建设社会主义现代化国家新征程，铁路必须率先实现现代化。

一是铁路网规模和质量达到世界领先。二是铁路技术装备和创新能力达到世界领先。三是铁路运输安全和经营管理水平达到世界领先。四是铁路企业体制机制改革创新水平进一步提升。五是铁路在综合交通运输体系中的地位和作用进一步提升。六是铁路服务国家战略和对经济社会发展的贡献进一步提升。

第四，责任有担当——国家铁路的战略定位，决定了我们必须在服务经济社会发展大局中有所作为。

“交通强国、铁路先行”要求我们：必须切实担当起铁路安全生产的重大责任；必须切实担当起铁路的重大社会政治责任；必须切实担当起加强铁路建设的重大责任；必须切实担当起深化铁路供给侧结构性改革的重大责任；必须切实担当起铁路自主创新的重大责任；必须切实担当起深化国铁企业改革的重大责任；必须切实担当起国铁

资本做强做优做大的重大责任；必须切实担当起铁路走出去的重大责任；必须切实担当起全面从严治党的重大责任。

第五，发展有挑战——坚持问题导向，锐意进取，解决好铁路高质量发展过程中面临的困难和挑战。

面对高铁发展、铁路建设、铁路运输、多种交通方式融合发展、创新体制机制等方面的困难和挑战，全路要以“交通强国、铁路先行”为目标引领，以破解新时代铁路改革发展的重大难题为导向，化挑战为机遇，变压力为动力，不断开创铁路事业发展的新局面。

三、关于 2018 年铁路工作目标和重点任务

2018 年铁路工作的总体思路是：以习近平新时代中国特色社会主义思想为指导，深入贯彻落实党的十九大精神和中央经济工作会议精神，坚持稳中求进工作总基调，按照高质量发展的要求，聚焦“交通强国、铁路先行”，深化“强基达标、提质增效”，以改革创新为动力，强化质量安全基础，深化铁路运输供给侧结构性改革，提升铁路建设质量效益，推进铁路法治化市场化经营，加快国铁企业现代企业制度建设，打造中国智能高铁，扩大铁路走出去成果，持续改善职工生活，加强党建和反腐败斗争，为促进经济社会持续健康发展作出新的贡献。

重点抓好以下工作：

（1）坚持生命至上、安全第一，确保铁路运输安全持续稳定。一是坚守高铁和旅客安全的政治红线和职业底线。要强化全员安全教育，坚持把“万无一失”的理念贯穿高铁安全管理、现场作业、应急处置全过程；要强化安全履职考核，对所有涉及高铁和旅客安全的问题认真分析、严肃追责。二是强化安全管理基础。结合公司制改革，健全覆盖各层级各岗位的安全生产责任制和安全履职考评考核机制，形成更加科学规范的安全生产责任体系。三是强化设备质量基础。要强化设备质量源头控制，创新高铁基础设施维护管理模式。四是强化现场控制和应急处置。进一步推进安全生产标准化建设，提升站段组织控制能力、车间（班组）现场管控能力；加强应急救援指挥体系和应急处置能力建设，完善相关预案和处置措施。五是加强外部环境和治安综合治理。健全落实铁路外部环境隐患治理协调联动机制，进一步完善高铁防护工程，创新长效工作机制，继续实施道口平改立工程。

（2）深化运输供给侧结构性改革，提升铁路对经济社会发展的服务保障能力。一是千方百计扩大运输市场份额。发挥高铁成网效应，科学配置客运资源；建立以大数据为支撑的动车组列车产品设计和票价调整机制；优化公益性“慢火车”开行方案，设立无轨车站。构建全路物流市场监测网络，建立客户关系管理制度，完善重点物资运输保障机制，打造谱系化货物快运产品，统筹大宗货物运价。二是提升运输服务水平。拓展互联网售票系统功能，推进常旅客体系建设，推进铁路餐饮质量安全提升工程，整治站车环境，深化货运票据电子化工作。三是提高路网资源运用效率。挖掘高

铁繁忙干线运输潜力，分类实现高铁速度与密度的有机结合，整体提升高铁网运输能力。四是深化高铁“强基达标、提质增效”工程。全面总结我国高铁运营十年来的实践经验，深化对高铁建设发展规律的认识，进一步打造中国高铁品牌。

（3）科学有序、安全优质加强铁路建设，推动铁路建设持续健康发展。一是扎实做好项目规划和前期工作。从严控制建设规模和投资，严把项目前期工作质量，实施投产项目后评价机制，提升铁路建设项目的经济性。二是依法依规推进项目实施。对在建项目，确保完成年度任务；对年内计划开通项目，坚持质量标准，确保按设计速度目标值开通运营；对拟新开工项目，确保高质量开工。三是加大质量安全管控力度。建立健全铁路建设质量安全管控体系，严格落实质量安全红线管理规定，严格合同管理，落实质量终身负责制。四是全面强化铁路建设管理。理顺总公司建设职能部门、直属机构与铁路局集团公司、铁路公司关系，进一步明确和落实各层级铁路建设主体责任。五是全力打造精品工程。开展精细设计、精益建造，推广先进施工技术，创新工装工艺工法。以“精品工程、智能京张”和北京至雄安城际铁路为重点，打造一批精品工程，树立中国铁路建设的典范和标杆。

（4）以效益为导向，推进铁路市场经营变革。一是完善市场化经营机制。优化工资总额挂钩考核机制，完善对总公司机关部门和所属企业负责人的绩效考核办法，进一步完善客运承运清算办法，加强铁路审计工作，推动对铁路公益性补贴作出制度性安排。二是积极推进资产资本化经营。推动债转股试点取得实质性成果，研究利用既有上市平台开展资本运作和培育优质股份公司上市的实施方案，强化合资铁路公司经营管理，打造总公司资本运营平台，做好资本运营实施工作。三是突出抓好运输产业链延伸服务经营开发。积极打造高铁网与互联网“双网旅行生活”，创新铁路土地综合开发合作模式，依托铁路资源优势，推动旅游酒店、广告传媒、物流商贸、金融保险、工业制造等业务实现创新发展。

（5）推进集约化经营，加强企业经营管理。一是加强全面预算管理。完善以运输总收入、盈亏总额为核心的预算目标管理制度，提升预算编制水平，推进财务预算和业务预算有效融合。二是大力推进降本增效。研究建立机车牵引费与油价电价联动机制，完善移动设备占用费等清算政策，科学合理调整设施设备修程修制，在总公司层面推进“采管分离”的物资管理架构，探索建立建设项目直接支付制度，抓好公务用车改革措施的落实，推进铁路“三供一业”移交工作。三是提高依法经营管理水平。大力开展法治宣传教育，建立并落实法律审查把关制度，改进法律纠纷案件管理方式，健全铁路法律法规体系，壮大铁路法律队伍。

（6）持续深化铁路改革，增强企业发展内生动力和活力。一是加快构建公司制运行机制。落实总公司公司制改革“三步走”目标，进一步厘清总公司和铁路局集团公司的管理关系，明确权责界面，全面确立铁路局集团公司市场主体地位。二是深化非运输企业改革。深入推进非运输企业公司制改革和重组整合工作，确保2018年重组整合到位，产业转型升级取得明显成效。三是积极推进混合所有制改革。构建市场化运行机制，促进铁路资本与社会资本融合发展。四是稳妥推进三项制度改革。积极推进干部人事制度改革，有序推进用工制度改革，加快推进收入分配制度改革，充分激发全员劳动创造的积极性。

（7）推进技术创新，扩大我国铁路技术领先优势。一是推进科技创新产业化应用。组织研制复兴号系列动车组等设备的研制工作，加强基础设施和移动装备检测监测技术研究，加强工程建造关键技术攻关。加强对高铁网能力综合利用、高铁调度集中系统等技术研究，深化冷链物流、多式联运等经营技术及节能减排应用技术，铁路建设项目环境监控技术和环境监测评价标准体系等的研究。二是推进智能高铁重大科研攻关。全面深化智能京张和智能京雄高铁技术研究，攻克智能建设、智能装备、智能运营等关键技术；开展京沈高铁综合试验，做好自主化列控、自动驾驶等关键技术的试验验证，推进智能高铁技术实现新突破。三是开展铁路基础理论和前瞻性技术研究。深化基础理论以及新能源、新材料等前瞻性应用技术研究，强化对铁路重大技术创新的基础支撑，增强科技持续创新能力。四是加快铁路信息化建设步伐。建设总公司数据中心和一体化信息集成平台，进一步健全信息化标准规范和规章制度体系。五是强化科技创新管理。推进智能轨道交通技术创新平台建设，健全铁路技术标准和技术规章体系，深化铁路标准国际化工作，重视科技项目团队建设。

（8）巩固扩大铁路走出去成果，更好地服务“一带一路”建设。一是积极发展以中欧班列为重点的铁路国际物流。推动中欧班列合作协议落实落地；扩大班列开行范围，推进班列电子信息交换；加大双向货源组织力度，提高班列开行质量和效益；加快构建与“一带一路”建设相适应的铁路国际物流体系。二是扎实有序推进境外重点铁路合作项目。以政府间合作项目为重点，发挥总公司在企业层面的牵头作用，推动中老铁路、印尼雅万高铁、匈塞铁路等境外重点铁路合作项目。三是提升铁路对外交流合作水平。完善对外交流合作机制，务实推进重要合作协议落实，不断扩大合作成果；积极参与国际组织重要活动，加大对外宣传推介力度。

（9）维护和发展职工利益，凝聚推进铁路事业发展的强大合力。一是提高职工队伍素质。以主要行车工种为重点，启动为期三年的在岗技能人员脱产轮训工程；加强铁路局集团公司、运输站段培训能力建设，提高职工日常培训质量；广泛开展职业技能竞赛等活动，全面提升职工技术业务素质。二是培育职工创业精神。持续开展职工技术创新、合理化建议活动；大力弘扬劳模、工匠精神；重视和做好新入路青年职工的思想和职业教育。三是持续改善职工生产生活条件。制定并实施2018—2020年全路持续改善职工生产生活条件规划。

四、加强党对国铁企业的全面领导，推进全面从严治党向纵深发展

（1）大力加强党的政治建设。一是坚决维护以习近平同志为核心的党中央权威和集中统一领导。牢固树立“四个意识”，坚定“四个自信”，坚定自觉地在思想上政治上行动上同以习近平同志为核心的党中央保持高度一致，不折不扣贯彻落实党中央决策部署和对铁路工作的指示要求。二是严守党的政治纪律和政治规矩。深入开展党纪

党规学习教育，严防“七个有之”，做到“五个必须”；加强党员干部政治能力建设，严格执行个人重大问题、重要事项请示报告等制度，加强对违反政治纪律和政治规矩行为的检查监督问责。三是严肃党内政治生活。严格落实党内政治生活若干准则；坚持和完善民主集中制，健全公司制条件下“三重一大”事项决策等有关规定。

（2）坚持不懈开展理论武装工作。一是深入抓好学习宣传。加强中心组学习，扎实开展“不忘初心、牢记使命”主题教育，把习近平新时代中国特色社会主义思想作为“两学一做”学习教育常态化制度化的重要内容。二是精心组织集中培训。把学习贯彻习近平新时代中国特色社会主义思想作为干部教育培训的必修课，纳入培训教学计划，分类分级抓好培训。三是加强理论研究阐释。深入推进党组确定的 17 项重点课题研究，把十九大提出的重大战略部署转化为铁路改革发展的具体举措。

（3）着力加强领导班子和干部人才队伍建设。一是加强领导班子建设。服务公司制改革后领导班子建设需要，建立符合现代企业制度要求、结合铁路实际的领导班子管理办法，提高铁路企业领导班子建设的科学性、有效性。二是加强领导人员素质和作风建设。以政治过硬和本领高强为目标，实施领导人员转型提质行动，提升领导人员经营管理和专业素养能力；建立作风建设长效机制，促进形成勤于学习、务实担当、严格自律的好作风。三是加强人才队伍建设。深入推进“百千万人才”工程；完善干部人才考核评价机制，激发各类人才创新创造活力。

（4）全面加强基层党组织建设。一是发挥党委把方向、管大局、保落实的领导作用。坚持把党的领导融入到公司治理各环节，确保党组织在公司治理中的领导地位；落实铁路企业党委会工作规则；提高党委书记、董事长“一岗双责”能力。二是强化基层党组织的作用。落实《铁路企业党支部建设纲要》，突出基层党支部的政治功能，开展“三会一课”质量年活动；健全党支部书记后备人员培养库；建立党员常态长效教育培训机制；拓展党员教育管理新阵地；搭建基层一线党组织和党员发挥作用的平台。三是形成重视和加强基层党建工作合力。深入落实《铁路企业党建工作责任制实施办法》，召开健全落实党建责任制会议，建立基层党建工作日常检查督导机制；加强对群团组织的领导，充分发挥工会、共青团组织的桥梁纽带作用。

（5）加强党风廉政建设和反腐败工作。一是全面推动“两个责任”落实。认真贯彻落实党风廉政建设责任制实施办法，建立上下有机互动的责任体系，把主体责任落实到各级党委，延伸到基层单位；坚持党风廉政建设与业务工作同部署、同落实、同检查、同考核，把廉政风险防控措施嵌入业务管理流程；进一步突出纪检监察组织主业主责，把工作重心放在监督执纪问责上。二是发挥巡视利剑作用。制定下发《中共中国铁路总公司党组巡视工作规划（2018—2022）》，高起点高质量启动铁路企业巡视工作。三是从严整治反“四风”。认真落实习近平总书记关于进一步纠正“四风”、加强作风建设的重要批示；严格执行党组关于贯彻落实《中共中央政治局贯彻落实中央八项规定实施细则》的实施办法，扎紧制度的“笼子”。四是用好监督执纪“四种形态”。突出抓早抓小、防微杜渐，让红脸出汗成为常态。坚持无禁区、全覆盖、零容忍，坚持重遏制、强高压、长震慑。

（6）筑牢新时代铁路改革发展的思想文化基础。一是牢牢把握意识形态工作的主动权。认真落实党中央关于意识形态工作的部署要求和总公司党组印发的《党委意识形态工作责任制实施细则》，强化铁路各类意识形态阵地建设和管理。二是加强正面宣传教育。开展“不忘初心、牢记使命，交通强国、铁路先行”宣讲活动；选树一批先进典型；深化“互联网+思想政治工作”实践。三是深入推进铁路企业文化建设。深化铁路企业文化建设三年基础工程，大力弘扬铁路优秀传统文化；深入挖掘高铁文化内涵，培育高铁安全、服务和经营文化品牌；充分发挥广大铁路文艺骨干的作用，推出一批“铁”字号文化精品。四是建好用好铁路媒体阵地。开展铁路传统媒体与新媒体融合发展课题研究，推动铁路全媒体阵地建设；加强与中央主流媒体、重点商业网站和新媒体平台的深度合作，真实、立体、全面地向社会展示新时代铁路新形象。五是讲好新时代铁路故事。大力宣传满足人民群众对美好生活需要的新举措、铁路重点工程的新进展、系列复兴号研制等科技创新的新成果、深化国铁企业改革的新成就。特别是把镜头更多对准职工、对准一线，充分展示新时代铁路职工新风貌。

同志们！进入新时代，我们意气风发、信心满怀；开启新征程，我们重任在肩、使命光荣。让我们更加紧密地团结在以习近平同志为核心的党中央周围，坚持用习近平新时代中国特色社会主义思想统领铁路工作，坚持在大局下行动，不忘初心、牢记使命，交通强国、铁路先行，以永不懈怠的精神状态和一往无前的奋斗姿态，在决胜全面建成小康社会、夺取新时代中国特色社会主义伟大胜利的新征程中，展示中国铁路改革发展的新气象，续写艰苦创业的新篇章！

冯正霖在2017中国民航发展论坛上的讲话

冯正霖　中国民用航空局党组书记、局长

尊敬的各位嘉宾，女士们、先生们、朋友们：

大家上午好！

首先，我代表中国民航局对各位嘉宾的到来，表示诚挚的欢迎和衷心的感谢！

十几天前，中国在北京成功举办了“一带一路”国际合作高峰论坛，习近平主席发表了重要讲话，开启了“一带一路”建设的新篇章。打开世界地图可以看到，“一带一路”发端于中国，贯通欧亚大陆，东牵亚太经济圈，西系欧洲经济圈，在它的覆盖范围内，一座座城市星罗棋布，一座座机场依托全球航线网络，使当地社会经济生活融入世界舞台。如何在互联网时代把握“一带一路”发展机遇，以沿线城市为支撑，推动陆上、海上、天上、网上四位一体的联通，加快地区经济社会发展，是沿线和相关地区城市管理者、民航业者、互联网业者需要共同思考的问题。本届中国民航发展论坛以“互联网时代的城市群和机场群：全球航空业发展的新联通”为主题，抓住了经济全球化时代区域经济社会发展的新形态和航空运输业发展的新趋势，对“一带一路”国际合作高峰论坛成果在全球民航领域内落实具有重要意义。

“群”的核心要义是关系紧密。所谓“城市群”不只是在空间分布上相对集中的“一群城市”，其核心是以分工、协作、共享为特征的城市发展命运共同体；“机场群”也不只是区域内多个机场的简单集合，而是以协同运行和差异化发展为主要特征的多机场体系。城市群的各种功能、活动离不开机场群的支撑，同时也带来航空需求的多样化，促进机场群的发展，从而提升对城市群的整体服务水平。城市群和机场群代表了未来城市发展的趋势和方向，是当前区域经济发展的前沿课题。我相信，通过大家的研讨，能够进一步加深对互联网时代城市群和机场群发展方向、特征和规律的认识，从而更深、更好地参与“一带一路”建设、参与经济全球化进程。

下面，围绕这一主题，我谈三点意见：

一、城市群和机场群崛起是经济全球化时代的显著特征

——城市群和机场群是全球城市发展的主流和趋势。在过去数十年里，城市化在全球各地并非以同样的幅度增长，城市群的发展速度远远高于世界整体发展速度。就业和人口不断向城市群集中，全球前20大城市群的人口占全世界人口的比例从11%上升到18%。经济产值和技术创新也在以城市群为核心集聚，全球40多个城市群贡

献了全世界近50%的GDP。根据联合国预测，未来世界各地的“超级大都市”将渐渐汇聚成更大的“超级城市群”，到2050年全球城市人口比例将超过75%，最大的40个城市群将参与全球66%的经济活动和85%的技术革新。

机场群总是与城市群相伴相生，美国东北部大西洋沿岸城市群包括纽约多机场群，英国中南部城市群拥有大伦敦机场群，法国以巴黎为中心的城市群拥有大巴黎机场群等。不同功能、不同规模的机场有机地分布于城市群中的各个区域，支撑着城市群不同功能的各类需求，成为城市群融入全球经济的重要通道。

——互联网时代，城市群和机场群发展呈现新特征。互联网推动了产业创新，为城市群和机场群发展提供新动能。《智慧城市：大数据、互联网时代的城市未来》一书作者安东尼·汤森认为，在新的创新环境中，当区域中足够多的人开始使用一项新技术，市场必然会激发出大量的创业，从生态系统内部产生一大群企业，成为区域发展的新动力。互联网使产业集聚形式发生变化，城市空间布局呈现出“既分散，又集中”的调整重组。管理部门向城市中心集中，而生产车间则向远郊地区分散，总部经济、临空经济和智慧经济迅猛崛起，成为城市经济发展的新形态。互联网使城市与世界联系更加紧密，真正的世界级城市群得以形成并发展壮大。依托互联网与航空运输，城市发展更全面、更深入的融入全球产业分工，不同级别的城市在全球范围组合成一个新的城市网络，城市群和机场群的辐射范围更加广泛，发展空间更加广阔。

——中国城市群和机场群建设目前正处于有利的战略方位。“十一五”以来，城市群成为推进我国新型城镇化的主体形态。目前，中国城市群总面积约占全国的25%，集中了全国62%的人口，吸引了70%的固定资产投资、98%的外资，创造了80%的经济总量。其中，东部沿海地区的京津冀、长三角和珠三角城市群以2.8%的国土面积集聚了18%的人口，创造了36%的国内生产总值，是我国经济最具活力、开放程度最高、创新能力最强的地区，成为带动我国经济快速增长和参与国际经济合作与竞争的重要平台。与之相对应，京津冀、长三角和珠三角地区形成了三大机场群。2016年，三大机场群完成旅客吞吐量4.73亿人次，占全国46.5%；货邮吞吐量1469万吨，占全国74.7%。其中，北京首都机场年旅客吞吐量连续7年位居全球第二；上海两场旅客吞吐量突破1亿人次，浦东机场年货邮吞吐量连续9年位居全球第三；香港机场货邮吞吐量常年位居全球第一，广州、深圳、澳门机场业务量也增长迅速。可以说，三个地区已经具备世界级城市群和机场群的基本形态。

二、城市群和机场群发展给经济社会发展带来新机遇和新挑战。

在城市群区域内，众多城市联系紧密、高度一体，经济密度高，生产效率高，科技含量高，开放程度高，充满活力，给经济社会发展带来了新机遇。

——城市群和机场群推动发展方式转型升级。纵观世界发达地区城镇化进程，既不是个别城市的“一城独大”，也不是少数地区的“简单平衡”，而是通过发展城市群，推动区域协同发展，深化城市优势互补，共享自然、人文、社会资源，实现共同发展。

既不同于“体量太小”的小城市，也不同于“以邻为壑”的大都市，城市群的发展目标是构建良好的城市分工体系和层级关系。以特大城市和大城市为龙头，依托发达的交通、通信等基础设施网络，形成若干高度同城化和高度一体化的城市群，成为引领区域发展的重要模式。城市群建设有利于充分发挥不同类别城市的比较优势，有利于形成产业差异化布局，实现产业结构调整和升级；有利于进一步促进区域内城乡一体化，共享发展成果；将会有力推动我国新型城镇化整体健康有序发展。同样，机场群建设将大幅提高区域机场体系整体容量，一方面强化枢纽机场核心地位，一方面对中小机场发展具有强劲的带动作用，从而有力的支撑我国新型城镇化建设。

——城市群和机场群促进资源要素优化配置。城市群区别于城市的特点，就在于通过信息集成、信息共享，组团发展、共生互动，形成了分工与协作，使资源要素在城市群和机场群区域内实现优化配置，提升城市群整体经济效率，反过来对高端生产要素产生更强的吸引力，极大拓展了城市群的价值空间，为城市群赢得核心竞争力。城市群发展，必然对航空运输产生更大需求。单个机场受地域和空域的影响，容量趋于饱和，通过航线布局、航班编排、产业联合等方式，优化配置区域内各个机场的保障资源，形成联系更紧密、分工更明确、功能更齐全的机场共同体，对城市群发展形成更强有力的支撑。

——城市群和机场群促进管理方式和商业模式创新。城市群的发展给社会生产及组织方式带来深刻变革，促使政府深化城市群管理体制机制改革。通过构建区域协调发展机制，完善跨行政地区城市群管理；统筹城市规划、产业规划、区域规划，引导产业合理布局；完善基础设施建设和社会保障体系等，实现公共服务同城化；建立统一、公正、竞争、开放的市场经济秩序，培育良好的市场竞争环境。这些管理创新使城市群成为经济最活跃和最有创新活力的地区，为市场主体商业模式创新创造了条件，市场各类主体得以聚焦城市群发展带来的新需求，开拓新市场、创造新业态、培育新的增长点。机场群本身就是航空运输业适应城市群巨大的经济需求、创新管理方式和商业模式的结果。机场群既有纽约新泽西港务局为代表的统一管理模式，也有英国机场管理局最大程度上“私有化”的管理模式，都为航空公司的战略定位与市场选择提供了宽松的环境，从而极大的推动了航空运输发展。

女士们，先生们！当前，我国城市群发展还存在功能布局不合理，中心城市过度聚集；产业同质化明显，一体化的程度比较低；综合交通发展滞后，城际交通网络滞后于城市群需求；发展协同机制落后，“一亩三分地”的思维惯性亟待突破等问题。这些问题给城市管理、产业规划、区域协调、综合交通等方面带来了严峻的挑战。对于航空运输业来说，随着城市群和机场群的发展，航空运输市场多样化趋势愈加明显，航空服务不断向价值链两端延伸，这也给民航业管理理念、经营模式以及政府监管方式带来了巨大的挑战。我们各方都要紧紧抓住城市群和机场群发展带来的新机遇，努力适应新变革，主动迎接新挑战，加快改革创新步伐，为打造面向城市群和机场群发展的新联通做出更大的贡献。

三、以推进民航供给侧结构性改革为主线，努力打造世界级机场群，服务中国世界级城市群建设

城市群已成为中国城市化的战略模式。中国“十三五”发展规划明确提出要将京津冀、长三角和珠三角城市群建设成为世界级城市群。国家规划是大战略、是大方向，民航作为战略性产业，在其中应该积极作为、主动作为。功能健全、相互协调、相互支撑的机场网以及覆盖面广、衔接度高、通达性强的航线网本身也是民航强国的内在特征，打造世界级机场群是构建基于功能定位的机场网和航线网的重要支撑。为此，中国民航将以推进民航供给侧结构性改革为主线，聚焦瓶颈问题和深层次矛盾，着力打造京津冀、长三角和珠三角三个世界级机场群。

第一，合理的分工定位是打造世界级机场群的前提。世界上成熟的机场群一般是由大型国际航空枢纽、中型区域枢纽、小型运输机场和公务机机场等组成的布局完善、分工合理、定位清晰的机场体系。考察其发展过程，各机场差异化定位，适度错位经营是机场群协同发展的关键。不可能所有机场都是大型国际枢纽机场，也不能所有机场都是门对门、点对点式的目的地机场。有鉴于此，中国民航局将与地方政府加强沟通，积极协调各方利益关系，引导三大机场群形成功能分工合理、市场定位清晰的发展格局，促进枢纽、干线和支线机场有机衔接，客、货运输全面协调发展，从而提升机场群整体功能和效率，更好地满足三大城市群发展对航空运输的巨大需求。

功能定位明确后，对于机场来说，如何引入与机场定位相适应的航空公司、并实现机场和航空公司发展战略之间的互动，是促进机场发展的重要保证。对于航空公司来说，机场的选择和业务的开展也要出于市场和竞争的需要，根据机场区位、设施、服务及航权等因素确定自身的经营战略。

第二，优化航线网络结构是打造世界级机场群的基础。目前，三大机场群航线网络普遍存在国际航线航班占比较低、国内支线占比偏高、中转衔接不充分、主要机场航线网络结构互补性有待加强等问题。构建结构更合理、覆盖更广泛、服务更全面的航线网络是“十三五”时期机场群建设的重要任务。中国民航将着力打造北京、上海、广州三大国际航空枢纽，推动三大机场群建立航线网络统筹协调机制，引导形成网络型与区域型、干线与支线、客运与货运、全服务与低成本相互协调、差异化发展的航空运输市场。

机场群是世界级航空公司的必争之地。航空公司如果仅仅盯住单个城市市场，不考虑区域总体市场，发展是没有后劲的。要把眼光放长远，在机场群一体化发展的框架下谋划市场布局，优化航线网络结构，带动区域航空市场的开发培育。

第三，改善保障资源条件是打造世界级机场群的保证。空域资源严重不足是制约我国世界级机场群建设的关键因素。近年来，通过建设空中大通道、优化繁忙终端空域、加快新技术应用等措施，中国民航空管保障能力得到有效提升。下一步，我们将认真总结珠三角空域管理精细化改革试点经验，将试点成果在长三角、京津冀等地区推广。与有关部门配合，加快推进国家空管调整改革，推动早日建成符合我国国情的、由国家统一管理的、军民航高度融合发展的空域管理体制。

基础设施建设相对滞后也是我国世界级机场群建设中的短板。为此，我们已经全面放开民用机场建设和运营市场，创新民用机场建设和运营投融资方式，加大对政府和社会资本合作的政策支持；开放民航工程设计市场，提升工程设计水平。我们还将加快北京新机场建设，确保2019年投入使用；推动运用无线传输、大数据、云计算等信息技术改造机场业务流程，加快“智慧机场”建设，促进机场保障能力与发展需求相适应。

第四，发挥协同效应是打造世界级机场群的关键。建设世界级机场群是一项复杂的系统工程，必须按照共商共建共享的原则，整合各参与主体的力量，充分实现目标同向、措施一体、优势互补、互利共赢的协同效应。

一是要积极探索区域机场群管理模式。建立全面、系统的运行协调与融合发展机制是建设世界级机场群的制度保证。对此，我国三大机场群进行了不同的探索：首都机场集团实现了京津冀地区机场统一管理；珠三角五大机场联席会议机制也已运行多年；长三角正在着力推进机场群协调发展列入长三角三省一市联席会议重要议题。作为行业主管部门，民航局将履职尽责、促进行业协调发展；地方政府既是机场建设的主导者，更是本地区经济社会发展的领导者，实现机场群与城市群良性发展是我们共同的责任。我们要加强沟通，从战略规划、运行组织与监督管理三个层次，进一步加大对机场群管理的统筹力度，形成与机场群发展相适应的一体化组织管理模式，实现对机场群的高效运营管理。

二是要大力完善综合交通集疏运体系。良好的综合交通体系是建设世界级城市群和机场群的必要条件。近年来，上海虹桥、郑州等机场都建立了以机场为核心的综合交通集疏运体系。但是由于种种原因，三大城市群中民航、铁路、公路、海运等还没有形成健全的融合发展、互联互通格局，综合交通效能未能有效发挥。下一步，我们将积极推动完善空陆、空海联运政策，推动以机场为主轴的综合交通枢纽建设，推动各种交通方式信息系统衔接，充分发挥各种运输方式的比较优势和组合效率，支撑世界级城市群和机场群发展。

三是要着力改善通关政策环境。便利的通关环境对于打造国际一流航空枢纽、建设世界级城市群至关重要。民航发展始终得到海关、边防和检疫等联检单位的大力支持，近年来三大机场群主要机场陆续实施了72小时或144小时过境免签、24小时过境免检政策；首都机场和广州白云机场先后开通了“通程联运、行李直挂”等服务。但是，过境免签免检、大通关联合查验等联检政策还需要进一步简化和突破。我们将与地方政府一起，努力争取国家有关部门支持，争取更加宽松的通关政策，构建更加便利的通关环境。

女士们、先生们！城市群和机场群的相伴相生、协同发展是互联网时代世界经济社会发展的新趋势。构建面向城市群和机场群的新联通，既是民航业发挥比较优势的战略方向，也是推进城市及区域发展转型升级的重要载体。中国民航愿与世界各国民航加强沟通，同国家各相关部门通力合作，和各级地方政府携手推进，将城市群和机场群的美好愿景转化为具体行动，更好地发挥民航业在构建开放型经济新体制、促进经济社会全面发展等诸多方面的战略性产业作用，为区域和世界互联互通架起“空中丝绸之路”！

吴忠泽在第十二届中国智能交通年会上的讲话

吴忠泽　博士
科学技术部原副部长 中国智能交通协会科技奖奖励委员会主任
2017 年 11 月 22 日　常熟

尊敬的各位专家，女士们，先生们：

大家上午好。

第十二届中国智能交通年会今天在常熟隆重召开了。本届年会召开，适逢党的十九大胜利闭幕、全国上下正在认真学习贯彻十九大精神之际。新思想引领新时代，新使命开启新征程。借此机会，结合对十九大精神的学习体会，我想围绕本次会议的主题“创新驱动智能出行更精彩”，就实施创新驱动发展战略，创新引领和推动智能交通系统建设发展，谈几点认识，与大家交流。

一、党中央、国务院高度重视科技创新，创新驱动是国家发展战略。

大家知道，我党确立的新发展理念，就是“创新、协调、绿色、开放、共享”的发展理念，创新发展是五大新发展理念之首。实施创新驱动发展战略是落实创新发展理念的具体行动，是党中央在新时代做出的重大决策。

党的十八大以来，党中央深入推进实施创新驱动发展战略，中国创新发展取得突破性成就，科技发展格局出现重大变化，创新对促进经济稳中向好、加快新旧动能转换、扩大就业等发挥了关键作用。

党中央国务院对科技创新工作高度重视，实施了一系列重大部署。2016 年 1 月，党中央、国务院发布《国家创新驱动发展战略纲要》。2016 年 8 月，国务院发布《“十三五”国家科技创新规划》。2016 年 12 月，国务院发布《国家科技重大专项（民口）“十三五”发展规划》。2016 年 8 月 22 日，中共中央政治局常委、国务院总理李克强视察科学技术部并主持召开座谈会。总理对科技战线广大干部职工在推动国家发展、促进经济结构转型升级中所作的卓有成效工作予以充分肯定。要求科技更好的承担起创新驱动发展的重任，加强基础研究，提升原始创新能力，促进科技与经济社会发展的紧密结合。

党的十九大报告在阐述“新征程”时，要求坚定实施“科教兴国战略”“人才强国战略”“创新驱动战略”等 7 个战略，明确提出从 2020—2035 年，在全面建成小康社会的基础上，再奋斗 15 年，基本实现社会主义现代化。到那时候，中国经济实力、科技实力将大幅跃升，跻身创新型国家前列。可见，实施创新驱动发展战略，加快建设创新型国家，是十九大强调的“要贯彻新发展理念，建设现代化经济体系”的关键一招。

二、近年来中国科技创新的主要进展和成效

过去 5 年，中国科技创新经历了加速赶超跨越的“黄金五年”；全社会 R&D 支出 15500 亿元，比 2012 年增长 50.5%；R&D 占 GDP 比重 2.1%；发明专利申请量居世界第 1 位，有效发明专利保有量超过 100 万件，居世界第 3 位；高技术产业主营业务收入 15.24 万亿元，增加值增长 10.6%；科技进步贡献率上升到 56.2%，新动能成长速度和作用超过预期。

科技创新引领全面创新，引领经济新常态，支撑了供给侧结构性改革。过去几年中，科技创新在源头创新能力提升，大众创新创业、协同创新机制建设、科技管理改革深化、国际创新合作、科技政策体系完善等方面都取得了长足进展，科技创新服务国家发展战略，催生经济发展新动能，创新产出绩效显著。

国家科技重大专项产出了一批重大突破性成果，带动产生新产品、新材料、新工艺、新装置 1.65 万个，技术标准 1.12 万项，有力提升科技和产业核心竞争力。

战略高技术亮点纷呈。神舟十一号与天宫二号成实现交会对接；天舟一号与天宫二号对接成功太空成功“牵手”。

空天领域形成系统化布局，有效服务于经济社会发展。风云气象卫星覆盖全球；高分系列卫星应用取得显著效果。基于北斗导航系统的开发应用已广泛服务于测绘、城建、水利、交通、旅游和应急救灾等领域。

深海技术装备迈向谱系化、功能化和全海深。4500 米级深海遥控无人潜水器——“海马号”ROV 研制成功。981 海上钻井平台使中国成为继美国、挪威后第 3 个掌握深海勘探技术的国家。

超级计算机系统研制和应用领跑全球。天河二号，连续 6 次在世界 TOP500 排名中位居榜首；自主研发的“申威 26010”众核处理器成为世界最快 CPU。

4G 同步，5G 引领。中国主导制定的 TD-LTE Advaced 技术成为两大 4G 国际标准之一。率先完成 5G 技术研发试验第一阶段，5G 无线技术标准成为国际标准主导方向。

新能源汽车形成新增长点，跻身国际前列，市场应用规模最大：全年销量超过 50 万辆，产业进入快速发展期；新能源汽车保有量占全球 50%。

高端装备制造迈向自主可控。盾构装备生产技术达到国际先进水平；12 寸国产设备加工晶圆产品突破 1000 万片次；国产大飞机 C919 首飞成功。

生物医药技术创新催生新产业。智能医疗机器人得到应用，世界上首个能覆盖脊柱全节段手术的骨科机器人系统完成超过 2000 例临床手术；研制新药及疫苗并建立了完善的突发应急性传染病防控综合技术体系。

部署实施了一批科技创新 2030——重大项目。包括量子通信与量子计算机、国家网络空间安全、天地一体化信息网络、大数据、新一代人工智能；智能制造和机器人、

智能电网、京津冀环境综合治理；脑科学与类脑研究；深海空间站、地球深部探测。

在交通科技领域，创新成就十分突出。高速铁路、特大桥隧建造、北斗导航、高速公路不停车联网收费（ETC）、重大活动智能交通保障与服务、大城市交通运行智能化监测与综合治理、共享交通新业态等都为全世界所瞩目。科技创新为交通运输行业可持续发展和转型提升提供了强有力的支撑。

三、创新引领和推动智能交通系统建设发展

习近平总书记在党的十九大报告中，在“加快建设创新型国家”部分提出了交通强国的战略要求，表明建设交通强国是建设创新型国家的重要组成部分，也是要率先突破的领域。从交通大国到交通强国，需要创新驱动和引领发展，需要新技术的应用和提升。立足国情、运用新技术手段，结合智慧城市建设，贯彻实施创新驱动战略，以创新引领和推动中国智能交通系统建设发展，构建具有中国特色的新一代智能交通系统，为实现十九大提出的“交通强国”战略目标提供技术支撑，将是我国智能交通发展的重要方向。

坚定实施创新驱动发展战略，创新引领和推动智能交通系统建设发展，有许多方面的工作需要加强，在这里，我重点强调三个方面。

1. 要进一步加强智能交通创新能力建设，持续提升智能交通系统综合技术和应用水平

一方面，要面向世界智能交通科技发展的前沿，推动智能交通科技实力和自主创新水平的提升，这是创新驱动发展的核心。智能交通领域，我们在重大项目集成应用、规模化示范工程建设，以及基于“互联网+”的智能交通应用服务等方面，展现出很强的后发优势，已经具备较强的科技创新能力，但是，在智能交通前沿核心技术和重点装备及应用等方面，我们还存在明显不足，企业作为创新主体的作用和能力发挥不够充分，先发优势尚未形成。为此，要强化智能交通基础前沿、关键共性和战略高技术的基础，高度关注引领未来发展的具有颠覆性的新技术新产品。

另一方面，实施创新驱动发展，要面向行业应用需求，聚焦交通基础设施智能化、载运工具智能网联、交通运行监管与协调、交通枢纽协同运行、多方式综合运输一体化服务、综合运输安全风险防控与应急救援等交通运输系统的重大问题，进一步加强状态感知、车辆智能化联网联控、基础设施智能监测与管养、交通集成服务、综合交通一体化运行优化与智能调控、交通运输安全风险主动防控等关键技术的研究，引领和支撑我国交通运输智能化水平和服务品质的全面提升。

2. 要深入推动智能交通跨界融合和协同创新发展

互联网、大数据、车联网等技术发展，加快了智能交通与信息、制造、服务等产业融合发展，智能驾驶、车路协同、城市交通大脑等，成为智能交通热点领域。智能交通发展要加强与信息技术、人工智能技术及与汽车、物流等产业的深度融合，创新发展。要在智能辅助驾驶、无人驾驶等方面加快与汽车产业的互动，推动智能化汽车

产业与智能交通产业的协调发展。要积极应对快速发展的中国快递业，在配送信息、配送工具、电子支付等领域加快智能交通技术与快递交通的融合应用。进一步加快移动互联网、物联网技术应用与交通智能化服务的深度融合，培育新的业态，推动智能化交通服务产业的转型发展。

本届年会以“创新驱动 智能出行更精彩”为主题，昭示出智慧出行在未来智能交通领域的广阔前景。2017 年 9 月，交通运输部办公厅印发了《智慧交通让出行更便捷行动方案（2017—2020 年）》，旨在推动以企业为主体建设智慧交通出行信息服务体系。实践中，互联网企业采用“云+端”的移动互联网模式积极开发交通出行相关应用，深入渗透智能交通行业，百度、阿里、滴滴等都在积极拓展智能交通领域的业务并向智慧城市进军。智能交通领域的跨界融合和协同创新，正在从全流程改造传统交通行业，从而产生新的业态，激发新的市场。

3. 要努力营造智能交通创新发展的良好环境

技术创新与商业模式、金融资本的深度融合，是现代社会经济发展的一大特点。商业模式创新改变了产业组织、收入分配和需求模式，新技术、新方式与新资本加速融合，推动了新产业的快速成长。个性化、多样化、定制化的新兴消费需求成为主流，智能化、小型化、专业化的产业组织新特征日益明显。共享经济营造了惠及社会的新模式，激发大众创新创业智慧和动力，解决了许多过去难以解决的难题。

交通即服务（MAAS），在新的技术背景和新形势下，这一理念再度引起交通界的关注。在智能交通领域，我们要通过科技创新和体制机制创新，打造智能交通发展建设和创新的新模式，特别是在智慧出行领域，要营造良好的创新环境和发展机制，让千万科技人员的奇思妙想和辛勤努力为智慧出行服务提供新引擎和新的支撑，并成为发展的新动能，带动传统交通模式的转型升级。

智能出行领域，网约车、共享单车、出行 App 等，对传统交通模式带来了近乎颠覆性的变革，迸发出蓬勃的生机，其背后不仅是导航定位、无线宽带、智能终端、云计算、大数据等关键技术的支撑，更离不开国家和各级政府在职能转变、商事改革、金融科技等方面的制度创新和支持。

各位专家，各位朋友。科技对经济社会各领域的渗透性、扩散性越来越强，重大颠覆性技术创新不断涌现，引发新产业、新业态快速崛起，未来一个时期中国科技创新面临重大的历史机遇。“综合运输与智能交通”重点研发专项的启动，将推动智能交通科技创新进入新的时期。新要求，新发展，新形势，我们要大力弘扬创新理念，坚定实施创新驱动发展战略，以创新引领和推动智能交通系统发展，为广大人民群众提供更好的服务。

第三篇

技术篇

第一章

学术会议

第十二届中国智能交通年会

由国家科学技术部高新技术发展及产业化司、国家科学技术部高技术研究发展中心指导，中国智能交通协会主办的“2017′第十二届中国智能交通年会”（以下简称“年会”），于2017年11月22～24日在江苏省常熟市举办。

科学技术部副部长徐南平院士，原铁道部部长傅志寰院士、科学技术部原副部长、中国智能交通协会奖励委主任吴忠泽博士、中国铁路总公司总工何华武院士、中国一汽集团总设计师李骏院士等领导专家出席大会。中国智能交通协会理事长李朝晨致大会开幕词。科学技术部、交通运输部、公安部、住建部、中国铁路总公司、中国民航局等行业部局有关领导出席大会，我国智能交通行业相关领域的主管领导、知名专家、企业高管及来自全国智能交通领域的上千名嘉宾出席本届年会。本届年会包括高层论坛、全体大会及12场技术及产业论坛，会议规模达到智能交通年会的历史之最。

作为我国智能交通领域规模最大、范围最广、影响力最强的综合性行业交流活动，中国智能交通年会已成功举办十一届。本届年会以党的十九大精神为指导、实施交通强国战略为目标、以“创新驱动 智能出行更精彩”为主题，聚焦传统智能交通行业与新技术、新理念的融合创新，就城市智能交通、汽车自动驾驶技术发展论坛、智能车路协同、轨道交通智能化、道路交通安全技术、交通大数据应用、“智慧公路”建设与发展、水路交通智能化、城市交通组织优化与控制技术、“人工智能 + 交通”创新发展、智能交通青年科技、智能交通产业发展等议题邀请相关领域主管领导、国内外智能交通知名专家学者、企业高层等代表进行了广泛而深入地探讨、交流和共谋行业创新发展。

本届年会内容丰富，除了大会报告外，还举行了形式多样的相关活动，主要包括：2017年度中国智能交通协会科学技术奖颁奖典礼、2017中国智能交通协会年度人物颁奖典礼、2017年智能交通优秀博士学位论文颁奖、《中国智能交通行业发展年鉴（2016）》和《2017智能交通产品与技术应用汇编》发布、第十二届中国智能交通年会优秀论文颁奖、中国智能交通协会优秀会员单位、突出贡献专家及优秀青年专家表彰。2017年是全面实施“十三五”规划的重要一年，是供给侧结构性改革的深化之年，深化创新驱动，将理念创新、技术创新结合在一起，成为交通供给侧结构改革的促进剂。本届年会重点聚焦人工智能技术与智慧交通的融合、创新与发展，特设了“人工智能+交通”创新发展论坛。针对交通基础设施、交通管理、公路、铁路、水路等领域智能化发展，大数据、共享经济、人工智能在交通领域的应用等热点问题设置的分论坛，为智能交通行业与相关领域深入融合、促进我国综合交通一体化协同与高效智能化服务提供了良好的交流合作平台。

通过此次年会的各类论坛活动，与会领导、学者及行业嘉宾围绕“创新驱动 智能出行更精彩”主题进行了热烈的交流，进一步明确了智能交通未来的创新方向，对推动我国智能交通系统转型升级、更好地发展和服务社会起到积极的作用。

第 24 届智能交通世界大会

2017 年 10 月 29 日—11 月 2 日，由美国智能交通协会和加拿大智能交通协会联合主办的第 24 届智能交通世界大会（简称“世界大会”）在加拿大蒙特利尔举行。

此次大会的主题是“下一代综合出行：驱动智慧城市（Next Generation Integrated Mobility：Driving Smart Cities）”。本次大会参加的国家和地区有 65 个，注册代表 6000 人，共举办 300 多场会议，近 1000 人发言。大会展商 300 个，展览面积 15000 平方米，中国有多家展商参展，包括国家智能网联汽车（上海）试点示范区、北京川速微波科技有限公司、北京世纪高通科技有限公司、北京万集科技股份有限公司、新智认知数据服务有限公司、安徽科力信息产业有限责任公司、上海电科智能系统股份有限公司、深圳市金溢科技有限公司金溢科技等。演示和技术参观一共安排 25 个，相当一部分安排在大会周边。这样一次世界大会全面交流了一年以来整个智能交通领域的发展状态。

数据、自动驾驶、人工智能是本次大会的热点。在第 24 届智能交通世界大会上，第一次大会主题演讲就是自动驾驶。今年的世界大会有 40 多场会议与智慧城市有关，智慧城市成为智能交通的重要内容；大数据也是关注焦点；隐私和安全仍然是重要内容；最关注的是数据开放和共享。从国际视角看，各国遇到的问题相同：不开放、不共享。世界大会上专家和厂商提出新方式，不再做数据整合及数据平台，建设数据检索和交换平台，有点类似搜索引擎，但是平台不驻留数据，仅有索引、地址和交换模式。

随着近些年国内企业对出海战略的重视，世界大会也成为国内智能交通业界的关注点。此次大会，中国的 20 多名专家学者参加了多层级的技术交流和讨论。国际同行们越来越多地关注中国相关企业，同时也让中国智能交通行业的表现在世界的舞台上更加精彩和亮睛。

第九十六届交通运输研究学会年会（TRB）

第九十六届交通运输研究学会年会于 2017 年 1 月 7～11 日于华盛顿召开，吸引了全世界一万两千余名学者及业界人士参与。会议重点关注 2017 年会议主题：交通创新——迎接一个快速变化的时代。会议议题覆盖公路、水路、铁路、航空、管道等所有运输模式领域，参与人员有决策者、管理者、从业人员、研究人员、政府官员、工业和学术机构人员。会议期间，各分会场会议由相关组织协会举办，交流当前议题的前沿技术研究和相关应用的发展。来自我国各高校交通领域的师生代表参加了本次盛会，期间众多师生在各分会场进行论文宣讲和海报展示，为参观人员讲解所展示的论文及海报中的理论原理及方法概念等。

美国交通研究委员会（Transportation Research Board，TRB），是美国国家研究委员会下属的六个部门之一。TRB 是美国联邦政府及其相关部门的独立顾问，在国家重要科学和技术上的问题上提供技术支持，接受美国国家科学院，美国国家工程院及医学院的共同管理。TRB 的主要目标是领导美国的交通创新及在研究和信息交换方面进行客观的、跨学科和多通道的交流。美国交通研究委员会受到各州交通运输部门及联邦政府部门的支持。TRB 建立了有效的连接、研究、合作机制，拥有 200 多个非正式技术委员会，相互之间建立了合作。

美国交通委员会举办的国际交通年会（Transportation Research Board Annual Meeting）每年 1 月份在美国华盛顿举办，会议一共持续 5 天，主要任务是开展交通运输系统创新和进步研究、传播和促进研究成果的应用、促进交通运输领域的革新与进步。TRB 年会经过近百年的发展，已经成为国际交通研究领域知名度最高、规模最大、参与人数最多的学术盛会，是学术与人才交流的重要平台，是交通运输领域全球影响力最大的学术年会。

（撰稿：马万经）

第十七届海峡两岸智能运输系统学术研讨会

2017 年 11 月 19～21 日，由武汉理工大学和淡江大学主办，湖南省交通工程学会和中南大学联合承办的“第十七届海峡两岸智能运输系统学术研讨会”在湖南长沙开幕，会议以“车联无限、智慧通途”为主题，聚焦海峡两岸在城市智能交通管控、智慧高速公路等领域的合作方式，开展构建安全、畅通、环保的智能运输系统的交流与讨论。

开幕式由湖南省交通工程学会理事长郭紫星主持，中南大学副校长陈春阳教授、台湾运输学会理事长罗孝贤教授、武汉理工大学严新平教授分别致开幕辞。台湾运输学会理事长，湖南省交通运输厅、湖南省公安厅交警总队、湖南省科协、湖南省交通工程学会等部门相关领导，武汉理工大学、中山大学、湖南大学、中南大学等学校的专家学者出席开幕式。来自海峡两岸的智能交通系统专家、学者和行业代表，湖南省交通工程学会会员单位代表及交通专业学生约 300 人参会。

与会期间，中山大学余志教授、台湾运输学会理事长罗孝贤、湖南省交通运输厅信息中心主任刘银生、台湾企业代表周德民分别就交通运输系统的技术革命、指挥交通发展现状与展望、湖南省智慧交通建设进程及智慧城市创建等方面进行了主题演讲。在分会场的学术报告与交流中，参会代表们围绕近年来智能交通运输系统研究领域的最新动向和发展趋势，深入分享了最新的研究成果。图 1 为大会现场。

图 1　大会现场

（撰稿：吴超仲）

交通“7+1”论坛

2017 年 9 月 24 日召开了“交通 7+1 论坛”第 48 次会议。本次论坛的主题为“交通外部经济效益的理论、方法与实践——兼论‘一带一路’”。会议由北京交通大学经济管理学院承办。会议结论：通过大规模交通基础设施建设可以重塑中国与世界经济地理，实现区域协调发展，也是中国由世界交通大国向世界交通强国转变的必经之路。完善的国内国际交通体系，可促进中国国际地位的提升，形成国际资源集聚能力。综合交通系统规划与建设迫切需要能够体现交通政策基本框架的上位法，并以此促进基本公共服务均等化的实现。系统完善的交通外在经济效益理论与方法，对交通系统规划与建设具有重要的指导作用。

2017 年 12 月 23 日召开了“交通 7+1 论坛”第 49 次会议。本次论坛的主题为“探索十九大后公铁水联运智慧物流新模式（运价、清算和管理）”。会议结论：多式联运是运输业发展新阶段所要求的时空形态，高质量经济增长对多式联运提出了全新要求。运输枢纽及运输模式必须匹配枢纽经济发展，才能使运输组织效应和运输链条价值达到最大化。构建科学合理的运价体系和清算体系，推进综合运输体系立法，将有助于各运输方式合理分工与有效竞争，会促进运输方式之间及承运人之间的联合协作。完善物流体系是建设物流强国的基础。神华集团利用自有资源，开展多式联运智慧物流试点意义重大。

（撰稿：杨淑娟）

第十七届 COTA 国际交通科技年会

2017 年 7 月 7 日至 9 日，由海外华人交通协会（COTA）和同济大学联合举办的第十七届 COTA 国际交通科技年会（CICTP 2017）在同济大学嘉定校区隆重召开。会议主题为“综合交通变革与创新——平等、包容、共享、创新”，来自学术界、工业界和政府机构的近千名国内外交通专家与学者到场参会。

大会主题演讲部分，交通运输部总工程师周伟、美国国家工程院院士 Michael Walton、同济大学教授陈小鸿、香港科技大学教授杨海、希腊克里特大学教授 Markos Papageorgiou、南佛罗里达大学教授 Robert Bertini 等专家学者分享了有关中国交通运输转型与发展、城市转型发展的路径选择、未来交通运输技术与运营、城市公共交通拥挤管理、美国未来交通运输发展与路径等方面的重要内容。周伟表示，我国交通运输行业面临显著的需求结构变化，交通基础设施建设空间得到拓展，公众对交通的关注度和诉求不断攀升，行业正迎来大有可为的战略机遇期。美国国家工程院院士 Michael Walton 介绍了美国智能交通发展的框架计划。他认为，未来应以安全、效率、环境等具体需求为导向，探索交通技术变革方向与路径。同济大学教授陈小鸿回顾了上海百年城市规划和近三十年交通发展，介绍了上海 2040 交通战略。她指出土地的集约化利用是应对中国城市发展模式转变的关键，集约化的公共交通在城市交通发展中起决定作用。

此次年会共邀请了 200 多位国际知名专家会议演讲，分享并交流交通运输转型发展的国际经验。除全体大会外，年会设有 41 场专题论坛和技术论坛、6 场学生论坛，以及 205 个 Poster 展示，内容涵盖综合交通、交通基础设施、智慧城市、大数据、交通安全等主题。年会同时开展了“综合交通发展论坛”“交通学院院长论坛”“期刊主编论坛”“信号控制实践论坛”“青年学者论坛”等多个特色论坛。

年会同期举办第八届“COTA——世界银行交通发展论坛”。论坛由 COTA、世界银行和中国交通报社联合主办，聚焦交通运输领域的新业态发展与大数据应用。同时，中国交通通信信息中心、同济大学、北京奇安信科技有限公司（360）和中国交通报社共同发起的交通运输大数据系统与安全实验室也在本次年会上正式成立，将为行业大数据领域技术交流合作、成果转化等提供服务。

在 7 月 9 日下午大会圆满落下帷幕，本次年会围绕“综合交通变革与创新——平等、包容、共享、创新”的主题组织了论文征集活动，共收到论文投稿 1200 多篇，录用了其中的 548 篇，产生最佳论文奖 9 篇、35 人，杰出编辑奖 6 人，优秀英文编辑主席奖 2 人，优秀评审员 5 人，优秀服务奖 1 人。在此次闭幕式上，北京交通发展研究中心原主任、北京市人民政府交通专业顾问全永燊因其数十年来在交通领域的贡献被授予终身成就奖。

COTA 国际交通科技年会（CICTP）每年举办一次，是海内外交通专业人士和致力于更深刻理解中国或其它发展中国家交通的交通专业人士盛会，也是国内交通运输领域最具规模、广受认可的学术会议之一。在三天的时间里，众多专家和学者分享了他们的研究经验和成果，并在与其他学者的交谈中相互学习，形成了良好的学术氛围，给学者们提供了经验交流和思维碰撞的平台。第十八届 COTA 国际交通科技年会将于 2018 年在清华大学举行。

2017 世界交通运输大会

2017 年 6 月 5 日，由中国科协主办的 2017 世界交通运输大会在国家会议中心开幕。世界交通运输大会是继世界机器人大会、世界生命科学大会以后，中国科协举办的又一个重要的国际学术会议，是中国科协围绕世界科技发展的前沿、经济社会发展的需求，服务创新驱动发展重大战略部署的重要举措，本次会议以"创新引领、绿色融合"为主题，与"十三五"规划提出的发展理念高度契合，与"一带一路"国际合作高峰论坛上提出的"互联互通"，共商、共享、共建的构想高度一致，体现了各国产学研的协同创新，多学科的融合发展，共同构建安全、绿色、高效、舒适、便捷的现代运输体系的发展趋势，体现了全球科技界、产业界的共识。

戴东昌、基兰·卡比拉、希沙姆·希拉勒分别在开幕式上致辞。马来西亚公共工程部工程局局长利姆宣读了《关于发起成立"一带一路（国际）交通联盟"的倡议》，该倡议是"一带一路"沿线 20 多个国家和地区的 40 多位代表在 6 月 4 日下午召开的"一带一路"国际交通合作圆桌会议上共同商讨形成的会议成果。开幕式后，6 位世界交通运输领域知名专家、国际组织机构负责人做了有关交通科技前沿及战略研究的主旨报告。

本次大会共举办开幕式暨主旨报告、"一带一路"（国际）交通联盟系列活动、学术论坛、博览会、2017 大学生桥梁设计大赛和专项活动六大板块活动。交通运输部、中国工程院、国家铁路局、中国民用航空局、中国铁路总公司担任大会指导单位，中国公路学会具体承办，中国航海学会、中国铁道学会、中国航空学会、中国航空运输协会、中国科协学会服务中心、中国国际科技交流中心协办，并得到国际道路联盟等近 20 个国际和地区科技组织的联合支持。

2017 中国汽车工程学会年会

2017 年 10 月 26 日，为期 3 天的 2017 中国汽车工程学会年会暨展览会（2017 SAECCE）在上海召开。2017 年 2017SAECCE 同第 19 届亚太汽车工程年会（APAC 19）联合举办，亚太汽车工程年会是继国际汽车工程学会联合会（FISITA2012）国际年会之后，又一汽车技术领域的国际盛会在华举办。本届 APAC 19 & 2017 SAECCE 的主题为“未来汽车与交通变革”，内容聚焦智能网联汽车、节能环保及新能源汽车、材料与轻量化、动力总成、汽车安全等热点话题。

本届 APAC 19 & 2017 SAECCE 会议共呈现了 2 场高层闭门峰会、5 场发布及颁奖典礼、4 条企业参观路线、7 场专业试乘试驾，3 场院士论坛、34 场专题分会、28 场技术分会、3 场并行会议，邀请了来自美国、日本、韩国、印度、德国、瑞典、荷兰等 24 个国家地区的参会代表。

年会期间举办了中国汽车技术战略国际咨询委员会第三届闭门会议。该会议由来自通用、福特、丰田、本田、现代、电装、一汽、长安等知名整车和零部件企业全球 CTO、关键领域知名专家等 13 名成员出席。会议主要围绕双积分政策背景下的节能与新能源汽车发展、智能网联汽车等热点领域交换思想，并为中国汽车产业和技术发展提供 3 点建议。

（1）持续地研发现有的节能、电动、燃料电池汽车技术。

（2）智能网联汽车需要汽车行业与互联网行业、信息通信行业的深度融合与创新发展。

（3）大力发展路侧通信设备、充电桩等基础设施建设，协调清洁电能、动力电池回收等上下游产业发展。

本届年会上，智能网联汽车发展成为行业关注焦点。3 天会议期间，全体大会和 10 余个分论坛对人工智能、V2X、信息安全、测试等关键技术领域进行了深入探讨，并指出我国智能网联汽车发展与发达国家相比仍有差距，但已经具备一定基础和诸多优势，将成为我国汽车产业由大到强的重要发展机遇。

2017 中国城市规划年会

“2017 中国城市规划年会”于 11 月 17 日—20 日在东莞召开。本次会议的主题是“持续发展 理性规划”，会议由中国城市规划学会与东莞市人民政府共同主办，由广东省住房和城乡建设厅协办，由东莞市城乡规划局承办。来自全国各地城乡规划及相关领域的专家学者参加了这次中国城乡规划领域水平最高、影响力最大的年度学术盛会。

中华人民共和国成立以来，中国经历了世界历史上规模最大、速度最快的城镇化进程。在过去的 5 年里，党的十九大报告指出，中国城镇化率年均提高 1.2 个百分点，8000 多万农业转移人口成为城镇居民。然而，中国城市发展、建设在取得巨大成就的同时，也出现了经济发展的动力不足、资源环境的约束收紧、文化品质的短板凸显、社会治理的难度加大等问题。传统的依靠土地扩张和要素投入来推动城市发展的模式已难以为继，迫切需要转变城市发展方式和发展路径。党的十九大报告对新时代城市发展、建设提出了新的目标和要求。在新的发展条件和任务面前，城乡规划如何更上一层楼，如何更好地发挥城乡规划在推动城市转型、实现持续发展上的重要的战略引领作用，提高规划的合理性，用更加理性的精神、更加科学的思维来进行各类规划的制定和实施，是当今规划工作者共同关注的话题。通过探讨这一大会主题，与会的城乡规划科技工作者深入学习贯彻党的十九大精神，对新时代新要求做出了积极回应。

本届年会聚焦“十九大”，希望参会代表通过参加年会，更系统、更准确、更深刻地领会十九大精神。为此，年会系统地策划和组织了全体大会的学术报告和平行会议。为了更好地扩散年会上高水平的学术交流成果，让未能到现场参会的城乡规划及相关领域从业人员和关心此次会议的社会公众也能了解大会内容，本届年会首次采用了网络视频直播的方式。其中，七个大会学术报告，以及重要的平行会议都实现了网络视频直播，得到与会观众的一致好评。年会直播最高在线人数逾 6 万人，平均在线人数达 2 万人。

作为我国城乡规划及相关领域影响力最大、水平最高的年度学术交流盛会，学会还发挥跨地区、跨部门、跨学科的组织优势，围绕着党的“十九大”精神，在本次年会上设立了 57 个平行会议，其中包括：1 场主题对话，26 场专题会议，23 场学术对话和 2 场特别对话。

2017 年年会征文共收到稿件 3371 篇，其中 1602 篇入选年会论文集，225 篇被选为优秀论文，并从优秀论文评选出 186 篇在专题会议上宣讲。宣讲论文充分反映了城乡规划研究、规划编制、规划管理和规划教育等各个领域的最新成果。专题会议还邀请了各领域专家，通过 43 篇特邀主题报告，与参会者分享了领域中核心问题、重大课题的前沿研究成果。此外，“第 9 届中国城市规划学会青年论文奖”的获奖论文和“‘西部之光’大学生暑期规划设计竞赛”获奖作品也在专题会议上进行了宣讲。

致力于推动城乡规划学科建设，扶持青年学子成长，中国城市规划学会组织了一系列的学会、公益活动。在本次年会上，学会对“‘西部之光’大学生暑期规划设计竞赛”获奖者、“第9届中国城市规划学会青年论文奖”获奖论文作者、“第3届中国城市规划青年科技奖”获得者、“40年40篇论文，影响中国城乡规划进程学术论文遴选”活动入选文章作者进行了表彰。为了加强党建工作，学会在会员中开展了推荐宣传优秀党员科技工作者活动，在年会上向获得“中国城市规划学会优秀党员科技工作者”的党员颁奖。对大力支持本次年会筹备工作的单位，学会授予了“2017中国城市规划年会优秀组织奖”，并特授予东莞市“2017中国城市规划年会优秀组织奖特别奖”。

第20届IEEE智能交通系统大会

2017年10月16～19日，第20届IEEE智能交通系统大会（IEEE International Conference on Intelligent Transportation Systems，ITSC 2017）在日本横滨市米尔帕曲酒店举办。

本次会议有多名业内著名学者参加。尼桑公司的Masao Fukushima做了题为“SIP Automated Driving”的大会报告，主要讨论了日本政府如何从传统业务中整合推出跨部门的战略新兴推动项目（Strategic Innovation Promotion Program，SIP），以此展开多个研究计划，推动自动驾驶的发展。本田公司的Yoichi Sugimoto做了题为“From the World's 1st Car Navigation，towards Connected and Automated Driving in the future”的大会报告，主要回顾了1981年以来本田公司在网联车和自动驾驶方面的研究进展及对未来的展望。美国俄亥俄州立大学的U. Ozguner教授做了题为“Smart Cities：An Intelligent Vehicles Perspective” 的大会报告，主要讨论了如何结合智能交通和智能汽车提升城市的交通服务水平，并以美国俄亥俄州哥伦布市的应用介绍了俄亥俄州立大学的研究成果。

本次会议收到投稿734篇（599篇regular文章和135篇workshop文章），接受论文392篇（313篇regular文章和79篇workshop文章），接收率为53%。值得关注的是，来自中国的投稿为各国之最（156篇），其次为美国82篇和德国81篇。

本次会议的最佳论文奖由Richard Brunauer等人的“*Network-Wide Link Flow Estimation Through Probe Vehicle Data Supported Count Propagation*”和Masahito Takizawa等人的“*Structure of Traffic Information Related to Suddenly Occurring Events on Expressway*”两篇论文获得。

本次会议的最佳学生论文奖由Brian Mok等人的“*Actions Speak Louder：Effects of a Transforming Steering Wheel on Post-Transition Driver Performance*”、Ehsan Javanmardi等人的“*Autonomous Vehicle Self-Localization Based on Probabilistic Planar Surface Map and Multichannel LiDAR in Urban Area*”和Robert Varga等人的“*Super-sensor for 360-degree Environment Perception：Point Cloud Segmentation Using Image Features*”三篇论文获得。

本次会议的论文涵盖丰富的研究话题。除了传统的交通网络系统分析，交通仿真与控制等主题以外，无人驾驶车辆的图像感知（51篇投稿）、定位（26篇投稿）、无线通信、协同控制等话题亦成为大会的热点，占全部投稿的一半以上，体现了当今智能交通系统的研究和智能汽车的研究相互交融、共同发展的主题。未来智能交通研究将更加关注车车/车路互联互通、基础设施智能化升级和无人驾驶/辅助驾驶并行发展等多个目标的协同。本届会议的召开，为探索和推动相关领域，推进相关领域智能交通研究的深入发挥了积极的作用。

第四届交通信息与安全国际学术会议

2017年8月7～10日，由中国交通运输协会（CCTA）、美国土木工程师协会（ASCE）和加拿大土木工程师协会（CSCE）共同主办，武汉理工大学承办的第四届“交通信息与安全国际学术会议”（The 4th International Conference on Transportation Information and Safety，ICTIS 2017）在加拿大Banff召开（见图1）。本届大会以“智能网联环境下的交通信息与安全”为主题，集中研讨交通运输领域（道路、铁路、水运、航空及城市交通等）相关信息和安全的新理论、新技术、新方法、新标准和新设备，促进国内外研究成果、先进技术的交流，为交通信息与安全领域的专家、学者提供了高水平的国际学术舞台。大会得到了加拿大阿尔伯塔大学、IEEE 智能交通系统协会的大力支持。

图1　与会人员合影

在开幕式上，国家水运安全工程技术研究中心主任、大会主席严新平教授致欢迎辞，中国驻卡尔加里总领馆尹巨明副总领事、加拿大Edmond市交管安全管理局主任Gerry Shimko主任分别致辞。

来自十多个国家和地区的从事交通运输相关领域的近200余位专家和学者参加了本次大会。大会设置了：车路协同技术及其应用、交通信息处理理论与方法、交通安全与人因、车辆安全远程传输技术、基于物联网的交通安全、海事信息化与导航数字化、交通信息采集与分析技术、交通人因与驾驶行为、船舶/海洋环境工程与安全等

22 个专题会场。

ICTIS 2017 收到国内外投稿 300 余篇，最终录用论文 198 篇。会议优秀论文将推荐到“Journal of Transportation Research：Part F - Traffic Psychology & Behaviour”（SCI 期刊）、“International Journal of Shipping and Transport Logistics”（SCI 期刊）、“Journal of Risk and Reliability”（SCI 期刊）和中国“Journal of Transportation Information and Safety”出版“交通信息与安全”专辑。

会后，国家水运安全工程技术研究中心主任严新平教授带队访问了加拿大阿尔伯塔大学，就国际学术合作、人才引进、学生培养等议题开展了广泛探讨。

第五届“交通信息与安全国际学术会议”（ICTIS 2019）定于 2019 年在英国利物浦召开，由英国利物浦约翰莫尔斯大学承办。

（撰稿：熊伟）

第二章

技术动态与发展趋势

交通智能视频分析技术动态与发展趋势

一、技术概述

交通智能视频分析技术是计算机图像视觉技术在智能交通领域应用的一个分支，是一种基于目标行为的智能监控技术。区别于传统的移动侦测（VMD - Video Motion Detection）技术，智能视频分析首先将场景中背景和目标分离，识别出真正的目标，去除背景干扰（如树叶抖动、水面波浪、灯光变化），进而分析并追踪在摄像机场景内出现的目标行为。

智能视频分析与移动侦测的本质区别是前者可以准确识别出视频中真正活动的目标，而后者只能判断出画面变化的内容，无法区分目标和背景干扰。所以智能视频分析相对于移动侦测，抗干扰能力有质的提高。使用智能分析技术，用户可以根据的实际应用，在不同摄像机的场景中预设不同的报警规则，一旦目标在场景中出现了违反预定义规则的行为，系统会自动发出报警。报警信息有多种形式，包括本地驱动报警设备和向后端监控中心发送报警数据，由监控工作站控制以弹出视频、自动弹出报警信息、驱动报警设备等形式报警。

通过智能视频分析技术，可以从视频中分离出一些值得关注的关键信息，并通过实时分析加工，获取交通状况信息，同时对实时现场路况作出即时反应。智能视频分析技术源自计算机视觉技术。计算机视觉技术是人工智能研究的分支之一，它能够在图像及图像描述之间建立映射关系，从而使计算能够通过数字图像处理和分析来理解视频画面中的内容。而视频监控中提到的智能视频技术主要指的是自动的分析和抽取视频源中的关键信息。如果把摄像机看作人的眼睛，而智能视频系统或设备则可以看作人的大脑。智能视频技术借助计算机强大的数据处理功能，对视频画面中的数据进行高速分析，过滤掉用户不关心的信息，为用户提供对监控和预警有用的关键信息。

目前市场上的智能视频分析技术通常都具有以下功能：①图像采集，一般图像信号通常是以压缩图像流的形式存在，将图像流解压还原成原始图像格式后再进行分析；运动物体检测，发现图像中运动的物体。当然去除了由相机自身引入的变化，外界环境引入的变化，如抖动和风。②多物体跟踪，在复杂环境下，如在多个运动物体，多个摄像机，运动物体之间互相遮挡、消失及重现等情况下进行有效跟踪。③行为特征分析，行为特征分析是从图像中寻找满足预先设定的行为特征的事件，如车辆的停止或者突然加速，当聚集人员过多时报警，人员倒地或其他异常情况。

目前，智能视频分析技术在这些智能化功能方面有所创新如下。①动态背景建模技术：利用自适应高斯背景模型，能够从复杂背景中检测出运动目标。利用扩展的 EM 算法，为每个像素建立多个混合高斯分类模型，该模型可以自动更新，并能自适应地将每个像素分类为背景、影子或者运动前景，在复杂背景的情况下也能较好地完成运动区域的分割，能够有效克服背景图像的动态变化，如天气、光照、影子及混乱干扰等的影响。②形状信息和运动特性的融合：将运动目标的形状信息和运动特性相结合，利用分散度和面积信息，区分人、车及混乱扰动。非刚性物体（人）的运动相比于刚性物体（车辆）运动而言具有较高的平均残余光流，同时它也呈现了周期性的运动特征。

二、关键技术及研究进展

1. 国外交通智能视频分析技术最新进展

得克萨斯州（简称“得州”）的研究人员正在研发新款工具，利用人工智能技术从原始交通摄像头数据中识别目标物，然后识别并归纳这类目标物的移动及交互方式及特点。

得州先进运算中心（Texas Advanced Computing Center，TACC）与得克萨斯州大学奥斯汀分校（University of Texas at Austin）交通研究中心与奥斯汀市共同研发工具，利用深度学习及数据挖掘技术实现成熟、可搜索的交通分析。

该团队还研发了深度学习工具，从奥斯汀市各交通摄像头传回的原始交通录影中识别目标物，如人、卡车、自行车、摩托车及交通灯等，还能显示其交互方式。信息经分析后，将接受交通工程师及官方的检验，从而确定因开错车并驶入单行道的车辆数量。

通过分析，研究人员研发了新算法，可自动为原始数据内的所有目标物做标记，将其与早前的已识别目标物进行对比、追踪目标物，并将各帧的输出值进行比对，发现各目标物间的关系。他们已研发出一个新系统，可实现标记、追踪及分析交通流量，可将其应用于两个实例中：计算道路上的移动车辆的数量；识别车辆与行人间的紧密接触。

针对长达十分钟的视频剪辑，该系统可自动清点其中的汽车数量，其初步结果的精度高达95%。如遇到潜在的近距离接触，研究人员或将自动识别大量用例，在这类用例中，车辆与行人间的距离可谓近在咫尺，但上述用例中并无（碰撞等）危险事故发生。研究人员还演示了该系统是如何在无人为干预的情况下发现危险地区的。

研究人员计划探索自动化是如何对其他安全相关的分析提供辅助的，如识别指定通道外其他繁华道路上的行人位置；了解驾驶人如何应对各类行人引导标示，对行人所愿意行走的距离进行量化。此外，该项目展示了人工智能技术是如何大幅降低人员对视频数据分析处理的参与度，并为决策者提供可供执行的信息。

TACC 研究院的 Weijia Xu 表示：“我们希望研发一款灵活而高效的系统，对交通研究人员及决策者提供辅助，满足其多变的实时分析需求。我们不想为单个的特定问题专门打造一个整体解决方案（turnkey solution）。我们想要探索新途径，有助于应对各类分析需求并助推未来技术发展。”

2. 国内交通智能视频分析技术最新进展

从 20 世纪 90 年代起，视频智能分析技术的雏形产品开始被逐渐应用到交通监控领域中，随着监控系统数字化、高清化及大规模化的进程，其技术已日趋成熟，逐步完成了从概念产品向市场产品的转化。

具备视频分析功能的图像采集或处理设备的应用，实质上是为我们提供了一种更直观、更智能的感知手段，让我们能够快速了解、发现、定位到我们需要关注的人、车、路、环境、事件的相关信息，从而为交通管理和公众出行提供决策及数据支撑。

交通管理的对象是广阔的交通监管区域、差异化的交通环境、复杂的交通组成要素及素质参差不齐的交通参与者，需要从保障交通安全、提高通行效率、加强交通信息服务这三个业务维度出发，并发考虑、实时感知这些信息并加以合理的分析和利用。

1）需求分类

从业务视角看，交通管理业务对智能视频技术的需求大体可以分为三类：

（1）对行为分析技术的需求。此类技术主要是在监控图像中找出目标，并检测目标的运动特征属性，在交通管理业务中被用于规范司机的驾驶行为、警示行人的不安全行为、监管交通基础设施及安装防护设施、监测环境异常状况、发现并定位交通事故、监测交通流量分布并进行预测，其技术分支包括周界入侵检测、目标移动方向检测、目标出现消失检测、目标运动禁止检测、人流车流检测、目标跟踪监测等。

公路交通管理中心的闯红灯自动检测记录系统、违法占用公交车专用道自动检测记录系统、路口滞留违法行为自动检测记录系统、高速公路事件检测系统、交通流参数采集系统；地铁运营管理中的人员聚集检测系统、防越线警示系统；铁路运营安全管理中的轨道入侵检测系统都是行为分析技术的典型应用。

（2）对目标识别技术的需求。此类技术主要是在视频图像中找出局部中一些画面的共性等，在交通管理业务中被用于高危人员及车辆排查、人员及车辆身份认定、道路使用及停车收费，其技术分支包括人脸识别、步态识别、车牌识别、车型识别、车标识别、图像比对等。

其典型应用包括公路交通管理中的车牌识别系统、停车场管理及诱导系统、拥堵收费系统；民航安全管理中的人脸识别系统；铁路、地铁营运管理中的客流统计系统、人脸检测系统等。

（3）对图像改善技术的需求。此类技术主要是针对一些不可视、模糊不清，或者是对振动的图像进行部分优化处理，以增加视频监控的可用性，在交通管理业务中被用于图像修正处理及海量视频信号运维管理，其技术分支包括红外夜视图像增强处理、车牌去污损处理、车牌识别影像消模糊处理、光变与阴影抑制处理、物体尺寸过滤处理、视频图像稳定系统等。

图像改善技术的应用是视频监控系统向大规模化发展的必备条件，其典型应用包括监控中心的图像增强系统、系统运维保障系统等。

2）技术初级发展阶段

在欣喜于智能视频分析技术为交通管理相关业务带来的变革的同时，我们也不得不正视现阶段智能视频分析技术仍处于发展的初级阶段的这个事实。实际上其智能化的程度还远远没有达到人们的预期，漏检测、误检测等情况时有发生，众多寄希望于通过智能分析技术解决的难题还没有找到合适的突破口。

三、发展趋势

基于上述国内国际交通智能视频分析技术最新进展的现实情况的介绍，应以理性角度来看待交通监控中的智能视频分析技术的发展。对于交通监控中的智能视频分析技术应用而言，合理的利用或者辅助人工应用，才是有益于技术创新、实战应用和行业发展的。目前业界通常把交通监控中的智能视频分析技术的发展情况大致分为以下几种类型：

1. 实用型技术

目前来看，车牌识别技术、车辆跟踪技术已经在交通监控中获得了实际应用。

车牌识别技术主要指从视频图像中捕获车辆号牌，并对号牌号码及号牌颜色进行识别，行业内主流厂家的识别率都能稳定在90%以上，部分专精于该项技术的厂家能稳定在95%以上。

车辆跟踪技术主要指在视频图像中捕获车辆并跟踪车辆在图像中的运行轨迹，以辨别车辆是否存在交通违法行为，如不按导向车道行驶、逆行、压线、闯红灯等。行业内主流厂家的捕获率及捕获有效率都能稳定在80%以上，部分专精于该项技术的厂家能稳定在90%以上。

这样的性能指标，是能满足交通管理部门的日常工作开展需要。但是，实用性技术并不代表就不需要提升和优化了。

车牌识别技术还可以在小车牌识别、模糊车牌识别、非标准视场角车牌识别、红外成像车牌识别等诸多细分领域进行探索。车辆跟踪技术还可以在宽域视场车辆跟踪、多视场车辆连续跟踪、单域视场多车跟踪、复杂轨迹判定等诸多细分领域进行探索。

2. 探索型技术

在这个技术圈里，目前看得到的是车身颜色识别技术、车辆标识识别技术及车型分类识别技术。

车身颜色识别技术主要指从视频图像中提取车辆的车身颜色。然而实际的车身颜色识别受噪声、环境光照等因素影响很大，给车身颜色识别的精度造成很大影响，甚至无法正确识别出车身颜色。

目前行业内主流厂家能够实现对白、灰、黄、粉、红、紫、绿、蓝、棕、黑 10 种常见车身颜色的识别，但识别率基本维持在60%左右，部分专精于该项技术的厂家能稳定在70%以上。

车标识别技术主要指从视频图像中提取车辆的车标信息。车标识别技术包括车标定位及车标识别两项关键技术。

由于受车辆图像的自然背景和车身背景、光照条件、天气条件等因素的影响，车标定位成为车标识别技术中一个极具挑战性的课题。目前仅有少数厂家推出了车标识别产品，能够对较常见的十多种车标进行自动识别，但识别准确率还有待提高。

车型分类技术主要指从视频图像中提取车辆的车型信息。目前行业内大部分厂家仅能区分大型车和小型车，小部分专精于该项技术的厂家经过不懈探索已经能够做到对大客车、大货车、小货车、面包车、轿车这五种机动车类型进行分类识别，同时还能够区分出非机动车辆和行人。

3. 预研型技术

随着智能视频分析技术的不断发展，人们在认可其带来的成果的同时对它的期望也越来越高，寄希望于能够通过视频分析技术来攻克更多之前没有办法解决的交通管理难题。

如通过视频分析技术分析人的面部特征变化来判断驾驶人是否处于疲劳状态并及时预警，以减少因疲劳驾驶造成的交通事故；再如通过视频分析技术自动发现高铁受电弓和弓网的异常状态，实时报警，以降低人工排查的时间，保障高铁的准点运营等。

部分专注于为交通管理提供智能视频分析服务的厂家已经开始投身于这些新技术的预研工作，除人脸疲劳识别技术、高铁受电弓状态检测技术外，驾驶人人像识别、系安全带自动识别、公交上下客流统计等技术也被列入技术预研行列，相信在不久的将来这些技术将为交通管理带来新的气象。

（撰稿：葛启彬）

无人机辅助水上交通监管救助动态与发展趋势

一、技术概述

无人机（Unmanned Aerial Vehicle，UAV），即无人驾驶飞机，作为一种空中监管手段，具有便于携带、设备模块化程度高、成本低、图像分辨率高、定位精度高、效率高等优点，已在地质测绘和勘探、灾害评估、城市规划、电力巡线、影视拍摄等领域得到广泛应用。随着无人机可靠性及其搭载的传感器设备性能的提高，无人机逐渐应用于水上交通监管与救助作业。

在海事巡航方面，利用无人机速度快、机动灵活的特点，利用机器视觉能力（可见光、红外以及其他特殊装备等），替代或者补充传统的海事艇开展水上巡航工作。无人巡航可以节省海事资源、提高巡航效率，如对施工水域的巡航、对锚地巡航、对特殊重点水域的巡航。对需要重点关注或者监视的特定水上目标或区域，可以利用无人机进行大范围搜索、监视，也可以实施定点或机动跟踪、伴航，喊话、警示，及时纠正违章行为，为特定目标提供信息服务或者向指挥中心传递特定目标的信息，如航标巡检、调查取证、护航、水上交通管制等。

在船舶排放监测方面，利用无人机搭载的特殊设备，对船舶尾气排放、船舶污水排放、水面污染等进行监测和跟踪，如监测船舶尾气排放是否达标、溢油污染的监测等。

在水上救助方面，可以利用无人机到达海事船艇和人员不宜到达的或不易到达的海事事故现场，开展现场信息收集与传递、应急照明、应急搜救、应急通信等工作，如在火灾、爆炸现场的信息采集，人员落水后的快速搜索，求生物资的投送等。

二、关键技术及研究进展

1. 国外海事无人机最新进展

1）美国

美国是无人机技术最先进的国家，其民用无人机也最为广泛。将无人机应用海事，关键技术之一是无人机的防水性。为解决无人机的防水性，美国先后开发多款防水无人机。WAVEcopter 无人机可以直接在海中或泳池中使用，即使遭遇意外掉到水面上也不会沉入水底，并且可以保证电极和主要框架正常使用，拥有完全防水的功能。它可以在水面上进行航拍，或者干脆直接通过内部的电动装置在水面滑行，满足各种各样不同的极限拍摄需求。美国密歇根州立大学（U-M）开发一种名为“飞鱼”（Flying Fish）的海上环境监测用海上无人飞机。该机可在水上起降，设计用来执行持久海上监视任务，已在加利福尼亚州 Monterey 地区的近海验证了自主水上起降能力。

无人机在进行海事巡航时，为确保安全，需要无人机具备自主避障技术。美国加州 Skydio 无人机公司，推出了一款可以实现自主飞行的无人机，该公司为这款产品命名为 R1。除摄像头和传感器外，R1 还搭载了 Nvdia Jetson TX1 模块，包含一颗有 256 个 CUDA 核心的 GPU 和一颗 Tegra K1 处理器，它能准确锁定并跟随拍摄目标物，如果在拍摄过程中遇到障碍物还能自行躲避。Skydio R1 的跟踪拍摄功能，需要用户在移动端设备上下载、安装指定 App，然后通过实时回传的 4K 高清画面锁定想要跟踪拍摄的目标。Skydio R1 飞行的最快时速可达 40 千米，满电状态下可续航 16 分钟。

总的来说，美国无人机技术走在世界前沿。尤其是在海事巡航方面，先后研发防水、避障无人机，为无人机巡航提供保障。

2）澳大利亚

澳大利亚的无人机设计在世界处于领先地位，而该国也正在尽力扩大无人机运用范围。澳大利亚作为旅游胜地，经常会出现鲨鱼袭击泳客事件。因此，澳大利亚启用无人机"追踪"鲨鱼。澳大利亚政府派无人机在东部多个受欢迎的海滩进行监察，无人机具备一个能够自动膨胀的设备，可供 2～3 个人保持漂浮，同时还具备强大的鲨鱼威慑电磁设备、高强度照明和失事信标，并且可用声纳科技追踪已被安装电子标记的鲨鱼，并推出手机 App，让民众实时查询鲨鱼位置，保障游客安全。

在水上救助方面，澳大利亚威杰救生有限公司和中国深圳市智璟科技有限公司（JTT）对无人机海上救援项目进行深入研究。T60 Pro 工业级无人机搭载有工业级的飞空系统，同时配有无线音视频传输系统。可以实现 10 千米 1080P、60 帧高清图传，在 10 千米外实时准确地检测海面情况，提升救援速度。搭载的"四合一"设备除了高清图传的摄像头以外，还包括喇叭（对周边有危险情况的人进行提醒）、医疗急救设备（如急救包、起搏器、鲨鱼驱逐设备等）及照明设备。

无人机在辅助水上交通监管时，其续航能力一直是各研究所急需攻克的课题。

悉尼大学航空航天工程系博士研究生候选人 Andrew Gong 研究员开发出一种氢燃料电池/电池/超级电容三重混合动力推进系统。结果表明，超级电容器改善了整个推进系统的动态响应，并且还提供了负载平滑以增加氢燃料电池的使用寿命。该团队的总体目标是提高基于氢燃料电池的混合动力系统在遥控飞机（也称为无人机）中的灵活性和稳健性。与现有的小型电动无人机相比，氢动力将提供更远的航程和更强的耐力。与仅使用燃料电池的推进装置相比，混合动力系统可为无人机提供更大的灵活性和性能，包括更快起飞，更好爬升和避开障碍物的能力及提高燃料电池寿命。在未来，这可能对于长时间检查或监视任务具有划时代意义。尽管有这些好处，飞机制造商一直不愿意使用氢燃料电池，因为它们成本高昂，功率有限，而且对负载变化的响应速度相对较慢。

3）日本

日本无人机技术也在紧追美国，为促进海上无人机发展，无人机公司 enRoute Lab

特别成立了日本海洋无人机协会，作为技术与情报交流、海上无人机规则策划等的特别平台。enRoute Lab 有感现阶段之海上无人机仍未普及，其使用亦未制定完善的操作规则与监管制度，若要加速海上无人机发展，在这个早期阶段建立安全操作守则与初步开发机体实属必要。日本海洋无人机协会除了开发海上无人机的参考机型，亦会把开发机体用以训练，同时加入政策交流等元素。

为了遏制毒品和爆炸物等危险品的走私活动，日本财务省启用人工智能系统（AI）和小型无人驾驶飞机（小型无人机）。AI 是通过收集的数据对进出境货物和行李物品进行监控分析，小型无人机则从上空监视可疑船只。小型无人机的运用，将强化海关对港口周边走私活动的监测。装载摄像镜头的小型无人机，可在日本近海海域进行巡逻，预计与平常的监管船比成本将得以降低、机动性也能得到提高。近年来，日本近海附近货船间转运毒品的手法有所增加。在海关人手不足毒品走私增多的情况下，引入小型无人机将起到强化海关监管机制的作用。

日本德岛大学研究生院社会产业理工学研究部的副教授三轮昌史的研究室正在推进不仅飞行还可潜水的水空两用小型无人机的研发。这种无人机有望应用于水坝老化和河底的调查、观察水中生物等。目前的试验机长宽均为 55 厘米、高 18 厘米，利用市售无人机制成。让在空中旋转的螺旋桨反向旋转即可潜水。实验中完成了无人机离开陆地后潜入水池或河流水深约两米处，随后浮出水面并起飞。

日本东京工业大学、熊本大学等大学的研究团队最新研发出一种救援无人机，可识别人声发现幸存者，对于救灾抢险工作大有裨益。该无人机具备“HARK”技术，可以通过独有的声源定位算法进行听声辨位，即使多个人同时讲话，也能分辨出每个人的位置和声音。该救援无人机共配有 16 个麦克风，这使得它能消除杂音并准确对受灾者进行定位。有了该救援无人机助力，一方面减少了人力抢险救灾的风险；另一方面也极大地提升了抢险救灾的精准度和效率。

2. 国内海事无人机最新进展

国内无人机应用于水上交通监管与救助起步较晚，沿海城市海事无人机应用较早并且更为完善。广州南沙成立全国首个自贸区无人机海事服务队，服务队进行了无人机编队巡航，对小虎化工区、虎门轮渡、虎门大桥桥区水域等重点监管对象进行巡航检查，并把情况实时传输到地面控制站；深圳海事局将继续探索搭建海事无人机巡查常态化机制，建立科学的巡航机制，提升飞手专业技能，充分发挥海事无人机在搜寻救助、事故调查、水工监管、岸线巡查等方面的功能优势，为大鹏水域安全稳定提供强有力保障。

天津港是我国华北地区和京津地区的重要水路交通枢纽。随着天津港的快速发展，进出港船舶的数量大幅度增加，天津海域发生船舶污染事故的风险也日益加大。

因此，天津海事局开展了辖区无人机船舶污染常态化监控工作，并建立了“海空一体”及夜间巡航新模式，取得了很好的效果。同时，无人机技术对提升海上船舶污染的应急决策指挥能力、预警和处置能力及溢油应急效率等都带来积极的推动作用。

在沿海地区无人机辅助海事应用取得成功后，内陆地区也开始进行无人机辅助内河水上交通监管试验研究。长江海事局为建立“海空一体”巡航模式，也逐步开展无人机辅助海事业务应用研究。利用无人机系统平台搭载各类监控设备，为电子巡航提供更加丰富的现场信息采集传输。无人机能够完成包括实时监控、取证拍摄、后期数据处理等一体化飞行及监控项目任务，可从空中拍摄清晰稳定的高清视频实时传输到执法人员的移动执法终端，能够承担对不同类型船舶进行识别、追踪和取证拍摄等水面巡航任务，还能够在船舶火灾、碰撞、溢油监测、海事调查取证等应急突发事件处置中近距离、多角度为执法人员提供实时的现场画面，为应急突发事件的科学处置提供依据。

三、发展趋势

1. 无人机与人工智能

随着互联网技术的发展，无人机的应用也越来越受到关注。目前，无人机进行海事业务，主要以无人机驾驶人进行遥控为主，无人机进行自主巡航时，遇到紧急事件不能自主处理。因此，人工智能、大数据技术的应用成为必然趋势。提高无人机的自主性，必然成为无人机应用海事的趋势。

2. 海事专用无人机

目前，辅助水上交通监管与救助的无人机是各公司开发的工业级无人机，但是并没有针对不同水域开发出相应的专业级无人机。由于水上环境复杂，天气情况多变，有的地方常年高温，而有的却是常年寒冷，因此，针对不同水域的天气情况，以及该水域水上交通监管与救助业务的需求，开发出相应的专用无人机具有非常重要的现实意义。

3. 无人机搭载设备的技术更新

无人机搭载设备技术的提升有助于辅助水上交通监管与救助效率的提高。目前，无人机在进行远距离海事巡航时，时常发生图传不清晰、信号丢失等现象，因此，提高无人机及其搭载设备的可靠性成为目前急需解决的问题。另外，无人机进行船舶排放监测时，其搭载的传感器的性能对监测结果至关重要。若要无人机更好地辅助水上交通监管与救助，无人机搭载设备的技术更新势在必行。

（撰稿：文元桥）

自动驾驶路测车辆对交通管理的影响及其对策研究

一、自动驾驶其及路测的研究意义

随着谷歌、特斯拉、百度等公司自动驾驶汽车技术的相继成熟，自动驾驶车辆道路测试与运作已经成为社会各界关注的热点。目前，正处于由“功能汽车”到“智能网联汽车”“自动驾驶汽车”的进化历程中。汽车的智能化将带来交通管理制度、交通法规等方面的深刻变革。当前，很多国家和地区都已采取多种措施支持企业开展无人驾驶汽车的研发和测试，并对相关法律法规的修订进行了积极探索。

自动驾驶车进行路测的必要性体现在以下几方面。第一，机器学习的数据量要求，自动驾驶是一个机器学习的过程，机器学习发展必须有足够的数据做支撑，人类自己模拟的场景无论如何比不上真实交通环境，因此，实际道路测试对智能网联汽车的发展起到关键性的作用。第二，自动驾驶车辆应具有识别能力，在不同条件的道路上，检测能否识别信号灯、标志标线、行人、车辆等交通管理及参与主体。第三，自动驾驶车辆应具备处理能力，检测能否在不同的道路上，根据不同的道路几何参数调整车速与转角，以及能否正确处理跟车、加塞、变线、避撞等各种目标和状况。

然而，自动驾驶车辆的推行仍面临诸多挑战。例如，针对可以上路行驶的自动驾驶车辆的标准仍不明确，各国法规对此仍在探索中；当自动驾驶车辆发生事故时，相关的责任划分也一直是争议最大的部分；而当道路中既有自动驾驶车辆，又有传统车辆运行时，整体的交通环境也会随之改变；由此引发的基础交通设施的改革则更是迫在眉睫，而改革的方向与具体操作也同样难以精准预测。

综上所述，要想真正推广自动驾驶车辆，平稳过渡这些挑战与问题，需要在交通实践与管理中不断总结与完善。因此，开展自动驾驶车辆路测的对策研究意义重大。

二、自动驾驶汽车路测的国内外发展状况

1. 自动驾驶测试的研究现状

无人驾驶测试场是重现无人驾驶汽车使用中遇到的各种各样道路条件和使用条件的测试场地，用于验证和试验无人汽车的软件算法的正确性。试验道路是实际存在的各种各样的道路经过集中、浓缩、不失真的强化并典型化的道路，测试场还要布局 GPS 基站、通信基站、智能红绿灯等基础设施，提供无人驾驶和车联网技术的测试环境。

目前，美、欧、日等发达国家及地区已斥资建设无人驾驶测试场，推动无人驾驶汽车尽早上路。

2014 年，谷歌租用加利福尼亚 Castle 空军基地内 60 英亩土地（现 100 亩左右，1

亩=666.67 平方米）用来测试它的无人驾驶汽车（Self-Driving-Cars，SDC）并培训无人驾驶汽车司机。

2014 年 8 月 21 日，瑞典 AstaZero 安全技术综合试验场正式开放。AstaZero 测试场的首要任务是测试防止事故发生的主动安全系统。AstaZero 试验场的另外一项重要功能是成为未来安全技术的研发平台。在这里，通过与大学及行业机构的合作，致力于实现世界交通零死亡。

2014 年 8 月，新加坡成立了自动驾驶汽车动议委员会，用于监管自动驾驶汽车的研究和测试。在维壹科技城中进行自动驾驶试验，试验由新加坡的土地与交通运输部门主导，这也是首个允许在公共道路测试的试验区。

2015 年 9 月 11 日，工业和信息化部与浙江省人民政府签署《工业和信息化部浙江省人民政府关于基于宽带移动互联网的智能汽车、智慧交通应用示范合作框架协议》。浙江省将以杭州市云栖小镇和桐乡市乌镇为核心区域，建立一个集智能汽车、智慧交通、宽带移动互联网于一体的试验验证示范区。

2016 年 6 月 7 日，由工信部批准的国内首个“国家智能网联汽车（上海）试点示范区”封闭测试区正式开园运营。该示范区由上海国际汽车城（集团）有限公司承担建设，名为“ANICE CITY”。

综上所述，目前国内外投入使用的知名自动驾驶测试场均包含高速公路、城市道路、乡村道路等多种道路类型，部分测试场提供雨、雾等不同天气情况模拟，测试范围除最重要的无人驾驶技术外，还涉及 V2X 等车联网技术。目前多数测试场处于工程建设初期阶段，均已制订好了后期发展规划。

2. 自动驾驶汽车安全监管现状

根据调查，加拿大多伦多大学 Alison Smiley 和荷兰格罗宁根大学 Karel A. Brookhuis 教授发现高达 90%的车祸发生起因与人为疏失有关，如疲劳、注意力不集中、出现睡意等，汽车智能化的动机除了提升驾驶效能以达到节能减碳目的外，最主要的目标就是借由安全性的提升来降低车祸事故发生频率。自动驾驶汽车的争议在于交通事故侵权责任风险的承担从驾驶人移转到制造商。

然而上述制度性障碍只是问题表层，智能汽车安全监管最根本的问题还是在于我们对于这种高新科技的技术风险一无所知。

本节将通过从“授权控制”（自动驾驶机器车）、“共同控制”（先进驾驶辅助系统）两方面阐述目前汽车智能化所伴随的若干安全监管问题。

1）“授权控制”——自动驾驶汽车

谷歌自动驾驶汽车安全项目主管 Ron Medford 指出谷歌在自动驾驶技术业务的主要目标和发展方向是研发 NHTSA 分类的第四级“完全的”无人自动驾驶汽车，然而在缺乏对汽车制造商提供选择性免责的情况下，自动驾驶汽车制造商将面临过重的法律责任承担。

2）“共同控制”——先进驾驶辅助系统

Strategy Analytics 的研究主管 Riches 指出先进驾驶辅助系统（ADAS）和 HEV/EV

是近年来汽车电子市场中发展最快速的热门技术领域，仅在2012年上半年就达到20%以上的增长率。

相对于自动驾驶汽车，“授权控制”的交通事故责任出现一种由驾驶人转向汽车制造商的趋势，笔者认为先进驾驶辅助系统——“共同控制”模式下驾驶人不仅要掌握道路周围环境的实时状况，同时还要留意车体本身是否有异常情形，最终将加重驾驶人在交通事故中的注意义务。另一方面，先进驾驶辅助系统的技术风险也是安全监管必须加以考虑的问题。Schwarz 指出对于确保智能汽车的安全性，除了考虑到汽车产品通常运行时的安全性以外，另外还必须注意到产品“犯错”的可能性。

当代功能汽车的安全性主要是用结合固有安全设计和功能安全的方式来保证，功能安全扮演的角色是透过与制动系统与方向舵系统（Steering System）相连的反射计算机控制单元来抑制风险。然而确保面向下一代智能汽车的安全性，一个明显的趋势是固有安全设计和功能安全两者的权重正在快速改变之中。

三、自动驾驶路测对交通管理的影响分析

1. 自动驾驶测试车辆对交通流的影响

近年来，自动驾驶技术逐渐走入人们的视线。由于城市的快速发展，公众对汽车自动化水平的要求越来越高，车辆对环境兼容性的要求也随之提升，传统的汽车商业模式已经不足以满足社会对发达运输方式的渴望。因此，将自动驾驶汽车与现有的交通方式相融合的商业模式是时代发展的必然趋势，也可以看作为汽车市场革命的起点。

研究自动驾驶汽车对交通流的影响，大多应建立一种基于代理的开源 MatSim 的交通模拟，它适合在大型模拟区域中考虑模块设计及交通流模型效率的自动驾驶汽车的移动概念模型。而当使用 MIXIC 模拟网络方法时，则进一步验证了上述结论。该方法主要强调线路中的流量。在给定流量输入的情况下，它模拟此线路上的流量行为并产生流量统计。

而将研究进一步推进后不难发现，自动驾驶车辆将导致车辆行驶里程（VM 增加，共享自动驾驶汽车也可能成为一种新的交通方式，这意味着一些汽车驾驶人可以扮演无人驾驶的出租车或穿梭巴士。

综上，自动驾驶车辆的推广可使驾驶里程的总量增加，交通流量增加，并在高流量密度下提高速度。然而，在交通需求较高的某些情况下，可能仍会出现交通环境恶化，甚至发生交通崩溃现象。同时，将自动驾驶车辆与公共交通相结合会对公众产生更为显著的吸引力。

2. 自动驾驶测试车辆发生事故后的责任认定

当下的驾驶辅助系统的性能表现已经达到相当高的水平，如日产汽车的智能防撞机能与奔驰汽车的自动刹车系统，后者甚至已能随时付诸生产线进入市场。而为了能

够实现这些（半）自动行为，必须使ECU嵌入式控制单元理解自由流动的交通的动态。对于发展国内自动驾驶汽车产业而言，安全监管和法律议题将逐渐显露其重要性。

在自动驾驶测试车辆责任划分方面，北京、上海首先对此作出了较明确的责任界限。

北京规定，在测试期间发生交通事故或违法行为的，由违法行为发生地公安机关交通管理部门按照现行道路交通安全法律法规进行处理；测试驾驶人或者测试主体的行为构成犯罪的，公安机关依法追究其刑事责任。

上海规定，测试车辆在道路测试过程中发生交通事故时，测试驾驶人需要立即停止测试。测试主体应当在事故发生后24小时内向第三方机构提交道路测试交通事故报告，再由第三方机构上报推进工作小组。在事故责任认定上，则基本依循普通车辆的责任认定规则。

之后，国内各地政府，如重庆、深圳等，相继出台有关自动驾驶车辆路测责任管理办法。

2018年4月11日，工业和信息化部、公安部、交通运输部三部委联合发布了《智能网联汽车道路测试管理规范（试行）》的通知，明确如果在测试期间发生交通违法行为的，由测试驾驶人承担责任，公安机关交通管理部门按照现行道路交通安全法律法规对测试驾驶人进行处理。该文件是首次在国家层面明确交通主体责任人——测试驾驶人。

在国外，在欧盟积极推动下，联合国欧洲经济委员会（UNECE）认可了自动驾驶技术可以纠正人为失误，降低交通事故发生率的同时有助于发展环保节能的优势，并于2016年4月《联合国道路交通公约》关于自动驾驶汽车的修正案正式生效。这项修正案的生效是自动驾驶首次在法律的层面上得到许可，驾驶的责任人不再一定是人，而可能是汽车本身，开辟了自动驾驶合法化的先河。

2017年6月，德国联邦议院率先颁布了“道路交通法第八修正案”。该修正案中明确了使用自动驾驶系统时驾驶人的权利和义务。在自动驾驶系统接管状态下，驾驶人可以不对交通状况和车辆进行监控，但是驾驶人仍需要时刻保持清醒戒备状态准备随时接管。德国还公布了全球第一个针对自动驾驶的道德准则。这部准则为自动驾驶的技术发展及立法监督提出了方向、划定了边界，对于自动驾驶技术真正落地和实现产业化具有里程碑意义。

日本政府未来投资委员会在2017年4月初公布了与自动驾驶汽车有关的方针：日本计划让车主承担自动驾驶汽车（L1-L3级别）发生的交通事故责任，可以由政府强制购买的汽车险理赔，而自动驾驶车企只有在车辆存在缺陷的情况下才需要担责。

综上所述，各国自动驾驶路测法规纷纷出台，发展态势蓬勃。各国有关自动驾驶车辆路测的指导意见中涉及责任划分部分，大多由交通管理部门按现行道路交通法规处理，且测试人员承担较大责任。但除德国外，其余各国均无全国性的明确的法规。

3. 自动驾驶车辆的驾驶能力考核

当前，自动驾驶正在带来全新变革，将改变汽车行业过去一百年沿用的技术和商业模式。而自动驾驶技术正处于产业化探索的初期，政策与技术进步是否匹配，在一定程度上决定了产业的创新速度和竞争力。我国急需加大在政策领域的创新力度，让政策创新成为产业发展的竞争力、成为新经济的生产力。

在我国，工业和信息化部、公安部、交通运输部三部委联合发布的《智能网联汽车道路测试管理规范（试行）》中指出，每辆车要提供不低于 500 万元的交通事故责任保险凭证或不少于 500 万元的自动驾驶道路测试事故赔偿保函。

英国自 2015 年 1 月起，开始允许自动驾驶汽车正式上路测试，主要发布《无人驾驶汽车测试运行规则》《网联自动化车辆网络安全关键原则》。其中，《规则》中要求所有系统软件必须先经过广泛的模拟测试，再进行封闭道路或专用场地测试，最后才能进行公共道路测试。

德国联邦议院公布的“道路交通法第八修正案”规定，驾驶人可使用汽车高度自动或完全自动驾驶系统控制汽车，但驾驶人不能离开驾驶座位，必须在车中随时准备好从自动驾驶切换到人工驾驶模式。

2018 年 2 月，美国加州推进放宽自动驾驶车辆路测要求，其车辆管理局（DMV）正式出台决定：2018 年 4 月起，远程遥控的无人驾驶汽车可以在加州道路进行测试，这意味着只要证明具备远程遥控能力，车内无须再配备驾驶人或安全员。

综上，自动驾驶车辆在进行路测时应获得专业第三方的检测报告，测试区域应有特殊交通标志。在与自动驾驶车辆路测领军者美国的加利福尼亚州颁布的法规相比，我国申请临时牌照的主体须投保 500 万元人民币以上的交通事故责任险，而美国加州，要求牌照申请者须缴付 500 万元美金的保证金。我国路测门槛的确较低，此将吸引更多自动驾驶产业资源往北京汇聚。而除美国加州仅要求车辆具备远程操控能力外，各国目前均要求车辆可随时切换人工模式，并要求车内配备驾驶人。

4. 针对自动驾驶车辆的交通基础设施

多项研究表明，自动驾驶的大力推进可以带来显著的社会，环境和经济效益。就每个驾驶人转向使用自动驾驶车辆的成省而言，每年可以获得大约 1357 美元的额外生产力和闲暇时间。然而，目前所有自动驾驶方法都要求汽车制造商承担用自动化取代人类感知和决策制定相关的主要责任和责任，这可能会减慢自动驾驶汽车的普及，从而放慢推进的步伐。具体而言，我们建议重新设计自动驾驶汽车的感应和决策制定，以便其中的重要部分在汽车外部的基础设施完成。

为达到上述目的，首先需要自动驾驶车辆适应基础设施的规划。在传统车辆完全消失之前，道路网络上的交通流仍然是异构的，包括传统车辆和自动驾驶车辆。因此，政府机构可以初步确定路网站的关键节点并实施各种视音频移动应用。而随着自动驾驶车辆市场渗透率的增加，专用自动驾驶车辆领域将逐渐扩大，并应最终支持整个系统的完全连接和移动的自动化。

而 5G 概念的引用，更为自动驾驶环境下的交通基础设施指出一条捷径。5G 的高速数据传输和小区切换能力将有助于保证汽车在高速移动过程中与周围事物进行数据通信时的稳定性，当汽车在高速行驶时，以避免因数据传输不稳定而发生交通事故。当一个网络接入点发生故障时，5G 能立即切换到另一个备用的网络接入点以保证像汽车这种高速移动终端永不断网。

基于未来5G在汽车行业的优势，2016年9月27日，爱立信、奥迪公司、宝马集团、戴姆勒公司、华为、英特尔、诺基亚和Qualcomm宣布成立“5G汽车联盟”（5G Automotive Association）。不难看出，该合作联盟重在无人驾驶的研究，未来5G更是助力交通基础设施改进，推动汽车将向无人化驾驶快速发展，成为未来车联网的最可靠的安全保障。

综上，交通基础设施应随着自动驾驶车辆的推广适当领先并稳步改进，可充分结合5G技术，建立具有不断学习与反思能力的系统，同时应承担部分用自动化取代人类感知和决策制定的责任，避免车辆决策失误而造成难以挽回的错误。就初步阶段而言，考虑到道路中自动驾驶车辆与传统车辆的异构交通流，可在道路中设置“节点控制器”来分段处理通过请求并优化轨迹。

四、针对上述影响的对策研究

纵观世界自动驾驶车辆的产业竞争格局，2020年已成为发达国家部署自动驾驶产业关键节点。从发展步伐看，处于第一梯队的美国、德国纷纷将2020年作为重要时间节点，希望届时实现自动驾驶汽车的全面部署。

《中国制造 2025》发布后，工业和信息化部发文，对大力推动节能与新能源汽车发展目标进行解读：到2020年，掌握智能辅助驾驶总体技术及各项关键技术，初步建立智能网联汽车自主研发体系及生产配套体系；到2025年，掌握自动驾驶总体技术及各项关键技术，建立较完善的智能网联汽车自主研发体系、生产配套体系及产业群。结合上述研究，拟对自动驾驶在我国的进一步发展提出以下建议。

1. *行政层面*

随着自动驾驶在我国的逐步兴起，从行业发展层面看，需要相关部门加强对行业发展的顶层设计，积极谋划路线图，加强关键技术攻关。同时，从交通管理层面看，我国公安交通管理部广有必要提前谋划应对由自动驾驶技术带来的一系列新情况、新问题。

（1）加入国际公约和国际协定，实现国内外互认鉴于联合国《维也纳道路交通公约》《1958年协定》（以下简称《公约》《协定》）等国际法律法规已经进入修正阶段，在我国未加入上述缔约组织，且在国内自动驾驶立法制定及修订尚需时日的情况下，可考虑参与《公约》或《协定》，实现车辆驾驶证件、车辆技术标准的互相认可，推动我国汽车生产企业“走出去”，实现国际化发展。

（2）结合国内各区域自动驾驶公开道路测试项目，有条件地推进自动驾驶车辆路测数据共享，加速推进自动驾驶的技术创新和落地应用进程。数据共享可在一定程度上避免不同地区的路测实验重复投入资金与时间，从而转而具有地区特色的自动驾驶车辆推广办法。同时，自动驾驶车辆数据共享可使场景模拟更全面，扩大数据样本，进一步提高路测的准确性与可靠性。

2. 技术层面

随着科技的进步，自动驾驶已从新生技术走向实际应用。自动驾驶的发展离不开技术的发展与创新，自动驾驶领域对于通信、信息、数据等方面提出了较高的要求，在发展自动驾驶技术中，需要在这几方面不断进行创新与突破。

（1）推动辅助驾驶技术在我国大中型客货车上的应用。目前，我国大中型客货车辆安全技术性能差，超速、超载、疲劳驾驶现象较多，安全隐患很大，交管部有必要积极推广应用辅助驾驶技术，以期从源头上提高行车安全性，减少因车辆问题导致的重特大道路交通事故，并对辅助驾驶技术制定相关标准，为后续自动驾驶技术发展和推广奠定技术基础。

（2）企业要实现产品和技术的创新和进步。对于各企业来说，自动驾驶最终要落实到技术和产品的不断完善。企业可以采取由易到难的战略，先将已有的技术进行完善，变成更成熟的产品，从简单的自动跟车、自动巡航、自动变道，逐渐形成比较成熟的技术。在此基础上，再考虑下一步的创新和发展，如对标识的识别、对红绿灯信号灯的识别等，逐渐推进技术和产品的进步，分阶段实现最终的目标。

（撰稿：武汉理工大学智能交通系统研究中心）

新一代智能交通信号控制技术

一、技术概述

交通信号控制，也称为城市交通控制，是依靠交通警或采用交通信号控制设施，随交通变化特性来指挥车辆和行人的通行。交通控制运用现代化的通信设施、信号装置、传感器、监控设备和计算机对运行中的车辆进行准确的组织、调控，使其能够安全畅通地运行。交通管制分为静态管理和动态管理，而交通控制就是其中的动态管理。

随着大数据、人工智能、移动互联及新一代信息技术的运用和普及，汽车和交通产业正发生巨变，智能化是现代交通发展的重要方向，中国也在 2018 年正式启动智能交通转型。近些年来，随着城市化水平的不断提高，城市交通中对于信号控制系统的要求也越来越高，以城市道路交通网络为切入点的区域交通信号控制系统已经成为人们研究的重点。因此，在实际工作中如果一个交叉口的交通信号控制方案和配时进行了调整，相邻交叉口的信号控制方案和配时也需要及时的进行调整，各个交叉口之间存在较强的关联性。目前，如果城市交通信号控制不采用协调控制系统，不仅工作效率低、调整速度也比较慢，还容易引发交通拥堵。西方发达国家对智能交通信号控制系统的应用研究已经取得一定的成果，如 scoot 系统、scats 系统等都是其中的代表系统。我国智能交通信号控制系统研究起步时间虽然比较晚，但是经过多年的研究也取得了较多成果，目前对于交通信号控制系统的研究，集中于区域控制算法、动态信号控制、区域信号控制效果评价等领域。随着大数据技术和应用的快速发展势必对智能交通信号控制系统带来巨大的提升。但是，笔者在研究中发现，目前对于流量大数据时代下的智能交通信号控制系统研究比较少，大数据在智能交通信号控制系统中应用，尚处于起步阶段。

二、关键技术及研究进展

1. AI+智能交通控制系统

2018 年 5 月初，IBM 获得了 AI 驱动的交通管理系统的专利。根据这项专利，IBM 希望开发一个依靠相机控制交通灯的系统。计算机可以查看每个方向上的交通的实时镜头，然后计算最佳交通模式。2016—2018 年两年时间将 AI+交通灯从实验试点逐渐向成果转化。

2016 年 9 月，广州市交警宣布“互联网+信号灯”控制优化平台试点成功。平台首次引入了人工智能技术——阿里云 ET。ET 可对路口车辆运行情况进行分析，并输出对红绿灯时间的调整建议。试点结果显示，部分路段拥堵指数下降超 25%。2017 年

8 月，深圳南山的一个路口 4 个方向的每个车道都安装了传感器，传感器能及时与人工智能系统实行数据交换。

路口值勤的交警反映人工智能系统指挥红绿灯的确很“聪明”。交叉口早晚高峰时段由于车流量较大经常会出现溢流现象，2018 年 7 月这套人工智能系统上线后，高峰时段路口溢流现象消失，通行能力显著提升。由于传统的交通信号灯是通过计时或人工调整的出现判断失误的机会较大。AI+交通信号灯则是通过人工智能算法，监控摄像头可以准确计算交通路口各个方向行人和车辆的数量、流量和密度，从而优化交通信号系统。

在智能交通监控系统中借助摄像机替代人眼进行目标检测识别、跟踪和测量的技术。具体到智能交通，主要涉及感知、检测、识别、比对、分析和驾控 6 个领域。此前，卡耐基梅隆大学进行智能交通管理系统试验，其效果惊人，成功将车程降低 25%、引擎空转时间更削减 40%。

传统的交通灯使用默认时间转换信号。虽然转换信号的时间会根据数据的变化每几年更新一次，但是随着交通模式发展，系统很快就过时了。而人工智能系统则以雷达传感器和摄像头监控交通状况，然后利用先进的算法计划时间安排。计算机将相关交叉口数据传送到下一个交通路口，以便提前计划交通。该交通控制系统并非依靠指挥中心运作，因此每个交通灯可以分别决定的时间安排，是一个真正的智能系统。

2. 百度智慧交通灯 2.0

2017 年基于百度人工智能平台的百度智慧交通灯上台，借助丰富的数据源和百度地图百度智慧交通灯 1.0 主要解决路口出现较严重的交通问题，如交叉口出现锁死，路况检测可以实时分钟级的识别，系统将实际情况反馈至指挥中心等待处理。

百度智慧交通灯 2.0 主要是做配时评价与优化平台，该部分数据源重点为互联网数据中的轨迹数据，通过浮动车和导航软件获取。目前使用的导航软件基本上是每秒钟回传一次轨迹，百度地图开放平台将轨迹能力做成了服务，有海量的网约车和物流车进入平台，数据量非常可观；除此之外还可获取大量出租车行业的数据及与交管部门配合换取其他数据，为了让信号灯配时更加精确和智能，平台会收集多种来源不同的数据。

基于大量数据和基本交通评价指标百度推出配时评价与优化平台，通过该平台可获取目标路段相关的由轨迹生成的指标，包含流量流向、停车次数、延误时间、平均速度、拥堵指数和里程；平台根据日、周、月进行各种维度的对比，同时还可以察看路口的持续图、轨迹回放等。通过轨迹数据可算出周期平台以此生成一个建议参考的配时，再结合交叉口的情况做调整。将互联网的轨迹数据用于绿波带的评价和配时条件上优势非常明显。通过轨迹数据可以明确车辆的等待时间及位置，即使是小样本量可以通过延长分析时段对主次干线绿波进行延误评价。配时的调整过程是循环、迭代式的，通过平台的支持让信号灯智慧决策到效率提升，实现道路拥堵持续下降。

目前百度智慧交通灯 2.0 已在大连市进行试点实验。试验路段为大连的中山路，周边有政府、公安局、商圈等。利用平台分析该路段可以给出每个交叉口目前道路状态的评价指标，结合配时时距图可以获得绿波带效果图从而定位到瓶颈路口，结合车辆轨迹判断拥堵成因并提出参考方案。

3. 集成化交通控制系统

在先进的检测技术及信息通信技术迅速发展的推动下，城市交通控制系统的集成化趋势日益明显：一是系统层面上的集成化，二是技术层面上的集成化。

在系统层面上，随着人们对城市交通管理认识的逐渐深入，单纯的某种管理手段（如信号控制、交通诱导、交通组织等）无法实现对城市交通拥堵、事故等事件的最佳化管理。因此，人们开始研究以城市交通控制为核心的集成化城市交通控制管理系统，以综合交通信息平台为基础，以信息和数据的共享与交换为纽带，通过交通控制系统与其他管理手段的协调运行，如与交通信息诱导系统及城市交通应急系统等的集成，实现对城市交通系统的最佳管理和控制，目前集成化的城市交通管理控制系统研究还在不断推进。

在技术层面上，一是控制方法的集成，由于计算机运算能力的提升等使得在交通控制系统中综合运用包括各种传统交通控制方法和智能控制方法在内的控制策略与模型成为可能，从而可以希翼通过在线后评估来选择最优的控制方法，从而力求克服每种控制方式与控制模式的局限性，取得更好的控制效果。伴随城市交通系统的规模复杂性特征的形成及发展，汇集多种控制方法的交通控制集成策略应运而生。二是信号控制的硬件设备也不再局限于仅仅完成信号控制功能，而是通过模块化的设计将信息发布、监控等功能集成起来，实现对终端设备的集成化控制。三是交通信息获取手段的集成化，除了传统的地埋型检测器以外，目前的一些移动式检测手段（如车牌识别、电子标签、卫星定位技术等）可以提供较为精准的旅行时间（延误）、交通流量等参数，可以为交通信号控制的实时优化及评估提供支撑。

三、发展趋势

近二十年来，无论是在国际上还是在国内，城市交通信号控制系统的研究已经有了飞速的发展，同时在城市交通控制系统的研究中逐渐重视控制协作与控制方式、系统体系结构及系统控制的优化模型等多个方面。随着现代科技与基础理论的不断发展，城市交通信号控制系统也逐渐向着集成化、智能化、多模式化的方向发展，逐步形成具有分布协同功能的集成化的城市交通智能控制系统。

1. 基于流量大数据时代下的智能交通信号控制系统

一般来说，大部分流量大数据智能交通信号控制系统都是由智能交通服务平台、交通信号控制机、物联网无线设备及交通数据仓库等部分组成的。物联网无线设备：该设备的主要作用是对车辆的行程时间、车流量等交通运行实际情况进行数据采集，并将其及时的传递给相关的服务平台。交通数据仓库：该设备最大的特点就是具有较强的存储和数据处理功能，其能够将历史交通数据存储起来，而且还具有数据清洗和过滤功能，对于挖掘和分析交通数据具有较好的指导作用。

当前的智能交通信号控制系统基本上都具有自动化、智能化的特征，即使是没有用户对其进行干预，其也能够良好的运行，对交通数据进行采集和控制。但是，在实际的应用过程中，智能交通信号控制系统依然会出现各种各样的突发情况，导致其突然无法正常运行，基于这样的情况，在进行系统设计时，就必须要坚持可靠性的原则，要充分的考虑智能交通信号控制系统在运行过程中可能会遇到的突发性状况，确保其能够有效地进行应对，始终保持可靠运行。

2. 变被动适应为主动调节

城市交通控制按照控制思想的差异可分为被动式控制和主动式控制两种。目前既有的城市交通控制系统大都属于被动式控制，以在道路上的交通个体（车辆或人）为主体，通过事先调查或实时检测的方法，了解其变化规律和实时状态，在此基础上选取或实时生成适当的控制方案（控制参数）来控制信号变化，使之适应交通流的需求。因此，实质上交通信号是根据交通需求的变化而变化的，即交通信号是被动式地控制交通流的变化。近年来检测技术、预测技术等的不断发展使基于预测的主动控制技术开始在交通管理中得以应用，主动交通管理已经在高速公路上得到了较多应用。在城市路网中，从交通管理的主动性思想出发，也希望交通信号控制能够通过对路口交通流的调节作用来实现对交通流的主动控制，使交通流按照管理者的意愿去运行，从而来控制或减少不希望的事件或现象的发生。因此，未来随着大数据、车辆网、物联网等技术的快速发展，交通信号控制中主动控制的思想将逐渐显现。

3. 交通控制与仿真的集成

作为交通信号控制优化及评价的重要支撑工具，除了使用仿真软件来进行交通控制方案的评价外，近年来交通控制与仿真的集成日渐凸显，主要体现在了半实物仿真（hardware-in-the-loop）的应用。最近的研究成果已经开发完成了能够让信号控制机在仿真的交通状态下进行测试的系统。现在的一些微观仿真软件如 CORSIM、VISSIM、PARAMICS 等都可以通过信号机界面设备与信号控制机进行交互，一般采用 DLL 的形式开发软件接口来实现在运行仿真的计算机与信号机设备之间进行信息交换。通过这种方式可能可以将网络内的全部信号机都与仿真平台相关联。半实物仿真的技术提供了如下功能：在现场实施信号机的设置之前进行信号机设置的高水平微调；验证信号控制软件是否是恰当的；研究新的或修改后的交通控制算法的性能等。其他在技术方面的特点例如新的控制技术的研究应用，如模型预测控制、智能控制理论（如专家系统、模糊逻辑、人工神经网络、遗传算法等人工智能技术）等，在自适应控制的实现上不再单纯依赖于模型，而是更加重视知识的核心作用，基于采集的海量数据，通过在线后评估，实现控制模型在线自学习能力。

四、结论

交通信号控制系统的一个最大的需求特点是要具备对于不同城市、不同区域交通流特性的适应性，目前即使同一系统，在不同的城市也需要进行不同的设置，且取得的效果也有较大的差异，因此，在我国未来信号控制系统的发展中需要注意以下两个方面：

（1）结合我国城市交通流的快速发展变化，应当站在交通信号控制研究的最前沿，本着先进性与实用性相结合的原则，充分利用最新发展的信息通信技术，探索一种适应我国交通流特点的交通信号控制系统发展模式。

（2）在应用层面，各地应当注意采用适应本地城市交通流特点的交通信号控制方法与系统，而不一定过于追求区域协调控制、自适应控制等。

（撰稿：王力）

5G与车联网技术发展

一、技术概述

近年来，随着第5代移动通信（5G）的快速发展，5G移动通信网络被灵活应用于多样化场景中，以解决差异化性能指标带来的挑战。5G的发展目标是实现网络连续广域覆盖、热点高容量、低功耗大连接和低延迟高可靠性。与此同时，AR/VR、物联网、车联网、智慧医疗、工业互联网等各种新兴产业接踵而至，并逐渐改变人们的生活习惯和方式。“万物互联”是5G的重要特征，车联网作为其中的典型应用，受到广泛的关注，遇到了前所未有的发展机遇和挑战。

在体系结构方面，5G通信技术的应用使车联网拥有更加灵活的体系结构和新型的系统元素（5G车载单元OBU、5G基站、5G移动终端、5G云服务器等）。除了在车内网、车际网、车载移动互联网实现V2X（X：车、路、行人及互联网等）信息交互以外，5G车联网还将实现OBU、基站、移动终端、云服务器的互联互通，分别给予它们特殊的功能和通信方式，满足用户的多功能体验。5G车联网体系结构的特点主要体现在OBU多网接入与融合、OBU多渠道互联网接入、多身份5G基站。

在通信方面，5G移动通信融合认知无线电（Cognitive Radio，CR）、毫米波、大规模天线阵列、超密集组网、全双工通信等先进技术，能够显著提高车联网通信系统的性能。在车联网应用场景中，相比IEEE 802.11p标准的车辆自组网通信，5G车联网的特点主要体现在低时延、高可靠性、频谱和能源的高效利用、通信质量的显著提高。

在安全方面，相对于传统2/3/4G安全机制，5G安全机制更加细化。如5G网络中的网络集中控制器具有全网的流量视图，对于车辆自组网络中的攻击事件可以利用大数据技术进行分析，描绘攻击视图有助于提前感知未知的安全攻击。

二、5G关键技术及研究进展

1. 国外5G研究进展

1）美国

早在2012年，美国纽约就设立了无线研究中心，专注5G研究。英特尔、博通公司、贝尔实验室及AT&T、Verizon、T-Mobile等运营商也积极开展5G研发，掌握了多项5G核心技术。2016年7月，美国联邦通信委员会（Federal Communications Commission，FCC）投票同意开放大量24 GHz以上高频频谱用于5G，美国成为全球首个为5G开放高频频谱的国家。2016年，AT&T及Verizon领先开展了5G商用试验。

目前，AT&T 正与 12 家以上的全球型技术公司合作，为 5G 网络的部署作充分准备。AT&T 参与促成 3GPP 在 2017 年年底发布非独立组网的 5G 新空口标准。在 2016 年年初，AT&T 在得克萨斯州的奥斯汀开始了对固定无线 5G 蜂窝网络的第一次测试。2017 年 7 月，AT&T 在印第安纳波利斯的部分区域推出了 5G 演进网络。2018 年 1 月 3 日，AT&T 宣布将于 2018 年年底在美国十几个城市内率先提供 5G 网络服务。

Verizon 已经在 2016 年年初开始了 5G 现场测试，在 2016 年 7 月，完成了自己的 5G 无线规范。2017 年，Verizon 向美国包括亚特兰大、达拉斯、丹佛、休斯顿、迈阿密、西雅图和华盛顿等 11 座城市的特定用户提供高速无线 5G 网络。Verizon 将在 2018 年下半年开始使用自己的 5GTF 规范提供千兆位速度的“住宅宽带”固定无线 5G 服务。

T-Mobile 计划利用 600MHz 频段在 2019 年开始推出真正的全国性 5G 服务，到 2020 年全面推出，爱立信和诺基亚则将成为其设备提供商。

2）韩国

韩国是全球最早开展 5G 研究的国家之一，2013 年 6 月，韩国以 SKT 牵头，启动了 5GForum，5GForum 汇聚韩国内外知名企业，致力于打造韩国主导的 5G 产业生态。2014 年 4 月，韩国宣布由 KAIST 主导进行为期 5 年的 5G 技术研究。2017 年 4 月，韩国政府决定以 PPP 的方式制定韩国国家级 5G 移动通信技术标准，并计划在 2018 年 2 月提交给 ITU。这标志着，韩国将是第一个由国家政府提出要制定国家级 5G 标准的国家。近日，韩国宣布将在 2018 年 12 月 1 日启动 5G 商用化，这也就意味着，韩国将成为全球首个 5G 商用化的国家。

2017 年 5 月，韩国电信 KT 正式进入到了新型预标准 5G 试验网络的最后阶段。2017 年 9 月，韩国电信 KT 开始正式部署 5G 网络（28GHz），并从 2018 年 2 月起正式提供 5G 服务。韩国电信 KT 计划在 2019 年下半年开始全国商用部署 5G 网络，并推出具备 5G 毫米波工作频段的智能手机。

SK Telecom 于 2015 年 10 月在韩国设立 5G 移动网络研究中心 5G Playground，在 2017 年 6 月成功展示了使用 3.5GHz 频段的 5G 通信。SKT 与三星电子已经成功将 4G 和 5G 网络连接起来，实现 4G 和 5G 之间的自由切换，使 5G 网络更快地进入商业化阶段。

目前，LG U+与三星、华为等合作开发 5G 技术。2017 年 9 月，LG U+携手华为在首尔成功完成了 5G 密集城区外场第一阶段测试，涵盖了毫米波 28GHz 的覆盖和容量测试。2017 年 10 月，LG U+和华为一起，使用全球首款基于芯片组架构的 5G 毫米波 CPE，成功完成了全球首次 IPTV over 5G 的预商用验证，向 LG U+ 5G 商用迈进了坚实的一步。

3）日本

2013 年 9 月，日本设立“2020 and Beyond AdHoc”项目，支持 5G 技术在未来十年的发展。2016 年 1 月，日本总务省成立 5G 研究组，讨论 5G 最新的相关政策。为配合 2020 年东京奥运会的举行，日本三大无线通信运营商 NTT DoCoMo、Softbank 及 KDDI 计划届时在东京都中心城区等区域率先提供 5G 服务，并用 3 年时间逐步推广到全国。

NTT DoCoMo 目前正与多个网络设备商合作 5G 实验网设计，通过各频段的测试合作（如与华为合作的频段为 4.6GHz，与三星合作的频段为 28GHz）掌握网络部署要点。NTT DoCoMo 已经在台场临海、横滨港等地进行 5G 网络实验，可向下相容 LTE 网络。NTT DoCoMo 将从 2020 年开始提供 5G 服务。

目前，KDDI 联合诺基亚、三星、爱立信等厂商合作进行 5G 试验，进展良好。2017 年 9 月，KDDI 与爱立信达成合作，在日本若干城市进行预标准 5G 测试，测试涉及 4.5GHz 和 28GHz 频段的大量 5G 应用场景测试，包括 5G 和 LTE 之间的互通。

2016 年 9 月，Softbank 宣布 5G Project 正式启动，成为全球首家将 Massive MIMO 技术正式投入商用的运营商。2017 年 6 月，Softbank 与中兴开展了基于 4.5GHz 低频谱的 5G 外场测试。

4）欧盟

2013 年，欧盟先后启动 METIS 及 5G PPP 项目，专注 5G 研究。除此之外，欧盟还支持 5G-Transformer、5GEx 等 5G 项目，参与企业涵盖欧盟主流的运营商、设备厂商以及科研单位，持续推进 5G 标准化和试验工作。2016 年 11 月，欧盟发布了欧洲 5G 频谱战略。 欧盟计划在 2020 年各个成员国将至少选择一个城市提供 5G 服务。到 2025 年，各个成员国将在城区和主要公路、铁路沿线提供 5G 服务。

Vodafone 是欧洲主流运营商之一，其 4G 网络遍布英国、德国、西班牙、意大利等国。Vodafone 计划于 2019 年下半年正式开始推出商用的 5G 移动通信服务。为了更好迎接 5G 的到来，Vodafone 在欧洲 95%的城市地区进行光纤建设。2017 年 7 月，Vodafone 在英国部署大规模 MIMO，助力 5G 发展。2017 年 10 月，Vodafone 携手华为在米兰完成意大利首个 5G 新空口连接测试，标志着沃达丰 5G 网络部署计划向前迈出了重大的一步。2018 年 2 月 Vodafone 和华为宣布：通过使用非独立的 3GPP 5G 新无线标准和 6GHz 内频谱，它们成功完成全球首个 5G 通话。

2015 年 2 月，德国电信成立 5G 创新实验室，该实验室在欧洲各地开展工作，推动 5G 技术的发展和标准化。2017 年 8 月，德国电信与华为合作在柏林商用网络中成功部署基于最新 3GPP 标准的 5G 新空口网络连接，同时采用 5G 新空口与 4G LTE 非独立组网架构。2018 年上半年，德国电信表示已将 5G 天线整合至柏林市中心的商业网络当中，这标志着欧洲出现首个可通过现场网络实现的 5G 数据连接体系出现。

5）英国

英国将 5G 研究和发展作为争夺未来工业 4.0 制高点的战略举措，早在 2012 年就建立了 5G 创新中心 5GIC。2015 年 2 月，5GIC 开发出媲美光纤网络的超高速传输技术，传输速率可达 1Tbit/s。2016 年 10 月，5GIC 完成全球首个 FDC 演示。英国政府 2018 年 9 月 4 日宣布，将在英国西米德兰兹地区开展首批大规模 5G 的测试项目，以便为未来在全国范围内组建 5G 网络做准备。

2017 年 11 月 16 日，英国电信 EE 携手华为在伦敦进行 5G 上下行解耦测试，实现 C-Band 和 1.8GHz 共站同覆盖部署，5G 技术逐步完善与成熟。2019 年，EE 将进行小规模的5G网络商用部署，计划2020年实现5G的大规模商用。

Arqiva积极开展5G研究，并在2017年8月获得在伦敦部署5G就绪小基站的许可。5G就绪小基站对于Arqiva在2020年推出5G服务至关重要。

2. 国内5G最新进展

我国移动通信技术起步虽晚，但在5G标准研发上正逐渐成为全球的领跑者。近年来，我国政府、企业、科研机构等各方高度重视前沿布局，力争在全球5G标准制定上掌握话语权。2013年2月，工信部、发改委和科学技术部组织成立了“IMT-2020（5G）推进组”，主要负责协调推进5G技术研发试验工作，与欧美日韩等国家建立5G交流与合作机制，推动全球5G的标准化及产业化。

国内5G技术研发试验进展良好。2018—2020年，中国计划推出5G产品研发试验，并于2019年展开5G试商用，2020年实现5G规模商用。中国移动、中国联通及中国电信作为中国 IMT-2020（5G）推进组创始成员和核心成员，积极推动中国5G发展。

1）中国移动

目前，中国移动积极开展5G技术研究和试验，加强云计算、大数据、物联网、工业互联网等应用基础设施。5G规划路径如下：中国移动已经在2016年启动了5G技术试验、标准定制及产品开发；2017年、2018年分别启动外场试验，并开展面向商用化的规模实验；2020年实现5G的规模商用。中国移动跟进5G研发，在3GPP中负责5G网络架构项目，成立5G联合创新中心，构建开放实验室。2017年6月，中国移动牵头并联合26家公司提出的SBA架构正式被3GPP接纳为5G核心网统一架构。华为、中兴及烽火目前已经成功通过SPN原型设备实验室第一阶段测试，成功拉开了全球5G传输技术由研究到实现的序幕。2018年以来，中国移动5G试验网已经全面启动，稳步向5G商用迈进。

2）中国联通

2017年6月，中国联通与华为在上海金桥联合构建5G外场实验基地，完成了5G高、低频区域连片部署，打造了联通首个5G高（3.5GHz）、低频段（1.8GHz）双频试验场景。同期，中国联通携手中兴通信在深圳开通了首个5G新空口（NR）外场测试站点，并完成相关业务验证。2018年6月28日，中国联通公布了5G部署：将以SA为目标架构，前期聚焦eMBB，预计在2020年进行更大规模的面向商用的5G网络部署。

3）中国电信

2016—2018年是中国电信5G研发的原型无线组网能力验证阶段，中国电信正在推动5G新型网络架构、关键技术研发、验证5G技术方案，同时推动5G技术标准化和技术方案试验落地。2019年是5G商用产品、预商用网络阶段，2020年是5G规模商用阶段。

2017年8月，中国电信在雄安新区宣布5G创新示范网建设启动，同时发布《中国电信5G创新示范网白皮书》。目前，中国电信5G创新示范网试验启动城市包括兰州、成都、深圳、雄安、苏州、上海 6 个城市，每个城市 6～8 站，目前主要测试 3.5GHz 频段的无线组网能力和方案验证。同时，中国电信联合垂直行业合作伙伴，合作研发 5G 创新示范应用，建立 5G 联合开放实验室，与合作伙伴共同打造 5G 生态链。2018 年 6 月 26 日，中国电信在 2018 上海世界移动大会上发布了《中国电信 5G 技术白皮书》。

三、发展趋势

1. 跨界融合与服务创新日益显著

在 5G 时代，通信行业和垂直行业的跨界融合将成为产业发展的主旋律。随着生态系统的改善，车联网将提供更加多样化的服务，并渗透到 O2O 和后汽车市场，5G 车联网合作和服务创新日益突出。5G 是新经济时代的关键使能技术和基础设施，将为车联网行业的变革和转型提供关键重要支撑。5G 将不断加速车联网的发展，车联网也将为 5G 网络带来海量数据连接以及更丰富的应用场景。

2. 5G 终端将实现多元化发展

在 5G 网络发展初期，智能手机仍是移动通信网络的主要终端。2019 年，5G 手机出货量预计将达到 200 万部；到 2025 年，全球在用的 5G 商用手机预计达到 30.44 亿部。随着 5G 网络大规模部署及技术的成熟，海量物联网通信（mMTC）、低时延、高可靠通信（uRLLC）将得到更广泛的体现。5G 车联网将实现 OBU、基站、移动终端、云服务器的互联互通，满足智能无人驾驶行业的发展需求。

3. 5G 将成为实现车联网的重要条件

车联网市场是一个比较成熟的物联网应用领域，而 5G 技术将是加速或完全实现自动驾驶汽车效益的核心。5G 是未来联网汽车和自动驾驶汽车不可或缺的一部分，随着 5G 技术的加入，移动技术将成为汽车行业的一项通用技术（GPT）。其将帮助提高生产力与销售价值，改善用户体验与环境质量，减少交通事故和降低死亡率。它也将改变汽车使用、保有和交通运输本身的传统模式。此外，5G 支持的自动驾驶汽车将在工业和商业应用中具有显著效益。超可靠的 5G 通信还将增加无人监督设备的运营时间并降低成本。

（撰稿：田大新）

城市公共交通反恐技术研究及应用

一、城市公共交通反恐的研究意义

恐怖主义严重危害全球安全稳定。随着国际社会反恐力度的加大，恐怖袭击呈现出新的特点。当代恐怖袭击是指：以大量人员、设施聚集的现代化城市为实施袭击的地点，蓄意针对非战斗目标和重要设施的暴力或威胁使用暴力的行为，旨在通过在社会中制造恐怖气氛以引起关注，来威胁政府或社会以达到某种政治性目的。公交车是目前城市市民主要的交通出行方式，是人们离不开又避之不及的地方。因此，公交系统安全是城市安全的重要标志，公交安保是反恐维稳的重要工作内容。近年来，我国相继发生了多起公交车纵火爆炸案，严重威胁着广大人民群众的生命财产安全和社会和谐稳定，加快构建公交系统反恐防暴体系具有迫切而现实的意义。目前，国外比较重视交通防恐安全和反恐对策与措施研究；但我国交通反恐研究总体上尚处于起步阶段，研究成果较少，且主要集中在宏观反恐举措上，而在交通反恐立法、交通反恐技术、交通设施抗恐怖爆炸等方面研究不足。

1. 恐怖袭击类型

按照反恐应急控制可将常见的公共交通恐怖袭击事件进行如下分类：

（1）犯罪分子利用引燃爆炸手段袭击企业公共客运车辆。

（2）犯罪分子利用引燃爆炸手段袭击企业客运车辆停车场所、所属油库等要害部位，严重危害公共安全。

（3）犯罪分子使用暴力手段，在公共客运车辆上劫持社会公众作为人质。

（4）犯罪分子在运营车辆上携带“三品”引起的火灾、爆炸事故。

（5）影响公共客运车辆正常运行的有关火灾，道路交通群死群伤事故。

2. 产生原因

（1）公共交通设施地方风险能力低：客流量较大，无法做到全面安检；公共交通工具环境相对封闭，单位面积人数多，恐怖袭击杀伤威力大；公共交通工具空间相对独立，在行进过程中远离救援系统，一旦发生袭击事件，内部人员自救难度较大，外部救援不能确保及时开展救援；恐怖袭击危害范围广，不仅危机乘客生命安全，还容易造成车辆、车站以及相关线路瘫痪，呈灾难性后果。

（2）针对公共交通设施的恐怖袭击难以防范：缺乏有效的保证公共交通设施安全的手段；难以获得恐怖袭击的准确范围及袭击目标；执法部门工作人员的责任心、敏感性和应急能力不强，未能准确把控恐怖袭击事件的发生、过程及后续处理。

3．公共交通恐怖袭击活动发生特点

（1）犯罪分子为了达到“多死多伤”的极端效应，在发生恐怖事件是会竭尽全力寻找最佳时机，达到最终效果。

（2）发案时间多为上下班出行高峰：上下班高峰时间，是公共交通工具人员密度最大的时刻，满足恐怖袭击的目标要求。

（3）袭击日期多为具有强烈政治色彩的：在政治色彩日期，可以取得更多的社会关注度，制造更多的社会舆论，影响群众认知。

（4）作案手段多为爆炸和纵火等强杀伤方式：爆炸具有瞬间发生、猝不及防的特征，而且杀伤力大，车内部分设施可燃性较高，容易造成二次袭击。

二、城市公共交通反恐研究现状

1．反恐体系建设现状

随着公交系统反恐防暴形势的日益严峻，在各级党委、政府的高度重视下，公安机关闻警而动，主动承担对公交系统的指导、检查、监督和治安管理责任。公交系统也以前所未有的力度加大了对其人防、物防、技防建设，各有关方面积极履责，密切协作，普遍强化了站线巡防查控、违禁物品管控、重点人员稳控、舆情引导监控和应急处突联动等各项工作，公交系统安全防范的能力和水平得到了较大的提升，公交系统反恐防暴体系已具雏形，但与创新立体化社会治安防控体系相比还有较大差距[1]。

1）各部门缺少合作，反恐力量薄弱

公交系统具有公共性、开放性、集中性、动态性，且点多、线长、面广，公交线路周边人员密集，治安情况复杂，治安勤务工作量大，但反恐防暴力量较为薄弱。目前公交系统专业反恐防暴主体主要由公安机关和公交企业构成。就公安机关而言，承担反恐防暴任务指导和实战的部门有交通治安部门、治安部门、内保部门、辖区派出所和巡特警等，这些部门既存在警力不足、专业化程度不高的问题，同时也存在协作不畅的问题，各部门、各警种各自为政，缺乏统一的指挥、协作机制。

由于公交企业大多处于亏损运营，而政府的政策和资金支持不够，公交安全员的配备举步维艰，大多数中小城市无力配备，很难达到公安部提出的“一车一人”的要求。公交系统反恐防暴资源整合不够，公安机关各警种、公安机关与武警、公交企业保卫机构、保安服务公司、公交司乘人员、公交治安志愿者（如公交义务反扒队员）尚未形成合力。

2）公交反恐法律、制度不够完善

我国与公交系统安全相关的法律法规总体而言立法层级较低（多为部门规章和规范性文件），部分法律法规不能适应现实需要，对公交系统安全的政策支持也不够。一是公交车载客相关规定不合理。我国公交系统目前仍然沿用 1987 年颁布的《机动车安全运行技术条件》；二是我国关于禁止携带易燃易爆物品乘坐公交车的法律法规众多，《刑法》第 130 条、《道路交通安全法》第 66 条、《治安管理处罚法》第 30 条、《消防法》第 23 条、《城市公共交通车船乘坐规则》第 7 条均对此作出了明确规定。但由于缺乏具体实施细则，实践中存在执法主体不清责任不明、执行困难等问题。

3）公共交通参与者安全意识不强

公交车司乘人员不关注上车人员携带的物品，乘客也对周围其他乘客做出的异常举动、周围物品发出的异常气味缺乏警惕。调查数据显示，66%的公交车纵火爆炸案件的犯罪嫌疑人采用了汽油、香蕉水等易燃易挥发液体纵火作案。汽油、香蕉水等由于具有易挥发性、刺激性，气味特征明显，只要具备安全防范意识，犯罪嫌疑人的犯罪意图是容易被发现识别的。

4）危险物品管理失控

目前一些地方石油企业、加油站，违反《危险化学品安全管理条例》的规定，不问用途，不分对象任意销售给购买者。从已发生的公交车纵火案看，涉案汽油有的是在加油站散装购买，有的是通过非法经营的汽油散装零售店购买，这为罪犯实施违法犯罪大开了方便之门。而公交车爆炸案中，有的罪犯则是利用对易制爆化学品管制不严的漏洞，通过购买原料自制炸药作案。

5）应急处置准备不充分

应急处置方面的不足必然会导致救援迟缓、指挥冲突、伤亡人数增多等严重后果。应急处置准备不充分主要体现：①未建立统一、高效的应急指挥机构。公交车纵火爆炸案件需调动公安、消防、医疗、公交运营单位等多方面的力量进行综合处置，应急指挥机构的缺乏必然导致各单位自行其是，甚至会出现指令冲突、配合不当的现象，最终导致事件处置效率低下。②应急演练不够。尽管目前公交运营单位都建立了相应的应急处置预案，但大多是写在纸上、挂在墙上，并未经过实战检验。从一些地方所组织的应急演练看，仍存在着重视司乘人员进行应急演练而公众参与不足的问题；同时也暴露出各参加演练部门分工不明、装备不足、协作不畅的问题。总之，尚未形成常态化的、长效的应急演练机制。

2. 物防现状

（1）部分公共交通车辆防火设计不合格。如公交车、轨道交通车辆内饰件未采用阻燃、难燃或者不燃的材料，可燃性较强，且多数内饰件燃烧后易产生大量有毒有害气体；公共交通车辆未设置自动灭火装置，部分公共交通车辆配备手动灭火器数量未达安全标准及灭火器放置位置不合理，公交车发生火灾时难以及时进行扑救，减少了车内乘客进行自救的机会[2]。

（2）部分公共交通车辆逃生设施不达标。如安全锤数量过少、分布位置不合理；安全锤或车窗上的钢化玻璃质量不过关，许多公交车车窗必须要砸四个角才能够破碎。

（3）公交车视频监控系统建设滞后，性能有缺陷。迄今为止，尽管一线大城市都安装了视频监控系统，但监控的范围有限，有的仅能监视到公交车到站时乘客上下车，以免车门夹伤乘客。另外，车辆监控摄像获取的信息未能全部与后台公交车监控系统实现信息共享，使外界无法对公交车实时监控。出现恐怖险情无法及时与公安应急系统联动。

3. 国内对于道路交通风险的研究

道路交通安全，一直以来都是人们关注的热点问题。《中华人民共和国道路交通安全法》正式实施，该法对车辆、驾驶人、道路通行条件及规定、行人和乘车人通行规定等问题进行了严格的界定，目的就是维护道路交通秩序，预防和减少交通事故，保护人身安全，保护公民、法人和其他组织的财产安全及其他合法权益，提高通行效率。国内的学者也从各个角度对交通安全进行了研究。但是，国内以“交通风险”为主题进行研究的人比较少，笔者在中国最权威的学术期刊网——中国期刊网检索以“交通风险”为主题词进行检索，相关记录只有 16 条，而其中论述道路交通风险的只有 3 篇，这不难反映出风险管理在我国交通领域的尴尬地位。

1）关于交通安全评价的研究

灰色理论派，以刘军清、牛会永等人为代表。灰色系统理论是以“部分信息已知，部分信息未知”的“小样本”“贫信息”不确定性系统为研究对象，着重研究“外延明确、内涵不明确”的对象，主要通过对“部分”已知信息的生成、开发，提取有价值的信息，实现对系统运行行为的正确认识和评价。

GIS 系统派，以白雁、施仲衡、邵春福等人为代表。白雁、施仲衡认为，系统是由计算机硬件、软件、地理信息数据组成，并能够有效地获取、存储、更新、操作、分析及显示所需格式地理信息的综合信息系统，因此，在交通安全管理中作用十分重大。

神经网络派，以杨天军等人为代表。应用神经网络技术建立城市交通安全评价模型，采用 MATLAB 软件编制了具有自学习功能的智能化评价软件，用神经网络进行城市道路交通安全评价，其学习样本集规模及代表起关键作用。这种方法为解决曾是交通安全评价中的不确定性、模糊性、动态复杂性提出了一条新的途径，同时避免了建立数学模型描述非线性关系所遇到的困难。另外还有其他安全评价方法，如事故率法、系统分析法、分析法等。但是，这些研究比较松散，并存在一定的缺陷，所以没有赘述。

目前我国道路交通安全研究主要使用的是事故学理论。通常的做法是用事故分析法，从交通事故中分析事故发生的原因，研究事故发生的规律，寻求相应的对策。在事故学理论指导下，道路交通安全研究方法的主要特征在于被动与滞后，是“亡羊补牢”的模式，突出表现为一种头痛医头、脚痛医脚、就事论事的对策方式。随着我国经济建设的飞速发展，车辆拥有量的不断增加，新建道路的不断延长，人们对道路交通安全要求的不断提高，这种方法已不能适应道路交通安全的需要。

2）对道路交通风险的研究

彭建华、金哲龙对道路交通风险进行了定性分析。他们分析了道路交通的不安全因素，包括人的不安全因素、车辆的不安全因素和道路的不安全因素，并列举了部分不安全因素的具体内容。针对这些不安全因素，他们提出了提高人、车、路的安全性的管理措施，并强调了碰撞事故后有效救治的重要性。

唐洪认为风险理论对事故的超前认识，产生了比早期事故学理论更为有力的方法和对策，对提高事故预防的效果有显著的意义和作用。在事故发生之前，把道路相关风险因素在源头上给予清除或降低，使道路更加安全。

陈庚等人将风险理论应用于实际，运用风险理论，根据收集到的相关信息，运用灰色预测模型，对天津市的道路交通事故发生情况进行预测。针对天津市道路交通安全中可能存在的风险因素，提出了天津市道路交通的风险减缓措施，以减少交通事故的发生。

许洪国等人认为中国交通风险主要包括主观与客观两个方面。主观原因是人的因素，其中主要包括驾驶人等交通参与者行为的因素客观原因是车辆技术状况、道路状况及环境因素影响等，其中人的行为因素是最主要的。在风险分析的基础上，提出了相应的改善措施。他们认为，减少交通事故应以预防为主，改善交通现状的措施包括三个方面：首先是人的行为的改善，“以人为本”“以人为主”的加强预防，其次是包括道路和汽车技术的改善，最后是法规的不断完善。

3）国外对道路交通风险分析的研究

交通冲突技术（Traffic Conflict Technique，TCT）。交通冲突是一种依据一定的测量方法与判别标准，对交通冲突的发生过程及严重性程度进行定量测量和判别，并应用于安全评价和预测的技术方法。这种方法发源于底特率的通用汽车实验室，后来在很短的时间内被广泛推广到世界各地，可能是世界上最发达的间接衡量交通风险的方法，我国在 20 世纪引进此法。以大样本、快速、定量、非事故等特点而异于传统的事故统计评价方法，它可以定量测定“准事故”的严重程度，效度与信度高。

空间决策树（Spatial Decision Tree）。Karine Zeitouni 和 Nadjim Chelghoum 认为，传统的交通风险方法数据收集和统计方法都拘泥于图表的形式，不能反映道路交通的空间特点，带有一定的局限性。他们将空间决策树引入交通风险分析当中，通过空间信息发掘，充分的挖掘、运用空间立体交通信息。

专家判断模型。Lars Leden 与 Urho Pulkkinen 用一个定量的专家分析模型来研究城市道路交通风险。在他们为瑞典城市哥德堡做的一项关于自行车轨道安全分析的项目中，他们用这个模型来分析自行车的速度与事故发生可能性的关系，计算出自行车速度风险。在这个模型中包括三个小模型：风险指标模型、专家评估模型和风险属性模型。这三个模型的综合提供了一个多角度分析结构，便于对单个风险属性进行分析。

三、反恐技术发展

1. 风险评估方式

风险评估从安全系统工程的角度讲，风险评估就是对系统所处的发生事故和面临灾害的危险状态进行估计和评定。也就是说，风险评估是指在对过去损失资料进行分析的基础上，进行系统辨识和安全分析，对系统的安全性或危险性，按一定的标准、规范、安全指标予以衡量，对危险的程度进行分级，以便据此结合现有的条件和水平，提出控制系统危险性的安全措施。

对于风险评估，不同的学者也给出多种定义。Kolluru 与 Brooks 的观点是，风险评估是用来说明什么处在危急中，计算想要的结果和不想要的结果的可能性，将两种组成成分合并到一维中。刘新立认为风险评估是指在过去损失资料进行分析的基础上，运用概率论和数里统计的方法对某一个或几个特定风险事故发生的概率或频数和风险事故发生后可能造成损失的严重程度做定量分析。风险评估有许多计算模型或方法如精算外推法、PRA、贝叶斯统计工具等。毫无疑问，风险评估的方法在处理人类行为或自然事件所带来的潜在损害中，已经成为了成熟的、强有力的工具。虽然，由于风险来源和组织文化的不同，建构风险评估程序时也会存在非常明显的差别，但是任何风险评估仍有三个核心组成部分是相同的：危险源识别、危险强度估计和暴露对象的评估。

2. 公共交通反恐应急平台

基于物联网的公共交通反恐应急平台是公共交通安全保卫工作中的一种技术防范措施，对在安检时人员的非法恐怖行为、人员携带危险品及对行驶的公交车辆中突发的暴力恐怖行为及时发出报警和警告，以达到防范和及时处置的目的，确保公共交通安全。

平台由五个部分组成，分别为前端探测系统、网络传输系统、算法分析系统、监控平台系统、联动控制系统。

前端探测系统主要包括公共交通场站人员安检仪与违禁物品安检设备及末端器。该系统由时间连续、互相交叠的有线信号，组成全方位、立体、无缝隙的传感报警网络。一旦有人携带危险品，传感信号会立即上报核心服务器，触发告警。

网络传输系统主要是无线传输网络设备，负责数据信号在各子系统之间的传递与交互。

算法分析系统主要包括智能行为识别软件与高阶算法服务器，能够 7×24 小时实时采集前端探测系统反馈来的信号强度、波形图像、传感数据等信息。系统可以智能的对以上信息进行联合分析、干扰过滤，并实现危险品的传感定位和入侵报警。系统实时、准确地将入侵告警信息上传至监控平台系统，同时系统还能够不间断的对整体系统的可用性进行实时监控，如果下属设备发生故障，其立即产生设备告警；如果设备恢复正常，则撤销设备告警。

监控平台系统负责展示报警信息及维护系统参数，并支持向上对接公安指挥平台系统。一旦系统传感到危险品，会发出声音并且在监控视图中立即上报入侵位置，此时值班人员便可以通知防暴警察去具体位置进行暴恐人员及危险品的处置工作。监控终端，既可以集中部署在监控中心，也可以在值班的反恐岗亭或哨所部署。

联动控制系统辅助以视频监控手段实现融合感知与协同探测，克服传统探测手段单一、误报率高、安全性差的缺点，同时可联动视频、声光及广播等设备。系统对公共交通场站进行全天时动态智能感知，具备很强的环境适应性和智能性，极大地降低虚警率和漏警率。

四、小结

综合来看，国内学者对于道路交通安全风险的研究还处于初级或起步阶段，在理论创新、研究方法、角度和对象等方面还存在一定的不足。主要缺陷如下：第一，纵观国内学者的研究方法，很多都是引进国外的研究，并在此基础上进行一定的加工以符合中国国情，真正的自我创新理论较少。第二，研究方法上，定性研究和定量研究分离严重。在分析交通安全或交通风险时，部分学者采取纯粹的定量分析的方法，而另一部分学者则用定性方法，两种方法少有结合，即使有几个学者考虑到了这个问题，但在定性和定量的结合上则显得非常生硬。第三，现在绝大部分学者对道路交通安全的研究仍局限在"事后分析"的角度，而缺乏事前分析。这种事后分析导致了两个后果：由于交通事故生成特点与事故统计缺陷的客观存在，导致事故统计数据存在大量误统漏报和数据统计分析的不真实、不准确，致使交通评价的偏误；进而对国家和地方的交通经济发展与行政管理决策产生消极或误导作用；另外，在一定程度上降低了研究分析的实用性和作用，这种事故分析是一种"事后咨询"，无法确切地明确交通风险的大小，以采取合适的措施降低事故发生率和损失度，降低了前期研究的意义。第四，我国城市道路交通风险管理领域几乎空白，运用风险理论对城市道路交通研究的学者少之又少，即使有了研究，还只是定性研究方面，不仅缺乏深度，而且也缺乏系统性和全面性，无论是定量研究，还是系统的风险管理理论框架，都没有人涉及。第五，以往的交通风险或安全评估都是将危险因素量化，侧重对硬件和人的行为的研究，而忽视了交通的直接参与者——人的思想，如民众对交通风险的看法，所以具有一定的局限性。

（撰稿：王力　李凯龙）

灵活型公交服务关键技术与发展趋势

一、技术需求背景

随着社会经济快速发展和人民生活水平的提高，城市居民对公交出行的运输效率和服务品质提出了更高要求，传统的城市公交运输服务模式已无法满足新时代背景下城市居民多样化、个性化的出行需求。城市公交作为国民经济和社会发展的基础性产业，在城市功能正常运转、提高居民生活水平方面发挥着重要作用，迫切需要转变公交发展方式、推进公交运输服务供给侧改革，为城市居民提供方便、快捷、经济、舒适的出行服务。

我国城市公交运营以传统的固定型运输服务模式为主，在固定线路、固定站点，参照固定时刻表提供公交运输服务，服务的灵活性和便捷性程度较低。近年来，为满足城市居民不断升级的出行需求，出现了新型的灵活型公交服务模式，以满足出行乘客个性化需求为核心，能够依据乘客出行需求灵活设置和调整公交线路、途经站点和运营时间，从而有效提升公交服务质量和乘客满意度。

二、技术应用现状

随着我国“互联网+”战略的实施，灵活型公交服务模式得到迅速发展。2013 年，北京市公交集团首次开通三条商务班车线路，开始提供定制公交运输服务，推进了互联网在城市公交领域的示范应用，目前能够提供包括商务班车、快速直达专线、节假日专线、高铁专线、集体出行、休闲旅游专线等多种方式的个性化出行服务。2015 年，在广州市交通运输委的组织下，广州市多家公交公司共同搭建了定制公交服务的统一平台“如约巴士”，把线路开通权交由市民，乘客可通过如约巴士微信公众号、手机 App 预约乘车，车辆到达后可扫描电子车票二维码或刷卡验票乘车。2016 年，广州市人民政府在发布的《广州市综合交通发展第十三个五年规划》中提出：尝试开放公交运营市场，准许社会资本进入公共服务领域，根据客流特色需求尝试开行市场化“灵活巴士”线路，为市民提供个性化的服务。2018 年，深圳巴士集团联合滴滴优点科技公司推出了“互联网+”出行服务产品“优+小巴”，将常规大容量公交与拼车相结合，将实时动态线路优化应用于常规公交，能够根据乘客数量、乘客起终点需求、车辆位置、交通状况动态确定接送乘客的最佳顺序和路径。

三、灵活型公交服务模式及特点

灵活型公交服务是一种新型的公交运营模式，以满足乘客个性化的出行需求为核心，以物联网、大数据、移动互联网技术为手段，实现更科学的线路规划和更智能的车辆调度，能够动态响应乘客需求和客流变化情况。灵活型公交服务是多元化公交服务体系的组成部分，包括定制公交、特色专线、接驳公交、需求响应公交等多种运营模式，可作为传统公交运营模式的辅助和补充。相对于固定型公交服务而言，灵活型公交服务运行过程更加灵活，乘车环境更加舒适，也需要兼顾车辆运输效率和企业运营效益。

灵活型公交服务具有以下特点：

1. 线路灵活

固定型公交服务必须按照指定的运营线路行驶，不得偏离路线。灵活型公交服务可根据乘客出行需求、道路动态运行情况灵活调整线路。可在满足乘客需求的前提下，利用大数据技术，综合考虑实时交通拥堵信息、道路施工信息、公交专用道设置信息等，智能规划车辆行驶最优路径。

2. 站点灵活

固定型公交服务的运营线路有固定的起点和终点，且必须逐一停靠线路途经的固定停靠站点，不允许中途停车，也不允许越站行驶。灵活型公交服务可根据乘客出行需求灵活调整停靠站点。可根据实时的乘客预约情况跳过无预约乘客的上下车站点，也可在允许的时间偏差或空间偏离范围内，适当偏离线路途经站点，在指定的预约地点接送乘客，解决城市出行最后一千米的问题。

3. 班次灵活

固定型公交服务的运营线路有固定的行车计划，要求公交车辆按照每天固定的发车时刻表提供运输服务。灵活型公交服务可根据动态客流变化情况及时调整发车班次，提高线路运营效率和车辆利用率。可依据不同季节的客流变化情况灵活调整发车班次，常见于满足旅游出行需求的公交线路中；可依据工作日、周末的客流变化情况灵活调整发车班次，常见于满足通勤、上学、购物中心出行需求的公交线路中；可依据大型活动期间的客流变化情况及时调整发车班次，常见于满足会议场馆、演出场馆、展览馆等区域出行需求的公交线路中；可根据突发性事件灵活调整线路首末班时间，常见于满足机场、高铁等综合运输枢纽旅客集疏散需求的公交线路中。

4. 支付灵活

固定型公交服务的运营车辆一般仅支持现金和公交 IC 卡支付方式，须上车时现场支付车票。灵活型公交服务采用多样化、移动化的出行支付方式，可提前支付单程车票，也可按月或按周提前支付、批量支付，获取指定周期内的持久票证。支持网上购票、二维码购票、App 购票等多种购票方式，兼容支付宝、微信、信用卡等多种支付方式。支付成功后可以二维码形式向乘客发送电子车票，供乘车时验票使用。

四、灵活型公交关键技术

1. 线路规划技术

在线路规划阶段，可通过网站、服务热线、手机 App 等多种方式征集乘客的出行需求，并基于大数据技术、客流统计数据和需求分析模型进行辅助决策，科学规划运营线路和途经站点，并允许在一定范围内灵活调整。线路试运行后，能够针对线路客流量、运营收入、运营效率等方面进行评估，并进一步提出运营线路优化方案。

2. 预约管理技术

线路正式运营后，乘客可通过网站、手机 App、微信公众号等多种方式预约乘车，可预约指定班次的单程出行服务，也或预约指定周期内的多次出行服务，后台管理系统按照一人一座的原则为乘客安排运营车辆。

3. 车辆调度技术

在车辆运行过程中，监控指挥中心能够根据车辆移动位置、交通实时拥堵、道路路况等信息，结合乘客预约的上车站点、下车站点信息，向车辆发布智能调度指令，引导车辆避开拥堵路段，选择最便捷的出行路径。智能提示驾驶人在有乘客预约的上下车地点接送乘客，提供门到门的出行服务。

4. 支付验票技术

车辆到达后，乘客须验票上车或现场支付车票。已提前支付车票的乘客，支持身份证验票、电子车票验票、短信车票等多种验票方式，能够满足网络不通、遗忘车票等多种应用场景的需要。现场支付车票的乘客，同时支持线上支付和线下支付，包括支付宝、微信、公交 IC 卡等多种支付方式。

5. 信息服务技术

能够向社会公众发布运营线路信息，包括已开通的线路、正在招募中的线路、线路停靠站点、发车时间、票价票制、目前乘车人数、空余座位数等信息。

能够通过微信、短信等方式，向预约乘车的乘客智能推送服务信息，包括线路募集状态、车票支付成功、车辆预计到达时间、下车智能提醒等信息。

6. 决策分析技术

能够对车辆发车班次、运营里程、成本收入、服务质量评价、客流统计等数据进行统计和多维度分析，以可视化方式显示线路运营关键指标，为企业运营管理、线路优化调整提供技术支撑。

五、发展趋势

1. 服务形式多元化

交通运输部在《城市公共交通“十三五”发展纲要中》中提出：“完善多元化公交

服务网络。不断推进城市公共交通供给侧改革，丰富城市公交服务形式。”目前，我国已有超过30个城市能够提供灵活型公交运输服务，在国家“互联网+”战略、交通运输部相关政策的支持下，灵活型公交服务将快速发展，在更多城市实现推广应用，提供多元化的公交出行服务。

2. 运营主体合作化

目前灵活型公交服务的运营主体主要有两类：传统公交企业和新兴互联网公司。传统公交企业具有规模化的运营车辆和驾驶人，具有丰富的公交运营管理经验。新兴互联网公司技术力量较强，具有较强的市场敏感度和公众影响力。两类运营主体经过前期的市场竞争，开始寻求合作共赢的机会，如深圳巴士集团和滴滴优点科技公司合作推出“优+小巴”，充分发挥公交企业的管理经验和互联网企业的技术优势，满足乘客个性化的公交出行需求。

3. 规划决策科学化

目前灵活型公交服务在运营线路规划方面主要依靠两种方式：公交客流统计和用户需求征集。随着物联网、移动互联网、大数据技术在公交行业的深入应用，公交客流数据的采集手段更加丰富，客流统计数据样本更加全面，客流预测结果与用户需求征集相互验证，为科学决策提供更有力的技术支撑。

4. 生活服务融合化

目前灵活型公交服务以一人一座、提前预约方式为主，为公众提供了较为舒适的公交出行环境。未来的公交服务内容将进一步扩展，包括为通勤出行乘客提供早餐预订服务，为旅游出行乘客提供景点介绍和导游预约服务，为购物出行乘客提供精准化的广告投放服务，为有社交需求的乘客提供基于微信群的交流平台等，将公交服务将与居民的日常生活相融合，进一步提升公交出行体验。

（撰稿：王寒松　李香静　刘好德）

驾驶机器人研究与发展

一、技术概述

所谓驾驶机器人是指具有自主驾驶车辆行为的机器装置，即可代替真实驾驶人操纵车辆完成各种驾驶任务，按照人们给定的指令执行相关驾驶操作，如起步、加速、制动、换道等；也可以通过环境感知系统的信息、定位导航系统的信号、预先设定的目标和车辆的运行状态等进行综合决策，通过控制器计算诸如转向盘转角、油门踏板行程、制动踏板行程等控制量，通过电机等驱动装置驱动执行机构操纵转向盘、油门踏板或制动踏板实现车辆转弯、加速、制动等行为，最终按预定驾驶规范对车辆进行操纵和行驶。驾驶机器人具有对车辆操纵和控制准确、持续工作时间长、重复性好等特点。相对于以谷歌无人驾驶车为代表的智能汽车，以自动驾驶机器人为核心的自动驾驶系统具有以下优点：无须对原车辆进行任何改装，可以适用于不同车型，安装简单便捷且成本相对较低，既可以实现无人驾驶，也可以代替人工驾驶人安全、准确地完成各种汽车性能和可靠性试验。

其实际安装效果和结构图如图 1 所示。

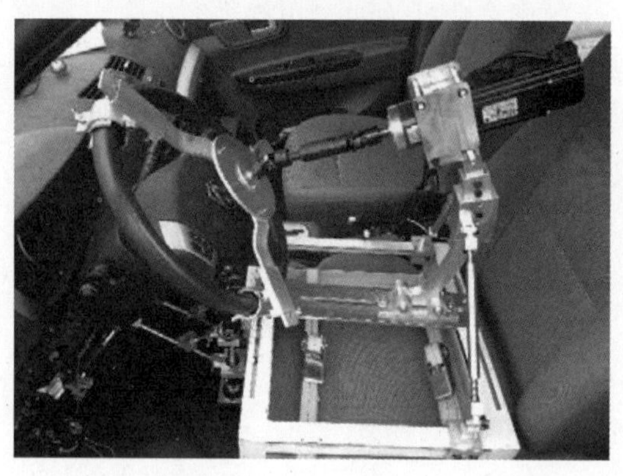

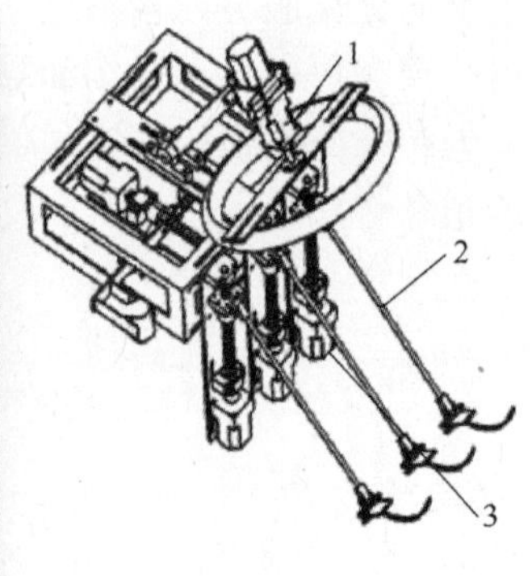

1—方向盘机械手；
2—离合机械腿；
3—制动机械腿。

图 1　驾驶机器人实际安装效果和结构图

二、关键技术及研究进展

完整的驾驶机器人系统主要由感知单元、主控单元和执行单元三大部分组成。其中感知单元主要用于获取车辆自身信息及周围环境的信息，包括车道线、行人、车辆和道路标识等目标的各类信息，为主控单元提供决策依据；主控单元主要根据感知单元的信息，进行动作制定和任务分配等工作，产生相应的动作信号，并传输给执行单元；

执行单元主要是驾驶机器人机械部分，用于操纵车辆方向、油门和制动踏板及换挡杆，通过接收来自主控单元的控制信号，协调控制车辆操纵机构，完成相应的驾驶任务。

1. 感知单元

感知单元作为智能辅助驾驶系统的基础，是自动驾驶实现的前提。因此，高精度的环境感知能力，决定了车辆对行驶环境的感知程度，是自动驾驶车辆安全行驶的基础和保障。

自动驾驶机器人系统的感知单元由若干个传感器及相应的处理电路组成，主要采用相机、毫米波雷达、激光雷达、差分 GPS 和惯导等感知传感器组成，能够实现车道线识别、多目标识别（行人、车辆、标识牌及信号灯识别）及轨迹规划等功能。

1）车道线识别

基于单目视觉的车道线识别技术，利用相机获取车辆前方的图像，并提取车道线信息的过程称为车道线识别。当前实现车道线识别的方法有多种，像形态学、阈值分割、边缘检测、霍夫变换和深度学习等方法。其中霍夫变换的方法使用最多，也最为常用；基于深度学习的车道线识别算法可以提高车道线识别精度，但由于该算法对硬件性能要求较高，使用时限制条件较多，因此并未得到广泛应用。完成车道线识别后（见图 2），利用提取的车道线信息进一步区分车道线的颜色（黄色、白色）和线型（实线、虚线），可实现更多车道线信息的提取。为自动驾驶机器人提供轨迹信息。

图 2　车道线识别情况

2）多目标识别

多目标识别主要通过使用不同传感器获取车辆运行过程中车辆周围障碍物类型、运动参数、语义和位置等信息，用于为驾驶机器人提供行驶决策依据。通常针对道路设施如标志牌和信号灯主要采用相机来进行识别；针对路上行人、车辆和动物等采用相机、激光雷达、毫米波雷达和超声波雷达等传感器（相关传感器需要配备相应的识别算法和技术才可完成目标识别）。

基于视觉的城市道路环境下道路标志和信号灯识别技术。应对城市道路中出现的各种道路标志进行人工分类，如限速、限行和交通信号灯等，并建立相应的学习库，根据车道线边界对图像进行区域分割、区域检测、标志分类及信息读取等方面进行研究，运用机器学习的方法将所出现的道路标志信息进行提取，完成识别工作。

基于视觉的城市道路行人识别技术。运用视觉识别技术根据车道线边界对图像进行分割，运用事先建立的行人学习库，搜索各区域内行人或疑似行人，提取相应轮廓、边缘和运动等特征信息进行提取与整合，并对无行人区域舍弃，以提高识别效率及精度。

基于激光雷达的车辆前方环境感知技术。激光雷达是以发射激光束探测目标的位置、速度等特征量的雷达系统。激光雷达可以探测车辆前方 180° 范围内的所有障碍物，主要用来探测行人等不规则的障碍物，可以获得障碍物的距离及方位角，并最终用于车辆的避障控制。

基于相机和毫米波雷达的信息融合技术。随着深度学习技术的发展，相机对环境感知的精度和鲁棒性大大提升。但是相机却很容易受到光线的影响，如夜晚和雨雾天。毫米波雷达能够全天候（除大雨天外）探测到物体的距离，但其对于目标跟踪效果较差。通过相机和毫米波雷达融合可实现对不同传感器的优势互补，提高环境感知系统的精确度和可信度，为智能车辆决策控制提供可靠信息，保障车辆行驶的安全。基于相机和毫米波雷达的信息融合技术采用视觉技术实现对目标的识别，完成目标标识和位置信息的提取；同时采用毫米波雷达获取目标的运动状态和位置信息的提取；通过对毫米波雷达和相机的空间联合标定建立雷达坐标系和相机坐标系的转换矩阵，完成相机和毫米波雷达的空间统一，并根据相机和毫米波雷达获取数据频率不同，设计了时间统一的规则，进行观测值匹配。利用 JPDA 融合算法完成雷达数据和图像数据的关联和融合，最终获取目标标识、速度、位置等更为准确、丰富的目标信息。

综上所述，同一类目标可以通过不同传感器进行感知，但所获得的信息也不同，通过使用多种传感器融合的方案可以更有效、更准确地获取目标信息，为控制单元提供更加详细的决策依据。多传感器信息融合也是当前感知技术的必然和趋势。图 3 分别展示了一些目标识别的情况。

（a）标志牌识别

（b）信号灯识别

（c）行人识别

（d）车辆识别（融合）

图 3　目标识别

3）轨迹规划

利用差分 GPS 和惯导获取车辆行驶的目标轨迹及实时位置，自动驾驶系统根据轨迹偏差进行调节，减小位置偏差，同时获取速度、航向角、速度方向角等信息。在有车道线的环境下，摄像头可以辅助提供车道线信息；在车道线与 GPS 轨迹有冲突的情况下，车辆以 GPS 轨迹为主，然后从采集的数据中提取出与自动驾驶相关的数据，发送给作为主控单元的工控机。

2. 主控单元

主控单元是测试系统的核心部分，包括工控机、运动控制卡、电机驱动器等部分，进行主要控制算法的计算。主控单元采集感知单元的信息，通过融合算法计算出车辆的期望速度和期望航向角，并结合车辆实时的运行状态，计算得到车辆的方向盘、油门踏板和制动踏板的控制量，然后将各项信息进行融合并给出决策信号，输出控制信息到执行层。

3. 执行单元

执行单元是自动驾驶测试系统实现对车辆进行控制的部件，来模拟驾驶人对车辆的操作。执行单元由方向盘控制执行机构、油门踏板控制执行机构和制动踏板控制执行机构构成。从而实现了方向盘、油门踏板和制动踏板的预期控制。并且执行机构具有安装方便、灵活等特点，能很好的适用不同车型。

4. 研究进展

当前国内无人驾驶领域呈现快速增长趋势，主要分为线控方案和自动驾驶机器人方案，相比改装车线控自动驾驶方案，自动驾驶机器人方案可以在不破坏原有车辆构造和电路的情况下，快速、有效地实现特定条件下的自动驾驶功能。目前驾驶机器人已经成功应用于矿区无人驾驶、园区无人驾驶及汽车测试等领域。

矿卡运输和园区定点运输运距短、点到点运输、线路重复、相对封闭、人流极少、行驶速度低、工作强度高，因此驾驶机器人更加适用。目前采用驾驶机器人方案的无人驾驶矿车在鄂尔多斯乌拉煤矿和包头白云铁矿等单位已经投入使用。同时国内一些园区也采用了驾驶机器人方案。

用于车辆室外道路试验的自动驾驶机器人，具有对车辆的操纵和控制准确、试验效率高、重复性好和测试精度高等优点，可以代替驾驶人完成车辆室外的危险性试验（ABS 试验、ESP 试验和稳定性试验等）、重复性试验（可靠性试验、耐久性试验等）和精确性试验（方向盘精确控制、速度精确控制等）。车辆驾驶机器人可适应各种车型，在车辆道路试验和测试领域具有广阔的应用前景。英国 ABD 公司（Anthony Best Dynamics，AB Dynamics）开发的自动驾驶系统，主要提供汽车测试，用于研发和产品质量控制，已经在各大汽车测试场进行应用。

在国内，由北京航空航天大学（简称“北航”）自主研发的驾驶机器人也得到了很大应用，该驾驶机器人采用感知单元对车辆周围环境进行数据感知，获取相应的道路特征、定位导航系统的信号、预先设定的目标和车辆的运行状态等信息，输入控制单元并进行综合决策，通过控制器计算诸如转向盘转角、油门踏板行程、制动踏板行程等控制量，通过电动机等驱动装置控制执行机构操纵转向盘、油门踏板或制动踏板实现车辆转弯、加速、制动等。可代替真实驾驶人按预定驾驶规范对车辆进行操纵和行驶，具有对车辆操纵和控制准确、持续工作时间长、重复性好等优点，同时具备无须改装车辆原有结构、安装简单便捷等优势，既可以实现无人驾驶，也可以代替人工驾驶人安全地完成各种汽车性能和可靠性试验。

三、发展趋势

据世界卫生组织统计，全球每年有 124 万人死于交通事故，这一数字在 2030 年可能达到 220 万人。无人驾驶汽车可能很大幅度降低交通事故数量，以此挽救数百万人生命。无人驾驶汽车不仅可帮助减少车祸，还能大幅降低交通拥堵情况。据 KPMG 报告显示，无人驾驶汽车可帮助高速公路容纳汽车能力提高 5 倍。据统计，截至 2017 年年底全国机动车保有量达 3.10 亿辆，按照 10%的智能化改造计划，将有 3000 万辆车需要进行智能化改造，采用车辆线控改动将大大增加改装成本，尤其是一些老旧型车辆不具备改装条件，如果采用驾驶机器人方案即可以缩短改装周期，又可以减少改装成本，因此驾驶机器人具有非常广阔的发展前景。

同时随着科技革命的深入推进，2015 年，人工智能时代来临。自动驾驶技术在人工智能和汽车行业的飞速发展下逐渐成为业界焦点，受到了前所未有的关注，包括互联网公司、传统车厂、新兴科技创业公司的各类厂商如雨后春笋一般出现。自动驾驶技术是汽车产业与高性能计算芯片、人工智能、物联网等新一代信息技术深度融合的产物，其本质是汽车产业的升级。随着汽车工业的大力发展，人们对汽车的安全性能提出越来越高的要求，这需要大量的汽车可靠性和耐久性试验来不断提高设计水平。而重复性强、路线行为单一且具有一定或相当危险性的汽车试验，完全可以由自动驾驶机器人来完成。它相比试驾人具有控制精度高、重复性好、耐久性强等优点。特别是道路试验驾驶机器人，通过环境感知和识别系统大大提高了自动化程度，可代替驾驶人完成一些疲劳性和危险性驾驶试验，为驾驶人的安全和试验结果的可靠性提供保证。

近年来，中国无人驾驶领域快速发展，无人车研发企业数量快速增加。目前现有商用无人车解决方案仍以改装车辆方案为主，市场定位园区内旅游观光车的无人驾驶主要有驭势、智行者、青飞智能等，但都对车辆进行了一定程度的改装。国外则有英国 ABD 公司（Anthony Best Dynamics，AB Dynamics）和 Uber 下属子公司 OTTO 等主要生产测试机器人，针对车辆出厂测试场景。

在自动驾驶正式民用前，大量功能相对单一、路况相对简单或不太适用于人工驾驶的商用领域将会优先实现全方面自动驾驶，而商用领域的自动驾驶实现也将会对市场进行教育，带动民用自动驾驶更快铺展。自动驾驶机器人可以代替司机进行重复性、危险性和高精度的道路试验。其实英国、法国等国家已经有类似的 Robot Driver 的研发，不过动辄几百万的成本很难让产品商业化。而北航驾驶机器人将会在执行、控制、感知几个方面来控制成本，如 50 万元左右的控制系统、1 万元左右的 GPS 及几千元左右的摄像头，研究团队还会进行数据采集和分析利用。就此，以自动驾驶机器人为核心的自动驾驶系统在国内鲜有竞争者，特别是在特定场景下的成熟应用，主要体现在以下几个方面。

1. 汽车测试的驾驶机器人应用

驾驶机器人的应用场景其实非常广：实验室里对于车辆及控制相关的在环仿真；开放道路的高等级测试（类似于目前谷歌小车在山景城路面的驾驶），包括自动车道保持、自动换道、自动超车、自动跟车、紧急避撞、车路协同等自动驾驶的一系列“分解动作”；另外还可以在封闭试车场里对于整车性能的测试，包括 ABS 试验、耐久性测试、防侧翻测试。

（1）单一驾驶环境下，自动驾驶机器人可以代替驾驶人执行易疲劳、重复性的驾驶操作，如汽车耐久性试验和道路性能测试试验，如图 4 所示。

图 4　汽车耐久性试验

（2）应用于控制精度高的测试试验和驾驶要求，如通过自动驾驶机器人可以实现匀速驾驶、S 型驾驶、按里程驾驶等。

（3）进行危险性试验，如 ABS、ESP 试验，防侧翻试验，避免驾驶人执行操作时存在的安全隐患，如图 5 所示。

图 5　汽车防侧翻试验

和车辆自身配备无人驾驶系统“大脑”从而控制车辆行为相比，这种驾驶机器人也有自己独特的优势，它可调整性高，适应性广泛，可以适用于所有车型（小车、客车、货车等）；并且其方便分离和安装，无须对车辆本身进行修改和调整，对于需要进行测试后立即进入市场商用或民用的各种车辆是一种零负担行为。

2. 物流领域的驾驶机器人应用

物流领域的无人驾驶应用，使用物流自动驾驶机器人可以解决物流行业以下问题：①物流路线较为固定，不会经常改变；②降低了环境的复杂性，有利于提升无人驾驶的安全性；③因其路线及行为动作的单一枯燥，该细分领域司机疲劳驾驶的情况比较明显，无人驾驶可以提高其安全性；④可以有效降低运营的人力成本，大大提升行业效率。

另外，中国目前发达的电商零售行业对物流行业压力较大，急需机器介入。目前多家电商和快递公司已经开始实行无人快递车和无人机的运输试点，该行业市场广阔、快速变现可能性较大。而使用自动驾驶机器人不仅装车简单无须整体改变已有物流车结构使其成为具有“自动驾驶大脑”的智能汽车，相较而言自动驾驶机器人系统成本较低，安装周期较快，可以大大降低从“有人”到“无人”期间的时间压力和经济压力，提高物流行业利润和效率。

3. 特定场所及工作环境的驾驶机器人应用

自动驾驶机器人能够普及的场所，首先是线路较为固定且较为封闭的地方，如城市里的快速公交（BRT）：这种方式与改造道路（安装地磁）或是定制生产无人驾驶功能的汽车相比，技术上更容易且成本低。又如，港口、码头装卸类重复工作，具有需要效率高、耗能低、货损率低、成本控制等特点，利用人工则效率低下成本较高，而具有“自动驾驶大脑”的智能汽车则成本高、损失率高，利用自动驾驶机器人则可以降低成本、提高效率和降低耗能。再如，在环境较为恶劣的矿区等地，自动驾驶机器人完全可以承担控制矿卡进行倒车入位、挖机装载、重载爬坡、精准停靠、自动倾卸、轨迹规范、自主避障、空车下坡等一系列动作，不仅可以提高装卸效率，还可以降低人员伤亡。

（撰稿：余贵珍）

车联网信息安全技术动态与发展趋势

一、技术概述

2015 年，伴随着汽车产业未来发展方向的大讨论，“智能网联汽车”一词率先在中国诞生，网联化被寄予了高度的发展厚望。网联汽车是汽车的发展趋势，给人们的出行带来了极大的便利，然而重要性的背后更需要冷静思考网联化后的信息安全隐患。智能网联汽车信息安全问题日益严峻，信息篡改、病毒入侵等手段已成功被黑客应用于汽车攻击中，特别是近年来不断频发的汽车信息安全召回事件更是引发行业的高度关注。尽管当前智能网联汽车的安全漏洞尚未被广泛利用，但是据统计，有 56%的消费者表示信息安全和隐私保护将成为他们未来购买车辆时主要考虑的因素。由此可见，智能网联汽车信息安全已经成为汽车产业甚至社会关注的焦点。车辆网信息安全技术的发展将有效应对车辆网的信息安全问题，加快车辆网的发展。

为了有效进行车辆网信息安全的防护，车联网信息安全技术要达到纵深防御、分域隔离、主动防御的标准。

（1）纵深防御，智能汽车的高可达性与高脆弱性需求要求建立车内/车外网络的立体防护。

（2）分域隔离，智能汽车高脆弱性和高价值数据需求建立汽车高资产数据和软件的隔离。

（3）主动防御，SCSVST 的发展带来了新的感知手段和防护手段，这可以支撑建立以预测为核心的主动防御体系。

智能网联汽车按照传统的“端”“管”“云”的层次架构同时结合当前新兴的外部生态，其关键信息安全技术主要包含如下内容：

首先，“端”的安全防护技术。端是指移动终端，本文中指的是车载终端。主要信息安全技术包括智能网联汽车的 ECU 固件安全、车内敏感数据安全、可信操作系统安全和存储密钥安全。

其次，“管”的安全防护技术。从云到端之间都可统称为管道，简称为“管”。“管”的信息安全技术主要包括智能网联汽车连接云平台的网络传输安全和边界安全。

再次，“云”的安全防护技术。云是指为终端用户提供云端服务的综合系统。云的信息安全技术主要包括云平台自身安全、可视化管理和安全检测。

最后，新兴的外部生态安全防护技术，目前主要为移动操控 App 安全防护。

二、关键技术及研究进展

1. 车联网信息安全的总体技术发展

根据网联汽车的层次架构，具体的信息安全技术如下：

1）“端”的信息安全技术

（1）操作系统的安全。针对开源系统漏洞问题，除应收集已知所选操作系统版本漏洞列表外，还应该定期更新漏洞列表，同时扩大漏洞收集途径，确保能够及时了解各种漏洞，确保在第一时间内发现、解决并更新所有已知漏洞；通过对操作系统源代码静态审计，可以快速发现代码的潜在BUG及安全漏洞，及时修正潜在BUG和漏洞。一方面可提高代码健壮性，另一方面也增加了操作系统的安全性；确保每个行为可控和可管成为必然，监控全部应用、进程对所有资源的访问并进行必要的访问控制是安全可信操作系统所必须具备的。

（2）固件安全。建议将固件存储在微处理器或者微控制器内部自带的固件存储单元中，以便增加固件提取难度。尽量去除或者软件禁用 ECU 上的 JTAG、RS232 和 USB 等对外调试接口，以便减少固件可能被读取的风险。一方面可以通过修改编译器的方式，自定义指令集，尽量避免使用微处理器或微控制器的通用指令集；另一方面也可以在固件代码中加入相应的混淆或者花指令，在不改变整个功能逻辑的前提下，改变整个代码的层次结构，让代码变得晦涩难懂，从而加大反汇编和逆向难度，增加固件可靠性。车厂应在发布的固件中增加认证，在执行升级时，ECU 需要支持固件认证，同时做完整性校验。在升级完成后支持回滚机制，确保升级失败后的固件版本回退，确保整个升级的安全性与可靠性。

（3）数据安全。将密钥通过预制或者动态下发的方式存储在白盒或者 eSE 芯片中，所有加解密操作均在白盒或者 eSE 中进行，这样做可以有效预防白盒攻击，确保密钥安全，从而保障数据在 T-BOX 上的存储安全。除此之外，数据在传输的时候也要经过白盒或 eSE 芯片加密后进行，由此保障数据的传输安全。

（4）密钥安全。解决在不被信任操作系统中保证密钥安全的方案是采用白盒系统，白盒系统将密钥信息隐藏在加密库中，在程序运行的任何阶段密钥均以巨大查找表的形式存在，即只能输入明文得到密文，或者相反操作得到明文。

（5）FOTA。在智能网联汽车 ECU 升级过程中须时刻监控升级进程，确保 ECU 升级后能够正常工作，同时需要具备相应的固件回滚机制，保证即使升级失败 ECU 也可恢复到原来状态。

2）“管”的信息安全技术

网络传输安全：结合安全管理的内容，需要加强 TCP/IP 协议各个层次的防范措施，对每个层次都实施加密技术，以便保证网络的安全性服务；建立计算机可信技术平台，从可信的基础性数据出发，以密码的形式，实现计算机网络系统的安全性；在网络中传输信息还需要加强防火墙的应用，提高传输信息的可信性。

3）“云”的信息安全技术

云平台安全是为了对网联汽车的TSP云平台地进行安全控制，在技术上要实现物理环境安全、计算存储安全、可信计算、网络数据、数据安全和应用安全等。

（1）物理环境安全：在物理层，通过门禁系统、视频监控、环境监控、物理访问控制等措施实现云运行的物理环境、环境设施等层面的安全。

（2）计算存储安全：通过对服务主机/设备进行安全配置和加固，部属主机防火墙、主机IDS，以及恶意代码防护、访问控制等技术手段对虚拟主机进行保护，确保主机能够持续提供稳定的服务。

（3）可信计算：保证硬件、软件系统的行为/执行安全，包括安全的输入输出、内存安全、远程认证等服务；在网络层，基于完全域划分，通过防火墙、IPS、VLAN ACL手段进行边界隔离和访问控制，通过VPN技术保障网络通信完整和用户的认证接入。

（4）信息安全：从数据隔离、数据加密、数据防泄露、剩余数据防护、文档权限管理、数据库防火墙、数据审计方面加强数据保护，以及离线、备份数据的安全。

（5）应用安全：通过PKI等机制对用户身份进行标识和鉴别，部署严格的访问控制策略；关键操作的多重授权等措施保护应用层安全；同时采用电子邮件防护、Web应用防火墙、Web网页防篡改、网站安全监控等应用安全防护解决方案确保特定应用的安全。

4）新兴外部生态安全防护技术之移动App安全

智能网联汽车移动App安全涉及的范围非常广泛，主要可分为三大部分：设计开发阶段、发布阶段和运维阶段。

（1）设计开发阶段：移动App的安全需要从设计开发阶段开始介入，从框架、业务、规范、核心功能模块等维度进行统一安全设计。

（2）发布阶段：在移动App发布前需要对其进行必要的加固处理，解决移动端系统开源性（半开源性）带来的安全缺陷，通过反编译、完整性保护、内存数据保护、本地数据保护、SO库保护、源代码混淆等技术的综合运用，保障移动App的安全性。

（3）运维阶段：在移动App发布后需要对其运行状态进行监控，包括移动App在运行过程中的漏洞及在分发渠道中的盗版。

2. 国外车联网信息安全技术最新进展

1）整车企业

作为智能汽车的标杆企业，特斯拉一直受到全球黑客的高度关注，因此在业内率先落地车载以太网架构和OTA技术，通过在线升级技术解决大部分车载网络安全隐患，同时由Google、苹果、微软等互联网安全的专家组成的40人左右的强大团队，为特斯拉的信息安全保障提供了最基本的支撑。

Honda的连结子公司（Honda Research Institute，HRI）与美国波士顿大学，就启动人工智能（AI）信息安全领域的共同研究项目达成合作意向，双方将共同研究利用安全多方计算的数据加密控制技术。

2）零部件企业

ESCRYPT 是全球领先的嵌入式安全系统提供商，协助应对当前的安全课题如：M2M 安全通信、物联网信息安全、保护电子商务模式和汽车安全。2018 年 1 月，与英飞凌 AURIX 合作，一体化解决方案加大了对电子控制单元（ECUs）的入侵难度。此解决方案将有助于提高软件空中升级（SOTA）和自动驾驶等应用的信息安全性。2018 年 2 月 20 日与赛普拉斯合作，推动 LoRaWAN™开放协议的应用，提供一个安全的微控制器（MCU）解决方案，推动智慧城市和工业 4.0 应用。

黑莓公司研发了一款 QNX Hypervisor 2.0 软件，并将其应用于复杂的车载计算机系统。凭借黑莓 QNX 系统，黑莓曾一度成为智能网络安全及汽车软件领域的领军者。2018 年 1 月黑莓推出无人汽车安全软件 Jarvis，7 分钟扫描出应用漏洞。

德国汽车 Tier 1 供应商大陆集团推出了智能汽车端到端解决方案，希望在汽车智能互联大潮到来之前，"从源头杜绝安全漏洞"。端到端信息安全解决方案包括：对车辆与外界的通信接口采取了保护措施、汽车系统本身也加以保护、不断检查 CAN 总线上的通信异常、长久监测汽车系统的现状（车载健康状况监测系统）。

伟世通针对美国政府关于 V2V（车辆与车辆间通信）技术的强制标准，伟世通推出一种低成本的独立的 V2X 平台解决方案。当前对网络安全的担忧与日俱增，因此伟世通在产品开发过程中，引入了符合 SAE J3061 网络安全框架要求的多层安全构架。SmartCore 核心为一块多核域控制器，使用不同的芯片核来控制不同的功能；车载信息系统与仪表盘、HUD 的信息就由不同的核来分别控制；车载信息系统本身也使用了两套操作系统，底层操作系统为 Linux，用来控制车辆信息相关功能，应用层则采用安卓操作系统，从而为不同的模块提供不同级别的信息安全控制，满足不同的 ASIL 要求，比如 ADAS 相关内容将拥有最高级别的信息安全设计。

3. 国内车联网信息安全技术最新进展

1）整车企业

高度重视智能网联功能及信息安全保障，通过建立统一认证平台项目，构建集中、统一、高效、合规、安全的身份认证和信息共享平台。蔚来汽车积极参与美国拉斯维加斯举办的汽车网络安全黑客大赛、中国信息安全技能竞赛（Information Security Game，ISG），以开放心态与全球各地的黑客和安全专家交流。

威马汽车在北京国家会议中心宣布，将与 360 集团在汽车智能网联安全方面达成合作。共同建立了智能网联安全联合实验室。产品借助 360 的技术及经验，对当前安全策略进行针对性的攻防测试；在硬件层面，威马汽车将"自力更生"，针对不同模块，有不同方向的安全防护；威马汽车是国内一批新造车企业中，将"AI+硬件+软件+服务"结合的先行者。

沃尔沃已经在规划和设计开发下一代车联网，并且计划在 2021 年推出量产 L4 级别的自动驾驶汽车。针对车端本地系统安全威胁，车内网络根据功能互相隔离、加密，OBD-II 端口的硬件电源在平时实行强行关闭；针对车端至云端安全威胁，有专门的第三方信息安全控制平台绑定 SIM 和车辆，SIM 卡的开启关闭完全被控制，所有 SIM

卡上下传信息被预先过滤扫描；针对远程控制威胁，SIM 卡的流量可以控制到每个Byte，用户可以自己决定允许那些用户的“大数据”回传。

东风汽车不断加大在信息安全领域的投入，立 IPD2R 模型防范黑客攻击：所谓“I”就是 Identify，也就是风险识别；所谓“P”就是 Protect，也就是风险识别的基础性进行必要的防御。所谓“D”就是 Detect，信息安全的攻防永远是不对等；所谓“2R”就是 Response 和 Recovery，也就是说要对检测出的安全事件进行及时的响应。

互联网造车新锐小鹏汽车在设计之初已经将网联安全作为重要考虑因素，并在设计和开发过程中，不断完善安全策略。车辆控制网络与车载娱乐网络实行准物理隔离策略，保证系统网络的风险不会衍生出危害驾驶安全的问题；同时系统间通信实行严格的车辆身份认证和用户权限鉴定策略，保证即便出现单一车辆或单一模块的安全漏洞，也不会在用户间扩散导致群体安全问题。

广汽汽车多款车型都搭载了 T-BOX 车联网智能车载终端，通过 Smart Drive 3.0，实现了传统汽车与互联网的互联互通，车主可通过手机 App 和 Web 平台对车辆进行一系列远程监控和操作功能，而其远程诊断、防盗追踪、经济驾驶、一键呼救等先进功能。

2）零部件企业

东软 S-Car 整体解决方案基于东软 20 余年网络安全产品研发经验的用于车载系统边界防御的车载安全网关产品；使用拥有国家和国际专利的东软自有 NEL 引擎技术开发的用于车载系统防御的车载入侵防御系统；能够同时支持软件和硬件实现，为车载系统和车载数据提供整体化的纵深式防御的可信计算平台；能够为 OTA 提供软件包全生命周期安全管理的安全 OTA 方案；满足车载信息系统资源少、性能要求高这一需求的用于车载通信安全的安全传输网关；能够为车企提供专业安全服务和管理功能的安全管理平台。

斑马智行建立产品安全防护生态，包括安全体系、软件安全体系、硬件安全体系、威胁建模等，以及安全协议 TLS、Wi-Fi、蓝牙等，上线整套 PK/CA 体系，研发过程采用 SDL 安全开发流程。目前使用硬件 SE 和阿里的 YunOS，在终端车机上加入代码混淆加密，针对数据安全提供加密、数据隔离等方法。

广升（ADUPS）携手 360 智能网联汽车信息安全实验室，首次推出汽车 OTA 全网防护方案，可以远程检测攻击、远程打补丁修复漏洞，实现安全攻击动态防护。

厦门雅迅车联网安全网关是国内首个采用 SM1\SM2\SM3 自主密码技术进行车内总线安全保护的汽车网关产品；基本组成包括 CPU 模块、车辆总线网关模块、HSM 安全模块、3G\4G 通信模块等；解决车内网络与车外网络设备的安全认证和数据保密问题，抵御各种针对车联网的网络攻击；产品已获得国家密码局产品型号认证，是国内第一款获得该认证的车载产品。

3）网络安全公司

百度 Apollo 提出了创新的车载信息安全 4S 解决方案，并首次发布车载信息安全产品及智能汽车黑匣子，力求通过 Apollo，为智能汽车的行驶保驾护航，为道路事故的责任追溯提供强有力的帮助。

360 与威马汽车共同合作研发的全球首款网络安全概念车，融入了整车一体化安全解决方案，提供车载系统防护、联网系统防护以及全网动态攻防三位一体的汽车安全防护体系，能够通过动态防御体系，全方位保护车辆的信息安全。

腾讯科恩实验室致力于将汽车领域的安全能力开放给行业和合作伙伴，通过帮助汽车行业建立知识体系和能力、做专家能力的输出、把 PC 端的技术能力最终转化为保护汽车的产品等方式，把互联网汽车做得更加安全

三、发展趋势

预计到 2020 年全球车联网市场规模将达到 338.2 亿美元（约 2200 亿元人民币），市场渗透率到 2023 年预计将达到 67%，中国将成为全球最大的车联网前装市场。而未来将围绕信息安全衍生出若干新兴产业，如汽车防火墙，2023 年装配预计将达 1.8 亿辆，市场规模预计将达 7.6 亿美元。

围绕网联汽车信息安全技术，部分新型产业将逐渐浮出水面，产业共性特征为逐渐由以设备为主的硬件市场向以服务为主的软件市场转变、从被动防御向主动服务的信息安全解决方案转变，具体包括：①汽车信息安全解决方案，车联网防火墙、隔离解决方案（动力、制动、转向）等；②汽车信息安全产品，提升无线接口安全性的远程控制单元、提高无线接口安全性的安全网关、电子控制单元/微处理器控制单元的软件许可等；③汽车信息安全检测，汽车漏洞挖掘硬件工具、汽车漏洞挖掘软件工具整车信息安全检测服务、部件信息安全检测服务等；④汽车信息安全监测及应急响应，汽车信息安全大数据预警服务、汽车 OTA 升级安全监管服务、辅助企业应急响应服务等。

全球范围内，未来出行趋势呈现“低碳化、共享化和智能化”三大特征，车联网、无人驾驶、人工智能热度将持续增加，网联汽车信息安全技术的完善，将极大地推动无人驾驶的发展！

（撰稿：王云鹏　秦洪懋）

交通电子支付发展模式及趋势

交通出行具有刚需、用户全体庞大且高频的特点，面对日益多元化的出行方式，方便、快捷、高效、智能逐渐成为交通出行行为决策首要考虑的因素。交通电子支付作为交通出行必不可少的交易行为和支付手段，其发展模式随着技术创新应用、需求迭代变化处于不断转型升级、质效提升过程之中。围绕解决业务单一、应用场景有限、资源整合难度大等问题，城市交通一卡通运营企业、第三方支付机构等通过产品服务模式革新、经营思维转变、跨区域和跨领域融合发展、深化价值需求挖掘，推动传统交通电子支付行业战略调整、业务变革和模式创新。目前，作为公众交通出行支付手段的城市交通一卡通，已完全融入了我们的生活和工作，构成了智慧支付、智能交通、智慧城市的重要基础和关键支撑点，千亿级的市场规模，蕴含着巨大的市场发展空间和应用前景，基于时代背景、市场需求、政策规则对中国交通电子支付发展模式进行探讨和预测显得尤为必要和迫切。

一、交通电子支付发展面临的问题和挑战

1. 业务单一、应用场景有限

城市交通一卡通业务主要应用于公共交通出行领域并向综合交通服务全领域扩展，虽然在小额支付、公共服务缴费、社区出入门禁等生活场景有所应用，但是业务类型、业务范围更多受支付政策限制的影响，多局限在交通出行领域。

2. 运营主体规模小、实力弱

同包括互联网公司在内的第三方支付机构相比，城市交通一卡通运营主体不仅资金少、人员少，而且在行业竞争、技术创新、业务拓展及产业整合等方面尽显弱势。规模小、实力弱，依然是城市交通一卡通企业转型升级、创新融合发展严重障碍。

3. 经营分散、缺少凝聚力

由于历史和行政原因，全国各地级市基本上都成立具有本地属性的城市交通一卡通运营企业，彼此分散经营，鲜有业务交叉和协作，缺少协同发展的凝聚力和资源整合力。力量分散、整体凝聚力不强，制约整合产业链资源协同发展城市交通一卡通的目标实现。

4. 市场需求特点改变、竞争日渐加剧

城市交通一卡通用户更加注重交易过程的高效、便捷和安全，多样化、个性化的产品和服务需求也日益凸显，现有的功能服务远远不能满足市场需求特点改变。各类新型支付方式纷纷布局交通出行市场，改变城市交通一卡通独霸出行市场的格局，对

传统城市交通一卡通企业运营形成挑战。

二、中国交通电子支付发展模式演变

为适应市场、技术、政策等发展环境的变化和解决行业发展所存在的痛点问题，应对行业发展带来的挑战，我们提出了中国交通电子支付发展模式，这个模式是一个动态的、不断升级的演变过程，已先后经历：以实体卡支付替代现金支付的交通电子支付 1.0，即电子支付时代；以无卡化、在线化、线上化等为主要特征的交通电子支付 2.0 时代，即“互联网+支付”时代，未来将向以“智慧支付+场景消费”为特征的更高层级中国交通电子支付发展模式升级。以下将对交通电子支付发展模式的三个阶段进行分析和探讨。

1. 第一阶段，交通电子支付 1.0

交通电子支付 1.0 又称为基于实体卡的电子支付，一切业务皆是围绕具有物质形态的卡片展开，即基于实体卡片。在卡片思维引导下开展卡片产品研发设计和制造、线下发卡、线下售卡、线下充值、脱机消费和线下客服等业务。交通电子支付 1.0 主要体现在：支付媒介为实体卡；产品思维；线下交易。受技术发展水平和主管部门尚未放开通卡企业从事除交通领域外的支付业务权限的政策制约，预付费用、用户非实名化、应用场景仅限用于本区域公共交通出行也是交通电子支付 1.0 典型特征。虽然交通电子支付 1.0 能够解决交通出行线下非现金交易问题，省去了携带现金出行的不便。但是在支付体验方面稍显不足，如用户需购买实体卡和支付一定押金，无疑增加了支付成本；基于产品思维设计制造实体卡，未从用户角度把握市场需求；仅能用于交通出行支付，服务功能单一，等等。

但随着“互联网+”时代的到来，移动互联网、物联网、大数据、云计算等新兴互联网技术在交通领域广泛应用，作为交通电子支付发展最初模式的交通电子支付 1.0 已经不能满足“互联网+交通”新思维、新模式和新业态发展要求以及用户“便捷”“高效”“智能”等支付体验需求。交通电子支付需要积极拥抱互联网技术推动交通电子支付行业转型升级、跨界融合创新发展，交通电子支付迎来了 2.0 时代。

2. 第二阶段，交通电子支付 2.0

交通电子支付 2.0 又称为“互联网+支付”，旨在解决传统交通电子支付方式离线化、功能用途单一化和服务体验差等普遍问题，通过运用互联网思维和用户思维改良、提升产品模式和服务体验，实现从有卡向无卡、从不记名向记名、从线下向线上、从预付费向信用支付、从区域互联互通向全国互联互通乃至国际互联互通、从公共交通服务向综合交通全覆盖服务、从单一交通领域向多元化应用场景、从大批量向个性化定制柔性生产、从数据清算向大数据分析、从平台运营向产业生态构建等转变的发展模式。无卡化、实名化、在线化、信用支付、广覆盖、个性化定制、大数据价值挖掘和产业生态构建，并向全国、国际互联互通拓展等是交通电子支付 2.0 发展模式显著特征，如表 1 所示。

表 1　交通电子支付 2.0 模式特征及实现路径

序号	特征	具体描述
1	无卡化	通过脱离实体卡，以移动终端即可完成交通出行支付。例如，构建 TSM 平台实现一卡通空中发行，采用二维码、生物识别技术实现虚拟卡支付，进入无卡化时代
2	实名化	通过实名登记发卡、用户注册空中发卡、用户注册卡号绑定、增值服务实名转化等渠道实现用户身份识别
3	在线化	通过网充系统、手机 App、线上客服、微信充值、在线钱包等连接用户、构建用户沟通渠道，感知用户需求，实现线上线下融合发展
4	信用支付[4]	通过构建先消费、后付款消费模式，赋予一卡通金融属性，延伸金融服务；构建一卡通用户信用评价体系，研发信用支付产品，根据用户信用等级赋予透支额度，方便用户出行
5	广覆盖	通过增强和丰富服务功能，将交通电子支付服务范围横向扩展至整个交通全领域，纵向延伸至城市生产生活
6	个性化定制	一卡通将成为用户持卡和刷卡数据流量入口，通过大数据技术分析用户出行和消费习惯，开展产品服务个性化定制，如卡片产品个性化定制、出行路线个性化规划等
7	大数据价值挖掘	通过城市交通一卡通大数据分析，面向公众、企业、政府和社会提供出行线路、企业运营、政府监管治理等增值服务
8	产业生态构建	采用线上线下融合的方式，整合一卡通上、中、下游产业链资源，实现资源互补、优势互助，构建产业转型升级良性生态[5]
9	全国互联互通乃至国际互联互通	通过采用终端兼容性改造、搭建全国交通一卡通技术支撑体系框架等方式实现全国互联互通。例如，中国最大的区域一卡通——岭南通在全国互联互通工程推动下实现珠三角核心城市、香港、澳门等地区以及与新加坡国家互联互通

相对于中国交通电子支付 1.0 而言，中国交通电子支付 2.0 不再仅仅是一张简单的物理卡片，而是承载着丰富功能服务和用户个性化需求同时被赋予“互联网+”的概念和元素载体。需要注意的是，中国交通电子支付 2.0 并不是对实体卡的完全替代，而是根据时代特征和用户需求，引入新兴互联网技术对城市一卡通业务的改造和提升，本质上是城市交通一卡通业务的升级。由于没有发挥交通出行行为及交通电子支付贯穿用户生产生活全领域的作用和优势，如何基于用户需求提供一站式出行生活和订单式出行交付服务将成为未来交通电子支付发展主要探讨和思考的重要问题。

3. 第三阶段，交通电子支付 3.0

交通电子支付 3.0 又称为“智慧出行”时代、“智慧生活”时代，是为适应运输由线下向线上转化，由单一运输向整合运输转化；运输由乘客向用户转化，由按次乘坐向订单式交付转化；运输由运载向出行服务转化，由出行服务向出行消费新生态转化等运输特点变化和以用户为中心的思维转变，作为与未来出行相伴相生的未来交通电子支付，将不再仅仅是一种支付手段，更是链接衣、食、住、行等消费场景的重要工具。交通电子支付将被赋予新的内涵——“支付+”，诞生诸如“支付+”交通、“支付+”医疗、“支付+”政务等新业态，以“支付+”为基础的智慧出行、智慧生活将成为交通电子支付 3.0 显著特征。中国交通电子支付将作为智慧生活、智慧城市的重要基础和服务设施，伴随着智慧城市发展变迁，推动城市的智慧化发展。

三、中国交通电子支付未来发展思考

交通电子支付发展模式已先后经历 1.0 阶段和 2.0 阶段，目前正处在深化 2.0 并逐步向 3.0 迈进。也就是说，交通电子支付 3.0 将是未来交通电子支付发展的必然趋势。根据未来交通发展趋势及用户需求变化，交通电子支付未来发展路径作出如下思考：

1. 运输服务票证化

运输服务票证化目的在于实现“一票通”，通过将用户身份识别证件与车票绑定，实现电子车票证件化，用户可凭借电子车票或身份证件完成公交、水巴、出租、客运、地铁等多种出行方式的预订和乘坐，改变多种出行方式对应多种车票的局面，一票或一证通全国将成为现实。

2. 乘客里程积分化

在未来交通电子支付中，用户在 App、网络平台等线上渠道注册账户和出行消费，线上平台可将乘客出行里程按照一定的换算方法转化成具有带现金性质的积分，所获得积分可用于车票抵扣、购物、转赠等用途，统一支付、统一清算。

3. 消费场景交互化

出行用户可借助线上平台查询交通运输站、场、物业等方面的出行信息及周边住宿、餐饮、娱乐等信息，从而为出行规划提供决策支持；同时，线上平台根据各类消费场景交易记录和消费体验反馈，根据出行用户消费偏好定向推荐符合其出行消费特征的消费场景。

4. 消费服务信用化

未来交通电子支付通过与生产生活全领域场景连接实现场景消费交易记录信息特别是信用记录信息的互换共享，根据出行用户的信用情况，提供差异化的出行服务或消费服务。对于信用度较好的出行用户，可以通过大额积分奖励、电子车票优惠、提高消费透支额度等增强客户忠诚度和黏性。

总之，基于运输服务票证化、乘客历程积分化、消费场景交互化和用户服务信用化为交通电子支付用户提供订单式出行交付和一站式出行生活服务，将成为未来交通电子支付发展趋势和实现路径。

四、总结与展望

作为公众交通出行支付手段的城市交通一卡通，已完全融入了我们的生活和工作，构成了智慧支付、智能交通、智慧城市的重要基础和关键支撑点，蕴含着巨大的市场发展空间和应用前景。中国交通电子支付发展模式伴随着技术创新及应用、产品及服务模式革新、应用场景扩展等先后经历：以线下发卡、线下售卡、线下充值、脱机消费和线下客服等为主要特征的交通电子支付 1.0 时代，以无卡化、在线化、实名化等为特征的交通电子支付 2.0 时代，并逐步向以“支付+”为基础的智慧出行、智慧生活，即中国电子支付 3.0 迈进。未来伴随着出行新业态和传统公共交通电商化转化，基于运输服务票证化、乘客历程积分化、消费场景交互化和用户服务信用化为交通电子支付用户提供订单式出行交付和一站式出行生活服务，将成为未来交通电子支付发展趋势和实现路径。

（撰稿：谢振东　吴金成）

船舶避碰决策分析技术研究动态

一、背景

避碰决策是船舶航行过程中经常面临的决策问题之一，国际海上避碰规则是船舶驾驶人必须遵守的航行规则。从船舶碰撞事故的发生规律来看，75%～96%的碰撞是由于人为失误造成的，主要包括对会遇态势的误判、操作失误、避让行动冲突等。因此，提升船舶避碰决策的自动化水平，逐步减少人的参与，从而降低人为失误对事故的影响，被认为是提升船舶航行安全的有效手段之一。

从应用的角度来看，船用雷达自动标绘仪（Automatic Radar Plotting Aids，ARPA）目前已经被广泛应用到船舶监控和避碰。ARPA 系统不仅可以实时显示本船和周围船舶的位置、速度等信息，而且可以自动计算出与周围船舶的最近会遇距离（Distance to Closest Point of Approach，DCPA），最近会遇时间（Time to Closest Point of Approach，TCPA），据此判断是否存在碰撞风险，使驾驶人对碰撞风险有直观的认识，从而做出避碰决策。尽管 ARPA 系统具有很大的优越性，但是该系统不具备避碰决策的功能，无法计算出船舶避碰所须的转向或变速的幅度，驾驶人仍然需要根据自身的经验进行决策，这对复杂会遇局面的避碰仍然十分不利。针对这个问题，学术界在避碰决策模型方面开展了广泛的研究，一些启发式避碰决策算法，如遗传算法、蚁群算法等，以及一些确定性避碰决策方法相继得到了较为成功应用，取得了很多有益的成果。从目前的研究来看，绝大多数的启发式算法的一致性，以及确定性算法的可靠性等问题目前还没有十分完善的解决方案，因此这些研究还停留在理论阶段。尽管一些模型已经被应用到一些实验平台，但是绝大多数的平台只能实现两条船舶对遇、交叉相遇等一些较为简单的会遇局面的自动避碰，还无法实现多船会遇局面下的分布式避碰，需要对船舶规划问题提出更加完善的解决方案。

目前避碰决策算法离自动避碰还有较大的差距，在目标识别、避碰决策和船舶控制等方面仍然面临很大的挑战。避碰决策需要解决的问题主要包括恶劣环境下如何进一步提升船舶等目标识别的精度和可靠性，提高检测率，降低误报率；船舶避碰决策的时机选择问题是驾驶人在避碰决策中面临的首要问题，也是目前研究所面临的难点问题之一；在国际避碰规则要求下的多船会遇局面下的避碰决策，以及存在船舶违反避碰规则条件下的自动避碰问题的解决，将对提升决策的可靠性起到关键作用。避碰决策基本流程如图 1 所示。

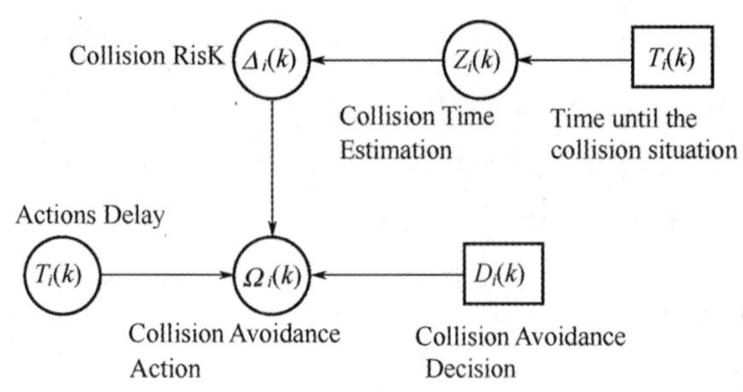

图 1　避碰决策基本流程

二、主要避碰决策算法

1. 遗传算法

波兰的 Gdynia Maritime University 在利用遗传算法进行避碰决策方面进行了较为全面系统的研究。其中，Smierzchalski 等人是较早研究将遗传算法应用到船舶避碰中的人员，将船舶避碰问题转化为动态优化问题，并为该问题设置静态和动态的边界限制条件，模型中同时考虑了转向和变速两种避碰操作方式。Rafal 等人将遗传算法和博弈论相结合，根据会遇情况计算出近似最优的路径，其研究重点是解决算法的复杂度问题。Ito 等人和 Nikolos 等人利用遗传算法研究多船避碰问题，通过建立三层融合模型，即原始数据融合、多智能体联合融合和分布式规划融合得到最终的避碰规划。

我国在这方面也有一系列的研究成果。例如，Tsou 等人利用遗传算法为船舶寻找一条安全经济的航行路线，研究中既考虑了船舶安全性，又考虑了避碰的代价问题，并在地理信息系统（Geographic Information System，GIS）上进行显示和操作。程细得等人利用遗传算法针对内河船舶避碰的最优路径选择问题进行了研究，将航道边界和障碍物作为约束条件，利用算法的空间寻优能力逐步逼近最优航线。邹晓华等人和王则胜利用遗传算法对船舶避碰时的转向幅度进行研究，根据来船与本船构成的方位、距离、船速比、最近会遇距离和最近会遇时间等参数对碰撞危险度进行定量评价，并据此建立适应度函数模型，最后利用遗传算法寻找最优转向幅度。

2. 粒子群优化算法

Tsou 等人提出了一种基于蚁群算法的船舶避碰决策模型，并利用案例对提出的算法与遗传算法进行比较，仿真结果表明该方法得到的航线的整体性能比遗传算法略强。但是该研究仅仅局限于两条船舶之间的避碰问题，而且仅仅考虑让路船的避碰决策。Liu 等人利用蚁群算法对水下航行器的路径规划问题进行了研究，该方法对迭代最优信息和全局最优信息进行处理，可以在三维空间内寻找一条从出发点到终点的一条全局最优的，能够成功避免与周围目标碰撞的路径。该方法仅仅考虑了静态目标的干扰，没有考虑动态目标对规划航线的影响。王得燕等人将粒子群算法应用到多船避碰研究中，在决策目标函数中综合考虑了DCPA、TCPA、两船距离、本船转向角等参数，通过粒子群算法逐步迭代找到最优转向避碰幅度，在每次迭代中，利用两个“极值”进行更新，即个体最优解和全局最优解。田雨波等人则研究了多船避碰问题，将传统的粒子群优化算法加以改进，引入免疫算法中的免疫信息处理极值，提出一种免疫粒子群算法实现船舶最优避碰决策，该算法具有一定的记忆和自我调节功能，可以在一定程度上避免陷入局部最优解。

3. 模糊逻辑算法

Perera 等人利用模糊逻辑对自动避碰决策做了大量的研究工作，提出一种模糊警戒环形区域（Fuzzy Guarding Ring）的概念，根据该区域的形状和驾驶人的主观判断来确定与周围船舶的碰撞风险，从而构建模糊成员函数，通过模糊推导系统得到一条能够保证目标船舶从模糊警戒环形区域外部通过本船的最优航线。该模型不仅在本船为让路船的情况下能够发挥作用，而且在目标船舶为让路船，但是在没有及时采取措施的情况下，也可以做出积极的响应，有效避免碰撞事故的发生。Lee 等人将模糊逻辑算法与虚拟力场理论相结合研究避碰决策问题，该研究仅仅局限在两船会遇的情况。Hwang 等人将模糊逻辑算法与专家系统（Expert System）的基本思想结合，研究了转向避碰时的船舶自动控制问题。Kao 等人则从海事监控的角度，将基于模糊逻辑的避碰决策方法嵌入到 VTS 和 AIS 系统中，用于船舶碰撞事故的预警。Liu 等人将模糊逻辑和人工神经网络相结合，提出一种模糊推导神经网络模型用于避碰决策。该模型将船舶会遇情况进行分类，分别建立计算速度变化率的成员函数和计算转向幅度和转向时间的成员函数，利用自我学习的方式从大量样本中选取一个最优值作为最终决策结果，是一种确定性算法和启发式算法相结合的避碰方法。毕修颖、孙立成研究了船舶避碰时目标船对本船的威胁程度，利用模糊决策和神经网络等方法建立了碰撞危险度模型，并进一步验证模型的实际应用效果。

4. 多智能体算法

Liu 等人的研究中提出两种智能体的概念，即船舶智能体和 VTS 智能体，并通过三层融合进行航线规划，即原始数据融合层、多智能体之间的融合层，以及分布式规划融合层。该模型可以降低多船航线规划中的不一致性，具有较高的经济性。Liu 等人还针对多智能体避碰决策开发出一套仿真系统，该系统可以灵活地设置多种智能体，具有动态拓扑结构，分布式的存储和综合控制方法等优势。船舶在避碰决策中的相互通信和协调对避让行动的效果会产生很大的影响，针对这个问题，胡巧儿等人和刘宇宏等人提出一种基于协商的避碰决策模型，分别建立了协商意愿模型、避碰行动偏好模型、碰撞危险度的容忍度模型及协商策略模型，其仿真结果表明，通过船舶之间的协商，可以有效降低避碰的代价。

三、避碰决策算法测试

1. 麻省理工学院测试平台

麻省理工学院基于搭建了一套船舶自动避碰测试系统（见图 2），该测试系统主要是为了训练海上避碰规则约束下避碰决策算法的性能，克服在确定规则适用性和规则执行方面很大程度上依赖于人类的常识，尤其是当多个规则同时适用时存在的缺陷。

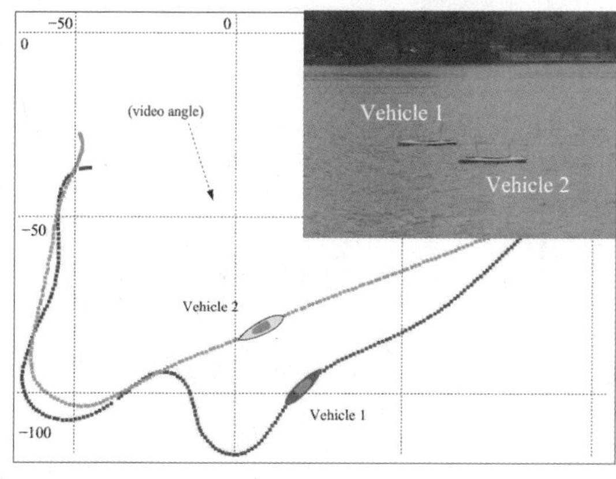

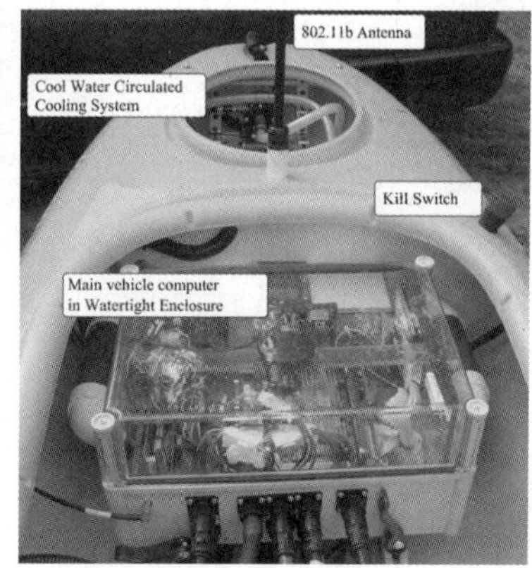

图 2　麻省理工学院避碰仿真与测试系统

该测试系统能够对提出的基于行为的控制框架的多目标优化方法——区间规划导航规则进行全面的测试。测试系统对该方法进行了实验验证，是较早将多目标优化方法应用于自主驾驶船舶导航的现场测试。

2. 挪威科技大学测试平台

挪威科技大学开发的船舶避碰决策测试平台（见图 3）主要由控制与监控模块、通信与控制模块组成，利用 GPS 模块和天线获取周围船舶信息，根据会遇态势判断避碰行动，然后通过对推进器和舵的控制来避免和目标船的碰撞。该测试平台主要用于他们提出的基于模糊置信规则库和贝叶斯推理的避碰决策控制算法的测试，通过设计多船会遇场景，测试平台验证了提出的基于模糊逻辑的并行决策模块，和基于贝叶斯网络的模块转化为序列算法能够在多船会遇场景下遵守避碰规则，并且成功实现了避让行动。

四、总结与展望

船舶避碰决策是智能船舶的关键技术之一，目前在算法层面已经积累了大量较为可靠的，适用于多船会遇场景的避碰决策算法，能够在遵守国际海上避碰规则的前提下，在较短时间内给出避让操纵决策，并且在可靠性方面有很大的提升，并且出现一些较为成功的测试平台。

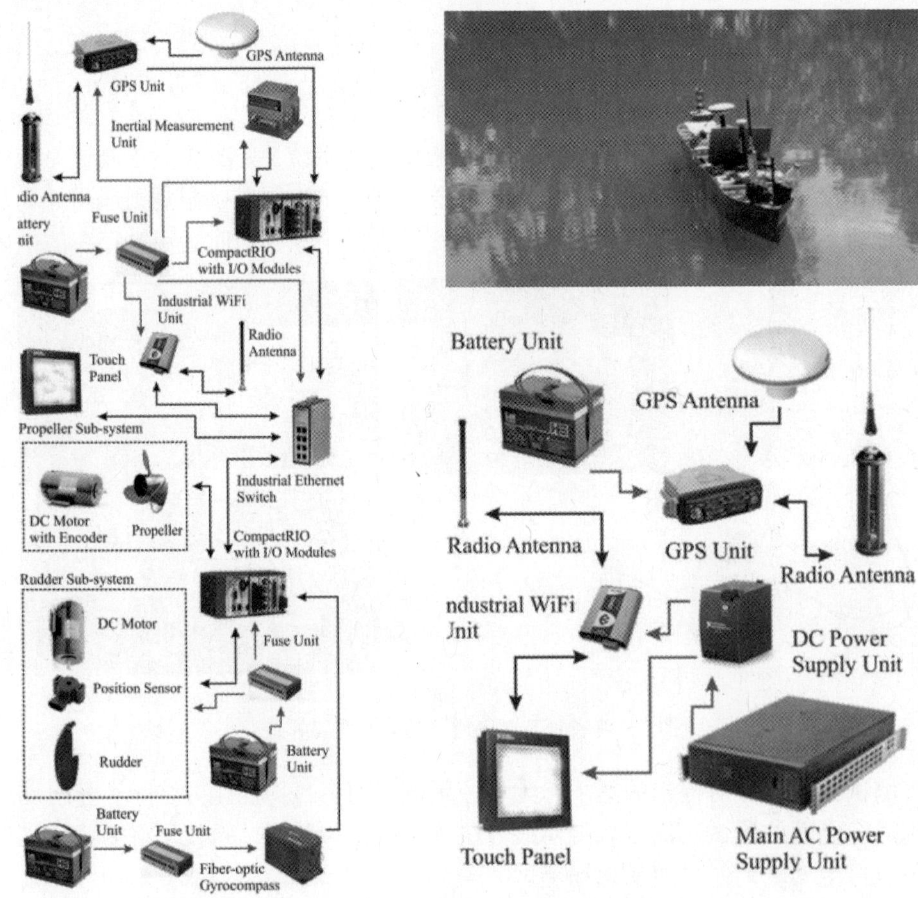

图 3　挪威科技大学避碰仿真与测试平台

但是从实用角度来看，船舶避碰决策还面临一系列的挑战，主要包括国际海上避碰规则并不适用于所有水域，如有些内河水域单独制订了航行规则，这些规则之间的潜在冲突需要进一步考虑。此外，目前很多测试平台都是基于小型船模搭建，能否应用到操纵性能较差的大型商船，仍然需要进行大量测试和研究。

（撰稿：张金奋）

船舶智能化核心技术

一、智能船舶定义及发展

目前高精度雷达、AIS、VTS、IBS等助航设备已被广泛使用，虽然能在一定程度上提升船舶的安全性，有助于降低人工成本并提高效率，但是还不能从根本上摆脱人工驾驶模式。近年来，智能化船舶已经成为船舶制造与航运业发展的必然趋势。2015年9月，英国劳氏船级社（LR）、奎纳蒂克集团和南安普顿大学合作推出了《全球海洋技术趋势2030》（GMTT2030）报告，把智能船舶列为未来18个海洋关键技术之一。包括International Maritime Organization（IMO）、Maritime Unmanned Navigation through Intelligence inNetworks（MUNIN）、Rolls-Royce Marine、Hyundai Heavy Industry（HHI）、China Shipbuilding Industry Corporation（SCIC）等在内的组织或机构已经全面展开对智能船舶的研究与开发。

全球各研究机构或组织对智能船舶都有自身的认识和定义，但总体来说，智能船舶是指利用传感、通信、物联网等技术手段，自动感知和获得船舶自身、航行环境、物流、港口等方面的信息和数据，并基于计算机技术、自动控制技术、大数据技术、人工智能技术，在航行、管理、维护保养、货物运输等方面实现智能化运行的船舶。

船舶智能化是一个随着多种技术发展而不断深入的过程。船舶智能化进程应依托于高性能助航设备，以信号处理、通信、人工智能等技术为核心，从船舶常规驾驶的基础上逐渐过渡到增强驾驶及远程驾驶，并通过不断提升的学习能力，最终达到无人驾驶阶段。

二、“航行脑”系统

各研究机构也针对船舶开发了驾驶、机舱管理、货物管理、船体等方面的智能辅助系统，包括综合船桥系统（IBS）、航线控制系统、机舱故障诊断等系统，虽然大大降低了船员的工作强度，减少了船舶配员，但是在上述设备支持下的船舶与“智能船舶”仍有差距。船舶的“智能”不能仅仅停留在各型先进助航设备的使用上，智能化的核心是要让船舶自身拥有同人一样“观察→思考→处理”问题的能力。一套替代“人脑”的“人工智能”系统，完成船舶航行的“感知、认知、决策与控制”全过程。这套拥有类似人脑功能、能完成各种船舶“无人驾驶”功能的“人工智能”系统，称为“航行脑”系统（Navigation Brain System，NBS）。

参考“人脑”工作机理构建的“航行脑”系统，要在航行环境感知、航行态势认知、航行决策控制三方面进行构建。参考布罗德曼分区定义，可将用于智能船舶的“航行脑”系统设计为相关联的工作模块（空间），即“感知空间”“认知空间”“决策执行空间”。

“感知空间”功能区获取船舶在航环境和船舶自身状态两大类信息。该功能区主要依靠航海雷达、毫米波雷达、激光雷达、摄像机、AIS、前视声呐、GPS、电罗经、油耗传感器、轴功率传感器、转速传感器等各型传感器进行各类数据的采集。除此之外，“感知空间”还需要具有采集实时气象信息及接收气象预警的能力。考虑船舶航行时，因极端海况会对船体结构造成影响甚至损毁，“感知空间”还需要有能力实时监测船舶的结构数据，以便在极端情况下发出告警信号。

“认知空间”功能区则从上述各类信号中抽取、加工与航行相关的要素，通过航行态势分析算法将船舶航行时面临的碰撞风险进行全面描述，并对面临的风险进行等级划分及实时更新；通过船舶驾驶行为学习算法，结合船舶航行态势，构建船舶驾驶行为谱，以满足在特定条件下船舶的自主航行。

在上述对船舶航行时面临风险全面“认知”的基础上，“决策执行空间”功能区则通过航行决策算法、船舶航行控制算法，通过控制系统使船舶达到或接近期望状态，并将当前状态反馈给“感知空间”与“认知空间”功能区，进一步修正航行态势与操控模型。

从以上各空间的定义及相互关联可以看出，“感知空间”是“认知空间”的基础；“认知空间”对信息质量的反馈，将影响“感知空间”对信息的预处理过程；“决策执行空间”利用“感知空间”的反馈信息，将重新影响“认知空间”对态势与自我的认知。

三、“航行脑”系统关键技术

1. 感知需求及融合交互

区别于普通货运船舶的驾驶模式，为了保证智能化无人货运船舶的航行安全，需要借助各种先进的助航设备完成对船舶航行的环境及对船舶自身状态的全面掌控。对于 “航行脑”系统，其“感知空间”通过所辖各型感知设备获取大量通航环境数据和船舶自身数据。然而由于感知设备类型的多样化，即使对于相同的对象，所获取的数据在表现方式上都存在差异。差异的消除需通过对数据深度加工与处理来完成，否则会引起“认知空间”的混乱。处理感知空间中的数据，需要经过初步甄别、优化等一系列过程。

2. 认知机理与解析方法

“认知空间”形成对实时环境和对船舶航行状态两种“瞬时记忆”。前者在船舶航行时感知的环境信息基础上，构建航行态势分布识别模型，建立航行态势“图簇”；后者在船舶航行时感知的自身航行状态信息基础上，构建船舶运行状态的辨识模型。

“航行脑”系统对航线上出现的潜在威胁进行标定及描述，并根据威胁程度对自身航线及时做出调整，以保证自身的航行安全。此过程中，“航行脑”系统“认知空间”须对风险分布进行识别，并结合“感知空间”实时获取的各类信息对风险分布等级做实时更新。

3. 船舶驾驶行为谱

学习船舶驾驶人的驾控过程是“航行脑”系统自主航行的基本能力，系统需要建立一套标准的船舶驾控模型。然而，不同驾驶人在不同场景中的驾驶习惯千差万别，并且传统的机器学习方法需要大量的训练样本，尤其在复杂和危险场景下的船舶驾驶行为样本更是有限。因此，“航行脑”系统应能在小样本量且适合船舶驾驶行为理解的基础上建立驾驶行为谱的描述机制。

4. 测试体系

为了全面验证“航行脑”系统的可靠性和有效性，要建立一套完善的测试体系。该测试体系应包括软件仿真测试和半实物仿真测试两方面。对于软件仿真测试，建立基于虚拟现实（VR）的多自由度振动的航道仿真环境、船舶模型，模拟船舶感知信号及船舶操纵模型，采集人工与“航行脑”系统操纵仿真船舶的驾驶行为谱，验证“航行脑”系统的“认知”能力；对于半实物仿真测试，以全尺寸模型船为操控对象，建立远程操控半实物仿真平台，在船池、近海和远洋验证“航行脑”系统的“感知”能力、智能控制效果。

（撰稿：严新平　刘佳仑）

智能网联汽车测试技术

一、概述

近年来，智能网联汽车相关技术发展迅速，根据中国工业汽车协会给出的智能网联汽车的定义，智能网联汽车是指搭载先进的车载传感器、控制器、执行器等装置，并融合现代通信与网络技术，实现车与 X（人、车、路、后台等）智能信息交换共享，具备复杂的环境感知、智能决策、协同控制和执行等功能，可实现安全、舒适、节能、高效行驶，并最终可替代人来操作的新一代汽车，根据智能化水平不同，智能联网汽车分成不同的等级。

对于智能网联汽车的分级，欧洲、美国也各有各的分法，中国将智能网联汽车分为五级：一级叫驾驶资源辅助阶段 DA；第二级是部分自动化阶段 PA；第三级是有条件自动化阶段 CA；第四级是高度自动化阶段 HA；第五级就是完全的自动化叫 FA。智能网联汽车等级越高，智能化水平越高，车辆行驶过程中人类驾驶人参与越少，最终完全解放人类驾驶人。

随着智能网联汽车技术的越来越成熟，测试技术是验证智能网联汽车的安全性和可靠性的重要手段。智能网联汽车的测试是公认的冗长的过程，智能网联汽车需要在不同路况下 2.75 亿英里的行驶里程才能保证 95%决策正确率，而 95%的概率远远达不到上路行驶的要求，至少行驶数 10 亿英里才能达到智能网联汽车上路的标准。为提高测试效率，减少测试经济与时间成本，智能网联汽车测试技术分为虚拟仿真测试、硬件与实车在环仿真测试、场地测试和实车道路测试。

二、关键技术与研究进展

1. 虚拟仿真测试技术

随着计算机、虚拟现实技术的发展，用计算机三维建模虚拟仿真功能构建出城市道路、高速公路、乡村道路及道路上的交通参与要素等作为测试场景，应用到智能网联汽车技术的测试中，就是模拟仿真测试技术，这种技术能够缩短智能网联汽车研发与测试周期，降低人力与时间成本。

虚拟仿真测试的交通场景用例，主要来源于有人驾驶汽车的交通事故、自然驾驶数据以及以往测试中人类接管案例和对特殊场景进行模拟的试验数据，以验证智能网联汽车的运行安全性。目前虚拟的自动驾驶测试技术还仅用于相关企业的开发测试层面，目前已经应用的虚拟仿真测试平台，主要有英伟达的“NVIDIA DRIVE Constellation”，Waymo 的“Carcraft”，RealDrive 的虚拟现实仿真平台 Cybertron- Zero

等测试平台，其中 Waymo 在谷歌打造的虚拟城市“Carcraft”放置了 25000 辆虚拟测试车，每天都可以虚拟行驶 25 亿英里。虚拟仿真测试是提高目前自动驾驶技术开发速度的关键工具，也是验证产品和证明其安全的必要工具。

2. 硬件与实车在环仿真测试技术

硬件在环测试是智能网联汽车控制系统研发过程中的关键环节，能在台架试验和道路试验前对控制系统功能进行验证，能够有效缩短控制系统开发周期。搭建一个智能网联汽车控制系统硬件在环测试系统，对整车控制器和部件控制器进行硬件在环测试。比较控制策略测试用例自动生成方法，利用遗传算法对智能网联汽车控制策略自动生成测试用例，提高了开发效率。

硬件在环仿真测试系统主要由三部分组成：硬件平台、实验管理软件和实时软件模型。该系统以实时处理器运行仿真模型来模拟受控对象的运行状态，通过 I/O 接口与被测的 ECU 连接，对被测 ECU 进行全方面的、系统的测试。从安全性、可行性和合理的成本上考虑，硬件在环测试已经成为汽车 ECU 开发流程中非常重要的一环，减少了实车路试的次数，缩短开发时间和降低成本的同时提高 ECU 的软件质量。

智能网联汽车实车在环测试是借助虚拟现实数据生成、传输与交互技术，模拟智能网联汽车在真实道路环境行驶，并通过概率分布的危险场景强化模拟方法，通过测试案例动态自适应，实现自适应加速测试，从而在保证测试结果准确性的基础上，大幅节约测试时间和成本；同时，通过实车在环测试一方面给虚拟测试提供了验证结果，另一方面为实际道路测试提供了较为真实的参考数据，具有积极推动意义。

3. 场地测试

智能网联汽车在开展公共道路测试前，需通过场地测试以验证其自动驾驶系统是否满足功能要求、安全要求和可靠要求。从功能安全性角度来说，封闭场地测试内容包含常规的功能测试（起步、加速、制动、停车）、传感器测试等；从可靠性角度来说，只有通过大量的重复性试验、极端环境下的稳定性试验，才能验证自动驾驶系统的稳定性。

通过开展测试场地测试，能够最大程度降低智能网联汽车开展公共道路测试时所面临的安全风险，保障测试主体和其他交通参与者在测试过程中的安全。

1）测试场地建设现状

为了促进智能网联汽车技术的发展，中国相关部委、省市人民政府的相关部门也在积极推动测试基地的建设。国内对于智能网联汽车测试试验场及示范区在规划建设时主要考虑对满足智能网联汽车的研发试验需求和安全认证测试两方面。

基于研发需求设计的试验场地的建设主要以推动智能交通、智能网联技术及自动驾驶产业发展为目的。主要建设以封闭测试场为主，在测试场景的设计、测试所需的配套设施建设方面主要考虑对智能网联技术功能性的重复试验与验证，以满足智能网联汽车系统的再学习与深度优化等的开发需求；基于测试认证方面的测试场地在建设的过程中，主要以验证智能网联汽车的安全运行能力为主。测试场景在设计方面需结合中国城市道路、国省道、高速公路等的通行需求与交通特点，主要针对智能网联汽车、系统整体的安全运行能力与逻辑进行评估，以确保智能网联汽车上公共道路后能稳定与安全的运行。

目前，国内有多家自动驾驶测试场地建成投入使用，如上海国家智能网联汽车示范园、i-VISTA（Intelligent Vehicle Integrated Systems Test Area）智能汽车集成系统试验区、北京海淀测试基地、智能网联汽车封闭测试基地（北京、长安、重庆）等，并且有多家正在建设及规划建设的自动驾驶测试基地有无锡国家智能交通综合测试基地、北京亦庄国家智能汽车与智慧交通（京冀）示范区等，如图 1 和图 2 所示。

图 1　上海示范区功能布局

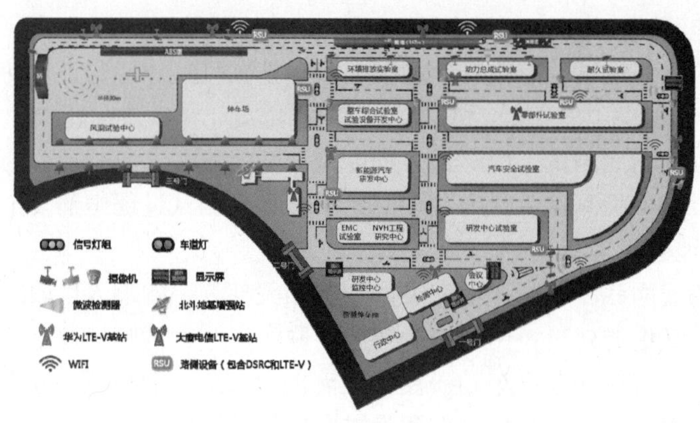

图 2　I-VISTA 城市模拟区域

（1）国家智能交通综合测试基地。2017 年 8 月，国家智能交通综合测试基地成立，由公安部交通管理科学研究所负责建设和运营管理，是中国首个面向智能网联汽车上路行驶考试和安全评估的测试场。测试基地位于无锡市滨湖区，规划面积（一期）为

0.26 平方千米，2 年内扩展至 0.31 平方千米，封闭测试道路总长 3.53 千米。目前，该基地处于建设阶段。

封闭测试场分为公路测试区、多功能测试区、城市街区、环道测试区和高速测试区，可模拟城市场景、乡村山路场景、高速公路场景，如图 3 所示。

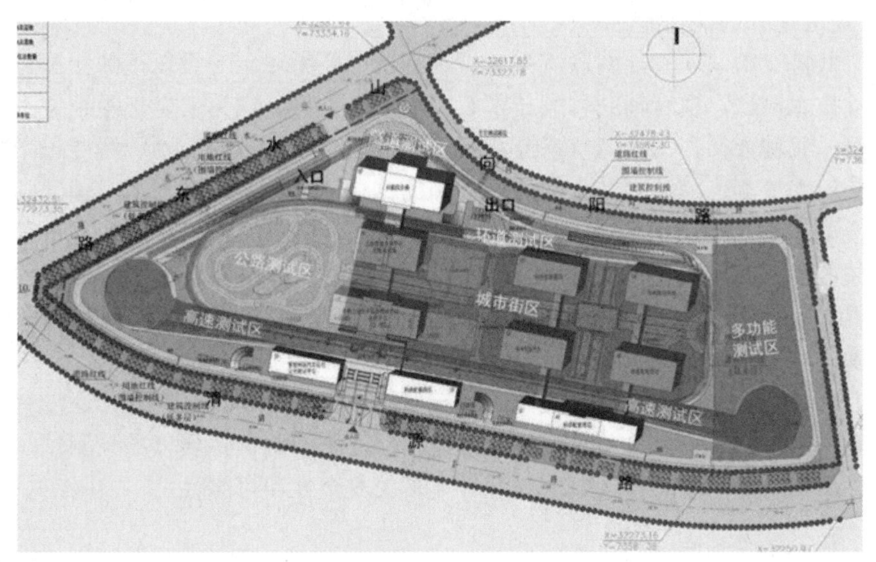

图 3　国家智能交通综合测试基地场地布局

（2）智能汽车与智慧交通产业创新示范区（亦庄）。2016 年 1 月，工信部、北京市人民政府和河北省人民政府三方签署合作协议，确定自 2016—2020 年，将在北京亦庄经济技术开发区全面建成智能汽车与智慧交通产业创新示范区，以开展绿色用车、智慧路网、智能驾驶、便捷停车、快乐车生活、智慧管理 6 大应用示范。

由北京千方科技股份有限公司牵头成立了北京智能车联产业创新中心，将在亦庄建成占地 650 亩的国家级智能网联汽车封闭测试场，该测试场可模拟特大城市的复杂交通场景，方便业内企业对车联网汽车的上路运营进行测试。

2）场地测试内容

参照工业和信息化部、公安部、交通运输部 3 部委共同发布的《智能网联汽车道路测试管理规范（试行）》，在管理规范中，智能网联汽车在场地开展测试内容主要有以下几方面：

（1）基本交通管理设施检测与响应能力测试，测试内容包含《GB 5768 道路交通标志和标线》《GB 14887 道路交通信号灯》《GB 14886 道路交通信号灯设置与安装规范》等标准要求的道路交通设施种类和安装规范等内容。

（2）前方车道内动静态目标（机动车、非机动车、行人、障碍物等）识别与响应能力测试，测试内容包含感知识别不同目标（非机动车、行人、障碍物）的类型和状态、跟随不同交通参与者（机动车、非机动车、行人）行驶、车速车距控制等内容。

（3）遵守规则行车能力测试，测试内容应包含超车、并道、通过交叉口等内容。

（4）安全接管与应急制动能力测试，测试内容应包含靠边停车与起步、应急车道内停车、人工接管等内容。

（5）综合能力测试，综合考察智能网联汽车对交通语言认知能力、安全文明驾驶能力、复杂环境通行能力、多参与对象协同行驶能力、网联通信能力等内容。

3）场地现有测试功能

（1）低等级测试。智能网联汽车低等级测试主要指 PA 等级以下的测试，主要是辅助驾驶技术测试，现有辅助驾驶技术有车道偏离预警、汽车安全车距预警、行人防碰撞预警、驾驶人行为与疲劳状态监测技术、道路交通标志的识别、智能车路协同、汽车轮胎压力检测、辅助制动、智能泊车辅助、自适应巡航等技术，对辅助驾驶技术的检测主要参照现行的标准对 ADAS 产品进行相关性能的测试。例如，对车道偏离预警系统的测试时，利用差分 GPS 设备对车辆的基本运动轨迹进行监控，利用运动分析装置对车辆的行驶速度进行校验，并利用电子地图记录车辆的行驶过程，对比标准要求确定评判结果。

（2）高等级测试。智能网联汽车 CA 等级以上测试为高等级测试，还没有可参考的标准及相关测试规程，目前对高等级智能网联汽车的测试主要以场景测试，主观评价为主，考察智能网联汽车在复杂交通环境下的安全性和可靠性。

4. 实车道路测试

2017 年 12 月，北京市制定发布了《北京市关于加快推进自动驾驶车辆道路测试有关工作的指导意见（试行）》和《北京市自动驾驶车辆道路测试管理实施细则（试行）》两个文件，规范推动智能网联汽车的实际道路测试。目前上海、广东、深圳等省市以及工信部、公安部和交通运输部联合发布了道路测试的管理规范指导文件，智能网联汽车研发企业可在规定测试区内开展实车道路测试与验证。但开展实车道路测试，存在较大问题，主要有：一是复杂道路环境带来的挑战，中国道路环境和交通构成相对复杂、机动车驾驶人驾驶行为多样化；二是智能网联汽车和人工驾驶汽车混行带来的挑战，智能网联汽车如何正确感知其他车辆，正确识别外界声光信号，及时向外界发出声光信号，实现与人工驾驶汽车的有效协同并行。

智能网联汽车道路测试，目前还处在摸索阶段，如何保障传统驾驶汽车与其他交通参与者的安全，在技术和法律层面未有明确的解决方案和规定。由于混合了传统驾驶汽车及其他交通参与者，提高智能网联汽车道路通行过程中的复杂性程度，导致智能网联汽车在测试道路上安全行驶的不确定因素上升，增加了产生道路交通事故的风险。

三、发展趋势

智能网联汽车的发展，是通信与人工智能的高度集成运用。随着技术的成熟和应用,智能网联汽车将会改变现有的交通体系和人们的出行方式。在智能网联汽车商业进程中，智能网联汽车测试技术是保障智能网联汽车运行安全重要手段。研究和制订完善智能网联汽车测试技术和相应评价体系建设，有助于加快智能网联汽车的商业化进程。

对智能网联汽车测试而言，与传统汽车测试有较大的不同。除了目前进行的静态传感器标定之外，还需要对系统进行功能测试。此外，需要更多的测试标准和测试设备，未来的智能网联汽车测试技术需要更加灵活、可扩展的测试方案，未来的汽车将能够完全自动地通过试验台，测试无须任何操作人员，并且可以自动进行调整。

保障智能网联汽车的运行安全，是测试技术的目标，现有测试技术，例如，虚拟仿真测试、硬件与实车在环仿真测试、场地测试以及道路测试等，单一的测试都不能够保证智能网联汽车的运行安全，多种测试技术融合与标准化是未来测试技术发展的方向。

（撰稿：侯德藻）

第三章

重点科技成果

2017 年国家科学技术奖

一、技术发明奖

1. 智慧协同网络及应用

主要完成人：张宏科、杨　冬、江　华、董　平、谢大雄、王志全。

主要完成单位：北京交通大学、中兴通信股份有限公司、神州高铁技术股份有限公司。

2. 远海域定位导航与通信融合关键技术

主要完成人：邓中亮、路　骏、刘　雯、崔银秋、赵延平、陈典全。

主要完成单位：北京邮电大学、北京华力创通科技股份有限公司、上海达华测绘有限公司、上海华测导航技术股份有限公司、厦门雅迅网络股份有限公司。

3. 飞机电液自馈能刹车装置与防滑控制新技术

主要完成人：焦宗夏、尚耀星、刘劲松、黄　佑、王鸿鑫、王红玲。

主要完成单位：北京航空航天大学、西安航空制动科技有限公司、中国航空工业集团公司成都飞机设计研究所、中国商用飞机有限责任公司上海飞机设计研究院。

二、科学技术进步奖

1. 复杂路网条件下高速铁路列控系统互操作和可靠运用关键技术及应用

主要完成人：唐　涛、蔡伯根、闻映红、莫志松、董海荣、徐　悦、李开成、杨世武、何春明、赵林海。

主要完成单位：北京交通大学、北京和利时系统工程有限公司。

2. 蛟龙号载人潜水器研发与应用

主要完成人：徐芑南、刘　峰、崔维成、胡　震、朱　敏、王晓辉、刘　涛、吴崇建、李向阳、侯德永、叶　聪、杨　波、刘开周、余建勋、刘　军。

主要完成单位：中国船舶重工集团公司第七〇二研究所、中国大洋矿产资源研究开发协会、中国科学院沈阳自动化研究所、中国科学院声学研究所、中国船舶重工集团公司第七〇一研究所、中国海监第一支队、河南新太行电源股份有限公司、北京长城电子装备有限责任公司、浙江大学、国家深海基地管理中心。

3. 高铁列车用高可靠齿轮传动系统

主 要 完 成 人：王文虎、石照耀、阙红波、吴 刚、靳国忠、李 枫、吴成攀、王文涛、周 斌、王奉涛。

主要完成单位：中车戚墅堰机车车辆工艺研究所有限公司、大连理工大学、北京工业大学。

2017年度中国智能交通协会科学技术奖

一等奖
（排名不分先后）

1. 智能车路协同系统仿真方法与测试验证应用关键技术

主要完成人：蔡伯根、张　毅、上官伟、胡坚明、王　剑、刘　江、姜　维、裴　欣、陆德彪、张　佐、张金宝、王忠立、赵林海、曹鹤飞、梁　坤。

主要完成单位：北京交通大学、清华大学。

2. 车辆自组织网络关键技术及应用

主要完成人：田大新、戎　辉、段续庭、鹿应荣、张　微、周建山、郭　蓬、于海洋、鲁光泉、余贵珍、康　璐、何　佳、马晓磊、陈　鹏、丁　川。

主要完成单位：北京航空航天大学、中国汽车技术研究中心。

3. 智慧高速公路多维感知与主动管控关键技术及应用

主要完成人：张纪升、李　斌、刘　军、秦　勇、孙晓亮、周学松、徐　峰、谭毅华、张　凡、牛树云、刘鸿伟、宋　飏、赵　丽、董宏辉、张　利。

主要完成单位：交通运输部公路科学研究所、北京交通大学、河南高速公路发展有限责任公司驻信改扩建项目部、华中科技大学、北京中交国通智能交通系统技术有限公司。

二等奖
（排名不分先后）

1. 基于人—车—路（环境）协同的山区复杂道路驾驶行为动态决策模型及应用

主要完成人：徐　进、邵毅明、彭金栓、吴国雄、罗　庆、赵　军、杨　奎、毛嘉川、徐　磊、陈　坚。

主要完成单位：重庆交通大学、中铁二院工程集团有限责任公司、四川省铁路产业投资集团有限责任公司、重庆建筑工程职业学院、西南交通大学。

2. 深圳综合交通大数据集成关键技术与应用

主要完成人：张晓春、段仲渊、丘建栋、林　涛、李　锋、宋家骅、邵　源、庄立坚、赵再先、吕国林。

主要完成单位：深圳市城市交通规划设计研究中心有限公司。

3. 面向城市多层级交通协同监管的综合运行协调体系构建技术研发与应用

主要完成人：赵新勇、彭　闽、舒　亚、宋　延、吕　超、贾春华、冀　东、王锐锋、何　俊、林　森。

主要完成单位：北京易华录信息技术股份有限公司、武汉市交通经济技术信息中心、北京高诚科技发展有限公司。

4. 城市智慧停车管理与服务关键技术及集成应用

主要完成人：戴　帅、张晓春、陆　建、刘金广、刘寒松、陈　琳、赵琳娜、吕国林、李翔敏、田　锋。

主要完成单位：公安部道路交通安全研究中心、深圳市城市交通规划设计研究中心有限公司、青岛松立软件信息技术股份有限公司、东南大学、武汉市公安局交警支队、西图自动控制（上海）有限公司。

5. 基于物联网的市政交通设施管理与服务关键技术研究

主要完成人：张　孜、谢海涛、朱凤华、刘　坚、俞忠东、戴宇聪、黄钦炎、黄武陵、田　滨、于洁涵。

主要完成单位：广州交通信息化建设投资营运有限公司、北京航天智通交通科技有限公司、中国科学院自动化研究所。

6. 移动互联交通大数据融合理论与交通态势仿真评估

主要完成人：陈喜群、夏莹杰、蒋萌青、单振宇、陈才彪、张帅超、汪　超、张　帆。

主要完成单位：浙江大学、杭州远眺科技有限公司、杭州师范大学、台州市治理城市交通拥堵工作领导小组办公室。

7. 湘西旅游公路运营安全管理与移动预警指挥系统研究

主要完成人：郭忠印、李志勇、方　勇、吴　欣、宋灿灿、郑祖恩、柳本民、杨　轸、孙　倩、周子楚。

主要完成单位：同济大学、湖南省交通科学研究院有限公司。

8. 地面公交智能调度与出行服务关键技术及应用

主要完成人：杜　勇、于海涛、李　想、孙　蕊、肖冉东、杨　雪、刁树党、钟　园、黄　坚、黄建玲。

主要完成单位：北京市交通信息中心、北京航空航天大学、北京化工大学、北京祥龙公交客运有限公司。

9. 复合型城市公交系统优化理论与协调组织方法

主要完成人：于　滨、姚宝珍、张明恒、杨忠振、单文轩、彭子烜、张　柳、陈　超。

主要完成单位：大连海事大学、大连理工大学。

10. 城市轨道钢轨打磨智能化分析处理技术及装备

主要完成人：赵 剑、张 松、蔡 浩、戴 飞、安进宝、王 维、杨淑芳、刘福春、郝 云、曾 波。

主要完成单位：中车北京二七机车有限公司。

11. 时速200千米城际铁路动车组自动驾驶系统

主要完成人：朱少彤、赵 阳、易海旺、孟军 、徐效宁、刘晓斌、高尚勇、王建英、郑理华、郜洪民。

主要完成单位：中国铁道科学研究院通信信号研究所、北京市华铁信息技术开发总公司、国家铁路智能运输系统工程技术研究中心。

12. 对流天气对珠三角地区空域容量影响的研究

主要完成人：吴晓宏、许 蓉、曹 正、康 博、黄奕铭、缪志新、肖海平、郑炳智、张 鑫、刘 峰。

主要完成单位：中国民用航空中南地区空中交通管理局。

13. 中国民航班机航线智能管理系统关键技术及应用

主要完成人：蔡开泉、于 志、王 鹏、王 然、张俊杰、熊 林、何宛宛、李林灿、王洁宁、郭 旻。

主要完成单位：北京天航信民航通信网络发展有限公司、北京航空航天大学、中国民用航空局空中交通管理局、中国民航大学。

14. 基于量化模型的智能空中交通管制运行管理技术研究与应用

主要完成人：程延松、陈 甫、裴锡凯、吴振亚、周自力、张建平、薛 康、李 锐、向 东、吴向阳。

主要完成单位：中国民用航空总局第二研究所、成都民航空管科技发展有限公司。

三等奖
（排名不分先后）

1. 城市道路过饱和交通控制关键技术研发与应用

主要完成人：袁满荣、张水潮、王志建、管 青、郑淑晖、毕 鑫、陈 智。

主要完成单位：昆明市公安局交警支队、宁波工程学院、北方工业大学。

2. 澳门公交智能信息化系统

主要完成人：赖健豪、司徒伟明、郑国谋、黎贤华、石 健、雷 剑、陈 凯。

主要完成单位：澳门交通事务局、中国电信（澳门）有限公司。

3. 基于智慧停车系统的静态交通综合评估技术研究与应用

主要完成人：高杨斌、谭永朝、裴洪雨、罗 曦、周 韬、王 娜、陈 杰。

主要完成单位：杭州市综合交通研究中心。

4. 基于物联网的智能交通信号控制机

主要完成人：梁子君、张　莉、岳彩林、陈发钢、杨志华、李红涛、王玉梅。

主要完成单位：安徽科力信息产业有限责任公司。

5. 基于移动互联的跨领域运输行业综合监管服务技术与应用

主要完成人：陶文宪、刘文韬、翁剑成、孙宇星、秦　勇、徐　硕、董玉强。

主要完成单位：北京市运输管理技术支持中心、北京工业大学、北京交通大学。

6. 国家主干道路交通监测、态势研判及安全预警关键技术及示范应用

主要完成人：刘　君、孙广林、曹　泉、胡伟超、徐炅旸、温安平、王　辰。

主要完成单位：公安部道路交通安全研究中心、深圳市哈工大交通电子技术有限公司、深圳市凯立德科技股份有限公司。

7. 面向驾驶人个体倾向的生态驾驶行为评判与差别化反馈技术及应用

主要完成人：赵晓华、伍毅平、陈　晨、姚　莹、张云龙、边　扬、翁剑成。

主要完成单位：北京工业大学、中国航天系统工程有限公司、北京金银建科技发展有限公司。

8. 基于SOA架构的列车调度指挥系统安全控制平台

主要完成人：王建英、陈建译、王　涛、张　涛、宋鹏飞、赵宏涛、袁志明。

主要完成单位：中国铁道科学研究院通信信号研究所、国家铁路智能运输系统工程技术研究中心。

9. 基于工控平台与应急联动Web技术的城市轨道交通线网指挥中心系统

主要完成人：张　铭、王石生、白　丽、刘阳学、高　凡、曹鸿飞、夏德春。

主要完成单位：中国铁道科学研究院电子计算技术研究所、北京经纬信息技术公司。

10. 终端区多元监视覆盖分析和优化选址技术研究

主要完成人：齐　鸣、程延松、李　光、李　锐、张宝江、陆松涛、祝　亮。

主要完成单位：民航局空管局技术中心、成都民航空管科技发展有限公司。

11. 天气雷达气象数据在空管自动化系统的融合显示

主要完成人：赫　强、丁立平、王　冰、席玉华、张立庆、张建军、韩志平。

主要完成单位：中国民用航空华北地区空中交通管理局、南京莱斯信息技术股份有限公司。

12. 高密度机场复杂终端区空中交通拥堵预先感知及智能化疏导技术研究与应用

主要完成人：慕　阳、严勇杰、李印凤、傅子涛、阮　昌、孟维峰、刘兵岩。

主要完成单位：中国民用航空华北地区空中交通管理局、中国电子科技集团公司第二十八研究所。

2017年中国公路学会科学技术奖

一等奖

1. 川藏公路南线雪崩形成机制与雪崩启动监测预警技术

主要完成人：杨天军、程尊兰、刘晶晶、肖殿良、王　东、田金昌、刘建康、苏鹏程、尹彦东、蔡　赫、喻光勇、赵　鑫、丁海涛、邓明枫、姜元俊。

主要完成单位：交通运输部科学研究院、中国科学院、水利部成都山地灾害与环境研究所、西藏自治区交通工程质量安全监督局。

2. 绿色降解功能型路面材料研发与应用

主要完成人：钱国平、秦志斌、陈传盛、赵文秀、巨锁基、何忠明、梁富会、汪　伟、于　颖、吴小恋、周大垚、康可心、郑　凯、李　尧。

主要完成单位：长沙理工大学、广州市道路工程研究所。

3. 快速道路主动交通安全设计与调控技术及应用

主要完成人：刘　攀、李志斌、张纪升、徐铖铖、陈　飞、王　昊、丁建明、李　捷、胡晓健、李　斌、杨　敏、陆正峰、张文浩、李宏海、范婧婧。

主要完成单位：东南大学、交通运输部公路科学研究所、江苏宁沪高速公路股份有限公司、东南大学建筑设计研究院有限公司。

4. 基于物联网的城市智能交通关键技术研究与应用

主要完成人：俞忠东、王飞跃、张　孜、赵子毅、朱凤华、于洁涵、姚育章、刘　娜、王东柱、王建民、狄小峰、刘　坚、陈　琨、谢海涛、黎　强。

主要完成单位：广州交通信息化建设投资营运有限公司、交通运输部科学研究院、中国科学院自动化研究所、交通运输部公路科学研究所、交通运输部规划研究院、北京超图软件股份有限公司、北京中交华联科技发展有限公司。

5. 新时期交通运输智能化发展策略及路径研究

主要完成人：李　斌、徐志远、李宏海、王笑京、陈　琨、曹剑东、陈　跃、祝宏宇、郭　杰、高　剑、章稷修、孙振填、张纪升、洪晓龙、凤振华。

主要完成单位：交通运输部公路科学研究所、交通运输部规划研究院、交通运输部科学研究院。

二等奖

1. 基于LoRa与流式大数据技术的境外跨海大型桥梁结构监测研究

主要完成人：李　娜、刘芳亮、毛幸全、孙小飞、李宏哲、马　骎、刘志强、崔营营、李小龙、李文云。

主要完成单位：中交公规土木大数据信息技术（北京）有限公司、中交公路规划设计院有限公司。

2. 高速公路隧道车辆运行风险全息智能管控技术研究

主要完成人：韩　直、李海鹰、付立家、陈晓利、钟　东、王少飞、马　璐、周广振、史玲娜、涂　耘。

主要完成单位：招商局重庆交通科研设计院有限公司、重庆高速公路集团有限公司、南京长江隧道有限责任公司。

3. 震后绵茂公路建设关键技术研究

主要完成人：王家强、李大鹏、姚海林、谷柏森、张大琦、杨　扬、骆行文、刘学增、杨明亮、张泽明。

主要完成单位：苏交科集团股份有限公司、中国科学院武汉岩土力学研究所、同济大学、四川绵茂公路建设投资有限责任公司。

4. 滇东北高速公路特长纵坡和桥隧群区交通安全关键技术研究

主要完成人：张贤康、陈绍辉、韩　晖、廖军洪、苏天明、赵娜乐、粟海涛、李长城、陈发本、文　涛。

主要完成单位：云南省公路科学技术研究院、交通运输部公路科学研究所、云南麻昭高速公路建设指挥部、陆地交通气象灾害防治技术国家工程实验室、北京中交华安科技有限公司。

5. 生态环保型沥青路面冰雪自融技术开发与应用

主要完成人：郑木莲、王小勇、滕厚军、李宜锋、王　洁、王崇涛、郭　洁、栗培龙、赵　磊、冯振刚。

主要完成单位：长安大学、河南省交通运输厅京珠高速公路新乡至郑州管理处、日照市公路管理局。

6. 基于物联网的公路网运行状态监测与效率提升技术

主要完成人：周海涛、王晓曼、曹　沫、韩文元、陶　圣、朱立伟、黄海涛、蒋海峰、阮　驰、李关寿。

主要完成单位：交通运输部科学研究院、交通运输部公路科学研究所、交通运输部规划研究院、招商局重庆交通科研设计院有限公司、长安大学、重庆高速公路集团有限公司、中国科学院西安光学精密机械研究所。

7. 基于综合交通的公路主通道交通需求预测与交通组织关键技术及应用

主要完成人：席广恒、魏 军、王 炜、孙玉武、李晓白、王 昊、徐铖铖、李晓伟、姚宏伟、田晓燕。

主要完成单位：辽宁省交通规划设计院有限责任公司、东南大学、南京全司达交通科技有限公司、国家发改委综合运输研究所、交通运输部公路科学研究所。

8. 中国快速公共汽车交通系统（BRT）成套技术研究

主要完成人：吴洪洋、郭 忠、刘好德、李振宇、王吉生、田春林、陈徐梅、尹怡晓、赵海宾、尹志芳。

主要完成单位：交通运输部科学研究院、同济大学、长安大学。

9. 公路一体化动态称重装置关键技术研发与示范应用

主要完成人：孙传姣、张英杰、刘志强、张家庆、杨 勇、李 溯、白如月、李 源、张 旭、王鼎媛。

主要完成单位：交通运输部公路科学研究所、北京盘天新技术有限公司。

10. 我国货物多式联运发展战略与政策研究

主要完成人：谭小平、李彦林、王 娟、甘家华、丁文涛、汪 健、范文姬、马衍军、林 坦、魏永存。

主要完成单位：交通运输部规划研究院、交通运输部科学研究院、交通运输部水运科学研究院、交通运输部公路科学研究所、中国铁道科学研究院。

11. 公路水路交通运输节能减排规划“十三五”重大问题研究

主要完成人：欧阳斌、凤振华、郭 杰、毕清华、方 海、伊文婧、张海颖、卞雪航、张 琦、曹子龙。

主要完成单位：交通运输部科学研究院、国家发展和改革委员会能源研究所。

三等奖

1. 基于“互联网+”的智能桥梁监测技术研究

主要完成人：薛 海、陈贵海、姜培源、易银宝、张久洪。

主要完成单位：江苏省南京市公路管理处、南京智行信息科技有限公司、江苏省南京市公路管理处公路科学研究所。

2. 基于物联网的隧道施工安全质量过程控制关键技术

主要完成人：孙铁军、项庆明、袁广学、张晓勇、李 杰。

主要完成单位：温州信达交通工程试验检测有限公司、北京中交睿达科技有限公司、长安大学、陕西交通技术咨询有限公司。

3. 沥青路面绿色安全功能提升关键技术及工程应用

主要完成人：罗　桑、吴逸飞、钟　科、俞文生、陈　飞。

主要完成单位：重庆建工集团股份有限公司、交通运输部公路科学研究所、东南大学、江西省高速公路投资集团有限责任公司、河北省高速公路曲港筹建处。

4. 高速公路路面定期检测数据规范化分析体系研究

主要完成人：李　炎、林　森、王丽健、阙家奇、董晓梅。

主要完成单位：浙江省交通集团检测科技有限公司。

5. 公路工程施工全过程高精智能管控技术研发与应用

主要完成人：张立早、周　进、蒲　政、白炳东、张丽丽。

主要完成单位：江苏省交通运输厅公路局、江苏东交工程设计顾问有限公司、苏交科集团股份有限公司、浙江省交通投资集团有限公司、江苏省交通工程建设局。

6. 基于手机信令路网运行监测与出行信息服务关键技术研究及示范应用

主要完成人：萧　赓、王　虎、金蓓弘、郝　盛、崔艳玲。

主要完成单位：交科院（北京）交通技术有限公司、交通运输部路网监测与应急处置中心、中国移动通信集团福建有限公司厦门分公司、中国科学院软件研究所、集美大学。

7. 基于多平台融合技术的路网监测和应急指挥调度系统建设项目

主要完成人：曲　卓、王　菁、于宏志、刘春来、付晓亮。

主要完成单位：辽宁省交通厅通信信息总站、辽宁艾特斯智能交通技术有限公司。

8. 基于物联网、视觉融合、环境感知的智能型主动发光标志技术研究

主要完成人：刘　干、邹礼泉、杨诚一、丁柏林、柳　杰。

主要完成单位：南京赛康交通安全科技股份有限公司。

9. 交通运输物流信息交换基础网络与应用服务技术研发及应用

主要完成人：韩海航、魏　凤、葛晓锋、刘志硕、王新宇。

主要完成单位：浙江省交通信息中心、浙江省交通运输物流信息服务中心、北京交通大学、浙江大学、浙江电子口岸有限公司。

10. 交通运输发展白皮书研究

主要完成人：张小文、孙虎成、奉　鸣、徐成光、李占川。

主要完成单位：交通运输部规划研究院。

11. 综合交通运输标准体系研究与制定

主要完成人：孙小年、韩继国、汪　健、姜景玲、王显光。

主要完成单位：交通运输部科学研究院。

12. 城市公共交通智能化系统（APTS）顶层设计及应用

主 要 完 成 人：崔学忠、刘好德、刘向龙、吴忠宜、宜　毛。

主要完成单位：交通运输部科学研究院、北京市交通运行监测调度中心、郑州天迈科技股份有限公司。

13. 公路建设管理体制改革专题研究

主 要 完 成 人：岳福青、王身高、宋琬如、关昌余、丽　萌。

主要完成单位：交通运输部规划研究院。

2017年中国汽车工程学会科学技术奖

技术发明奖

一等奖

1. 汽车燃料电池大面积超薄金属双极板设计与精密制造技术

主要完成人：来新民、彭林法、侯中军、方　亮、易培云、蓝树槐。

主要完成单位：上海交通大学、新源动力股份有限公司、上海汽车集团股份有限公司、上海治臻新能源装备有限公司。

二等奖

2. 轮毂电机越野车关键技术

主要完成人：黄　松、吴　森、汪振晓、郑贤文、吴卫星、付　翔。

主要完成单位：东风汽车公司技术中心、武汉理工大学。

科技进步奖

一等奖

1. 城市电动客车平台关键技术研发及产业化

主要完成人：廉玉波、彭　旺、李高林、李　鹏、王洪军、张学斌、吴亿超、秦　宬、李　建、左　杰、董小利、梁红军、黄丰收、纪绪北、张见斌。

主要完成单位：比亚迪汽车工业有限公司。

2. 结构共用型汽车智能驾驶辅助系统技术及产业化应用

主要完成人：李克强、罗禹贡、李升波、王建强、杨殿阁、邓　博、黄少堂、席忠民、韦　勇、廖鸿胡、陈卫强、刘强生、文　旭、王文军、许　庆。

主要完成单位：清华大学、苏州智华汽车电子有限公司、广州汽车集团股份有限公司、上汽通用五菱汽车股份有限公司、厦门金龙联合汽车工业有限公司。

3. 汽车轻量化技术协同创新模式研究及成功实践

主要完成人：张　宁、王智文、刘　波、吴成明、谢文才、高新华、蒋　鸣、王利刚、万鑫铭、王　勇、王登峰、金建伟、刘　强、陈云霞、王华武。

主要完成单位：中国汽车工程学会、重庆长安汽车股份有限公司、浙江吉利控股集团有限公司、一汽轿车股份有限公司、奇瑞汽车股份有限公司、东风商用车有限公司、中国汽车工程研究院股份有限公司、吉林大学、宝山钢铁股份有限公司、西南铝业（集团）有限责任公司。

二等奖

1. 四驱插电式混合动力乘用车关键平台技术研发及产业化

主要完成人：廉玉波、赵炳根、凌和平、钟益林、李高林、廖银生、杨　峰、张惠林、喻生华、丘国维。

主要完成单位：比亚迪汽车工业有限公司。

2. 智能高效环保汽车制造工程化技术研究与应用

主要完成人：詹松光、黄永生、袁昊博、李朝亮、陈国晓、刘宇飞、常　春、文卓展、黄嘉铭、王军超。

主要完成单位：广汽本田汽车有限公司。

3. 自动变速箱控制系统开发

主要完成人：王振锁、杨　庆、历宝录、陈子顺、钱贾敏、薄云东、江明辉、范　杰、李淑英、陈宇清。

主要完成单位：联合汽车电子有限公司。

4. 汽车自动变速器关键共性技术及产业化应用

主要完成人：赵　韩、尹良杰、黄　康、邱明明、叶远龙、江　昊、郑海兵、方志勤、段继强、吴其林。

主要完成单位：合肥工业大学、安徽江淮汽车集团股份有限公司、奇瑞汽车股份有限公司。

5. 神龙乘用车整车系统集成与验证技术体系及关键技术研究

主要完成人：袁汉平、肖利萍、王　新、鲍建勇、李红林、王　健、沈　鲲、黄小捷、王桂荣、赖选华。

主要完成单位：神龙乘用车有限公司。

三等奖

1. 纯电动厢式运输车研发及产业化

主要完成人：李保才、陈俭华、刘朝吉、李世斌、刘　燕。

主要完成单位：东风特汽（十堰）专用车有限公司。

2. NTP 技术低温再生柴油机 DPF 的研究与应用

主要完成人：蔡忆昔、王　静、施蕴曦、李小华、王　军。

主要完成单位：江苏大学。

3. 新能源汽车空调热管理系统创新开发

主要完成人：潘乐燕、王天英、龚伟国、牛凤仙、刘启华。

主要完成单位：上海汽车集团股份有限公司。

4. 汽车 ESC 系统核心技术研发及其应用

主要完成人：杨　财、郑　憨、陈　勇、高　锋、周云平。

主要完成单位：重庆长安汽车股份有限公司。

5. 高端智能化汽车制造工艺开发与应用

主要完成人：臧传福、王　周、尚淑平、赵洋洋、宋国华。

主要完成单位：长城汽车股份有限公司。

6. SUV 整车声品质开发及工程实现

主要完成人：赵伟丰、刘二宝、贾艳宾、靳　豹、陆黔林。

主要完成单位：长城汽车股份有限公司。

7. 基于仿真模型的车身电子控制系统开发技术及应用

主要完成人：张进明、孙　灿、董建设、王东生、崔书超。

主要完成单位：北京汽车研究总院有限公司。

8. 障碍物视觉识别系统研究

主要完成人：于　涛、张峻荧、张成海、张　利、倪洪飞。

主要完成单位：东风商用车有限公司东风商用车技术。

9. 上汽控制器在线刷新系统

主要完成人：史剑晖、林祖庆、万　庆、吕律赋、安成林。

主要完成单位：上海汽车集团股份有限公司。

10. 基于信息融合技术的整车智能制造平台开发与应用

主要完成人：虞　瑾、袁　超、王晓冬、殷伟智、徐　建。

主要完成单位：上汽通用汽车有限公司。

11. 基于中国国情的汽车节能标准法规体系建设与实施

主 要 完 成 人：文宝忠、金约夫、王　兆、郑天雷、保　翔。

主要完成单位：中国汽车技术研究中心、中国第一汽车股份有限公司、重庆长安汽车股份有限公司。

2017 年中国航海学会科学技术奖

一等奖

1. 基于无人平台的遥感定标传感识别与应急保障技术

主要完成人：李　颖、林　沂、刘　瑀、晏　磊、崔　璨、张飞舟、朱雪瑗、谭　翔、侯永超、刘丙新、刘　鹏、陈　澎、白春江、童佳宁、刘志晨。

主要完成单位：大连海事大学、北京大学。

2. 基于大数据的集装箱枢纽港智能服务平台的研发与应用

主要完成人：黄　桁、赵　骏、应　俊、赵　龙、丁　一、范莉青、朱季超、陈　珏、刘鸿锋、杜明媚、严　磊、叶银玲、经兴风、杨　茜、陈　敏。

主要完成单位：上海海勃物流软件有限公司、上海海事大学。

3. 面向水上应急与海事监管的无人机系统关键技术及示范

主要完成人：曹德胜、程　鑫、钟　南、张　戎、邓小明、耿丹阳、马连轶、张海波、李　辉、王永涛、王　翔、桑凌志、田永忠、祁钰茜、李佩嶂。

主要完成单位：中国交通通信信息中心、交通运输部东海航海保障中心连云港航标处、苏交科集团股份有限公司、广东海事局、武汉理工大学、北京航天长峰科技工业集团有限公司、中交信息技术国家工程实验室有限公司、大连海大船舶导航国家工程研究中心有限责任公司。

4. 自动化集装箱码头生产业务管理系统的研发与应用

主要完成人：窦　亮、张祚良、张　蕾、张连钢、耿增涛、刘　迅、杨杰敏、李新照、张　华、李永翠、于凌翠、张显杰、张传军、徐永宁、孔维维。

主要完成单位：青岛港科技有限公司、青岛新前湾集装箱码头有限责任公司。

5. 外海超长沉管隧道安装免精调定位控制技术研发与应用

主要完成人：林　鸣、李一勇、张秀振、尹海卿、刘兆权、张志刚、黄声享、熊金海、杨志强、李冠青、张　超、李　江、王　伟、锁旭宏、孙阳阳。

主要完成单位：中交第一航务工程局有限公司、港珠澳大桥管理局、武汉大学、长安大学、中交公路规划设计院有限公司、中国交通建设股份有限公司。

6. 自动化集装箱码头高速 ARMG 精准定位系统研究与应用

主 要 完 成 人：张连钢、殷　健、吕向东、修方强、张德文、周兆君、秦洪建、李益琴、王心成、栾新刚、王国勇、李书强、邹子青、潘海青、周　钢。

主要完成单位：青岛新前湾集装箱码头有限责任公司、青岛港国际股份有限公司、交通运输部水运科学研究所、青岛港国际股份有限公司港机分公司、瑞泰潘得路铁路技术（武汉）有限公司。

二等奖

1. 多点系泊协同自适应控制关键技术及应用

主 要 完 成 人：张桂臣、樊　成、孙增华、祝小元、耿　鹏、毕　坤、黄志坚、曹　辉、王海燕、陈泰山。

主要完成单位：上海海事大学、上海阜有海洋科技有限公司、南通阜迪电气科技有限公司。

2. 基于北斗/GPS 的国际边境河流船舶可视化导航监控管理系统研究

主 要 完 成 人：唐安慧、耿雄飞、邓明文、陈洲峰、陈　凯、段　明、李仲发、周俊华、李　杰、龚永寿。

主要完成单位：云南省航务管理局、中华人民共和国思茅海事局、交通运输部水运科学研究所、云南省航务管理局职工技协服务部、中国航天工业科学技术咨询公司。

3. 船舶安全监督选船机制研究及其系统开发应用

主 要 完 成 人：胡荣华、陆鼎良、李光辉、卢海珍、陈星森、孙玉杰、钱　雁、李　静、郑文厚、刘雷达。

主要完成单位：中华人民共和国上海海事局、上海贝软信息技术有限公司。

4. 港口能耗在线监测及动态分析优化技术研究与工程应用

主 要 完 成 人：刘磊磊、郭　旭、朱连义、杜　伟、吴培森、朱建华、李国一、曹红强、孙　立、田　腾。

主要完成单位：交通运输部天津水运工程科学研究所、天津港（集团）有限公司。

5. 智能化控制水上溢油处置平台研制

主 要 完 成 人：周尊山、张春昌、安　伟、耿雄飞、宋长友、庄则平、韩　龙、靳卫卫、李东升、姚木林。

主要完成单位：烟台海事局烟台溢油应急技术中心、中海石油环保服务（天津）有限公司、交通运输部水运科学研究所、中国船舶重工集团公司第七〇二研究所、中华人民共和国广东海事局。

6. 绿色交通发展框架及指标体系研究

主 要 完 成 人：王先进、欧阳斌、曹子龙、张海颖、凤振华、邹乐乐、张　毅、毕清华、陈书雪、郭　杰。

主要完成单位：交通运输部科学研究院、中国科学院科技战略咨询研究院。

7. 天津港复式航道智能管控一体化

主 要 完 成 人：程俊康、李国成、张耀伟、刘铁树、张春雨、甄　刚、尹先明、刘　蕊、于军民、郑永春。

主要完成单位：中华人民共和国天津海事局。

三等奖

1. “平安交通”评价指标体系与方法研究

主 要 完 成 人：张　宇、萧　赓、彭建华、郭东尘、苏新国。

主要完成单位：交通运输部科学研究院、苏交科集团股份有限公司、安徽省交通控股集团公司。

2. 航道优化布置设计理论研究与技术应用

主 要 完 成 人：艾万政、丁天明、刘　虎、王家宏、池弘福。

主要完成单位：浙江海洋大学。

2017年中国铁道学会科学技术奖

特等奖

中国机车远程检测与诊断系统（CMD系统）

主要完成人：申瑞源、卢永忠、张大勇、王庆武、王　强、李国华、崔泽伟、龚　利、慕元鹏、汤　军、王　志、乐建炜、容长生、杜志辉、路向阳、雒国成、何鸿云、陈怡堃、张晓彤、赫海泉、淡红升、孙国庆、张红斌、张玉福、杨　帆、杨文冠、罗为东、温剑锋、李　锐、闫志宏、李　波、李宏斌、王玉松、孙得金、单　晟、谯　兵、唐国平、海　洋、王京屹、刘　洋。

主要完成单位：中国铁路总公司运输局机务部、中国铁路信息技术中心、中铁信弘远（北京）软件科技有限责任公司、株洲中车时代电气股份有限公司、河南思维信息技术有限公司、成都运达科技股份有限公司、武汉征原电气有限公司。

一等奖

1. 中国标准动车组列车通信网关及互联互通技术

主要完成人：赵红卫、朱广超、闫迷军、李小勇、黄志平、高　枫、张顺广、郑　斌、李洋涛、黄根生、侯　峰、李申龙、姚　放、夏　菲、孔　元、申　鹏、张晓晋、王童毅。

主要完成单位：北京纵横机电技术开发公司、中国铁道科学研究院机车车辆研究所、高速铁路系统试验国家工程实验室、动车组和机车牵引与控制国家重点实验室。

2. 高速铁路列车调度智能控制关键技术及应用

主要完成人：张　琦、靳　俊、陈　峰、朱少彤、刘大为、曹　玉、王　涛、闫　璐、黄　康、张　涛、宋鹏飞、张　淼、袁志明、许　伟、王子维、宋志丹、刘子源、宋晓丽、张芸鹏、苗长俊。

主要完成单位：北京纵横机电技术开发公司、中国铁道科学研究院机车车辆研究所、高速铁路系统试验国家工程实验室、动车组和机车牵引与控制国家重点实验室。

3. 动车段（所）控制集中关键技术的研究与应用

主要完成人：张　琦、靳　俊、陈　峰、朱少彤、刘大为、曹　玉、王　涛、闫　璐、黄　康、张　涛、宋鹏飞、张　淼、袁志明、许　伟、王子维、宋志丹、刘子源、宋晓丽、张芸鹏、苗长俊。

主要完成单位：中国铁道科学研究院通信信号研究所、北京市华铁信息技术开发总公司、国家铁路智能运输系统工程技术研究中心。

4. CTCS-3级列控无线信道监测系统

主要完成人：蒋文怡、钟章队、莫志松、熊　杰、丁建文、沈洪波、屈　毅、杨　锐、蒋笑冰、林思雨、李旭红、陈　曦、许胜利、王　鑫、席晚秋、陈　乐、张训望。

主要完成单位：北京交通大学、北京市六捷科技有限公司、北京硕达科技有限公司。

二等奖

1. 高速列控车载设备检测系统

主要完成人：蒋笑霜、陈利东、孙素福、吕　瑞、张富春、吕向东、贺　甲、蔡世东、马小伟、郑晓燕、孙鸣蔚、郃献峰、乔　露、景梓涵。

主要完成单位：郑州铁路局电务处、北京中科智汇科技有限公司。

2. 高速铁路牵引所智能巡检系统

主要完成人：侯文玉、刘　方、张永健、陈进跟、马时达、陈　军、王　伟、田旭东、陈劲草、孙元新、黄晓文、吴小刚、施自强、朱思思、沈静娟。

主要完成单位：上海铁路局杭州供电段、浙江国有机器人技术有限公司。

3. 道岔转辙机智能综合监控系统

主要完成人：陈建译、周　荣、肖新辉、钟卫国、刘敏荣、张　宬、彭福延、易　波、王　涛、曾德良、钟志旺、霍向荣、陈胜标、仇永波、杨神林。

主要完成单位：广州铁路（集团）公司电务处、上海邦诚电信技术股份有限公司。

4. 铁路车辆制动性监测系统（TBDS）

主要完成人：张开辉、王斌涛、魏其琼、李育林、吴军武、张立文、顾　恂、陆　智、张志虎、成事毅、罗铁栓、申　波、陈志坚。

主要完成单位：兰州铁路局。

5. 高铁载客列车快件运输组织模式创新研究及应用

主要完成人：刘启钢、齐向春、周凌云、孙志刚、史　宏、叶　飞、丁小东、王丹竹、席江月、杨　杨、时智星、朱　亮、郑　磊、孙文桥、

陈　诚。

主要完成单位：中国铁道科学研究院运输及经济研究所、中铁快运股份有限公司。

6. 铁路工程智能梁场生产管理系统研发及应用

主 要 完 成 人：盛黎明、王同军、王万齐、刘延宏、马明正、王辉麟、陈　亮、王　江、解亚龙、鲍　榴、郭　歌、梁　策、郝　蕊、王志华、钱　进。

主要完成单位：中国铁道科学研究院电子计算技术研究所、郑万铁路客运专线河南有限责任公司、北京经纬信息技术公司、武汉希萌科技有限公司。

7. 高速铁路联调联试及运行试验关键技术及应用

主 要 完 成 人：杨宏图、姚建伟、白　鑫、许　聪、王　峰、娄序淳、魏亚辉、晏兆晋、赵　鑫、刘春雨、冯仲伟、朱　梅、陈东生、左自辉、禹志阳。

主要完成单位：高速铁路系统试验国家工程实验室。

8. 铁路主数据管理平台研发及应用

主 要 完 成 人：李　平、王启东、马建军、刘忠东、史天运、马小宁、谢甲旭、邹　丹、刘彦军、杨连报、刘艺飞、刘　军、吴艳华、王　普、沈海燕。

主要完成单位：中国铁道科学研究院电子计算技术研究所、北京经纬信息技术公司。

9. 基于多模态数据处理及内存计算技术的质量管理系统的开发研究

主 要 完 成 人：柳少华、宋晓文、李永妮、韩毅斌、文　勃、王西山、徐浩翔、李彦林、董绪琪、王腾飞、穆　伟、吴相锦、刘辉辉、尚　铭、吴志强。

主要完成单位：中国青岛四方机车车辆有限公司、中国软件与技术服务有限公司。

10. 轨道车辆虚拟现实平台构建与应用

主 要 完 成 人：张绍东、王广明、王丽丽、郭玉亮、邱利伟、李　颖、魏海洋、母印亨、刘慧君、邵丽云、白彦超、宫洪磊、李　蕊、朱东伟、李　芳。

主要完成单位：中国唐山机车车辆有限公司。

11. DS6-60 安全计算机平台研究

主 要 完 成 人：刘晓东、敖　奇、张夫松、刘　贞、叶　峰、张利峰、赵雪江、张开峰、丁　俐、耿　鹏、邱锡宏、李莹莹、宿秀元、陈代英、邹未栋。

主要完成单位：北京全路通信信号研究设计院集团有限公司、武汉铁路局建设管理处。

12. 铁路数字移动通信系统（GSM-R）设计规范

主 要 完 成 人：王　芳、吴歆彦、周宇晖、魏　炼、李　雪、李　莉、尹福康、

屈　毅、冯　磊、梁铁群、蔺　伟、石　杰、张　驰、张羽白、庞萌萌。

主要完成单位：北京全路通信信号研究设计院集团有限公司、中国铁路经济规划研究院、中国铁道科学研究院。

13. 高速铁路道岔服役状态综合监控关键技术及应用

主要完成人：王　平、王树国、王鹏翔、肖杰灵、徐井芒、秦大勇、钱　坤、赵才友、陈　嵘、赵　平、侯运华、寇东华、王　猛、梁维海、满　毅。

主要完成单位：西南交通大学、中国铁道科学研究院、四川西南交大铁路发展股份有限公司、武汉铁路局。

三等奖

1. 配空过程管理信息系统

主要完成人：李宝旭、佟晓生、陈　阳、孙　健、程铁岩、杨志国、袭祥利、张　践、李　冰、高　欣。

主要完成单位：沈阳铁路局调度所、沈阳铁路局信息技术所、沈阳铁路局运输处。

2. 铁路供电安全监测数据处理中心系统

主要完成人：孙禹文、吕玉恒、周　吉、王志刚、赵佃举、苏雪松、杨　旺、尹彩林、赵培帅、马春莲。

主要完成单位：大秦铁路股份有限公司大同西供电段、成都国铁电气设备有限公司。

3. 动车组随车机械师

主要完成人：柳再茂、安治业、甘先晟、王　斌、张　果、付　翔、彭华东、杨本磊、闫振华、杨　磊。

主要完成单位：武汉铁路局武汉动车段、武汉中科鑫海科技有限公司。

4. 动车组检修影像实时分析自动评价系统

主要完成人：郭光玉、王　强、牛　可、肖　开、董治国、党小刚、戴　昕、赵荣华、王振华、张　刚。

主要完成单位：西安铁路局西安动车段、西安银石科技发展有限公司。

5. 铁路行车作业远程智能监控管理系统

主要完成人：唐　强、李青松、李　宏、曲思源、何会兵、徐叶鹏、赵　铭、李华刚、殷　强、丁炜琪。

主要完成单位：上海铁路局运输处、上海红飞实业有限公司、上海望山电子科技有限公司、上海铁路站场调速技术中心有限公司。

6. 调度集中数据校核系统

主 要 完 成 人：周桂强、胡再贵、赵　军、黄宗庆、程　淼、李　涛、谢庆楚、陆海涛、陈桂明、张　涛。

主要完成单位：南宁铁路局电务处、南宁电务段、卡斯柯信号有限公司。

7. RJS-1 型接触网线路参数测试仪

主 要 完 成 人：傅　祺、何　飞、何祥熙、范　毅。

主要完成单位：成都铁路局供电处、四川瑞峰轨道交通设备有限公司、武汉大洋义天科技股份有限公司。

8. 同频同播铁路无线数字通信系统

主 要 完 成 人：王耕捷、汪红光、雷兴伟、吴兴典、陈晓辉、杨　科、王志平、赵　俊、杜健敏、郭　健。

主要完成单位：昆明铁路局、昆明聚讯科技股份有限公司。

9. 车辆监控设备生产管理信息系统

主 要 完 成 人：乔　雷、胡　波、张建平、高连祥、李　诚、缪锦波、龙传福。

主要完成单位：昆明铁路局、昆明聚讯科技股份有限公司。

10. 铁路三维空间智能选线技术研究及系统开发

主 要 完 成 人：朱　颖、蒲　浩、许佑顶、胡光常、麻丁一、张建锋、刘　威、唐文建、黄义桐、李　伟。

主要完成单位：中铁二院工程集团有限责任公司、中南大学。

11. 城市群城际铁路网规划方法研究

主 要 完 成 人：王争鸣、黄　超、马　驷、陈希荣、张　凌、王　琳、王晓栋、陈军团、刘　苏、胡必松。

主要完成单位：中铁第一勘察设计院集团有限公司、西南交通大学。

12. 高清智能视频监控系统的研发及产业化

主 要 完 成 人：张　涛、杨东涛、邢世阳、沈志忠、杨　栩、蔡宏宇、倪国栋、邹　芳、李洪研、杨天骄。

主要完成单位：中通号通信信息集团有限公司。

第四篇

应用篇

第一章

系统集成及应用

网络预约出租汽车监管信息交互平台建设应用情况

一、建设背景

近年来，随着互联网（含移动互联网）的快速发展，网络预约出租汽车（以下简称“网约车”）通过互联网+实时定位技术，将乘客的时空信息与叫车服务信息通过服务器匹配司机完成出行服务，有效解决了传统出租车经营服务中的信息不对称问题,减少了传统出租车巡游服务的盲目性问题,缓解了乘客“打车难”的问题等,提高了民众出行的便捷性和智能化水平,对于满足社会公众高品质、个性化、差异化出行需求发挥了积极作用。但在快速发展的同时，也暴露出如发展定位不清晰、主体责任不明确、乘客安全和合法权益缺乏保障等问题,严重影响了出租汽车行业市场秩序及社会稳定。

网约车作为交通运输行业的一种新业态，一直是世界各国争议不断的话题，对其监管没有成熟的经验可以参考，可以说是一个世界性的难题。2016 年 7 月 26 日，国务院办公厅出台（《国务院办公厅关于深化改革推进出租汽车行业健康发展的指导意见》(国办发〔2016〕58 号，以下简称《指导意见》)，明确指出要建立政府牵头、部门参与、条块联动的联合监督执法机制和联合惩戒退出机制，建立完善监管平台，强化全过程监管。

为深入贯彻落实深化出租汽车改革相关文件精神，保障改革政策措施的顺利落地实施，规范网络预约出租汽车经营服务行为，保障运营安全和乘客合法权益。按照深化出租汽车改革有关工作部署，2016 年 7 月，交通运输部委托中国交通通信信息中心承担网络预约出租汽车监管信息交互平台建设及运行管理工作。并联合公安部等七部委正式出台《网络预约出租汽车经营服务管理暂行办法》(以下简称《管理办法》)，首次明确了网约车的合法地位，要求具备开展网约车经营的网络服务平台数据库接入出租汽车行政主管部门监管平台，并按照高品质服务、差异化经营的原则，有序发展网约车。

二、建设任务及建设情况

根据《网络预约出租汽车经营服务管理暂行办法》，为适应互联网企业“一点接入，全网服务”的特点，为互联网企业提供便利，同时解决各城市面临的网约车平台数据接入能力不足的问题，决定建设网约车监管信息交互平台，实现网约车平台与各级行业管理部门间数据交互，并为各省、城市提供基本监管模块和客户端，满足各地基本的监管需要。其主要任务包括以下几个方面：

一是建设完善的数据资源库。整合行政许可等行业管理基础数据及网约车平台公司数据，建立基础信息、运营信息、订单信息、定位信息、服务质量信息等数据资源库。

二是建设应用系统。实现网约车平台与各级行业管理部门间数据交互与共享，并依据管理部门相关需求，开发相关功能，满足各级管理部门基本监管需要。

三是配置软硬件支撑系统。利用行业已有密钥管理和安全认证体系，建设统一的认证系统，实现以系统平台和用户权限的统一管理，实现网约车平台数据传输防篡改功能。并采用租用公有云的方式，满足工程建设和试运行期间的运行支撑环境要求。

四是搭建网络及安全系统。租用 100MB 专线带宽与网约车平台连接，租用 120MB 互联网带宽满足与各城市的数据交换和应用服务需求。按照信息安全等级保护三级要求，依托公有云平台提供符合要求的网络信息安全防护系统。

自 2016 年 7 月起，在交通运输部运输服务司的指导下，中心成立了专门的网约车监管平台建设工作组，周密部署，精心组织，狠抓落实，有效整合各方资源，开展多轮次需求调研和软件架构、功能性能设计，于 2016 年 9 月，完成了平台设计和数据接收、处理、分发、存储、展示等全流程的软件功能开发工作，并通过了第三方测评机构组织的测试工作，具备了与网约车平台公司接口联调的条件和向各省、市数据转发的条件，提供了网约车监管的基本必备功能，正式进行试运行阶段，以确保《网络预约出租汽车经营服务管理暂行办法》2016 年 11 月 1 日生效后，平台能够满足各城市对网约车监管工作需要。

经第三方机构测评，网约车监管信息交互平台数据交换系统的处理能力为：基本信息接口每秒可处理 10.8 万条、订单处理接口每秒可处理 11.4 万条、驾驶人定位信息接口每秒可处理 80.655 万条定位信息，满足日均交易量 2369 万笔订单业务的要求，完全可以实时接收并处理、转发目前国内各家网约车平台公司数据。除此之外，系统整体满足安全等级保护三级要求，系统软件部分采用分布式结构设计，硬件部分采用浪潮专有云，后续我们将根据网约车平台公司传输的数据量动态增加系统处理节点，提升处理能力。总的来看，平台公司传多少数据，我们就可以快速、安全地处理多少数据。

三、平台主要功能

网约车监管信息交互平台（见图 1）主要包括动静态信息交换平台、网约车行业运行监管、私人小客车合乘相关服务、数据安全及分析处理等内容，实现与全国性网约车平台公司、各省市自建监管平台的数据交互，满足行业管理部门基本的监管功能要求。

一是动静态信息交换功能。通过部级平台建立与各网约车平台公司的数据对接通道，实时采集各网约车平台公司的静态基础数据和动态运营业务数据。其中，静态基础数据包括车辆、人员及平台公司许可、保险、运价等信息；动态运营业务数据包括订单、车辆轨迹、用户投诉评价等信息。数据采集后，可通过部级平台向各省市自建监管平台转发，满足网约车平台数据库接入出租汽车行政主管部门监管平台的管理要求，同时可为公安、工商、工信等部门联合监管提供数据支撑。

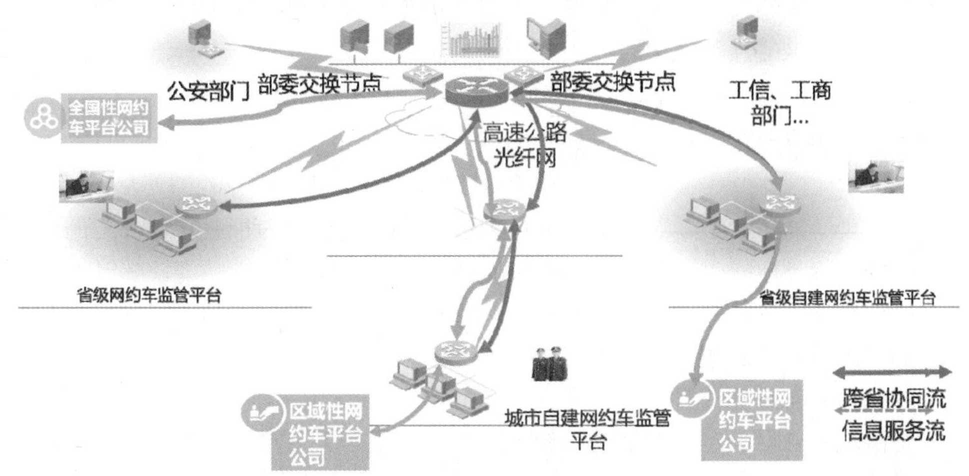

图 1　网约车监管信息交互平台

二是网约车运营监管基本功能。经广泛征求意见，并充分考虑各地交通运输管理部门的实际监管需求，设计开发了网约车运营监管基本功能，满足各地基本的监管需要。包括信息报备与比对核查、车辆定位展示与查询、车辆聚合展示、车辆轨迹查询、特殊车辆查找、超经营区域车辆核查、特定区域车辆异常聚集、服务评价统计等功能，并可对超区域经营车辆，线上提供服务车辆、驾驶人与线下实际提供服务车辆、驾驶人不一致，以及甩客、故意绕道、乱收费等违规行为进行监管。

三是私人小客车合乘相关服务功能。为服务私人小客车合乘信息服务平台和各级行业管理部门，部级平台还提供私人小客车合乘信息采集转发、比对、查询及统计等服务功能。

四是数据安全及分析处理功能。构建了数据认证签名体系，实现了数据防篡改功能，确保了从网约车平台公司数据采集、处理及向各地转发过程中的信息真实可靠。采用大数据分析与处理技术，实现了海量网约车订单和车辆位置数据的多维度存储、统计和分析，为各个业务应用系统提供数据和统计服务接口支撑。

四、平台应用情况

截至 2017 年 12 月，全国平台已与 116 家平台公司完成了数据库接入测试工作。接入包括首汽约车、神州专车、滴滴出行、曹操专车、全在用车、易到等 21 家平台公司进行了数据传输，接收网约车平台传输的车辆信息 320 万，驾驶人信息 339 万，日均接收订单 420 万单。

为做好网约车监管信息交互工作，中国交通通信信息中心优化高速公路光纤网建立了部省间数据传输通道，截至2017年12月，已为填报账号需求的黑龙江、江苏、浙江、湖北、福建、广东、云南等23省市开通2300多个用户账号，并同期开展了与江苏、上海、长沙、武汉、合肥、厦门、杭州、宁波等2个省级、6个市级自建网约车监管平台的数据转发接口联调工作。全国网约车监管信息交互平台已实现向杭州、厦门、武汉、宁波等4个城市自建平台的数据实时转发。

五、综合效益

一是实现了对平台公司、车辆、驾驶人的管理和监督，为行业管理部门的统计决策、加强城市管理等提供科学的数据依据。进而增强了安全监管能力，提升便捷服务水平，推动传统监管思路向“以网管网”思路转变，部门独立监管向多部门大数据协同监管的“互联网+交通监管”转变。实现政府信息监管平台与网约车平台的信息共享、及时跟踪和全过程监管。

二是实现了对网约车运行情况的统筹掌握，实现运营信息、定位信息、突发事件信息、违规信息、服务评价信息、许可审批信息、执法处罚信息等各类信息的采集与共享；实现网约车人车分离监控、跨区经营、站点轮排候客等违规行为辅助分析及研判。

三是实现了各级交通运输主管部门在监督管理处置工作中，纵向（部—省—市—区各级交通运输主管部门之间）、横向（市公安、市工商、市发改、市税务等相关部门之间）信息的互通共享。

四是通过获取网约车平台公司线上车辆运营数据，及时了解行业总体规模、行业运行动态、行业运行异常变化情况，并能及时开展相关监督与管理，使行业运行管理能力有新的提升。

（撰稿：中国交通通信信息中心）

行人过街文明礼让预警技术创新及应用

一、背景介绍

伴随着经济增长和城市化进程的加快以及智能交通技术的飞速提升，新的城市交通基础设施不断投入兴建，车流量呈现高速增长态势，然而行人在道路交通中处于弱势，一旦发生交通事故通常会受到严重伤害甚至死亡，缺乏安全保障措施的出行环境对行人的生命财产安全造成一定的威胁。据统计，2014—2016 三年期间内全国人行横道上共发生交通事故 1.4 万起，造成 3898 人死亡。

公安部出台的《关于进一步加强机动车礼让斑马线和电动自行车通行秩序管理》及《关于江苏省宿迁市治理“中国式过马路”工作经验的通报》指出，在加强对不礼让行为整治的同时，进行交通信号设施的优化设置，明确要在未设置信号灯的斑马线前，增设警示标志、施划提示标线，提醒驾驶人自觉礼让；公安部给中央文明办二局印发《关于建议开展志愿者礼让斑马线文明劝导活动的函》中，建议将机动车礼让斑马线纳入文明城市测评体系，直观的影响公众对于城市精神面貌的评价。

在此现状背景下，智通科技自主研发行人过街文明礼让预警系统，通过主动感知路面行人通行状态，判断道路断面的行人通行需求，即时向往来车辆发送光电预警信息提示减速，避免由于道路周边照明不足、机动车驾驶人夜晚疲劳、视野盲区等情况造成的交通事故，为行人提供切实感受得到的通行安全保障，减轻人车冲突，维护规范有序的道路交通通行秩序。

二、系统设计

智通科技牢固树立“以人为本”理念，大力弘扬“生命至上、安全第一”的原则，着力利用科技提升斑马线交通管理精细化和智能化水平，科学保障全天候的行人过街安全，不断满足人民平安出行需求，为公众提供安全的斑马线过街环境，切实增强人民获得感、幸福感、安全感。

具体来说，智通行人过街文明礼让预警系统将先进的物联感知技术、信号处理、通信等技术加以集成，应用到城市道路交通管理与安全预控领域，以智能化手段构建起连通人、车、路的信息传输线路，为驾驶人提供即时且显著的行人通行提示信息，减少路段、路口车辆抢行事件发生，从而提高行人出行的安全性，辅助交通管理者规范路网内汽车礼让行人的机动车通行行为，推动城市道路交通系统安全、文明、有序、可持续发展。

1. 体系架构

智通行人过街文明礼让预警系统主要包括前端检测器、控制箱和警示装置，其中通过在斑马线两侧布设的前端检测器器对行人等待区及斑马线上行人的状态进行实时检测，当检测到行人即将有或已有过街行为时，触发操作指令将操作指令发送至控制箱，并由控制箱自动控制行人通行警示标志（闪光道钉及 LED 警示牌），达到提示来车方向正有行人过街的预警效果。

同时基于行人数据采集器和网络环境将预警监控信息传输至后端，构建“实时监控—运维管理—设备管理—研判分析”为一体的管理平台，有效辅助当地公安交管部门对于路网关键节点行人过街情况及本系统设备的维护管理。系统总体架构如图 1 所示。

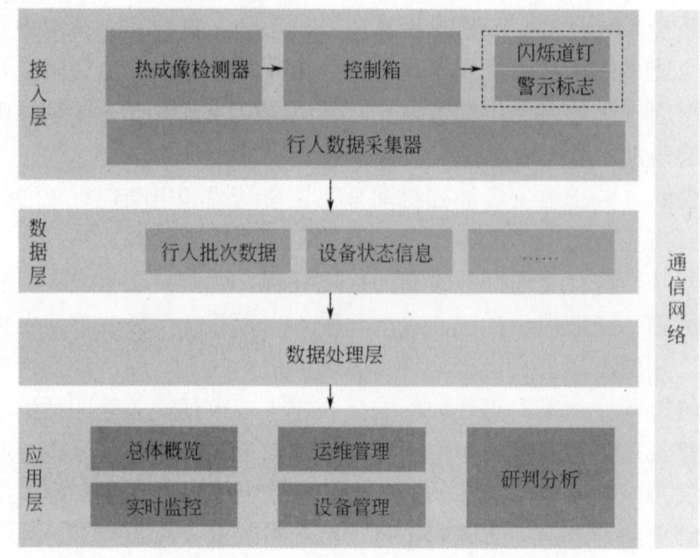

图 1　行人过街文明礼让预警系统总体架构

2. 前端设备

1）热成像检测器

热成像检测器（见图 2）即为行人检测，依靠安装在杆件上的热成像检测器实时采集人行横道线上是否有行人，当人行横道有行人正在过马路或即将步入人行横道线，检测器会智能分析出行人过街行为，并可以提供光电隔离的开关量信号给控制子系统。

图 2　热成像检测器

2）控制箱

当前端热成像检测器检测到有人经过斑马线时，检测器驱动信号控制警示标志及无线控制闪烁道钉或者其他抓拍设备。具体包括：热成像检测器接口板，电源供电模块，无线控制模块，电源输入。

3）警示提示

接收控制子系统的控制信号后，警示提示（太阳能道钉与LED警示牌）立即进入闪烁状态（见图3），使车辆驾驶人在远处就能发现LED闪光从而提示有人通行，主动刺激驾驶人自动降速，同时一旦控制信号结束，道钉和警示牌的闪烁也随之停止。

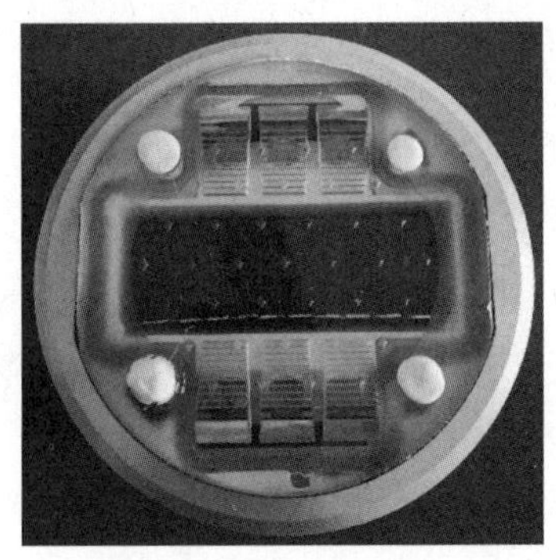

图3　太阳能道钉

3. 后台监管

后台监管（见图4）利用PC端提供远程的运行监测与设备维护、研判分析的管理服务，在满足行人出行安全保障需求的同时，也为交通管理者提供智能化的交通安全治理工具，形成闭环式的解决方案，提升机动车礼让行人交通通行秩序治理成效。

图4　后台监管

三、特色功能

智通行人过街文明礼让预警系统自动检测预警，保障行人过街安全。

1. 人体红外感测

人体红外热成像检测行人通行状态，灵敏度高，抗干扰能力强。

2. 太阳能道钉

埋入式太阳能道钉无线控制，施工工艺简单，避免路面大面积破坏。

3. 双重预警

路面、路侧双重预警手段，满足不同环境下的光电警示需求。

4. 信息引导

通过信息引导手段介入，减少视觉盲点，主动缓解人车冲突。

四、应用场景

1. 无行人过街信号控制路段

如郊县、农村道路、城市外围常见的人流量不均衡、交通事故易发路段。在光线昏暗、照明条件不佳、视野有限的情况下，通过显著的警示标志和路面的闪光道钉，提示驶近的机动车驾驶人适当减速，减少人车冲突降低交通事故率。

2. 学校、企业园区等人流量密集的路段

与交通信号控制系统联动，根据行人通行需求灵活调整信号控制方案，保证行人通行安全的同时减少机动车通行延误，改善交通秩序。

3. 有轨电车经过的平面交叉口

及时检测有轨电车通行状态，通过布设于有轨电车轨道两侧的警示标志，预警有轨电车通行，提醒过街行人和机动车驾驶人，避免发生碰撞事故。

（撰稿人：魏运）

车路协同信息环境下的特勤交通保障系统研究与应用

一、概述

城市交通系统是典型的复杂系统，人们出行需求的不断变化及机动车保有量的日益增长，导致城市交通路网的压力与日俱增。同时，随着我国在国际社会上的影响力不断攀升，国内各个城市的外事活动及其他重大活动也逐年增多，如何做好重大活动的交通特勤保障及平衡特勤交通和社会交通的协同运行，是当前城市交通管理的重大挑战之一。

车路协同技术作为智能交通系统发展的重要新方向，目前正受到国内外科研人员的广泛关注。它的出现为解决城市交通安全及拥堵问题提供了新的技术视角，并引发了交通管理观念上的变化。车路协同是车—车、车—路通信的高级应用，同时也是自动驾驶的关键技术之一。车路协同在以提升道路交通安全为目标的同时，也带来了新的交通信息感知方式和数据，为交通控制和交通信息服务提供了新的思路。研究如何在车路协同技术和信息环境下，做好城市重大活动的特勤交通保障，具有重要的实战意义。

二、车路协同系统

车路协同系统（Cooperation Vehicle Infrastructure System，CVIS）是基于先进的传感和无线通信技术，实现车—车、车—路之间信息的实时动态交互，完成交通信息的采集和融合，从而保障复杂交通环境下的车辆行驶安全，提高路网运行效率的新一代智能交通系统技术。

车路协同系统一般由路侧单元和车载单元组成。路侧单元的主要功能是收集各类交通传感设备采集的道路交通流运行信息、路侧设备运行信息，并以无线通信的方式发送给其他车辆或中心管理系统。车路协同系统的通信方式除传统的光纤通信外，还包括 DSRC、LTE/LTE-V 等。车载单元的主要功能是接收路侧单元和其他车载单元发送的信息，做出相应的反应，如安全预警判断、车辆运行和控制决策等，车载单元作为车内的人机接口，以简洁明了的方式为驾驶人提供信息。

车路协同技术的应用将使得交通检测由传统的断面检测发展为车辆的全时空运行数据采集，数据不再是制约交通控制方式和策略的主要瓶颈。

三、基于车路协同的特勤交通保障系统

基于车路协同的特勤交通保障系统是面向城市交通管理的实际需求，以车路协同信息交互技术为依托而研究并实现的系统。通过路侧单元对道路交通信号控制机及视频监控图像的采集、传输，为保障车辆提供更为丰富、实时的道路信息。

1. 系统组成

系统由路侧单元、车载单元和中心管理系统三大部分组成，横跨互联网、交管设备网和公安网（见图1）。

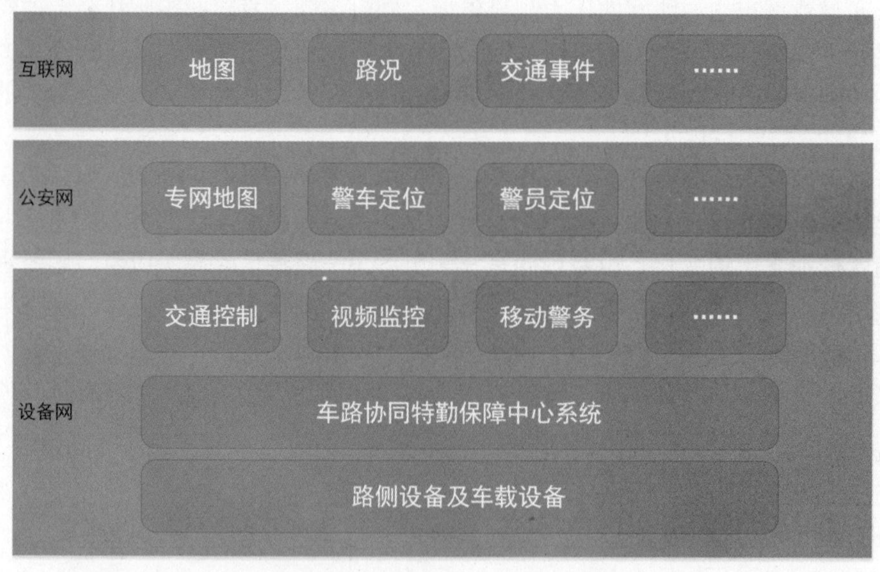

图1 车路协同特勤交通保障系统结构

1）路侧单元

路侧设备采集交通信号控制器的相位信息，并将信息通过移动通信的方式发送给车载单元。同时，接收并执行车载单元和中心单元的控制指令。路侧设备实物如图2所示。

图2 路侧采集及通信设备

2）车载单元

车载单元采用可定制安装的平板电脑，具备GPS模块及移动通信功能。车载单元

实时上报当前的车辆位置、行驶方向及其他车辆状态。车载单元如图 3 所示。

图 3　车载单元功能界面

3）中心系统

车路协同中心系统实现数据接收、汇总、计算及发布，车辆状态的监视、路侧设备运行状态的监视，设备及应用软件包括数据库服务器、应用服务器、Web 服务器及控制端 PC（见图 4）。

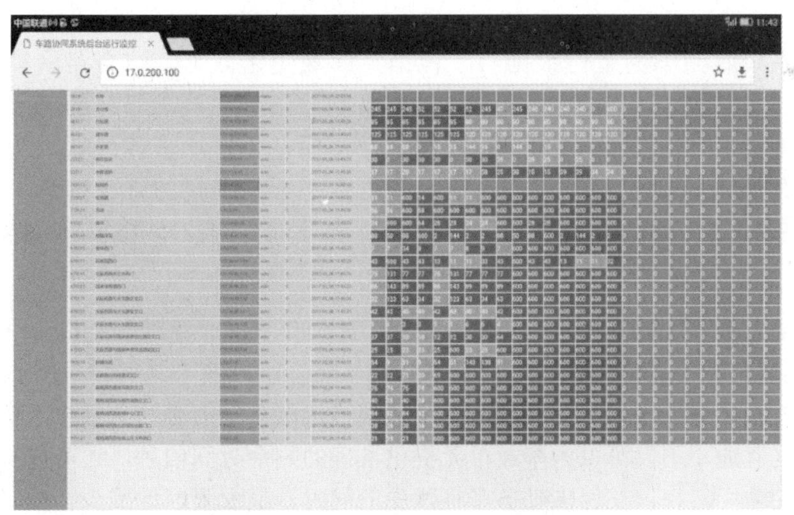

图 4　中心监控界面

2. 系统数据流程

车载单元终端启动后，先向中心系统发送登录请求，登录成功后，车载终端每秒向中心系统上报车辆位置数据，具体包括经纬度、车辆 ID、当前行驶车速、当前所在道路（见图 5）。

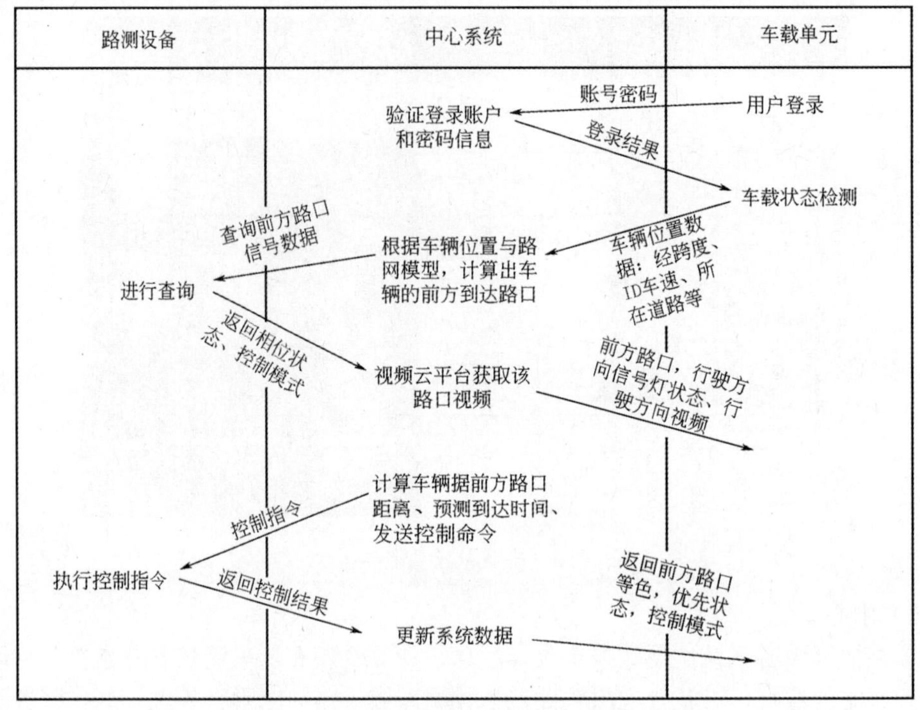

图 5　系统数据流程

中心系统收到车辆定位数据后，根据经纬度变化信息，结合路网模型，预测车辆的前方达到路口，并根据预测结果向路侧设备单元请求路口的信号状态，向视频云平台接口请求该路口的视频，整合数据后打包发给车载终端，车载终端在界面上显示前方路口的实时状态信息。中心系统根据车辆的行驶信息，预测到达前方路口的距离和时间，及时向路侧设备及信号机发送控制指令，切换信号控制状态。

3. 系统关键技术应用

1）实时自适应系统结合

系统实现了与 SCOOT 实时自适应交通信号控制系统的协同与融合，实现系统级数据的互联互通。不仅可以为车载单元提供准确的剩余时间信息，还可以实现特勤和社会车辆的协同运行，在保障勤务车辆优先的同时，最大限度地减少特勤车辆对社会车辆造成的延误（见图 6 和图 7）。

2）街景巡查

系统可实时从互联网获取特勤车辆行驶路线的全景图，并存储到专网内。可以实现勤务车辆行驶前的路线环境确认，保障通行安全（见图 8）。

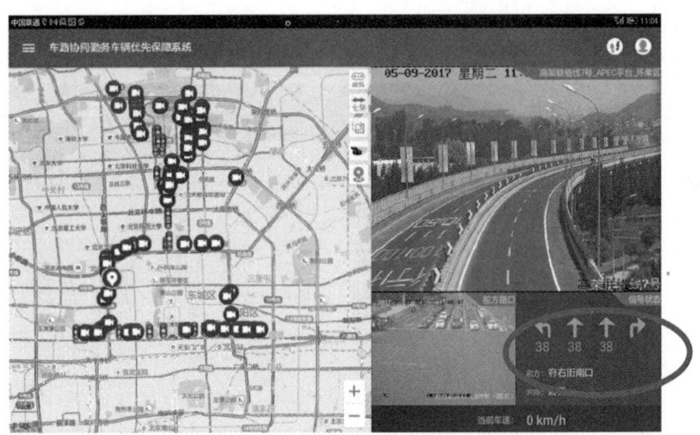

图 6 信号灯色倒计时

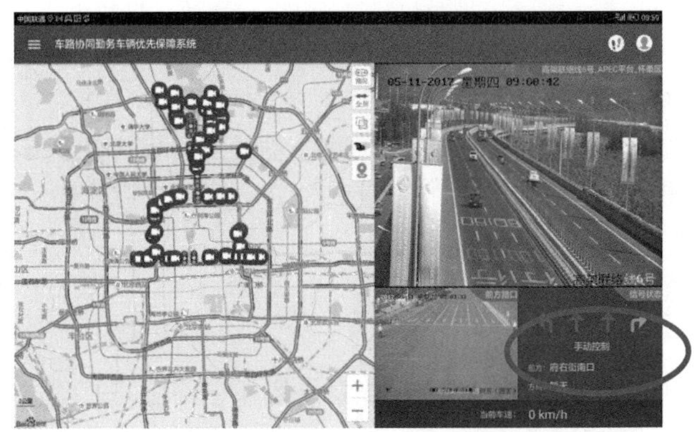

图 7 手动控制模式下禁用倒计时

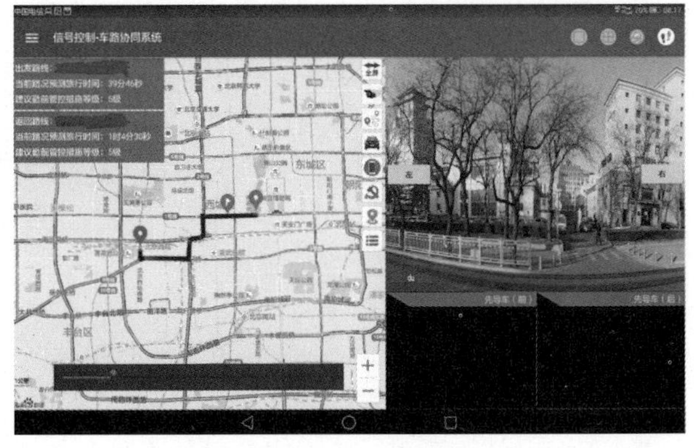

图 8 路线街景巡查

3）行程时间预测及勤务调度

系统可根据从互联网获取的实时路况，预测勤务车队从起点到终点的行程时间。将当前预测时间与历史均值时间进行比较分析，推荐当前最合适的勤务管控等级。同时结合 SCOOT 系统的闸门控制，实现交通信号的递次控制，分步限流。最终提升勤务管控的科学合理性，减少对社会交通的影响（见图 9）。

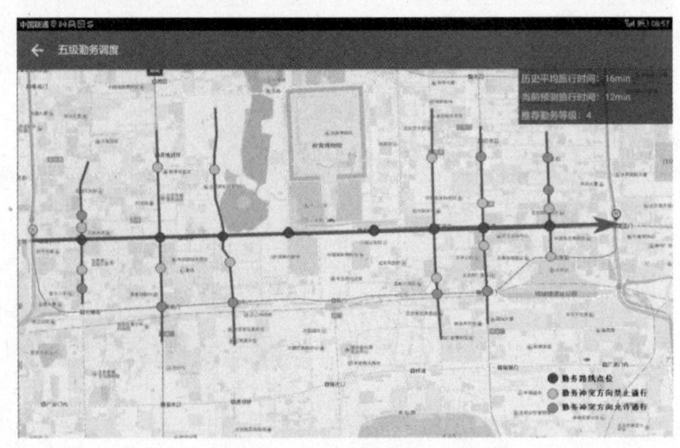

图 9　五级勤务调度

4）相邻冲突的车队避让

系统依据车载设备的实时上报信息，可以获取勤务车队引导车的实时位置，依据路径规划数据，实现不同等级车队的路权优先分配及冲突避让。

四、总结展望

车路协同信息环境下的特勤交通保障系统依托车路协同通信技术，实现了在最大限度降低对社会交通的影响的前提下，保障特勤交通车辆的信号优先。同时将视频、信号及互联网交通数据（路况、全景图）等资源，汇聚到车载单元，实现了车载单元的路线巡查、行驶决策及信号协同控制。为未来重大活动的交通特勤保障提供了车路协同下的新技术保障，并为车路协同下交通信号控制方法的研究奠定了基础。

（撰稿：王力　魏路）

杭州市交通信息化建设与应用

一、基本情况

杭州市综合交通研究中心在杭州市城乡建设委员会的领导下，在交通信息化领域深耕多年，先后建立了拥堵指数系统、公交系统、停车系统、交通流量系统、交通模型与仿真系统等一系列应用系统。同时，大力拓展交通大数据挖掘与应用，在辅助政府决策、服务公众出行、支持相关职能部门工作等方面持续发挥着重要作用。

二、杭州交通信息化领域主要建设成果

1. 杭州市交通拥堵指数系统

该系统是在 2010 年建成的智能交通信息平台基础上，通过算法研究、模型构建、软件开发和硬件部署，专门研究出的适合杭州实际的交通拥堵评价方法与应用系统。2013 年 3 月，项目成果顺利通过住建部验收测试，成果达到国际先进水平（如图 1 所示）。

近年来，指数系统融合运用了物联网、云计算、大数据等最新科技成果，日数据量达上亿条，项目成果已实现网站、手机 App、微博、微信等多种发布渠道，面向市民和相关部门提供跨时空、广覆盖、多模式、个性化的城市动态交通信息服务，已作为杭州治堵创新项目在全省 11 个地市全面推广应用。

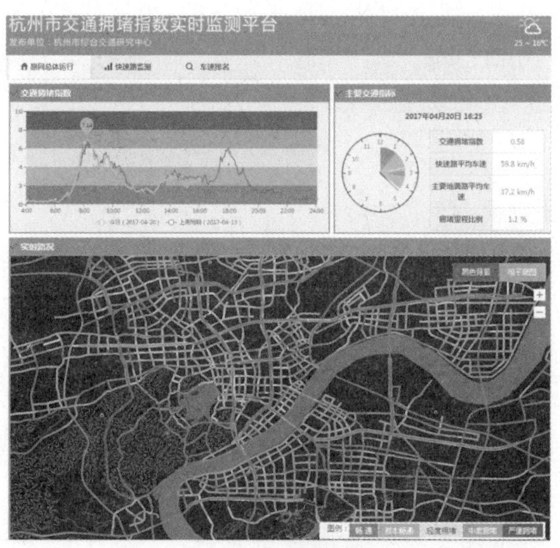

图 1　杭州市交通拥堵指数系统

2. 杭州市道路交通流量监测分析系统

该系统是2015年“智慧城建”建设成果之一，实时接入并全面整合分散在建委、交警的多源异构交通流量数据，并在质量分析、指标体系研究、指标算法设计、功能需求研究、数据库建设研究、系统建设研究等一系列工作基础上，实现全市流量数据的标准化接收、同步、处理、存储、计算和展示，为交通方案、政策等的有效制定、科学决策和定量评估奠定数据基础（如图2所示）。

图2　杭州市道路交通流量监测分析系统

3. 杭州市公交服务水平监测系统

该系统是以大数据分析和公交浮动车匹配技术为手段，以全面提升杭州市公交运行监测分析和专业研究水平为目的，在对公交运行各方面指标进行全面、定量、实时计算和综合分析基础上，研究构建而成的公交运行实时监测和分析系统，该系统具备实时计算和发布、历史数据统计分析和成果展示等功能（如图3所示）。

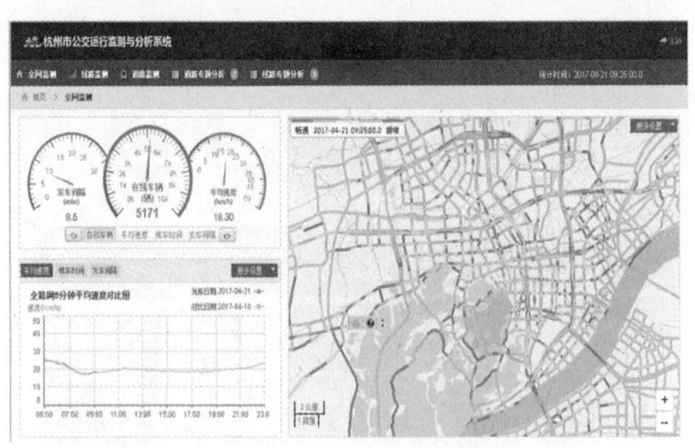

图3　杭州市公交服务水平监测系统

4. 杭州市停车场（库）实时监测分析系统

该系统在整合现有停车信息资源的基础上，建设数据融合、业务协同的公共停车信息系统，以深化停车行业精细化管理，引导驾车人合理出行，全面提升行业管理水平、服务公众水平和资源的利用效率。系统主要包括三个子系统，即公共停车场（库）信息接入系统、路内 POS 机停车数据接入系统、公共停车信息综合管理服务系统（如图 4 所示）。

图 4　杭州市停车场（库）实时监测分析系统

5. 交通模型与仿真系统

中心已建成覆盖全市的宏观交通模型、覆盖重点区域的中观交通模型和重要节点的微观仿真模型，通过持续多年的更新、维护和扩展，逐步形成了集建设、规划、管理于一体的综合交通模型体系。模型成果相继应用在望江路过江隧道、天目山路快速路交通需求预测、艮山快速路下沙段、博奥隧道交通需求分析、彩虹快速路交通需求分析、中远期交通发展策略研究分析、滨江跨铁路通道交通专题等一大批项目中，为政府重大决策和各项基础研究提供有效的技术支撑（如图 5 所示）。

6. 杭州市城市交通运行分析报告体系

杭州市综合交通研究中心依托海量交通数据，研究构建了杭州市城市交通运行分析报告体系，通过滚动分析、评估杭州城市交通运行变化与特征，支持政府出台相关治堵政策、支持城市道路交通规划建设、支持交管部门的交通组织和管理工作、服务公众出行（如图 6 所示）。

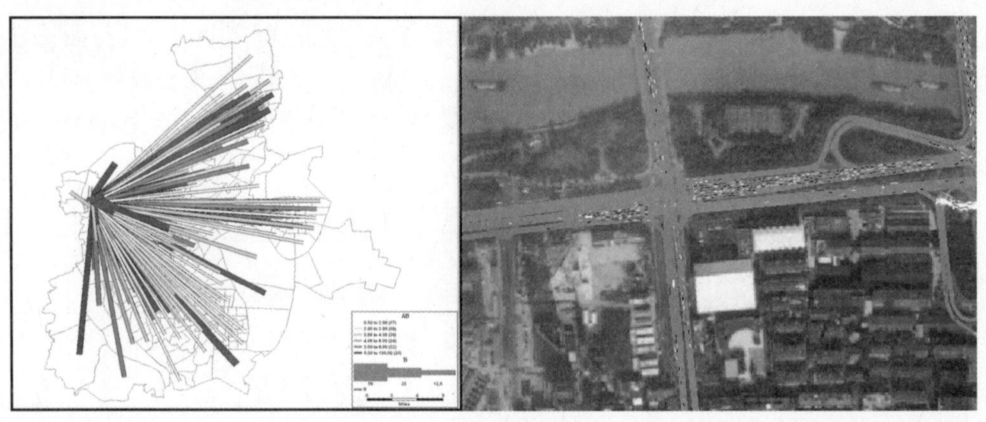

图 5　交通模型与仿真系统应用示意

杭州市城市交通运行分析报告体系主要由月报、专报、年报三部分组成，其中月报以城市道路交通为主要研究对象，以跟踪交通运行、发现交通问题、总结交通规律、判断交通趋势为主要内容的每月定期编制报告；专报针对典型性交通运行热点、难点问题，进行快速反映、跟踪评估，以针对性分析交通变化、提出意见建议，为交通治堵等工作提供技术参考；年报对每年交通领域的整体发展状况进行系统梳理、分析与评述，构建展示城市交通发展特征和规律的坐标系，准确反映杭城交通发展状况，并进行客观剖析。

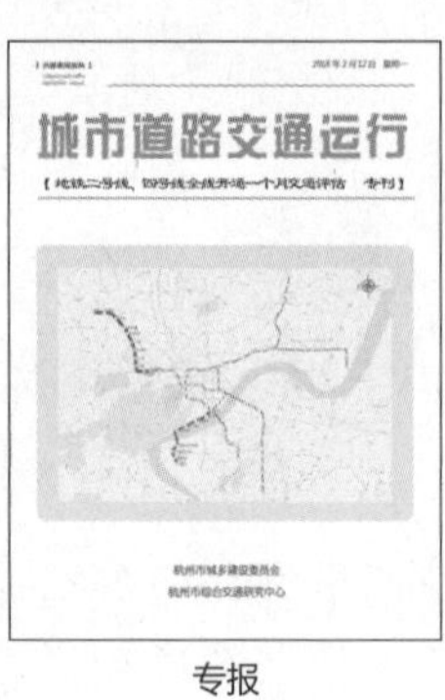

图 6　杭州市城市交通运行分析报告体系

在 2017 年 10 月的云栖大会上，杭州正式宣布了“城市数据大脑”V1.0 上线，《杭州城市数据大脑建设规划（2017—2022 年）》也正在征求意见中。可以看到，未来的杭州有信心、有能力，以更为开放的姿态，来打破行业、部门壁垒，实现数据共享共用，同时也计划通过系统优化完善，实现交通等领域的精细管理、有效管控。在这股东风的吹动下，目前已涵盖道路、公交、停车等领域的杭州市城建交通决策支持系统，也有望进一步优化提升，在辅助政府决策、服务市民出行、支持专业研究等方面深化应用，为城建交通事业提供更全面的技术支撑。

（撰稿：谭永朝　高杨斌　王娜　杨莹莹　周韬　裴洪雨　程珂）

贵阳市交通规划与出行手机信令大数据综合分析应用平台

随着社会经济的快速发展和城市化进程的推进，全国各大城市机动车保有量迅猛增长，居民出行需求日益加大，由此导致的城市交通拥挤、交通事故、环境污染等问题也日趋严重，城市交通运行状况的好坏已成为影响城市功能正常发挥和城市可持续发展的一个全局性问题。大数据、物联网、云计算等新一代信息化技术是当今社会科技发展的大趋势，也是推动交通运输行业发展变革的重要力量。我国互联网、移动互联网用户规模居全球第一，拥有丰富的数据资源和应用市场优势，坚持创新驱动发展，加快交通大数据、信息化部署，是党的十九大以来落实“交通强国”战略的重要实践，也是深化大数据应用，保障城市稳增长、促发展、调结构、惠民生和推动政府治理能力现代化的内在需要和必然选择。目前，我国大多城市都较为缺乏有效的信息手段和系统进行全市人群交通出行分析，而传统的入户问卷、电话访问、现场人工勘察、视频/线圈检测、IC 卡等调查手段，普遍存在抽样率低、数据片段不连续、数据粗糙、覆盖范围局限等缺陷，越来越难以满足现代城市交通规划与运营管理对精细化交通调查数据的需求。传统数据采集方法同时缺乏整体性出行行为分析理念，在交通需求机理刻画方面存在不足，在交通规划和管理决策支撑方面也表现出越来越多的局限性。

为提高便民利民服务水平，满足人民群众对交通管理创新和服务优化提出的更高期盼和要求，积极适应“互联网+”时代交通管理服务工作的新要求，以国家相关信息化发展战略为指导，基于贵州省交通运输厅科技项目“基于手机信令大数据分析交通应用与实践研究”成果，通过手机信令大数据分析、应用挖掘、算法梳理与模型构建，建立城市居民出行大数据分析和决策支撑平台，提供基于交通大数据的城市出行分析和交通规划应用服务。主要包括数据资源服务、数据分析服务、分析结果可视化服务、网络与安全服务 4 大功能 36 项细分服务，大力推进交通调查与分析技术的智能化、信息化建设。

一、建设完成的主要系统

依托云上贵州在贵阳市开展城市交通规划与出行大数据综合分析应用平台构建示范项目。以智慧交通建设为核心，以贵阳联通运营商海量用户信令数据为切入点，通过逐步集成共享城市交通主管部门以及城管、铁路、民航等部门数据，实现跨行业、跨区域、跨部门的交通信息集成与服务平台建设。

1. 平台总体架构

贵阳市交通大数据应用平台总体架构如图 1 所示。该平台采用数据库混搭架构方式，包括并行算法分析、准实时流处理、批量数据处理、数据存储和异构数据库同步等功能模块。大数据平台包括七大组成部分：基础设施层、数据采集层、数据整合存储层、数据服务层、数据管控层、数据安全层、数据应用层。

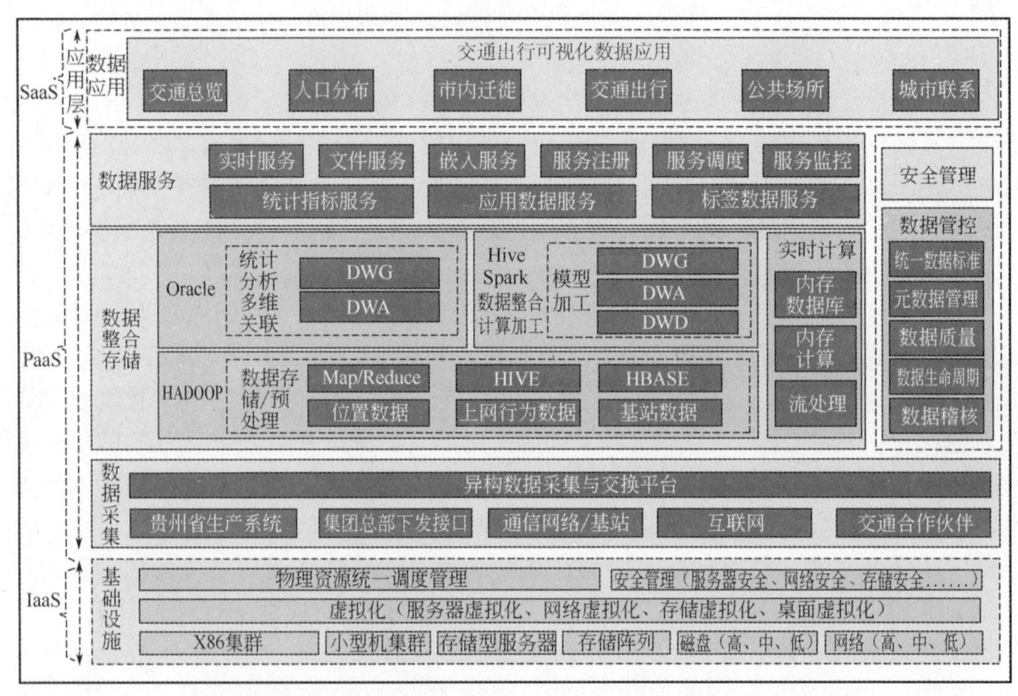

图 1 交通规划与出行大数据综合分析应用平台总体架构

各组成模块实现功能如下：①基础设施层通过去 IOE 化，降低基础设施成本，提升海量数据和非结构化数据处理能力。数据采集层：构建统一数据采集交换平台，实现批量/小批量/准实时结构化和非结构化数据的采集和管控；②数据整合存储层包含数据整合和平台整合两部分，其中数据整合实现既有的运营商数据整合，建设核心数据生产平台，提升应用支撑能力，平台整合实现大数据平台数据的存储及计算、数据挖掘和定制服务；③数据服务层一方面具备提供准实时数据交互、即时查询、批量共享、数据加密及脱敏、公共数据汇总等服务，另一方面基于数据集市、软硬件环境提供对外开放服务能力，真正实现大数据存储、计算、应用能力的开放服务；④数据管控层实现大数据平台内部流程调度、数据质量、元数据、数据生命周期及数据安全等方面的运维管理功能；⑤数据安全层用于加强数据采集、加工、存储服务、访问全过程的数据安全保障；⑥数据应用层实现数据灵活支撑交通出行大数据可视化功能，提供统一可视化门户。

2. 交通出行分析手机信令大数据应用平台功能模块架构

交通规划与出行手机信令大数据综合分析应用平台功能划分为数据采集服务、数据分析服务、数据可视化服务三大部分，功能模块架构如图 2 所示。

各模块实现功能如下：①数据采集服务实现手机信令（2G/3G/4G）、通信详单、上网数据、基站数据、业务数据、用户数据采集，能够支撑本项目每天 500GB 数据采集量。②数据分析服务分为大数据存储、应用加工、数据服务、数据管控四个部分。大数据存储满足 30 个 X86 服务器级节点（60 路 CPU、360 核、7TB 内存）管理需求，并且提供 Hive（分布式海量数据处理组件）、Spark（分布式内存计算组件）、Hbase（分布式高速查询组件）数据处理组件。数据加工由 Oracle 数据库完成。数据服务实现实时数据服务、文件数据服务、嵌入式数据服务三种功能，并提供服务管理业务。数据管控实现元数据管理、分布式 ETL 调度、数据质量管理、数据安全管控功能。③数据可视化服务部署在云上贵州环境，实现城市交通情况总览、人口分布情况分析、市内迁徙状况分析、全市交通出行情况分析、公共场所来往情况分析、城市与区域联系分析六大数据可视化功能模块。

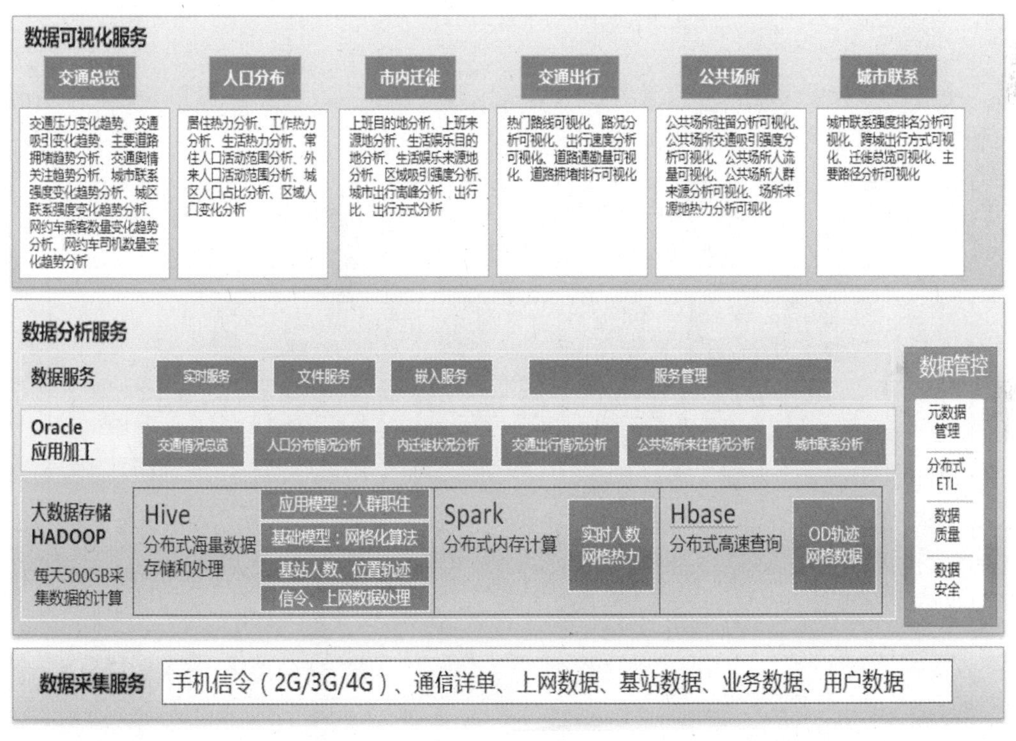

图 2　交通规划与出行大数据综合分析应用平台功能模块架构

3. 交通出行分析大数据应用平台接口集成架构

系统与贵州联通大数据平台、联通集团大数据平台接口通过 FTP 方式实现，包括上传大数据平台接口数据以及从大数据平台下载数据。本系统与云上贵州平台接口通过 FTP 方式实现，实现数据应用展现和交付。本系统接口架构如图 3 所示。

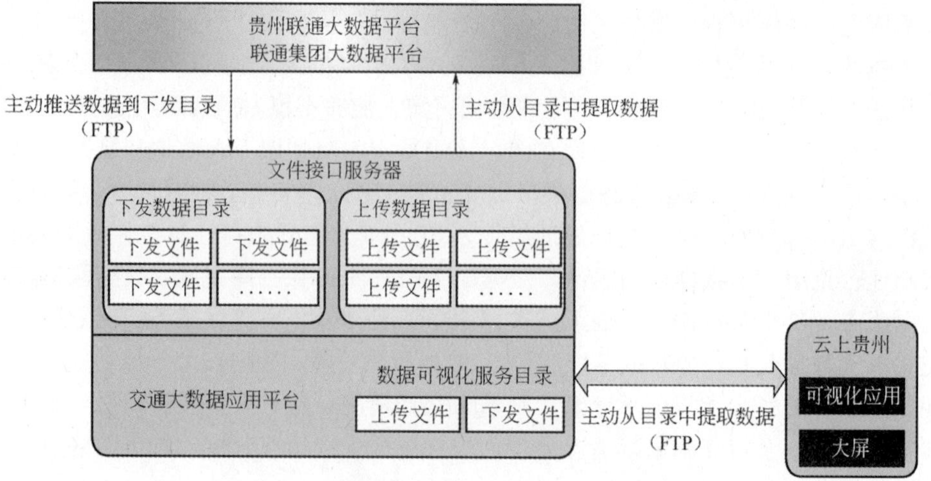

图 3　交通规划与出行大数据综合分析应用平台接口集成架构

4. 平台技术架构

交通出行分析大数据应用系统技术架构包含数据获取、数据计算与存储、服务封装和能力支撑四大模块，技术架构如图 4 所示。

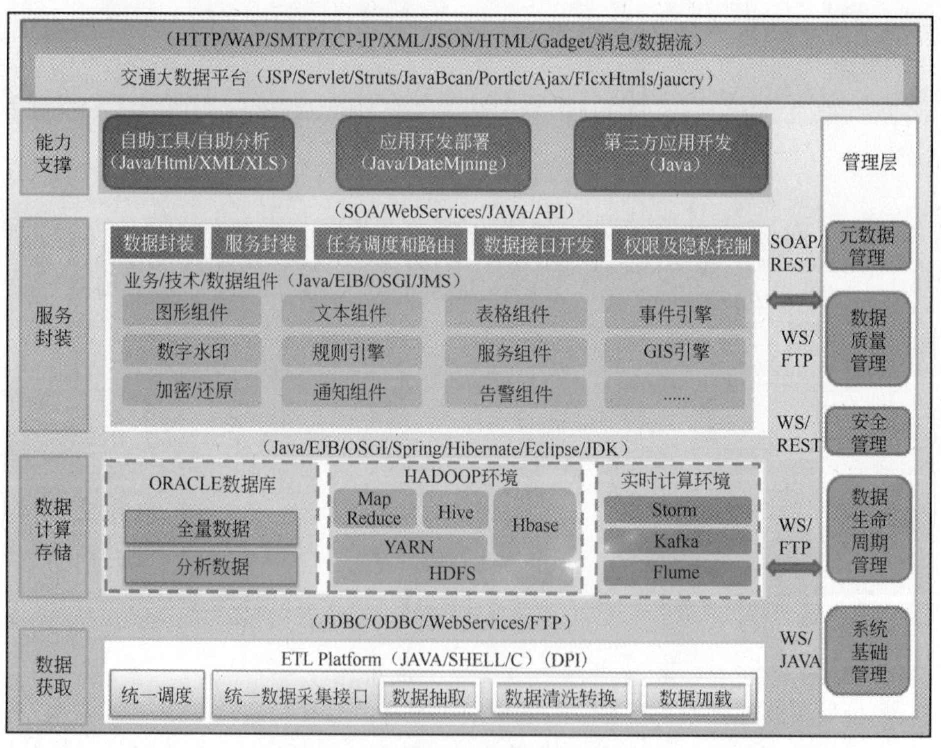

图 4　交通规划与出行大数据综合分析应用平台技术架构

技术构架四大模块实现功能如下：①数据获取：主要通过集成的 ETL 平台以及 JAVA、C、SHELL 等底层语言实现 ETL 配置及脚本开发，完成对接口机数据的传输、转换、清洗、装载等操作；②数据计算与存储：采用 ORACLE、HADOOP 及准实时技术三种技术环境，ORACLE 数据库主要采用存储过程、视图、索引等核心技术形式；HADOOP 主要采用 HBASE/HIVE/Map Reduce 等核心技术形式，准实时计算环境主要采用流计算以及内存计算技术形式构建，能够实现经分系统的数据计算与存储能力；③服务封装：主要通过各类基础技术组件、复合业务组件以及数据服务组件的构建，通过服务注册、服务调度、服务监控等能力构建实现服务封装及面向应用环境的服务提供机制；④能力支撑：主要采用 JAVA/XML/Html/XLS/Datamining 等技术形式构建应用开发环境，主要包括自助分析环境、应用开发部署环境；在与管理域通信时，采用 WebServices、FTP、SNMP 等协议实现与各子模块或子系统的通信。

5. 平台数据架构

交通规划与出行大数据综合分析应用平台数据架构包含数据源层、数据整合层、应用层。数据架构如图 5 所示。

数据架构各模块功能如下：①数据源层：数据来源于运营商集团总部、运营商贵州分公司和交通管理部门三部分数据；②数据整合层：完成数据的加工整合，主要分数据采集层、数据整合和数据分析层（数据能力层）三部分；③应用层：面向不同应用提供数据支撑，通过大数据平台为应用提供了统一的数据模型，区域人口迁徙流量、公共场所人流量、主要交通干道人流密度等，形成应用数据集市。尽可能覆盖最为全面的实体和属性，以满足业务应用的需要，其数据由数据整合层数据生成。

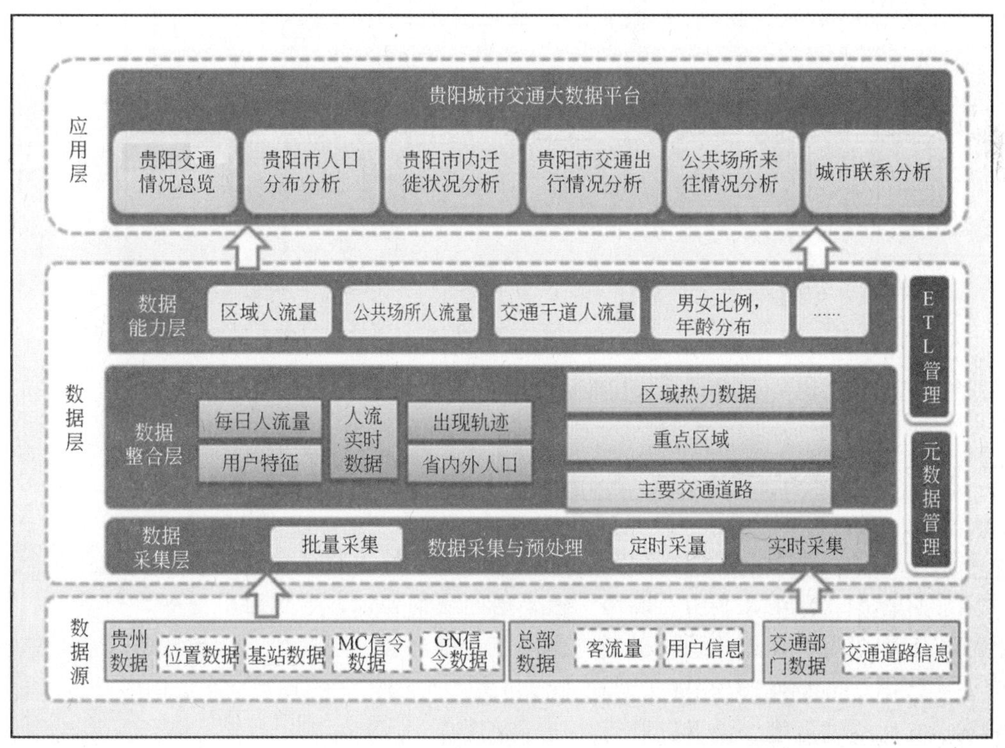

图 5　交通规划与出行大数据综合分析应用平台数据架构

6. 平台网络拓扑架构

以贵阳市为例，交通出行分析大数据应用系统部署在贵州省联通公司交通大数据应用专区，与贵州联通大数据生产环境相连，同时与云上贵州平台建有专线连接，网络拓扑如图 6 所示。用于数据采集服务和数据分析服务的多台服务器部署在贵州联通机房，通过防火墙连接联通生产平台，获取联通信令等所需生产数据。可视化服务部署在云上贵州环境，通过专线连接数据分析服务。联通提供访问安全控制。用户通过互联网访问云上贵州环境中的数据可视化服务平台。云上贵州提供从互联网访问的安全控制。

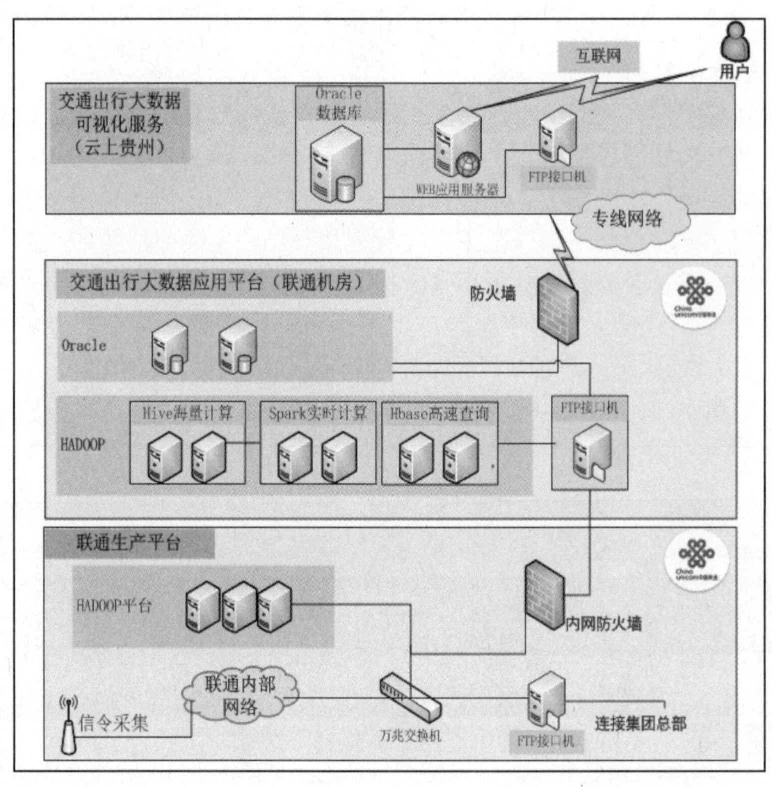

图 6　交通规划与出行大数据综合分析应用平台网络拓扑架构

二、主要技术创新

（1）提供了惠及全民的城市交通服务与管理支撑。立足宏观、中观、微观三个层次工作目标和“政用、民用、商用”三个层面应用目标，通过手机信令等交通大数据分析、应用挖掘、算法梳理与模型构建，建立城市居民交通出行大数据资源池。打造交通大数据“一张网”及交通大数据融合仿真“一张图”，实现“交通数据融合一体化”和实现立体交通调度、投诉、监管“一令通”。

（2）提出了基于交通大数据的新型交通出行特征分析方法。打破传统交通调查手段数据质量低、片段不连续、覆盖范围局限、实施动态性差等缺点，以个体手机信令数据为基础，结合交通行业多类数据，实现数据的采集、融合、分析、挖掘、应用和可视化等技术关键，为提出一套新的交通出行调查理论提供了支撑。

（3）走通技术难点与关键环节，实现了一站式交通运营分析与决策支撑平台建设。多数据源、多平台、多部门的资源共享、融和信息挖掘应用是交通大数据研究工作的一大难点。本次平台构建明确了技术总体架构、功能模块架构、结构集成架构、技术架构、数据架构、平台网络拓扑架构网络安全防护架构分块功能，走通了技术实践应用的流程和关键环节，在行业中期待良好的引领和规范作用。

三、应用情况和综合效益

2017 年 4 月，贵阳市作为首批试点城市开展了交通出行分析手机信令大数据应用平台建设与推广应用。平台运行至今，实现了对 300 万用户每日产生的数据进行采集、解析、清洗、分类、存储、计算。完成了对超过 4 万个 2G/3G/4G 基站产生的信令数据采集，每日采集近 6 亿条基础信令数据、11 亿条上网信令数据、2 亿条通信信令数据、2000 万条业务数据。大数据应用系统 IAAS 层提供了 30 个 X86 服务器级节点的大数据处理能力，配置了 60 路 CPU、360 核、7TB 内存，完成建立满足每天 500GB 数据计算要求的 HADOOP 处理系统。在数据采集、分析、处理基础上，实现了对贵阳市城市交通情况总览、城市人口分布情况分析、市内迁徙状况分析、城市交通出行情况分析、公共场所来往状况情况分析、城市联系分析等行业指标的分析，建立了综合监控与规划、决策应用支撑系统，如图 7 所示。

图 7　贵阳市交通运行综合监控与规划、决策应用支撑平台界面

交通规划与出行大数据综合分析平台建设是一项战略性工程，它将进一步提升城市信息化建设及应用水平，有利于推动交通运输业四个目标“综合交通”“智慧交通”

“绿色交通”“平安交通”的建设，提升城市品牌效应。该项目的实施加快了互联网与交通运输领域的深度融合，通过基础设施、运输工具、运行信息等互联网化和大数据技术可显著提高交通运输资源利用效率和管理，全面提升交通运输行业服务品质和科学治理能力，对于提高交通行业信息化的共享广度和挖掘深度，加速政府信息化应用创新有重要战略意义，对于提升人民群众的安全感和幸福感具有重要的社会效益。另一方面，该平台积极采用云计算、大数据、物联网和移动互联网等新技术，充分依托和利用运营商资源，相比采用传统交通出行分析统计方式，能有效减少人力成本，大大提高工作效率和发掘释放数据资源的潜在价值，实现海量用户的出行行为与交通状况分析；长远看大幅节省人力和降低行政经费支出，并能有效避免信息化基础设施重复投资，提高投资收益，同时具备具有良好的社会经济效益。

四、建设发展规划和展望

以国家相关信息化发展战略为指导，按照贵阳市“以大数据为引领打造创新型中心城市”总体部署，近期建设目标立足宏观、中观、微观三个层次工作目标和“政用、民用、商用”三个层面应用目标，通过手机信令大数据分析、应用挖掘、算法梳理与模型构建，建立城市居民交通出行大数据分析应用平台，首先解决有无问题。远期发展将从两大方面对现有平台进行分阶段优化。

一方面，立足现有平台基础，拓展平台分析区域、数据内容和服务内容。较大范围覆盖贵阳中心城区交通干道及路口交通出行数据及结合轨道交通营运情况覆盖轨道交通出行数据，实现中心城区范围道路交通运行及路口交通流数据覆盖面达到50%；同时，整合交通相关部门的数据（交委、运管局、交管局等），实现多维度、海量外部数据融合分析；并拓展平台数据可视化功能，实现城市交通大数据精准应用分析，提供公众服务，为行业管理提供详细参考依据。

另一方面，拓展平台应用服务范围和提升数据分析结果精确度。进一步实现中心城区范围道路交通运行及路口交通流数据覆盖面达到80%以上；融合跨行业（城市规划、旅游、气象、文化、环保、体育、跨运营商等）数据源，并开发相关相应数据接口，实现更多维度数据融合分析，通过进一步开发数据挖掘算法，标定和校核数据分析模型，结合行业针对性应用情景，提升数据支撑精度。

（撰稿：钟宇　杨飞　廖强　姚振杰　吴杰　刘好德）

第二章

智能交通系统建设与发展

北京市智能交通系统建设与发展

一、北京城市概况与交通运输现状

1. 城市公共交通总客运量

城市公共交通总客运量结束连续两年下行走势，较上年度小幅回升。2017 年城市公共交通总客运量共计 740905.32 万人次，日均 2029.88 万人次，同比（1973.35 万人次）增长 2.86%。其中，工作日日均 2229.42 万人次，同比（2163.01 万人次）增长 3.07%；非工作日日均 1601.54 万人次，同比（1564.62 万人次）增长 2.36%。

轨道交通客运量在城市公共交通总客运量中占比连续第五年呈上升走势，同比增量明显低于 2016 年度，继续高于地面公交占比；工作日占比显著高于非工作日。2017 年轨道交通客运量占比为 50.99%，同比增加 0.33%，较上年度同比增量（5.75%）明显下降。

相比地面公交，轨道交通客流通勤特征更明显。轨道交通年日均客运量工作日较非工作日高 56.18%；地面公交年日均客运量工作日较非工作日高 24.32%；轨道交通工作日客运量较非工作日差异明显高于地面公交。

2. 城际交通总客运量

城际交通总客运量连续第五年呈上升走势，同比增幅放缓，年日均再创有监测记录以来新高。2017 年城际交通总客运量共计 37485.87 万人次，日均 102.70 万人次，同比（100.81 万人次）增长 1.88%，较 2016 年度同比增幅（2.71%）减小。

3. 轨道交通

轨道路网进一步完善。截至 2017 年年底，北京市轨道交通运营总里程达到 608 千米，运营线路 22 条，运营车站 370 座，换乘站 56 座。

客运量继续呈上升走势，同比增幅放缓，年日均客运量首次突破 1000 万、再创有监测记录以来新高。工作日客运量超 1200 万常态化趋势明显，峰值接近 1300 万。

4. 地面公交

客运量结束连续五年下行走势，总体较 2016 年度小幅回升。2017 年地面公交客运量共计 36.31 亿人次，日均 994.79 万人次，同比（973.53 万人次）增长 2.18%。站点登降量较大的公交车站主要集中在交通枢纽、铁路客运站及郊区公交通道集散地。

公交小时客流量时间分布不均衡，工作日通勤特征明显。工作日 7：00～9：00、17：00～19：00 为客流高峰时段，与工作日早晚高峰时段一致；其中 8：00～9：00 小时客流量最高，日均 69.73 万人次。

5. 出租汽车

出租汽车运营车辆数结束连续四年上升走势，较 2016 年度小幅回落。2017 年出租汽车日均运营车辆数为 6.08 万辆，同比（6.23 万辆）下降 2.35%。日出车率工作日平均为 92.50%。

出租车运力高峰时段与通勤高峰时段仍不一致。工作日上下午运营车辆数高峰小时分别为 11：00～12：00 和 15：00～16：00，与工作日通勤高峰时段不一致。

6. 城市路网

城市路网交通运行压力总体与上年度持平，仍处于轻度拥堵级别。全年日高峰平均交通指数 5.6，与 2016 年度持平。

各月运行走势处常态特征，2018 年 9 月再度成为压力最大月。

周中各工作日交通运行压力差异性加大；双休日周六交通压力明显大于周日。晚高峰压力总体明显大于早高峰，工作日早高峰、双休日晚高峰实际高峰时段明显延后。

工作日路网运行速度早晚高峰均有不同程度增长。工作日早高峰路网平均运行速度为 27.6 千米/小时，同比增长 1.61%；晚高峰路网平均运行速度为 24.3 千米/小时，同比增长 5.77%。

限行因素对城市路网运行影响显著。

7. 高速公路

高速公路交通量连续第六年呈上升走势，较上年度明显增长、同比增幅放缓，年日均再创有监测记录以来新高。2017 年高速公路交通量共计 70867.05 万辆，日均 194.16 万辆，同比（183.07 万辆）增长 6.06%，较 2016 年度同比增幅（10.85%）减小。

8. 普通公路

普通公路观测交通量明显增长。2017 年普通公路观测交通量共计 95607.65 万辆，日均 261.94 万辆，同比（227.75 万辆）增长 15.01%。日观测交通量最高为 312.66 万辆（2017 年 9 月 30 日），比年日均值高 19.36%；最低为 119.29 万辆（2017 年 1 月 28 日，正月初一），比年日均值低 54.56%。

9. 省际客运

公路省际客运量连续第六年呈下行走势，较 2016 年度明显下降、同比降幅转缓，年日均再创有监测记录以来最低值。2017 年公路省际客运量共计 1655.57 万人次，日均 4.54 万人次，同比（5.21 万人次）下降 12.95%，较 2016 年度同比降幅（17.51%）减小。

10. 民航客运

民航客运量连续第五年呈上升走势，同比增幅转缓，年日均再创有监测记录以来新高。2017 年民航客运量共计 10161.69 万人次，日均 27.84 万人次，同比（27.25 万人次）增长 2.16%，较 2016 年度同比增幅（4.91%）减小。

机场巴士运力下降，客运量继续呈下行走势。截至 2017 年年底全市共有机场巴士线路 18 条；全年共发车 40.97 万次，同比（43.47 万次）下降 5.56%；全年客运量共计 730.23 万人次，同比（758.55 万人次）下降 3.35%。

11. 铁路客运

客运量连续第五年呈上升走势，同比增幅继续放缓，年日均再创有监测记录以来新高。2017 年北京地区三大铁路客运站客运量共计 25668.60 万人次，日均 70.32 万人次，同比（68.34 万人次）增长 2.91%，较上年度同比增幅（3.36%）减小。

12. 交通枢纽

客流量较上年度下降，年日均创有监测记录以来最低值。2017 年东直门、北京南站、西苑、宋家庄、四惠、篱笆房交通枢纽总客流量共计 21104.30 万人次，日均 57.82 万人次，同比（59.98 万人次）下降 3.60%。各枢纽客流量与上年度相比，四惠、北京南站、东直门枢纽均有不同程度下降，降幅分别为 12.59%、10.83%、2.41%；西苑、篱笆房、宋家庄枢纽均有不同程度增长，增幅分别为 34.72%、31.25%、12.23%。

二、北京智能交通建设和应用情况

1. “十三五”智慧交通规划发布

“十三五”智慧交通规划的主要任务内容，归纳起来共有六项，简称“两通、两融、两新”，两通就是京津冀系统互联互通和人车路货互联互通，两融就是信息化与业务深度融合和互联网与交通深度融合，两新就是交通大数据应用创新和交通领域新技术集成创新（见图 1）。其中京津冀系统互联互通是本次规划的一个重要组成部分。具体分为以下六项工作内容：

图 1　北京市“十三五”时期智慧交通发展规划

1）推进京津冀系统互联互通

构建京津冀区域综合交通运行协调与应急处置体系，实现京津冀区域多种运输方式的统筹、协调和联动。推动区域间综合交通运输信息系统互联互通，实现京津冀交通“一卡通”“一票通”，京津冀高速公路及国省干线路网信息采集和发布系统实现对接，建立京津冀地区交通执法协作机制，实现相关部门执法信息互换、互认及互助。建设京津冀一体化出行决策与服务保畅平台。

重点建设项目：

（1）京津冀区域交通运行协调指挥平台。

（2）京津冀一卡通互连互通工程。

（3）京津冀省际客运联网售票系统。

（4）京津冀信息联网工程。

（5）京津冀交通运输行政执法综合管理信息系统。

（6）京津冀城市群协同出行决策与仿真评估平台。

2）推进人车路货互联互通

推动营运车辆监控、道路网路况检测、公共交通客流检测、电子证件、电子运单等交通感知设备建设及应用。

重点建设项目：

（1）路网感知体系建设。

（2）客流感知体系建设。

（3）营运车辆感知体系建设。

（4）综合交通运输电子证件应用示范工程。

3）推进信息化与业务深度融合

建成全天候、全方位、立体化、网络化交通执法监管体系，打造北京市智慧路政体系，建设交通行业安全应急管理信息化平台，推进交通行业综合监管及重点运输行业运行治理智能化系统的建设，完善交通行业信用体系建设。完善政府级节能减排统计与监测平台，推进企业级能源管理平台建设。

重点建设项目：

（1）基于三维数据的路政行业养护管理平台。

（2）交通运输综合管理工程。

（3）地面公交调度指挥与管理协同平台。

（4）轨道交通智能化管理服务工程。

（5）停车智能化管理服务工程。

（6）海事监管服务工程。

（7）公共自行车智能调度及服务工程。

（8）驾驶培训监管服务工程。

（9）交通执法智能化综合管理工程。

（10）交通安全监管与应急处置平台。

（11）交通行业信用信息管理工程。

（12）交通领域节能减排统计监测平台。

4）推进互联网与交通深度融合

推进“互联网+便捷出行”，进一步整合信息服务渠道，挖掘服务需求。推进“互联网+运输行业服务”，满足行业企业综合信息服务需求。推进“互联网+新业态监管”，加强对“互联网+新业态”经营、运营、服务的精细化动态监管。推进“互联网+高效物流”，发展智能物流体系。推进“互联网+职业教育”平台建设，提升我市交通职业人才培养工作。

重点建设项目：

（1）互联网+出行信息服务。

（2）互联网+运输行业服务。

（3）互联网+新业态监管。

（4）互联网+高效物流。

（5）互联网+职业教育。

5）推进交通大数据应用创新

研究制定交通行业运输数据资源采集、管理和共享应用制度，规范交通行业数据资源的采集、共享及使用；推动跨部门数据融合共享，强化交通行业内各部门间的数据共享；推进基于云计算的大数据挖掘分析应用，加强交通视频大数据资源利用；探索推进交通行业数据资源共享开放，构建基于互联网的交通运输行业数据开放共享平台。

重点建设项目：

（1）交通行业云。

（2）交通行业运输数据资源管理及共享制度体系。

（3）交通运输行业数据开放共享平台。

（4）基于云计算的大数据挖掘分析应用。

（5）交通视频大数据应用。

6）推进交通领域新技术集成创新

积极推动智能化车载电子收费、车路协同、轨道全自动驾驶、无线充电、交通预测预报等新技术在交通运输行业的应用，切实提升交通行业的科技创新能力及水平。

重点建设项目：

（1）智能化车载电子收费研究及应用示范。

（2）车路协同关键技术研究及应用示范。

（3）轨道交通全自动驾驶关键技术研究及应用示范。

（4）电动车分时租赁关键技术研究及应用示范。

（5）电动车无线充电关键技术研究及应用示范。

（6）多源数据条件下交通预测预报技术研究及应用示范。

2. 基础环境建设

2017年，完成的主要实体工程包括：新建可变情报板59块，新建视频设备73套，新建超载预检设备2套，完成4座治超站共16套动态秤改造。截至2017年年底，全市县级以上普通公路共建有公路信息采集与发布设备2312套，包括交调类设备936套，视频监控设备768套，车牌抓拍设备46套，水位监测设备52套，气象设备32套，手持视频设备16套，3G车载视频设备50套，会车提示设备2套，可变情报板410套。

3. 重点项目与工程介绍

1）开展共享自行车政府监管与服务平台建设工作

为掌握共享自行车的发展和运行状况，结合市委市政府、市交通委和行业处室业务需求，开展共享自行车政府监管与服务平台建设工作，完成开发环境的搭建，部署了8台服务器，用于共享自行车数据的接入、计算、缓存和应用。完成了《数据接口协议》《数据质量检测方案》《电子地图信息采集方案》的编制工作；建立了与14家企业的沟通机制，完成了7家企业的连通性测试。制定了安全策略，完成了2家企业数据接入工作，并为接入数据提供了安全保障。

完成《共享自行车系统技术与服务规范》编写工作，以行业技术文件形式发布，规范主要规定了六个方面内容：车辆与车载智能终端技术要求、承租人客户端功能要求、企业运营平台功能要求、经营服务要求、政府监管与服务平台功能要求、信息系统安全要求及数据接口协议。

2）公租自行车信息服务工作

在北京市公共自行车服务统计评价系统基础上，继续推进公共自行车信息服务。完成新建网点的基础数据核验和发布工作。目前已实现全市3402个网点、10万多锁车器的信息发布和动态监测。优化自行车服务系统的功能，完成新建公共自行车网点状态动态信息质量评估。易信、微信的公众服务号目前用户累计量达到10万余人。完成了北京公共自行车网站自查，修订网页中信息，优化网页速度，进一步提高了服务质量。

3）北京居民出行监测分析系统建设工作

充分利用拥有1800万用户的北京移动公司手机信令数据，完成了公路流量、景区流量、热力图等模型建立和分析工作，完成了公路交通情况调查数据与手机信令数据分析结果对比工作；完成了2017年度交通规划统计分析相关工作，包括通州区人口特征分析、通勤OD分析、就医人员分析，大红门人口疏解分析等；持续接收和处理拥有800万用户的北京联通公司手机信令数据，完成包括质量检查、出行链数据、居住地就业地数据等核心数据的计算工作，并综合利用现有人口特征模型、职住模型等对联通手机信令数据进行分析，完成了基于联通用户手机信令数据的春运出行报告、各区人口特征分析、2017年度交通规划统计分析，并与2016年度计算结果进行对分析；完成了拥有400万用户的北京电信公司手机信令数据的持续处理和接收工作，利用电信大数据平台的优势完成数据预处理、出行链数据计算等，通过安全加密传输通道推送计算结果，并推进人口特征分析、职住模型调整等工作。北京居民出行监测分析系统界面如图 2 所示。

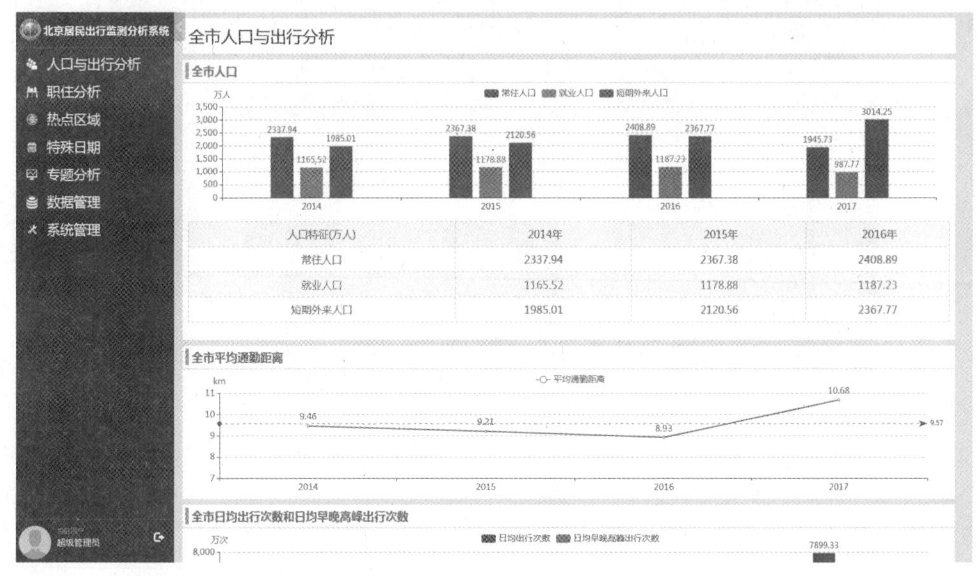

图 2　北京居民出行监测分析系统界面

4）小客车指标调控系统

北京市小客车指标调控管理信息系统升级改造项目（三期）完成了新能源指标轮候、企事业单位三合一、各类指标全流程管理、政策咨询自动答复、调整摇号规则和程序等软件开发工作，完成应用系统迁移至政务云平台的准备工作。

5）巡游出租汽车服务管理信息系统试点工程

梳理 IC 卡道路运输证件密钥管理体系，生成了北京市道路运输电子证件省级密钥。进行四家设备厂商车载运营专用设备连通性测试，向五个企业发放了《北京市出租汽车监管平台与车载运营专用设备连通性测试报告》。完成近 1.7 万张驾驶人从业资格证的制发，实现司机上下车签到签退和后台验证功能，在一定程度上抑制了克隆车和人车不对应情况的生长。完成 1400 余台新型车载智能终端安装（见图 3）。完成企业在线系统建设。

新型智能终端为乘客提供更多移动支付手段，不仅支持乘客采用现金进行车费支付，更可以通过智能终端内特有的模块，使乘客通过扫描终端屏幕二维码或刷带有银联标识的多种银行卡和市政交通一卡通来进行车费结算，同时，实现司机端结算金额实时入账，为乘客和司机带来便利。

通过建设企业在线管理系统。出租汽车企业通过该系统对新型智能终端和从业资格电子证件进行日常管理，还可以通过该系统实时查询统计本企业及其分公司、车队的运次、运营时间、运营里程和收入等运营信息，大大提高了企业管理效率，降低了管理成本。

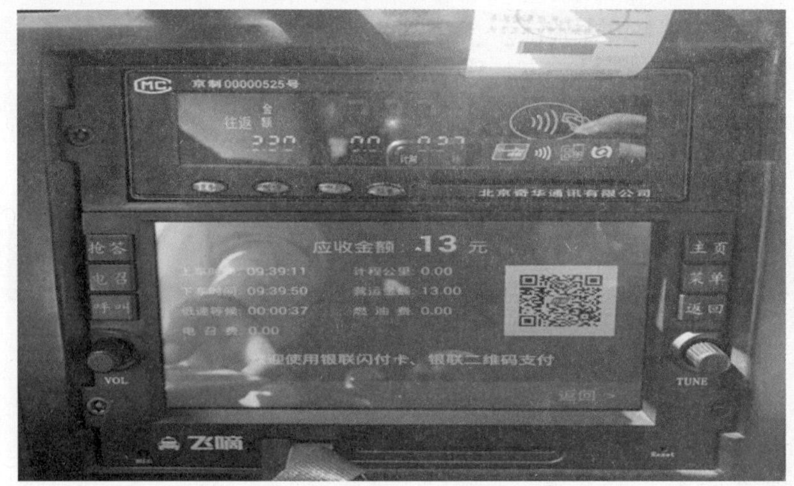

图3　新型巡游出租车智能终端

6）北京市出租汽车服务管理系统

北京市出租汽车深化改革信息化工作，通过北京市出租汽车服务管理系统（见图4）申请的网约车从业资格的人数6.2万余人，资格审核通过人数5万余人。该系统可进行网上申请、并联审核、结果告知、考试预约、信息查询、行政审批、现场考试、车辆信息审核、驾驶人信息核对等操作。

图4　北京市出租汽车服务管理系统

为了实现对网络预约出租汽车的有效监管，本系统持续进行了网约车数据接入及数据质量整治工作。依据交通运输部印发的《网络预约出租汽车监管信息交互平台总体技术要求（暂行）》，北京市交通委员会结合本市行业监管需求，制定了《北京市出租汽车监管平台与网约车平台数据连通性接入规范》，明确了网约车平台通过24个数据接口向市监管平台传输360余项数据的技术要求。依据此规范，制定网约车运营监测算法指标300余项，搭建了网约车数据质量监测系统（见图5和图6），从9大方面进行数据质量监控，及时发现问题并与各平台建立沟通整改机制。北京市网约车监管平台陆续与41家网约车平台开展了数据连通性测试工作，已向符合要求的网约车平台公司发放《北京市出租汽车监管平台与网约车平台数据连通性测试报告》，保证了接入数据质量。制作巡游网约车运营情况分析报告若干份，为行业主管部门决策提供数据支撑。

图5　北京市出租汽车服务管理系统中订单接收查询界面

本系统面向市公安局、交通执法总队等联合执法监管单位提供数据支撑服务，可实时查询网约车人、车、户基本信息，查询网约车运营数据，极大地方便了监管执法数据调取，有力的支撑了业务工作。另外，按照要求，本系统完成与交通运输部对接网约车平台公司、车辆及驾驶人相关许可信息。

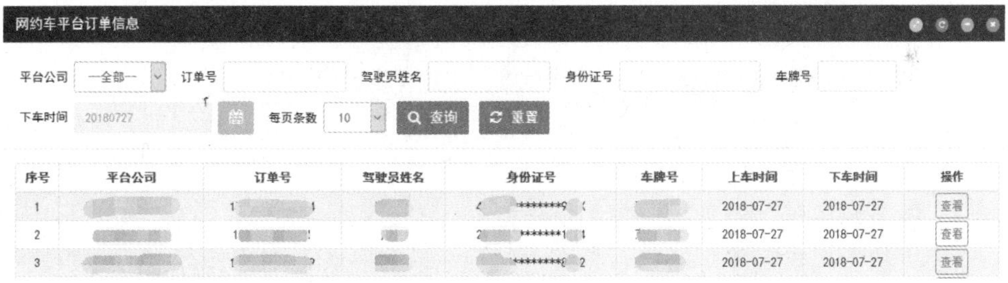

图6　北京市出租汽车服务管理系统中网约车平台订单查询界面

7）北京市省际客运实名制联网售票及运营管理服务系统升级联网

2017年，作为交通运输部京津冀道路客运联网售票一体化工作的一部分，我委与部通信信息中心及津冀道路客运管理单位紧密配合，多次参加京津冀道路客运联网售票一体化培训及工作推进会，就联网工作各项问题研究讨论，制订整改方案，开展了技术及业务对接，针对联网数据上传质量，接口传输效率、接口稳定性、售票成功率等方面存在的问题进行整改完善，于2017年6月27日完成了与部级系统的客运站现场联调、出票测试等工作，进入了京津冀三地一体化售票的试运行阶段，全国（京津冀）道路客运联网售票网站于2017年7月底正式上线试运行。在试运行期间不断完善数据传输机制，及时解决信息缺失问题，不断提高系统的提高系统稳定性和兼容性。

8）气象交通预测预报服务平台

气象交通预测预报服务平台整合了气象及交通的实时监测和预测信息，面向以城市环线快速路为主要组成的北京市中心城区骨干路网，为城市交通管理与应急部门提供数据支撑的决策支持，提高了高影响天气条件下的交通管理决策水平。同时，为公众提供交通出行预报和出行选择建议的信息服务，提升高影响天气条件下的交通信息服务能力。

9）交通执法指挥调度平台研究

新形势下开展总队指挥调度工作机制、运行模式和工作流程研究、开展分级指挥调度平台应用场景、功能、终端等需求和系统建设方案研究。对地下轨道交通站点、人员密集的场站、山区旅游景点等不同执法环境下通信技术进行比对研究。计划于2018年开始实施。

10）移动智能执法终端相关应用技术研究

研发集多种证件识别于一体的移动执法终端，与出租汽车稽查、道路运输稽查、外勤文书电子化等系统衔接，实现对多种证件快速识别，提高执法信息录入效率和准确率。攻破执法终端无线打印技术难关，实现通过PDA无线打印执法文书。实现外勤文书快速制作、无线打印、案件信息实时回传至执法处罚系统，为内外勤执法一体化的新型执法模式奠定有力基础。形成二代身份证和电子营运证件数据接口技术研究报告。在北京市交通执法总队第六执法大队和机场执法大队推广应用。

11）安防及执法设施更新改造项目

完成三个执法大队指挥分中心建设，为非现场执法和指挥调度提供了支撑手段；在具备条件的9个执法大队驻地、处罚大厅、谈话室等重要点位安装了130余个高清摄像机和18个高精度拾音器；完成两个大队三次网络设备迁移，为大队新址不具备网络条件地进行综合布线；满足了各执法大队执法案件办理全程监控需要。为规范内勤办案、提高安防水平、保障执法人员人身安全提供了重要的技术支持。

12）执法暂扣车辆停车场监管系统

建设执法暂扣车辆停车场监管系统，实现总队和各大队对停车场远程巡查监管，以及暂扣车辆入场、保管、出场、停车费结算、滞留车解体注销等全流程电子化管理，提高监管效率。通过对停车场、大队、总队三级管理，对于扣押车辆管理全部采用一体化联网系统方式管理，实现车辆扣押、入场、放行、出场、费用结算、解体全过程电子化管理，提高精细化管理水平。统一标准和流程、规范停车场管理，实现对停车场动态监管。

13）出租汽车违法违章运营行为图像取证技术研究

通过对主流高清视频监控设备进行调研，确定监测设备能用于取证的技术指标；研究取证视听数据的取证要素，明确视频数据取证中执法信息；研究视听数据存储方案，便于监管人员检索、分析；开展违法行为自动监测识别模型研究，针对出租汽车违法违章运营行为选取3种典型行为进行研究探索，形成自动检测预警模式并进行应用示范验证。

14）轨道交通执法管理平台（一期）项目

随着轨道交通执法大队的建立，轨道交通执法管理平台建设将以信息网络为载体，利用计算机、网络技术来完成信息的收集、加工、处理、传输、分析和检索等工作，用科学的方法对执法业务工作流程和执法人员进行管理。通过建设指挥调度中心、轨道交通执法管理信息系统和配套工程，实现轨道大队监管目标可视化、案件办理标准化、勤务安排科学化，人员和文书管理精细化、业务协同和知识分享平台化、决策指挥一体化。为轨道运营安全监管和指挥决策提供有力支撑。本项目建设充分利用现代信息技术，努力提高执法、办案效率和应对突发案件的快速反应能力，势必成为高效率、高质量、高可靠的执法依托。

15）运输行业监测预测方法模型研究与应用课题

完成运输行业监测预测方法模型研究课题，编制完成课题研究报告，调研梳理了运输行业管理服务过程中对于行业运行监测和数据分析的实际业务需求，形成了各行业监测指标项。

交通运输物流信息公共服务平台如图 7 所示。通过推进物流信息公共服务平台建设，为货运行业管理提供综合的行业管理与服务平台。该平台整合接入了货运相关车辆动态监督管理、无车承运人管理、绿色货运管理、运单填报等一系列北京市货运行业管理和服务功能。

图 7　北京交通运输物流信息公共服务平台

16）化危电子运单试点工作

继续大力推进化危电子运单试点工作。北京市危险货物道路运输电子运单管理系统累计纳入本市房山、燕山、丰台、通州、顺义、海淀、大兴地区运输单位 176 家，登记从业人员 2939 人（其中在职 2863 人），累计运单填报 49952 条。开展北京市无车承运人试点工作。接入无车承运人企业上传的运单数据并实时转发给全国物流信息公共服务平台。

17）建设完善“首都运政通”移动政务平台

通过丰富“首都运政通”功能（见图8），不断完善“首都运政通”App的监管检查、档案查询、归集信息查询、监管历史查询、数据统计、监管照片上传等功能共80余项，与市经信委网管中心协商解决App自动更新、发布权限、网络自动切换等问题，优化用户体验，新增出租行业退出车辆现场勘验功能建设，并实现与审批系统的业务协同；全面推进业务应用，开展10余次行业技术培训，为货运、旅游、省际、水运、公交、租赁、维修等行业管理部门日常检查工作提供技术支撑，2017年全局系统使用“首都运政通”开展执法检查5267余户次，采取行政执法措施140余次，采集图像证据13344余件，开展货运、维修行业执法检查“双随机”共340余次，“首都运政通”终端使用率达到50%；实现与市行政执法信息服务平台数据对接，自动推送各行业监管检查数据，有效减少一线工作人员多平台重复录入的冗余工作，自上线以来，累计向市行政执法信息服务平台推送526条监管监察记录；根据执法责任制要求，配合旅游处、租赁处、水运处、省际处、公交处研究行业执法检查“双随机”业务规则，完成旅游行业“双随机”功能；完成“首都运政通”系统运维工作，累计处理安全隐患漏洞50余个，系统优化升级79次，通过服务热线和业务交流群形式为各区处提供技术支持服务310余次。

图8　移动政务终端平台界面

18）优化行政许可及电子监察系统

北京市继续持续完善系统功能，完成营运车辆年审及等级评定功能优化，开展窗口服务满意度评价功能、维修行业行政许可程序性规定修订相关功能的开发；增加事项智能约束办理功能，根据行业管理部门相关要求，对特定条件的人、车、户进行行政许可事项的限停限办，对货运行业568辆不合规车辆运输车进行事项约束办理；启动网络预约出租车事项办理工作，有8家平台企业通过审核取得《网络预约出租汽车经营许可证》，5410 辆车辆已通过审核取得《网络预约出租汽车运输证》，共有 14618 人通过考试取得《网络预约出租汽车驾驶人证》，1335 人完成上岗备案；配合推进省际行业丽泽长途客运站迁站相关工作，调整涉及线路信息，开发证件补打功能；持续优化运政基础数据质量，完善与委内外系统的数据传输机制，发现并补充 1000 余条“两客一危”车辆缺失数据。

完成局行政许可及电子监察系统运维工作，累计接听技术咨询电话 779 次，提供运维技术支持服务 635 次，修正问题数据 234 次，系统优化升级 32 次。

图 9　北京市网约车平台经营许可证

图 10　北京市网约车驾驶人证

19）推进租赁行业管理与服务信息系统建设

完成本系统试运行工作，根据租赁处、城区管理处、郊区交通局等系统用户提出的问题及建议，新增系统功能 16 项，完成功能优化、安全修复工作 39 项，并持续为租赁处、城区管理部门、租赁企业等各级用户提供技术支持服务；持续推进企业运营数据及车辆 GPS 数据对接工作，共计接入 219 家租赁企业 36000 余辆备案车辆的运营数据和 43 家 GPS 运营商共 20000 余辆备案车辆 GPS 数据；建立企业邮件反馈机制，每天以邮件形式向企业反馈数据接入情况。运行监测系统界面如图 11 所示。

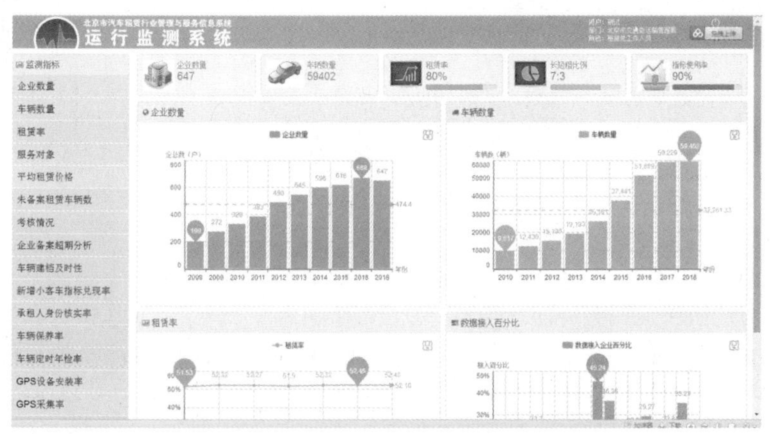

图 11　运行监测系统界面

20）积极推进视频监控联网应用工作

按照北京市公共安全视频监控建设联网应用工作要求，起草了《北京市交通委员会路政局公共安全视频监控建设联网应用工作实施方案》，积极推进路政行业公共安全视频监控建设联网应用工作。普通公路重点路段和主要路口新建高清视频73套、接入京平高速公路视频240余处，实现2107年市级重点公路路段和主要路口的视频监控覆盖率和联网率80%的任务目标。

三、北京市智能交通发展与展望

北京市交通委员会将以《北京市“十三五”时期智慧交通发展规划》为指导，按照“一个中心、六大平台”的体系格局，计划到2020年，构建泛在互联、协同高效、融合创新、开放共享的新一代智慧交通服务体系。确立北京智慧交通总体处国内领先，重点领域处国际先进的地位。全面提升交通行业治理现代化水平，促进行业企业转型升级和提质增效，增强百姓对交通服务“获得感”，全面推进北京市智能交通建设工作。

（撰稿：刘浩）

广州市智能交通系统建设与发展

一、广州城市概况与交通运输现状

对外交通方面，2017年广州白云国际机场旅客吞吐量达6583.69万人次，位居国内第3，全球第13位；广州港完成货物吞吐量5.9亿吨，同比增长4.9%，居华南第一位，国内沿海港口第四位，全球港口第五位；集装箱吞吐量2037万标准箱，同比增长8.0%；全市铁路客运量15641.40万人次，累计同比上升9.0%，客运周转量469.83亿人千米，累计同比上升3.7%；全市铁路货运量5120.50万吨，累计同比上升4.8%，货运周转量182.55亿吨千米，累计同比上升4.4%。公路客运量共计25430.24万人次，累计同比增长6.7%；客运周转量为257.56亿人千米，累计同比增长6.8%；公路货运量共计77099.41万吨，累计同比增长7.3%；货运周转量为886.50亿吨千米，累计同比增长7.5%。

城市公共交通方面，2017年轨道交通、常规公交（含电车）、出租车、水上巴士四类公共交通方式完成客运量总计57.16亿人次。截至2017年年底全市常规公交线路1225条；线路运营总长度22245千米，公交专用道总里程达到421千米；常规公交客运量22.95亿人次，日均客运量630万人次/日，较上年减少5.1%；轨道交通线路14条；全网上线列车444列，营运车辆2380节；轨道交通总里程达到390.5千米，线路规模同比增长30.0%，线网规模同比增长26.5%，站点规模同比增长23.8%；轨道交通日均客运量768万人次，最高日客运量突破1000万人次，全网客流强度约2.49万人次/千米/日，居全国首位；轨道交通线网密度0.27千米/平方千米，竞争力持续提升。全市运营出租汽车数量为22282辆（中心六区19988辆），较上年增加339辆，日均客运量163万人次，同比增长7.0%。水上巴士系统共有26座码头、14条航线、51艘客运船舶，水上巴士日均客运量4.35万人次。

机动车和路网运行方面，2017年度广州机动车保有量249.2万辆，同比增长2.8%；中小客车保有量203.4万辆，年增长率为3.7%；私人中小客车保有量177.4万辆，年增长率3.3%；全年晚高峰干道网平均运行速度25.44千米/小时，与2016年相比中心城区路网工作日交通拥堵指数有所上升。

二、广州智能交通建设和应用情况

2017年，广州市交通委员会在市委、市政府的正确领导下，坚持创新驱动发展战略，统筹布局行业信息化建设，全面推进交通信息化发展“十三五”规划实施，着力推动数据应用、服务效能、信息化体系、安全管控及创新工作五个方面工作，促进广州综合交通信息化体系完善，信息化基础进一步夯实，行业信息化水平进一步提升，创新能力进一步增强。

1. 强化数据分析应用，智能化建设成果显著

1）全面建成综合客运枢纽疏运组织分析系统（见图 1）

综合运用大数据、人工智能、交通仿真等技术，集成交通运输、手机信令、气象、环保等 20 余类数据，接入 10 多类专题信息，围绕火车站、机场、客运站、高速公路等重点区域，实施对人群、车流、路况、对外交通方式、城市交通运力多维度、全方位实时监测、关联分析、趋势预测和仿真评估，日均处理数据 1.7 亿条。有效支撑 2018 年春运重要交通枢纽和高速公路的交通组织、客流疏运及保畅通工作，并推广至兄弟部门，受到广东省、广州市领导高度评价，被交通运输部网站、广东电视台、广州电视台、交通运输部网站、广州日报等媒体广泛正面报道。

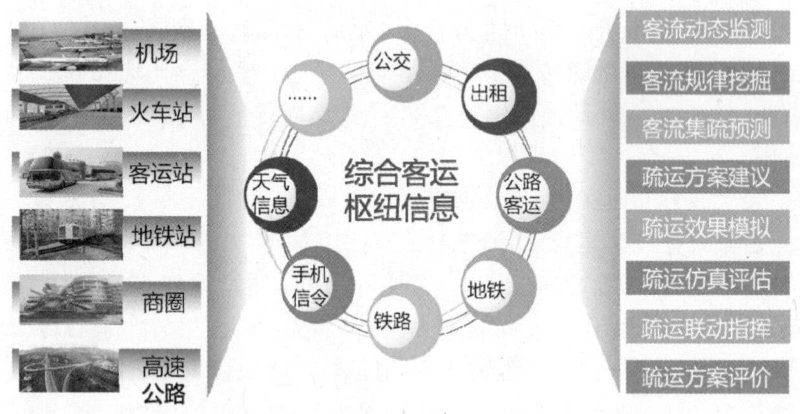

图 1 综合客运枢纽疏运组织分析系统数据应用示意

2）精心打造交通运行综合监测与融合管理平台（见图 2）

创新多维度集成化数据融合管理和方式，对机场、港口、铁路、公交、出租、地铁、水巴、客货运输、维修驾培、交通路网和站场、实时路况及人群客流等全行业信息集成管理、数据分析，为全面掌控交通态势、科学指挥调度提供了平台支持。

图 2 交通运行综合监测与融合管理平台

3）稳步推进交通行业数据共享和分析服务平台（见图 3）

汇集广州市交通委员会内、外 17 个行业，共 356 类数据，接入 50 余个交通行业

信息系统，每天新增数据 250GB，为 2017 “财富”全球论坛、2018 年春运等重大活动、节假日的交通运输保障提供有力数据支撑。制定印发《广州市交通委员会信息数据共享管理办法》，规范数据共享应用、分类管理、安全维护等事项。

图 3　广州市交通行业数据共享和分析服务平台

4）大力推动跨部门数据共享与社会资源合作

积极协调市公安局、地铁集团、气象局、移动公司、高德地图、机场高速，新增对接交换 38 项 40 类信息数据，完成与市移动公司、腾讯公司、阿里集团、高德地图签订战略合作协议。通过大力推动跨部门数据共享与社会资源合作，进一步丰富完善交通数据资源体系，促进交通信息化建设应用。

2. 突出综合服务效能，智慧化服务持续提升

1）统筹推广公交二维码（见图 4）和全国交通一卡通落地广州

在全国率先实现羊城通腾讯二维码在公交应用，同步实现羊城通支付宝二维码，推广期间日交易量达 36.1 万人次；组织升级闸机、终端 14000 多台，推进全国交通一卡通落地广州公交，为市民出行提供便利服务。

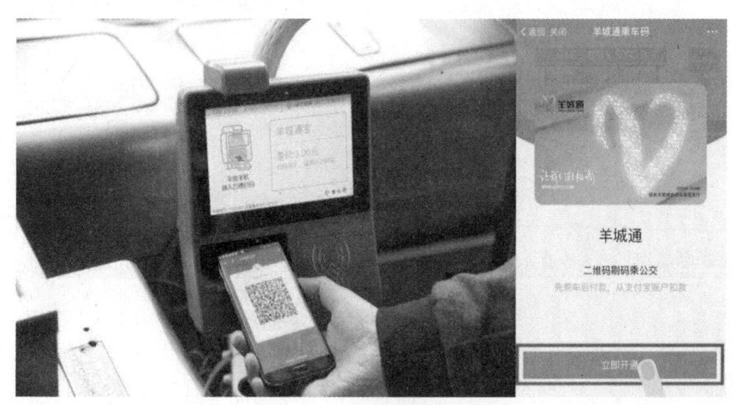

图 4　公交二维码

2）持续优化及升级“行讯通”

广州市交通委员会打造集聚实时路况、实时公交、停车服务、交通指数、公共交通出行规划等 18 项综合交通信息的一站式服务平台“行讯通”（见图 5），2017 年度在原有服务基础上，进一步新增完善汽车维修点、多模式公交停靠站点查询、出行规划、步行导航、气象雷达回波、空气质量监测等信息服务，截至 2017 年年底用户下载量累计达 700 万次；此外在“行讯通”微信公众号和公交交互平台，实现公交到站时间预测、到站提醒等个性化服务。

图 5　行讯通新增功能界面

3）建成财富论坛交通车辆信息化调度监管平台（见图 6），提升重要会议交通信息化服务保障水平

建成财富论坛交通车辆信息化调度监管平台，实现对司机、交通保障、执勤人员及车辆、水巴等 6 类 650 台交通工具的运行监测、有效调度和科学指挥，有效支撑财富论坛交通保障，也为后续的重要大型会议交通保障提供技术支撑平台。整合机场、地铁、高速、会场周边视频监控、卡口、运力分布等信息资源，全面强化财富论坛交通信息化服务保障工作。

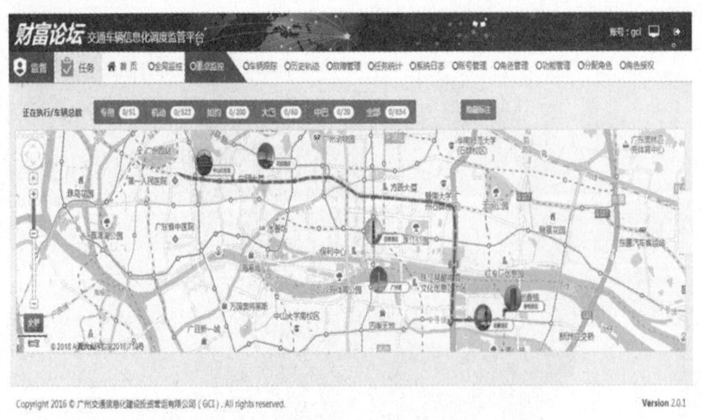

图 6　财富论坛交通车辆信息化调度监管平台

4）建设完善政务信息化平台，提升便民服务水平

建设完善广州交通新网站，为市民提供便利的信息服务；推进建设市交委一窗、一网、政务数据交换平台，实现 13 万个电子证照、1.6 万条商事主体、15 万条公共信用共享，有效提高行政服务效能，提升便民服务水平。

5）强化交通信息化闭环监管系统应用

对接市政府投诉咨询热线和交通新网站栏目，实现委业务职能全覆盖，2017 年，系统支撑投诉建议业务办理 22896 宗，做到事事有跟踪，件件有落实。

3. 强化管理需求导向，信息化体系逐步完善

1）建成交通移动指挥平台

运用移动互联网+、大数据等信息技术构建集视频监控、人群监测、道路路况、高速公路和出租车、公交、客运行业监管分析于一体的移动交通运行监测、分析平台，打造成为指尖上的交通指挥部（见图 7）。

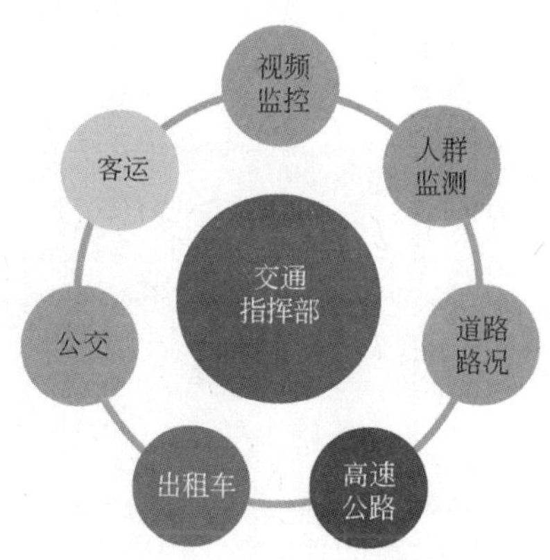

图 7　交通指挥部示意

2）打造广州特色信息化公交

推进国家公交都市智能化应用示范工程建设，建成新版公交行业监管平台、快速公交运行监测系统，实现羊城通 CPU 卡全面升级，完善水巴安全监管平台、推进公交 CAN 总线分析等工作。推广应用珠江新城新型观光线路信息化成果，成功应用一键叫车、智能调度、人脸识别、车辆防碰撞、客流检测、新型蓝牙、智能终端、司机健康监测等新技术，打造广州公交信息化的示范线路。强化公交企业车载视频的运维管理，2017 年下半年，组织巡检 16 万车次，抽检完好率达 98.5%，协助公安部门提取视频 742 宗。

3）推动出租车网约车信息化创新

建成微信服务评价和扫码投诉系统，推进出租车行业社会共治；推进新型智能终端完善，累计推广新终端 14500 台；组织开发出租车机场客流疏运系统，将机场到达客流与出租车运力实时匹配，有力保障机场旅客疏运；广州市约租车行业监管平台接入社会网约车平台（见图 8）20 家，网约车共 28 万台，为加大监管力度提供信息化支撑。

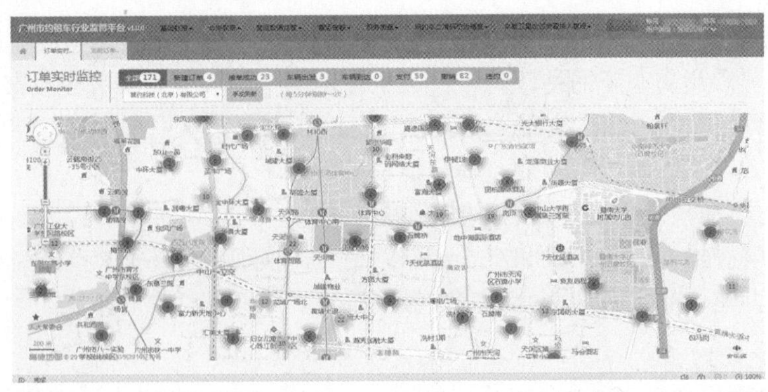

图 8　广州市约租车行业监管平台

4）创新物流配送及货运安全监管（见图 9）

建设城市配送监管平台二期，实现对新能源物流车、冷链专用车、普货公共仓等设施监管和分析；建成基于微痕检测、车牌识别和人脸识别技术的货运安全管理系统，覆盖全市 35 个货运站场。

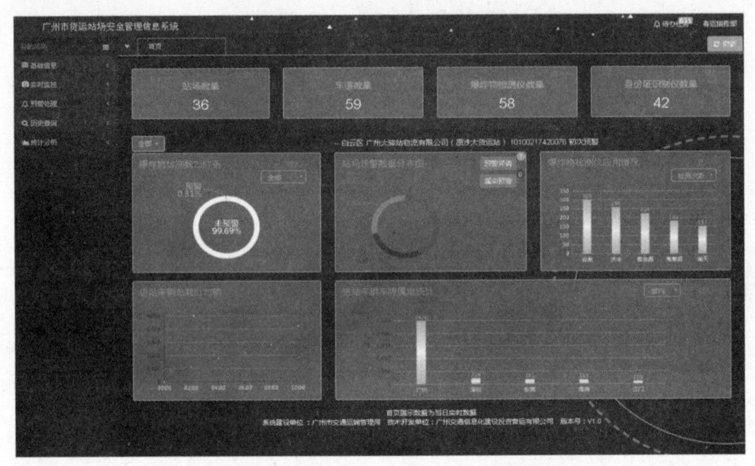

图 9　广州市货运站场安全管理信息系统

5）完善交通视频监控体系

建设和共享高清视频 1 万余路，实现对机场、火车站、客运站、主次干道、重要桥梁、治超站、地铁站、内环路、高速公路和公交专用道等重要区域全面覆盖。组织对全市 13000 个公交站场站点调研，编制全市公交站场视频系统总体方案，推动公交站场视频进一步提升。

4．注重信息系统安全，立体化安全防护提升

1）建设完成交通信息设施监管系统（见图 10）

实现对交通行业近 30 个重要业务系统、70000 台终端设施、服务器、网络设备设施故障全自动监测告警、运维智能分析和全流程跟踪处置，实现以信息化的手段对信息化设施的集约化高效管理。

图 10　交通信息设施监管系统

2）建全完善网络信息安全保障体系

采用人脸识别，防火墙升级，漏洞扫描、安全核查、数据库审计、IPS 入侵防御监测等技防手段和网络安全攻防演练的人防手段，全面增强系统、网络、数据安全防护能力和信息安全防范水平。

5. 推动高新技术融合，有效激发创新活力

1）加快建设创新中心，统筹开展创新研究

广州市制定《广州交通创新中心组建方案》，统筹开展创新研究，组织各制定涵盖各行业感知技术研究计划 14 项；开展物联网关键技术、交通视频布点规划、公交地铁客流监测与预测、道路交通态势分析、交通仿真集疏管理等课题研究，为交通管理和服务提供支撑。

2）深入技术创新研究，大力推动技术应用

创新对传感器、机械臂开发集成，开展桥梁健康监测及碰撞预警、大巴安全逃逸系统等研究；“互联网+交通运输”创新创业大赛 14 个项目获奖；开展出租车和“两客一危”GPS 数据、公交 IC 卡数据、道路高清卡口数据、高速公路流水数据、手机信令数据、互联网位置数据等大数据挖掘以及超薄排水路面技术等研究，并通过大数据挖掘，为非法运营大客车执法管理、出租车政策调整、“如约巴士+出租车”创新管理模式等工作提供精细化的数据支撑；推动“多规合一”系统建设。各单位开展技术研究、运用创新成果的热潮高涨。

3）大力推动管理创新，优化提升管理水平

完善广州市交通运输管理体制方案；制订自行车停放区设置技术导则；研究拟制小微型客车分时租赁行业健康发展指导意见；推出 OA 系统经费预算管理模块；建设物流配送监管平台；建设综合业务与移动执法支撑平台；探索综合交通指挥体系模式；建设工程质量安全监督监管系统；做好国防交通等 3 个系统升级，管理创新不断激发释放活力。

4）把握新业态服务需求，推动服务创新发展

广州市公交集团统筹如约的士、城际、公务、出行、旅游等服务品牌建设，拓展“智慧支付”二维码、空中充值、实名制卡业务，推进 BRT 站台智能踏板通道试点研究，开发珠江游无人售票系统；探索区块链技术，推进“如约学车匹配学员池”，建设“如约爱车”，上线企业 218 家，用户 6.3 万人；创新如约巴士便民服务；推进中小客车信息系统（二期）立项，制订系统三级等保方案。通过把握新业态服务需求，推动服务创新发展，使广州特色交通服务整体形象有效提升。

三、广州智能交通发展与展望

2018 年广州市交委将把握机遇、攻坚克难、创新发展，奋力做好智能交通及创新工作，推进广州市交通行业大数据中心、感知平台、业务平台、综合服务平台有机融合，促进广州智能交通建设与发展再创佳绩。

1. 创新发展，统筹信息化建设应用和创新工作

推进完成交通创新中心组建，充分发挥平台支撑，推动行业创新发展。统筹制定 2018 年交通创新工作计划，营造创新浓厚氛围，推进大数据、人工智能、智能传感应用研究，推动开展各行业新技术试点应用，加强信息化人才培训，提高行业管理和服务水平。

2. 夯实基础，持续推进交通数据共享和采集

组织开展公交站场站点视频项目，建成智能视频分析平台；进一步加强与公安、气象、地震、环保、地铁、机场及高德、腾讯、支付宝等单位合作，推进数据共享共建。完善交通行业数据共享分析平台，进一步规范管理，提升交通数据分析、预测、管理、服务水平。

3. 强化应用，全面提升行业信息化应用水平

深化数据分析应用，加强客运枢纽客流疏运、智能监测应用建设；重点推进基于车牌和车型视频识别感知技术的非法营运车辆稽查、机场高速流量监测等系统建设，完成全国一卡通升级应用工作，推进“公交都市”智能化应用示范工程整体验收。

4. 综合保障，不断强化信息化工作安全管理

坚持建设、管理、监督并重，不断强化信息化工作安全反控能力，建设完善交通信息系统安全管控综合分析平台、交通信息设施监管系统，开展中小客车系统信息安全三级等保工作，形成动态、高效、系统化的信息安全管控机制。

（撰稿：张孜）

上海市智能交通系统建设与发展——支撑建设区级交通信息平台，助力区域交通精细化管理

一、建设背景

上海市交通综合信息平台建成以来，实现了全市交通行业信息汇聚整合、交通管理行业平台和业务系统之间的信息交换和共享、道路交通状态等实时展示、面向综合交通管理的应用分析以及支撑面向社会公众的交通信息服务等功能，为支撑 2010 上海世博会交通畅达、上海交通白皮书制定、上海重大交通政策出台与评估、全市交通状态研判与预测、方便公众出行和缓解交通拥堵等，发挥了重要作用。

上海实行市区两级政府分工管理城市交通的体制，区内大部分交通组织管理、交通拥堵治理等职责都由区政府及相关职能部门承担。随着智能交通技术发展和应用不断深入，各行政区对利用现代智能交通技术进行交通管理的需求越来越大，但由于各行政区交通信息采集、处理能力不足，迫切需要交通信息数据和技术手段支撑来实现交通管理信息化、智能化目标。

根据上海市各行政区对智能交通建设迫切需求，上海市城乡建设和交通发展研究院上海交通信息中心（以下简称“上海交通信息中心”）充分运用交通综合信息平台数据资源，与多个行政区建立了网络互通，将交通信息数据服务触角延伸向有关区，进一步拓宽了市级交通综合信息平台的服务和应用范围，改观了市交通综合信息平台信息交换、共享囿于交通行业的专业“条”范围，而行政区划“块”则是空白局面，解决了区交通管理部门由于缺乏相应交通信息数据支撑，难以进一步开展更全面、更科学的精细化交通管理的难题。

二、建设内容

2017 年，上海交通信息中心在为部分区提供道路交通状态等服务基础上，支撑完成首个区级交通综合信息平台——徐汇区交通综合信息平台（见图 1）和徐汇区交通辅警管理及综合指挥平台（见图 2）的建设。上海交通信息中心将市交通综合信息平台中有关徐汇区的道路交通、公共交通、客流等综合数据进行定向处理，形成徐汇区综合交通信息，接入徐汇区级交通综合信息平台，辅助区域交通管理决策和出行服务。该平台建设主要内容，包括数据资源接入、道路运行综合分析、公交运行综合分析、停车运行特征分析、研判预警分析、管理指挥应用等。区道路交通、公交客流集散规律的分析和停车运行特征分析等内容建设，均由市交通综合信息平台提供数据服务支撑。

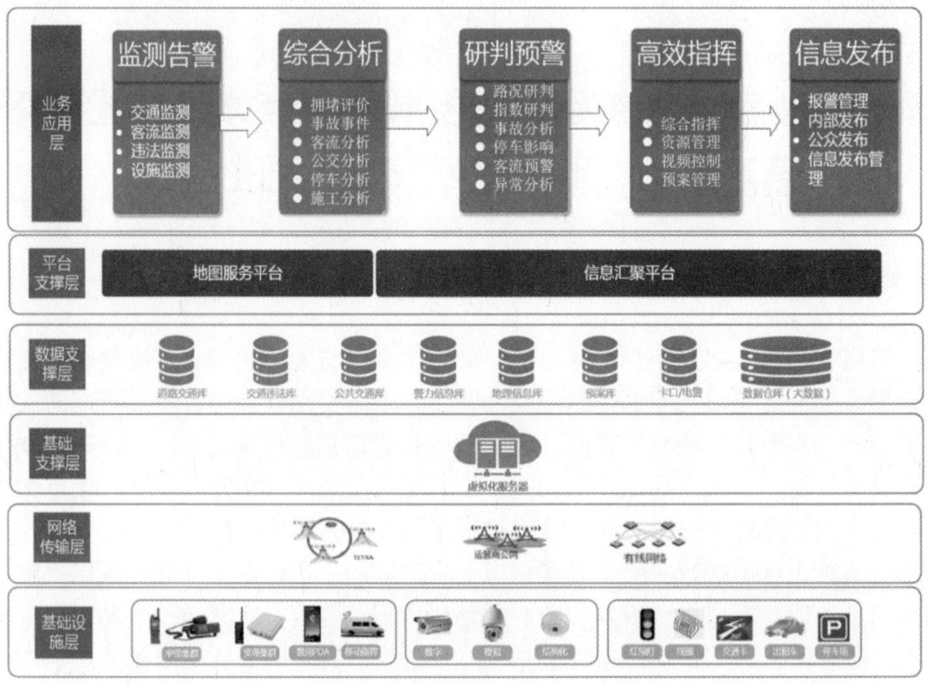

图 1　徐汇区交通综合信息平台构架

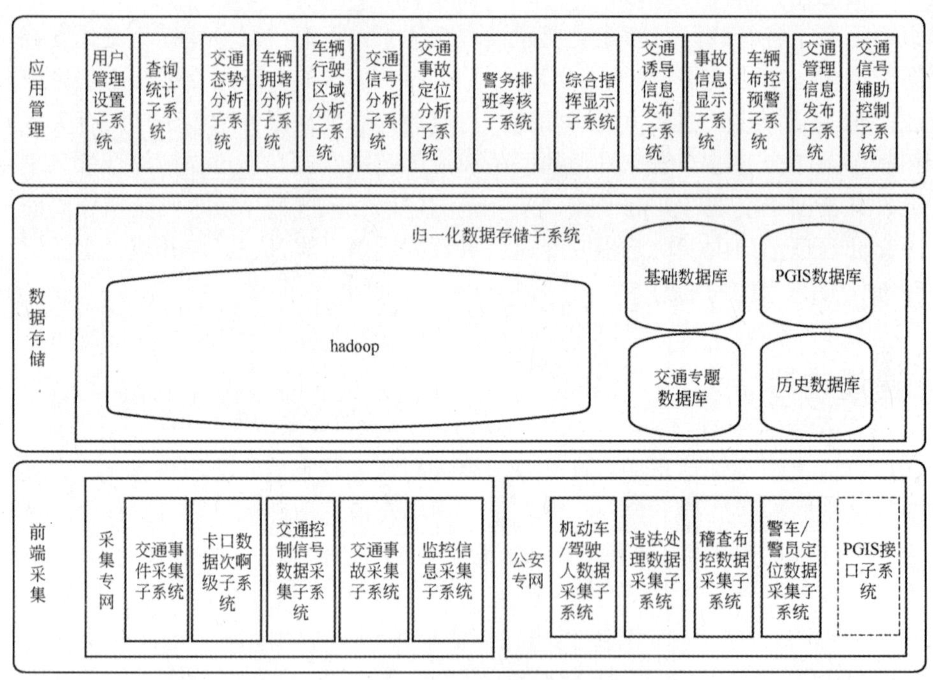

图 2　徐汇区交通综合信息平台逻辑架构

整个平台采用分布分层架构，以数据中心为平台核心，主要分为前端采集、数据存储和应用管理几个层次。前端采集主要实现通过不同的网络访问方式，以及不同的技术手段，采集、获取前端设备信息或相关交通信息数据。数据存储依托于云计算技术，采用分布式存储对海量数据进行存储，实现数据存储的高效、可靠、安全。同时依托数据库系统，实现对交通数据的存储、记录、分析及统计。应用管理则从数据库及分布式存储系统获取各类原始数据进行分析、处理，并将已经分析处理的结果数据进行展示，或者提供给其他外部业务系统。平台包括前端展示和后端业务处理系统，采用传统的 C/S 技术，并围绕数据中心，向下开发基于自主协议的数据交换系统，同时基于数据库系统开发横向管理系统，通过后台开发数据同步系统。

三、平台功能

建设徐汇区交通综合信息平台（见图 3），实现了市区两级交通综合信息平台信息交互和共享，以及徐汇区道路交通、公共交通、热点客流的动态监测，具备基本分析功能，为徐汇区交通管理科学化奠定良好基础。该平台主要实现如下功能：

一是数据接入共享：主要接入市交通综合信息平台定向为徐汇区处理的道路交通状态、公共交通线路分布及客流情况等数据，以及区公安交管现有视频、卡口、SCATS 数据。并与区相关部门对接，实现接入停车场、施工组织等数据。

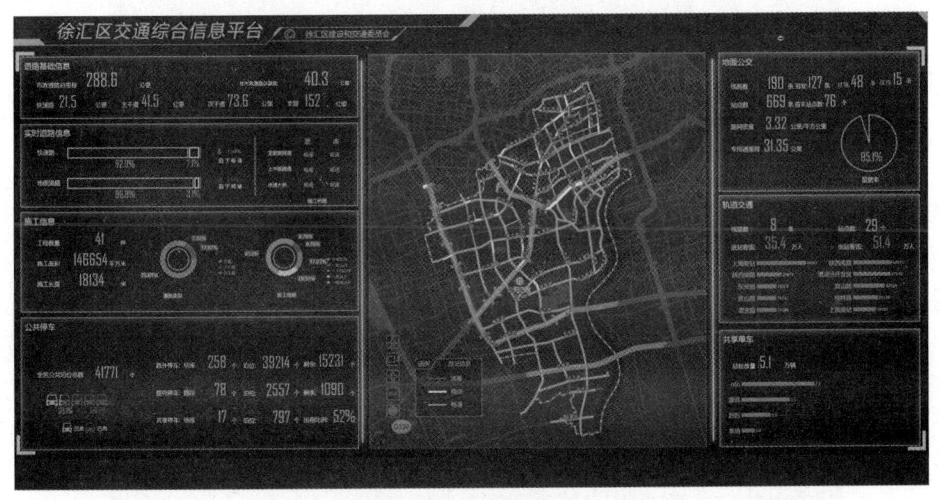

图 3　徐汇区交通综合信息平台主页面

二是道路综合分析。基于市交通综合信息平台提供的徐汇区道路交通拥堵指数，分析徐汇区拥堵区域、道路、交叉口时空分布特性和演变规律。同时，可辅助开展道路施工影响分析，基于施工、流量、卡口数据，分析道路施工影响范围、道路车速、流量转移规律特性。开展事故事件分析，基于报警数据，分析徐汇区事故多发区域、时间、类型以及影响范围。开展车辆 OD 分析，基于卡口数据，分析进入区域车辆出行路线规律。徐汇区道路交通实时路况如图 4 所示。

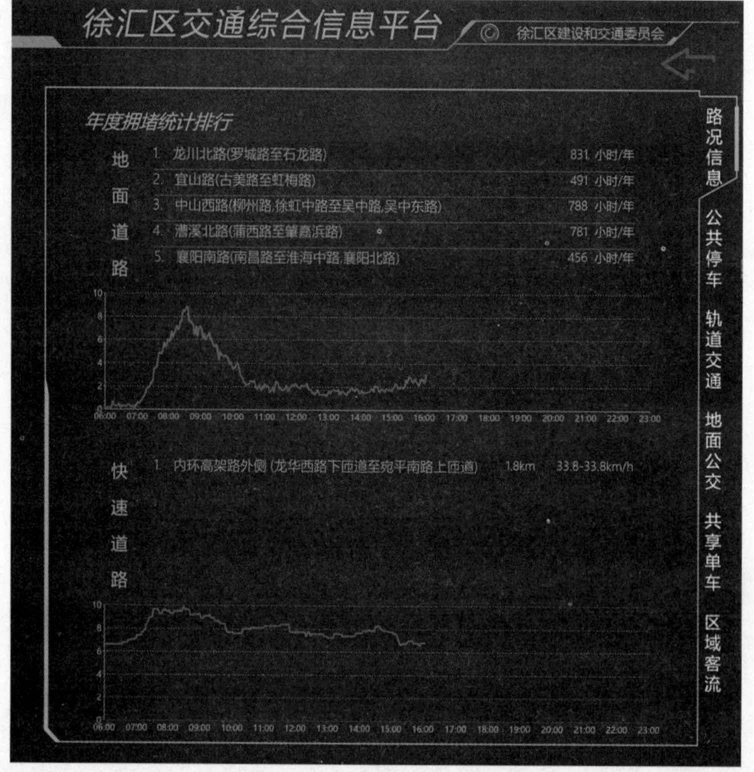

图 4　徐汇区道路交通实时路况

三是公交运行综合分析。根据市交通综合信息平台提供的徐汇区相关公交线路运行情况，展示进出徐汇公交车辆位置、速度、到站信息等，如图 5 所示。同时，可开展公交运能分析，分析进出徐汇区公交车辆公交客流匹配情况和运行特征。开展公交客流集散特征分析，对多种公共交通之间换乘特性和客流计算特征进行分析与展示。开展公交指数应用，定制徐汇区公交服务指数和运行效率指数，对区域内公交服务质量和运行效率进行评估和对比分析。

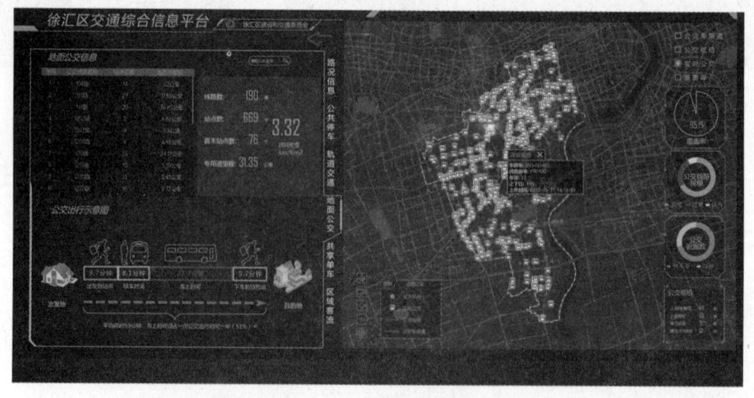

图 5　徐汇区地面公交实时信息

四是研判预警。基于市交通综合信息平台提供的徐汇区道路交通拥堵指数，辅助开展拥堵预测预警、施工影响预测、重点区域和轨道交通站点、公交线路的客流预测预警等，分析道路、交叉口拥堵趋势和持续时间、判断因道路施工产生流量变化和拥堵区域范围。对于客流超出异常范围进行预警，提示管理人员采取措施干预。

五是综合管理应用。该平台还具有综合展示、管理预案提供和年报月报编制等功能。上述功能的实现，为徐汇区开展交通监控、交通分析和制定交通改善措施，特别是开展有针对性的交通精细化管理，提供了强有力的数据支撑服务。

2017 年，上海交通信息中心还支撑建设徐汇区交通辅警管理及综合指挥平台（见图 6），除了具备区交通综合信息平台的主要功能外，还具备区警力指挥功能，包括警力分析、警力派遣、警务预案、智能警保预案等。警力分析可根据交通拥堵、交通违法、交通事故等数据，通过与警力分布关联分析，优化警力配置。警力派遣可根据预测预警结果，提供警力派遣方案。警务预案可根据不同交通场景和拥堵程度，提供针对性警务警力安排预案，并与警力派遣系统关联。智能警报预案可根据警保路线，形成关键交叉口绿波控制方案，与 SCATCS 相关数据互联，提高交通保障可靠度。该平台对提高警情发现、处置、监督效率，形成区域高效交通管控和指挥体系，为警务勤务更科学、指挥更高效、反应更迅速、纠违更及时、服务更到位、监督更有力的交通管理工作提供强有力技术支撑。

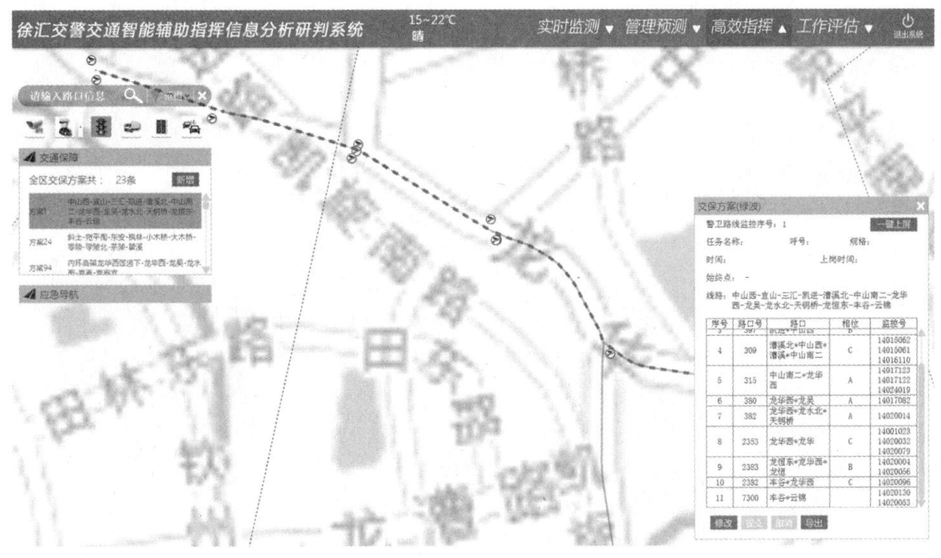

图 6　徐汇区交通辅警管理及综合指挥平台

四、发展方向

徐汇区交通综合信息平台的建成，为徐汇区交通管理部门掌握辖区交通运行状况、分析交通运行规律、科学研判区域交通发展态势，指导区交通管理部门业务工作，使区域交通管理更科学、指挥更高效等提供强有力技术支撑。

同时，也使上海市交通综合信息平台的数据以及服务作用进一步放大，将交通信息数据服务延伸到以行政区划为主的“块”，形成了“条”“块”结合的交通信息数据共享、交换和应用格局，为服务区域交通决策管理、提升全市交通精细化管理水平作了有益的尝试。目前，上海交通信息中心以支撑徐汇区交通综合信息平台建设经验为基础，进一步扩大上海行政区划交通信息服务范围，正在进行或筹备对静安区、黄浦区、长宁区和普陀区等行政区交通综合信息平台建设的开发支撑工作，逐步形成 1+N（1 个市级平台+N 个区级或区域平台）的区域交通信息服务架构，不断扩大上海市交通综合信息平台优势和应用范围，使其在上海智能交通建设和交通精细化治理中发挥更好的作用。

（撰稿：顾承华　杨涛）

深圳市智能交通系统建设与应用

一、深圳城市概况与交通运输现状

2017年，深圳交通坚持以“城市质量提升年”为工作重心，践行“深圳质量、品质交通”，紧扣对外交通、城市交通两条主线，交通运输各项工作有序推进，交通运输行业保持安全稳定发展。

对外交通方面。深圳机场获得直飞伦敦重要航权，完成旅客吞吐量4561万人次，同比增长8.66%，位居全国第五；开通深圳第一条中欧班列，新增巴林、仁川两个友好港，全年进出港邮轮旅客跃居全国第四；2017年，深圳港完成集装箱吞吐量2521万标准箱，同比增长5.1%，连续5年位居全球第三；深肇铁路、深汕铁路纳入广东省铁路网规划修编初步成果，广深港客专深港连接段隧道全部贯通，完成赣深客专东莞塘厦至深圳北段初步设计，启动深茂铁路深圳至江门段、穗莞深城际线机场至前海段、西丽枢纽等国铁城铁项目前期，开通福田、深圳北至坪山、惠州、汕尾捷运化列车，增加高铁光明城站停靠班次，全年铁路客运发送量达7181万人次，同比增长8.6%。

公共交通方面。调整公交线路133条，新开社区微巴线路34条，标准化改造候车亭307座，累计推广纯电动公交车16359辆，专营公交实现100%纯电动化，实施公交车身新式颜色涂装，公共交通便捷性、舒适性、人文性进一步提升。严格规范网约车准入，调整巡游出租车运价，出租车市场逐渐回暖、服务稳步提升；龙华现代有轨电车投入试运营，全市轨道交通日均客流量达500万人次；完成全市公交终端“全国一卡通”升级改造，支持“微信”二维码扫码乘车，行业创新能力大幅提升，率先在开放道路开展公交自动驾驶测试。

道路交通方面。打通断头路51条，完成口岸、医院等240个热点地区交通整治，新建改建自行车道206千米，建设自行车停放区8000个，编制三网融合实施方案指引，完成轨道三期在建线路接驳设施规划，试点路内限时停车，在宝安、龙岗、龙华增设路内停车泊位4600个，启动小汽车机械式立体停车设施建设。高德地图发布全国100个大中城市拥堵指数排名，我市从2016年的第6位下降到第28位。

二、深圳智能交通建设和应用情况

通过构建深圳市智慧交通体系，打造交通大数据平台、行业监测预警平台、交通决策支撑平台、公众信息服务平台，利用智能化、信息化手段，为政府管理、企业运营和公众出行提供更为科学高效的服务。

1. 加强智能交通顶层设计

印发《深圳市智能交通“十三五”规划》，以建设“互联网+交通”“物联网+交通”“大数据+交通”为依托，运用“互联网”思维，加快交通运输行业转型升级，推进运输服务信息化建设，同步开展深圳市智慧交通总体规划及三年行动计划。

2. 推进“一网两云”建设

完成市智能交通系统工程（一期）（交委骨干网络）建设以及交通管理云、停车云前期建设研究工作，实现交通大数据实时接入、高效运算、安全存储。

3. 打造交通感知网络

持续扩大交通数据信息采集范围，完成路网交通数据采集设施规划研究；加大对片区、场所车流客流的监测力度，提升车流客流数据的采集精度和频度；推进物联网、先进感知、移动互联等技术规模应用。

4. 构建综合交通大数据支撑平台

新接入视频 8381 路、重点车辆 GPS 数据 10788 台，出租车安装新型智能车载终端 12628 套，道路客运车辆 100%安装车载视频设备。稳步推进综合交通大数据支撑平台前期工作，制定综合交通大数据技术支撑平台总体目标及总体框架，理顺工作机制；制定技术支撑平台与城市综合信息数据平台数据共享与交换目录；收集及获取数据共享与交换目录中的相关数据，推进相关数据实时交换共享；进一步完善支撑平台的总体方案，明确支撑平台的建设内容和建设计划。

5. 打造全市交通地理信息“一张图”

完成交通地理信息数据库管理及功能开发项目，初步建成基于 t-gis 平台的交通地理信息“一张图”，实现对庞大数据进行高效管理与功能应用展示。

6. 升级 GPS 综合监管系统

扩展系统容量，全面接入 12 类车、15 万辆车的动态 GPS 数据，监测分析车辆超速、掉线等违规行为，优化系统地图展示效果，深化数据分析功能，完善车辆监控监管模块，进一步升级运行环境。引入保险公司参与安装危运车辆驾驶行为智能监控系统，行业监管水平大幅提升。

7. 优化智慧交通管理

扩展巡查模块，优化功能界面，升级积水路段案件采集，优化与数字化城管系统双向数据接口等功能，试点非现场查处超载超限，在深南路、新洲路应用在线仿真。

8. 推进一卡通互联互通

制定《深圳市交通运输委员会全国交通一卡通互联互通实施方案》。组织深圳通公司制定我市地面公交升级改造技术方案，并完成了地面公交升级改造实施方案第三方评估工作。完成我市 3 条试点线路 70 余台终端设备的升级改造工作及 22000 台地面公交终端升级改造工作。推进公共交通领域金融 IC 卡创新应用工作，与人民银行深圳分行合作推进移动支付业务。

9. 创建政务服务全流程网办模式

推进网约车监管平台建设工作，实现全流程网办。全面启动 245 项全委行政许可及一般服务事项全流程网系统开发工作，完成一期 15 项许可服务事项的全流程网办开发，推动传统行政审批向互联网+服务型政务转变。

10. 扩宽交通信息服务渠道

持续优化“交通在手”，提升路况、公交、停车、民航、铁路、水运、公共自行车等多层次出行信息服务准确率，完善“四屏一热线”信息服务体系。建设 50 块综合交通信息发布屏及后台发布系统，覆盖原二线关口、重要客货运枢纽、主要轴向干道及交通热点片区的主要交通转换节点。

11. 成功举办中国（国际）城市智能交通论坛

搭建专业化、市场化、国际化、品牌化的交流合作平台，提升深圳智能交通的知名度和综合竞争力。

三、深圳智能交通展望

未来，深圳将紧紧围绕交通运输部关于全面推进“互联网+交通运输”的工作部署，以《深圳市城市交通白皮书》《深圳市综合交通“十三五”规划》《深圳市智能交通“十三五”规划》等纲领性文件为指导，加快云计算、大数据等现代信息技术的集成创新与应用的战略部署，坚持“共商、共建、共享”的原则，践行“深圳质量、品质交通”，深化供给侧结构性改革，加快建设服务全国、面向世界的现代化综合交通运输体系，全面提高交通运输服务的质量和水平。

（撰稿：熊文贵　郑森亮）

西安市智能交通系统建设与应用

一、西安交通概况

西安市西北地区的综合交通枢纽，2017 年对外交通方面：西安民用航空旅客吞吐量达到 4185.74 万人次，增长达到 13.1%；铁路旅客发送量达到 4499.79 万人次，增长为 7.1%；公路客运量为 15601.00 万人次，下降 1.1%；公路货运量达到 24477.00 万吨，增长为 6.4%；铁路货物发送量达到 993.63 万吨，增长为 16.4%；民用航空货物吞吐量 22.99 万吨。增长为 11.2%。

城市公共交通方面：城市公交客运量达到 134467.00 万人次，下降 9.6%；城市地铁客运量达到 60534.01 万人次，增长达到 48.3%，这表明西安的“公交都市”示范创建初显成效。

道路交通方面：西安交警在全国率先开展了用“互联网+”技术进行智慧交通管理体系建设，探索用“大数据”缓堵的新思路，先后推出了综合交通管控平台、“西安交警”微信公众服务号，初步实现了更全面的实时路况采集和发布，利用手机提供出行服务、快速处理交通事故、业务办理和警民互动。

“十二五”期间，西安市交通运输行业坚持以信息化发展为载体，以行业管理高效化为目的，以服务群众便捷化为宗旨，积极推进信息科技在交通运输业的引领作用。着重推进“两客一危”、运输车辆联网联控、智能公交、出行信息服务、出租汽车 GPS 监管、维修及驾驶人培训管理等交通运输信息化建设，实施“1151”工程，即“完善了（1 个）交通信息基础网络，扩建了（1 个）综合交通数据中心，改造了（5 类）行业综合管理平台，推进了（1 个系列）城市智能交通发展”，西安市交通信息化发展取得了显著成效。

二、西安智能交通建设和应用情况

1. 交通控制和管理系统

1）交通控制系统

西安市的交通监测方式主要是视频监测、波频监测以及基于 GPS、基于 RFID、基于手机定位的交通信息监测等。道路已大面积布设监控、电子警察、微波监测设备、信号机，可以实时获取道路流量、密度、速度等信息。西安市建立了交通信息融合共享机制来解决多信息源的问题，开通了气象、市政、互联网公司、交通运输部门等信息接口，实现了信息共享。

交通管理部门通过干线协调的方式（绿波带）进行信号优化，同时根据局部地区不同的交通状况，灵活调整信号配时方案。2016 年西安交警对 115 处信号灯进行了配时优化，对 38 个路口采用了多相位放行的方案，大大提高了交通运行效率。

2）交通管理系统

西安交警指挥中心交通管控平台为交通指挥、管理提供了保障。通过互联网可视化指挥的方式，有效地提高了应急疏导的工作效率，该方式采集了交通监测器的数据、高空探头数据、桥梁涵洞探头数据，构成了综合分析评判展示平台，将数据可视化，为决策提供依据。

西安市建立了互联网窗口服务，充分利用互联网资源，车主可网上办理罚款缴费，提高了市民的办事效率和交通运输部门的管理效率。市民可在警民互动模块进行违法行为举报、一键报堵，同时可以在模块上了解交通管理动态。

标志标线方面，有关部门按照统一的标准进行规范设置；通过红绿白三种颜色对不同类型停车场进行划分，并依法取缔非法停车场；人行横道沿道沿 1.5 米区域内画黄色人行横道线，线内禁止停放车辆。即做到规范统一，管理严格。

2. 技术创新应用

1）西安智慧交通互联网大数据平台（见图 1）

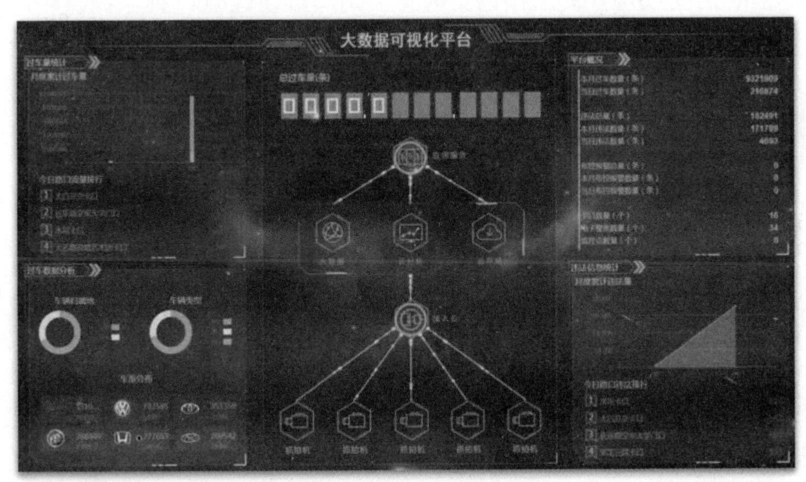

图 1　西安智慧交通互联网大数据平台

数据来源：

该平台数据融合了西安交警自身的卡口数据、交通检测器数据、122 接处警数据、西安交警 App 违法随手拍数据、一键报堵数据、交通设施故障上报数据和互联网海量数据。形成了西安市最权威的动态交通路况平台，每日互联网端新增数据 2200 余万条，累计数据量 90 亿条。

平台模块：

通过平台，交警可实时获悉卡口所在位置、在各辖区分布情况及数据录入情况，为科学规划卡口分布及升级提供数据支撑。目前已经拥有的模块包括：实时路况、交通指数、研判分析、交通专题、交通事件池、指挥调度数据支撑、交通诱导、创新服务、服务监控等模块。

功能创新：

（1）该平台为出行者提供全面、温馨的路况服务。推出基于西安交警微信服务号、西安交警 App 双渠道下的“西安交通运行态势”功能，该功能方便广大市民实时掌握拥堵道路排名、热点区域排名等西安市交通运行状况，形成道路、景区、商圈、医疗等区域拥堵指数分析和 TOP 排名。

（2）基于图像处理、流量自动检测分析技术和多源数据整合等技术推出异常拥堵报警及拥堵成因分析功能。

（3）根据指挥中心日常工作需要，结合视频监控智能分析，定制文字事件自动生成功能，辅助支队指挥中心和各大队指挥中心实时、准确发布路况信息。

（4）为各级交警指挥中心使用者开通了意见征集通道，积极听取使用者的意见和建议，畅通信息交流渠道，不断完善数据平台各项功能，为找准实战定位提供方向。

（5）在重大节假日、重大活动、重大灾害天气方面，大数据平台基于历史路况数据、历史事件数据，分析历年天气状况、路况状况、出行状况及人员出行偏好等行为，提供交通特征研判及预判分析，指出交通易拥堵路段及区域，拥堵高发时间。

2）出租车系统设备升级

出租车配备电子监督卡，车内和后备箱配备摄像头装置，方便失物查询。通过信息终端，出租车管理人员可以远程查看每辆出租车，确保乘客和司机的安全。通过扫描车内西安大交通发布微信号可对服务进行评价和投诉。

3）智能公交关键技术应用

西安市智能公交关键技术研究与应用项目，设计了基于公交车的车载智能信息终端，实现了不同公交车载物联网终端互联互通；提出了公交车拥挤程度检测技术，实现了车内乘客拥堵程度的判别；提出了公交车驾驶人松弛驾驶行为检测和识别方法，实现了对驾驶人异常行为的提醒；建立了一项公交数据资源标准，实现了公交数据的整合和共享；提出了公交大数据平台架构的研究方法，开发并实现了五大系统。

4）西安智慧地铁新格局

西安地铁运营分公司以“创新驱动、追赶超越”为指引，先后推出了车辆管理信息系统、电能定额管理的研究应用、轨道静态零故障，基于颜色牌分级的客流组织方法等多项实用创新。同时开通手机扫码乘车服务，提高了乘客进站效率，向智慧城市迈出了坚实的一步。

5）车道行人一体化信号灯

该信号灯有 5 大亮点，分别是智能化“人流、车流”检测及配时自适应；行人自助式请求过街；相邻信号灯协调联控；设置有行人提示功能的交通安全岛；具备行人闯红灯人脸识别系统。

（1）智能化“人流、车流”检测及配时自适应。该功能采用基于“交通数据全息感知与信号灯智能控制调配”的智能信号控制技术，利用等待区行人数量视频实时检测技术及机动车流量采集系统，通过综合考虑机动车的必要通行时间和行人的心理忍受能力，通过信号机内置算法形成实时自适应的信号配时，从而寻求机动车和行人双方通行最大效益。

（2）行人自助式请求过街。行人过街请求器采用“挥手感应”模式，在保障行人过街权益的同时，提高机动车通行效率。

（3）相邻信号灯协调联控。保障车辆在两处信号灯之间只用停车一次，从而降低机动车通行延误。

（4）具备行人提示功能的交通安全岛。在该处信号灯路中设置了交通安全岛，配套设置彩色防滑路面、交通安全语音提示桩及与信号灯同步指示的地面灯光箭头，在保障路中等待行人安全的同时，进一步规范过街行人、非机动车的遵章意识。

（5）行人闯红灯人脸识别系统。信号灯具备行人密度检测、非机动车和行人闯红灯人脸的功能。先期使用曝光大屏对不遵章行人、非机动车违法行为进行实时曝光。后期将与个人征信系统挂钩，加大行人、非机动车违章成本，进而规范交通参与者行为。

6）首创单排等候双排通行的交通组织形式（见图 2）

图 2　单排等候双排通行

单排等候双排通行的交通组织形式是根据西安交通管理的实际情况，为提升道路的通行能力所设计的。当遇到单排等候双排通行的标志标线后，在左转红灯时，驾驶人须在左转车道停止线内单排排队等候，左转绿灯亮起后，左转车辆经过路口可由单排变为双排经过路口，因此提高了道路通行能力。

7）手机信令数据为智慧城市规划提供依据

2017 年，西安市与中国移动、北京晶众智慧交通科技公司合作，对西安市一个月的手机信令数据（每日 7～8 亿条信令数据）进行了采集，分析人员出行和活动规律，数据分析结果为规划提供了良好依据。

3. 物流助力产业创新升级

2018 第八届中国西部国际物流产业博览会在西安召开，以“新时代、大物流、大交通、新作为”为主题，以“大西安、大交通、大物流”产业新格局为支撑，主动服务国家“一带一路”建设。

多家巨头物流企业落户西安。2017 年京东在西安建立了无人机总部和研发中心；圆通物流公司在西安投资了航空公司和科技公司；中通建立了西北电商物流产业园；海航物流将总部搬到西安，正式在陕西省成立海航现代物流集团，总投资超过 1800 亿元。

2017 年，中欧班列（科沃拉—西安）首列在芬兰科沃拉顺利开行，成为北欧地区首条往返中国的国际联运铁路线路；在西安国际港务区，“长安号”国际货运班列的开行，该班列通往中亚和欧洲腹地多个城市；开通澳洲、欧洲、亚洲部分国家至西安的跨境货运直飞航线；与内陆多个港口城市开行了互通班列，通过海铁联运的方式将货物送往世界各地。

三、西安智能交通发展与展望

2018 年西安市将以《大西安“十三五”综合交通运输发展规划》为纲领，积极推进智能交通绿色建设。

智能交通，围绕基础设施、数据中心、业务应用、展示与体制机制五个方面，实施 1631 工程。即建设 1 个数据云中心，推进 6 大应用板块（交通电子政务、综合交通管理、运输生产组织、公众信息服务、交通可视化、已建项目深化）智能交通发展，实施 3 个重点项目（综合信息服务平台，物流运输体系，交通信用体系），建成 1 套运营保障机制。

绿色交通，建设西安市绿色综合交通运输网络、绿色循环低碳公路、城市公交基础设施。优化提升运输装备现代化水平、能源结构，推广绿色装备及技术；优化运输结构及客货运组织模式，实施公交优先战略。提升交通基础设施运行与管养信息化水平，加强客货运信息化和城市智能交通建设。完善绿色交通法规制度和统计监测考核体系。

同时，完善智能交通体系结构，以云计算、互联网+、物联网等技术为基础，结合西安市智慧城市总体架构要求，大力增强交通治理能力和依法行政水平，全面提升交通服务能力、交通运行保障能力，基本实现发展决策数据化、运输服务智能化、交通管理综合化、出行服务便捷化，形成交通行业管理统筹、资源共享、业务协同、服务高效的信息化体系。

（撰稿：王力）

长沙市智能交通系统建设与应用

一、基本情况

长沙地处湖南省东部偏北，湘江下游和湘浏盆地西缘，与周边的湘潭、株洲及岳阳、益阳、娄底、常德、衡阳等市共同构成湖南省“3+5”城镇群，是“一带一路”重要节点城市、“一带一部”首位城市和长江中游城市群中心城市。

1. 交通发展情况

近年来，长沙交通秉承“创新、协调、绿色、开放、共享”的发展理念，交通建设步伐进一步加快。黄花国际机场迈入“双跑道时代”，跻身全球百强。沪昆高铁全线贯通，与京广高铁在长沙“十字交汇”，标志着长沙正式迈入高铁枢纽城市行列。地铁1号线、中低速磁浮、长株潭城际铁路开通运营，地铁3、4、5号线加快建设，6号线启动建设，长沙进入“地铁换乘时代”“磁浮时代”“城际铁路时代”。公交都市建设全面铺开，公交场站建设强力推进，公交车具备全部进站停保条件，公交专用车道里程实现翻番，城市道路资源分配更加合理，公交车运行效率进一步提高。慢行交通重视程度和发展力度显著提升，共享自行车如雨后春笋般在全市蔓延开来，历史步道、自行车道、环城绿带、城市绿道等诸多慢行设施建设引了发城市生活方式与出行品质的转变。

交通基础设施建设方面，2017年长沙市城市道路交通基础设施建设持续推进，城市路网得到进一步完善，城市可持续发展得到强有力支撑。2017年建成通车的重大道路交通工程包括红旗路（人民路至长托路）、黄兴北路（三一大道至营盘路）、渔业路（双河路至东二环）、开福大道（捞刀河大桥至双河路）、金星大道（永通大道至旺旺东路）、莲坪大道（潇湘大道至长韶娄高速）、星沙联络线（中岭立交至月形山立交）等。截至2017年年底，长沙市六区现状城市干路里程1336.4千米，面积52.58千米，干路密度为3.07千米/平方千米。

表1　2017年长沙市六区干路相关指标表（来源：2017长沙市交通年报）

指标	快速路	主干路	次干路	合计
道路里程/千米	90.4	767.2	478.8	1336.4
道路面积/平方千米	6.10	33.34	13.13	52.58
道路密度/千米/平方千米	0.21	1.76	1.10	3.07

注：道路网密度按市六区建成区面积434.82平方千米计算；自2016年起，现状城市干路统计范围由市五区改为市六区。

2. 停车设施

2017 年，长沙市五区新增 93703 个配建停车泊位（不含湘江新区），配建停车泊位以地下停车位为主，地面停车位 5481 个，地下停车位 88222 个。截至 2017 年年底，长沙市五区（不含湘江新区）共有配建停车泊位约 83.67 万个。

3. 机动车驾驶人情况

发达的经济、优越的区位、便捷的交通，使长沙市机动车和驾驶人数量增长

迅速。2017 年全市机动车保有量 234.92 万辆，全市汽车保有量 217.94 万辆，全市机动车驾驶人达 281.65 万人，市五区机动车保有量达 129.17 万辆，市五区汽车保有量为 128.70 万辆。

4. 交通运行状况

道路交通运行方面，都市区跨湘江通道白天 12 小时交通量 54.85 万 PCU，都市区跨浏阳河通道白天 12 小时交通量 56.38 万 PCU，都市区跨京广铁路通道白天 12 小时交通量 55.30 万 PCU，河东二环内主要道路（含二环）晚高峰平均车速位 18.9 千米/小时，河西二环内主要道路（含二环）晚高峰平均车速为 22.4 千米/小时。

公共交通方面，2017 年地铁 1、2 号线全年总客运量 23056.9 万人次，其中地铁 2 号线全年客运量 14101.9 万人次，日均客运量 38.6 万人次/日，客流负荷强度为 1.46 万人次/千米；地铁 1 号线全年客运量 8955.0 万人次，日均客运量 24.5 万人次/日，客流负荷强度为 1.04 万人次/千米（见图 1）。

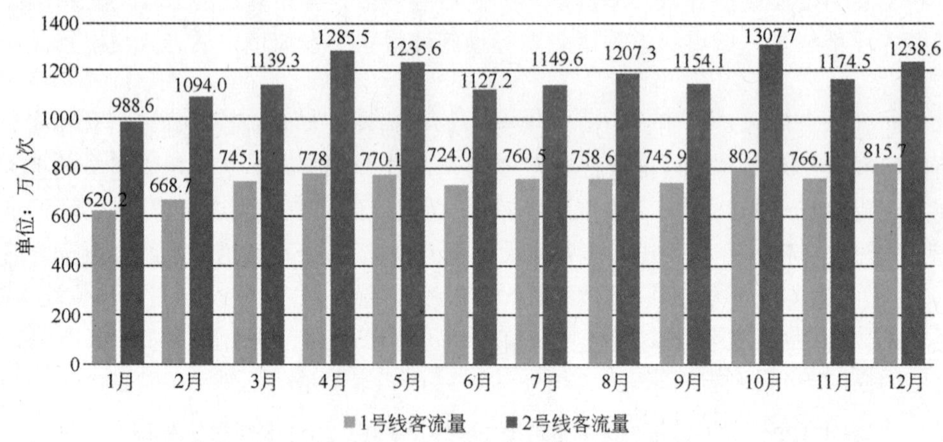

图 1　2017 年地铁 1、2 号线各月客运量分布图（来源：2017 长沙市交通年报）

2017 年长沙市五区公交车辆达到 6693 辆，市五区公交线路共计 213 条。运营线路总长约为 5221 千米，线路平均运营长度为 24.50 千米。市五区常规公交日均客运量为 227.2 万人次，市五区出租车年客运量 25037.0 万人次。

对外交通方面，2017 年全社会完成旅客运输量 10591.8 万人次，旅客周转量 279.3 亿人千米；全社会完成货物运输量 4.17 亿吨次，全社会货物运输周转量为 448.79 亿吨千米（见图 2）。

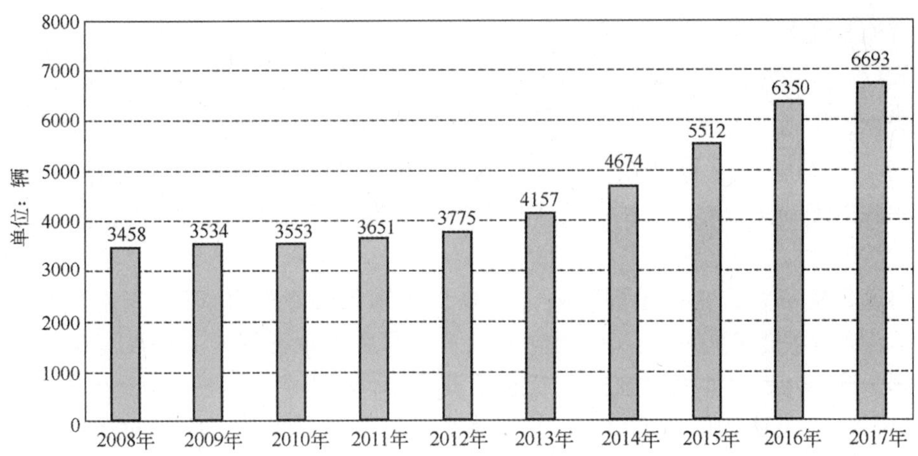

图 2　2008—2017 年长沙市五区公交车拥有量发展图（来源：2017 长沙市交通年报）

二、建设完成的主要系统

城市交通面临着交通拥堵、出行效率下降、事故易发、环境污染等困扰交通出行者与交通管理者的问题。智能交通系统作为交叉科学的产物，是由先进的计算机处理技术、信息技术、数据通信传输技术及电子自动控制技术等有效集合而成的，它综合运用于整个交通管理体系，集安全性、便捷性与经济性于一体，成为解决当今城市交通问题的最佳策略。

目前，长沙市已经在交通系统信息化建设方面取得了一定的成果。据《长沙市国民经济和社会发展第十三个五年规划纲要》总体规划纲要，市交警支队于 2016 年启动了智能交通三期系统建设，实现城区三环以内智能交通控制全覆盖，四区县交通管理视频监控系统全面接入支队智能交通管理平台，实现智能交通城乡一体化管控；加强与国内著名智能交通科技公司进行交流，启动智能交通四期项目可行性研究，确保建成后的智能交通系统在整体规模与系统功能上均达到全国先进水平；利用科技手段助推交通管理，先后与百度地图、高德地图、滴滴出行等互联网平台达成战略合作协议；深度开发畅通城市信息管理系统、城市交通信息发布平台、交通违法“随手拍”信息举报平台、智能停车信息诱导系统、机动车缉查布控系统、电动车、电动自行车和行人交通安全管理系统，“隐形战车”、便携式移动卡口系统等新的科技装备已投入执法实战，强势助推公安交管工作深刻变革。

在交通管理方面，已建设两大平台、六大系统、五个应用软件。两大平台：指挥调度管理平台、视频联网共享平台；六大系统：高清电子警察系统、高清电视监控系统、智能交通信号控制系统、交通流断面信息采集系统、网络安全及存储系统、二三级分控中心及单兵无线图传系统；五个应用软件：道路交通运行指数系统、道路交通流量分析与预测系统、综合大数据分析挖掘与辅助决策系统、停车信息管理系统、假牌套牌比对分析系统。在公共交通信息化建设方面：建立了智能公交应用系统和城市枢纽智能交通系统平台。

1. 高清电子警察系统

三期项目新建 440（实际数量）个路口高清电子警察系统，实现三环内主干道路口电子警察全覆盖，截止目前，我市共有电子警察路口 610 个，覆盖率为 62%。高清电子警察系统包含三部分：前端采集子系统、网络传输子系统和中心管理子系统。

前端采集子系统主要由图像采集设备（一体化电警抓拍单元）、辅助光源（补光灯）、前端综合控制单元、存储控制单元、网络传输设备（工业级交换机或光纤收发器）等组成。主要完成红绿灯状态检测、机动车违法行为检测、违法图片抓拍、补光灯控制、违法记录本地储存、相关信息网络上传等任务。单台 600 万高清摄像机最多覆盖三个车道；高清摄像机放中间车道正上方，正对检测区域，采用“纯视频检测”方式。

网络传输子系统用来承担将前端设备记录的车辆违法信息传输到后端管理中心的任务，同时操作人员在中心平台可以应用远程管理软件通过该网络对前端设备进行远程管理、状态监测及设备参数设置。网络传输子系统主要包括交换机、光传输设备等，实现前端采集子系统与中心管理子系统之间的数据和图像信息传输。

中心管理子系统主要由设备接入、数据存储、集中管理和用户应用四大块组成。主要实现前端数据的接收与存储、前端设备的管理、数据的应用等功能。从系统的可用性和可扩展性上考虑，整个系统应提供友善的用户界面和方便的设备管理功能，同时需要增强系统的可部署性和可用性。数据库服务器为 ORACLE 11G 数据库，提高数据的可操作性。在中心系统中可以查看各设备实时上传的图片信息，实现对路面的实时图片监控。通过客户端可以完成设备参数的设置，实现远程升级和系统维护。

2. 高清电视监控系统及分控中心

三期项目新建 251 个点高清电视监控系统，28 个点位违法停车自动抓拍系统，并完成了对 6 个大队及 70 个中队的二三级分控中心建设（含单兵无线图传设备）、支队通信系统升级改造。截止目前，我市共有电视监控路口（低位）557 个，高楼监控 187 个，路口覆盖率为 57%。为了进行集成设计，前端摄像机采集的图像通过光纤传输到监控中心后，统一进入视频专网汇聚。监控中心配置了可靠的不低于双核心交换机，负责整个网络视频监控系统的统一系统管理以及不同区域之间的视频数据交换与调用，并配置系统管理器进行整个系统的统一管理。

3. 智能交通信号控制系统

三期项目新建 201 个路口智能交通信号控制系统，迁建 129 个路口原有 SCATS 信号控制系统，目前我市共有信号控制系统路口 445 个，覆盖率为 45.5%。建成了的智能交通信号控制系统具有基本控制、单点自适应协调控制、无电缆协调控制、自动降级运行、中心手动控制、勤务预案控制、手动预案控制、路口信号机实时监视、基于 PGIS 地图的交通监视、交通信息采集等功能。系统通过检测实际的交通流量等交通参数实时地调整路口信号控制的周期、绿信比和相位差，控制均衡路网内交通流运行，使停车次数、延误时间及环境污染减至最小，充分发挥道路系统的交通效益。

4. 交通流断面信息采集系统

该系统主要由微波检测、地磁检测、视频采集检测系统构成。具有检测、通讯、故障检测、数据备份、同步校时、配置等功能。市交警队在三期项目建设新增 67 套微波检测 416 套地磁检测 48 套视频检测，在城区主要干道路段、桥梁、隧道部署交通流断面信息采集设备，采集流量、流向等交通信息，为长沙市智能交通系统提供数据支撑，为后续项目建设交通流断面信息采集系统提供建设标准依据。

5. 五大应用软件系统

五大应用软件包括：道路交通运行指数系统、道路交通流量分析与预测系统、综合大数据分析挖掘与辅助决策系统、停车信息管理系统、假牌套牌比对分析系统。

道路交通运行指数系统，接入浮动车 7600 辆、一二期和外单位建设的 218 处电警数据、一期 20 处微波，万家丽高架线圈 30 处，三期 1800 多路电警和 147 处交通流数据等接入。有效反映了长沙市道路指数和运行状况。

道路交通流量分析与预测系统，对全市 38 条重点主次干道划分了 1560 条路段，定义了 14 个重点商圈。对采集的交通流量相关数据进行对比和分析，实现对交通状况的预测，完成对车辆行程和流向分析，为城市的交通系统管理决策与规划预案提供数据支撑。

综合大数据分析挖掘与辅助决策系统，完成一二期、外单位建设 218 个路口和三期 1800 多路电警数据接入，大幅度提高了过车数据查询和分析效率。

停车场信息管理系统，实现与交通投数据对接，接入 43 处停车场过车数据和空余泊位数展示，进出停车场的车辆信息和泊位数据已发送到指挥调度平台和大情报平台，为数据分析研判提供了数据支撑。

假套牌比对系统利用实时采集的车牌数据，通过大数据分析技术，实时比对分析海量车牌数据以及车牌黑名单，快速发现假套牌车辆并及时报警，为交通整治活动提供有效依据。累计布控车辆 8000 余辆，实现稽查报警 30 万余次。

6. 智能公交系统

本应用系统面向的业务对象包括：公交行业管理部门（长沙市交通运输局、交通运输信息中心、长沙市公共客运管理局、长沙市公共交通投资管理有限公司）、公交运输企业（湖南巴士、龙骧巴士、宝骏巴士）和社会公众三个方面。

建设的应用系统主要包括：公交监控调度指挥系统、企业综合信息管理服务系统、公交行业管理信息系统、公交行业决策分析系统、公交出行信息服务系统五大应用系统。

三大业务对象和五大应用系统间的相互关系如图 3 所示。

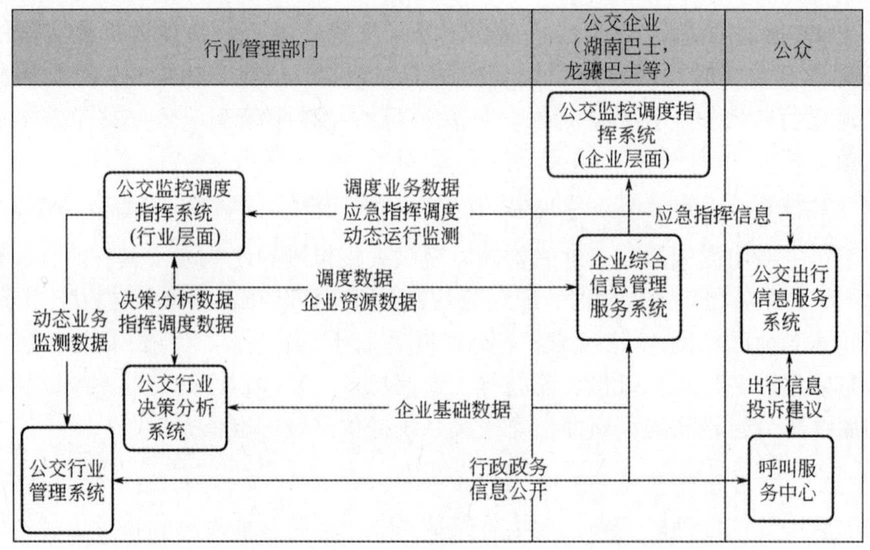

图 3　长沙市公共交通智能化应用示范工程总体业务框架

7. 黎托枢纽智能交通系统平台

黎托（长沙高铁南站）枢纽平台从 2016 年 3 月 1 日启动，目前已完成了 100%的功能开发工作，60%的数据接入工作。软件部分已于去年年底通过了初步验收，硬件部分因武广东广场建设导致场外设备的安装滞后，现正在抓紧建设，待安装工程完成后再组织省、市单位、专家进行整体项目的初步验收。系统现在已上线运行，运行效果良好。平台包括综合客运枢纽信息服务与协同管理系统、北斗 4G 视频监控服务平台、客运枢纽视频系统（仅支持高铁南站）、城市公交监测与应急指挥系统等。

三、应用情况和综合效益

近年来，长沙市各级政府部门和相关单位积极开展智能交通系统方面的研究和建设，在交通监控、交通信息服务、智能公共等方面取得了明显成效，有效提升了道路交通动态通行效率和科技管控效能，大幅度提高了公众出行的畅通性和便捷性，为实现“全面感知、精准研判、科学决策、智能管控、高效服务”的智慧化管理目标奠定了坚实的基础。

1. 实现了对城区交通状态的精准感知

通过对城区交通运行状况分析研判，充分依托智能交通管理系统和高德导航软件，将长沙城区道路交通流量、流速、路面报警、断面采集等信息，高效集成、精准研判，实现了交通状态由定性到定量掌控的转变，重点推出实时交通拥堵预警和交通动态运行信息，为疏堵保畅、扁平指挥提供了强有力的支撑。

2. 显著提升了路面交通监测与管控能力

在路面监控方面，全市共有电视监控路口（低位）557 个，高楼监控 187 个，路口覆盖率为 57%。在违法监测方面，全市共有电子警察路口 610 个，覆盖率为 62%，实现三环内主干道路口电子警察全覆盖。在信号控制方面，全市共有信号控制系统路口 445 个，覆盖率为 45.5%，在高峰期进一步缓解河东万家丽路两厢区、河西交通拥堵程度，平峰期提高各主干道的平均行车速度，提升新区及独立路口的车辆通行效率，特别是河东万家丽路两厢区成为河东核心城区“缓进快出”的重要区域，缓解核心城区交通拥堵程度。

3. 进一步提高了科学指挥与畅通管理决策水平

目前三期搭建了指挥调度管理平台，并完成了对 6 个大队及 70 个中队的二三级分控中心建设（含单兵无线图传设备）、支队通信系统升级改造。警情处置与 110、120、122 应急联动平台、自动预警系统等多种警情数据的对接，实现警情的自动推送和派单、处置流程。实现信息上传下达的信息化管理、全流程闭环管理。同时实现了与拥堵预警关联，丰富了警情来源；交通执法采用随机提取违法数据的分拣方式，规范了分拣流程；诱导发布模块集成了二期的诱导屏，实现了路况的精准发布；日常勤务实现以结果导向的日常勤务科学管理，累计完成人员排班 80000 余次；基于大数据快速检索，实现百亿级过车数据秒级查询；运维模块实现系统设备故障自动检测与报警、维修过程可监控与评价，保障设备在线率和服务闭合率。

4. 丰富和完善了交通信息服务手段

通过市交通运输局门户网站（见图 4），为领导决策、市民出行、企业拓展、社会需求提供全面、及时、准确和实用的交通全行业信息，提升了长沙市交通服务水平，树立了长沙市交通运输局对外良好形象，为推动长沙市交通运输的发展营造了良好的网上舆论氛围。网站日平均访问量达到 527 人次，历史最高日访问量达到 11576 人次。

图 4　长沙市交通运输局门户网站

5. 有效改善提升了路面通行效率

今年以来，通过智能交通系统的精确预警调度，进一步完善了勤指一体的警务模式，提高了交警勤务的机动化水平，城区道路交通警情主动发现率由去年同期的68%提升到85.4%，交通事故快速处境到位率由72%提升到88%，处警时间平均缩短了1分41秒，拥堵类警情总量减少了15.6%，在全市机动车增长16%、城区大范围施工围挡，且未实行限牌限行的情况下，城区主要干道行车速度提高2.7%。

6. 明显提升了公共交通出行效率

依托智能公交综合信息平台，构建了道路运输行业基础数据库，将公交、出租、道路客运、航空等交通数据接入，实现了行业管理的实时化，提高了管理效率。通过对行业数据的管理，为社会公布了公交车实时数据，可随时查询公交车到站及换乘信息，提升了公众服务出行效率。根据出租车轨迹，可为乘客提供查找失物服务。利用机场航班到达信息，可为乘客提供最佳的出行方案等等。

四、建设发展规划或展望

考虑长沙市道路交通需求变化趋势和未来智能交通技术发展方向，确定继续构建智能交通服务体系的总体目标。按照《湖南省公安交通集成指挥平台推广工作方案》要求，在长沙市智能交通系统现状系统框架的基础上，长沙市智能交通系统（四期）建设项目将完成“一个中心，三大平台，十个子系统”的智能交通系统建设。

以公安交通集成指挥平台核心版为长沙市智能交通体系的“核心”，以指挥调度系统、大交管情报平台、移动警务通系统“三个外挂”系统为辅助，联动电子警察系统、电视监控系统、智能交通信号控制系统、交通流信息采集及预警系统、交通诱导系统、过车大数据分析系统、系统运维系统、机房工程系统、网络改造系统、二三级分控中心改造“十大子系统”为支撑，构建全面、实战化的智能交通体系，提升城市交通管理的现代化、智能化、精细化水平，促进长沙市道路交通的安全畅通。

结合长沙市交通管理需求的迫切程度，项目的具体建设效果目标为：

（1）扩充非现场执法系统的覆盖率，实现三环之内新建或改造路口的全覆盖，整治交通违法行为，通过抓拍闯红灯、逆行、不按车道行驶、违法变道、加塞及机动车不避让行人等违法行为，加大违法处罚力度，规范驾驶人交通行为，改善交通秩序。

（2）扩大智能信号系统联网区域，进一步将三环之内主要单点非智能信号机改造为智能信号机，针对不同的交通场景制定不同的控制策略，优化路口信号控制方案，提供通行效率；同时，实现快速路匝道与平面道路的联动控制，保障快速路交通安全顺畅通行；建立“互联网+信号”系统，接入互联网数据，丰富信号控制数据源，实现智慧信号灯控制。

（3）加大高清视频监控系统覆盖面，补充完善目前存在的视频监控盲点，实现三环之内主要路段高点监控全覆盖，同时将前期建设的标清摄像机进行升级改造，指挥中心可以实时掌握常用警卫路线、常发拥堵路段、体育中心和商圈等周边路况信息，对拥堵警情处置、警卫任务、大型活动、违法抓拍等行为提供辅助。

（4）提高交通流断面信息采集系统的覆盖区域，同步融合高德等互联网数据，实现城区主要道路警情自动监测，指挥中心可快速获取信息并及时处置；同时过车数据可以提高路况判别准确度，提高市民出行体验。

（5）补充完善中心城区停车诱导发布系统，实现核心区域交通路况和停车场信息的实时发布，提高信息服务智能化水平。

（6）响应公安部统一部署，构建“1+3”公安集成指挥平台。本次项目将三期建设的指挥调度平台升级为公安集成指挥平台专网版，同时实现公安集成指挥平台（专网版）、大数据研判系统、移动警务通系统与公安集成指挥平台核心版的对接，数据共享，提高实际业务的智能化水平，形成行业标杆案例。

（7）扩容图片智能分析系统，实现长沙每日千万过车数据的全部结构化处理，为稽查布控、过车查询、违法处置等提供数据支撑，充分将交通大数据服务于交警实战业务。

（8）升级交警配套资源体系，解决当前存在的机房资源、网络资源、安全防护等瓶颈问题，夯实三层指挥体系建设。

（9）建设专业信号调优队伍，实现信号调优工作规划化、专业化，减轻交警工作负担，改善智能信号控制效果，缓解交通拥堵。

（10）建设专业的智能交通运维云平台，提高外场设备的运维监管效率，实现对中心设备运行状况的实时监测及预警，保障中心设备运行稳定性，同时开辟手机 App 等途径方便市民快速参与外场设备的监管。

（撰稿：黄合来　唐进君　任波）

盐城市智能交通系统建设与应用

一、盐城市概况与交通状况

盐城，隶属于江苏省，地处中国东部沿海中部，江苏省中部，位于长江三角洲城市群北翼。盐城是江苏省面积最大的地级市，市域面积 1.7 万平方千米，常住人口 724.22 万人；其中市辖区面积 4921 平方千米，常住人口 240 万人。盐城是江苏沿海地区新兴的工商业城市，也是长江三角洲重要的区域性中心城市。2018 年中国百强城市排行榜排 56 位。截至 2017 年年底，全市共有公路总里程 19681.8 千米，其中国道 993.6 千米，省道 1038.3 千米；拥有等级公路 19421.6 千米，其中高速公路 395.5 千米、一级公路 1403.7 千米、二级公路 2629.5 千米、三级公路 1467.6 千米、四级公路 13525.4 千米，等外公路 260 千米。全市基本形成以高速公路为主骨架，以国省干线为支撑，以农村公路为配套的通达城乡的公路网络。规划建设“一环五射”的快速路和“十三横十二纵”的主干路道路网体系，届时城市主骨架道路网络基本形成。十二五期间，盐城城市框架迅速扩大，城市化地域不断拓展，城市活动空间显著增加，各类交通要素大幅增长。截至 2017 年年底，盐城中心城区规划面积达 433 平方千米，与 2012 年相比增长近 1.5 倍；常住人口 100 万人，增长 16%；汽车保有量 29 万辆，增加近 120%；道路里程 743.6 千米，增长 21%。面对市区规模不断扩大，交通问题日益显现的问题，盐城市公安局牢固树立以人民为中心的发展思想，始终坚持民意导向、问题导向、效益导向，践行善治交通理念，以智能交通管理科技信息化着手，强化大数据、云计算、物联网、人像识别、“互联网+”研究，开展交通管理科技信息化发展的建设、应用，着力打造新型“互联网+”智慧城市。

二、盐城市智能交通系统创新应用情况

1. 建立交通指挥中心系统

以灵敏、准确、高效的道路交通管理指挥体系为目标，以科技化管理为手段，以指挥有力、反应敏捷、协调有序、运转高效为准则，在交警支队建立正科级建制的指挥中心，承担全市道路交通管理的指挥调度、道路监控、缉查布控、信息研判、数据监管、装备保障、科技培训等主要职责。交通指挥中心大厅面积 50 多平方米，由 18 块显示屏组成大屏幕，中心现有民警 11 名，协警 10 名，实行 24 小时工作制，分别设置指挥调度、信号灯调控、勤务考核、视频巡查、数据研判、缉查布控、设备维护、警务服务等岗八个岗位，在支队管辖区的 16 个大队全部建立了勤务指挥室，在 228 国道建立全市 6 个县市区大队 10 个公路中队的联勤指挥中心，确保全市上下一张网的

指挥中心的正常运作。支队指挥中心“挖掘数据功能推进警实战”项目荣获 2017 年省交通管理科技创新奖 。

2. 禁鸣区域机动车鸣笛违法取证系统

该系统采用高精度军工声呐定位设备，当机动车发出喇叭声后，系统可通过声呐装置接收声音，利用声阵列设备自动检测声音类型和空间声场分布云图，运用降噪、滤波、复合等多种过滤算法，精确定位违法鸣笛的机动车位置。同时，结合高清视频跟踪技术对违法鸣笛车辆进行跟踪，当车辆处于最佳位置时，系统即联动摄像机对车辆进行自动抓拍，对车辆号牌等特征进行自动识别，并形成有效的违法合成图。启用至今已警告、处罚机动车鸣笛违法行为 1000 多起。

3. 可移动式行人非机动车闯红灯抓拍系统

该系统由硬件部分和软件部分组成。硬件部分由抓拍单元、显示单元、语音单元及移动固定单元组成。软件部分由行人人脸抓拍、闯红灯行为抓拍、对接人脸识别系统、人员信息及违法图片、短视频同步展示、语音提示等功能模块组成。可移动式行人非机动车闯红灯抓拍系统，相比传统固定式行人闯红灯系统，具备造价低、可移动灵活部署、提醒等优点。该系统已获得实用新型专利证书。通过不定期、不定地点的在市区各人流密集区域路口应用，行人闯红灯抓拍警示系统已累计曝光近千起行人闯红灯违法行为，对不文明的闯红灯现象起到监督、劝导作用，取得了较好的社会效果。

4. 交通违法行为人脸身份识别系统

该系统以固定设备和移动终端双结合的方式实现，固定设备在斑马线安装行人检测相机、曝光大屏、扬声器及管理主机并对接人脸识别系统，移动终端结合我局自主研发的数移动警务终端“亮剑一号”可在流动中采集人脸并进行识别，及时的识别人员身份后进行警告、处罚。该系统是盐城公安紧跟大数据、云计算等新技术发展趋势，积极引进建设的警用高科技，它以全市公安机关警务大数据云中心、智能采集前端为支撑，实现数据从采集终端到云端的实时互动。系统具备比对精度准、比对效率高、应用范围广等特点，有效解决了识别问题“他是谁”、验证问题“是不是他”、定位问题“他在哪儿”。投入使用至今警告、处罚行人、非机动车违法行为 20157 起。

5. 高速公路恶劣天气预警系统

该系统可实现对危险路段的大雾进行监测预警，实时检测路面的干、潮及湿状态，测量水、冰、雪的覆盖类型和覆盖厚度。精确测量路面温度、水膜高度、冰层厚度、雪厚度、冰点温度、含冰量、含盐量和摩擦系数等，并能准确判别路面干湿状况。高速公路恶劣天气预警系统可通过高音喇叭和情报板可以根据检测数据，能同时自动发出语音播报以及大屏显示，达到实时提示预警；支持电信运营商网络覆盖提醒过往司机前方天气及路况，注意减速；通过在后端添加短信报警模块，实现向特定用户的短信及时报警功能；配备相机可实时监控道路交通情况。高速公路可变限速测速系统，与区间测速平台进行数据交换，实现实时调控区间限速根据天气状况有效管理高速公路。

6. 高速公路建设“平安走廊”

借鉴我市 204 国道“平安走廊”建设的成功经验，在沈海、盐徐等高速盐城段统筹建设道路交通智能管理系统，以科技手段管交通、管治安，打造高速“平安走廊”。经过科学布点、精心施工，建成了集交通流量分析、交通违法采集、实时自动报警、交通信息发布、交通安全宣传和网上查巡管控于一体的视频、音频、显屏综合运用的交通治安智能化管理系统，变被动管理于主动出击，变路面勤务于网上勤务，有效提升了高速公路道路治安防控能力。同时，在高速公路建设可变限速测速系统。该系统可实现对恶劣天气的危险路段进行监测，根据天气情况通过大屏显示实时发布危险路段限速值，并启动盐丰高速等联动区间测速抓拍系统，抓拍并录入超速违法。目前在沈海高速和盐徐高速建设投入使用。

7. 机动车不按规定使用远光灯抓拍系统

该系统通过光源监测和强光处理功能等技术手段判断滥用远光灯的行为，对正在使用远光灯的车辆进行自动抓拍，全面记录违法使用远光灯的整个过程，有效解决滥用远光灯违法行为取证难的问题。系统前端含有两个监控探头，一个探头在灯光的辅助下抓拍车辆的外观，一个是测光灯，测量车辆的灯光角度。在同一时间内，这两个监控同时抓拍；而在间隔数秒后，进行第二次和第三次抓拍，捕捉车辆违法的过程，同时对车辆车牌、车型等信息进行自动比对。监控抓拍、固定证据后会自动传输至后台。后台有涵盖所有车辆车型的灯光数据库，二者进行自动比对，以此来确定该车辆是否属于滥用远光灯违法。同时，整个抓拍过程，系统会自动录像。

8. 失驾人员人脸识别预警卡口系统

该系统通过对机动车驾驶人及乘客人脸布控，对车辆数据和驾驶人员的信息深度挖掘，实现失驾人员定向管控、精确打击，对提高交通治安执法水平有着十分重要的意义。实现车内前排人脸的识别比对功能，前端系统拍摄的图像可全天候清晰辨别驾驶室内司乘人员面部特征，并能利用智能人脸识别算法，对前排司乘人员的人脸图像进行实时比对、预警。

9. 城市主干道路绿波协调控制系统

该系统控制功能全面，人机交互友好，采用 B/S 方式进行访问使用，操作直观简便。系统具有信号控制、信号监视、交通管理、统计分析、系统运维、系统管理、效果评价 7 大功能模块，实现了信号配时、信号控制优化、效果评价的闭环管理。目前主城区已联网信号机 233 台，联网率 40%，设置“十横七纵”17 条主干道绿波带，提高了道路通行效率，在高德地图发布的中国 100 个拥堵城市排行榜上，盐城成为最不拥堵的 3 个城市之一。

10. 机动车斑马线不礼让行人取证系统

该系统采用先进的视频智能分析技术，能够对斑马线上机动车未礼让行人的行为进行有效抓拍，解决机动车斑马线不礼让行人顽疾，并做到执法证据充分，提升了城市文明交通程度。目前该系统在市区人民路、建军路、世纪大道等道路建成 17 处位，今年以来处罚机动车斑马线未礼让行人违法行为5149起。

11. 道路严管路口枪球联动抓拍系统

该系统要求采用先进的视频分析技术，对视频实时分析，利用枪式摄像机的视频信息进行做分析，并获得整个场景交通单元的车辆运动轨迹信息，当检测到异常时，系统自动控制球型摄像机对违法车辆的车牌及细节进行违法抓拍。实现机动车压线、违法停车、逆向行驶等多类交通违法行为的自动抓拍取证。目前一期和二期共建设点位75处，今年以来处罚各类交通违法行为6万多起。

12. 智能停车管理系统

系统主要包括盐城市停车场监控中心、监控中心机房与硬件设备、盐城市停车级停车管理平台（含手机App）、停车诱导系统（65处）、公共停车场改造与数据接入（27个停车场）、路边停车位数据接入（3146个临时停车泊位）、违停抓拍系统（61处）等七个部分。目前，大市区路内停车系统安装和调试1500多个地磁，接入平台700多个停车泊位，充分运用信息化手段助力城市停车管理，缓解城市停车难、停车乱问题。

13. “五个一”综合整治工程

从交通单元入手，实施“五个一”整治，全要素破解交通顽疾，以治标推动实现治本，以区域整治带动全域治理。紧盯群众最关注的上学、就医、购物、居住等问题，选取市区最乱最难的市实验小学、第一人民医院、紫薇花园小区、迎宾路、城市宝龙广场等交通节点作为突破口，大力实施“五个一”整治，精心打造城市交通治乱疏堵示范工程，周边交通秩序明显改善，学生放学在15分钟以内全部离校，医院救护车进院时间由3分钟缩短为半分钟，得到社会认可和群众赞誉。在区域治理过程中，统筹传统与科技。既借助无人机、视频监控、人像识别、大数据等现代科技手段，又发挥上门走访、问卷调查、施划标线、定点指挥等传统优势，全面掌握交通需求，实施精细化管理。综合采取定点值守、“铁骑”巡逻、监控抓拍等方式，加大交通违法查处力度，打造行车走路的“盐城规矩”学校治理的经验在全市100多所学校推广。该项工程荣获2017年省交通管理警务改革创新奖 。

三、盐城市未来智能交通规划与展望

1. 战略指导思想

在构建“现代综合交通运输体系”的城市交通发展战略指导下，实现“数据说话、信息推理、知识决策、智慧评价”的理念，满足盐城城市快速发展对交通系统提出的更高要求，改善出行可达性，达到市民出行“方便、高效、舒适、安全”，与盐城市“十三五”社会经济发展相适应。以解决核心技术与关键技术的实际应用和服务出行者为重点，以信息化平台为依托，以海量数据分析与挖掘为手段，进行交通管理科技信息化建设、产品开发和应用研究，为城市综合交通运输体系的形成提供支撑条件，成为交通信息化和人性化的先导。

2. 总体框架

盐城公安智能交通系统总体框架为“感、传、知、用”的逻辑体系，即信息感知层、信息传输层、数据知识层、应用服务四层。感知层强调通过制定相应的管理制度和技术标准，统筹整个城市前段采集设备的布设，完成信息的统一管理。传输层强调通过一定的管理制度和机制，按照统筹集约、共建共用的原则，灵活应用多种传输方式，逐步建设完善与城市科技信息化系统需要相同步的信息传输网络，满足业务需求。知识层强调在云计算和大数据的建设背景下，通过数据融合和智能分析，实现数据的充分利用和深度挖掘。应用层强调从公众和业务需求出发，在全面智能化的基础上，通过各项智能应用改变现有交通管理和控制现状，为公众提供全过程、全方式的出行服务。

3. 建设框架

规划确定盐城市交通管理科技信息化的总体框架为由“一个中心、四大平台、八大部分、十六个子系统”组成。“一个中心”是依托于云计算资源池建设的公安交通指挥中心。“四大平台”分别是智能交通集成管控平台、信息共享交换平台、信息服务平台、仿真决策平台。“八大部分”分别是交通信息采集、交通流信息处理、交通监控、信号控制、非现场执法、指挥调度、辅助决策、信息发布。“十六个子系统”分别是交通视频监控系统、交通事件检测系统、高楼高点监控系统、交通信号控制系统、电子警察系统、固定雷达测速系统、高清移动电子警察系统、高清智能卡口系统、斑马线未礼让行人违法抓拍系统、移动警务综合管理信息系统、警用北斗定位系统、道路网络状态监控与评价系统、交通流预测系统、道路交通诱导系统、智能停车诱导系统及市民综合交通服务系统。

（撰稿：浦玉方　赵新宇）

南宁市智能交通系统建设与应用

一、南宁城市概况与交通运输现状

对外交通方面，2017 年南宁吴圩机场旅客吞吐量达 1391.6 万人次，位居国内第 26 位；铁路货物运输量 226.46 万吨，下降 14.7%；铁路旅客运输量 3040.33 万人次，增长 18.0%；公路货物运输量 31212 万吨，增长 8.9%；公路旅客运输量 5482 万人次，下降 4.1%；水路货物运输量 3697.5 万吨，增长 6.1%。

城市公共交通方面，轨道交通线路 2 条，轨道交通总里程达到 53.2 千米，共设车站 44 座，其中轨道交通 2 号线于 2017 年 12 月 28 日开通，长 21.2 千米，设站 18 座，轨道交通 1 号线日均客流量为 48.27 万人次，客运量最高为 2018 年元旦假期首日，达到 54.48 万人次，2 号线日均客流量为 16.86 万人次，客运量最高为 2018 年 4 月 29 日，达到 24.39 万人次；2017 年，南宁快速公交（BRT）1 号线建成，其他 BRT 线路在建或尚未开工，BRT1 号线全长约 13 千米，设置 17 对 BRT 标准站台，平均站距 700 米，途经 BRT 走廊的 22 条公交线路分布在全市各个方向和片区，22 条公交线路中仅 B01 线路全程运行在 BRT 走廊内，其他 21 条线路仅部分经过 BRT 走廊，22 条公交线路中 B01、B11、B82、B83 日均客流量分别为 1.54 万人次、0.65 万人次、0.17 万人次、1.68 万人次；2016 年年底，南宁市公共汽车线路共 174 条，线路总长约 3401 千米，较 2015 年增长 211 千米，平均线路长度为 19.89 千米，南宁市公共汽车总客运量约为 44366 万人次，日均客运量为 121.55 万人次，为近 5 年客运量最低，较 2015 年下降 6.98%；南宁市出租汽车企业数量为 11 家，运营车辆总数 6720 辆，运营总里程为 67420.11 千米，日均客运量 28.22 万人次。

机动车和路网运行方面，2017 年度南宁机动车保有量 178.38 万辆，同比增长 11.9%；其中，小型汽车有 126.44 万辆，大型汽车有 6.97 万辆，摩托车有 43.26 万辆，其他机动车 1.70 万辆。

二、南宁智能交通建设和应用情况

近年来，在南宁市委、市政府的领导下，在各政府部门的大力支持和上级公安机关的关心和指导下，南宁市交警支队积极探索和推进智能交通系统建设，完成多项智能交通系统项目的研究和建设任务，取得了显著成效，形成了具有南宁特色的智能交通体系。

1. 夯实基础设施建设，构建全方位智能交通系统

南宁市智能交通系统整体结构概括为“一个中心，两个平台，三个支撑”。

1）一个中心即交通指挥中心，是整个南宁市交通管理指挥系统的核心所在。南宁市日常的交通管理指挥（主要是交通早、晚高峰期）、重大活动期间的交通管理、城市交通管理方案的决策都可以通过交通指挥中心来实现，交通指挥中心提供南宁市城市交通态势监控、重大活动交通管理预案及演练、城市交通指挥调度等功能。

2）两个平台指的是“交通管理数据交换平台”“非公安信息系统的数据交换平台”。建设交通管理综合信息交换平台是通过明确已建或在建的各子系统之间的关系及其相互信息需求，将各子系统有机结合起来，打破各子系统各自封闭的状态，对整个交通系统的数据和资源进行整合、统一规范管理，从整体上发挥更大的作用，达到综合利用各种信息以增强管理决策、指挥调度和信息服务的能力。其次最终形成一个交通管理系统集成的标准和技术框架，为之后其他新系统建设的快速接入和整合提供技术保障。

与公安交通指挥中心有联系的外部机构主要有：电视台、广播电台、电信、银行等。而公安交通指挥中心指挥调度系统需要对外发布的系统主要有交通管理综合网站和其他对外业务。这些结构和系统都需要通过非公安平台实现与交通指挥中心交通指挥调度系统的信息交换。

3）三个支撑指的是“基础软硬件”“标准规范体系”“辅助支持业务系统”。基础软硬件包括南宁市交通管理指挥平台所使用的通信系统、网络及安全系统、数据处理及系统、机房系统、终端系统、大屏显示系统等所包含的软硬件。

标准规范体系包括城市交通管理管理法规、城市交通管理相关技术标准规范、信息系统相关国家标准、本项目根据南宁市时间情况制定的系统接口规范等组成的标准规范。

辅助支持业务系统包括城市交通动态仿真、城市交通评价等功能。

南宁市智能交通系统的逻辑结构示意，如图 1 所示。

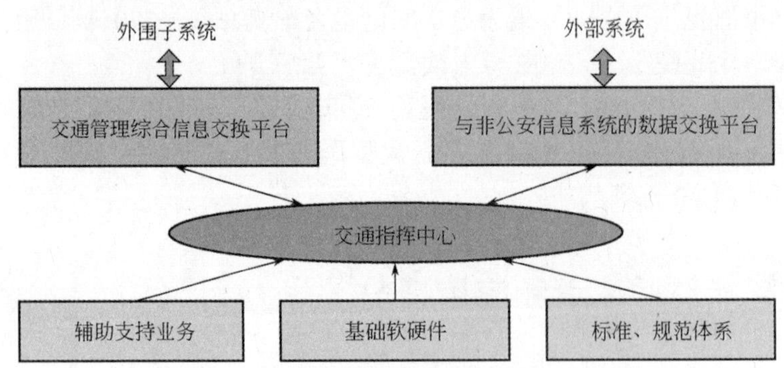

图 1　南宁市智能交通系统的逻辑结构示意

南宁市智能交通系统主要功能是实现城市道路交通管理从简单、静态的管理到智能、动态的管理的转变。近年来，南宁市交警支队以系统整合为核心，将交通管理指挥系统各个系统集成在一起，成为一个有机的整体，在同一平台上综合展示交通状况，对各子系统实施操作控制与管理，实现信息资源有效融合与共享。南宁市智能交通系统逻辑架构设计，如图 2 所示。

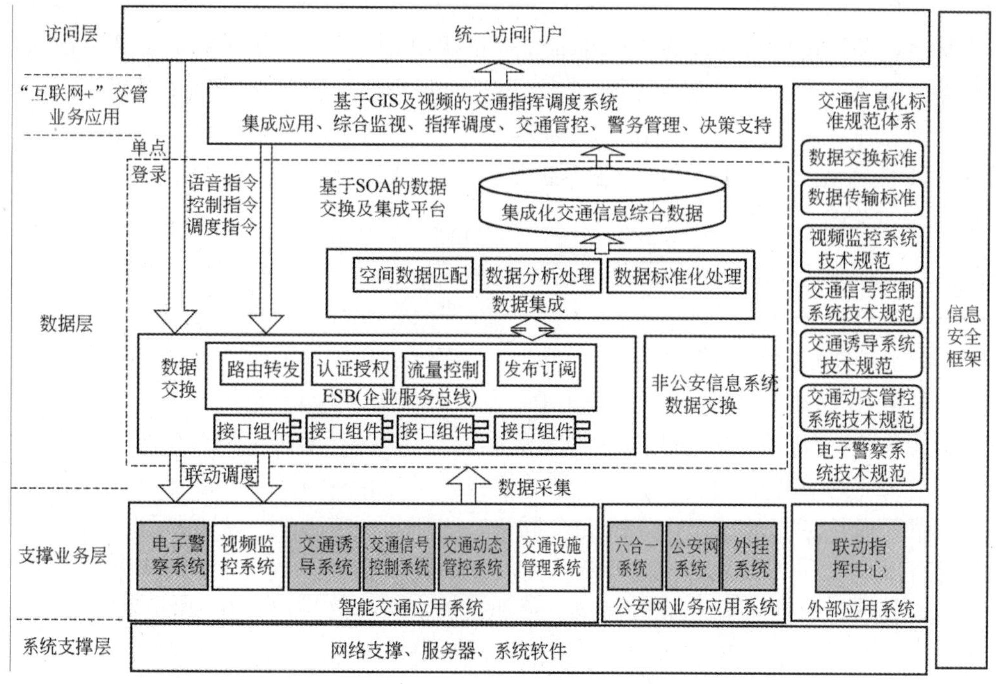

图 2　南宁市智能交通系统逻辑架构设计图

系统分为门户层、应用层、数据层、资源层和支撑层，各层次的作用分别是。

（1）门户访问层。构建统一应用访问门户，通过对各类应用系统进行统一用户身份管理、统一用户认证、统一访问入口，实现用一个账号、一次登录，即可访问多个应用系统，真正体现了系统的无缝连接与一体化应用。

（2）“互联网+交管”业务应用层。利用集成化的交通信息综合数据，基于 GIS 系统实现对交通信息、车辆信息、警务信息、视频信息的综合监视与集成应用；通过交通管理综合研判数据模型，实时预测交通态势，并在 GIS 平台上展现。同时利用信息平台强大的数据分析能力，结合交通管理预案，为交通管理者提供决策支持；实现对电子警察、视频监控、交通诱导、交通信号控制、交通动态管控等专业系统进行一体化的指挥调度和管理功能。

（3）数据层。以 ESB 企业服务总线为核心，标准规范体系为基础，实现业务应用系统之间的数据交换与共享；采集业务应用层的交通信息数据，经过信息融合处理，形成集成化的交通信息综合数据，为上层应用提供数据支持。

（4）信息资源层。由各类专业应用系统组成，为上层应用提供原始信息数据及设备操作控制功能。目前系统已有的专业应用系统包括：电子警察、视频监控系统、交通诱导、交通信号控制系统。

（5）系统支撑层，分别由软件系统支撑和硬件支撑系统支持组成，为上层应用提供运行环境。软件系统支撑包括应用中间件（消息中间件、应用中间件、GIS 系统等）、系统软件（操作系统、数据库系统）。硬件支撑系统包括计算机网络、服务器、通信系统、视频监控系统等。

截至目前，南宁市共建成市级交通管理指挥中心 1 个，城区分中心 6 个，交通信号联网控制路口 192 处，交通视频监控点 873 处，高清电子警察 703 路，卡口抓拍 245 路，交通流量检测 584 处，交通诱导屏 249 块，小型 LED 情报板 98 块，停车诱导屏 31 块。形成了集交通数据采集、信号控制、视频监控、违法抓拍、信息发布、决策指挥等功能的智能交通体系。

2. 大力开展“互联网+交管”的应用研发，在各个交通管理领域体现科技便民利民

1）构建“互联网+指挥调度”运行机制。南宁市交警支队重点推进交警指挥中心建设，实施了“南宁市交通管理指挥中心平台一期工程”“南宁市中心城区智能交通系统升级工程”“南宁市城市交通态势预警系统建设工程”“南宁市道路交通安全防控系统工程”等多个智能交通项目，构建了“情报、指挥、视频、卡口、勤务、督导”六位一体的智慧交通指挥调度综合平台。同时，积极与百度地图、高德地图、腾讯等国内知名互联网公司进行战略合作，将实时路况、拥堵指数、预警数据接入智慧交通指挥调度综合平台，通过互联网数据和交管数据的资源共享，提高路况的准确率、时效性和全面性，特别是路况准确率由原来的 60%提升到 90%，为警情的及时发现与快速处置提供有利条件，处置拥堵警情效率提高了 30%。

2）推行“互联网+信号灯控制”运行机制。运用“互联网+大数据”手段，积极探索交通信号控制工作新方向、新模式，不断促进信号控制由智能化向智慧化迈进。一是实施绿波带协调控制。2017 年全年对市区各路口交通信号配时优化调整 400 余次，在民族大道、佛子岭路等 7 条道路建设了“绿波带”。二是试行“互联网+信号灯控制”工作。通过分析高德地图的交通流量数据，对灯控路口交通运行情况进行实时监测评估，应用评估结果及时调整信号灯配时方案，实现对路口的实时调控和事后研判分析，收效良好。

3）实现“互联网+交通诱导”运行机制。与高德地图开展合作，在指挥中心将高德地图实时路况信息接入交通诱导系统，根据高德地图实时路况信息进行交通诱导。同时，通过“100.3”“107.4”广播电台、“爱南宁”手机 App 和智能交通系统平台，发布交通信息预测、出行导航、路况订阅推送、拥堵排名提示、施工及交通管制提示、交通热点实时路况图片等多项便民服务，实现交通信息互联网实时发布、实时导航及点对点服务。

4）建立公安交通集成指挥平台。通过建立公安交通集成指挥平台，自动对路面过往的每一辆机动车的前部特征图像和全景图像进行连续全天候实时记录，根据所拍摄的图像进行车牌自动识别并对嫌疑车设防自动报警，同时显示布控名单车辆的详细信息，包括其出现的地点、车道、行使方向、时间，并由指挥中心值班民警指派出警拦截，切实提高查处精确度和打击效率。目前，南宁市交警支队已联网接入公安交通集成指挥平台卡口 274 处。2018 年以来，南宁市交警支队通过公安交通集成指挥平台进

行重点车辆检查登记 47299 辆，成功布控并拦截车辆 11517 辆。

5）推行“互联网+交通管理”便民服务模式。结合当前开展的公安交管改革，南宁市交警支队利用“互联网+”技术，充分利用互联网交通安全综合服务管理平台（http://gx.122.gov.cn）、交管 12123 手机 App，实现交通管理业务互联网上办理，目前南宁市互联网平台已开通 9 类机动车业务和 11 类驾驶证业务，注册个人用户 130.46 万个，单位用户 2406 个，网上办理业务 433.78 万笔，其中机动车业务 15.07 万笔，驾驶人业务 364.7 万笔，电子监控处理业务 9.94 万笔，交通违法罚款缴纳 12.65 万笔，变更联系方式 31.42 万笔。2017 年 12 月以来，南宁市交警支队继续深入贯彻中央关于全面深化公安改革的决策部署，以“智慧警务”建设为抓手，积极顺应“互联网+”发展态势，推动互联网新理念、新技术、新应用与交通管理工作融合发展，本着“让数据多跑路、群众少跑腿”这一理念，启用了“南宁交警”“南宁交警微发布”微信公众号，通过整合现有交通管理业务，相继推出了“交通违法微信缴费”“一键挪车”“拖车查询”“证照电子信息”“交通设施报障”“非现场交通违法微信处理及缴罚”等便民服务，打造指尖上的南宁交警“互联网+交管服务”，实现了“放管服”改革的再次升级，截至目前，“南宁交警”“南宁交警微发布”微信公众号关注量约 55 万人，通过实名认证 17.15 万人，认证机动车驾驶证、行驶证及电动车行驶证电子信息 7.5 万条，交通违法处理及缴罚 10.6 万笔，拖车查询 1.99 万次，一键挪车 1.45 万次，交通设施报障约 821 笔，累计服务约 50 万人次，得到了南宁市广大市民的广发赞誉及各级领导的一致肯定。

3. 加强科技装备投入，向科技要警力，提高执勤执法科技应用水平，提高执勤执法工作效率

近年来，南宁市交警支队各级领导即将争取专项经费，为路面一线民警协警先后采购了 425 台普通版执法记录仪及 60 台 4G 全网通执法记录仪，更新采购了 48 台 4G 全网通酒精测试仪及 48 套蓝牙版快排型酒精测试仪，实现了执勤民警人均一台执法记录仪的配备，实现了机动巡逻警力巡逻执勤执法视频实时回传指挥中心及各辖区大队分中心，实现了酒驾执法测试数据实时回传数据中心，确保了对酒驾查处的实时监控监管监督。这些高科技装备启用以来，南宁市交警支队交通执勤执法总的视频录入时长达到了约 6 万小时，为支队各辖区大队的执勤执法民警协警的执勤执法工作提供了有力保障；使用新型酒精测试仪执法 10380 起，其中酒后驾驶 1183 起，醉酒驾驶 797 起，检测数据的实时无线回传，无法篡改，彻底打消了酒驾人员现场的各种耍赖、各种方式方法各种渠道的找关系，对酒后驾驶的违法行为起到了极大的震慑作用。

4. 注重大数据云计算技术应用，建设交通情报大数据分析研判中心

南宁市交警支队近年来大力推进大数据云计算等新技术的应用，并且新建了交通情报大数据分析研判中心。该中心能实现交通拥堵数据、交通事故数据、交通态势，以及稽查布控数据的分析研判 4 大功能。南宁市交警支队充分运用云计算、云存储、并行数据挖掘、图像识别等技术，开展数据的存储、挖掘、联动、分析。通过将视频

监控设备的数据、图像等异构的数据资源接入大数据分析平台，对交通管理的各类大数据全方位地进行实时和离线分析处理。分析研判可以将隐藏于海量数据中的信息挖掘出来，为策略制定、分析研判、行动部署提供依据，大大提升了交通管理的科学化、集约化程度。

三、南宁智能交通发展与展望

2018 年南宁市交警支队将把握机遇、攻坚克难、创新发展，奋力做好智能交通及创新工作，推进南宁市智慧交通建设的各项工作，促进南宁智慧交通建设与发展。

1. 顶层设计，编制智能交通系统建设“十三五”规划

通过对南宁市智能交通建设现状进行分析与评价，以南宁市交通管理现代化发展和业务需求为依据，结合行业信息化方面的实践、“十二五”期间南宁市智能交通建设进展和对交通技术、信息技术发展趋势的把握，研究提出南宁市“十三五”智慧交通建设的总体思路、发展目标、主要任务、重点项目、资金估算、保障措施；设计总体架构、基础设施体系、应用体系和保障体系，建立全面覆盖的感知网络体系、集中共享的数据资源体系、统一稳定的平台支撑体系及智能便捷的应用管理体系，提出科学合理的实施路径和建设运营模式，具有前瞻性、科学性和可操作性；形成未来 5 年南宁“智慧交通”建设实施的依据和指导性文件，编制出具有可操作性的实施计划。

2. 建设智慧交通大数据中心

在现有数据中心的基础上，提升接口的稳定性、数据的准确性校验，以及数据解析的时效性。通过对原始数据的清洗、筛选、关联、变换等预处理工作，为后续数据分析应用带来便利。以交通管理业务需求为基础，重点开展数据分析与挖掘工作，充分发挥数据价值。搭建智能交通数据仓库，建立实时及历史交通数据分析模型，开展数据分析挖掘，如交通路况实时分析与预测、基于检测器数据的设备异常实时分析、排除检测器异常导致的路况算法偏差、设备故障实时分析与预测、基于多源数据融合的交通安全分析（道路隐患分析、基础设施隐患分析及优化建议、交通控制策略隐患分析及优化建议）等。为南宁市交通规划建设提供数据支撑，为公交优先策略搭建信息化环境。同时，融合浮动车（出租车及公交车）数据、互联网公司数据（如滴滴快滴、高德、百度等）、特殊车辆（厂包车、卡车、物流车等）数据、公共交通 IC 卡等数据、公共自行车数据、交通规划数据、物流数据、手机信令数据、天气数据、车辆信息数据等，为智能交通大数据分析提供基础支撑，进一步提升交通管理服务水平。

3. 构建融合动静态交通信息的综合交通运行监测体系，实现行车诱导与停车诱导一体化

实现交通行业的高效控制和管理，是以掌握全面、准确的交通数据为重要基础的。因此，加快构建综合交通信息监测体系，全面采集城市交通领域的动态和静态交通基础数据，经过数据采集与传输、数据筛选与特征提取、数据分析与挖掘、数据存储与

发布，实时动态地掌握交通系统的时间与空间运行特性，实现在线监测与管理，以充分反映交通运行管理的时效性。进一步扩大行车诱导和停车诱导的范围，着重提升其稳定性与可靠性。全面收集停车静态及动态数据，设计具备灵活性高、可靠性高、稳定性强的停车场数据对接接口，设计合理的停车诱导方案，设计停车诱导与行车诱导融合策略。

4. 建立面向不同对象的综合交通信息服务体系

综合交通信息服务体系应以“政府部门、行业用户、社会公众”为服务对象，从全面、深入分析不同服务对象的交通信息需求出发，从不同交通环境、不同出行目的、不同出行方式、不同出行工具的视角，对出行全过程的交通信息服务的途径、内容、特征等进行规划，加强海量交通基础数据的特征分析，以多样化的信息展示方式提供高质量的综合交通信息服务功能。

5. 多维度交通治理改善城市交通运行环境、提升交通管理效率

城市道路交通系统是一个复杂的巨型系统，影响交通正常运行的因素众多，还从根本上改善交通运行环境，提高交通管理部门的管理效率，需要从多个维度采取有效的交通治理措施。

6. 运用“点、线、面、体”多级交通管控措施优化交通运行

在城市交通资源供需矛盾日益突出的大背景下，城市交通运行状态在不同时段、不同区域表现出不同的交通运行状态。根据南宁市城市道路交通运行状态，可灵活运用“点、线、面、体”多级交通管控手段提高交通运行效率，保障道路交通通畅。

（撰稿：罗义学）

蚌埠市智能交通系统建设与应用

一、蚌埠市概况与交通管理现状

1. 蚌埠市城市概况

蚌埠地处安徽省东北部、淮河中游，是安徽第一个设市的地级市，长三角城市群成员城市，宿淮蚌都市圈城市，全国文明城市，有皖北中心城市、淮畔明珠之称。2017年总人口381.25万人，地区生产总值（GDP）1550.66亿元。境内山水相连，四季分明，有着悠久的历史和灿烂的文化。

蚌埠是全国重要的综合交通枢纽，京沪铁路、淮南铁路的交汇点，同时也是京沪高铁、京福高铁、哈沪高铁、京台高铁的交汇点。东侧的蚌五高速、北部的宁洛高速、西部的京台高速、南侧的蚌淮高速（凤阳县刘府至淮南市曹庵），构成蚌埠中心城区高速大外环。北侧的曹北大道、东侧的沫凤大道、南部芦山大道以及西面的206国道构成都市区外环，中心城区形成“四横三纵”的快速路格局。

2. 蚌埠市交通管理现状

近年来，伴随着蚌埠市经济社会快速发展，全市机动车保留量和驾驶人快速增加，截至2018年4月底，全市的机动车保有量为45.5万辆，市区机动车保有量为18.9万辆。市区机动车保有量从2015年开始近三年增长率分别为7.1%、9.9%、3.5%。全市机动车驾驶人为74.3万人，其中市区机动车驾驶人31.2万人，从2015年开始近三年增长率为10.8%、13.88%、8.7%；三县机动车驾驶人43.1万人。

截至目前，全市快速路44.98千米，城区主干路314.23千米，次干路187.51千米，支路118千米，街坊路36.2千米，境内公路198千米，道路总长度898.92千米。其中，中心城区共有154条道路，338个交叉口，共计建设了310个路口信号控制设备、165个路口电子警察设备、23个路口卡口设备、监控点550个、LED屏15块；交警指挥中心已部署公安交通集成指挥平台、公安交通管理综合应用平台、交通信号控制平台、交通诱导发布平台、移动警务管理平台、执法记录仪管理平台等多个平台，然而，现有平台之间交通信息与交通资源共享能力不足，缺乏交通秩序与交通安全综合研判、交通组织决策、警力资源指挥调度等深度应用。

因此，如何实现对蚌埠市各基础应用系统采集的交通数据的汇聚、融合、处理、分析，为城区路网的拥堵疏通、交通管制提供科学决策依据；同时，如何快速有效地进行事件处理和协调，充分发挥指挥中心的职能，提高城市交通管理有效管控水平，是蚌埠市智能交通建设新的发展阶段的重要任务。

二、蚌埠市智能交通系统建设目标

（1）加强交通大数据深度挖掘应用能力。建立城市级别的交通大数据汇聚中心，实现数据的深入融合，深度分析挖掘数据应用，实现关联大数据的共享融合，打造智慧交通新机制，推动蚌埠市智慧交通系统建设。

（2）全面提升城市智能交通综合管控水平。突出指挥中心管控平台系统建设，支撑接处警管理、应急联动、视频巡逻、重大交通事件处置、情报分析和信息发布等日常工作职能，构建以交通数据为支撑的情报分析研判，建立以情报为驱动的精准勤务模式、以信息流为链条的协作与信息共享机制、以可视化交互为应用界面的智能交通综合管控平台。

（3）强化交通信号智能化控制应用水平。对现有的信号控制系统进行升级优化，打通数据壁垒，通过对实时交通数据和现行方案的分析，对当前运行状态进行评估，明确路口拥堵原因及失衡情况，并综合应用多种控制策略，保障路口信号控制效果。

（4）大幅提升交通安全防控体系治理能力。建立全方位、立体化的综合监控系统，利用 AR 鹰眼、重载云台等设备，与视场内低点摄像机联动，构建面向全警、覆盖全域的综合监控业务系统，显示画中画，实现监测可视化、业务应用可视化、管理可视化，满足扁平化、精确化指挥调度和研判应用的需要。

（5）建设全方位的交通安全宣传服务平台。打造全媒体交通安全服务信息发布渠道，通过建设统一的交通信息服务平台，构建多方位的交通信息服务体系。

三、蚌埠市智能交通建设与应用情况

近年来，在蚌埠市委市政府、市局党委的重视支持下，交警支队大力推进交通管理科技建设，打造了智能化的新一代指挥中心，初步形成了蚌埠市智能交通管理体系，有效提升了城市交通管理和服务保障能力。特别是 2018 年改造后的指挥中心系统平台在保障全省运动会在蚌埠市成功举办发挥了很好的功效。

1. 推动大数据资源中心建设，规范数据共享取得阶段成果

蚌埠市交通大数据资源中心主要由 3 个子系统和 11 个模块组成，包括数据采集与清洗服务、数据共享服务和数据中心运维服务。数据中心采用了一套数据采集的标准规范；数据清洗服务实现对数据脱敏、数据加密、数据转换等处理；提供统一的数据共享服务，提供统一的数据服务，对接口调用进行管理，可对接口被调用的次数、调用方信息、调用的响应状态、接口权限管理等服务。此外，通过建立一整套运维管理服务体系，如告警管理、服务器状态管理、服务状态管理、组件状态管理、运行日志管理、模拟数据管理、文件管理等服务，构建了完整的数据中心运维服务体系。

蚌埠市大数据资源中心建设已取得阶段性成果，一是建设完成了过车、设备、部门人员、机动车、驾驶人、警车警员、事故、警情等 24 大类和 44 小类的数据采集存

储和采集接口规范化；二是完善了地图路网等相关联的数据关系拓扑处理工作和部分数据清洗工作；三是根据实际业务需求，制定了交通大数据服务 API 接口标准规范，完成了 13 大类和 67 小类的数据服务接口开发和规范文档编写工作。

2. 情指勤督一体化综合管控，打造勤务数字化精准指挥

蚌埠市依托大数据、人工智能技术，建立了以情报研判为主导、指挥调度为核心、勤务运行为支撑、监督考核为手段、可视化交互为界面的情指勤督一体化管控平台，平台以城市道路交通为管控主体，实时汇聚来自卡口、交通视频等交通流、过车图片、车辆 GPS 或北斗、视频等交通数据信息，并按照标准化接口规范实现交通信号控制系统、交通诱导发布系统、视频管理平台、交通流信息采集系统、交通违法监测记录系统、移动警车管理系统、警务通系统等业务系统的集成。

蚌埠市智能交通综合管控平台包括“集成管控”“勤务考核”“运维服务”“信息服务”四大模块。初步实现了交通情报可视化研判分析、接处警快速指挥、警卫任务精准调度、勤务数字化管理，以及全媒体交通安全服务信息发布渠道等功能，大大提升了蚌埠交警突发调度快速处置和交通违法打击精准化能力。

1）交通情报可视化研判分析

以蚌埠市交警业务数据为基础，接入了交通路况、拥堵、违法、事故、警情、勤务动态等数据，实现了可视化应用，能够满足超高分大屏投影、会议展览等多场景使用需求，同时初步建立了各类交通数据的分析研判模型，实现了交管数据分析研判，能够形成智能交通简报和快报进行警情判断。

2）接处警快速指挥

平台利用增强现实技术将视场内所有交通环境的设施资源进行统一融合，及时掌控周边交通环境的变化态势，改变城市交通管理的单兵作战模式，理顺交通管理治理体系，执行交通预案调度，可视化联动控制周边道路设备，实现前后台警员的实时语音交互和现场视频连线以及违法、重点车辆布控预警报警现场（省际）精准拦截打击等业务功能。

3）警卫任务精准调度

在警卫路线绿波同行视频接力的技术保障下，实现实时掌控安保相关区域的道路通行情况和警卫路线安保相关人员和车辆的行进情况，确保安保活动中的交通安全和道路通畅。

4）勤务数字化管理

以警务现代化的强大技术为后盾，将移动警务与交警勤务管理深度融合，采用互联网相结合的方式，建立了集日常勤务安排、路面执勤执法、信息采集上报、工作管理考核、预警信息发布、勤务运行监测等为一体数字化勤务管理系统，形成了全警采集交管信息的体系结构，使交通管理工作从“体力型、经验型的粗放管理模式”逐步向“智能型、科学性的集约模式”转变，实现了蚌埠市交通管理的勤务管理智能提升。

3. 建立交通信号控制评价与优化平台，多策略保障控制效果

从宏观路网交通态势总览路网状态，掌握常态拥堵节点和新增拥堵节点信息，把控信号优化等交通管理工作成果；一方面从信号配时评价的角度具体分析判断单个路口的拥堵原因和失衡情况，并提供参考方案，以辅助交通信号控制优化决策；另一方面，以科学评价和交通大数据分析为支撑，对路口流量变化规律、各方向饱和度以及实际通行特点进行详细调研分析，综合应用包括单点多时段定时控制、单点自适应控制及干线协调控制等多种控制策略，并从交通组织的角度提出路口整改建议。

针对蚌埠城区路网的特点和不同问题，采用不同的交通信号控制策略，对重点拥堵交叉口采用单点路口优化，对主、次干道信号灯路口进行协调控制并优化不合理的配时，对进出城道路的主要节点运用“慢进快出”“截流、分流”等控制策略，具体地采用“自适应控制”“绿波带”“红波带”等控制方式，在高峰时有效均衡交通流、缓解拥堵；在平峰时保证交通流连续、畅通，提高路网运行效率。一是完成了 14 个路口应用单点多时段控制；二是完成了 2 条干线协调线路优化，同时开展 6 条新干线协调控制；三是针对重点路段从交通组织的角度提出整改意见，重点改造路口 13 个，其中 8 个路口结合标线、配时及 LED 提示信息，优化路口交通组织，提高了通行能力；四是在多条主干道路口，开展了 VSPLUS 信号控制试点工作。通过以上多方面信号优化工作，实现了信号控制方案与流量变化动态匹配，蚌埠市路网通行效率进一步提高。

4. 构建立体化交通安全防控体系，监管与治理能力大幅提升

立体化交通安全防控体系利用 AR 鹰眼、重载云台等设备，从源头采集、资源整合、机制改革、战法创新等方面出发，构建面向全警、覆盖全域的综合监控业务系统，实现视频资源的共享和视频信息增值应用，极大地延伸视频监控的范围。同时，系统利用视频分析检测技术，接入部分重要点位的视频，在后台进行道路交通状况巡逻和交通事件智能分析，系统可对事件进行实时报警并记录，包括拥堵、违法停车、抛洒物、路障、交通事故、车行道行人、烟雾以及非法占用车道等事件检测和抓拍。

蚌埠市对立体化交通安全防控体系建设开展了多方面工作，一是完成了淮河文化广场、万达广场等重点区域 10 处高空监控点位建设，实现重点区域的立体化监管；二是在延安路东海大道等 13 条主要道路共建设 73 个高清视频监控点位，实现重点路段的全天候监测；三是针对解放路、延安路等 46 个重点路口共计改造 300 万像素电子警察点位 150 个，700 万像素电子警察点位 65 个，在实现违法抓拍的同时，同步实现交通参数采集。自立体化改造建设完成后，系统抓拍了近 3000 起交通违法行为和交通事件，降低了 40%的违法事件发生率，大大提升了蚌埠市交通安防布控能力。

四、发展规划与展望

随着安徽省智能交通重点实验室和安徽省智能交通协同创新平台入驻蚌埠，依托重点实验室蚌埠交警支队将持续开展智能交通协同创新活动，结合实战持续推动智能

交通技术的创新应用。

1. 不断加强大数据应用深度

未来几年，将加强交通大数据挖掘应用开发：一是能对路面交通运行状态深度感知，对采集的数据展开进一步深度分析，准确识别交通运行规律，为指挥调度、组织优化、信号调优等提供数据支撑；二是进一步完善和优化交通信息研判平台、集成指挥平台等，提高指挥调度管理决策水平，缩短发现警情时间，提升警情处置速度；三是进一步加强对多源数据的融合分析，实时预测分析交通拥堵状况，实时发布路况信息，改善市民出行体验。

2. 逐步扩大信号优化覆盖面

未来几年，将继续深入开展"互联网+大数据"应用工作，进一步利用互联网交通大数据，同时结合固定点交通检测数据，将两种数据优势互补，走多源数据融合发展的交通信号优化之路，更好地实现区域协调、感应协调、特勤车辆优先等信号控制手段，实现交通信号控制优化以主干道为主、次干道为辅、同时兼顾支路，进一步扩大交通信号优化覆盖面，缓解城区交通拥堵。

3. 持续推进交管防控体系建设

进一步提升交管防控体系的应急指挥能力和水平，深化警务体制机制创新，探索建立警力动态调整模式，利用现有警力资源，积极创新合成作战机制，推进打防管控一体化，努力实现集约合成、高效运作，着力提高蚌埠市交管防控体系的整体效能。加强顶层设计和信息资源的整合共享，让海量的信息数据成为实现预防预警、精确防控的源头活水，解决好信息壁垒、系统繁杂、共享不够等突出问题，做到统筹规划、统一标准、协调配套，持续推进以科技信息化为牵引的交管防控体系建设。

4. 提升设施智能化运维水平

建立高效的协同运维管理系统，一是健全交通设施生命周期管理流程，实现设备维修流程化规范化管理和生命周期精细化管理，实时掌握智能交通设施运行健康状况，实现设备故障智能化分析和报警，提高运维管理自动化程度和精细化水平；二是对运维数据进行分类存储并进行智能化分析和提取，实现设备资源库动态管理，提高运维管理决策科学性。

（撰稿：王天利　吴坚）

包头市智能交通系统建设与应用

随着社会经济快速发展，机动车保有量随之高速增长，人、车、路的矛盾日益凸显，交通安全风险也不断增加，交通管理手段亟待丰富；中央政府提出“放管服”的不断推进，为群众生活及办事提供便利条件，交通服务能力亟待提升；全面深化公安改革的不断深入，交管部门的管理模式和手段都面临深刻变化，交通管理水平亟待提高。为了应对新形势下交通管理工作面临的诸多问题，支队在智慧交通建设方面不断探索，做了大量的实践工作。

一、现状分析及需求

1. 保畅通

随着包头城市化进程的快速推进，交通管理工作面临巨大的挑战。截至 2018 年 2 月底，包头市机动车突破 70 万辆，驾驶人超过 85 万人，驾驶人占包头市总人口的 30% 以上，并且机动车与驾驶员正以每年 10%、5%的速度增长。预计到 2022 年，包头市机动车将突破百万辆，但目前包头市中心主城区路网承载能力仅为 60 万辆，最大限度提高路网通行能力成为当务之急。

2. 降事故

由于机动车及驾驶人保有量的快速增长，交通安全的风险不断增加，交通事故频发，死亡事故也有上升的苗头。有效遏制重特大交通事故，提供更有效的手段来防控交通事故是我们的一大课题。

3. 保平安

随着“交巡一体化”的不断推进，交警在打击违法犯罪、反恐维稳、处置治安事件等方面被赋予新的使命，在情报分析、快速反应、精准打击等方面都提出了更高的要求。

4. 便群众

随着公安改革的不断深入，管理手段也将发生深刻变化，“放管服”的不断推进更是对我们不断提升服务能力提出了更高的要求：一要为人民群众提供更便捷高效的服务，二要为政府相关部门提供强有力的数据支撑，三要为交通管理工作提供更先进的实战化平台。

5. 强理念

当前，警力严重不足，而管控任务不断延伸。向科技要警力、向科技要战斗力成为我们的必然选择。我们必须牢固树立科技强警的理念，用系统的思想考虑问题，充分整合资源、有效形成合力，用高科技的手段解决交通管理的难点，有效地解放警力、提升战斗力。

二、包头智慧交通建设情况

1.“智慧交通”建设思路

智慧交通作为智慧公安建设有效组成部分，提出了“精准管理、精准服务、精准打击”的工作目标，以科技信息化为引领，倒逼警务机制改革。坚持“强度整合、高度共享、深度应用”“服务基层、服务实战、服务民生”的信息化建设总体要求，全面提升交通管控能力和服务水平，支队从规划先行、运行维护、资源共享、数据挖掘方面进行了智慧交通建设。

1）加强顶层设计

确定了交通管理重点工作，认真分析交通管理实际，制定切实可行的工作目标，确定符合实际、科学合理的总体架构，明确分年度建设计划及内容，持之以恒按照既定目标推进实施。

2）加强运行维护

数据采集是交通管理科技信息化的基础，数据准确性、及时性是各类系统建设的关键因素。通过建设设备运行维护管理系统以及移动端应用，实现了可对前端信息采集设备的运行状态和数据传输情况进行实时监控、工单派发、绩效考核，确保前端设备运行稳定、维护及时。

3）加强资源共享

科技信息化建设中需要多部门协调配合，为了减少建设成本，支队积极探索与各个部门的资源共享方式，如与管网公司共享地下管网资源，与路灯所共享路口路段路灯杆、路灯管网，与市公安局共建共享杆件基础及网络等资源，信号控制系统建设中统一考虑用电负荷，大型指路标志建设中为科技设施安装预留穿线孔等方式。

4）加强实践应用

通过建设的大数据研判平台对多源数据进行整合研判，将数据转化为情报信息和战斗力，为交通管理、信息服务、城市规划提供科学依据，为各项公安工作、决策支持提供数据支撑。

2.“智慧交通”概况

截至目前，支队在智慧交通方面建设了外场系统、公安交通管理集成指挥平台扩充版、大数据研判系统、警务通系统，部署完成公安交通指挥集成平台核心版，在强化基础网络建设、强化基础数据采集、强化数据整合应用 3 个方面进行智慧交通建设。

1）强化基础网络建设

支队利用 600 千米自建地下管网，共享 147 千米企业管网，利用市公安局铺设的光纤 1700 余千米，形成以公安局、交管支队、云计算中心为核心的双万兆视频专网、万兆公安网，支队到大队、中队千兆视频专网、百兆公安网，形成自愈式环网，为视频、数据采集传输奠定了坚实网络基础。

2）强化基础数据采集

数据采集是各类系统平台应用的基础。支队在整合内部数据资源的同时，与市局和相关部门共享数据资源。目前，支队已建闯红灯系统 260 处，卡口系统 260 处，视频监控系统 2100 路，共享市局 5299 路、警务通 857 部、对讲机 1000 部、警车 300 台、铁骑 100 台、信号控制系统建设前端设备 592 台以及执法记录仪 1394 部。通过前端设备、系统采集的机动车通行信息、视频、交通流信息、定位信息等，实现对交通状态的全面实时感知。

3）强化数据整合应用

数据采集是基础，整合应用是关键。支队结合实际，在集成指挥平台实施方案基础上，建设统一的数据交换管理服务平台，实现数据全方位整合应用。目前已经完成 10 大类数据整合应用，其中公安内部数据 6 大类 32 种，其他部门获取数据 4 大类 10 种，每天产生的新鲜数据达到 1500 万条，累计数据量已达 60 亿条。在强化数据整合的同时，注重数据发掘应用，实现了大数据研判分析，对交通管理动态、静态数据分析，初步实现了轨迹分析、嫌疑车分析、落脚点分析、首次入城分析、多次违法分析、套牌车分析等应用，为交通状态评估、指挥调度、精准打击提供强有力的支撑。

三、“智慧交通”建设成效

1. 科技支撑精准管理

依托集成指挥平台，在地图上实时展示路况信息、警力资源、视频监控、信号设施，通过系统自动对路况进行分析，实时弹出拥堵报警信息，指挥中心以拥堵报警为驱动，快速进行警情定位，建立警情防控圈，快速展现警力资源，通过视频查看现场情况、精准指挥调度警力进行现场处置，形成了拥堵事件自动报警—利用监控核实事件—先期信号远程管控—同步调警现场处置—处置情况及时反馈的闭环工作机制，由原来的依靠报警电话、民警上报变为系统自动分析研判，交通拥堵、事故警情由被动接收变为主动发现，目前指挥中心通过系统分析产生的事件报警约占全部警情的25%。

2. 科技支撑精准服务

支队大力推广应用 12123、“包头交警”App、自助缴费、网上车管所等移动端应用。轻微交通事故可应用手机 App 远程在线定责，通过在线上传、事故责任远程认定、认定书当场生成、短信内容即时推送 4 个步骤可当场结案，大大缩短了轻微交通事故处理时间，解决了部分警力。

根据前端设备采集的交通流数据，结合浮动车数据，对路网运行状态进行综合分析，依托“包头交警”App、交通广播电台、微信公众号、交通诱导屏等方式，实现路况的多途径发布，为在途机动车提供准确实时的路况信息。

3. 科技支撑精准打击

为了使支队各部门履职，我们坚持管行为、管秩序、管安全“三管”齐下，进一步提升对交通秩序的干预、引导和治理能力。坚持情报主导警务，充分运用交通管理大数据，加强对城市交通流量、流向、违法、事故“四个核心要素”的分析研判，在易拥堵、违法多、秩序差的区域、时间段加强警力资源，精准安排警力勤务。建立以责任为导向的勤务体系，把责任落实到每个民警、每个岗位、每个单元，通过警车定位、警务通对出警时间、报警拦截率、违法处理量、机动车查缉量等进行采集，加强勤务考核。

支队成立情报中心，专职负责情报研判工作，依托大数据研判系统、集成指挥平台，对机动车行驶规律进行研判分析，根据分析结果，先后组织开展套牌假牌、失驾、多次违法未处理、重点车辆未年检和未报废等专项行动，对嫌疑车辆进行全域布控，报警信息通过系统、警务通同时发布，在专项行动中形成指挥中心与现场警力共同协作的警务模式，由原来的路面民警根据经验抽查变为精准查缉，形成对嫌疑车辆的精准打击，快速高效侦破多起交通肇事逃逸和治安刑事案件，为全市治安稳定做出了巨大贡献。下一步，支队将充实情报队伍，大力推行支队、大队两级情报分析模式，落实“情报主导警务”，实现工作模式由“大海捞针”向“精准制导”转变。

四、下一步探索与展望

1. 充分整合数据资源，进一步打破部门间的数据壁垒

支队建设了统一的数据交换服务平台，实现公安内部及外部的数据汇聚、管理、服务。目前尚有大量数据没有利用起来，严重制约了“放管服”的深度拓展，影响了交通管理的大数据研判分析与辅助决策。下一步将从打破部门间的数据壁垒方面入手，获取更多的数据资源，研究探索交管实战工作的应用场景，充分挖掘数据价值，提高交通管理业务应用水平。

2. 充分发挥数据力量，进一步提升大数据分析研判能力

目前，已建的大数据研判系统涵盖了对交通事故的时间段、地点、天气状况、道路条件、交通违法等多维度研判分析及事故黑点的展示和预警；对道路通行状况的监测预警；突发事件（重特大事故、交通管制、道路施工、恶劣天气等）对路网的影响范围、程度进行评估，并给出对应的预警对策；通过卡口、交通违法、交通事故等数据碰撞发现套牌嫌疑车辆；对各类业务数据的研判分析发现违规业务等。目前取得了一些成效，但离实战的要求还有较大差距，下一步将在研判的算法及业务吻合度进一步提升。

3. 加强移动终端应用，进一步推动移动终端应用的发展步伐

目前，支队在交管 App 开通了车管、驾管、交通违法、事故处理等互联网便民业务；在警务通上为民警开通了一些功能，尤其是布控报警信息的推送为拦截处置提供

了最快捷的通道。但尚有更多的业务需要向移动终端迁移，实现办公系统的拓展、指挥体系的延伸，从而方便服务和提高工作效率。

4. 引入先进技术成果，进一步探索先进技术在智慧交通工程中的深度应用

目前，我们的信号控制系统、大数据研判分析、案件侦破等方面都还不够“智慧”，人工智能技术、区块链等先进技术的引入将使得交通管理的水平更上一个台阶，将引入人工智能、区块链等新技术、新成果，积极探索新技术在交通管理方面的应用。

五、结语

支队将加快智慧交通建设步伐，加大与国内技术领先的科研院所、公司合作，继续推进“大数据”“互联网+”等科学技术与交通管理工作深度融合，坚持“情报主导警务理念”，以集成指挥平台深度应用为抓手，充分应用大数据产生的价值，立足当前、着眼长远，深化警务实战化改革，努力闯出一条适合新时代要求的交通管理路子。

（撰稿：朱伟忠）

第三章

创新基地与人才培养

一体化指挥调度技术国家工程实验室

一、概述

数字智能时代，交互认知成为创新驱动发展的原动力，虚实结合的多元化社会交互指数级增长，传统的供给侧指挥调度能力难以满足需求侧日益增长的交互需求，迫切需要创新变革理念思维、机制体制、技术工具和管理模式。在这样的背景下，一体化指挥调度技术国家工程实验室（以下简称“实验室”）应运而生。

二、基本情况

2016 年 3 月，新智认知旗下全资子公司博康智能信息技术有限公司联合北京邮电大学信息网络中心、北京航空航天大学、公安部第三研究所、重庆市公安科学技术研究所、贵阳市公安局、公安部交通管理科学研究所、公安部上海消防科学研究所，申请国家发改委组织实施的“一体化指挥调度技术国家工程实验室创新能力建设项目”；2016 年 11 月，正式获得立项批复（发改办高技〔2016〕2416 号）。

承担实验室建设项目以来，在国家、市、区各级发改委和公安部及相关部门的指导、支持和帮助下，实验室的各项建设工作稳步推进。2017 年，实验室按照既定的工作目标，紧密结合一体化指挥调度技术发展的需要，主要围绕实验室建设、行业技术服务、关键技术攻关、标准规范制定、学术交流合作等方面开展了一系列的工作。

三、建设内容

1．建设任务

（1）成为国内一流的创新研发基地，开创国家一体化指挥调度自主创新的技术体系新局面。

（2）成为国内一流的体系规范和标准化中心，深入开展一体化指挥调度体系结构标准、管理标准、数据安全等标准研究，形成一体化指挥调度体系规范与技术标准。

（3）成为先进技术扩散和辐射的关键环节，使关键技术辐射到多个行业，有效地提高前沿技术研究成果向产业转化的速度。

（4）成为创新人才的培养基地，整合相关行业和社会的创新资源，吸引国内外优秀人才，建立结构合理、行业领先、长期合作的创新团队。

2. 建设目标

建成国内一流的一体化指挥调度理论研究、技术研发、实验、人才培养、技术转移和产业链融合基地。

3. 核心思想

以行业场景为驱动、业务需求为导向、解决问题为目标构建开放创新的平台与生态，围绕公共安全、应急管理等领域对智能指挥调度的迫切需求，研究行业场景数字化，建立智能装备、指挥系统、信息服务共享体验中心，开展融合通信、综合态势呈现、智能预案、智能辅助决策、人机交互、无人系统、群体智能等关键技术攻关，制定相关行业标准规范。

四、进展情况

1. 基础环境建设进展

截至 2017 年 6 月，实验室完成了相关配套设施建设，开始演示验证中心的展示系统调试工作；演示验证中心建成后，与公安部、各地公安局、公安科研所、高校、企事业单位进行了多次技术交流。目前，实验室已完成演示验证中心配套建设和展示系统的调试工作；同时，基于云计算架构重新部署了网络环境和计算环境，搭建了基础软件开发平台，部署了一体化实战指挥、消防一体化指挥、交通一体化指挥调度、电子沙盘及人网智能化等业务应用平台，初步具备了产品演示、产品集成验证功能。

2. 标准体系总体框架研究设计工作进展

2017 年 6 月，实验室在全国信息技术标准化技术委员会下成立了“智能认知工程国家标准工作组”，在中国指挥与控制学会下成立了“智能指挥调度团体标准工作部”。

3. 一体化指挥调度关键技术研究进展

目前，实验室已初步完成了一体化指挥调度的技术框架规划研究，正逐步完善一体化指挥调度理论，形成了一体化指挥调度产品体系，在统一通信、多维音视频信息融合、综合态势分析及分发、云计算、大数据、智能指挥调度和支撑平台等关键技术上展开了深度研究攻关，在创新技术成果转化、核心技术应用示范等方面取得了突破性进展。

主要产品包括：一体化实战指挥平台、一体化支撑平台、智慧消防大数据实战应用平台、“端+云”智慧指挥舱、人网系统等；同时，相关产品已在公安部、重庆市局落地实施，保障了“一带一路”、十九大、全国两会、重庆市两会等重大活动指挥工作的顺利开展，得到了用户的充分肯定。

截至目前，实验室已完成关键技术研究 10 项、一体化指挥调度系统装备开发 15 台（套）、软件著作权申请 35 项、发明专利申请 8 项，为推动一体化指挥调度领域的技术进步和产业发展提供了有力的技术支撑。

五、实验室大事记

为提高产学研合作水平，加大成果转换和产业辐射效应，实验室按照联合、创新、发展的理念，以成立行业创新应用研究（室）基地、开展政企联合示范、开展联合技术开发等形式引进优质资源、开展创新合作。

（1）2017 年 2 月，依托中国指挥与控制学会，实验室发起成立了“智能指挥调度专业委员会”，整合了大专院校、科研单位、行业应用的专家和学者资源，为进一步推动大数据、云计算、人工智能、物联网、互联网以及移动互联网在指挥调度领域中的应用提供了学术交流和工程实施的平台。

（2）2017 年 5 月，实验室理事会成立大会暨首届一次会议在京召开。会议一致通过了《国家工程实验室专家技术委员会委员组成名单》《国家工程实验室建设方案和工作计划》，标志着实验室管理体制，即在理事会领导、专家技术委员会指导下的实验室主任负责制的正式启动，实验室的全面建设发展进入了快车道。

（3）2017 年 6 月，实验室与招商局交通研究院联合成立了“智能指挥调度交通联合实验室”。

（4）2017 年 7 月，在北京第三届中国军民融合技术装备博览会上，实验室组织专题论坛就指挥系统的新模式、智能指挥平台之新理念/新方法/新技术、可视化综合指挥调度系统的行业应用、智能指挥调度技术在公共安全领域中的应用等多方面进行了充分的探讨研究。

（5）2017 年 9 月，实验室与南京市公安技术研究所联合成立了“智能指挥调度技术联合实验室”，为指挥调度领域的互动交流和行业推广搭建了平台，发挥了桥梁和纽带作用。

（6）2018 年 7 月，由中国科学技术协会指导，中国指挥与控制学会主办的第六届中国指挥控制大会暨第四届中国（北京）军民融合技术装备博览会在京隆重召开。实验室出席大会，与各行业伙伴、专家学者共同关注军民融合技术的创新与发展。

（7）获得荣誉和成绩。

① 实验室与北京市公安局共同研发的“重大警卫活动安保指挥系统”荣获公安部科技进步一等奖。

② 实验室参与编写司法行政跨区域联合执法协同支撑技术研究“公共安全风险防控与应急技术装备”重点专项（司法专题任务）。

六、发展规划

未来，实验室将聚焦行业场景数字化，依托国家一级学会智库资源和新智认知行业资源，与各单位开展合作；同时，围绕行业供需关系，找准行业痛点问题，组建战略智库，创立学术品牌，并将实验室打造成为行业标杆，推动技术成果的工程化和产业化，带动公共安全、应急管理行业新发展。

综合交通大数据应用技术国家工程实验室

综合交通大数据应用技术国家工程实验室，简称工程实验室（National Engineering Laboratory for Comprehensive Transportation Big Data Application Technology，CTBD Lab），于2017年1月经国家发展和改革委员会，发改办高技（2017）151号文，批准成立，由北京航空航天大学作为牵头单位，西南交通大学为参与单位，中国交通通信信息中心、北京市交通信息中心、中国铁道科学研究院、民航数据通信有限责任公司、中国交通建设股份有限公司为共建单位共同建设。

综合交通大数据应用技术国家工程实验室主要针对我国综合交通跨行业、跨地域管理服务能力不足等问题，建设综合交通大数据应用技术创新平台，支撑开展交通运输大数据采集处理、分析挖掘、管理决策、融合应用等技术的研发和工程化。为大数据驱动的综合交通运输规划、大型综合交通枢纽协同运行组织与优化、城市群综合交通系统运行监测与服务、综合交通智慧出行协同运行研发、综合交通系统能耗排放分析与节能服务、综合交通系统运行安全与应急保障等综合交通大数据应用提供技术、平台支撑；产出各类科技专利、标准、建议与工程产品原型；在国家层面提高支撑开展综合交通大数据应用的研究、服务和应用推广工作的能力；积极进行产业合作，包括软硬件销售、集成开发及公益服务；培养综合交通大数据应用技术和管理人才。

综合交通大数据应用技术国家工程实验室实行理事会领导下的实验室主任负责制。实验室设立技术委员会，作为技术咨询机构。第一届实验室主任由北京理工大学校长、中国工程院院士张军教授担任；第一届理事会理事长由北京航空航天大学副校长、中国科学院院士房建成教授担任；第一届技术委员会主任由中国科学院院士李未教授担任。实验室目前共有固定人员32人，流动人员18人（外聘专家及在读硕士、博士），包括3名院士、5名长江学者/杰青、11名教授、2名万人计划领军人才、19名副教授/高工、4名千人计划人才、10名新世纪优秀人才、2名青年千人，以及2名国家863计划现代交通技术领域主题专家。

目前，工程实验室目前主要的研究方向包括：

（1）综合交通大数据中心运行关键技术。形成面向大规模高并发多模式交通数据的汇聚与转发能力、多模式交通大数据的实时高效处理能力、超大规模交通数据的管理与业务计算能力。

（2）综合交通大数据智能计算平台。通过集成知识图谱生成、深度数据关联、机器学习等系列核心算法实现对广域范围内各种交通场景的信息交互、汇集、共享，通过统计汇总和挖掘分析，为各种多语义交通大数据资源管理、分析与服务提供支持。

（3）综合交通运输系统协同运行与优化技术研发平台。基于大数据分析实现对在剖析现有网络结构和运行状况基础上，开展大型综合交通协同运行组织与优化、城市群综合交通系统运行监测与服务、智慧出行协同运行和系统能耗排放分析与节能服务研究工作。

（4）综合交通运输系统规划与设施管理平台。分析各种交通方式的行为特征和运行规律、交通需求特征，各种交通方式的有效衔接和运转，通过定量化的模型方法研究大数据驱动的综合交通运输规划技术。

智能交通领域人才队伍建设（部分）

姓名	依托单位	领域方向	人才称号
黄卫	东南大学	智能运输系统	中国工程院院士 长江学者特聘教授
王炜	东南大学	智能交通系统	长江学者特聘教授 杰青
王云鹏	北京航空航天大学	智能交通	长江学者特聘教授
严新平	武汉理工大学	智能船舶	
陆键	同济大学	交通管理与规划 智能运输系统	长江学者特聘教授
薛建儒	西安交通大学	人工智能与机器人研究	长江学者特聘教授
王印海	哈尔滨工业大学	智能交通	国家杰青（海外）
王建强	清华大学	汽车智能安全	杰青
张小宁	同济大学	交通与物流系统优化	杰青 教育部新世纪人才
冉斌	东南大学	智能交通系统	千人计划特聘专家 双创团队领军人才
谢远长	东南大学	智能交通与交通安全	千人计划特聘专家
吴超仲	武汉理工大学	智能交通系统	教育部新世纪人才 交通运输部中青年领军人才
叶智锐	东南大学	交通大数据、车联网 智能公交	国家青年千人计划
刘志远	东南大学	智能交通系统	国家青年千人计划
邱志军	武汉理工大学	智能交通、大数据	国家青年千人计划
谢驰	同济大学	智慧交通系统设计	国家青年千人计划
李升波	清华大学	智能网联汽车	优青 青年长江学者
刘攀	东南大学	智能交通	优青 青年长江学者
龙建成	合肥工业大学	城市交通出行行为分析	优青 青年长江学者
马万经	同济大学	智能交通系统	优青
李萌	清华大学	智能交通系统	优青
王雪松	同济大学	交通安全	优青
耿新	东南大学	机器学习、人工智能	优青

续表

姓名	依托单位	领域方向	人才称号
肖峰	西南财经大学	人工智能算法 交通数据挖掘	优青
贾斌	北京交通大学	智能交通系统	优青
田大新	北京航空航天大学	智能交通	青年长江学者
关伟	北京交通大学	交通运输智能自动化	教育部新世纪人才
陈旭梅	北京交通大学	智能运输系统理论技术	教育部新世纪人才
杜豫川	同济大学	智能交通系统	教育部新世纪人才
吴建军	北京交通大学	交通运输规划与管理	教育部新世纪人才
李志存	华中科技大学	交通管理	长江、杰青

2017年智能交通领域全国优秀博士学位论文

题目	作者	毕业学校	导师
基于复杂网络的交通流特征分析及组合预测研究	唐进君	哈尔滨工业大学	王印海教授
基于交通冲突理论的信号交叉口安全评价技术	郭延永	东南大学	刘攀教授
面向节能的高速列车速度自动控制优化方法研究	严细辉	北京交通大学	宁滨、蔡伯根教授
面向环保的在途动态出行诱导策略研究	李卫霞	清华大学	张毅教授
信号控制交叉口过街行人流仿真建模及应用	陆丽丽	东南大学	任刚教授
基于交通态势的城市道路网络交通非常态主动控制基础问题研究	王嘉文	同济大学	杨晓光教授
基于驾驶模拟实验的典型不利因素对驾驶行为表现的影响研究	李晓梦	北京交通大学	闫学东教授
复杂光照变化的单样本人脸识别方法研究及在驾驶人辨识中的应用	胡长晖	东南大学	路小波教授
基于闯红灯预测的干道信号优化研究	任毅龙	北京航空航天大学	王云鹏教授
基于数据驱动的无人船艇航线自动生成	张树凯	大连海事大学	刘正江教授
基于预测控制的无人船运动控制方法研究	柳晨光	武汉理工大学	初秀民教授

第十二届全国大学生交通科技大赛

第十二届全国大学生交通科技大赛（NACTranS）于2017年在同济大学举行。本届大赛主题为“互联交通”，自2016年11月启动以来，历时近7个月。全国共有120所高校报名参赛，在初赛作品报送阶段共有95所高校提交了302件作品，经过通信评审，来自北方工业大学、大连海事大学、大连理工大学、同济大学（依据进入决赛作品数确定顺序）等51所高校的80件作品通过选拔进入决赛。经过初赛、决赛的角逐和专家评委们的认真评审，2017年5月29日，第十二届全国大学生交通科技大赛中来自全国各高校的优秀作品已经在同济大学脱颖而出。本次大赛共产生一等奖作品8项、二等奖作品24项、三等奖作品32项以及优胜奖作品16项。

本次大赛创造性地强化了行业专家介入以及国际视野导入，特别邀请国内行业专家以及国外大学专家加入评委专家团队，结合行业需求、国际先进水平和做法来引导国内大学生创新机制的优化和参赛学生团队水平提升，促进大赛实现新的突破和提升。参赛过程中，参赛学生针对交通运输行业的热点问题，大胆提出自己的看法，给出了富有创意又结合实际的解决方案，并在大赛中进一步培养了创新思维、科学精神和团队能力。决赛时，参赛学生分“交通运输规划与管理”“交通信息工程及控制”“载运工具运用工程、道路与铁路工程及其他”“车路协同环境下城市道路交通运行优化”四个竞赛小组进行作品汇报，从多元化角度展示对互联交通问题的关注和思考。

2017年5月29日，为期三天的“上海路港杯”第十二届全国大学生交通科技大赛决赛在同济大学嘉定校区圆满闭幕。同济大学副校长顾祥林，大赛名誉主席、交通运输部总工程师周伟出席闭幕式并致辞，交通运输部高等学校交通运输类教学指导委员会、交通工程教学指导分委员会的相关同志，以及国内外32个高校和行业单位的评审专家、51所高校的参赛师生，和同济大学相关职能部处及交通运输工程学院负责人同志，共500余人参加闭幕式。闭幕式由同济大学交通运输工程学院院长陆键主持。

第十二届全国大学生交通科技大赛为全国大学生提供一个在交通运输工程领域进行沟通与交流的平台，一个展示同学们科技创新精神和实践能力的机会。同时，促进高校大学生科技活动的开展，加强高校间大学生文化交流。

第五篇

统计篇

第一章

统计数据

2017年全国民用机动车整体情况综述

一、概述

2017年，全国机动车继续保持快速增长趋势，机动车保有量3.10亿辆，同比增加1516万辆。其中，汽车刚性需求保持旺盛，汽车已成为机动车构成主体。全国汽车保有量2.17亿辆，占机动车的比例达70.17%，同比增加2304万辆，汽车在机动车中的占比、汽车保有量增量均达历史最高水平。全国53个城市的汽车保有量超过百万辆，24个城市超过200万辆，北京、成都、重庆、上海、苏州、深圳、郑州等7个城市超过300万辆。摩托车保有量7425万辆，同比减少819万辆。

2017年，全国营运机动车保有量达2180万辆，占机动车总量的7.04%，同比增加78万辆，继2013年营运机动车保有量连年下降后首次反弹。其中，危化品运输需求持续增长，近5年危化品运输车保有量以年均6.2万辆的速度持续上升。公路客运需求明显下降，近五年公路客运车辆保有量年均减少4万辆。

2017年，全国新能源汽车保有量153万辆，占汽车总量的0.7%，同比增加62万辆。其中，纯电动汽车保有量125万辆，占新能源汽车总量的81.7%，同比增加52万辆，连续4年保持快速增长。

2017年，交通运输部、公安部、质检总局、外交部等多部委联合出台政策规章，在外交车、货车、变型拖拉机、车辆运输车、新能源汽车等车辆管理方面取得积极成效。

二、统计数据

1. 机动车保有情况

截至2017年年底，全国机动车保有量3.10亿辆。机动车分布构成中，汽车（含三轮汽车和低速载货汽车）2.17亿辆，摩托车7425万辆，挂车270万辆，上路行驶的拖拉机1545万辆，其他机动车1.3万辆（见图1）。

2017年，全国公安交通管理部门新注册登记机动车3352万辆，同比增长3.04%。与2016年相比，扣除报废注销车辆，机动车保有量全年实际增长1516万辆，同比增长5.15%。全国机动车保有量增长趋势有所减缓，增幅基本与2015年持平（见图2）。

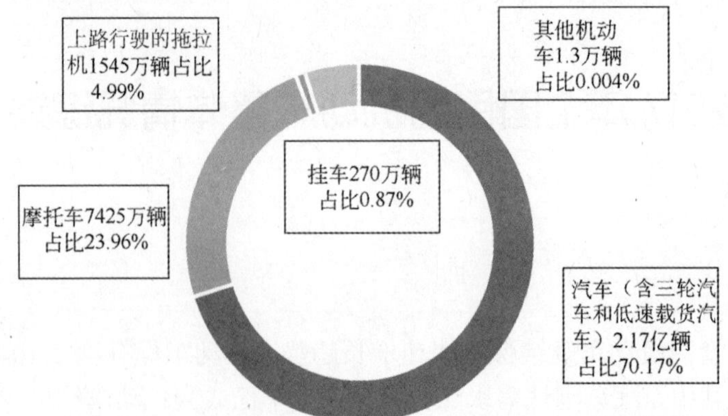

图1　2017年全国机动车分布构成

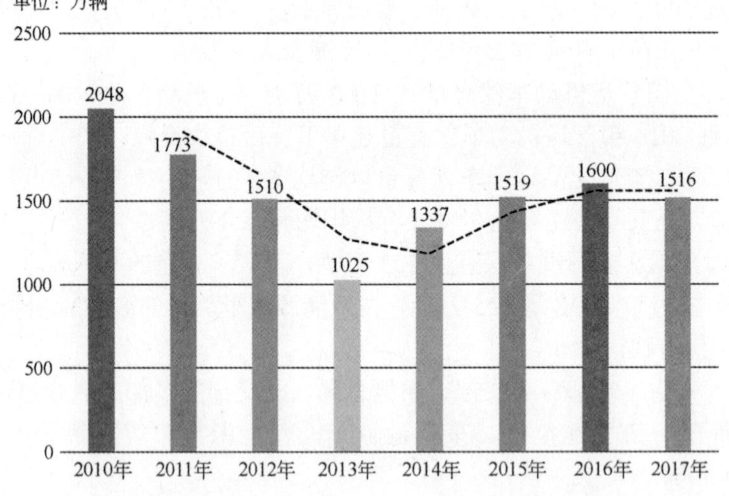

图2　2010年以来机动车保有量实际增长情况

从各省（区、市）机动车保有量情况看，广东、山东、河南、江苏、河北、浙江、四川、云南、安徽、湖南、广西、湖北12个省（区）的机动车保有量超过1000万辆，其中广东、山东、河南机动车保有量超过2000万辆，分别为2909万辆、2528万辆、2234万辆，分别占全国机动车总量的9.39%、8.16%、7.21%（见图3）。从地域分布来看，东部地区机动车保有量最高、达1.55亿辆，占全国机动车总量的50.17%；中部、西部地区机动车保有量分别为9006万辆、6436万辆，分别占全国机动车总量的29.06%、20.77%。值得关注的是，西部地区机动车保有量增长速度最快，近5年年均增长1963万辆，年均增幅达19.33%。

2. 汽车保有情况

截至2017年年底，全国汽车保有量2.17亿辆。汽车分布构成中，载客汽车1.85亿辆，载货汽车2341万辆，其他汽车（三轮汽车和低速载货汽车）927万辆（见图4）。

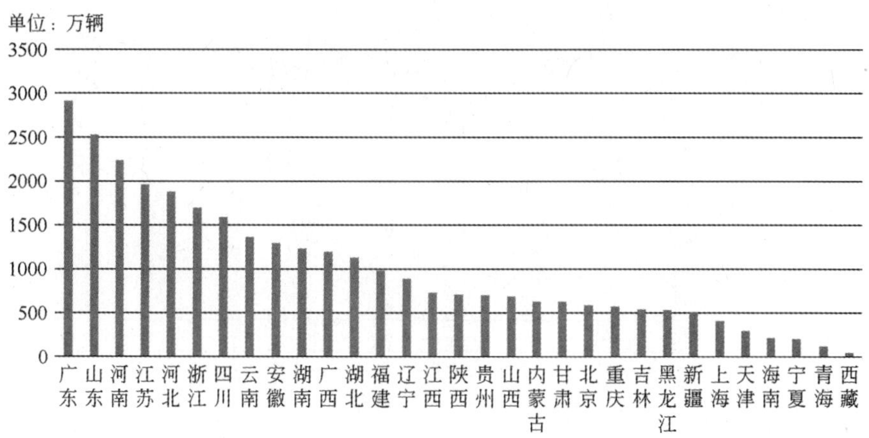

图 3　全国各省（区、市）机动车保有量情况

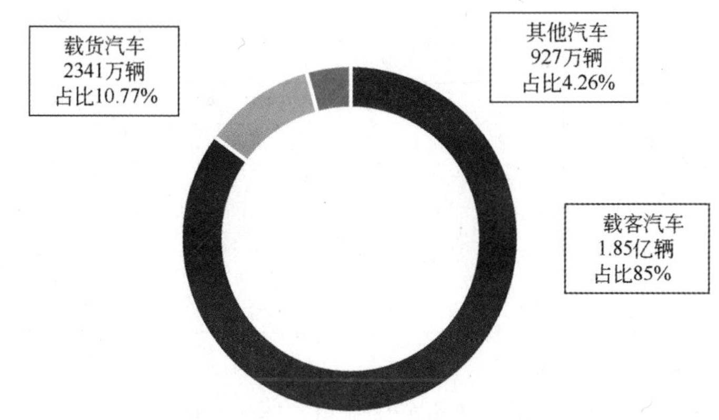

图 4　2017 年全国汽车分布构成

2017 年，全国公安交通管理部门新注册登记汽车 2813 万辆，同比增长 2.2%，新注册登记汽车量增幅为历史最高水平。与 2016 年相比，扣除报废注销车辆，汽车保有量全年实际增长 2304 万辆，同比增长 11.85%。全国汽车新注册量、汽车保有量增量均为历史同期最高水平。同时，汽车已成为机动车主要构成部分，汽车占机动车的比例由 2010 年的 43.88%持续提升至 2017 年的 70.17%（见图 5）。

从各地级市汽车保有量分布情况看，全国有 53 个城市的汽车保有量超过百万辆，24 个城市超过 200 万辆，7 个城市超过 300 万辆（见表 1）。其中，北京汽车保有量 564 万辆，位居第一；其次是成都汽车保有量 452 万辆；重庆、上海、苏州汽车保有量分别为 371 万辆、359 万辆、355 万辆，位居前五。

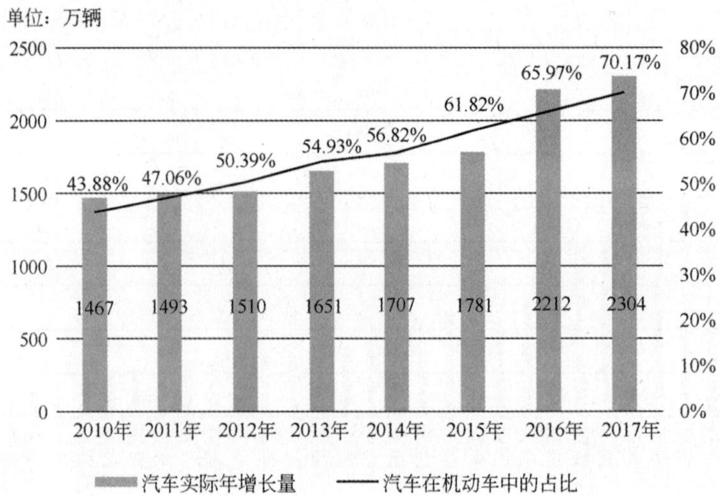

图 5　2010 年以来汽车保有量实际增长及占比变化情况

表 1　2017 年我国汽车保有量超过百万辆的城市

类型	城市（按汽车保有量由高至低排序）
汽车保有超过 300 万辆	北京、成都、重庆、上海、苏州、深圳、郑州
汽车保有量在 200 万～300 万辆	天津、西安、东莞、武汉、石家庄、青岛、杭州、广州、南京、宁波、佛山、保定、长沙、昆明、临沂、潍坊、沈阳
汽车保有量在 100 万～200 万辆	温州、济南、唐山、无锡、合肥、金华、哈尔滨、长春、沧州、烟台、南通、台州、大连、太原、西宁、邯郸、泉州、济宁、绍兴、廊坊、厦门、常州、福州、徐州、嘉兴、邢台、惠州、乌鲁木齐、呼和浩特

3．营运机动车保有情况

截至 2017 年年底，全国营运机动车保有量 2180 万辆，占机动车总量的 7.04%。营运机动车分布构成中，从事货运 1727 万辆、占比 79.22%；出租客运 155 万辆、占比 7.09%；教练车 88 万辆、占比 4.05%；公交客运 70 万辆、占比 3.22%；公路客运 55 万辆、占比 2.52%；危化品运输 49 万辆、占比 2.27%；租赁 22 万辆、占比 1.02%；旅游客运 13 万辆、占比 0.61%（见图 6）。

2017 年，全国营运机动车相比 2016 年增加 78 万辆，同比上升 3.70%。其中，货运、出租客运、危化品运输车、公交客运、教练车、旅游客运、租赁车辆分别增加了 52.1 万辆、11.9 万辆、7.8 万辆、4.8 万辆、3 万辆、1.2 万辆、7965 辆，同比分别上升 3.11%、8.33%、18.73%、7.37%、3.57%、9.61%、3.71%；仅公路客运车辆同比减少了 3.8 万辆，同比下降 6.43%。

随着铁路、航空等行业迅速发展和私人汽车大幅增长，公路客运需求明显下降，近 5 年公路客运保有量年均减少 4 万辆。同时，危化品运输需求明显上升，近 5 年危化品运输车保有量年均增长 6.2 万辆。

4．新能源汽车保有情况

截至 2017 年年底，全国新能源汽车保有量 153 万辆，占汽车总量的 0.7%。与 2016

年相比，新能源汽车增加了 62 万辆，同比增长 68.05%。新能源汽车分布构成中，纯电动汽车是主要构成部分，保有量 125 万辆，占新能源汽车总量的 81.79%。与 2016 年相比，纯电动汽车增加 51.8 万辆，同比增长 70.77%。全国新能源汽车保有量增量、纯电动汽车保有量增量均为近 4 年来的同期最高水平（见图 7）。

图 6　2017 年全国营运机动车分布构成

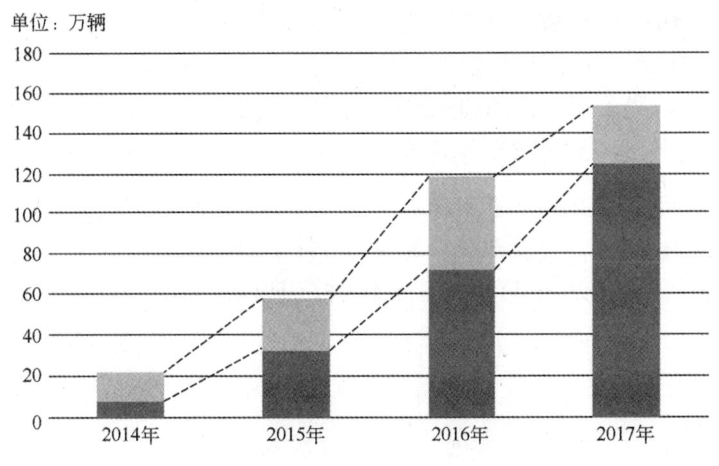

图 7　2014 年以来新能源汽车分布构成变化情况

三、政策措施

1. 规范外交车辆管理

2017 年 1 月 9 日，外交部、公安部、海关总署、国家税务总局联合发布《关于印发〈外交车辆管理办法〉的通知》（外发〔2017〕2 号），明确使馆和使馆人员办理注册登记、变更、转移和注销登记手续流程。

2. 开展货车非法改装专项整治和推进货车检验检测改革

2017 年 1 月 13 日，工业和信息化部、公安部、交通运输部、工商总局、质检总局联合发布《关于开展货车非法改装专项整治行动的通知》（工信厅联装函〔2017〕21 号），部署在全国范围内开展货车非法改装专项整治行动。专项行动自 2017 年 1 月开始至 2017 年 12 月结束，主要包括开展货车生产和改装企业全面检查、加大车辆产品一致性监管力度、加强车辆销售环节市场监管、严把登记注册和技术检验关、联合开展道路运输执法监管等五项任务。

2017 年 12 月 19 日，交通运输部、公安部、质检总局联合发布《关于加快推进道路货运车辆检验检测改革工作的通知》（交运发〔2017〕207 号），部署推进货车年检（安全技术检验）和年审（综合性能检测）依法合并，减轻货车检验检测费用负担。

3. 开展变型拖拉机专项整治

2017 年 3 月 16 日，农业部、公安部、国家安监总局联合发布《关于开展变型拖拉机专项整治工作的通知》（农办机〔2017〕3 号），部署在 3 月至 9 月全国范围内开展变型拖拉机专项整治工作，杜绝给变型拖拉机登记上牌，全面摸清变型拖拉机牌证、跨区发牌和异地运营等具体情况，严查变型拖拉机交通违法行为。

4. 推进车辆运输车治理工作

2017 年 4 月 24 日，交通运输部、公安部、工业和信息化部联合发布《关于做好车辆运输车第二阶段治理工作的通知》（交办运函〔2017〕546 号），确保在用不合规车辆运输车按期退出，全面完成车辆运输车“单排车”变“标准车”的工作目标。

5. 全面启用新能源汽车专用号牌

2017 年 11 月 14 日，公安部交管局发布《关于做好新能源汽车专用号牌启用工作的通知》，部署从 11 月 20 日起在全国开始推广应用新能源汽车专用号牌。

（撰稿：公安部道路交通安全研究中心）

2017 年全国机动车驾驶人整体情况综述

一、概述

2017 年，我国机动车驾驶人数量延续了高速增长趋势，机动车驾驶人达 3.85 亿人，同比增加了 2699 万人，同比增长了 8.24%。其中，汽车驾驶人达 3.42 亿人，占机动车驾驶人总量的 89.05%，同比增加了 2961 万人，同比增长了 10.56%。全国有 109 个城市的汽车驾驶人数量超过百万，38 个城市超过 200 万，18 个城市超过 300 万，北京超过 1000 万，上海超过 700 万。

2017 年，全国机动车驾驶人年龄段集中于 26～50 岁，占机动车驾驶人总量的 74.45%；60 岁以上驾驶人占机动车驾驶人总量的 3.03%，所占比例有所提高，相比 2016 年上升 0.37%。全国机动车男性驾驶人 2.74 亿人，占机动车驾驶人总量的 71.21%；女性驾驶人 1.11 亿人，占机动车驾驶人总量的 28.79%，相比 2016 年占比提高了 1.56%。

2017 年，公安部、交通运输部联合出台政策规章，在组织客货车驾驶人职业教育、开展文明交通进驾校“五个一”活动、推进驾驶人违法记分满分和审验教育学习等方面取得了积极成效。

二、统计数据

1. *机动车驾驶人数量*

截至 2017 年年底，全国机动车驾驶人 3.85 亿人。全国机动车继续保持大幅增长趋势，新增机动车驾驶人 2699 万人，同比增长了 8.24%（见图 1）。同时，机动车驾驶人数量与机动车保有量比率达 1.24∶1，机动车驾驶人增速要快于机动车保有量增速。

从各省（区、市）机动车驾驶人数量情况看，广东、山东、江苏、河南、四川、浙江、河北、湖北、湖南、安徽、广西、江西、云南、辽宁、福建、北京、陕西等 17 个省（区、市）的机动车驾驶人数量超过 1000 万人，上述省（区、市）机动车驾驶人总量超过 3.06 亿人，占全国机动车驾驶人的 80.53%。其中广东机动车驾驶人超过 3000 万人，位居全国第一；其次是山东、江苏、河南、四川、浙江、河北 6 个省机动车驾驶人超过 2000 万人（见图 2）。

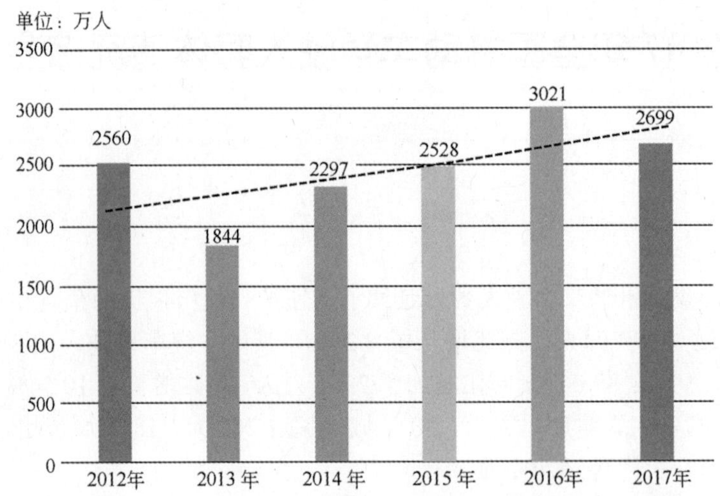

图1　2012年以来机动车驾驶人数量每年增长情况

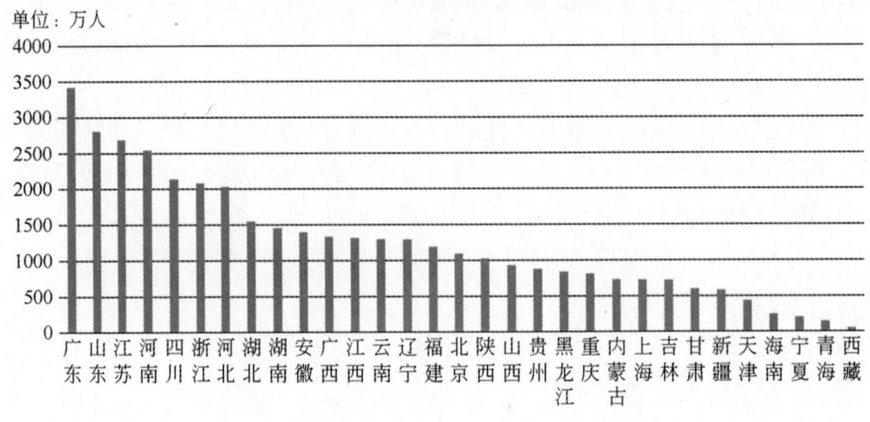

图2　全国各省（区、市）机动车驾驶人数量情况

2. 汽车驾驶人数量

截至2017年年底，全国汽车驾驶人3.42亿人，占机动车驾驶人总量的89.05%。与2016年相比，新增汽车驾驶人2961万人，同比增长了10.56%。随着汽车保有量的快速增长，近五年汽车驾驶人数量呈现同步大幅增长趋势，年均增量达2844万人（见图3）。同时，汽车驾驶人数量与汽车保有量比率达1.57∶1。

从各地级市汽车驾驶人数量分布情况看，全国有109个城市的汽车驾驶人数量超过百万，38个城市超过200万，18个城市超过300万（见表1）。其中，北京汽车驾驶人数量1084万，位居第一；其次是上海705万；重庆、成都、广州汽车驾驶人数量分别为666万、635万、446万，位居前五。

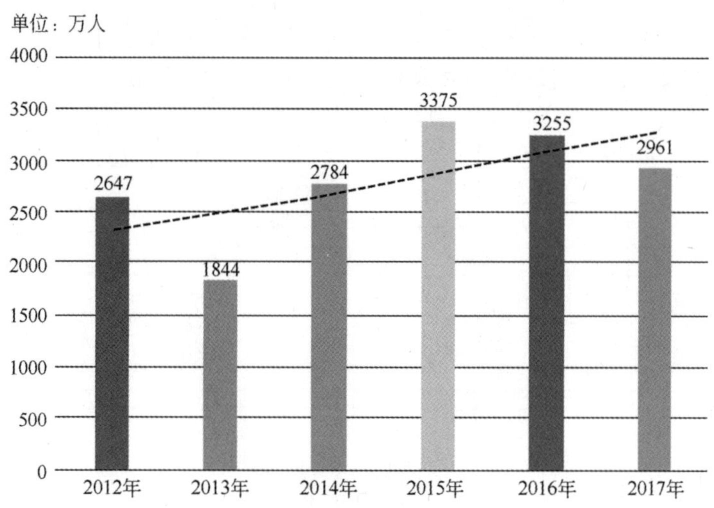

图 3　2012 年以来汽车驾驶人数量每年增长情况

表 1　2017 年我国汽车驾驶人数量超过百万的城市

类型	城市（按汽车驾驶人数量由高至低排序）
汽车驾驶人超过 300 万	北京、上海、重庆、成都、广州、天津、武汉、西安、杭州、深圳、郑州、苏州、南京、青岛、石家庄、保定、潍坊、宁波
汽车驾驶人在 200 万～300 万	佛山、昆明、沈阳、长沙、哈尔滨、东莞、临沂、唐山、长春、温州、济南、金华、徐州、南通、大连、烟台、南阳、无锡、合肥、南昌
汽车驾驶人在 100 万～200 万	南宁、周口、泉州、沧州、台州、福州、邯郸、济宁、赣州、邢台、洛阳、商丘、贵阳、常州、绍兴、盐城、惠州、新乡、太原、泰州、嘉兴、廊坊、淄博、厦门、菏泽、襄阳、扬州、聊城、德州、连云港、六安、泰安、呼和浩特、汕头、安阳、平顶山、茂名、驻马店、中山、滨州、晋中、遵义、镇江、信阳、宿迁、阜阳、宜春、开封、曲靖、运城、上饶、咸阳、南允、淮安、江门、绵阳、吉林、邵阳、赤峰、桂林、渭南、焦作、乌鲁木齐、九江、兰州、湖州、张家口、黄冈、清远、漳州、衡阳

3. 机动车驾驶人年龄分布

截至 2017 年年底，全国机动车驾驶人在 18～25 岁的有 3995 万人，占机动车驾驶人总量的 10.39%；26～50 岁之间的有 2.86 亿人，占机动车驾驶人总量的 74.45%；51～60 岁的有 4667 万人，占机动车驾驶人总量的 12.13%；超过 60 岁的有 1164 万人，占机动车驾驶人总量的 3.03%（见图 4）。机动车驾驶人年龄段集中于 26～50 岁，60 岁以上驾驶人所占比例有所提高，相比 2016 年上升 0.37%。

4. 机动车驾驶人驾龄分布

截至 2017 年年底，全国机动车驾驶人驾龄不满 1 年的有 3054 万人，占机动车驾驶人总量的 7.94%；驾龄 1～3 年的有 9851 万人，占机动车驾驶人总量的 25.62%；驾龄 4～5 年的有 5102 万人，占机动车驾驶人总量的 13.27%；驾龄 6～10 年的有 1 亿人，占机动车驾驶人总量的 26.19%；驾龄 11～15 年的有 5402 万人，占机动车驾驶人总量的 14.05%；驾龄 16～20 年的有 2525 万人，占机动车驾驶人总量的 6.57%；驾龄超过 20 年的有 2452 万人，占机动车驾驶人总量的 6.38%（见图 5）。

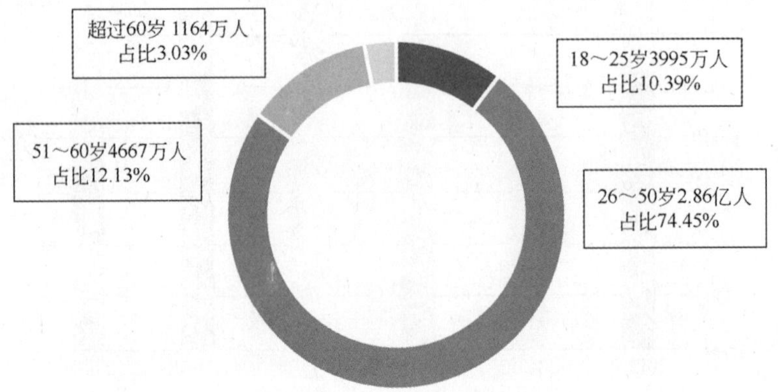

图 4　全国机动车驾驶人年龄分布情况

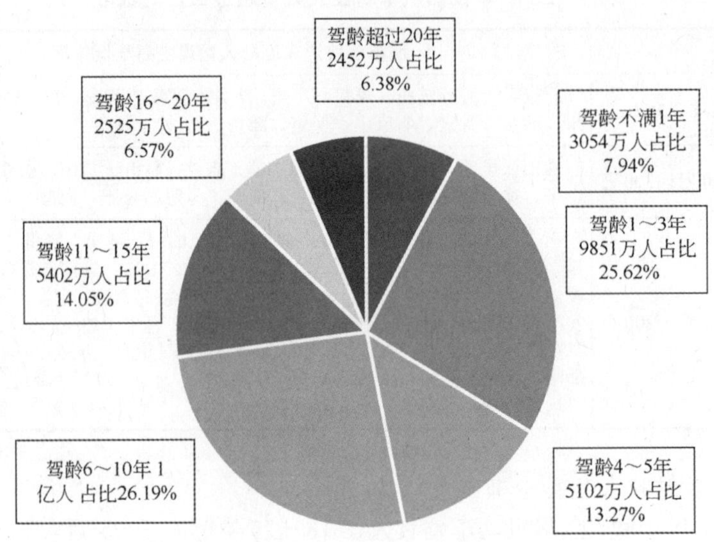

图 5　全国机动车驾驶人驾龄分布情况

5. 机动车驾驶人性别分布

截至 2017 年年底，全国机动车驾驶人中男性驾驶人有 2.74 亿人，占机动车驾驶人总量的 71.21%；女性驾驶人有 1.11 亿人，占机动车驾驶人总量的 28.79%。相比 2016 年，女性驾驶人占比提高了 1.56%。

三、政策措施

1. 客货车驾驶人职业教育

2017 年 1 月 3 日，交通运输部办公厅、公安部办公厅联合发布《关于开展大型客货车驾驶人职业教育的通知》（交办运〔2017〕1 号），部署在全国范围开展大型客车、牵引车驾驶人职业教育，严把招生院校资质关和生源质量关，科学合理制定职业驾驶人培养方案，积极推动大型客货车驾驶人职业教育工作。

2. 文明交通进驾校“五个一”活动

2017 年 6 月 8 日，公安部办公厅、交通运输部办公厅联合发布《关于组织开展文明交通进驾校“五个一”活动的通知》（公交管〔2017〕311 号），部署在全国范围开展文明交通进驾校“五个一”活动，即设立一个交通安全宣传教育阵地或基地、讲好一堂文明交通法治课、播放一部交通安全警示教育片、组织一次文明交通志愿服务、举行一场文明守法驾驶宣誓仪式。要求 2017 年底前，全国一级驾校全面开展“五个一”活动；2018 年底前，推广至全国二级驾校，2019 年底前，全国所有驾校均落实到位。

3. 驾驶人违法记分满分和审验教育学习

2017 年 10 月 3 日，公安部交管局发布《关于试点机动车驾驶人违法记分满分和审验教育网络学习系统的通知》，部署在 2017 年 11 月至 2018 年 1 月在江苏无锡、淮安、河北石家庄 3 个城市首批试点应用机动车驾驶人违法记分满分和审验教育网络学习系统，强化驾驶人再教育工作，提高重点驾驶人道路交通安全意识、法治意识和文明意识。

（撰稿：公安部道路交通安全研究中心）

智能交通项目数据汇总

一、城市智能交通

1. 广东省16亿元

（1）深圳市交警局交通违法及事故监测项目，招标人：深圳市交警局，中标时间：10月31日，中标人：中电科新型智慧城市研究院有限公司，中标金额：6.04亿元。

（2）珠海市智慧交通信号协调控制系统项目，招标人：珠海市交通运输局，中标时间：7月14日，中标人：广东广东城智科技有限公司，中标金额：9943万元。

（3）珠海智慧交通信号协调控制系统项目，招标人：广东城智科技有限公司，中标时间：2月16日，中标人：翔迅科技有限责任公司，中标金额：7795万元。

（4）深圳公共交通安全立体防控系统（C包）中标，招标人：深圳市公安局公交分局，中标时间：9月3日，中标人：深圳市星火电子工程公司，中标金额：6584万元。

（5）广东省公安厅2017-125项目（高速公路可变情报板及高清卡口一体机），招标人：广东省公安厅，中标时间：11月14日，中标人：山东博安智能科技股份有限公司，中标金额：4957万元。

（6）深圳公共交通安全立体防控系统（D包）中标，招标人：深圳市公安局公交分局，中标时间：9月26日，中标人：深圳市星火电子工程公司，中标金额：4768万元。

（7）阳春市智能交通系统建设采购项目，招标人：阳春市公安局，中标时间：9月6日，中标人：北京易华录信息技术股份有限公司，中标金额：4720万元。

（8）深圳市全国交通一卡通公交升级改造车载机、手持机及配套PSAM卡购买中标，招标人：深圳市政府采购中心，中标时间：11月15日，中标人：深圳市雄帝科技股份有限公司，中标金额：4366万元。

（9）深圳市2017年全市信号路口和电子警察维护项目，招标人：深圳市公安局交通警察局，中标时间：1月11日，1标段中标人：青岛海信网络科技股份有限公司，中标金额：1546万元；2标段中标人：深圳市金光道交通技术有限公司，中标金额：1382万元；3标段中标人：深圳榕亨实业集团有限公司，中标金额：1281万元。

（10）广州市2017年番禺区新增高清道路卡口建设，招标人：广州市公安局番禺区分局，中标时间：11月3日，中标人：广东铂亚信息技术有限公司，中标金额：3720万元。

（11）江门市高速公路加装科技设备及江门大道交通监控后台，招标人：江门市公安局，中标时间：10月23日，中标人：蓝盾信息安全技术股份有限公司，中标金额：

3259 万元。

（12）广州市公安局交通信号设施维护项目（第 1～3 标段），招标人：广州市公安局，中标时间：3 月 21 日，1 标段中标人：广州市翔通交通设施工程有限公司，中标金额：858 万元；2 标段中标人：广州市公路实业发展公司发展有限公司，中标金额：860 万元；3 标段中标人：广东京安交通科技有限公司，中标金额：880 万元。

（13）2017 年南山区道路交通综合改善专项工程（交通机电工程），招标人：深圳市交通运输委员会南山交通运输局，中标时间：7 月 15 日，中标人：成都曙光光纤网络有限责任公司，中标金额：2502 万元。

（14）广州市公安局增城区分局（2017—2020 年）增城区交通安全设施维护，招标人：广州市公安局增城区分局，中标时间：9 月 15 日，中标人：广东安达交通工程有限公司，中标金额：2387 万元。

（15）汕头市公安局治安卡口缉查布控系统升级改造，招标人：汕头市公安局，中标时间：3 月 3 日，中标人：中国移动通信集团有限公司汕头分公司，中标金额：2173 万元。

（16）广州市危险化学品动态信息管理平台，招标人：广州市安全生产监督管理局，中标时间：5 月 18 日，中标人：方正国际软件有限公司，中标金额：2136 万元。

（17）广州国际生物岛治安交通视频监控系统及配套工程，招标人：广州国际生物岛管理服务办公室，中标时间：8 月 16 日，中标人：中国电信股份有限公司广东分公司，中标金额：2040 万元。

（18）2016 年番禺区公交视频系统补点建设采购项目，招标人：广州市公安局番禺区分局，中标时间：2 月 22 日，中标人：杰赛科技股份有限公司，中标金额：1926 万元。

（19）佛山市禅城区祖庙街道老城片区融合提升工程—智能交通及“网上老城”，招标人：佛山市禅城区祖庙街道党工委办公室，中标时间：11 月 1 日，中标人：江苏智通交通科技有限公司，中标金额：1798 万元。

（20）广州市公安局交通信号设施维护项目（第 1～2 标段），招标人：广州市公安局，中标时间：3 月 17 日，1 标段中标人：广州市翔通交通设施工程有限公司，中标金额：858 万元；2 标段中标人：广州市公路实业发展公司，中标金额：860 万元。

（21）广州市公安局番禺区分局 50 个路口（路段）电子警察设备，招标人：广州市公安局番禺区分局，中标时间：12 月 26 日，中标人：广东南方通信建设有限公司，中标金额：1680 万元。

（22）深圳北站综合交通枢纽智能化提升工程（硬件采购），招标人：深圳市交通运输委员会龙华交通运输局，中标时间：3 月 1 日，中标人：银江股份有限公司，中标金额：1668 万元。

（23）广东省公安厅 2017-91 交通管理大数据平台，招标人：广东省公安厅，中标时间：11 月 7 日，中标人：武汉烽火信息集成技术有限公司，中标金额：1614 万元。

（24）广东省公安厅 2017-113 项目（集成指挥平台软硬件采购及实施服务），招标人：广东省公安厅，中标时间：11 月 3 日，1 标段中标人：云南南天电子信息产业股份有限公司，中标金额：1353 万元；2 标段中标人：广东瑞普科技股份有限公司，中标金额：156 万元。

（25）深圳市 2017 年交通信号优化配时 a 包，招标人：深圳市公安局交通警察局，中标时间：4 月 21 日，中标人：深圳市城市交通规划设计研究中心有限公司，中标金额：1349 万元。

（26）广州市公安局新增道路卡口项目之卡口整合大数据平台扩容项目，招标人：广州市公安局，中标时间：4 月 28 日，中标人：佳都新太科技股份有限公司，中标金额：1300 万元。

（27）2017—2018 年广州市交通拥堵点治理工程施工总承包，招标人：广州市中心区交通项目领导小组办公室，中标时间：9 月 4 日，中标人：广州市市政工程维修处 ，中标金额：1237 万元。

（28）佛山市禅城区智能交通管理系统维护项目 02 包，招标人：佛山市公安局禅城分局，中标时间：10 月 16 日，中标人：青岛海信网络科技股份有限公司，中标金额：1222 万元。

（29）广州市公安局花都区分局 2017—2018 年度交警交通设施维护，招标人：广州市公安局花都区分局，中标时间：12 月 2 日，1 标段中标人：广东安达交通工程有限公司，中标金额：572 万元；2 标段中标人：深圳市路野建设集团有限公司，中标金额：617 万元。

（30）深圳市公安局龙华分局车辆自动识别报警系统项目建设工程 C 包，招标人：深圳市公安局龙华分局，中标时间：1 月 8 日，中标人：武汉烽火众智数字技术有限责任公司，中标金额：1165 万元。

（31）花都主城区交通信号控制系统升级改造工程施工总承包，招标人：广州市花都区地方公路管理总站，中标时间：1 月 12 日，中标人：广东众强建设工程有限公司，中标金额：1159 万元。

（32）广州知识城南起步区 ks1、ks2、ks3、ks4 号路工程电子警察与交通监控工程设备采购及相关服务，招标人：广州知识城投资开发有限公司，中标时间：12 月 19 日，中标人：长讯通信服务有限公司，中标金额：1149 万元。

（33）佛山市南海交通违法抓拍系统第七期工程，招标人：佛山市南海区交通安全管理中心，中标时间：12 月 6 日，中标人：中国联合网络通信有限公司佛山市分公司，中标金额：1116 万元。

（34）深圳北站综合交通枢纽智能化提升项目（软件部分），招标人：深圳市政府采购中心，中标时间：3 月 8 日，中标人：深圳市易行网交通科技有限公司，中标金额：1100 万元。

（35）佛山南海大沥东区智能交通管理系统建设工程，招标人：佛山市公安局南海分局交通警察大队，中标时间：11 月 24 日，中标人：深圳键桥通信技术股份有限公司，中标金额：1099 万元。

（36）云浮市交警支队智能指挥中心建设项目，招标人：云浮市公安局交警支队，中标时间：9 月 4 日，中标人：安徽四创电子股份有限公司，中标金额：1098 万元。

（37）中山市互联网+智慧交通项目，招标人：广东省中山市公安局交通警察支队，中标时间：9 月 2 日，中标人：北京图盟科技有限公司，中标金额：1098 万元。

（38）珠海市第三批路内停车收费管理系统项目，招标人：珠海城建资产经营管理有限公司，中标时间：6 月 2 日，中标人：广东禾谷科技股份有限公司，中标金额：1089 万元。

（39）深圳市前海合作区路口交通监控完善工程（一期），招标人：深圳市前海开发投资控股有限公司，中标时间：8 月 1 日，中标人：深圳市金光道交通技术有限公司，中标金额：1085 万元。

（40）东莞通公交车载机具改造项目，招标人：东莞市东莞通股份有限公司，中标时间：11 月 3 日，中标人：深圳市雄帝科技股份有限公司，中标金额：1060 万元。

（41）汕尾市交通运输局智能交通管理信息平台建设，招标人：汕尾市交通运输局，中标时间：3 月 9 日，中标人：深圳市圳君实业发展有限公司和东莞市润泽建筑联合体，中标金额：1057 万元。

2. 山东省 13.5 亿元

（1）山东泗水县 2017 年新增电子警察、城区安装信号灯及东外环北、西口电动升降限高架设备，招标人：泗水县公安局交通警察大队，中标时间：9 月 13 日，中标人：山东科威达信息科技有限公司，中标金额：1008 万元。

（2）胶州市澳门路、锦州路、晋州路等 10 条新建道路交通设施，招标人：胶州市公用事业管理处，中标时间：10 月 18 日，中标人：青岛开元科润电子有限公司，中标金额：1015 万元。

（3）枣庄市部分国省道智能交通安全系统建设项目，招标人：枣庄市公安局交通巡逻警察支队，中标时间：10 月 19 日，中标人：淄博恒锐电子科技有限公司，中标金额：1045 万元。

（4）东营市交警支队互联网便民服务平台项目，招标人：东营市公安局交通警察支队，中标时间：11 月 2 日，中标人：杭州诚道科技股份有限公司，中标金额：1050 万元。

（5）无棣县县乡道智能交通安全系统安装工程（第一期），招标人：无棣县公安局，中标时间：10 月 26 日，1 标段中标人：山东龙帝科技发展有限公司，中标金额：891 万元；2 标段中标人：山东金康电子系统有限公司，中标金额：176 万元。

（6）山东省交警总队济青北线高速路段智能交通安全系统，招标人：山东省公安厅交通警察总队，中标时间：4 月 6 日，中标人：广东瑞普科技股份有限公司，中标金额：1095 万元。

（7）山东省交警总队济青南线高速公路智能交通安全系统建设，招标人：山东省公安厅交通警察总队，中标时间：4 月 18 日，1 标段中标人：山东省信息产业服务有限公司，中标金额：859 万元；2 标段中标人：山东仁智信息工程有限公司，中标金额：

254 万元。

（8）青岛黄岛区国省道乡镇驻地事故多发区域增设交通安全设施项目，招标人：青岛市公安局黄岛分局交通警察大队，中标时间：8 月 17 日，中标人：青岛海信网络科技股份有限公司，中标金额：1118 万元。

（9）东营市交警支队重点县乡道路智能交通安全系统（国省道二期），招标人：东营市公安局交通警察支队，中标时间：10 月 11 日，中标人：江苏三棱智慧物联发展股份有限公司，中标金额：1128 万元。

（10）威海市公路管理局智慧安全公路管理服务系统（一期），招标人：威海市公路管理局，中标时间：12 月 8 日，中标人：烟台海颐软件股份有限公司和山东同域信息技术有限公司，中标金额：1142 万元。

（11）临沂市北城新区二期（兰州路）交通设施及监控工程 ，招标人：临沂市市政工程建设处，中标时间：4 月 13 日，1 标段中标人：四川双果公路工程有限公司，中标金额：841 万元；2 标段中标人：临沂市华夏高科信息有限公司，中标金额：336 万元。

（12）寿光市智能交通四期工程建设项目，招标人：寿光市公安局交通警察大队，中标时间：5 月 31 日，中标人：青岛海信网络科技股份有限公司，中标金额：1250 万元。

（13）招远市 2017 年智能交通项目，招标人：招远市公安局交通警察大队，中标时间：6 月 2 日，中标人：上海宝康电子控制工程有限公司，中标金额：1257 万元。

（14）济南市信号设施建设、运维信号配时调整组织优化项目，招标人：济南市公安局，中标时间：7 月 21 日，1 标段中标人：济南鑫青松科技发展有限公司技股份有限公司，中标金额：339 万元；2 标段中标人：青岛海信网络科技股份有限公司，中标金额：589 万元；3 标段中标人：山东创飞客交通科技有限公司，中标金额：341 万元。

（15）青岛市黄岛区交警大队完善智能交通建设项目，招标人：青岛市公安局黄岛分局交通警察大队，中标时间：9 月 25 日，中标人：青岛海信网络科技股份有限公司，中标金额：1322 万元。

（16）济南市华山片区市政道路工程交通安全及管理设施采购及安装，招标人：济南滨河新区建设投资集团有限公司，中标时间：8 月 4 日，1 标段中标人：北京易华录信息技术股份有限公司，中标金额：700 万元；2 标段中标人：北京中科创新园高新技术有限公司，中标金额：652 万元。

（17）烟台高新区道路信号灯、电警等智能交通设施工程，招标人：烟台高新技术产业开发区公用事业管理处，中标时间：9 月 18 日，中标人：烟台昌达智能交通设备有限公司，中标金额：1398 万元。

（18）青岛经济技术开发区分局完善智能交通建设项目（东区），招标人：青岛市公安局青岛经济技术开发区分局，中标时间：11 月 3 日，1 标段中标人：青岛海信网络科技股份有限公司，中标金额：1269 万元；2 标段中标人：青岛联凯智能化工程有限公司，中标金额：157 万元。

（19）莱芜市交警支队2017年度县乡道智能交通安全系统项目，招标人：莱芜市公安局交通警察支队，中标时间：8月18日，中标人：江苏三棱智慧物联发展股份有限公司，中标金额：1436万元。

（20）山东省交警总队济南东绕城高速港沟至机场段智能交通安全系统，招标人：山东省公安厅交通警察总队，中标时间：3月28日，中标人：广东瑞普科技股份有限公司，中标金额：1458万元。

（21）济南市平阴县公安局县乡道智能交通安全系统建设项目，招标人：济南市平阴县公安局，中标时间：10月1日，中标人：山东致群信息科技有限公司，中标金额：1495万元。

（22）青岛黄岛区交警大队2016年西区道路信号灯及附属设施工程项目，招标人：青岛市公安局黄岛分局交通警察大队，中标时间：7月31日，中标人：青岛海信网络科技股份有限公司，中标金额：1497万元。

（23）济南市交警支队监控系统及通信系统安装工程项目，招标人：济南市公安局交通警察支队，中标时间：11月23日，1标段中标人：北京中科创新园高新技术有限公司，中标金额：321 万元；2 标段中标人：广东瑞普科技股份有限公司，中标金额156万元；3标段中标人：山东万通通信工程有限公司，中标金额：190万元；4标段中标人：苏州广达科技有限公司，中标金额223万元；5标段中标人：北京大恒软件技术有限公司，中标金额：315万元。

（24）青岛市城阳区2016年国省道智能交通安全建设项目，招标人：青岛市公安局城阳分局交通警察大队，中标时间：3月23日，中标人：山东友信交通工程有限公司，中标金额：1527万元。

（25）烟台高速交警智能交通安全系统二期项目，招标人：烟台市公安局高速公路交通警察支队，中标时间：11月7日，1标段中标人：烟台华莱数据技术有限公司，中标金额：865万元；2标段中标人：烟台昌达智能交通设备有限公司，中标金额：693万元。

（26）临沂市交警支队经济技术开发区大队道路交通智能工程，招标人：临沂市交警支队经济技术开发区大队，中标时间：7月14日，中标人：山东华夏高科信息股份有限公司，中标金额：1566万元。

（27）临沂市北城新区二期（马陵山、文峰山等）交通设施及监控采购，招标人：临沂市市政工程建设处，中标时间：6月2日，1标段中标人：金交恒通有限公司，中标金额：301万元；2标段中标人：连云港杰瑞电子有限公司，中标金额：868万元。

（28）临沂市中环东线（联邦路）交通安全设施、交通监控项目，招标人：天元（临沂）联邦路建设管理有限公司，中标时间：11月3日，中标人：山东天元安装工程有限公司，中标金额：1607万元。

（29）淄博市交警支队警务云平台系统建设项目，招标人：淄博市公安局交通警察支队，中标时间：1月19日，1标段中标人：山东兆物网络技术股份有限公司，中标金额：1483万元；2标段中标人：济南宏巨信息科技有限公司，中标金额：219万元。

（30）临沂市北城新区二期（西安路）交通设施及监控采购，招标人：临沂市市政工程建设处，中标时间：6月2日，1标段中标人：山东鲁建工程集团有限公司，中标金额：1024 万元；2 标段中标人：山东华夏高科信息股份有限公司，中标金额：708 万元。

（31）烟台福山区道路交通优化设备供货与安装采购，招标人：烟台市公安局福山分局交通警察大队，中标时间：8月16日，中标人：烟台市宏安科技发展有限公司，中标金额：1778万元。

（32）济南交警监控系统、通信系统工程安装（c～o包），招标人：济南市公安局交通警察支队，中标时间：11月23日，1标段中标人：北京中科创新园高新技术有限公司，中标金额：321万元；2标段中标人：苏州广达科技有限公司，中标金额：223万元。

（33）临沂市北城新区二期（南昌路、孝河路）交通设施及监控采购，招标人：临沂市市政工程建设处，中标时间：6月3日，1标段中标人：四川鑫圆建设集团有限公司，中标金额：771万元；2标段中标人：山东科达基建有限公司，中标金额：523万元；3标段中标人：杭州海康威视数字技术股份有限公司，中标金额：210万元。

（34）2017年胶州市智能交通建设及道路交通安全建设项目（第二标段），招标人：胶州市公安局，中标时间：6月15日，中标人：青岛开元科润电子有限公司，中标金额：1836万元。

（35）潍坊市二期电警系统升级改造及反向电警建设，招标人：潍坊市公安局交通警察支队，中标时间：7月31日，中标人：东软集团股份有限公司，中标金额：1989万元。

（36）滨州市沾化区公安局智能交通安全系统工程，招标人：滨州市公安局沾化分局，中标时间：4月18日，中标人：滨州市通运工程建设有限公司，中标金额：2002万元。

（37）济广高速济南连接线南段地面道路（二环西路南延）信号监控工程，招标人：济南市市政公用事业局，中标时间：3月14日，1标段中标人：青岛海信网络科技股份有限公司，中标金额：585万元；2标段中标人：北京中联通达科技发展有限公司，中标金额：350万元；3标段中标人：济南鑫青松科技发展有限公司，中标金额：231万元；4标段中标人：山东华凌电缆有限公司，中标金额：820万元。

（38）临沂郯城交警大队交通安全设施新增及维修改造提升，招标人：临沂市公安局交通警察支队郯城大队，中标时间：8月25日，中标人：山东华夏高科信息股份有限公司，中标金额：2176万元。

（39）济南市工业北路快速路交通电子设施安装，招标人：济南市政公用资产管理运营有限公司，中标时间：9月3日，1标段中标人：济南鑫青松科技发展有限公司，中标金额：456万元；2标段中标人：青岛海信网络科技股份有限公司，中标金额：589万元；3标段中标人：盛云科技有限公司，中标金额：1223万元。

（40）潍坊市重点县乡道路智能交通安全系统建设工程项目智能交通系统建设标

段，招标人：潍坊峡山城市建设投资开发有限公司，中标时间：11 月 27 日，中标人：浙大中控信息技术有限公司，中标金额：2355 万元。

（41）济南市交警支队监控系统安装工程项目，招标人：济南市公安局交通警察支队，中标时间：11 月 21 日，1 标段中标人：北京中科创新园高新技术有限公司，中标金额：1620 万元；2 标段中标人：山东万通通信工程有限公司工程，中标金额：551 万元；3 标段中标人：山东康瑞信息科技有限公司，中标金额：217 万元。

（42）2017 年即墨市城区道路安全生命防护工程隐患治理（智能交通）项目，招标人：即墨市公安局交通警察大队，中标时间：7 月 19 日，中标人：青岛海信网络科技股份有限公司，中标金额：2436 万元。

（43）山东京沪高铁南片区道路安全设施采购及安装项目三至七标段，招标人：泰安泰山城乡建设发展有限公司，中标时间：8 月 22 日，1 标段中标人：山东科威达信息科技有限公司，中标金额：1148 万元；2 标段中标人：青岛有线电视网络有限公司，中标金额：1225 万元。

（44）潍坊市寒亭区平安城市“天网工程”四期暨县乡道智能交通安全系统建，招标人：潍坊市公安局寒亭分局，中标时间：8 月 11 日，中标人：普天和平科技有限公司，中标金额：2580 万元。

（45）青岛港口危险货物安全监管信息系统，招标人：青岛市港航管理局，中标时间：11 月 14 日，中标人：青岛安捷电子工程有限公司，中标金额：2580 万元。

（46）滕州市县乡道智能交通安全系统设备采购及安装项目（智能交通四期），招标人：滕州市公安局交通警察大队，中标时间：11 月 9 日，中标人：南京新立讯科技股份有限公司，中标金额：2686 万元。

（47）烟台开发区电子警察采购，招标人：烟台市公安局经济技术开发区分局交通警察大队，中标时间：9 月 13 日，中标人：北京数字智通科技有限公司，中标金额：2832 万元。

（48）济南市交警支队 2017 年度县乡道智能交通安全系统，招标人：济南市公安局交通警察支队，中标时间：11 月 1 日，1 标段中标人：北京中科创新园高新技术有限公司，中标金额：2139 万元；2 标段中标人：山东万通通信工程有限公司，中标金额：463 万元。

（49）济南市 2016 年断头路、瓶颈路治堵工程信号监控工程，招标人：济南市政公用资产管理运营有限公司，中标时间：3 月 17 日，1 标段中标人：博康智能网络科技股份有限公司，中标金额：633 万元；2 标段中标人：青岛海信网络科技股份有限公司，中标金额：589 万元；3 标段中标人：济南鑫青松科技发展有限公司，中标金额：231 万元；4 标段中标人：杰赛科技股份有限公司，中标金额：290 万元。

（50）青岛市重点运营车辆车载监控设备购置安装项目，招标人：青岛市道路运输管理局，中标时间：12 月 13 日，中标人：杭州海康威视数字技术股份有限公司，中标金额：3200 万元。

（51）聊城交警支队交通安全设施增设工程（滨河路、市城区）项目，招标人：聊城市公安局交通巡逻警察支队，中标时间：10 月 1 日，中标人：青岛海信网络科技股份有限公司，中标金额：3390 万元。

（52）即墨市即墨区随路建设交通安全设施项目施工，招标人：即墨市公安局交通警察大队，中标时间：12 月 27 日，中标人：青岛海信网络科技股份有限公司，中标金额：3425 万元。

（53）青岛即墨市农村公路安全生命防护隐患治理工程，招标人：即墨市公安局交通警察大队，中标时间：11 月 27 日，中标人：青岛海信网络科技股份有限公司，中标金额：4101 万元。

（54）烟台市国省道及重点县乡道路智能交通安全系统项目，招标人：烟台市公安局交通警察支队，中标时间：1 月 18 日，中标人：北京易华录信息技术股份有限公司，中标金额：4773 万元。

（55）青岛城阳区道路交通安全设施建设项目，招标人：青岛市公安局城阳分局交通警察大队，中标时间：7 月 5 日，1 标段中标人：青岛海信网络科技股份有限公司，中标金额：4997 万元；2 标段中标人：青岛其昌道路设施有限公司，中标金额：381 万元。

（56）山东临邑县城乡道路智能交通安全系统建设项目，招标人：临邑县公安局，中标时间：8 月 15 日，中标人：南京恒天伟智能技术有限公司，中标金额：5583 万元。

（57）临沂交警支队 2017 年道路交通安全设施采购，招标人：临沂市公安局交通警察支队，中标时间：9 月 14 日，1 标段中标人：山东华夏高科信息股份有限公司，中标金额：4868 万元；2 标段中标人：连云港杰瑞电子有限公司，中标金额：868 万元。

（58）青岛新机场交通智能化系统工程，招标人：青岛国际机场集团有限公司，中标时间：11 月 3 日，中标人：青岛海信网络科技股份有限公司，中标金额：7517 万元。

（59）威海市交警支队智能交通管理服务系统建设三期，招标人：威海市公安局交通警察支队，中标时间：12 月 21 日，中标人：青岛海信网络科技股份有限公司，中标金额：8439 万元。

3. 安徽省 12.5 亿元

（1）合肥市长丰县凤亭路（魏武路—濠河路）交通工程，招标人：长丰县重点工程建设管理局，中标时间：8 月 25 日，中标人：安徽庐峰交通工程有限公司，中标金额：1036 万元。

（2）安徽省交警总队高速公路交通监控系统项目项目（1、3、4 包），招标人：安徽省公安厅交通警察总队高速公路直属支队，中标时间：6 月 7 日，1 段标中标人：安徽虹湾信息科技有限公司，中标金额：276 万元；2 段标中标人：安徽蓝盾光电子股份有限公司，中标金额：864 万元。

（3）合肥市繁华大道集贤路互通立交、明珠路西延智能交通工程，招标人：合肥海恒投资控股集团公司，中标时间：9 月 27 日，中标人：安徽皖通科技股份有限公司，中标金额：1097 万元。

（4）芜湖交警五条路绿波工程建设，招标人：芜湖春谷工程建设咨询有限公司，中标时间：8 月 31 日，中标人：隆生国际建设集团有限公司，中标金额：1141 万元。

（5）合肥长江西路与沿线道路立交智能交通工程，招标人：合肥高新城创建设投资有限公司，中标时间：7 月 7 日，中标人：安徽皖通科技股份有限公司，中标金额：1177 万元。

（6）安徽阜南县城区智能交通设施联网改造及视频监控综合应用项目，招标人：阜南县公安局，中标时间：12 月 2 日，中标人：金鹏电子信息机器有限公司，中标金额：1188 万元。

（7）安徽蒙城县视频数据平台及智能交通系统（二期）服务项目，招标人：安徽省蒙城县公安局，中标时间：3 月 3 日，中标人：安徽讯飞智元信息科技有限公司，中标金额：4.05 亿元。

（8）庐江县环湖大道连接线（三河至环湖大道）交通安全设施及交通监控土建施工，招标人：合肥市公路管理局，中标时间：2 月 21 日，中标人：江苏东方交通工程有限公司，中标金额：1206 万元。

（9）芜湖交警支队主干公路交通安全防控体系（二期）建设工程，招标人：芜湖市公安局交通警察支队，中标时间：7 月 21 日，中标人：安徽汉高信息科技有限公司，中标金额：1283 万元。

（10）合肥市公安局交通警察支队智能交通系统服务外包项目，招标人：合肥市公安局交通警察支队，中标时间：11 月 24 日，中标人：安徽省通信产业服务有限公司，中标金额：1350 万元。

（11）宣城市邱村镇集镇及经济开发区（北区）红绿灯及交通安全设施建设工程，招标人：广德县邱村镇人民政府，中标时间：3 月 23 日，中标人：杭州藏愚科技有限公司，中标金额：1366 万元。

（12）2018 年度蚌埠市道路交通安全设施（带电类）维护项目，招标人：蚌埠市公安局交通警察支队，中标时间：12 月 29 日，中标人：安徽皖通科技股份有限公司，中标金额：1488 万元。

（13）安徽颍上县城区智能交通工程，招标人：颍上县住房和城乡建设局，中标时间：1 月 24 日，中标人：银江股份有限公司，中标金额：2115 万元。

（14）合肥包河区泰山路、汤泉路、屏山路等 26 条道路智能交通采购及安装中标（1～3 标段），招标人：合肥市包河区住房与城乡建设局，中标时间：4 月 1 日，中标人：安徽昌达道路设施工程有限责任公司，中标金额：2208 万元。

（15）亳州市交警支队新建道路智能交通设备采购及安装项目，招标人：亳州市公安局交通警察支队，中标时间：1 月 11 日，中标人：安徽讯飞智元信息科技有限公司，中标金额：2651 万元。

（16）天长市天康大道、平安中路、千秋大道智能交通系统建设项目，招标人：天长市公安局，中标时间：5 月 11 日，中标人：安徽科力信息产业有限责任公司，中标金额：2732 万元。

（17）安徽利辛县视频数据平台及智能交通系统二期项目，招标人：安徽省利辛县公安局，中标时间：3 月 15 日，中标人：安徽讯飞智元信息科技有限公司，中标金额：2.82 亿元。

（18）宿州市智慧交通采购，招标人：宿州市公安局交通警察支队，中标时间：9 月 2 日，中标人：银江股份有限公司，中标金额：3173 万元。

（19）芜湖市交通智能系统建设项目，招标人：芜湖市公共交通集团有限责任公司，中标时间：3 月 14 日，中标人：浙大中控信息技术有限公司，中标金额：7000 万元。

（20）太和县公安局视频监控系统及城区（二期）电子警察建设项目，招标人：太和县公安局，中标时间：6 月 27 日，1 段标中标人：安徽皖通科技股份有限公司，中标金额：1921 万元；2 段标中标人：北京大唐高鸿数据网络技术有限公司，中标金额 1595 万元；3 段标中标人：金鹏电子信息机器有限公司，中标金额：1430 万元；4 段标中标人：安徽讯飞智元信息科技有限公司，中标金额：1605 万元；5 段标中标人：厦门柏事特信息科技有限公司，中标金额：2468 万元。

（21）安徽临泉县社会治安防控与智能交通系统建设项目，招标人：临泉县社会治安综合治理委员会办公室，中标时间：12 月 8 日，中标人：安徽讯飞智元信息科技有限公司，中标金额：1.17 亿元。

4. 上海市 11.9 亿元

（1）南桥新城-东方体育中心快速公交系统工程设计、勘察、施工（含设备采购）一体化（epc），招标人：上海交通投资（集团）有限公司，中标时间：4 月 7 日，中标人：上海电科智能系统股份有限公司等，中标金额：1.51 亿元。

（2）上海市 2017 年“固定电子警察系统”建设及更新项目，招标人：上海市公安局交通警察总队，中标时间：6 月 9 日，1 标段中标人：上海电科智能系统股份有限公司，中标金额：2218 万元；2 标段中标人：博康智能网络科技股份有限公司，中标金额：1174 万元；3 标段中标人：上海宝康电子控制工程有限公司，中标金额：1359 万元；4 标段中标人：杭州海康威视数字技术股份有限公司，中标金额：969 万元。

（3）闵行区车辆违法数据采集扩容一体化，招标人：上海闵行区公安分局，中标时间：9 月 5 日，中标人：上海宝航市政交通设施有限公司，中标金额：7566 万元。

（4）上海市公安局黄浦分局“电子警察”全覆盖建设工程，招标人：上海市公安局黄浦分局，中标时间：1 月 19 日，1 标段中标人：博康智能网络科技股份有限公司，中标金额：1636 万元；2 标段中标人：上海竞天科技股份有限公司，中标金额：1598 万元；3 标段中标人：上海三吉电子工程有限公司，中标金额：1299 万元；4 标段中标人：中海网络科技股份有限公司，中标金额：1909 万元。

（5）上海市公安局静安分局交通违法“电子警察”监控设备工程，招标人：上海市公安局静安分局，中标时间：2 月 17 日，1 标段中标人：上海宝康电子控制工程有限公司，中标金额：1258 万元；2 标段中标人：上海竞天科技股份有限公司，中标金额：1598 万元；3 标段中标人：银江股份有限公司，中标金额：1030 万元；4 标段中标人：上海通锐信息技术工程有限公司，中标金额：874 万元；5 标段中标人：上海良相智能化工程有限公司，中标金额：612 万元。

（6）上海市公安局普陀分局违停自动抓拍系统租赁（二期），招标人：上海市公安局普陀分局，中标时间：2 月 13 日，1 标段中标人：博康智能网络科技股份有限公司，中标金额：1217 万元；2 标段中标人：上海宝信软件股份有限公司，中标金额：1211 万元；3 标段中标人：上海电科智能系统股份有限公司，中标金额：1231 万元；4 标段中标人：银江股份有限公司，中标金额：1354 万元。

（7）杨浦区道路交通违法“电子警察”系统三期建设项目（设备部分），招标人：上海市公安局杨浦公安分局，中标时间：1 月 22 日，1 标段中标人：中海网络科技股份有限公司，中标金额：1519 万元；2 标段中标人：上海电科智能系统股份有限公司，中标金额：3261 万源；3 标段中标人：上海竞天科技股份有限公司，中标金额：1259 万元；4 标段中标人：上海宝康电子控制工程有限公司，中标金额：898 万元。

（8）上海徐汇区交通大整治静态交通电子警察监控设备建设二期设备及集成（包件一），招标人：上海公安局徐汇分局，中标时间：7 月 12 日，1 标段中标人：博康智能网络科技股份有限公司，中标金额：1144 万元；2 标段中标人：中远海运科技股份有限公司，中标金额：1219 万元；3 标段中标人：上海竞天科技股份有限公司，中标金额：1259 万元；4 标段中标人：上海共联通信信息发展有限公司，中标金额：1065 万元。

（9）2017 年上海市公安局奉贤分局道路监控系统服务项目，招标人：上海市公安局奉贤分局，中标时间：5 月 5 日，中标人：中国电信股份有限公司上海分公司，中标金额：4455 万元。

（10）宝山区交通违法电子警察设备全覆盖建设新建改建电子警察工程，招标人：上海市公安局宝山分局，中标时间：4 月 5 日，1 标段中标人：上海竞天科技股份有限公司，中标金额：2052 万元；2 标段中标人：上海宝康电子控制工程有限公司，中标金额：1101 万元；3 标段中标人：上海市保安服务总公司，中标金额：645 万元。

（11）上海国际汽车城（集团）有限公司云平台，招标人：上海国际汽车城（集团）有限公司，中标时间：10 月 1 日，1 标段中标人：上海云道信息技术股份有限公司，中标金额：1769 万元；2 标段中标人：上海鹏生信息科技咨询有限公司，中标金额：608 万元；3 标段中标人：上海电科智能系统股份有限公司，中标金额：1231 万元。

（12）上海徐汇静态交通电子警察监控设备建设二期光缆敷设采购，招标人：公安局徐汇分局，中标时间：6 月 29 日，1 标段中标人：上海电科智能系统股份有限公司，中标金额：735 万元；2 标段中标人：上海长江计算机有限公司，中标金额：712 万元。

（13）杨浦区道路交通违法“电子警察”系统三期项目（光缆部分），招标人：上海市公安局杨浦公安分局，中标时间：2 月 3 日，中标人：上海中隆通信工程有限公司，中标金额：2687 万元。

（14）上海闵行公安分局道路交通信息化主体工程项目三期，招标人：上海公安局闵行分局，中标时间：4 月 28 日，中标人：上海电科智能系统股份有限公司，中标金额：2558 万元。

（15）浦东新区交通设施应急维修及日常养护项目，招标人：上海市公安局浦东分局，中标时间：12 月 26 日，1 标段中标人：上海宝航市政交通设施有限公司，中标金额：530 万元；2 标段中标人：上海交大高新技术股份有限公司，中标金额：470 万元；3 标段中标人：上海晶盾交通设施工程有限公司，中标金额：890 万元；4 标段中标人：上海富赛交通设施工程有限公司，中标金额：500 万元。

（16）浦东新区 2017 年交通信号灯实事工程（1-8 标），招标人：上海市公安局浦东分局，中标时间：9 月 29 日，1 标段中标人：上海富赛交通设施工程有限公司，中标金额：311 万元；2 标段中标人：上海澳星照明电器制造有限公司，中标金额：239 万元；3 标段中标人：上海科一交通工程有限公司，中标金额：279 万元。

（17）上海市公安局松江分局智能违章抓拍系统（第四期），招标人：上海市公安局松江分局 ，中标时间：9 月 3 日，中标人：上海宝康电子控制工程有限公司，中标金额：2248 万元。

（18）上海杨高路（世纪大道～浦建路）道路改建工程综合监控系统工程，招标人：上海浦东工程建设管理有限公司，中标时间：11 月 17 日，中标人：中远海运科技股份有限公司，中标金额：2187 万元。

（19）上海浦东新区综合交通信息管理系统环保子平台（二期），招标人：上海市浦东新区政府采购中心，中标时间：11 月 28 日，中标人：中远海运科技股份有限公司，中标金额：2165 万元。

（20）浦东公安分局已建智能交通系统养护项目，招标人：上海市公安局浦东分局，中标时间：8 月 3 日，1 标段中标人：上海宝信软件股份有限公司，中标金额：700 万元；2 标段中标人：上海电科智能系统股份有限公司，中标金额：3261 万元。

（21）上海国际汽车城智能网联汽车集成测试系统，招标人：上海国际汽车城（集团）有限公司，中标时间：2 月 15 日，中标人：广州泽尔测试技术有限公司，中标金额：1998 万元。

（22）2017 年上海普陀区信号灯升级改造施工，招标人：上海市普陀区市政管理中心，中标时间：9 月 25 日，中标人：上海电科智能系统股份有限公司，中标金额：1799 万元。

（23）上海徐汇区交通大整治静态交通电子警察监控设备建设二期设备及集成（包件二），招标人：公安局徐汇分局，中标时间：7 月 14 日，中标人：思创数码科技股份有限公司，中标金额：1765 万元。

（24）徐汇区道路停车管理服务采购项目，招标人：上海市徐汇区建设和交通委员会，中标时间：1 月 25 日，中标人：上海宏圣车辆管理有限公司，中标金额：1745 万元。

（25）上海闵行区 2017 年度交通信号控制系统更新项目，招标人：公安局闵行分局，中标时间：8 月 22 日，中标人：上海宝航市政交通设施有限公司，中标金额：1698 万元。

（26）2017 年静海区迎全运市容环境综合整治交通技防建设项目第二包交通设施，

招标人：天津市公安局静海分局机关，中标时间：6 月 9 日，中标人：天津天财天地科技有限公司，中标金额：1682 万元。

（27）浦东新区交通信号灯 scats 八期联网工程 1 标，招标人：上海市公安局浦东分局，中标时间：7 月 13 日，中标人：上海富赛交通设施工程有限公司，中标金额：1648 万元。

（28）上海金山区道路智能交通信号灯控制系统建设，招标人：上海市公安局金山分局，中标时间：7 月 18 日，中标人：上海电科智能系统股份有限公司，中标金额：1613 万元。

（29）上海市“电子警察”设备维护项目，招标人：上海市公安局，中标时间：2 月 7 日，1 标段中标人：上海电科智能系统股份有限公司，中标金额：643 万元；2 标段中标人：上海市保安服务总公司，中标金额：478 万元；3 标段中标人：上海宝康电子控制工程有限公司，中标金额：1359 万元。

（30）上海浦东新区交通信号灯 scats 八期联网工程 2 标 ，招标人：上海市公安局浦东分局，中标时间：7 月 13 日，中标人：上海澳星照明电器制造有限公司，中标金额：1499 万元。

（31）浦东新区公交信息发布系统购买服务项目，招标人：上海市浦东新区公共交通投资发展有限公司，中标时间：4 月 25 日，中标人：上海产业技术研究院，中标金额：1430 万元。

（32）上海闵行公安分局道路交通信息化项目三期，招标人：上海公安局闵行分局，中标时间：6 月 22 日，中标人：上海闵行东方有线网络有限公司，中标金额：1420 万元。

（33）上海延安路中运量公交系统配套“电子警察”设备建设项目-外场（设备、施工），招标人：上海市公安局，中标时间：1 月 3 日，中标人：上海市保安服务总公司，中标金额：1352 万元。

（34）浦东新区交通信号灯 SCATS 八期联网工程 4 标中标，招标人：上海市公安局浦东分局，中标时间：9 月 6 日，中标人：甘肃省通信产业工程建设有限公司，中标金额：1349 万元。

（35）上海市市管公路老旧交通信号设施更新改造项目（四期），招标人：上海市公安局，中标时间：2 月 16 日，1 标段中标人：上海澳星照明电器制造有限公司，中标金额：433 万元；2 标段中标人：上海新艺交通设施工程有限公司，中标金额：363 万元；3 标段中标人：上海宝航市政交通设施有限公司，中标金额：440 万元。

（36）上海浦东新区交通信号灯 scats 八期联网工程 3 标，招标人：上海市公安局浦东分局，中标时间：7 月 19 日，中标人：江苏无锡交通设施有限公司，中标金额：1206 万元。

（37）2017 年静海区迎全运市容环境综合整治交通技防建设项目第一包电子警察部分，招标人：天津市公安局静海分局，中标时间：6 月 8 日，中标人：杭州海康威视数字技术股份有限公司，中标金额：1056 万元。

（38）上海松江区公共交通智能化应用工程二期，招标人：上海市松江区交通委员会，中标时间：11 月 17 日，中标人：上海电科智能系统股份有限公司，中标金额：1050 万元。

（39）上海市交通信息综合平台系统和道路交通信息采集和发布系统工程运维，招标人：上海市城乡建设和交通发展研究院，中标时间：3 月 2 日，中标人：上海电科智能系统股份有限公司，中标金额：1018 万元。

5. 江苏省 11.5 亿元

（1）淮安市市区停车场智能收费管理系统（一期）项目（PPP 模式），招标人：淮安市城市管理局，中标时间：7 月 14 日，中标人：浙江创泰科技有限公司（联合体成员：江苏皓泰物联科技有限公司）等，中标金额：1.65 亿元。

（2）无锡市江海西路、蠡湖大道快速化改造工程交通监控标段施工，招标人：无锡市公共工程建设中心，中标时间：11 月 6 日，中标人：航天大为科技有限公司，中标金额：8660 万元。

（3）南京市溧水区智能交通系统工程（二期）智能化采购及相关服务，招标人：南京溧水城市建设集团有限公司，中标时间：1 月 23 日，中标人：江苏东大金智信息系统有限公司，中标金额：6876 万元。

（4）常熟市交警大队关于闯红灯电子警察设备新建、升级改造项目，招标人：常熟市公安局交通警察大队，中标时间：10 月 23 日，中标人：航天大为科技有限公司等，中标金额：5575 万元。

（5）苏州市公安局相城分局关于相城区智慧交通一期项目，招标人：苏州市公安局相城分局，中标时间：10 月 11 日，中标人：苏州希格玛科技有限公司，中标金额：5480 万元。

（6）昆山市公安局关于改造道路及桥梁智能交通及道路监控建设项目，招标人：昆山市公安局，中标时间：9 月 22 日，中标人：江苏网进科技股份有限公司，中标金额：3441 万元。

（7）盐城市响水县智能化公交站台项目，招标人：响水城市资产投资控股集团有限公司，中标时间：8 月 21 日，中标人：中国移动通信集团有限公司盐城分公司，中标金额：3368 万元。

（8）扬州市城市南部快速通道建设工程（智能交通），招标人：扬州市江阳路快速化改造工程建设指挥部，中标时间：10 月 11 日，中标人：江苏安防科技有限公司，中标金额：2818 万元。

（9）南京浦口公安分局智能交通二期建设工程（施工），招标人：南京市公安局浦口分局，中标时间：12 月 11 日，中标人：银江股份有限公司，中标金额：2804 万元。

（10）苏州市西环高架南延工程项目监控系统工程施工，招标人：苏州交投规划设计建设管理有限公司 ，中标时间：3 月 15 日，中标人：江苏中科智能工程有限公司，中标金额：2701 万元。

（11）苏州工业园中环路桥工程智能交通建设项目二标段，招标人：苏州工业园区万润投资发展有限公司，中标时间：2 月 7 日，中标人：江苏中科智能工程有限公司，中标金额：2435 万元。

（12）泰州市区智能化交通一期第二阶段城区前端感知系统补盲、指挥大厅升级改造工程，招标人：泰州市公安局，中标时间：9 月 13 日，中标人：南京洛普股份有限公司，中标金额：2385 万元。

（13）无锡地铁 3 号线及 1 号线南延线市政恢复交通智能化工程 ，招标人：无锡地铁集团有限公司，中标时间：11 月 9 日，中标人：航天大为科技有限公司，中标金额：2228 万元。

（14）南京浦口智能交通建设系统工程（施工标），招标人：南京市公安局浦口分局，中标时间：1 月 15 日，中标人：青岛海信网络科技股份有限公司，中标金额：2227 万元。

（15）泰州市区智能化交通一期第二阶段后台应用服务系统建设，招标人：泰州市公安局，中标时间：11 月 6 日，中标人：南京莱斯信息技术股份有限公司，中标金额：2198 万元。

（16）2017 年苏州工业园区道路监控建设及监控高清改造工程，招标人：苏州市公安局苏州工业园区分局，中标时间：12 月 6 日，中标人：江苏中科智能工程有限公司，中标金额：2170 万元。

（17）苏州交警支队关于车辆电子标识 rfid 项目，招标人：苏州交警支队，中标时间：9 月 25 日，中标人：江苏金中天物联科技有限公司，中标金额：2169 万元。

（18）无锡市滨湖区马山智能交通二期项目，招标人：无锡市滨湖区马山街道办事处，中标时间：10 月 31 日，中标人：软通动力信息技术（集团）有限公司，中标金额：1989 万元。

（19）苏州市交警支队关于姑苏区信号机联网联控项目，招标人：苏州市公安局交通警察支队，中标时间：9 月 11 日，中标人：苏州安泰交通安全设施工程有限公司，中标金额：1936 万元。

（20）常州市区高架道路交通管理科技设施升级改造项目（一期），招标人：常州市公安局，中标时间：8 月 3 日，中标人：上海电科智能系统股份有限公司，中标金额：1876 万元。

（21）溧阳市城区交通信号灯提档升级项目，招标人：溧阳市住房和城乡建设投资集团有限公司，中标时间：11 月 17 日，中标人：江苏金辉交通工程有限公司，中标金额：1768 万元。

（22）徐州交警交通信号控制系统和信号机项目，招标人：徐州市公安局交通警察支队，中标时间：5 月 7 日，1 标段中标人：徐州宏塔交通设施有限公司，中标金额：476 万元；2 标段中标人：连云港杰瑞电子有限公司，中标金额：868 万元。

（23）南京高淳站综合交通枢纽配套工程智能化项目，招标人：南京淳科实业发展有限公司，中标时间：11 月 9 日，中标人：南京协成楼宇系统工程有限公司，中标金额：1658 万元。

（24）扬州市交警支队智能交通系统（一期）工程道路监控子系统建设项目，招标人：扬州市公安局交通警察支队，中标时间：6 月 13 日，1 标段中标人：江苏创新睿智科技有限公司，中标金额：889 万元；2 标段中标人：扬州国脉通信发展有限责任公司，中标金额：748 万元。

（25）盐城市公安局全项采集智能卡口建设，招标人：盐城市公安局，中标时间：8 月 8 日，中标人：中国电信股份有限公司盐城分公司，中标金额：1628 万元。

（26）苏州吴中区信号机联网联控项目，招标人：苏州市公安局吴中分局交通警察大队，中标时间：10 月 11 日，中标人：苏州安泰交通安全设施工程有限公司，中标金额：1621 万元。

（27）江阴市世纪大道、锡澄路等 4 条道路随路智能交通设施，招标人：江阴市公安局，中标时间：6 月 5 日，中标人：中国电信股份有限公司江阴分公司等，中标金额：1511 万元。

（28）淮安生态新城城市智能交通设施系统工程，招标人：淮安新城投资开发有限公司，中标时间：7 月 13 日，中标人：航天大为科技有限公司，中标金额：1490 万元。

（29）泰州市区智能化交通一期工程，招标人：泰州市公安局，中标时间：1 月 15 日，中标人：南京东大智能化系统有限公司，中标金额：1450 万元。

（30）2017 年常州市新北区道路高清卡口视频监控系统项目，招标人：常州市政府采购中心，中标时间：8 月 4 日，中标人：上海宝康电子控制工程有限公司，中标金额：1448 万元。

（31）苏州狮山路智慧交通系统中标，招标人：苏州高新有轨车有限公司，中标时间：9 月 3 日，中标人：深圳市城市交通规划研究中心，中标金额：1398 万元。

（32）南京市公安局江宁分局电子警察及数字警务平台系统，招标人：南京市公安局江宁分局，中标时间：9 月 19 日，中标人：江苏东大金智信息系统有限公司，中标金额：1385 万元。

（33）无锡市建筑路等道路交通监控工程，招标人：无锡市公共工程建设中心，中标时间：12 月 18 日，中标人：航天大为科技有限公司，中标金额：1380 万元。

（34）无锡市公安局公安交通集成指挥平台项目，招标人：无锡市公安局，中标时间：11 月 6 日，中标人：江苏金中天计算机网络有限公司，中标金额：1348 万元。

（35）苏州吴中文溪路东延及零星交通设施安装工程，招标人：苏州市吴中建业发展有限公司，中标时间：4 月 7 日，中标人：南京凌云科技发展有限公司，中标金额：1254 万元。

（36）南京鼓楼等六区停车智能设备采购中标，招标人：南京市市民卡有限公司，中标时间：5 月 5 日，1 标段中标人：南京熊猫信息产业有限公司，中标金额：495 万元；2 标段中标人：南京通用电气装备有限公司，中标金额：447 万元。

（37）南京六合经开区道路交通安全防控体系，招标人：南京六合经济技术开发区，中标时间：7 月 13 日，中标人：武汉烽火众智数字技术有限责任公司，中标金额：1169 万元。

（38）镇江市丁卯桥路快速化改造工程监控工程，招标人：镇江交通产业集团有限公司，中标时间：8 月 23 日，中标人：江苏长天智远交通科技有限公司，中标金额：1144 万元。

（39）苏州中心市政配套项目智能交通建设工程，招标人：苏州工业园区金鸡湖城市发展有限公司，中标时间：5 月 9 日，中标人：江苏智运科技发展有限公司，中标金额：1125 万元。

（40）苏州高新区狮山路综合改造交通治安监控项目，招标人：苏州高新区（虎丘区）城市建设管理服务中心，中标时间：8 月 16 日，中标人：苏州金螳螂怡和科技股份有限公司，中标金额：1099 万元。

（41）无锡城市交通大数据云平台数据中心机房建设项目，招标人：无锡市交通产业集团有限公司，中标时间：4 月 25 日，中标人：江苏蓝深远望科技股份有限公司，中标金额：1093 万元。

（42）南京江宁区 2017 年开发区非标信号灯升级改造项目，招标人：南京空港枢纽经济区投资发展有限公司，中标时间：12 月 8 日，中标人：多伦科技股份有限公司，中标金额：1065 万元。

（43）苏州市交警支队 2017 年视频监控系统标清改造高清项目，招标人：苏州市公安局，中标时间：9 月 1 日，中标人：苏州希格玛科技有限公司，中标金额：1052 万元。

（44）无锡市智慧交通云大数据平台软件开发项目，招标人：无锡市交通产业集团有限公司，中标时间：11 月 6 日，中标人：中电科软件信息服务有限公司，中标金额：1048 万元。

（45）泗洪县 2017 年生命防护工程（红绿灯、电子警察项目）：城乡主要路口及学校门前监控设施标段，招标人：泗洪县公安局，中标时间：4 月 5 日，中标人：杭州海康威视数字技术股份有限公司，中标金额：1045 万元。

（46）太仓市交警智能交通升级优化项目，招标人：太仓市公安局交通警察大队，中标时间：9 月 19 日，1 标段中标人：江苏普信达电子科技有限公司，中标金额：688 万元；2 标段中标人：苏州市世跃智能科技有限公司，中标金额：153 万元。

6. 天津市 9.5 亿元

（1）天津市交管局道路交通科技设施建设工程项目违法停车电子警察建设分项目市内六区建设项目，招标人：天津市公安交通管理局机关，中标时间：11 月 14 日，1 标段中标人：天津市中环系统工程有限责任公司，中标金额：9599 万元；2 标段中标人：银江股份有限公司，中标金额：4710 万元。

（2）天津宁河区交通安全设施建设项目，招标人：天津市公安局宁河分局，中标时间：7 月 19 日，中标人：浙江大华技术股份有限公司，中标金额：9747 万元。

（3）天津市巡游出租汽车信息化设备采购，招标人：天津市客运交通管理办公室，中标时间：7 月 1 日，1 标段中标人：浙江海联电子股份有限公司，中标金额：914 万元；2 标段中标人：上海强生科技有限公司，中标金额：2613 万元；3 标段中标人：

北京聚利科技股份有限公司，中标金额：2398 万元；4 标段中标人：上海大众科技有限公司，中标金额：3132 万元。

（4）天津市交管局交通管理科技设施建设工程交通信号区域协调控制系统分项目（常规路口），招标人：天津市公安交通管理局机关，中标时间：10 月 26 日，1 标段中标人：天津市中环系统工程有限责任公司，中标金额：4195 万元；2 标段中标人：天地伟业技术有限公司，中标金额：3751 万元。

(5)天津市交管局设施处 2017 年道路交通安全设施建设项目交通信号灯安装服务分项目，招标人：天津市公安交通管理局交通设施工程管理处，中标时间：4 月 5 日，1 标段中标人：天地伟业技术有限公司，中标金额：1045 万元；2 标段中标人：连云港杰瑞电子有限公司，中标金额：868 万元。

（6）天津市滨海新区公安局公安交警电子警察监控系统项目，招标人：天津市滨海新区公安局机关，中标时间：2 月 17 日，1 标段中标人：天房科技发展股份有限公司，中标金额：1125 万元；2 标段中标人：天津市中环系统工程有限责任公司，中标金额：1147 万元；3 标段中标人：联通系统集成天津分公司，中标金额：1146 万元；4 标段中标人：中星电子股份有限公司，中标金额：625 万元；5 标段中标人：北京易华录信息技术股份有限公司，中标金额：689 万元。

（7）天津市滨海新区交通信号灯分项目，招标人：天津市滨海新区公安局机关，中标时间：10 月 23 日，1 标段中标人：紫光捷通科技股份有限公司，中标金额：1988 万元；2 标段中标人：连云港杰瑞电子有限公司，中标金额：868 万元；3 标段中标人：天房科技发展股份有限公司，中标金额：1128 万元。

（8）天津市宝坻区道路交通设施和交通管理科技设施建设（二）项目，招标人：天津市公安局宝坻分局机关，中标时间：12 月 7 日，中标人：天津联华天安安防技术服务有限公司，中标金额：4218 万元。

(9)天津市交管局设施处 2017 年道路交通安全设施建设项目交通信号灯管道及灯杆基础安装服务分项目，招标人：天津市公安交通管理局交通设施工程管理处，中标时间：11 月 2 日，1 标段中标人：天津富凯建设集团有限公司，中标金额：1268 万元；2 标段中标人：天津市天佳市政公路工程有限公司，中标金额：1311 万元。

（10）天津宝坻区道路交通设施和交通管理科技设施，招标人：天津市公安局宝坻分局机关，中标时间：11 月 8 日，中标人：天津联华天安安防技术服务有限公司，中标金额：3663 万元。

（11）天津市 2017 年道路交通安全设施建设项目交通信号灯管道及灯杆基础安装服务分项目，招标人：天津市公安交通管理局，中标时间：4 月 3 日，1 标段中标人：天津富凯建设集团有限公司，中标金额：1132 万元；2 标段中标人：天津市华水自来水建设有限公司，中标金额：1102 万元。

（12）天津市交管局 2017—2018 年度电子警察及视频监控系统（市内电子警察）运维服务，招标人：天津市公安交通管理局机关，中标时间：12 月 14 日，中标人：天津市中环系统工程有限责任公司，中标金额：3000 万元。

（13）天津经济技术开发区2017年信号灯系统建设项目，招标人：天津经济技术开发区城市管理局机关，中标时间：7月28日，中标人：青岛海信网络科技股份有限公司，中标金额：2870万元。

（14）天津宝坻区智能交通指挥控制中心项目，招标人：天津市公安局宝坻分局机关，中标时间：12月19日，中标人：浙江大华技术股份有限公司，中标金额：2789万元。

（15）天津市交管局公安部公安交通集成指挥平台项目（科研所），招标人：天津市公安交通管理局机关，中标时间：12月8日，中标人：天津市中环系统工程有限责任公司，中标金额：2450万元。

（16）天津武清区交通基础设施和科技管理设施项目内场部分，招标人：天津市公安局武清分局机关，中标时间：8月1日，中标人：北京易华录信息技术股份有限公司，中标金额：2219万元。

（17）天津市交管局外环线提升改造工程智能交通设施项目，招标人：天津市公安交通管理局交通设施工程管理处，中标时间：6月8日，中标人：天津市中环系统工程有限责任公司，中标金额：2156万元。

（18）天津市宝坻区道路交通安全设施建设项目，招标人：天津市公安局宝坻分局机关，中标时间：12月5日，中标人：天津联华天安安防技术服务有限公司，中标金额：2016万元。

（19）天津津滨大道、轻纺大道、栖霞街危化品专用车道管控监控系统，招标人：天津市滨海新区公安局机关，中标时间：7月24日，1标段中标人：天津市中环系统工程有限责任公司，中标金额：1050万元；2标段中标人：翔迅科技有限责任公司：中标金额：365万元。

（20）天津市2017年西青区道路设施信号灯采购项目，招标人：天津市公安交通管理局西青支队机关，中标时间：10月26日，1标段中标人：天房科技发展股份有限公司，中标金额：590万元；2标段中标人：盛云科技有限公司，中标金额：641万元；3标段中标人：天津市兴发科技工程有限公司，中标金额：248万元。

（21）中新天津生态城中心渔港智能交通系统（一期）工程施工，招标人：天津生态城市政景观有限公司，中标时间：3月23日，中标人：上海电科智能系统股份有限公司，中标金额：1388万元。

（22）中新天津生态城电子警察系统提升改造建设项目，招标人：中新天津生态城经济局机关，中标时间：3月24日，中标人：杭州海康威视数字技术股份有限公司，中标金额：1248万元。

（23）中新天津生态城北部区域一期信号灯工程施工，招标人：天津滨海旅游区基础设施建设有限公司，中标时间：11月19日，中标人：天津众泰机电工程有限公司，中标金额：1114万元。

（24）天津津南区交通安全设施建设工程，招标人：天津市公安交通管理局津南支队，中标时间：12月22日，中标人：重庆海特建设工程有限公司，中标金额：1035

万元。

7. 河北省 7.9 亿元

（1）秦皇岛市省界县界国省道机动车缉查布控安防系统工程，招标人：秦皇岛市公安局交通警察支队，中标时间：4 月 18 日，1 标段中标人：秦皇岛赛福电子有限公司，中标金额：262 万元；2 标段中标人：河北华胜鑫海科技有限公司，中标金额：330 万元。

（2）承德市交警支队交通集成指挥平台建设项目工程，招标人：承德市公安局交通警察支队，中标时间：12 月 1 日，中标人：承德万得电子科技有限公司，中标金额：1068 万元。

（3）邢台市区新建道路和部分赛道路段路口信号灯和标志牌安装工程，招标人：邢台市公安交通警察支队，中标时间：8 月 3 日，中标人：邢台绿时代光电科技有限公司，中标金额：1075 万元。

（4）保定市交警支队道路监控和卡口建设及交通，招标人：保定市公安局交警支队，中标时间：9 月 8 日，1 标段中标人：中星电子股份有限公司，中标金额：875 万元；2 标段中标人：河北省公安交通科研所，中标金额：214 万元。

（5）石家庄市公交电子站牌系统建设项目，招标人：石家庄市公共交通总公司，中标时间：5 月 4 日，中标人：中电科卫星导航运营服务有限公司，中标金额：1124 万元。

（6）河北县智能交通改造及“六纵直连”建设项目，招标人：宽城满族自治县公安局交通警察大队，中标时间：12 月 8 日，中标人：北京神讯信息科技股份有限公司，中标金额：1285 万元。

（7）石家庄市三环路限行抓拍设施安装工程施工，招标人：石家庄市三环路管理处，中标时间：11 月 9 日，中标人：中远海运科技股份有限公司，中标金额：1337 万元。

（8）石家庄市三环路限行抓拍设施安装工程施工，招标人：石家庄市三环路管理处，中标时间：5 月 18 日，中标人：四川京川公路工程（集团）有限公司，中标金额：1349 万元。

（9）张家口市交警支队电子警察建设项目（A～B 包），招标人：张家口市公安交通警察支队，中标时间：9 月 28 日，中标人：智慧互通科技有限公司，中标金额：1384 万元。

（10）石家庄公交专用车道监控抓拍，招标人：石家庄市公安局交通管理局，中标时间：12 月 26 日，1 标段中标人：河北广电信息网络石家庄分公司，中标金额：605 万元；2 标段中标人：济南舜工科技有限公司，中标金额：800 万元。

（11）唐山市丰润区交通设施，招标人：唐山市公安交通警察支队第九交通警察大队，中标时间：10 月 17 日，中标人：多伦科技股份有限公司，中标金额：1621 万元。

（12）河北省公安机关路面动态科技防控工程 ，招标人：河北省公安机关，中标时间：1 月 6 日，中标人：北京易华录信息技术股份有限公司，中标金额：3.58 亿元。

（13）2017 年石家庄市交管局卡口电子警察及视频监控设备，招标人：石家庄市公安局交通管理局，中标时间：5 月 31 日，1 标段中标人：浙江大华技术股份有限公司，中标金额：730 万元；2 标段中标人：杭州海康威视数字技术股份有限公司，中标金额：970 万元。

（14）唐山市交警支队建设市级公安交通集成指挥平台中标，招标人：唐山市交警支队，中标时间：8 月 3 日，中标人：河北远东通信系统工程有限公司，中标金额：1723 万元。

（15）任丘市智能交通系统工程光纤传输和云计算及存储费，招标人：任丘市公安局，中标时间：1 月 19 日，中标人：中国联合网络通信有限公司沧州市分公司，中标金额：1740 万元。

（16）三河市交警大队 2016 年度交通智能管控系统工程（第二部分），招标人：三河市公安交通警察大队，中标时间：7 月 31 日，中标人：廊坊市瑞鑫融泰科技有限公司，中标金额：1870 万元。

（17）秦皇岛海港区 16 个交叉口智能限高龙门架工程，招标人：秦皇岛市公安局交通警察支队，中标时间：8 月 21 日，中标人：南京多伦科技股份有限公司有限公司，中标金额：2061 万元。

（18）武安市智慧交通项目，招标人：武安市交警大队，中标时间：12 月 29 日，中标人：河北鑫兴德润商贸有限公司，中标金额：2397 万元。

（19）河北固安交警大队新中街、新昌街、永定路、永康路交通设施设计、建设，招标人：固安县公安局交通警察大队，中标时间：7 月 6 日，中标人：北京易华录信息技术股份有限公司，中标金额：3455 万元。

（20）任丘市智能停车场建设工程 PPP 项目，招标人：任丘市公安局，中标时间：1 月 12 日，中标人：任丘市城通泊车服务有限公司，中标金额：7366 万元。

（21）任丘市智慧停车管理平台及设备采购项目，招标人：任丘市弘吉智慧泊车有限公司，中标时间：7 月 31 日，中标人：深圳市前海亿车科技有限公司，中标金额：7379 万元。

8. 浙江省 7.9 亿元

（1）杭州余杭区交警城市数据大脑项目，招标人：杭州市公安局余杭区分局交通警察大队，中标时间：12 月 28 日，中标人：阿里云计算有限公司，中标金额：1.2 亿元。

（2）杭州城市“数据大脑”交通治堵项目一期工程（交警部分）的单一来源，招标人：杭州市公安局交通警察支队，中标时间：12 月 2 日，中标人：阿里云计算有限公司，中标金额：6600 万元。

（3）丽水交警智能交通道路监控与管控系统（天网一期）续租项目，招标人：丽水市公安局交通警察支队，中标时间：7 月 7 日，中标人：中国电信股份有限公司丽水分公司，中标金额：5200 万元。

（4）绍兴市交警支队交通管理智能化电子设备项目，招标人：绍兴市公安局交通警察支队，中标时间：12 月 8 日，中标人：浙江大华技术股份有限公司，中标金额：4389 万元。

（5）象山县停车管理服务项目（中心城区），招标人：宁波建兴招标有限公司，中标时间：10 月 2 日，1 标段中标人：杭州海康威视数字技术股份有限公司，中标金额：4117 万元；2 标段中标人：东阳市顺风交通设施有限公司，中标金额：156 万元。

（6）台州市内环快速路监控信息服务项目项目，招标人：台州市公安局交通警察局，中标时间：11 月 9 日，中标人：中国移动通信集团有限公司台州分公司，中标金额：4080 万元。

（7）杭州市富阳区 2017 下半年度智能交通采购入围项目，招标人：杭州市公安局富阳区分局，中标时间：12 月 13 日，中标人：中国移动通信集团有限公司杭州分公司，中标金额：3600 万元。

（8）湖州市织里镇道路交通监控系统，招标人：湖州织里城市建设发展有限公司，中标时间：5 月 7 日，中标人：中国电信股份有限公司湖州分公司，中标金额：3118 万元。

（9）杭州余杭区崇贤至东湖路连接线一期工程智能交通工程，招标人：杭州余杭区交通项目管理有限公司，中标时间：12 月 18 日，中标人：浙大中控信息技术有限公司，中标金额：2801 万元。

（10）杭州小林至东湖连接线工程、小林至东湖连接线工程（海宁段）智能交通工程，招标人：杭州余杭重大基础设施建设有限公司，中标时间：11 月 21 日，中标人：浙大中控信息技术有限公司，中标金额：2526 万元。

（11）嵊州市嵊州大道提升改造工程-智能交通采购及安装项目，招标人：嵊州市城市建设投资发展有限公司 ，中标时间：12 月 8 日，1 标段中标人：浙大中控信息技术有限公司，中标金额：2280 万元；2 标段中标人：中国电信股份有限公司金华分公司，中标金额：677 万元。

（12）浙江省公高速公路交警总队卡口拦截系统建设，招标人：浙江省公高速公路交警总队，中标时间：9 月 9 日，1 标段中标人：浙江广信智能建筑研究院有限公司，中标金额：1687 万元；2 标段中标人：宁波中瑞信息科技有限公司，中标金额：555 万元。

（13）杭州交警信号灯国标化改造提升，招标人：杭州市公安局交通警察支队，中标时间：11 月 7 日，中标人：浙大中控信息技术有限公司，中标金额：538 万元。

（14）慈溪市 2017—2018 年度交通科技设施定点采购入围项目，招标人：慈溪市公安局交通警察大队，中标时间：8 月 29 日，中标人：浙江肯维智能科技有限公司，中标金额：1800 万元。

（15）嘉兴市港区智慧交通工程项目，招标人：嘉兴市公共资源交易中心，中标时间：9 月 7 日，中标人：浙江嘉科电子有限公司，中标金额：1786 万元。

（16）温州市交警支队 2016 年电子警察系统，招标人：温州市公安局交通警察支队，中标时间：6 月 2 日，中标人：中国电信股份有限公司温州分公司，中标金额：

1750 万元。

（17）绍兴市上虞区交警大队“智慧交警”之四：信号系统升级及数据中心建设项目，招标人：绍兴市上虞区交警大队，中标时间：3 月 1 日，中标人：浙大中控信息技术有限公司，中标金额：1598 万元。

（18）杭州乔司至东湖连接线工程（海宁段）智能交通工程，招标人：杭州余杭重大基础设施建设有限公司，中标时间：10 月 31 日，1 标段中标人：浙江众诚智能信息有限公司，中标金额：1592 万元；2 标段中标人：银江股份有限公司，中标金额：4710 万元；3 标段中标人：浙江腾翊信息科技有限公司，中标金额：539 万元。

（19）宁波市 2017 年原鄞州区智能交通系统建设项目，招标人：宁波市公安局交通警察局，中标时间：12 月 29 日，1 标段中标人：浙江信电技术股份有限公司，中标金额：945 万元；2 标段中标人：浙江华是科技股份有限公司，中标金额：363 万元。

（20）永康市公安局丽警云痕大数据平台项目，招标人：永康市公安局，中标时间：12 月 8 日，中标人：中国移动通信集团有限公司金华分公司，中标金额：790 万元。

（21）瑞安市智能交通系统建设（二、三期中交管项目），招标人：瑞安市公安局交通警察大队，中标时间：6 月 8 日，中标人：中国电信股份有限公司瑞安分公司，中标金额：1464 万元。

（22）杭州余杭区交通联勤联动指挥中心提升改造，招标人：余杭区公安分局交警大队，中标时间：11 月 3 日，中标人：浙江省邮电工程建设有限公司，中标金额：1448 万元。

（23）浙江永嘉县“智慧交通”一期项目，招标人：永嘉县交通运输局，中标时间：8 月 4 日，中标人：中兴软创科技股份有限公司，中标金额：1430 万元。

（24）宁波市交警局原鄞州区智能交通系统建设项目交通信号控制系统，招标人：宁波市公安局交通警察局，中标时间：12 月 19 日，中标人：浙江信电技术股份有限公司，中标金额：1425 万元。

（25）杭州经济技术开发区交通设施养护服务采购项目四期，招标人：杭州经济技术开发区城市管理办公室，中标时间：12 月 12 日，中标人：杭州金鑫交通设施有限公司，中标金额：1400 万元。

（26）东阳市城区风貌提升智能交通系统，招标人：东阳市公安局交通警察大队，中标时间：6 月 7 日，中标人：浙大中控信息技术有限公司，中标金额：1090 万元。

（27）宁波鄞县大道改建工程交通安全设施及治安监控工程（施工），招标人：宁波东钱湖旅游度假区建设管理中心，中标时间：10 月 31 日，中标人：宁波交通工程建设集团有限公司/宁波精诚网络工程有限公司，中标金额：1194 万元。

（28）浙江黄岩交通基础设施建设电子警察及礼让斑马线采购，招标人：黄岩交通基础设施建设有限公司，中标时间：10 月 19 日，中标人：浙江金之路信息科技有限公司，中标金额：1088 万元。

（29）天台县智能交通工程（二期）项目，招标人：天台县公安局，中标时间：12 月 12 日，中标人：南京莱斯信息技术股份有限公司信息，中标金额：1068 万元。

（30）上虞区城区道路机动车停车收费智能化管理系统及管理服务，招标人：绍兴市上虞城建资产经营管理有限公司，中标时间：9月28日，中标人：浙江创泰科技有限公司，中标金额：1050万元。

9. 湖北省6.4亿元

（1）武汉市智能停车行车诱导升级改造项目，招标人：联通系统集成有限公司湖北省分公司，中标时间：12月22日，中标人：联通系统集成湖北省分公司，中标金额：1001万元。

（2）武汉黄陂区电子警察智能卡口设备采购及安装，招标人：武汉市公安局黄陂区分局，中标时间：12月4日，中标人：武汉广久交安设施工程有限公司，中标金额：1047万元。

（3）武汉市公安局东西湖区交通大队道路安全设施购置及安装，招标人：武汉市公安局东西湖区交通大队，中标时间：3月13日，中标人：上海电科智能系统股份有限公司，中标金额：1160万元。

（4）武汉墨水湖北路（孟家铺立交～龙阳大道）工程交通工程，招标人：武汉孟龙项目管理有限公司，中标时间：12月7日，中标人：武汉玖益交通设施工程有限公司，中标金额：1256万元。

（5）十堰市公安交通管理局智能交通三期工程，招标人：十堰市公安交通管理局，中标时间：8月9日，中标人：湖北晨智系统工程有限公司，中标金额：1270万元。

（6）湖北省公安交管云第一期建设及运维购买服务，招标人：湖北省公安交通管理局，中标时间：4月14日，中标人：中国电信股份有限公司湖北分公司，中标金额：1298万元。

（7）汉川市交警大队G348汉川段智能交通系统建设，招标人：汉川市公安局交通警察大队，中标时间：6月8日，中标人：湖北华鹏智慧科技有限公司，中标金额：1352万元。

（8）武汉市交管局电子警察及视频监控系统改造，招标人：武汉市公安局交通管理局，中标时间：9月8日，1标段中标人：天博电子信息科技有限公司，中标金额：799万元；2标段中标人：光谷技术股份有限公司，中标金额：479万元。

（9）武汉市交管局（基建）交通电子设施维护，招标人：武汉市公安局交通管理局，中标时间：11月14日，1标段中标人：青岛海信网络科技股份有限公司，中标金额：196万元；2标段中标人：连云港杰瑞电子有限公司，中标金额：868万元；3标段中标人：天博电子信息科技有限公司，中标金额：427万元；4标段中标人：朗新科技股份有限公司，中标金额：260万元。

（10）武汉东湖新技术开发区智能交通管理系统三期网络租赁，招标人：武汉市公安局东湖新技术开发区分局，中标时间：9月19日，中标人：中国移动通信集团有限公司武汉分公司，中标金额：1578万元。

（11）咸宁交警支队指挥中心建设，招标人：咸宁市公安局咸宁交警支队，中标时间：11月3日，中标人：武汉中科通达高新技术股份有限公司，中标金额：1680万元。

（12）荆门市白云大道、兴隆大道智慧交管工程，招标人：荆门市公安局交通警察支队，中标时间：9 月 15 日，中标人：上海电科智能系统股份有限公司，中标金额：1688 万元。

（13）武汉交管局交通大数据评价体系及改造项目，招标人：武汉市公安局交通管理局，中标时间：9 月 15 日，1 标段中标人：天博电子信息科技有限公司，中标金额：962 万元；2 标段中标人：青岛海信网络科技股份有限公司，中标金额：589 万元。

（14）武汉天河机场智慧机场建设项目云平台建设工程，招标人：武汉天河机场有限责任公司，中标时间：12 月 5 日，中标人：武汉烽火信息集成技术有限公司，中标金额：1816 万元。

（15）国际航联世界飞行者大会智慧交通项目施工，招标人：武汉车都建设投资有限公司，中标时间：10 月 19 日，中标人：武汉鸣华交通设施有限责任公司，中标金额：2090 万元。

（16）武汉黄陂区 2015 年道路交通安全设施改造工程（智能交通管理设施），招标人：武汉市公安局黄陂区分局，中标时间：8 月 21 日，中标人：深圳榕亨实业集团有限公司，中标金额：2163 万元。

（17）武汉天河机场（含恩施机场）智能交通管理系统采购项目第 4 包，招标人：湖北省公安厅机场公安局，中标时间：12 月 1 日，中标人：武汉兴得科技有限公司，中标金额：2279 万元。

（18）武汉交管局 2017 年交通堵点整治项目，招标人：武汉市公安局交通管理局，中标时间：10 月 11 日，1 标段中标人：上海新艺交通设施工程有限公司，中标金额：939 万元；2 标段中标人：湖北利航交通开发有限公司，中标金额：742 万元；3 标段中标人：天博电子信息科技有限公司，中标金额：427 万元；4 标段中标人：杭州恒安交通设施工程有限公司，中标金额：223 万元。

（19）大汉阳地区现代有轨电车试验线智能交通配套工程设备，招标人：武汉车都轨道交通有限公司，中标时间：4 月 26 日，中标人：湖北华友数字科技有限公司，中标金额：2383 万元。

（20）武汉城市圈交通一体化示范项目武汉智能交通示范子项目多层次交通评价系统，招标人：武汉市交通发展战略研究院，中标时间：6 月 7 日，中标人：中科软科技股份有限公司，中标金额：2396 万元。

（21）武汉市公安局东西湖区交通大队道路安全设施购置及安装项目，招标人：武汉市公安局东西湖区交通大队，中标时间：9 月 11 日，1 标段中标人：青岛海信网络科技股份有限公司，中标金额：1949 万元；2 标段中标人：湖北九阳交通设施工程有限公司，中标金额：457 万元。

（22）鄂州综合客运枢纽站电子与智能化工程，招标人：鄂州综合客运枢纽站建设经营有限公司，中标时间：9 月 28 日，中标人：上海延华智能科技股份有限公司，中标金额：2485 万元。

（23）武汉市交管局（基建）“互联网+”道路交通应急救援保畅项目，招标人：

武汉市公安局交通管理局，中标时间：9 月 11 日，中标人：中道汽车救援产业有限公司等，中标金额：2498 万元。

（24）武汉汉口至阳逻江北快速路（江岸段、黄陂段）交通工程江岸段施工，招标人：武汉航空港发展集团有限公司，中标时间：6 月 2 日，中标人：武汉玖益交通设施工程有限公司，中标金额：2818 万元。

（25）武汉东湖新技术开发区智能交通管理系统三期一标段，招标人：武汉市公安局东湖新技术开发区分局，中标时间：8 月 3 日，中标人：青岛海信网络科技股份有限公司，中标金额：5787 万元。

（26）武汉东湖新技术开发区智能交通管理系统三期二标段，招标人：武汉市公安局东湖新技术开发区分局，中标时间：9 月 15 日，中标人：青岛海信网络科技股份有限公司，中标金额：5887 万元。

（27）武汉市智慧交通云平台，招标人：武汉市公安局交通管理局，中标时间：3 月 2 日，中标人：朗新科技股份有限公司，中标金额：8680 万元。

10. 河南省 6 亿元

（1）世界银行贷款焦作绿色交通及交通安全综合改善项目-智能交通系统建设，招标人：焦作市公安局，中标时间：10 月 3 日，中标人：银江股份有限公司，中标金额：1.54 亿元。

（2）郑州市车辆智能监测记录系统与交通违法监测系统工程，招标人：郑州市公安局交通警察支队，中标时间：1 月 23 日，中标人：联通系统集成有限公司，中标金额：1.41 亿元。

（3）联通集成郑州市车辆智能监测记录系统与交通违法监测系统工程运行服务项目，招标人：联通系统集成有限公司河南省分公司，中标时间：1 月 23 日，1 标段中标人：河南华安保全智能发展有限公司，中标金额：5344 万元；2 标段中标人：河南中裕广恒科技股份有限公司，中标金额：2873 万元。

（4）郑州市交通一卡通互联互通工程建设 epc 总承包，招标人：郑州城市一卡通有限责任公司，中标时间：7 月 27 日，中标人：陕西西部数通电信资讯有限公司，中标金额：3124 万元。

（5）郑州市城市公共交通智能化应用示范工程，招标人：郑州市交通运输委员会，中标时间：9 月 19 日，1 标段中标人：郑州天迈科技股份有限公司，中标金额：2648 万元；2 标段中标人：航天神舟智慧系统技术有限公司，中标金额：233 万元。

（6）河南省公安厅关于全省高速公路区间测速建设项目，招标人：河南省公安厅，中标时间：12 月 6 日，中标人：浙大中控信息技术有限公司，中标金额：2692 万元。

（7）沁阳市公安局关于解决全市智能交通建设项目，招标人：沁阳市公安局，中标时间：12 月 29 日，中标人：百年金海科技有限公司，中标金额：1935 万元。

（8）许昌市公安局“电子警察更新及维保及交警指挥平台”项目，招标人：许昌市公安局，中标时间：2 月 1 日，1 标段中标人：方正国际软件有限公司，中标金额：1463 万元；2 标段中标人：河南继元智能科技股份有限公司，中标金额：360 万元。

（9）河南夏邑县城区道路交通信号灯及电子警察采购，招标人：河南省夏邑县公安交通警察大队，中标时间：12 月 29 日，中标人：商丘市博达交通器材有限公司，中标金额：1786 万元。

（10）河南濮阳县公安局 2016 年智能交通项目，招标人：河南濮阳县公安局，中标时间：2 月 8 日，中标人：天博电子信息科技有限公司，中标金额：1759 万元。

（11）河南兰考县道路交通信息标示牌及信号灯采购，招标人：兰考县公安交通警察大队，中标时间：3 月 28 日，1 标段中标人：河南泰安交通设施有限公司，中标金额：685 万元；2 标段中标人：安徽行运交通设施工程有限公司，中标金额：759 万元。

（12）郑州市陇海快速公交线路智慧交通及安全设施项目智慧交通运输部分中标，招标人：郑州市公安局交通警察支队，中标时间：2 月 1 日，1 标段中标人：河南汉威电子股份有限公司，中标金额：482 万元；2 标段中标人：河南宝讯通电子科技有限公司，中标金额：325 万元；3 标段中标人：河南中裕广恒科技发展有限公司，中标金额：458 万元。

（13）邓州市区新建 27 套红绿灯、电子警察系统设备等项目，招标人：邓州市公安局，中标时间：12 月 22 日，1 标段中标人：河南大河科技有限公司，中标金额：428 万元；2 标段中标人：同方股份有限公司，中标金额：440 万元；3 标段中标人：河南长龙科技发展有限公司，中标金额：441 万元；4 标段中标人：河南长龙科技发展有限公司，中标金额：289 万元。

（14）河南襄城县城区新建道路增设红绿灯、黄闪灯、电子警察卡口、道路监控项目，招标人：襄城县公安局，中标时间：7 月 21 日，中标人：上海延华智能科技股份有限公司，中标金额：1496 万元。

11. 福建 4.5 亿元

（1）泉州市公安智能交通系统工程（一期）PPP 项目，招标人：泉州市公安局交通警察支队，中标时间：6 月 29 日，中标人：南威软件股份有限公司，中标金额：1.74 亿元。

（2）厦门岛外主要道路交通安全防控工程，招标人：厦门市公安局交通警察支队，中标时间：1 月 3 日，中标人：北京易华录信息技术股份有限公司，中标金额：9697 万元。

（3）福州市出租汽车服务管理信息系统试点工程，招标人：福州市交通运输委员会，中标时间：5 月 3 日，中标人：青岛海信网络科技股份有限公司，中标金额：3608 万元。

（4）晋江市交警大队电子警察和电子卡口一期升级改造设备及服务，招标人：晋江市公安局交通警察大队，中标时间：5 月 9 日，1 标段中标人：福建省华大数码科技有限公司，中标金额：1698 万元；2 标段中标人：福建亚太工程有限公司，中标金额：1193 万元。

（5）厦门交警支队升级道路交通指挥管控系统，招标人：厦门市公安局交通警察支队，中标时间：4 月 24 日，中标人：银江股份有限公司，中标金额：2237 万元。

（6）厦门市湖里区智能交通系统一期工程，招标人：厦门市湖里区市政园林局 ，中标时间：10 月 17 日，中标人：福建北京易华录信息技术股份有限公司，中标金额：2139 万元。

（7）厦门升级道路交通指挥管控系统-指挥中心改造，招标人：厦门市公安局交通警察支队，中标时间：4 月 17 日，中标人：厦门信息港建设发展股份有限公司，中标金额：1377 万元。

（8）厦门市集美区交通指挥管理智能化系统，招标人：厦门市公安局，中标时间：9 月 11 日，中标人：厦门信息港建设发展股份有限公司，中标金额：1338 万元。

（9）厦门集美区“六线六片”辖区交警监控抓拍系统工程，招标人：厦门市集美区道路交通综合整治领导小组办公室，中标时间：12 月 8 日，中标人：联誉信息股份有限公司，中标金额：1193 万元。

（10）“畅通工程”龙岩市智能交通项目（一期），招标人：龙岩市公安局交通警察支队，中标时间：11 月 29 日，中标人：中国移动通信集团有限公司龙岩分公司，中标金额：1066 万元。

（11）厦门同安老城区智能红绿灯系统升级改造，招标人：中国共产党厦门市同安区委员会政法委员会，中标时间：9 月 28 日，中标人：安徽蓝盾光电子股份有限公司，中标金额：1048 万元。

（12）厦门完善 brt 场站人像识别及微卡口系统建设项目，招标人：厦门市公安局科技通信处，中标时间：5 月 5 日，中标人：南威软件股份有限公司，中标金额：1047 万元。

12. 内蒙古 4.3 亿元

（1）赤峰市红山区智能停车系统建设（智能化部分），招标人：赤峰市红山区政府采购中心，中标时间：1 月 1 日，中标人：中兴智能交通股份有限公司，中标金额：1.5 亿元。

（2）阿拉善盟文化旅游投资开发有限责任公司智能交通采购，招标人：阿拉善盟文化旅游投资开发有限责任公司，中标时间：4 月 25 日，中标人：杭州智诺科技股份有限公司，中标金额：7052 万元。

（3）乌兰浩特市智慧交通建设项目，招标人：乌兰浩特市政府采购中心，中标时间：7 月 5 日，中标人：北京易华录信息技术股份有限公司，中标金额：6015 万元。

（4）包头市青山区交通改善项目施工及技术服务，招标人：包头市公安局交通管理支队，中标时间：9 月 5 日，中标人：北京千方科技股份有限公司，中标金额：3758 万元。

（5）巴彦淖尔市临河城区道路智能交通升级改造项目，招标人：巴彦淖尔市公安局交通警察支队临河大队，中标时间：8 月 11 日，中标人：巴彦淖尔市瑞亨科技有限公司科技，中标金额：2278 万元。

（6）察哈尔右翼前旗城市管理局前旗路口信号灯工程，招标人：察哈尔右翼前旗城市管理局，中标时间：3 月 15 日，中标人：安徽鼎信科技集团有限公司，中标金额：

1558 万元。

（7）苏尼特左旗公安局信号灯控制系统及视频监控系统改扩建工程，招标人：苏尼特左旗公安局，中标时间：1 月 23 日，中标人：北京中强创业科技有限公司，中标金额：1469 万元。

（8）内蒙古卓资县公安局智慧交通系统建设，招标人：卓资县公安局，中标时间：6 月 15 日，中标人：内蒙古金丰信息技术股份有限公司，中标金额：1352 万元。

（9）内蒙古交警总队全区入城卡口视频监控项目，招标人：内蒙古自治区公安厅交通警察总队，中标时间：8 月 9 日，1 标段中标人：中信国安信息科技有限公司，中标金额：458 万元；2 标段中标人：安徽蓝盾光电子股份有限公司，中标金额：864 万元；3 标段中标人：北京众诚天合系统集成科技有限公司，中标金额：309 万元。

（10）内蒙古交警高速公路指挥室建设项目，招标人：内蒙古自治区公安厅交通警察总队，中标时间：8 月 1 日，1 标段中标人：内蒙古新桑达电子有限公司，中标金额：595 万元；2 标段中标人：内蒙古万德系统集成有限责任公司，中标金额：574 万元。

（11）呼和浩特市公安局交通管理支队关于交通信号灯设备，招标人：呼和浩特市公安局交通管理支队，中标时间：7 月 13 日，1 标段中标人：神州交通工程集团有限公司，中标金额：764 万元；2 标段中标人：陕西钜秦科技有限公司，中标金额：209 万元；3 标段中标人：安徽天洋交通工程有限公司，中标金额：146 万元。

（12）内蒙古交警总队车驾管业务综合监管平台支队配套建设项目，招标人：内蒙古自治区公安厅交通警察总队，中标时间：7 月 12 日，中标人：杭州诚道科技股份有限公司，中标金额：1060 万元。

13. 四川省 3.8 亿元

（1）德阳城市智能交通建设，招标人：四川省德阳市公安局交通警察支队，中标时间：10 月 3 日，1 标段中标人：四川省电信有限公司德阳市分公司，中标金额：1.69 亿元；2 标段中标人：成都久信信息技术股份有限公司，中标金额：146 万元。

（2）自贡市交警支队城区智能交通系统建设服务，招标人：四川省自贡市公安局交通警察支队，中标时间：8 月 22 日，1 标段中标人：北京易华录信息技术股份有限公司，中标金额：4797 万元；2 标段中标人：广东振业优控股份有限公司，中标金额：700 万元。

（3）成都市温江区智能交通管理系统项目建设运维总承包，招标人：成都铸康实业有限公司，中标时间：3 月 2 日，中标人：北京易华录信息技术股份有限公司，中标金额：4666 万元。

（4）成都中环路智能交通管控系统项目，招标人：成都交通信息港有限责任公司，中标时间：12 月 1 日，中标人：四川浩特通信有限公司，中标金额：2999 万元。

（5）成都市金堂县公安局电子警察二期设施设备，招标人：四川省成都市金堂县公安局，中标时间：8 月 28 日，中标人：广州乐孚信息工程有限公司，中标金额：2888 万元。

（6）四川省级政务云交通云整合平台建设，招标人：四川省交通运输厅信息中心，中标时间：11 月 3 日，中标人：成都卫士通信息产业股份有限公司，中标金额：2539 万元。

（7）四川省交警总队公安交警集成指挥平台设备及容灾备份设备和卡口建设，招标人：四川省交警总队，中标时间：12 月 21 日，1 标段中标人：博康智能网络科技股份有限公司，中标金额：486 万元；2 标段中标人：金鹏电子信息机器有限公司，中标金额：1060 万元。

（8）成都市“交通信号灯安装工程（第二批）”项目，招标人：成都铸康实业有限公司，中标时间：12 月 19 日，中标人：四川中路建设集团有限公司，中标金额：1348 万元。

（9）成都地铁 7 号线市政工程智能交通管控系统工程，招标人：成都地铁有限责任公司，中标时间：12 月 22 日，中标人：四川浩特通信有限公司，中标金额：1323 万元。

14. 北京市 3.6 亿元

（1）北京市公安局密云分局密云区智能交通科技行动建设工程，招标人：北京市公安局密云分局，中标时间：3 月 6 日，中标人：北京益泰牡丹电子工程有限责任公司，中标金额：1.5 亿元。

（2）北京大兴 2017 年交通实事建设项目，招标人：北京市公安局大兴分局，中标时间：9 月 19 日，1 标段中标人：翔迅科技有限责任公司，中标金额：601 万元；2 标段中标人：北京驷骑中天网络工程技术有限公司，中标金额：549 万元；3 标段中标人：北京鼎顺通信工程有限公司，中标金额：640 万元。

（3）房山区智能交通管控系统（一期工程）建设项目施工，招标人：北京市房山区市政市容管理委员会，中标时间：4 月 2 日，中标人：北京鸿远茗交通设施工程有限公司，中标金额：4200 万元。

（4）北京市现代有轨电车西郊线工程平交道口交通信号施工，招标人：北京市轨道交通建设管理有限公司，中标时间：9 月 7 日，中标人：中铁电气化局集团有限公司集团第一工程有限公司，中标金额：2582 万元。

（5）北京回龙观龙域地区主要道路增设物防技防设施项目（一～三标段），招标人：北京市昌平区市政市容管理委员会，中标时间：4 月 17 日，1 标段中标人：北京路桥瑞通养护中心有限公司，中标金额：689 万元；2 标段中标人：北京精英智通科技股份有限公司，中标金额：546 万元；3 标段中标人：北京市电信工程局有限公司，中标金额：780 万元。

（6）北京天坛医院及南四环缓解交通拥堵综合治理工程，招标人：北京市丰台区市政市容管理委员会，中标时间：10 月 31 日，1 标段中标人：银江股份有限公司，中标金额：389 万元；2 标段中标人：北京益泰牡丹电子工程有限责任公司，中标金额：302 万元。

（7）北京市门头沟交警新建闯红灯监控设备及电视监控设备项目，招标人：北京市门头沟交警，中标时间：6 月 5 日，中标人：博康智能网络科技股份有限公司，中标金额：1788 万元。

（8）北京公交 brt1 中途站维修工程—售检票系统改造升级子工程，招标人：北京公共交通控股（集团）有限公司，中标时间：12 月 26 日，中标人：曙光信息产业（北京）有限公司，中标金额：1246 万元。

（9）北京昌平区安装禁限外埠货车交通设施设备项目，招标人：北京市昌平区市政市容管理委员会，中标时间：12 月 25 日，中标人：北京顺捷通畅交通设施工程有限公司，中标金额：1035 万元。

15. 湖南省 3.4 亿元

（1）株洲市交警支队智能交通系统升级改造建设项目，招标人：株洲市公安局交通警察支队，中标时间：2 月 9 日，中标人：佳都新太科技股份有限公司，中标金额：4845 万元。

（2）永州市智能交通管理系统（二）交通视频监视系统，招标人：永州市公安局，中标时间：2 月 12 日，中标人：浙大中控信息技术有限公司，中标金额：3589 万元。

（3）永州市公安局智能交通管理系统（三）机房建设，招标人：永州市公安局，中标时间：2 月 22 日，中标人：中科软科技股份有限公司，中标金额：3406 万元。

（4）湖南省高速公路交警局高警局公路缉查布控系统，招标人：湖南省高速公路交通警察局，中标时间：3 月 15 日，中标人：北京中电兴发科技有限公司，中标金额：3399 万元。

（5）石门县城区智能交通管理系统二期，招标人：石门县城市建设投资开发有限责任公司，中标时间：2 月 23 日，中标人：杰赛科技股份有限公司，中标金额：3381 万元。

（6）永州市公安局智能交通管理系统（一）交通信号控制系统，招标人：永州市公安局，中标时间：3 月 24 日，中标人：南京莱斯信息技术股份有限公司，中标金额：2628 万元。

（7）湖南衡阳县高新开发区电子警察及信号控制系统建设，招标人：衡阳西渡经济开发区投资开发有限公司，中标时间：10 月 16 日，中标人：衡阳市盛源网络技术服务有限公司，中标金额：2279 万元。

（8）湖南省交管总队高警局大队综合指挥研判室建设，招标人：湖南省公安厅交管局，中标时间：11 月 16 日，1 标段中标人：长沙东桥科技有限公司，中标金额：209 万元；2 标段中标人：北京真视通科技股份有限公司，中标金额：450 万元；3 标段中标人：湖南省万象科技有限公司，中标金额：558 万元。

（9）怀化靖州智能交通管理系统建设项目，招标人：靖州苗族侗族自治县公安局，中标时间：4 月 6 日，中标人：北京易华录信息技术股份有限公司，中标金额：1942 万元。

（10）湘西智慧交通平台建设工程（一期）项目，招标人：湘西土家族苗族自治州交通运输局，中标时间：6 月 3 日，中标人：中科软科技股份有限公司，中标金额：1465 万元。

（11）永州市智能交通管理系统平台软件建设，招标人：永州市公安局，中标时间：7月17日，中标人：湖南中科新域科技有限公司，中标金额：1389万元。

（12）津市市智慧交通（智能交通管理一期）前后端改造项目，招标人：津市嘉山实业有限公司，中标时间：6月6日，中标人：湖南有线津市网络有限公司，中标金额：1189万元。

（13）湖南省公安交通集成指挥平台建设项目，招标人：湖南省公安厅交管局，中标时间：4月27日，中标人：湖南湘江智慧科技股份有限公司，中标金额：1137万元。

（14）湖南邵阳县智能交通指挥系统及平台建设，招标人：邵阳县公安局交通警察大队，中标时间：12月15日，中标人：湖南华南光电科技股份有限公司，中标金额：1119万元。

（15）衡阳市交警支队城区新建路口（11个）电子警察及加装（28个信号灯）电子警察系统，招标人：衡阳市公安局交通警察支队，中标时间：2月15日，中标人：湖南皖湘科技股份有限公司，中标金额：1010万元。

16. 辽宁省3.2亿元

（1）鞍山市出租汽车服务管理信息系统建设项目，招标人：鞍山市城市客运管理处，中标时间：4月21日，中标人：辽宁春明科技有限公司，中标金额：1.05亿元。

（2）大连市公交智能系统二期工程硬件设备采购项目，招标人：大连市交通局，中标时间：8月2日，中标人：中国软件与技术服务股份有限公司服务股份有限公司，中标金额：4256万元。

（3）沈阳市2017年交通设施完善项目施工中标（11～21标段），招标人：沈阳市公安局交通警察支队，中标时间：8月2日，1标段中标人：沈阳华洋电气工程有限公司，中标金额：244万元；2标段中标人：沈阳聚德视频技术有限公司，中标金额：196万元。

（4）大连市城市公共交通一卡通系统采购项目，招标人：大连地铁运营有限公司，中标时间：11月9日，1标段中标人：中国软件与技术服务股份有限公司，中标金额：636万元；2标段中标人：上海华虹计通智能系统股份有限公司，中标金额：640万元；3标段中标人：大连现代高技术集团有限公司，中标金额：1381万元。

（5）2016年大连市交通基础管控设施建设项目，招标人：大连市公安局交通警察支队，中标时间：7月3日，1标段中标人：大连建工机电安装工程有限公司，中标金额：1726万元；2标段中标人：大连正德信息技术发展有限公司，中标金额：886万元。

（6）大连市技术监控综合应用系统（一期）建设项目，招标人：大连市公安局交通警察支队，中标时间：5月18日，中标人：大连正德信息技术发展有限公司，中标金额：1996万元。

（7）2017年沈北新区新建、改造交通设施工程，招标人：沈阳市公安局交通警察支队沈北新区大队，中标时间：12月21日，中标人：沈阳天久信息技术有限公司，中标金额：1890万元。

（8）2016 年沈北新区新建、改造交通设施工程，招标人：沈阳市公安局交通警察支队沈北新区大队，中标时间：1 月 8 日，中标人：沈阳天久信息技术工程有限公司，中标金额：1434 万元。

（9）大连市公交智能系统二期工程应用服务系统开发，招标人：大连市交通局，中标时间：5 月 12 日，中标人：北京易华录信息技术股份有限公司，中标金额：1198 万元。

（10）大连市 2017 年城市交通设施维护项目，招标人：大连市公安局交通警察支队，中标时间：9 月 19 日，1 标段中标人：大连正远机电安装工程有限公司，中标金额：287 万元；2 标段中标人：大连天途有线电视网络股份有限公司，中标金额：639 万元。

（11）辽宁省运政管理信息系统升级改造工程，招标人：辽宁省交通厅运输管理局，中标时间：7 月 27 日，中标人：沈阳东宇信息技术股份有限公司，中标金额：1069 万元。

17. 云南省 3.1 亿元

（1）蒙自市静态交通项目，招标人：蒙自市公安局交通警察大队，中标时间：2 月 7 日，中标人：蒙自正安资产管理有限公司，中标金额：8259 万元。

（2）云南省道路客运联网售票系统运营服务主体及运营中心建设，招标人：云南省道路运输管理局，中标时间：3 月 2 日，中标人：云南悦途科技有限公司，中标金额：5000 万元。

（3）昆明市二环快速道路交通科技管控系统（监控子系统）一期项目，招标人：昆明市公安局交通警察支队，中标时间：6 月 16 日，中标人：普天信息技术有限公司，中标金额：4387 万元。

（4）云南会泽县交警大队交通管理设备，招标人：云南会泽县交警大队，中标时间：5 月 5 日，中标人：昆明联诚科技股份有限公司，中标金额：2896 万元。

（5）文山交警第二期交通智能监控系统建设项目，招标人：文山市公安局交通警察大队，中标时间：9 月 19 日，中标人：云南金隆伟业科技有限公司，中标金额：2245 万元。

（6）红河州交警指挥中心监控平台建设，招标人：云南省红河哈尼族彝族自治州公安局交通警察支队，中标时间：7 月 31 日，中标人：国鸿科技股份有限公司，中标金额：1801 万元。

（7）云南耿马县交警大队交通指挥中心建设，招标人：云南市公安局耿马县交警大队，中标时间：10 月 19 日，中标人：云南浩翔建设工程有限公司，中标金额：1505 万元。

（8）保山市昌宁县智能交通综合管控系统项目，招标人：云南省昌宁县公安局交通警察大队，中标时间：9 月 29 日，中标人：北京神州新桥科技有限公司，中标金额：1400 万元。

（9）云南省交警总队公路防控体系建设，招标人：云南省公安厅交通警察总队，中标时间：11 月 28 日，1 标段中标人：安徽百诚慧通科技有限公司，中标金额：1254 万元；2 标段中标人：云南官房电子科技有限公司，中标金额：88 万元。

（10）玉溪市中心城区智能交通管理系统二期视频监控采购项目，招标人：玉溪市公安局交通警察支队，中标时间：12 月 8 日，中标人：云南蓝典科技股份有限公司，中标金额：1187 万元。

（11）昆明公交都市项目车载客流统计系统，招标人：昆明公交集团有限责任公司，中标时间：2 月 14 日，中标人：北京文安智能技术股份有限公司，中标金额：1048 万元。

18. 贵州省 2.6 亿元

（1）贵阳市 1.5 环交通监控工程项目一标段（南垭路路段）施工，招标人：贵阳市水利交通发展投资有限公司，中标时间：9 月 4 日，中标人：杰赛科技股份有限公司，中标金额：4732 万元。

（2）贵阳市城市公共交通智能化应用示范工程项目，招标人：贵阳市交通委员会，中标时间：7 月 4 日，中标人：博雅软件股份有限公司，中标金额：3931 万元。

（3）贵阳市 1.5 环交通监控工程项目二标段（朝阳洞路段）施工，招标人：贵阳市建设投资控股有限公司，中标时间：9 月 1 日，中标人：佳都新太科技股份有限公司，中标金额：3508 万元。

（4）贵阳市 1.5 环交通监控工程项目三标段（黔春大道路段）施工，招标人：贵阳市建设投资控股有限公司，中标时间：9 月 5 日，中标人：青岛海信网络科技股份有限公司，中标金额：3391 万元。

（5）遵义市南部新区交通管理设施采购，招标人：遵义湘江投资建设有限责任公司，中标时间：1 月 13 日，中标人：遵义汇峰智能系统有限责任公司，中标金额：2699 万元。

（6）贵州金沙县交警指挥中心智能化系统设备，招标人：金沙县公安局交通警察大队，中标时间：2 月 13 日，中标人：贵州坤盾天成科技发展有限公司，中标金额：2001 万元。

（7）贵州兴仁县城市智能交通管理系统项目，招标人：兴仁县住房和城乡建设局，中标时间：5 月 11 日，中标人：贵州中联创展信息技术股份有限公司，中标金额：1790 万元。

（8）毕节金海湖新区城市管理执法队交通系统红绿灯项目，招标人：毕节金海湖新区城市管理执法队，中标时间：1 月 16 日，中标人：盛云科技有限公司，中标金额：1646 万元。

（9）黔南州公安局都匀经济开发区分局智能交通系统采购，招标人：黔南州公安局都匀经济开发区分局，中标时间：4 月 7 日，中标人：安徽东润信息工程有限公司，中标金额：1489 万元。

（10）贵州省交通管理云平台建设项目，招标人：贵州省公安厅交通管理局，中标时间：4 月 11 日，1 标段中标人：朗新科技股份有限公司，中标金额：739 万元；2

标段中标人：翔迅科技有限责任公司，中标金额：365 万元。

19. 甘肃省 2.3 亿元

（1）兰州市智能交通指挥中心功能拓展，招标人：兰州市公安局交通警察支队，中标时间：9 月 22 日，中标人：青岛海信网络科技股份有限公司，中标金额：6297 万元。

（2）天水市公安局智慧公安信息化建设项目，招标人：天水市公安局，中标时间：12 月 29 日，1 标段中标人：东软集团股份有限公司，中标金额：4243 万元；2 标段中标人：北京易柯森特科技有限公司，中标金额：31 万元。

（3）甘肃省交通运输行业数据资源交换共享与开放应用平台，招标人：甘肃省交通科技通信中心，中标时间：12 月 11 日，中标人：中国移动通信集团有限公司甘肃分公司，中标金额：3666 万元。

（4）兰州交通设施及信息化外场设备架空线缆入地项目，招标人：兰州市公安局交通警察支队，中标时间：12 月 6 日，中标人：兰州中人管道工程有限公司，中标金额：2943 万元。

（5）兰州交警支队非现场执法系统提升及点位补充，招标人：兰州市公安局交通警察支队，中标时间：8 月 1 日，中标人：上海电科智能系统股份有限公司，中标金额：2728 万元。

（6）兰州高新区榆中园区道路交通设施整体项目，招标人：兰州市公安局高新技术产业开发区分局，中标时间：11 月 1 日，中标人：甘肃万华金慧科技股份有限公司，中标金额：2088 万元。

（7）武威市公交公司智慧公交调度平台建设项目，招标人：武威市公共交通有限公司，中标时间：10 月 3 日，中标人：厦门蓝斯通信股份有限公司，中标金额：1683 万元。

20. 山西省 2.2 亿元

（1）太原市交警支队交通信号及诱导系统，招标人：太原市公安局交通警察支队，中标时间：8 月 12 日，中标人：青岛海信网络科技股份有限公司，中标金额：6779 万元。

（2）山西省交管局京昆高速山西段交通安全防控体系示范路项目建设，招标人：山西省公安厅交通管理局机关，中标时间：5 月 16 日，中标人：山西友信科技发展有限公司，中标金额：4458 万元。

（3）山西公安警务云平台二期建设，招标人：山西省公安厅机关，中标时间：6 月 15 日，1 标段中标人：浪潮软件集团有限公司，中标金额：995 万元，2 标段中标人：中科同昌信息技术集团有限公司，中标金额：1589 万元；3 标段中标人：长城计算机软件与系统有限公司，中标金额：1061 万元。

（4）山西省交管局京昆高速山西段交通安全防控体系示范路（二期）项目，招标人：山西省公安厅交通管理局机关，中标时间：12 月 4 日，中标人：山西友信科技发展有限公司，中标金额：2891万元。

（5）山西省公安厅交管局太古高速隧道交通秩序管控系统项目，招标人：山西省公安厅交通管理局机关，中标时间：12月25日，中标人：山西友信科技发展有限公司，中标金额：2288万元。

（6）晋中市城区交通诱导系统建设工程，招标人：晋中市公安局交通警察支队，中标时间：11月21日，中标人：青岛海信网络科技股份有限公司，中标金额：2149万元。

21. 宁夏省2.1亿元

（1）宁夏公安厅高速公路交警支队高速公路智能管控一期工程，招标人：宁夏回族自治区公安厅高速公路交警支队，中标时间：10月26日，中标人：中国电信集团系统集成有限责任公司，中标金额：7490万元。

（2）宁夏西吉县智慧交通运行监管与服务平台系统建设，招标人：宁夏西吉县交通运输局，中标时间：3月11日，中标人：金交恒通有限公司，中标金额：2936万元。

（3）银川滨河新区智能交通系统（三期）项目施工（一标段、二标段），招标人：银川滨河新区（经济试验区）管理委员会，中标时间：7月19日，1标段中标人：宁夏璞石信息技术服务有限责任公司，中标金额：823万元；2标段中标人：宁夏昊天伟业科技有限公司，中标金额：1769万元。

（4）吴忠市同心县大县城建设电子警察及智能图控设备，招标人：同心县公安局，中标时间：10月27日，1标段中标人：宁夏远大佳诚智能科技有限公司，中标金额：1228万元；2标段中标人：北京中盛国华工程技术有限公司，中标金额：929万元。

（5）宁夏中宁县公安局中宁县全境道路基础设施建设，招标人：中宁县公安局，中标时间：12月5日，中标人：甘肃康道交通设施有限责任公司，中标金额：2138万元。

（6）吴忠市公安局红寺堡区分局2017年智能交通设备，招标人：吴忠市公安局红寺堡区分局，中标时间：8月9日，中标人：宁夏众源交通设施制造有限公司，中标金额：1558万元。

（7）宁夏交警总队公安交通集成指挥平台一期，招标人：宁夏回族自治区公安厅交通警察总队，中标时间：4月24日，中标人：宁夏计算机软件与技术服务有限公司，中标金额：1187万元。

（8）银川市2017年度道路交通管理基础设施及电子监控设备建设工程，招标人：银川市公安局交通警察支队，中标时间：2月3日，中标人：宁夏筑路市政工程有限公司等，中标金额：1120万元。

22. 青海省1.9亿元

（1）海东市核心区智能交通系统工程建设epc总承包项目标段一，招标人：海东城市开发建设投资有限公司，中标时间：1月6日，中标人：中国市政工程华北设计研究总院，中标金额：1.67 亿元。

（2）西宁市公交专用道 9 路线交通设施及配套设施项目施工二标段，招标人：西宁市公安局交通警察支队 ，中标时间：10 月 1 日，中标人：山西长达交通设施有限公司，中标金额：1316 万元。

（3）海东市民小一级公路建设安装交通信号灯及道路监控设施设备，招标人：海东市公安局交通警察支队，中标时间：12 月 5 日，中标人：安徽百诚慧通科技有限公司，中标金额：1031 万元。

23. 江西省 1.5 亿元

（1）赣州市中心城区电子警察系统购买服务项目，招标人：赣州市公安局，中标时间：3 月 28 日，中标人：中国移动通信集团有限公司赣州分公司，中标金额：5498 万元。

（2）南昌市交管局新建、改建闯红灯自动记录系统设备及交警分控中心采购，招标人：南昌市公安局交通管理局，中标时间：3 月 1 日，中标人：银江股份有限公司，中标金额：1938 万元。

（3）南昌市红谷滩新区违停抓拍系统建设，招标人：南昌市红谷滩新区城市管理和环境保护局，中标时间：12 月 19 日，中标人：银江股份有限公司，中标金额：1824 万元。

（4）南昌市交管局 2017 年交通信号控制系统升级改造，招标人：南昌市公安局交通管理局，中标时间：9 月 12 日，中标人：南昌金科交通科技股份有限公司，中标金额：1359 万元。

（5）江西省兴国县交管大队城市智能交通项目，招标人：江西省兴国县公安局交通管理大队，中标时间：3 月 17 日，中标人：江西电信信息产业有限公司，中标金额：1339 万元。

（6）景德镇市交警支队公安交通集成指挥平台，招标人：景德镇市公安局交警支队，中标时间：6 月 19 日，中标人：江西电信信息产业有限公司，中标金额：1326 万元。

（7）九江市交管支队智能交通二期，招标人：九江市公安局交警管理支队，中标时间：10 月 18 日，中标人：银江股份有限公司，中标金额：1299 万元。

（8）南昌市交管局智能交通指挥系统维护，招标人：南昌市公安局交通管理局，中标时间：2 月 8 日，中标人：银江股份有限公司，中标金额：1170 万元。

24. 新疆省 1.3 亿元

（1）新疆电信北斗车辆定位装置采购中标，招标人：中国电信股份有限公司新疆分公司，中标时间：4 月 26 日，中标人：新疆兴远达信息科技有限公司，中标金额：3000 万元。

（2）乌鲁木齐快速公交信号优先项目，招标人：乌鲁木齐市城市综合交通项目研究中心，中标时间：7 月 27 日，中标人：新疆诚信德实业有限公司，中标金额：1800

万元。

（3）新疆自治区公安厅道路交通监控系统六期新建项目，招标人：新疆自治区公安厅，中标时间：9 月 2 日，1 标段中标人：安徽百诚慧通科技有限公司，中标金额：878 万元；2 标段中标人：安徽蓝盾光电子股份有限公司，中标金额：864 万元。

（4）博乐市乌图布拉格镇交通信号灯及电子警察工程，招标人：博乐市阳光民生投资建设有限责任公司，中标时间：2 月 27 日，中标人：博乐市宏浩建筑工程有限责任公司，中标金额：1560 万元。

（5）阿克苏纺织工业城电子警察视频监控系统工程（集成）设备安装，招标人：阿克苏纺织工业城（开发区）综合执法局，中标时间：9 月 8 日，中标人：新疆诺德建设工程有限公司，中标金额：1438 万元。

（6）博乐市安防基础设施（一期）建设项目-交通信号灯及电子警察工程，招标人：博乐市阳光星驰投资建设有限责任公司，中标时间：5 月 11 日，中标人：博乐市宏浩建筑工程有限责任公司，中标金额：1417 万元。

（7）新疆道路客运联网售票与电子客票系统二期工程，招标人：新疆维吾尔自治区道路运输管理局，中标时间：11 月 22 日，中标人：北京盛威时代科技有限公司，中标金额：1310 万元。

（8）喀什市公共交通智能化工程建设 PPP 项目，招标人：喀什市城市管理行政执法局，中标时间：9 月 27 日，中标人：喀什朗迪国际广告有限责任公司，中标金额：1000 万元。

25. 黑龙江省 1.2 亿元

（1）哈尔滨市停车智能化管理平台，招标人：哈尔滨市城安停车场经营管理有限公司，中标时间：2 月 2 日，中标人：哈尔滨优先科技股份有限公司，中标金额：4397 万元。

（2）世行贷款哈尔滨高寒城市智能公交系统建设项目公交智能系统软件工程包 1，招标人：哈尔滨市高寒城市智能公交系统建设项目管理办公室，中标时间：12 月 29 日，中标人：北京易华录信息技术股份有限公司等，中标金额：3888 万元。

（3）牡丹江市高速公路智能防控体系建设项目，招标人：牡丹江市公安交通警察支队，中标时间：8 月 3 日，中标人：山东博安智能科技股份有限公司，中标金额：1537 万元。

（4）2017 年哈尔滨市公安局香坊分局天网工程视频监控系统建设项目，招标人：哈尔滨市公安局香坊分局，中标时间：10 月 11 日，中标人：哈工大机器人集团嘉利通科技股份有限公司，中标金额：1463 万元。

（5）哈尔滨交警交通管理相关信息平台建设采购，招标人：哈尔滨市公安局，中标时间：10 月 9 日，1 标段中标人：北京易华录信息技术股份有限公司，中标金额：653 万元；2 标段中标人：哈尔滨南天科技有限公司，中标金额：656 万元。

26. 海南省 1.1 亿元

（1）三亚有轨电车示范线 PPP 项目智能控制系统设备采购，招标人：中国交通建设股份有限公司，中标时间：7 月 19 日，中标人：通号万全信号设备有限公司设备，中标金额：4800 万元。

（2）海南省交警总队高速公路监控等系统运营维护项目（三年），招标人：海南省公安厅交通警察总队，中标时间：12 月 21 日，中标人：海南华南光电工程有限公司，中标金额：2622 万元。

（3）海南海屯至琼中高速公路监控系统项目，招标人：海南省公安厅交通警察总队，中标时间：9 月 29 日，中标人：湖南华南光电科技股份有限公司，中标金额：1305 万元。

（4）海口市交警支队—交警城市道路交通精细化管理项目，招标人：海口市公安局交通警察支队，中标时间：11 月 22 日，1 标段中标人：中博信息技术研究院有限公司，中标金额：701 万元；2 标段中标人：赣州博达公路有限公司，中标金额：585 万元。

（5）三亚市更新电子警察系统改造项目，招标人：三亚市公安局交通警察支队，中标时间：11 月 17 日，中标人：浙江大华技术股份有限公司，中标金额：1070 万元。

27. 西藏省 1.1 亿元

（1）西藏自治区道路交通管理智能卡口系统建设项目（一期二阶段—全区 80 卡口），招标人：西藏自治区公安厅，中标时间：11 月 1 日，中标人：中国电信集团系统集成有限责任公司，中标金额：6399 万元。

（2）西藏自治区道路客运联网售票系统工程，招标人：西藏自治区道路运输管理局，中标时间：8 月 11 日，中标人：北京千方科技股份有限公司，中标金额：1588 万元。

（3）西藏自治区道路运输重点车辆动态信息服务系统升级改造项目，招标人：西藏自治区道路运输管理局，中标时间：9 月 15 日，中标人：西藏金采科技股份有限公司，中标金额：1551 万元。

（4）西藏自治区道路运输车辆动态信息服务系统政府购买服务，招标人：西藏自治区道路运输管理局，中标时间：10 月 27 日，中标人：西藏金采科技股份有限公司，中标金额：1500 万元。

28. 陕西省 9961 万元

（1）西安市交警支队治污减霾卡口电子警察建设项目 01 包，招标人：西安市公安局交通警察支队，中标时间：5 月 31 日，中标人：杭州海康威视数字技术股份有限公司，中标金额：2619 万元。

（2）陕西省交通物流信息公共服务平台项目，招标人：陕西省道路运输管理局，中标时间：8 月 14 日，中标人：吉安市综合物流中心有限公司，中标金额：2390 万元。

（3）榆林市中心城区道路交叉口信号灯及监控设施工程，招标人：榆林市市政工程建设管理处，中标时间：5 月 22 日，中标人：陕西汉唐计算机有限责任公司，中标金额：1416万元。

（4）延安新区智慧交通二期工程，招标人：延安市新区管理委员会，中标时间：4月27日，1标段中标人：翔迅科技有限责任公司，中标金额：583万元；2标段中标人：西安立人科技股份有限公司，中标金额：652万元。

（5）西安市交警支队2017年人性化过街设施建设项目，招标人：西安市公安局交通警察支队，中标时间：6月8日，中标人：翔迅科技有限责任公司，中标金额：1157万元。

（6）渭南经济技术开发区交通信号控制系统、电子警察及交通设施工程EPC总承包，招标人：渭南经开区住房和城乡建设局，中标时间：9月29日，中标人：西安腾远光机电公司，中标金额：1144万元。

29. 吉林省9528万元

（1）延吉交警智能交通管理系统设备及安装，招标人：延吉市公安交通警察大队，中标时间：9月3日，中标人：延边宏达科技有限公司，中标金额：3457万元。

（2）吉林省公安厅（本级）公安机关视频卡口抓拍系统资源整合，招标人：吉林省公安厅，中标时间：3月31日，中标人：联通系统集成有限公司吉林省分公司，中标金额：2468万元。

（3）松原市交警支队采购更换城区老旧电子警察系统项目，招标人：吉林省松原市公安局交通警察支队，中标时间：6月26日，中标人：松原市金秋科贸有限公司，中标金额：1313万元。

（4）珲春边境经济合作区交通路口电警改造工程项目，招标人：珲春市公安局，中标时间：2月9日，中标人：吉林省鑫谷信息技术工程有限公司，中标金额：1290万元。

（5）吉林省交通运输信息化设备全生命周期管理系统工程建设项目，招标人：吉林省高速公路管理局，中标时间：8月9日，中标人：亿阳信通股份有限公司，中标金额：1000万元。

30. 广西省9324万元

（1）梧州市交警支队智能交通可视化综合管控系统建设，招标人：梧州市公安局交通警察支队，中标时间：11月28日，中标人：浙江大华技术股份有限公司，中标金额：1581万元。

（2）钦州市金海湾西大街扩建工程交通信号与监控系统设备采购及安装，招标人：钦州市开发投资集团有限公司，中标时间：8月16日，中标人：广西宏丰建筑工程有限公司，中标金额：1465万元。

（3）贺州市智慧交通系统建设（一期）项目，招标人：贺州市交通运输局，中标时间：7月25日，中标人：杭州海康威视数字技术股份有限公司，中标金额：1413万元。

（4）广西公安交通集成指挥平台扩充版建设项目，招标人：广西壮族自治区公安厅，中标时间：9 月 4 日，中标人：安徽蓝盾光电子股份有限公司，中标金额：1312 万元。

（5）南宁市昆仑大道交通信息服务提升工程-智能交通设备，招标人：南宁市公安局交通警察支队，中标时间：11 月 23 日，中标人：广州航天海特系统工程有限公司，中标金额：1268 万元。

（6）梧州市智能交通信号灯改造升级项目，招标人：梧州市公安局交通警察支队，中标时间：9 月 8 日，中标人：高新兴科技集团股份有限公司，中标金额：1175 万元。

（7）南宁市城市交通态势预警系统建设工程，招标人：南宁市公安局交通警察支队，中标时间：3 月 7 日，中标人：广西正川建设有限责任公司，中标金额：1110 万元。

31. 重庆市 6495 万元

（1）重庆市高速公路固定测速系统三期工程，招标人：重庆市交通行政执法总队，中标时间：1 月 9 日，中标人：上海电科智能系统股份有限公司，中标金额：2040 万元。

（2）重庆市汽车电子围栏系统之 rfid 复合智能终端建设设施设备采购及安装，招标人：重庆市城投标信科技有限责任公司，中标时间：9 月 6 日，中标人：浙江广信智能建筑研究院有限公司研究院有限公司，中标金额：1960 万元。

（3）重庆市北碚区交通改善项目交通安全设施，招标人：重庆市公安局北碚区分局，中标时间：9月2日，中标人：安徽皖通科技股份有限公司，中标金额：1388 万元。

（4）重庆聚城市政所需智能停车（二期）项目，招标人：重庆聚城市政产业集团有限公司，中标时间：5 月 18 日，中标人：北京瑞华赢科技发展有限公司，中标金额：1107 万元。

二、高速公路机电

1. 贵州省 16.9 亿元

（1）贵州省德江至务川高速公路机电工程施工，招标人：贵州省交通运输厅，中标时间：12 月 18 日，中标人：北京瑞华赢科技发展有限公司，中标金额：5.19 亿元。

（2）贵州省余庆至安龙高速公路罗甸至望谟段机电工程（隧道机电）施工总承包，招标人：贵州高速公路集团有限公司，中标时间：7 月 1 日，中标人：中远海运科技股份有限公司，中标金额：3.49 亿元。

（3）都（匀）香（格里拉）高速公路贵州境六盘水至威宁（黔滇界）段机电工程施工 lwjd2、lwjd5 合同段，招标人：贵州高速公路集团有限公司，中标时间：11 月 2 日，1 标段中标人：西交研科学实验工程，中标金额：1.14 亿元；2 标段中标人：浙江高速信息工程技术有限公司，中标金额：1.81 亿元。

（4）都（匀）香（格里拉）高速公路贵州境六盘水至威宁（黔滇界）段 机电工程

lwjd3、lwjd4，招标人：贵州高速公路集团有限公司，中标时间：9 月 11 日，1 标段中标人：陕西汉唐计算机有限责任公司，中标金额：8806 万元；2 标段：贵州桥梁建设集团有限责任公司，中标金额：1.53 亿元。

（5）江津（渝黔界）经习水至古蔺（黔川界）高速公路工程机电施工，招标人：贵州江习古高速公路开发有限公司，中标时间：7 月 13 日，1 标段中标人：陕西汉唐计算机有限责任公司，中标金额：3599 万元；2 标段中标人：江西路通科技实业有限公司，中标金额：4202 万元；3 标段中标人：江苏铁电交通科技集团有限公司，中标金额：3615 万元。

（6）贵州高速公路集团有限公司所辖四条高速公路收费系统改造工程施工，招标人：贵州高速公路集团有限公司，中标时间：10 月 23 日，中标人：山西交研科学实验工程有限公司，中标金额：3895 万元。

（7）贵州高速所辖营运路段隧道入口交通安全设施改造工程，招标人：贵州高速公路集团有限公司，中标时间：12 月 21 日，中标人：四川嘉和交通工程有限公司，中标金额：3456 万元。

（8）贵州高速集团所辖营运路段收费站入口治超设施建设 EPC，招标人：贵州高速公路集团有限公司，中标时间：12 月 22 日，中标人：贵州中南交通科技与北京交科公路勘察设计研究院有限公司联合体，中标金额：2563 万元。

（9）贵州省秀山（黔渝界）至印江高速公路等交通工程项目弱电迁改工程设计施工总承包，招标人：印江土家族苗族自治县交通运输局，中标时间：10 月 12 日，中标人：贵州通信建设工程有限公司，中标金额：2490 万元。

（10）贵阳环城高速公路隧道光环境改造工程，招标人：贵阳市城市发展投资（集团）股份有限公司，中标时间：8 月 31 日，中标人：山西四和交通工程有限责任公司工程，中标金额：1576 万元。

（11）贵州省公路开发公司所辖高速公路收费站计重设备改造工程，招标人：贵州省公路开发有限责任公司，中标时间：7 月 1 日，中标人：辽宁艾特斯智能交通技术有限公司，中标金额：1466 万元。

2. 广州省 16.5 亿元

（1）汕（头）湛（江）高速公路云浮至湛江段及支线机电中标（1～7 标段），招标人：广东省南粤交通云湛高速公路管理中心，中标时间：3 月 29 日，1 标段中标人：北京公科飞达交通工程发展有限公司，中标金额：1.4 亿元；2 标段：广东新粤交通投资有限公司，中标金额：1.33 亿元；3 标段中标人：甘肃紫光智能交通与控制技术有限公司，中标金额：6720 万元；4 标段中标人：广东飞达交通工程有限公司，中标金额：8782 万元；5 标段中标人：浙江省机电设计研究院，中标金额：1339 万元；6 标段中标人：南京凌云科技发展有限公司，中标金额：1061 万元。

（2）广东省龙川至怀集公路（龙川至连平段）机电工程施工，招标人：广东省南粤交通龙怀高速公路管理中心，中标时间：3 月 28 日，1 标段中标人：广东新粤交通投资有限公司，中标金额：1.18 亿元；2 标段中标人：广东飞达交通工程有限公司，中标金额：8545 万元；3 标段中标人：北京云星宇交通工程有限公司，中标金额：7773 万元。

（3）深圳市坂银通道机电安装工程，招标人：深圳市交通公用设施建设中心，中标时间：5 月 22 日，中标人：深圳市华西安装工程有限公司等，中标金额：1.82 亿元。

（4）广东省东山（闽粤界）至潮州古巷公路项目机电工程，招标人：广东省南粤交通潮漳高速公路管理中心，中标时间：3 月 1 日，1 标段中标人：广东飞达交通工程有限公司，中标金额：8440 万元；2 标段中标人：甘肃紫光智能交通与控制技术有限公司，中标金额：4186 万元。

（5）深圳市南坪快速路三期机电安装工程，招标人：深圳市交通公用设施建设中心，中标时间：5 月 22 日，中标人：银江股份有限公司，中标金额：1.14 亿元。

（6）广东省仁化（湘粤界）至博罗公路仁化至新丰段机电工程施工 jd4 标段，招标人：广东省南粤交通仁博高速公路管理中心，中标时间：1 月 15 日，中标人：广东飞达交通工程有限公司，中标金额：9924 万元。

（7）广州增城沙庄至花都北兴公路二期工程（荔城至花都北兴段）项目机电工程施工（sg15 标），招标人：广州市高速公路有限公司，中标时间：4 月 25 日，中标人：甘肃紫光智能交通与控制技术有限公司，中标金额：7677 万元。

（8）广东省仁化（湘粤界）至博罗公路仁化至新丰段机电工程施工 jd3 标段，招标人：广东省南粤交通仁博高速公路管理中心，中标时间：1 月 15 日，中标人：福建新大陆科技集团有限公司，中标金额：6063 万元。

（9）广东省公路建设所属路段 2017 年度机电养护大中修专项工程，招标人：广东广珠西线高速公路有限公司 ，中标时间：9 月 29 日，1 标段中标人：广东飞达交通工程有限公司，中标金额：869 万元；2 标段中标人：北京公科飞达交通工程发展有限公司，中标金额：6471 万元；3 标段中标人：广东新粤交通投资有限公司，中标金额：2031 万元。

（10）湛徐高速公路徐闻港支线机电工程施工 jd1 中标，招标人：广东省高速公路有限公司，中标时间：11 月 16 日，中标人：广东飞达交通工程有限公司，中标金额：2997 万元。

（11）广东省路桥建设发展有限公司整车式计重收费系统改造工程（三期）采购（第 2 标段），招标人：广东省路桥建设发展有限公司，中标时间：8 月 28 日，中标人：重庆大唐科技股份有限公司，中标金额：2599 万元。

（12）广东江肇、广中江、珠海连接线高速公路机电系统日常养护工程（2017—2019 年），招标人：广东江肇高速公路管理中心，中标时间：1 月 19 日，中标人：广东新粤交通投资有限公司，中标金额：2541 万元。

（13）广东路桥整车式计重收费系统改造工程（三期）一标段，招标人：广东省路桥建设发展有限公司，中标时间：8 月 28 日，中标人：陕西四维衡器科技有限公司，中标金额：2510 万元。

（14）广东省高速公路管养路段 2017 年度机电养护工程施工（a1、a2 标），招标人：广东省高速公路有限公司，中标时间：9月29日，1标段中标人：广东飞达交通工程有限公司，中标金额：1189万元；2标段中标人：广东新粤交通投资有限公司，中标金额：1141万元。

（15）怀集至阳江港高速公路怀集至郁南段通信线路迁改工程EPC ，招标人：广东省南粤交通怀阳高速公路管理中心，中标时间：9月13日，中标人：广东省电信工程与湖北邮电规划设计联合体，中标金额：2250万元。

（16）云湛高速阳化管理处公路机电维护，招标人：广东省南粤交通云湛高速公路管理中心（阳化管理处），中标时间：12月7日，1标段中标人：广东新粤交通投资有限公司，中标金额：393万元；2标段中标人：广东飞达交通工程有限公司，中标金额：677万元；3标段中标人：广东路路通通信有限公司，中标金额：727万元。

（17）广东南粤交通所属部分高速公路项目2018—2019年度机电系统日常养护工程，招标人：广东省南粤交通投资建设有限公司，中标时间：11月17日，1标段中标人：广东路路通通信有限公司，中标金额：727万元；2标段中标人：广东飞达交通工程有限公司，中标金额：677万元。

（18）莞深高速公路路面高清监控改造及一、二级监控整合工程，招标人：东莞发展控股股份有限公司，中标时间：7月25日，中标人：广东飞达交通工程有限公司，中标金额：1305万元。

（19）广东省高速公路有限公司管养路段2017年度机电养护工程，招标人：广东省高速公路有限公司，中标时间：10月19日，中标人：广东新粤交通投资有限公司，中标金额：1141万元。

（20）广东省普通国省干线公路网监测与应急协调平台一期建设项目，招标人：广东省公路管理局路桥中心，中标时间：4月5日，中标人：广东新粤交通投资有限公司，中标金额：1010万元。

3. 青海省10.7亿元

（1）青海省民和（甘青界）至小峡（平安）公路机电工程（1～11标段），招标人：青海省收费公路管理处，中标时间：1月2日，1标段中标人：亿阳信通股份有限公司，中标金额：1.13亿元；2标段中标人：北京瑞华赢科技发展有限公司，中标金额：1.28亿元；3标段中标人：成都曙光光纤网络有限责任公司，中标金额：6766万元；4标段中标人：福建新大陆科技集团有限公司，中标金额：5815万元；5标段中标人：中咨泰克交通工程集团有限公司，中标金额：7685万元；6标段中标人：四川高路交通信息工程有限公司，中标金额：9694万元；7标段中标人：西安金路交通工程科技发展有限责任公司，中标金额：5773万元；8标段中标人：北京云星宇交通工程有限公司，中标金额：7699万元；9标段中标人：重庆市华驰交通科技有限公司，中标金额：6854万元；10标段中标人：四川晴宇交通科技有限公司，中标金额：5410万元；11标段中标人：中海网络科技股份有限公司，中标金额：6070万元。

（2）国道569曼德拉至大通公路克图至大通段公路机电工程，招标人：青海地方铁路建设投资有限公司，中标时间：12月16日，1标段中标人：北京云星宇交通工程有限公司，中标金额：4955 万元；2 标段中标人：浙江高速信息工程技术有限公司，中标金额：1.81 亿元；3 标段中标人：浙江省机电设计研究院有限公司，中标金额：2321 万元。

（3）青海 s102 西宁绕城环线大通经湟中至平安段公路项目机电工程，招标人：青海省公路建设管理局，中标时间：9 月 13 日，中标人：北京公科飞达交通工程发展有限公司，中标金额：4648 万元。

（4）青海扎隆沟至碾伯镇公路机电工程施工，招标人：青海省公路建设管理局，中标时间：4 月 17 日，中标人：中交路桥建设有限公司，中标金额：4210 万元。

4. 湖北省 10.5 亿元

（1）十堰经镇坪至巫溪高速公路鲍峡至溢水段公路机电 BOT 项目，招标人：湖北省公共资源交易监督管理局，中标时间：5 月 19 日，中标人：北京瑞华赢科技发展有限公司，中标金额：5.63 亿元。

（2）枣阳至潜江高速公路襄阳北段机电工程，招标人：湖北省交通投资集团有限公司，中标时间：6 月 16 日，中标人：紫光捷通科技股份有限公司，中标金额：7920 万元。

（3）湖北麻城至竹溪高速公路大悟段机电工程，招标人：湖北交投大悟高速公路有限公司，中标时间：4 月 25 日，中标人：中铁电气化局集团有限公司集团，中标金额：5999 万元。

（4）武汉城市圈环线高速公路孝感南段机电工程施工，招标人：湖北交投孝感南高速公路有限公司，中标时间：4 月 25 日，中标人：北京瑞华赢科技发展有限公司，中标金额：5899 万元。

（5）蕲春至太湖高速公路蕲春西段机电施工，招标人：湖北省交通投资集团有限公司，中标时间：10 月 12 日，中标人：北京瑞华赢科技发展有限公司，中标金额：5262 万元。

（6）湖北棋盘洲长江公路大桥连接线阳新至大冶段机电工程，招标人：湖北交投鄂东南高速公路建设指挥部，中标时间：4 月 21 日，中标人：中铁一局集团电务工程有限公司，中标金额：4925 万元。

（7）十堰至淅川高速公路（湖北段）投资建设人投标合作单位遴选中标（机电），招标人：湖北省交通投资集团有限公司，中标时间：9 月 26 日，中标人：北京瑞华赢科技发展有限公司，中标金额：4338 万元。

（8）武汉至深圳高速公路武汉段机电工程，招标人：武汉市武嘉高速公路建设指挥部，中标时间：1 月 2 日，中标人：兰州朗青交通科技有限公司科技，中标金额：3938 万元。

（9）宜都至来凤高速公路鹤峰东段机电系统，招标人：湖北省交通投资集团有限公司，中标时间：6 月 8 日，中标人：紫光捷通科技股份有限公司，中标金额：2540 万元。

（10）武汉市公路监测决策系统（二期）项目施工，招标人：武汉市交通科学研究所，中标时间：6 月 16 日，中标人：北京千方科技股份有限公司，中标金额：2359 万元。

（11）湖北交投高速公路服务区信息化管理平台建设，招标人：湖北交投实业发展有限公司，中标时间：6 月 2 日，中标人：湖北交投科技发展有限公司，中标金额：2074 万元。

（12）湖北楚天高速机电（应急管理）系统升级改造工程，招标人：湖北楚天高速公路股份有限公司，中标时间：4 月 12 日，中标人：山西四和交通工程有限责任公司，中标金额：2014 万元。

（13）三峡库区巴东新县城至野三关公路隧道机电工程，招标人：巴东县交通运输局，中标时间：7 月 21 日，中标人：厦门兴南洋信息技术有限公司，中标金额：1649 万元。

5. *云南省 9.6 亿元*

（1）国家高速公路网昆明绕城高速东南段建设项目机电工程施工，招标人：昆明绕城高速公路东南段工程建设指挥部，中标时间：8 月 7 日，1 标段中标人：云南云岭高速公路交通科技有限公司，中标金额：1.05 亿元；2 标段中标人：中铁十二局集团电气化工程有限公司，中标金额：7392 万元；3 标段中标人：云南省交通科学研究院，中标金额：9899 万元；4 标段中标人：昆明联诚科技股份有限公司，中标金额：5053 万元；5 标段中标人：华安工程技术有限公司，中标金额：7182 万元。

（2）滇中城市经济圈高速公路网功山至东川高速公路机电工程，招标人：云南功东高速公路建设指挥部，中标时间：3 月 23 日，中标人：云南云岭高速公路交通科技有限公司，中标金额：2.13 亿元。

（3）G4216 华坪至丽江高速公路大理连接线（大理段）机电工程施工，招标人：云南大永高速公路建设指挥部，中标时间：3 月 9 日，中标人：云南云岭高速公路交通科技有限公司，中标金额：1.66 亿元。

（4）澄江至江川高速公路隧道消防工程施工，招标人：云南澄大高速公路有限公司，中标时间：7 月 14 日，1 标段中标人：昆明荣成天宇控制系统工程有限公司，中标金额：5606 万元；2 标段中标人：云南云岭高速公路交通科技有限公司，中标金额：3908 万元。

（5）大保高速公路板桥、保山、汉庄收费站改扩建工程机电工程及交通安全设施施工，招标人：云南省公路开发投资有限责任公司保山管理处，中标时间：11 月 11 日，中标人：云南云岭高速公路交通科技有限公司，中标金额：3389 万元。

（6）云南省公路局路网监测与应急处置中心基础平台工程，招标人：云南省公路信息中心，中标时间：3 月 23 日，中标人：中设设计集团股份有限公司，中标金额：2292 万元。

（7）云南昆明新机场高速机电工程，招标人：昆明新机场高速公路建设发展有限公司，中标时间：3 月 8 日，中标人：山东高速信息工程有限公司，中标金额：1497 万元。

（8）昆石高速公路小喜村收费站外迁项目（马郎立交）节点工程机电工程及交通安全设施施工，招标人：昆石高速公路小喜村收费站外迁项目（马郎立交）节点工程建设指挥部，中标时间：12 月 1 日，中标人：云南云岭高速公路交通科技有限公司，中标金额：1252 万元。

（9）云南省公路局养护信息化 app 项目（b 标段），招标人：云南省公路信息中心，中标时间：5 月 19 日，中标人：中国电信股份有限公司云南分公司，中标金额：1149 万元。

6. 浙江省 8.7 万元

（1）台州湾大桥及接线工程、三门湾大桥及接线工程（台州段）机电工程（jd01、jd02）施工，招标人：浙江台州市沿海高速公路有限公司，中标时间：9 月 15 日，1 标段中标人：浙江省机电设计研究院有限公司，中标金额：1.21 亿元；2 标段中标人：中咨泰克交通工程集团有限公司，中标金额：1.31 亿元。

（2）温州绕城高速公路西南线工程机电第 JD1、JD2 标段，招标人：温州绕城高速公路西南线有限公司，中标时间：1 月 12 日，1 标段中标人：北京云星宇交通工程有限公司，中标金额：1.12 亿元；2 标段中标人：江苏智运科技发展有限公司，中标金额：1.14 亿元。

（3）浙江省乐清湾大桥及接线工程机电施工（第 jd1、jd2 标段），招标人：浙江省交通运输厅，中标时间：5 月 2 日，1 标段中标人：紫光捷通科技股份有限公司，中标金额：8625 万元；2 标段中标人：重庆市华驰交通科技有限公司，中标金额：5279 万元。

（4）申嘉湖高速公路湖州鹿山至安吉孝源段工程机电工程第 jd01、jd02 标，招标人：湖州市交通建设管理局，中标时间：9 月 3 日，1 标段中标人：北京公科飞达交通工程发展有限公司，中标金额：5840 万元；2 标段中标人：浙大中控信息技术有限公司，中标金额：7720 万元。

（5）杭州湾跨海大桥监控改造工程项目施工，招标人：宁波市杭州湾大桥发展有限公司，中标时间：12 月 29 日，中标人：上海电科智能系统股份有限公司，中标金额：2472 万元。

（6）浙江 81 省道温岭段改建工程肖浦隧道机电施工 jd-1 标段，招标人：温岭市 81 省道改建工程建设指挥部，中标时间：6 月 29 日，中标人：浙江高速信息工程技术有限公司，中标金额：2153 万元。

（7）绍兴柯桥公路治超非现场执法系统工程二、三标段，招标人：绍兴市柯桥区公路管理处，中标时间：9 月 8 日，中标人：浙大中控信息技术有限公司，中标金额：1907 万元。

（8）2017 年度沿海板块高速公路机电系统改造工程，招标人：浙江宁波甬台温高速公路有限公司，中标时间：5 月 4 日，中标人：浙江高速信息工程技术有限公司，中标金额：1835 万元。

（9）嘉至庆元公路青田湖边至巨浦改建工程机电施工，招标人：青田县交通发展有限公司，中标时间：9月25日，中标人：浙江高速信息工程技术有限公司，中标金额：1689万元。

（10）宁波鄞州区2017年公路治超电子检测系统项目，招标人：宁波市鄞州区交通运输局，中标时间：12月1日，中标人：浙江省机电设计研究院有限公司，中标金额：1084万元。

（11）湖州市南浔区综合交通应急指挥中心项目外场部分，招标人：南浔区公路管理局，中标时间：9月19日，1标段中标人：中国移动通信集团有限公司湖州分公司，中标金额：434万元；2标段中标人：浙江省公众信息产业有限公司，中标金额：625万元。

（12）83省道杜桥至白沙段工程机电施工机电施工（第8标段），招标人：临海市国省道改造总指挥部，中标时间：11月27日，中标人：紫光捷通科技股份有限公司，中标金额：1058万元。

7. 陕西省8.3亿元

（1）宝鸡至汉中高速公路坪坎至汉中段机电工程施工，招标人：陕西宝汉高速公路建设管理有限公司，中标时间：3月3日，1标段中标人：云南省交通科学研究所，中标金额：4187万元；2标段中标人：江西路通科技实业有限公司，中标金额：4202万元；3标段中标人：科润智能科技有限公司，中标金额：4233万元；4标段中标人：四川晴宇交通科技有限公司，中标金额：4236万元；5标段中标人：江苏铁电交通科技集团有限公司，中标金额：4712万元。

（2）柞山至山阳高速公路机电工程，招标人：陕西省交通建设集团公司，中标时间：11月1日，1标段中标人：金交恒通有限公司，中标金额：2379万元；2标段中标人：北京路安交通科技发展有限公司，中标金额：2355万元；3标段中标人：中铁十二局集团电气化工程有限公司，中标金额：1.15亿元；4标段中标人：浙大中控信息技术有限公司，中标金额：2496万元；5标段中标人：陕西公路交通科技开发咨询公司，中标金额：1804万元；6标段中标人：山西交研科学实验工程有限公司，中标金额：1747万元；7标段中标人：陕西高速交通工贸有限公司，中标金额：1262万元；8标段中标人：湖南省湘筑交通科技有限公司，中标金额：2283万元；9标段中标人：昆明荣成天宇控制系统工程有限公司，中标金额：1842万元；10标段中标人：河北仁安消防安全工程有限公司，中标金额：2213万元。

（3）陕西交通集团吴起至定边公路机电工程，招标人：陕西省交通建设集团公司，中标时间：8月22日，1标段中标人：辽宁艾特斯智能交通技术有限公司，中标金额：2371万元；2标段中标人：吉林省科维交通工程有限公司，中标金额：2182万元；3标段中标人：陕西高速电子工程有限公司，中标金额：2257万元；4标段中标人：华睿交通科技有限公司，中标金额：2281万元。

（4）宝汉高速汉中至陕川界段机电工程施工，招标人：陕西宝汉高速公路建设管理有限公司，中标时间：1月5日，1标段中标人：江苏铁电交通科技集团有限公司，中标金额：1826万元；2标段中标人：陕西汉唐计算机有限责任公司，中标金额：1460 万元；3 标段中标人：陕西建工安装集团有限公司，中标金额：890 万元。

（5）陕西省交通建设集团公司 2017 年机电系统日常维护，招标人：陕西省交通建设集团公司，中标时间：6 月 13 日，中标人：陕西交通电子工程科技有限公司，中标金额：3460 万元。

(6)陕西省公路水路安全畅通与应急处置系统交通运行监测与安全应急系统建设，招标人：陕西省交通厅信息中心，中标时间：4 月 24 日，中标人：北京千方科技股份有限公司，中标金额：1198 万元。

（7）陕西省国家公路网交通情况调查数据采集与服务系统工程，招标人：陕西省公路局，中标时间：3 月 9 日，1 标段中标人：深圳市神州龙脉信息工程有限公司，中标金额：428 万元；2 标段中标人：北京万集科技股份有限公司，中标金额：1254 万元。

8．*湖南省 8.3 亿元*

（1）湖南省永顺至吉首高速公路项目机电工程施工图设计施工总承包第 27 标段，招标人：湖南省高速公路建设开发总公司，中标时间：6 月 23 日，中标人：北京公科飞达交通工程发展有限公司/北京交科公路勘察设计研究院，中标金额：1.7 亿元。

（2）益阳至娄底高速公路项目机电工程施工 EPC 中标，招标人：湖南省高速公路建设开发总公司，中标时间：7 月 7 日，1 标段中标人：紫光捷通科技股份有限公司与福建省交通规划设计院等，中标金额：2185 万元；2 标段中标人：招商局重庆交通科研设计院有限公司，中标金额：1.42 亿元。

（3）湖南省桑植至张家界高速公路项目机电工程施工图设计施工总承包第 jd1 标段，招标人：湖南省高速公路建设开发总公司，中标时间：1 月 1 日，中标人：北京公科飞达交通工程发展有限公司/北京交科公路勘察设计研究院有限公司，中标金额：1.3 亿元。

（4）湖南省武冈至靖州（城步）高速公路项目机电工程施工图设计施工总承包第 jd2 标段，招标人：湖南省高速公路建设开发总公司，中标时间：2 月 2 日，中标人：北京瑞华赢科技发展有限公司/中交公路规划设计院，中标金额：1.25 亿元。

（5）益阳至马迹塘高速公路项目机电工程施工图设计施工总承包第 jd1 标段，招标人：湖南省高速公路建设开发总公司，中标时间：3 月 24 日，中标人：中交路桥建设有限公司/中交第二公路勘察设计研究院，中标金额：9870 万元。

（6）湖南省永顺至吉首高速公路项目机电工程施工图设计施工总承包第 26－27 标段，招标人：湖南省交通运输厅基本建设处，中标时间：4 月 6 日，中标人：北京瑞华赢科技发展有限公司/中交公路规划设计院，中标金额：4995 万元。

（7）湘潭市基于 ipv6 技术的智慧交通不停车超限超载检测，招标人：湘潭市公路路政管理处，中标时间：12 月 6 日，中标人：湖南力唯中天科技发展有限公司等，中标金额：2246 万元。

（8）湖南省永顺至吉首高速公路项目通信管道预埋工程第 25 标段施工，招标人：湖南省高速公路建设开发总公司，中标时间：1 月 24 日，中标人：中铁四局集团电气化工程有限公司，中标金额：2121 万元。

（9）长益高速新益阳互通及连接线项目机电工程，招标人：益阳市龙桥建设开发有限公司，中标时间：7 月 19 日，中标人：湖南网络信息技术有限公司，中标金额：2000 万元。

（10）张花高速公路连接线项目机电工程施工图设计施工总承包第 jd1 标段，招标人：湖南省高速公路建设开发总公司，中标时间：7 月 28 日，中标人：西安金路交通工程科技发展有限责任公司 / 中交第一公路勘察设计研究院有限公司，中标金额：1837 万元。

（11）湖南省张花高速公路连接线项目机电工程施工图设计施工总承包第 jd1 标段，招标人：湖南省高速公路建设开发总公司，中标时间：7 月 31 日，中标人：西安金路交通工程科技发展有限责任公司 / 中交第一公路勘察设计研究院有限公司，中标金额：1387 万元。

9. 广西省 8.2 亿元

（1）广西梧州至柳州高速公路监控、通信、收费综合系统及隧道机电工程，招标人：广西桂东高速公路有限公司，中标时间：6 月 12 日，1 标段中标人：广西交通科学研究院，中标金额：17.5 亿元；2 标段中标人：北京瑞华赢科技发展有限公司，中标金额：1.28 亿元；3 标段中标人：中铁十二局集团电气化工程有限公司，中标金额：1.15 亿元。

（2）广西柳州（鹿寨）至南宁高速公路改扩建项目监控、通信、收费综合系统工程，招标人：广西桂海高速公路有限公司，中标时间：11 月 27 日，中标人：广西交通科学研究院，中标金额：2.93 亿元。

（3）广西贵港至合浦高速公路监控、通信、收费综合系统工程施工，招标人：广西北部湾投资集团有限公司，中标时间：3 月 24 日，中标人：广西交通科学研究院，中标金额：8826 万元。

（4）桂林至三江（桂黔界）公路项目 GSJD（机电工程），招标人：广西桂三高速公路有限公司，中标时间：2 月 18 日，中标人：中咨泰克交通工程集团有限公司，中标金额：5517 万元。

10. 福建省 7.7 亿元

（1）福建省漳州天宝至龙岩蛟洋高速公路改扩建工程龙岩段机电工程供货与安装 e1、e2、ed1、ed2 标段，招标人：福建厦蓉高速公路漳龙段扩建工程有限公司，中标时间：11 月 14 日，1 标段中标人：北京云星宇交通工程有限公司，中标金额：6677 万元；2 标段中标人：紫光捷通科技股份有限公司，中标金额：5286 万元；3 标段中标人：江苏安防科技有限公司，中标金额：1.4 亿元；4 标段中标人：中铁建大桥工程局集团电气化工程有限公司，中标金额：6631 万元。

（2）海西高速公路网厦沙线三明市境段机电工程监控、通信、收费系统等项目，招标人：三明厦沙高速公路有限责任公司，中标时间：1 月 3 日，1 标段中标人：中铁十四局集团电气化工程，中标金额：1.12 亿元；2 标段中标人：北京瑞华赢科技发展有限公司，中标金额：1.28 亿元；3 标段中标人：中铁电气化局集团有限公司集团，中标金额：7838 万元。

（3）福建省高速公路出口计重收费整车式动态汽车衡设备采购及安装调试工程，招标人：福建省高速公路信息科技有限公司，中标时间：4 月 8 日，1 标段中标人：北京万集科技股份有限公司，中标金额：3008 万元；2 标段中标人：重庆大唐科技股份有限公司，中标金额：2876 万元；3 标段中标人：陕西四维衡器科技有限公司，中标金额：2666 万元；4 标段中标人：西安航天三沃机电设备有限责任公司，中标金额 2997 万元。

（4）福建省高速公路电子收费电子标签 2018 年第一批采购项目，招标人：福建省高速公路有限责任公司，中标时间：12 月 1 日，1 标段中标人：深圳市深圳市金溢科技有限公司，中标金额：1930 万元；2 标段中标人：北京万集科技股份有限公司，中标金额：1254 万元。

（5）厦门海沧隧道海沧端接线机电工程建设项目，招标人：厦门路桥建设集团有限公司，中标时间：2 月 7 日，中标人：重庆渝信路桥发展有限公司，中标金额：1169 万元。

（6）沈海高速公路镜洋互通机电工程监控、收费、通信系统供货与安装 E 合同段施工，招标人：福建省机电设备招标公司，中标时间：3 月 3 日，中标人：上海电科智能系统股份有限公司，中标金额：1012 万元。

11. 新疆省 6.4 亿元

（1）2017 年乌鲁木齐市南山农村公路暨旅游公路智慧系统工程设计与施工，招标人：乌鲁木齐市城市交通投资有限责任公司，中标时间：8 月 11 日，中标人：上海电科智能系统股份有限公司，中标金额：2.46 亿元。

（2）新疆联网非现金支付三期工程（南疆片区）及 G3012 线和硕至库尔勒高速公路机电系统改造工程施工，招标人：新疆维吾尔自治区公路管理局，中标时间：10 月 11 日，1 标段中标人：甘肃紫光智能交通与控制技术有限公司，中标金额：7800 万元；2 标段中标人：江西方兴科技有限公司，中标金额：6055 万元；3 标段中标人：福建新大陆科技集团有限公司，中标金额：5160 万元。

（3）连霍高速吐鲁番至小草湖段公路项目机电工程，招标人：新疆维吾尔自治区交通建设管理局，中标时间：10 月 27 日，1 标段中标人：陕西汉唐计算机有限责任公司，中标金额：4713 万元；2 标段中标人：上海电科智能系统股份有限公司，中标金额：3261 万元。

（4）连霍高速吐鲁番至和田联络线 G3012 喀什至疏勒段项目机电工程施工，招标人：新疆维吾尔自治区交通建设管理局，中标时间：9 月 3 日，1 标段中标人：中铁十二局集团电气化工程有限公司，中标金额：2754 万元；2 标段中标人：广东新粤交通投资有限公司，中标金额：1.33 亿元。

（5）塔城地区视频监控体系建设项目，招标人：中国联合网络通信有限公司塔城地区分公司，中标时间：4 月 19 日，中标人：中国联合网络通信有限公司塔城地区分公司，中标金额：4298 万元。

（6）阿勒泰地区行署公安局边境视频监控相关平台设备，招标人：伊犁哈萨克自治州阿勒泰地区行署公安局交警支队，中标时间：2 月 21 日，中标人：新疆浦汇信息技术有限公司，中标金额：1510 万元。

（7）新疆省道 226 线富蕴至可可托海公路工程等 2 个项目机电工程施工，招标人：新疆维吾尔自治区交通建设管理局，中标时间：1 月 5 日，中标人：紫光捷通科技股份有限公司，中标金额：1005 万元。

12. 甘肃省 6.1 亿元

（1）连霍国家高速公路（G30）兰州绕城南段（G3001）公路机电工程，招标人：甘肃路桥公路投资有限公司，中标时间：12 月 15 日，1 标段中标人：兰州朗青交通科技有限公司，中标金额：3260 万元；2 标段中标人：广东新粤交通投资有限公司，中标金额：1.33 亿元；3 标段中标人：广州航天海特系统工程有限公司，中标金额：6152 万元；4 标段中标人：西安金路交通工程科技发展有限责任公司，中标金额：5999 万元；5 标段中标人：甘肃紫光智能交通与控制技术有限公司，中标金额：6799 万元；6 标段中标人：浙大中控信息技术有限公司，中标金额：7995 万元。

（2）国道 G570 金昌至永昌一级公路改建项目部分机电工程，招标人：金昌市交通投资有限公司，中标时间：8 月 3 日，1 标段中标人：山西四和交通工程有限责任公司，中标金额：2731 万元；2 标段中标人：北京公科飞达交通工程发展有限公司，中标金额：6471 万元。

（3）甘肃省高速公路全计重收费系统改造工程（兰州处）施工，招标人：甘肃省兰州高速公路管理处，中标时间：9 月 23 日，1 标段中标人：广东飞达交通工程有限公司，中标金额：1891 万元；2 标段中标人：浙大中控信息技术有限公司，中标金额：7720 万元。

（4）g345 线峰迭至代古寺公路机电工程设计施工总承包，招标人：甘肃省交通建设集团有限公司，中标时间：10 月 11 日，中标人：甘肃紫光智能交通与控制技术有限公司/湖北省交通规划设计院（联合体），中标金额：3363 万元。

（5）s237 线平山湖至祁连公路（平山湖至甘州区段）机电工程，招标人：张掖市万盛投资开发建设有限责任公司，中标时间：8 月 16 日，中标人：甘肃紫光智能交通与控制技术有限公司，中标金额：3340 万元。

（6）甘肃省交通运输运行协调和应急指挥系统工程建设，招标人：甘肃省交通科技通信中心，中标时间：11 月 2 日，中标人：兰州朗青交通科技有限公司，中标金额：2511 万元。

（7）甘肃省公路建设管理集团有限公司项目建设信息化管理系统，招标人：甘肃省公路建设管理集团有限公司，中标时间：9 月 13 日，中标人：甘肃紫光智能交通与控制技术有限公司，中标金额：2226 万元。

（8）甘肃省高速公路全计重收费系统改造工程（武威处）施工，招标人：甘肃省武威高速公路管理处，中标时间：9 月 26 日，中标人：甘肃紫光智能交通与控制技术有限公司，中标金额：1533 万元。

（9）甘肃 g70 福银高速公路长庆桥至凤口段凤口省界主线收费站改扩建工程机电施工，招标人：甘肃省平凉高速公路管理处，中标时间：9 月 3 日，中标人：甘肃紫光智能交通与控制技术有限公司，中标金额：1400 万元。

（10）g30 连霍高速公路山丹至临泽段东乐收费站建设工程机电施工，招标人：甘肃省武威高速公路管理处，中标时间：10 月 27 日，中标人：甘肃紫光智能交通与控制技术有限公司，中标金额：1299 万元。

13. 河北省 4.7 亿元

（1）河北省荣成—乌海高速公路河北徐水至涞源（冀晋界）段机电工程 JD-7 标段施工，招标人：河北省高速公路荣乌管理处，中标时间：1 月 18 日，中标人：吉林省科维交通工程有限公司，中标金额：9082 万元。

（2）曲阳至黄骅港高速公路曲阳至肃宁段项目机电工程施工 jd1～2 标段，招标人：河北曲港高速公路开发有限公司，中标时间：11 月 2 日，中标人：甘肃紫光智能交通与控制技术有限公司，中标金额：3449 万元。

（3）张石高速公路山区段隧道监控系统工程，招标人：河北交通投资集团张石高速公路，中标时间：11 月 22 日，中标人：广西交通科学研究院，中标金额：4616 万元。

（4）2017 年河北省高速公路 ETC 电子标签、低碳畅行卡采购项目（一）（01～03 标段），招标人：河北冀翔通电子科技有限公司，中标时间：2 月 8 日，中标人：北京万集科技股份有限公司，中标金额：1228 万元。

（5）2017 年河北省高速公路 etc 电子标签、低碳畅行卡采购项目（二），招标人：河北冀翔通电子科技有限公司，中标时间：9 月 14 日，中标人：北京聚利科技股份有限公司，中标金额：1079 万元。

（6）河北省荣成—乌海高速公路河北徐水至涞源（冀晋界）段机电工程 JD-6 标段施工，招标人：河北省高速公路管理局，中标时间：1 月 19 日，中标人：北京诚达交通科技有限公司，中标金额：3184 万元。

（7）河北完善高速公路指挥调度系统（服务区部分）二期工程，招标人：河北省高速公路管理局指挥调度中心，中标时间：9 月 26 日，中标人：中远海运科技股份有限公司，中标金额：2741 万元。

（8）河北省高速公路运行管理综合数据平台建设工程，招标人：河北省高速公路管理局指挥调度中心，中标时间：8 月 16 日，中标人：北京瑞华赢科技发展有限公司，中标金额：2430 万元。

（9）邢临高速公路收费站收费广场扩建工程机电施工，招标人：河北邢临高速公路开发有限公司，中标时间：9 月 8 日，中标人：石家庄泛安科技有限公司，中标金额：1298 万元。

（10）河北省公路水路安全畅通与应急处置系统建设工程，招标人：河北省交通通信管理局，中标时间：11 月 3 日，中标人：河北信通网络信息技术有限公司，中标金额：1350 万元。

（11）北京至秦皇岛高速公路河北省三河段及密涿高速公路北三县段机电工程，招标人：河北省高速公路廊坊北三县管理处，中标时间：12 月 19 日，中标人：云南康迪科技有限公司，中标金额：1728 万元。

（12）河北省青银高速公路铜冶互通改建机电工程施工，招标人：河北省高速公路青银管理处，中标时间：2 月 13 日，中标人：江苏铁电交通科技集团有限公司，中标金额：1693 万元。

（13）张石高速公路山区段涞源南互通立交至涞水枢纽互通立交段监控系统工程，招标人：河北交通投资集团张石高速公路保定段有限公司，中标时间：11 月 22 日，中标人：河北中岗通信工程有限公司，中标金额：1523 万元。

（14）承唐高速公路承德段增设隧道检测设备等 6 项工程，招标人：河北省高速公路承唐承德管理处，中标时间：10 月 12 日，中标人：山西四和交通工程有限责任公司，中标金额：1155 万元。

（15）河北省 12328 交通运输服务监督电话建设工程，招标人：河北省高速公路管理局指挥调度中心，中标时间：10 月 16 日，中标人：广东飞达交通工程有限公司，中标金额：1144 万元。

14. 四川省 4.3 亿元

（1）四川省雅安至康定高速公路项目机电工程施工，招标人：四川雅康高速公路有限责任公司，中标时间：1 月 19 日，中标人：亿阳信通股份有限公司，中标金额：1.13 亿元。

（2）四川省雅安至康定高速公路项目机电工程施工，招标人：四川雅康高速公路有限责任公司，中标时间：1 月 19 日，中标人：成都曙光光纤网络有限责任公司，中标金额：6766 万元。

（3）巴桃路机电 JD6 标段，招标人：四川巴陕高速公路有限责任公司，中标时间：3 月 2 日，中标人：四川高路交通信息工程有限公司，中标金额：5840 万元。

（4）四川成彭高速公路扩容改造工程机电工程，招标人：成都成彭高速公路有限责任公司，中标时间：5 月 12 日，中标人：四川晴宇交通科技有限公司，中标金额：5192 万元。

（5）四川国道 317 线雀儿山隧道工程项目机电工程施工，招标人：甘孜州交通建设投资有限公司，中标时间：1 月 13 日，中标人：四川高路交通信息工程有限公司，中标金额：1870 万元。

（6）四川省桃园（川陕界）至巴中高速公路项目桃园至关坝段机电工程施工 jd8 标段，招标人：四川巴陕高速公路有限责任公司，中标时间：11 月 22 日，中标人：甘肃紫光智能交通与控制技术有限公司，中标金额：1776 万元。

（7）四川省高速公路专用通信网改造项目，招标人：四川省交通运输厅信息中心，中标时间：4 月 13 日，中标人：南京南瑞集团公司，中标金额：1696 万元。

（8）四川省桃园（川陕界）至巴中高速公路项目桃园至关坝段机电工程 jd7 标段，

招标人：四川巴陕高速公路有限责任公司，中标时间：11 月 22 日，中标人：四川高路交通信息工程有限公司，中标金额：1646 万元。

（9）四川高速公路建设开发总公司川高系统大数据平台系统工程（dsj2～4 标段），招标人：四川高路交通信息工程有限公司，中标时间：6 月 13 日，中标人：成都鼎毅维元科技有限公司，中标金额：884 万元。

（10）乐自高速公路乐山城区连接线机电工程，招标人：山东高速集团四川乐自公路有限公司，中标时间：7 月 11 日，中标人：紫光捷通科技股份有限公司，中标金额：1548 万元。

（11）四川省交通运行监测与应急指挥系统（二期）工程（第一批）1 标段（应用系统开发及支撑软件系统采购集成），招标人：四川省交通运输厅信息中心，中标时间：11 月 28 日，中标人：北京千方科技股份有限公司，中标金额：1500 万元。

（12）四川省交通运行监测与应急指挥系统（二期）工程（第一批）5 标段（综合通信调度平台），招标人：四川省交通运输厅信息中心，中标时间：12 月 5 日，中标人：四川创立信息科技有限责任公司，中标金额：1250 万元。

（13）四川省高速公路联网收费系统运维及安装调试服务，招标人：四川省交通运输厅高速公路监控结算中心，中标时间：12 月 19 日，中标人：山东中创软件工程股份有限公司，中标金额：1034 万元。

15. 天津市 4.2 亿元

（1）天津市高速公路交通管理科技设施建设项目 1～4 标段施工，招标人：天津高速公路集团有限公司，中标时间：10 月 12 日，1 标段中标人：天津市高速公路科技，中标金额：1.62 亿元；2 标段中标人：中咨泰克交通工程集团有限公司，中标金额：1.31 亿元。

（2）津滨高速公路联网收费系统升级改造工程施工，招标人：津泰达津滨高速公路有限公司，中标时间：4 月 6 日，中标人：中咨泰克交通工程集团有限公司，中标金额：4838 万元。

（3）华北高速所属天津市高速公路交通管理科技设施建设，招标人：华北高速公路股份有限公司，中标时间：12 月 5 日，中标人：安徽皖通科技股份有限公司，中标金额：2642 万元。

（4）天津市高速公路交通管理科技设施建设项目（京津高速部分）施工，招标人：天津京津高速公路有限公司，中标时间：10 月 25 日，中标人：北京云星宇交通工程有限公司，中标金额：2585 万元。

（5）天津市高速公路交通管理科技设施建设项目（海滨高速部分）施工，招标人：天津海滨大道建设发展有限公司，中标时间：11 月 16 日，中标人：中咨泰克交通工程集团有限公司，中标金额：1668 万元。

（6）京秦高速公路天津段工程 20 标段施工，招标人：天津高速公路集团有限公司，中标时间：9 月 25 日，中标人：天津市高速公路科技有限公司，中标金额：1148 万元。

（7）天津市 2017 年专项工程机电工程 1 标段，招标人：天津高速公路集团有限公司，中标时间：5 月 17 日，中标人：天津市高速公路科技有限公司，中标金额：1000 万元。

16. 安徽省 3.9 亿元

（1）芜湖至合肥国家高速公路安徽省林头至陇西段改扩建工程机电工程施工，招标人：安徽省交通控股集团有限公司，中标时间：4 月 14 日，中标人：安徽皖通科技股份有限公司，中标金额：8718 万元。

（2）京台国家高速公路安徽省方兴大道至马堰段改扩建工程机电工程施工，招标人：安徽省交通控股集团有限公司，中标时间：4 月 28 日，中标人：北京云星宇交通工程有限公司，中标金额：6777 万元。

（3）宿州至扬州高速公路天长段机电工程施工，招标人：安徽天扬高速公路开发有限公司，中标时间：2 月 1 日，中标人：安徽汉高信息科技有限公司，中标金额：4198 万元。

（4）安徽北沿江高速公路巢湖至无为段机电工程施工，招标人：安徽省交通控股集团有限公司，中标时间：2 月 24 日，中标人：北京诚达交通科技有限公司，中标金额：4091 万元。

（5）安徽高速公路监控数字化改造工程（四期），招标人：安徽省交通控股集团有限公司，中标时间：12 月 1 日，中标人：安徽皖通科技股份有限公司，中标金额：796 万元。

（6）安徽扬州至绩溪高速公路广德至宁国段机电工程，招标人：安徽省交通控股集团有限公司，中标时间：10 月 23 日，中标人：安徽皖通科技股份有限公司，中标金额：2530 万元。

（7）安徽泗洪至泗县高速公路安徽段机电工程施工，招标人：安徽省交通控股集团有限公司，中标时间：1 月 25 日，中标人：安徽皖通科技股份有限公司，中标金额：2080 万元。

（8）安徽皖通高速公路股份有限公司所辖路段机电系统改造工程（2017 年度）1～4 标段，招标人：安徽皖通高速公路股份有限公司，中标时间：9 月 4 日，中标人：安徽汉高信息科技有限公司，中标金额：468 万元。

（9）安徽省交通控股集团有限公司高速公路监控数字化改造工程（三期）02 标段，招标人：安徽省交通控股集团有限公司，中标时间：1 月 16 日，中标人：北京诚达交通科技有限公司，中标金额：1696 万元。

（10）g318 岳西县城至白帽“瓶颈路段”改建工程施工 02 标段隧道机电工程，招标人：安庆市公路管理局，中标时间：12 月 22 日，中标人：安徽皖通科技股份有限公司，中标金额：1658 万元。

（11）合肥绕城高速龙塘收费道口改扩建工程机电工程，招标人：安徽皖通高速公路股份有限公司，中标时间：11 月 23 日，中标人：北京云星宇交通工程有限公司，中标金额：1384 万元。

（12）安徽省高速公路联网收费管理平台建设工程项目 1 标段，招标人：安徽省高速公路联网运营有限公司，中标时间：10 月 27 日，中标人：浙大中控信息技术有限公司，中标金额：1069 万元。

17. 北京市 3 亿元

（1）北京新机场高速公路（南五环－北京新机场）机电工程，招标人：北京京投交通发展有限公司，中标时间：11 月 11 日，1 标段中标人：紫光捷通科技股份有限公司，中标金额：6111 万元；2 标段中标人：北京公科飞达交通工程发展有限公司，中标金额：6471 万元；3 标段中标人：北京云星宇交通工程有限公司，中标金额：7773 万元；4 标段中标人：福建新大陆科技集团有限公司，中标金额：2847 万元。

（2）京开高速公路（魏永路—西黄垡桥）主、辅路拓宽改造工程机电系统，招标人：北京市交通委员会路政局，中标时间：4 月 27 日，中标人：浙江高速信息工程技术有限公司，中标金额：4882 万元。

（3）京秦高速公路北京东六环至京冀界段附属工程施工招标机电和照明标段，招标人：北京市首都公路发展集团有限公司，中标时间：6 月 22 日，中标人：广东诚泰交通科技发展有限公司/江苏宝德照明器材有限公司，中标金额：2569 万元。

（4）2017 年度国省干线公路网技术状况监测项目—路况检测，招标人：交通运输部路网监测与应急处置中心，中标时间：4 月 6 日，1 标段中标人：中公高科养护科技股份有限公司等，中标金额：468 万元；2 标段中标人：浙江公路技师学院（联合体），中标金额：399 万元。

18. 内蒙古 2.7 亿元

（1）内蒙古成至乌海高速公路棋盘井至乌海段交通安全设施、机电工程施工，招标人：荣乌高速乌海段工程项目管理办公室，中标时间：1 月 13 日，1 标段中标人：河北龙威交通工程有限公司，中标金额：3066 万元；2 标段中标人：济南金宇公路产业发展有限公司，中标金额：4547 万元；3 标段中标人：江苏铁电交通科技集团有限公司，中标金额：3615 万元。

（2）省道 26 线敖勒召其至东道梁（蒙宁界）公路机电工程施工及机电工程施工中标（一标段），招标人：省道 26 线敖勒召其至东道梁段高速公路工程建设项目办公室，中标时间：6 月 23 日，中标人：浙江高速信息工程技术有限公司，中标金额：3570 万元。

（3）内蒙古高速公路收费、监控、通信联网及 etc 系统软件，招标人：内蒙古自治区公路路政执法监察总队，中标时间：4 月 27 日，中标人：广州华工信息软件有限公司，中标金额：3343 万元。

（4）省道 26 线敖勒召其至东道梁（蒙宁界）公路机电工程施工中标（二标段），招标人：省道 26 线敖勒召其至东道梁段高速公路工程建设项目办公室，中标时间：6 月 28 日，中标人：北京路安交通科技发展有限公司，中标金额：2587 万元。

（5）内蒙古省道 201 线室韦至拉布大林段一级公路机电工程，招标人：省道 201 线室韦至拉布大林公路项目建设管理办公室，中标时间：6 月 8 日，中标人：江苏长天智远交通科技有限公司，中标金额：2179 万元。

（6）国道 302 线珲春至阿尔山公路乌兰浩特至阿力得尔段二期工程机电工程，招标人：G302 线乌兰浩特至阿力得尔段公路二期工程建设项目管理办公室，中标时间：3 月 1 日，中标人：紫光捷通科技股份有限公司，中标金额：1444 万元。

（7)省道 203 线阿拉坦额莫勒至阿木古郎段公路建设项目一期工程交通安全设施、机电工程，招标人：省道 203 线满洲里至阿木古郎一级公路项目建设管理办公室，中标时间：2 月 22 日，中标人：湖南华鑫美好公路环境建设有限公司，中标金额：1294 万元。

（8）内蒙古省道 202 线海拉尔至伊敏段一级公路机电工程施工，招标人：省道 202 线海拉尔至伊敏段一级公路项目建设管理办公室 ，中标时间：6 月 16 日，中标人：紫光捷通科技股份有限公司，中标金额：1133 万元。

19. 山东省 2.5 亿元

（1)齐鲁交通发展集团有限公司 2017 年度高速公路第三批信息系统设备采购与安装项目，招标人：齐鲁交通发展集团有限公司，中标时间：9 月 29 日，中标人：齐鲁交通信息集团有限公司，中标金额：5952 万元。

（2）青银、青新及青岛流亭机场高速公路机电系统改造工程，招标人：青岛市高速公路管理处，中标时间：12 月 11 日，中标人：青岛海信网络科技股份有限公司，中标金额：5936 万元。

（3）山东高速集团 2017 年机电工程，招标人：山东高速股份有限公司，中标时间：10 月 23 日，中标人：西安金路交通工程科技发展有限责任公司工程科技，中标金额：3628 万元。

（4）济南顺河高架南延二期机电设备采购及安装，招标人：济南市政公用资产管理运营有限公司，中标时间：3 月 9 日，1 标段中标人：北京泰豪智能工程有限公司，中标金额：1891 万元；2 标段中标人：河北远东通信系统工程有限公司，中标金额：1709 万元。

（5）蓬莱至栖霞高速公路工程主线机电施工，招标人：齐鲁交通发展集团有限公司蓬莱至栖霞高速公路建设项目办公室，中标时间：1 月 2 日，中标人：石家庄泛安科技有限公司，中标金额：2525 万元。

（6）莘县至南乐（鲁豫界）高速公路机电施工，招标人：齐鲁交通发展集团有限公司，中标时间：11 月 29 日，中标人：中咨泰克交通工程集团有限公司，中标金额：2360 万元。

（7）山东高速集团信息机电备品备件设备采购，招标人：山东高速股份有限公司，中标时间：12 月 12 日，中标人：山东高速信息工程有限公司工程，中标金额：1057 万元。

20. 宁夏省 2.3 亿元

（1）青银高速公路宁东至银川段改扩建项目机电工程，招标人：宁夏公路建设管理局，中标时间：3 月 13 日，中标人：江苏铁电交通科技集团有限公司，中标金额：9496 万元。

（2）2017年宁夏公路机电系统专项改造工程，招标人：宁夏交通信息监控中心，中标时间：7月28日，1标段中标人：陕西高速电子工程有限公司，中标金额：996万元；2标段中标人：中远海运科技股份有限公司，中标金额：1219万元。

（3）宁夏省道103线同心至海原公路机电工程，招标人：宁夏公路建设管理局，中标时间：5月5日，中标人：中海网络科技股份有限公司，中标金额：2798万元。

（4）石银高速公路石嘴山至平罗联络线机电工程，招标人：宁夏公路建设管理局，中标时间：8月29日，中标人：中远海运科技股份有限公司，中标金额：2692万元。

（5）宁夏叶盛黄河公路大桥机电工程，招标人：宁夏公路建设管理局，中标时间：8月17日，中标人：紫光捷通科技股份有限公司，中标金额：2569万元。

（6）京藏高速公路改扩建麻黄沟至四十里店南段通信光缆临时改移工程，招标人：宁夏交通运输厅，中标时间：3月24日，中标人：中海网络科技股份有限公司，中标金额：1529万元。

（7）2017年宁夏公路机电系统专项改造工程施工，招标人：宁夏交通信息监控中心，中标时间：7月24日，中标人：江苏铁电交通科技集团有限公司，中标金额：1053万元。

21. 山西省2.2亿元

（1）西纵高速公路右玉至平鲁段项目机电工程施工，招标人：山西省朔州高速公路有限责任公司，中标时间：10月21日，中标人：中咨泰克交通工程集团有限公司，中标金额：6393万元。

（2）山西省神池至岢岚高速公路机电工程施工，招标人：山西省忻州高速公路有限责任公司，中标时间：11月2日，中标人：上海电科智能系统股份有限公司，中标金额：2600万元。

（3）晋蒙黄河大桥项目机电工程施工，招标人：灵河高速公路（神河段）建设管理处，中标时间：8月15日，中标人：山西四和交通工程有限责任公司，中标金额：2513万元。

（4）霍永高速公路永和至永和关段机电工程设备采购，招标人：中铁三局集团霍永高速公路永和段工程指挥部，中标时间：7月3日，中标人：杭州中威电子股份有限公司，中标金额：319万元。

（5）山西晋焦高速公路升级完善隧道监控，招标人：山西晋焦高速公路有限公司，中标时间：1月5日，中标人：江苏铁电交通科技集团有限公司，中标金额：890万元。

（6）山西省公安厅交警总队高速三支队“智慧高速”科技建设，招标人：山西省公安厅交通警察总队高速三支队，中标时间：12月5日，中标人：山西中正润锦网络科技有限公司，中标金额：1475万元。

22. 黑龙江省1.6亿元

（1）黑龙江省高速公路电子不停车收费（ETC）系统建设二期工程，招标人：黑龙江省高速公路管理局，中标时间：8月1日，1标段中标人：广州航天海特系统工程有限公司，中标金额：2819万元；2标段中标人：江苏智运科技发展有限公司，中标金额 1.14 亿元；3 标段中标人：紫光捷通科技股份有限公司，中标金额：2038 万元；4 标段中标人：哈尔滨交研交通工程有限责任公司，中标金额：1838 万元。

（2）黑龙江省高速公路专项收费系统（计重）改造工程施工，招标人：河北省高速公路京沪管理处，中标时间：11 月 13 日，1 标段中标人：山西四和交通工程有限责任公司，中标金额：538 万元；2 标段中标人：紫光捷通科技股份有限公司，中标金额 5286 亿元；3 标段中标人：山东博安智能科技股份有限公司，中标金额：568 万元；4 标段中标人：山西欣奥特自动化工程有限公司，中标金额：711 万元。

（3）国道嘉荫至临江公路汤旺河至伊春段改扩建工程机电工程，招标人：伊春市交通运输局，中标时间：2 月 9 日，中标人：广东新粤交通投资有限公司，中标金额：1955 万元。

（4）大广高速公路大庆段电子不停车收费项目，招标人：大广高速公路大庆管理处，中标时间：12 月 5 日，中标人：甘肃紫光智能交通与控制技术有限公司，中标金额：1299 万元。

23. 江苏省 1.2 亿元

（1）南京扬子江隧道江北连接线快速化改造工程机电工程 sd-jd1 标段，招标人：南京市公路管理处，中标时间：5 月 18 日，中标人：中交隧道工程局有限公司，中标金额：3571 万元。

（2）江苏省高速公路电子不停车收费系统（etc）电子标签采购项目（2017 年），招标人：江苏通行宝智慧交通科技有限公司，中标时间：2 月 1 日，1 标段中标人：北京万集科技股份有限公司，中标金额：1289 万元；2 标段中标人：深圳市金溢科技有限公司，中标金额：1130 万元。

（3）江都至广陵高速公路改扩建工程机电施工项目 JG-JD-4 标段，招标人：江苏省高速公路经营管理中心，中标时间：9 月 22 日，中标人：江苏智运科技发展有限公司，中标金额：2115 万元。

（4）江苏省江都至广陵高速公路改扩建机电工程，招标人：江苏省高速公路经营管理中心 ，中标时间：7 月 4 日，中标人：紫光捷通科技股份有限公司，中标金额：2013 万元。

（5）江都至广陵高速公路改扩建工程机电施工项目 JG-JD-3 标段，招标人：江苏省高速公路经营管理中心 ，中标时间：6 月 13 日，中标人：江苏长天智远交通科技有限公司，中标金额：1847 万元。

（6）苏州绕城高速公路监控系统改造项目 rcyy-2017fbp、2017jkgz 标段施工，招标人：苏州绕城高速公路有限公司，中标时间：8 月 31 日，中标人：江苏智运科技发展有限公司，中标金额：460 万元。

24. 海南省 1.1 亿元

（1）海南省琼中至乐东高速公路（琼中至五指山段）机电工程施工 d1 标段，招标人：中国公路工程咨询集团有限公司，中标时间：6 月 6 日，中标人：石家庄泛安科技有限公司，中标金额：7243 万元。

（2）琼中至乐东高速公路（五指山至乐东段）机电工程施工 d2 标，招标人：深圳高速顾问工程有限公司，中标时间：7 月 14 日，中标人：紫光捷通科技股份有限公司，中标金额：4496 万元。

25. 辽宁省 5149 万元

（1）沈阳市铁西区新城综合管廊（一期工程）附属自控工程，招标人：沈阳铁西新城综合管廊开发建设有限公司，中标时间：4 月 27 日，中标人：上海电科智能系统股份有限公司，中标金额：3930 万元。

（2）辽宁丹东大东港疏港高速公路机电工程，招标人：辽宁省高速公路运营管理有限责任公司，中标时间：5 月 15 日，中标人：辽宁金洋科技发展有限公司，中标金额：1219 万元。

26. 上海市 4966 万元

（1）s32 公路机电设施整治工程设计施工总承包，招标人：上海市路政局，中标时间：7 月 7 日，中标人：上海市政工程设计研究总院（集团）有限公司，中标金额：3548 万元。

（2）上海市路政局外环线及高速公路入城段外场机电设施维护，招标人：上海市路政局，中标时间：2 月 12 日，中标人：中海网络科技股份有限公司，中标金额：1418 万元。

27. 重庆市 3331 万元

（1）重庆市北部新区星光大道北延线道路工程（照母山隧道段）机电工程，招标人：重庆市地产集团，中标时间：10 月 2 日，中标人：重庆市华驰交通科技有限公司，中标金额：1762 万元。

（2）重庆机场专用快速路工程南段寸滩长江大桥机电工程，招标人：重庆对外建设（集团）有限公司，中标时间：3 月 29 日，中标人：重庆市华驰交通科技有限公司，中标金额：1569 万元。

28. 河南省 3109 万元

（1）河南京港澳高速志洋路互通式立交机电工程，招标人：郑州航空港区航程置业有限公司，中标时间：5 月 5 日，中标人：陕西公路交通科技开发咨询公司，中标金额：1594 万元。

（2）新密交通局非现场执法动态称重系统建设项目，招标人：新密市交通运输局，中标时间：9 月 25 日，中标人：河南省特利衡器有限公司，中标金额：1515 万元。

（撰稿：李立　董海龙）

第二章

全国部分城市交通年报（摘要）

北京市

2017 年是“十三五”规划实施进程中关键的一年，为全面贯彻落实十九大精神，加快推进“疏解非首都功能，构建京津冀一体化协同发展体系”总体战略实施，依照市委、市政府布置，交通运输部门坚持不懈抓好交通拥堵治理，继续实施缓解交通拥堵年度行动计划，不断改善出行条件，交通拥堵加剧势头进一步得到遏制，交通出行结构进一步优化，全市交通运行总体安全平稳有序。

2017 年，交通基础设施建设依然保持稳步快速发展势头，有力支撑京津冀协同发展及冬奥会筹办等重大国家战略实施；2017 年全年在建地铁线路 20 条，高速公路 7 条，开工建设主次支路 92 条，年内开通 3 段轨道新线，运营里程达 608 千米，建成通车 22 条主次干路，公交专用道总里程达 907 千米。在中心城出行总量增长 2.4%，机动车保有量增长 3.4%的情况下，交通运行平稳有序，交通指数（5.6）与 2016 年持平。

2017 年，全市交通行业认真落实中央批复的《北京城市总体规划（2016—2035 年）》，坚持源头治本、精细治标、标本兼治、综合治理的总体工作思路，坚持首善标准，构建首都新型现代化综合交通体系，提升为“四个中心”服务的保障能力，圆满完成各项近期目标。

（1）中心城出行总量和绿色出行比例双双提升。

2017 年中心城区工作日出行总量为 3893 万人次（含步行），较 2016 年增长 2.4%；绿色出行比例达 72.1%，较 2016 年增长 1.1 个百分点，其中自行车出行比例增长尤为突出，同比增长 1.6 个百分点，而轨道交通和公共汽（电）车出行比例也有小幅增长。

（2）人口总量调控成效进一步显现，城市客运总量继续保持下降态势。

2017 年年底全市常住人口 2170.7 万人，比 2016 年末减少 2.2 万人。城市客运共运送乘客 79.4 亿人次，较 2016 年明显下降，同比下降 3.8%。其中公共电汽车 33.6 亿人次，同比下降 8.9%；轨道交通 37.8 亿人次，同比上升 3.2%；郊区客运 4.1 亿人次，同比下降 4.4%；出租客运 3.9 亿人次，同比下降 17.4%；市郊铁路 0.019 亿人次。

（3）交通拥堵加剧势头得到遏制，拥堵指数较 2016 年持平。

全路网高峰时段平均交通指数 5.6，较 2016 年持平，处于“轻度拥堵”等级；道路交通状况依然晚高峰拥堵程度高于早高峰。早高峰平均交通指数 5.1，晚高峰平均交通指数 6.1。平均拥堵持续时间（包括严重拥堵、中度拥堵）共计 2 小时 40 分钟，较 2016 年减少 15 分钟。

一、城市发展

1. 经济财政

2017 年全年实现地区生产总值 28000.4 亿元（初步核算数据），按可比价格计算，比 2016 年增长 6.7%，第一产业增加值 120.5 亿元，下降 6.2%；第二产业增加值 5310.6 亿元，增长 4.6%；第三产业增加值 22569.3 亿元，增长 7.3%。三次产业构成由 2016 年的 0.5：19.3：80.2，调整为 0.4：19.0：80.6。按常住人口计算，人均 GDP 达到 128927 元，按可比价格计算，比 2016 年增长 6.7%。

全市完成一般公共预算收入 5430.8 亿元，比 2016 年增长 6.8%（剔除营改增影响，同口径增长 10.8%）。其中，与“营改增”相关的增值税等完成 1671.9 亿元，下降 7.1%；企业所得税和个人所得税分别为 1229.8 亿元和 643.2 亿元，分别增长 12.3%和 12.6%。一般公共预算支出 6819.5 亿元，比 2016 年增长 6.4%。

2. 人口

2017 年年底全市常住人口 2170.7 万人，比 2016 年末减少 2.2 万人。其中，常住外来人口 794.3 万人，占常住人口的比重为 36.6%，较 2016 年降低 0.6 个百分点。常住人口中，城镇人口 1876.6 万人，占常住人口的比重为 86.5%。2017 年常住人口密度为每平方千米 1323 人，比 2016 年末减少 1 人。2017 年年底全市户籍人口 1359.2 万人，比 2016 年末减少 3.7 万人。

二、交通需求

1. 机动车保有量及使用情况

2017 年，北京市继续小客车指标调控政策，共配置普通小客车指标 88855 个（含过期未用再次配置 655 个）；配置示范应用新能源小客车指标 63076 个（含过期未用再次配置 9076 个）。截至 2017 年年底，北京市机动车保有量达到 590.9 万辆，较 2016 年增加 3.4%；其中私人机动车保有量达到 475.6 万辆，比 2016 年增加 3.3%。

与此同时，小客车指标申请人数继续增加。2017 年第 6 期（12 月 26 日），参加普通小客车配置的个人有效编码 2839459 个；单位有效编码 83078 个。新能源小客车配置完毕后，处于轮候状态的个人申请 116135 个；单位申请 6302 个，处于轮候状态的指标按照规定轮候次序配置。

2017 年小汽车工作日日均出行次数 4.38 次，节假日日均出行次数 4.34 次，工作日的日均出行次数高于节假日。工作日日均行驶里程 50.16 千米，节假日日均行驶里程 51.63 千米。

2. 出行总量

2017 年中心城区工作日出行总量为 3893 万人次（含步行），同比增加 2.4%，出行中各种方式出行量，如图 1 所示。

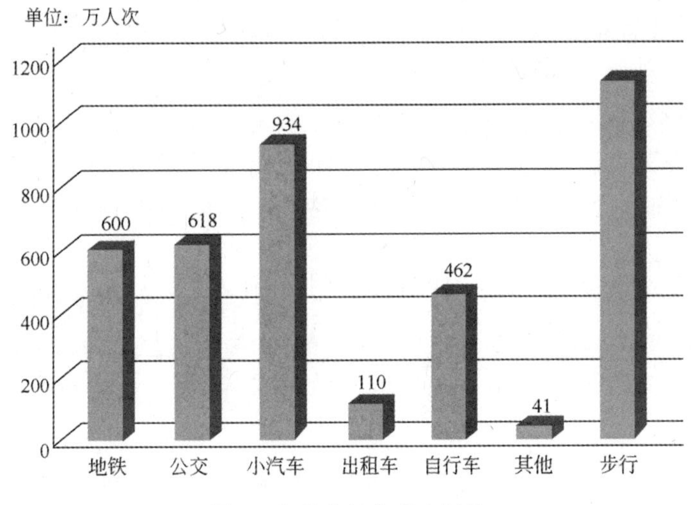

图1 各种出行方式出行量

3. 出行方式构成

中心城区绿色出行比例达 72.1%，较 2016 年增长 1.1 个百分点，其中包括轨道交通 15.4%、公共电汽车 15.8%、自行车 11.9%、步行 29.0%。随着轨道运营里程快速增长、公交线网不断优化调整、公交专用道里程持续增加，公共交通出行比例保持微幅上升，轨道交通出行比例增长 0.1 个百分点，公共电汽车出行比例增长 0.2 个百分点；2017 年共享单车井喷式发展，吸引部分步行和短距离出行转移到自行车交通方式，自行车出行比例增长明显，较 2016 年增长 1.6 个百分点（如图 2 所示）。

图2 出行方式结构

三、交通供给

1. 交通投资

2017 年北京市全年完成交通行业固定资产投资 1217.3 亿元，同比增长 24.3%。其中道路枢纽及配套投资 439.0 亿元，同比增长 53.2%。2017 年北京市市级交通固定资产投资完成 597.3 亿元，同比增长 17.5%，占交通行业固定资产投资的 49.1%。

2. 道路设施

2017 年年底全市公路总里程达到 22226.0 千米，其中高速公路达到 1012.9 千米，2017 年年底公路密度达到 135.44 千米/百平方千米。北京市城区道路共计里程 6359 千米，其中城市快速路 390 千米，郊区县城道路共计里程 2077.18 千米。

3. 公共交通

2017 年，全市公共汽（电）车运营车辆 25624 辆，比 2016 年增加 2936 辆，同比增长 12.9%；运营线路 886 条，比 2016 年增加 10 条；运营线路长度 19290 千米，比 2016 年底减少 528 千米，同比下降 2.7%；施划公交专用道里程 907 千米，同比增长 6.6%。

2017 年，北京市轨道交通运营线路 22 条，运营总里程达 608 千米，同比增长 5.9%，车站 370 座，换乘站 56 座。运营车辆 5204 辆，同比增加 180 辆，增长 3.6%。

四、交通运行

1. 道路交通运行

1）交通指数

2017 年全路网高峰时段平均交通指数 5.6，与 2016 年持平。2 月交通指数 4.2，为 2017 年全年最低，主要受春节假期影响，城市道路交通出行量下降；5—6 月交通指数同比降幅最大，主要受到共享单车发展影响，部分自驾车用户转向绿色出行方式；9 月交通指数 6.5，为 2017 年全年最高，主要受到中小学开学及国庆中秋假期影响，小汽车交通出行量增长明显。

2）拥堵持续时间

2017 年日均拥堵持续时间（严重拥堵、中度拥堵）共计 2 小时 40 分钟，较 2016 年减少 15 分钟。其中严重拥堵和中度拥堵持续时间分别增加 5 分钟和减少 20 分钟。

2. 交通运输

1）对外客运

2017 年全市全年对外客运共运送乘客 2.89 亿人次，同比减少 2.7%。其中公路客运完成 5479 万人次，铁路旅客发送量 13872.9 万人次，航空进出港旅客 9578 万人次。

2）城市客运

2017 年城市客运共运送乘客 79.4 亿人次，较 2016 年明显下降，同比下降 3.8%。其中公共电汽车 33.6 亿人次，同比下降 8.9%；轨道交通 37.8 亿人次，同比上升 3.2%；郊区客运 4.1 亿人次，同比下降 4.4%；出租客运 3.9 亿人次，同比下降 17.4%；市郊铁路 0.019 亿人次。

3）货物运输

2017 年，全市货物运输总量达 29093.5 万吨，同比增长 3.7%。其中公路营业性货运量 19374 万吨，同比减少 3.0%；铁路货物到发量为 1946.5 万吨，同比减少 2.9%；航空货邮吞吐量达到 203 万吨，同比增长 4.5%；口岸监管货运量达到 7570.0 万吨，同比增长 28.9%。

4）交通安全

2017 年全年共发生适用一般程序处理的交通事故 3222 起、死亡 1376 人，万车死亡率为 2.33。

上海市

2017 年，上海市交通运输行业紧紧围绕“完善和提升国际大都市一体化交通体系”的发展目标，按照“管为本、重体系、补短板”的要求，聚焦“智能交通、绿色交通”，有序推动“重大项目建设、综合交通补短板、公交优先、国际航运中心建设”等重点工作取得进展。2017 年全年各项目标任务顺利完成，为实现上海市交通行业高质量发展奠定了坚实基础。

一、城市发展

常住人口：截至 2017 年年底，上海市常住人口总数为 2418.33 万人，较 2016 年减少 1.37 万人。其中，户籍常住人口 1445.65 万人，较 2016 年增加 6.15 万人，占全市人口总数的 59.8%；外来常住人口 972.68 万人，较 2016 年减少 7.52 万人，占人口总数的 40.2%。

交通投资：2017 年，上海市交通基础设施投资 727.59 亿元，较 2016 年增加 29.25 亿元，增加 4.2%。其中，公路、市政道路、轨道交通、铁路、机场、港口、航道交通设施的投资分别较上年增长 40.9%、减少 5.6%、增长 3.5%、减少 74.4%、增长 37.7%、减少 39.9%、减少 5.2%。

机动车保有量：截至 2017 年年底，全市注册机动车保有量 390.5 万辆，较 2016 年增加 30.6 万辆，增长 8.5%。其中，汽车保有量 365.5 万辆，较 2016 年增加 38.3 万辆，增长 11.7%。全市注册机动车千人拥有率为 161 辆/千人，较 2016 年增长 8.6%；单位面积机动车保有率为 616 辆/平方千米，较 2016 年增长 8.5%。

二、交通设施

对外交通设施：截至 2017 年年底，航空方面，虹桥、浦东两个机场已投用 4 座航站楼、6 条跑道。铁路方面，铁路总里程 465 千米，拥有京沪、沪昆 2 个方向 5 条通道，形成了“三主三辅”铁路客运枢纽布局。水路方面，以洋山深水港区、外高桥港区为主题的国际枢纽港基本建成。公路方面，公路总里程 13322 千米，其中高速公路通车里程 829 千米，形成“两环、十一射、一纵、一横、多联”的基本布局。

市内交通设施：截至 2017 年年底，轨道交通方面，轨道交通线路 16 条，线路长度 666.40 千米，车站 389 座。公共汽（电）车方面，公共汽（电）车运营线路 1496 条，线路长度 24161 千米，站点 23652 个。轮渡方面，城市轮渡站点 31 个，三岛轮渡站点 8 个。城市道路方面，城市道路总里程 5224 千米，道路面积 115.9 平方千米。停车设施方面，经营性公共停车场（库）数量 2764 个，泊位数量 647640 个，收费道路停泊车位 42675 个；公共换乘（P+R）停车场（库）14 座，换乘泊位 4382 个。

三、交通运营

对外交通：2017 年，航空方面，两大机场实现航班起降 76.04 万架次，较 2016 年增长 2.5%；航空旅客吞吐量 11188.5 万人次，较 2016 年增长 5.1%；货邮吞吐量 423.2 万吨，较 2016 年增长 9.4%。铁路方面，铁路旅客运输量 23319.5 万人次，较 2016 年增长 10.2%；铁路货物运输量 1180.79 万吨，较 2016 年下降 1.4%。水路方面，上海港完成吞吐量 75050.8 万吨，较 2016 年增长 6.9%，扭转了连续 3 年的下跌趋势，其中集装箱吞吐量 4023.3 万 TEU，较 2016 年增长 8.3%，增速为近 6 年来新高，继续保持全球首位；上海邮轮港共计靠泊各类船舶 512 艘次，较 2016 年增长 0.6%；完成邮轮旅客吞吐量 297.3 万人次，较 2016 年增长 2.7%。公路方面，公路对外旅客发送量 3420 万人次，较 2016 年提升 0.5%；货物运输量 39743 万吨，较 2016 年上升 1.8%。

公共交通：2017 年日均客运量 1796.7 万人次，较 2016 年下降 1.9%，近 5 年来首次下降，除公共汽（电）车客运量持续下降外，出租汽车客运量下降明显。其中轨道交通（含磁悬浮）日均客运量 969.2 万乘次，占公共交通客运总量的比重进一步提升，达到 53.9%；公共汽（电）车日均客运量 602.9 万人次，分担率继续下降至 33.5%；出租汽车日均客运量 208.0 万人次，占比 11.6%；轮渡日均客运量 13.6 万人次，占比 0.8%；金山铁路日均客运量 2.9 万人次，占比 0.2%。

道路交通：2017 年，全市 68 个地面道路区域中，有 8 个区域工作日平均拥堵指数达到 50 以上，较 2016 年基本持平。8 个拥堵区域中，工作日平均累计拥堵时间在 2.2～7.8 小时之间，常发性严重拥堵区域主要集中于浦西中心城。

邮政快递：2017 年邮政行业业务总量 711.9 亿元，较 2016 年增长 26.2%；邮政行业业务收入（不包括邮政储蓄银行直接营业收入）935.6 亿元，较 2016 年增长 22.2%。其中，快递业务量 31.2 亿件，较 2016 年增长 19.7%；业务收入 868.9 亿元，较 2016 年增长 22.5%。

四、交通服务业

汽车维修：2017 年，机动车维修业户 5315 家，较 2016 年增加 2.9%。维修辆次 764.68 万辆次，较 2016 年下降 5.8%，维修收入 130.97 亿元，较 2016 年增长 3.6%。车辆综合性能检测 23.36 万辆次，较 2016 年增加 4.0%，检测收入为 0.99 亿元，较 2016 年增加 22.2%。

驾驶人培训：2017 年，机动车驾驶人培训机构总数为 202 家，较 2016 年减少 1 家。教练车和教练员分别为 18505 辆和 28040 人较 2016 年分别增长 1.4%和 9.9%。2017

年全年培训量为 368375 人次，较 2016 年下降 27.5%。单车年培训量为 19.91 人次/车，单人年培训量为 13.14 人次/人。

停车服务：2017 年，收费道路停车场停放量总计 2209.0 万辆次，较 2016 年增长 17.7%；泊位周转率为 1.42 辆次/泊位/天，较 2016 年增长 0.7%。经营性公共停车场（库）停放量总计 40878 万辆次，较 2016 年增长 29.2%；泊位周转率 1.73 辆次/泊位/天。较 2016 年增长 14.6%。

航运金融：2017 年，上海各主要银行业金融机构对上海航运产业的授信总额 3460.50 亿元，较 2016 年上升 46.6%。其中，贷款余额，融资租赁余额经营租赁分别较 2016 年增加 7.7%、76.1%、159.8%。

航运保险：2017 年，上海地区船舶险和货运险业务量达到 37.12 亿元，较 2016 年上升 0.4%，占全国船货险业务量的 25.1%。

船舶交易：2017 年，上海航运交易所完成船舶交易 112 艘次，较 2016 年减少 11 艘次，交易总价值 2.3 亿元；船舶评估 61 艘次。

五、交通管理、安全与环境

交通安全：2017 年，交通安全整体形式向好。全市发生道路交通安全事故（适用一般程序处理）710 次，较 2016 年减少 10.6%；事故受伤人数 222 人，较 2016 年减少 7.5%；死亡人数为 676 人，较 2016 年减少 10.9%；万车死亡率 1.73 人/万车，较 2016 年下降 18.0%。全市共发生交通运输安全生产事故 55 起，较 2016 年减少 5 起；死亡人数 63 人，较 2016 年减少 6 人。

机动车和船舶排放量：2017 年，全市机动车氮氧化物排放总量为 8.78 万吨，较 2016 年上升 5.8%。上海港（含洋山港）船舶排放氮氧化物、二氧化硫总量分别为 10.14 万吨、1.93 万吨。

全行业能源消费量：2017 年，全市交通行业能源消费量 2189 万吨标准煤，较 2016 年下降 8.9%。其中对外交通行业能源消费总量为 2011 万吨标准煤，较 2016 年降低 9.4%；公共交通能源消费量 179.4 万吨标准煤，较 2016 年降低 0.7%。

新能源汽车推广：2017 年，上海新增推广上牌新能源汽车 61354 辆。截至 2017 年年底，累计推广新能源汽车 166060 辆，推广总量继续保持全球领先。

六、综合交通管理补短板

总体情况：2017 年，上海市以落实《上海市道路交通管理条例》为抓手，以道路缓拥堵，公交优品质、交通智能化、管理提效率 4 方面为重点，持续推进补短板各项任务。完成换拥堵项目 118 项，实施单行道 37 条，优化道路指示标志牌 2773 块，完成慢行交通系统改善 31 项，完成 14 个中小河道整治项目，全面完成公共停车场（库）和道路停车收费系统改造。

广州市

一、交通发展形势

2017 年，广州以建设枢纽型网络城市为目标，对外提升国际综合交通枢纽能级，对内增强城市交通网络服务水平，多项指标取得历史性突破：白云机场旅客吞吐量排名升至全球第 13 位，广州港集装箱吞吐量排名全球第 7 位，地铁通车里程居全球第 4 位，公交都市建设取得新成效，有力支撑了广州向顶级全球城市迈进。

1. 国际综合交通枢纽地位得到巩固

2017 年，白云机场创全球单个航站楼服务客流之最，成为世界最繁忙机场之一，年客运吞吐量达到 6584 万人次，增速 10.1%，排名升至全球第 13 位，国际航空枢纽战略取得初步成效。广州港新增 12 条国际班轮航线，2017 年全年货物吞吐量 5.9 亿吨，全球排名提升至第 5 位，集装箱吞吐量 2037 万标准箱，全球排名保持在第 7 位不变。先后在云、贵、湘、川等泛珠地区建成 33 个无水港或办事处，扩大广州港的辐射范围，以广州港为核心的国际航运枢纽体系正逐步形成。

2. 公交都市建设取得新成效，城市交通保持健康发展

2017 年年底广州市轨道通车里程达到 390 千米，位列全球第 4 位，花都、增城等外围城区也步入地铁时代，线网规模和覆盖范围大幅提升。主城区范围内公共交通（常规公交+轨道交通）占机动化出行比例达到 61.1%，其中轨道交通占机动化出行分担率为 25.9%，以轨道交通为主体的城市公共交通体系正逐渐形成。高峰期核心区干道车速与 2016 年保持平稳，维持在 21.2 千米/小时，城市交通系统保持健康持续发展。

二、发展趋势与建议

十九大报告指出中国特色社会主义进入新时代。习总书记对广东工作提出“四个走在全国前列”的要求。广州作为广东省省会、国家重要中心城市，承担着代表国家参与全球竞合、带动周边协调发展、引领创新发展模式的重任，交通系统历来是广州的强项，在服务城市与区域上都发挥着重要作用，但在支撑“四个走在全国前列”的新要求下，广州的内外交通体系面临着从量变向质变发展的新趋势。

1. 扩大对外开放，需要进一步增强交通枢纽的国际化能力

对外开放的主要交通承载主体是国际航空枢纽和国际航运枢纽。广州白云机场、港口设施等在客货运量方面已达到世界前列，使广州步入世界大型枢纽城市的行列，进一步的提升需要促进从量变到质变，提升机场、港口的国际化能力已经成为当前发

展的关键。

白云机场 T2 航站楼于 2018 年 4 月建成投产，T3 航站楼和第四、第五跑道的建设在加速推进当中，单个机场的枢纽服务能力即将达到峰值。但白云机场的国际化能力仍然不足，国际旅客比例在我国三大枢纽中处于落后的位置。要进一步提升白云机场的国际化能力，必须从机场群的角度去谋划白云机场的国际化。一是要做好与大湾区内中国香港、深圳等机场的分工合作，找准白云机场的国际化方向；二是在市域内谋划第二机场，分担白云机场的支线航空功能，最大化利用空域资源；三是谋划更高速的轨道网络衔接体系，实现机场与大湾区主要城市，以及机场之间的连接，扩大白云机场的客流腹地。

广州港近年来发展迅速，在货运以及集装箱吞吐量增长速度均位于全国领先，港口吞吐能力位居世界前列。但广州港的国际航线不足，全球辐射能力有限，珠江口港口竞争激烈，缺乏协调与合作，集疏运网络有待提升。建议加强高端航运服务业发展，推动航运经济结构转型；继续完善珠三角内河航道网，加快南沙港疏港铁路建设，积极发挥铁路疏港的作用，形成规模化、集约化、快捷高效、结构优化的现代化港口集疏运体系；整合广州与珠江口及粤西沿海沿江港口群，与香港—深圳港口群共同发展粤港澳国际航运枢纽。

2. 全面对内开放，需要进一步完善广州高铁枢纽网络的格局

高铁日益成为国内长距离客运交通的主角，广州铁路枢纽对外辐射能力不足，正面临着从单中心十字形向多中心网络化的转变。

高铁枢纽要进一步向多点布局发展。广州铁路发送旅客规模持续增长，2017 年达到 1.15 亿人次，枢纽能力趋于饱和，尤其是节假日高峰期间，各大铁路客运站在作业能力、密集接发能力、旅客候车、换乘衔接、交通集散等方面都存在较大压力。根据预测，到 2020 年、2035 年枢纽旅客发送规模分别将达到 1.42 亿人次、3.97 亿人次，届时，广州铁路枢纽将面临更加严峻的挑战。建议加快推进广河高铁、广湛高铁等新增铁路线的建设，推进广州站、广州东站等既有车站的升级改造，逐步形成多站布局，多点到发的枢纽格局。

对外衔接通道向网络化发展。2017 年中国铁路总公司和广东省政府联合批复了《广州铁路枢纽总图规划》（2016—2030 年），描绘了大型放射状的广州铁路枢纽蓝图，规划行程“五主三辅”客站布局，并预留增城站和机场站发展成为重要客运节点的条件。为全面推进对内开放，巩固国家铁路枢纽地位，需要现有铁路布局的基础上强化辐射全国的华南高铁中心功能，重点补充与大西北（西安）和长三角（上海）方向的直达通道，全面对接国家主干铁路网。

3. 居民出行需求从量到质的变化，建设人民满意的交通系统

在新时代背景下，随着中国经济从高速增长阶段转向高质量发展阶段，居民出行需求也发生了从量到质的变化。建设人民满意的、高品质的城市交通系统，城市轨道和道路两张网责无旁贷。

广州地铁正处于新一轮的建设高峰期，2018 年将超过 500 千米，2020 年将达 620 千米，轨道交通成为广州城市交通网络的重要骨架。轨道系统容量的提升有助于解决出行难的问题，但轨道拥挤问题仍然存在。近年来开通的地铁线路主要位于外围地区，外围线路纳入线网系统将增加中心城区的建设进度，在新一轮轨道网络修编中，加密中心城区的线网，优化客流组织，提高轨网的可靠性和服务水平，从效率与公平的规划理念出发，提升轨道交通出行品质。

广州市高等级道路网密度可媲美全球一线城市，但次支路密度较低，与伦敦、纽约、东京等城市相比密度差距较大，且街道精细化、品质化水平不高。建议进一步完善路网结构，在旧城区研究如何用好现有街巷道路和小区道路，在新城根据组团特点配置道路网络，与道路修建性详细规划相结合，提高城市通透性和微循环能力，提升街区品质。同时，借助大数据和交通新技术，提高城市交通治理水平，实现城市交通运行的“透明”与“可控”。

成都市

2017年是成都实施“十三五”规划的重要一年，成都市提出建设全面体现新发展理念的城市，明确要求增强“五中心一枢纽”的功能，构建通达全球、衔接高效、功能完善的国际性综合交通枢纽。按照调整城市空间结构、重塑城市经济地理要求，成都打破圈层结构，扩大中心城区范围至“11+2”区，形成“中心城区+郊区新城”空间层次，并实施“东进、南拓、西控、北改、中优”五大主体功能区战略。2017年，成都积极抢抓机遇，交通运输工作取得了重大进展，成效显著，2017年全年累计完成交通固定资产投资316.16亿元，超计划投资10%。

一、城市经济持续发展

2017年，成都市经济保持平稳较快增长，人民生活水平不断提高，交通需求也随着经济的发展，持续着快速增长的势头。

1. 社会经济

经济稳定增长。经初步核算，2017年成都实现地区生产总值（GDP）完成13889.39亿元，排全国内地城市第9位。按可比价格计算，同比增长8.1%，增速高于全国平均水平1.2个百分点，与全省持平。

2. 人口

常住人口持续增长2017年年底，全市常住人口1604.47万人，较2016年同期增加12.71万人；户籍人口1435.33万人，较2016年同期增加36.4万人。中心城区常住人口1045.52万人，户籍人口811.55万人。随着人口持续增长，出行需求也在不断增加。

3. 机动车保有量

机动车保有量持续增长。2017年年底，市域机动车保有量494.18万辆，同比增长5.9%；其中汽车保有量453.96万辆，同比增长9.42%。机动车保有量仍保持较快的增长速度。成都机动车保有量仅次于北京，位列全国第2位。

二、交通设施建设有序推进

1. 航空

航空枢纽建设有序推进。成都双流国际机场扩能改造顺利推进，按照年旅客吞吐量6000万人次的能力要求进行扩容改造，扩能升级改造工程预计将于2018年完工。

成都天府国际机场主体工程及配套设施加快建设，确保在2020年投入使用。成都将成为继北京、上海之后的中国第3座拥有“双机场”城市。

2. 铁路

铁路通道建设进展顺利。《成都铁路枢纽规划（2016—2030年）》获批，西成客专、成昆铁路成都至峨眉段扩能改造建成投用。成蒲、成兰、成贵等铁路项目加快建设，蓉昆高铁成都至自贡段前期工作正加快推进，成都至西宁铁路可研报告通过专家审查，沿江通道成都经达州至万州段项目预可研编制完成，火车北站、西站扩能改造加快进行，成都“148”高铁交通圈加速形成。截至2017年年底，铁路营业总里程768千米，线网密度5.4千米/百平方千米。

3. 高速公路

高速公路建设加速成网。成安渝高速、成都经济区环线高速南段建成通车，成都经济区环线高速东、西段及天府机场高速、成彭高速扩能改造加速建设，成宜高速、成资渝高速、成都经济区环线高速北段开展征地拆迁工作。截至2017年年底，高速公路里程958.7千米，已形成“二环十一射”高速公路网络，实现了中心城区至各郊区新城至少有1条高速通道点对点连接。

4. 市域路网

市域路网不断优化。《成都市域高快速路网体系规划》编制完成，《农村公路发展规划（2018—2020年）》正加快编制，金简仁、成金简、成洛简、成资、五环路、成温崇等市域快速路前期工作加快推进。“四好农村路”建设正深入推进。市域交通网络加速成型，2017年年底，成都市域公路里程26293.9千米，全市公路密度为1.83千米/平方千米。

5. 城市地铁

地铁网络快速扩张。年内开通运营4号线二期、7号线、10号线一期，续建7个、新开工建设5个地铁项目，2017年年底，轨道交通在建里程约375千米。

6. 行业信息化

行业信息化快速发展。出台了《加快智慧交通系统建设行动计划》，明确了2017—2021年智慧交通发展目标和思路，重点推进智能交通基础实施建设、完成交通运行协调中心（TOCC）数据中心建设、灵活运用智慧交通建设成果、全面提高智慧交通公众出行信息服务能力四个方面。2017年已完成成洛路、成彭高速、火车西站、成渝高速入城段、光华大道智能交通管控系统以及布控卡口工程设计。

三、对外综合运输能力不断提升

1. 航空客货运持续高位发展

2017年，成都双流国际机场新开国际航线9条，国际（地区）航线数量增至104

条，继续居中国中西部之首，航线通达全球五大洲。

2017 年，成都双流国际机场旅客吞吐 4980.2 万人次，继续保持中国内地第 4 位的排名，其中，国际及地区旅客吞吐量达 512 万人次，居中西部首位，全国第 4 位。

2017 年，成都双流国际机场货邮吞吐量达 64.3 万吨，继续保持中国内地第 5 位的排名，居中西部首位。其中，国际及地区货邮吞吐量为 10 万吨，同比增长 19.4%，增速居中国第 2 位。

2. 铁路客货运量总体稳步提升

2017 年，成都市境内铁路完成旅客发送量 6055.2 万人，较 2016 年增加 685.2 万人，增长 12.8%；旅客到达量 6029.6 万人，较 2016 年增加 702.8 万人，增长 13.2%；

2017 年，成都市货物发送量 796.4 万吨，较 2016 年下降 14.7%；货物到达量 3484.8 万吨，较 2016 年增长 8.3%；其中，成都国际铁路港集装箱吞吐量实现 60.93 万标箱。成都国际班列开行 1012 列，线路 14 条，重载率达 70%以上，开行数量居全国首位，成都国际铁路港的聚集效应初步显现。

铁路公交化运营改造取得重大突破。其中，成德动车加密开行，日均客流量较公交化开行前增长 150%；成灌铁路犀浦站在全国率先实现与地铁安检互信、同台换乘，成都东站实现地铁单向信任铁路安检（铁路旅客换乘地铁无须再次安检），换乘效率大幅提升。

3. 公路客货运健康发展

2017 年全市公路完成客运量 10053 万人，同比下降 18.7%；完成货运量 26245 万吨，同比上升 7.1%。全市公路货运量持续稳定增加，公路货运仍是全市货物运输主力。

四、城市公共客运服务不断优化

1. 地铁

地铁客流大幅度上升。随着地铁 4 号线二期、10 号线一期、7 号线开通投入运营，成都地铁正式迈入“环+放”线网时代。2017 年年底，地铁网络运营长度达到 179.2 千米，全网日均客运量达 274.34 万乘次，较 2016 年年底增加 87.17 万乘次/日。

2. 常规公交

常规公交线网持续优化。中环至绕城常规公交得到补强，2017 年年底，六城区（5+1）公交日均客运量约 375.35 万人次（含二环快速公交 25.1 万人次），建成区公交线网密度达到 3.35 千米/平方千米，公交站点 500 米覆盖率 99.1%；公交专用道车道长总计 702 千米。

2017 年年底，中心城区（11+2）公交日均客运量月 481.66 万人次，建成区公交线网密度达到 3.03 千米/平方千米，公交站点 500 米覆盖率 95.7%；公交场站用地规模约 1420 亩。

3. 共享交通

共享交通新兴业态进一步规范，先后出台了《关于鼓励共享单车发展的试行意见》《关于鼓励和规范新能源汽车分时租赁业发展的指导意见》《关于推进停车资源共享利用工作的实施意见》等。2017 年年底，成都市网约车日均客运量达 100 万单，日均载客旅程 900 万千米；成都市新能源汽车分时租赁运营共投入新能源汽车 3800 余辆，日均车辆使用频率约为 3 次，累计注册用户数约 80 万人次；成都市域共享单车投放总量约 128.2 万辆。

五、环境和交通安全持续改善

2017 年，交通主管部门加大交通管理力度，当发布空气污染预警（除重污染蓝色预警外）时，调整成都市现行（二、三环之间）汽车尾号限行管理范围扩大至为绕城高速（不含）以内所有道路。2017 年全年空气质量优良天数 235 天，较 2016 年增加 21 天，环境总体保持良好水平。成都市交通安全状况持续改善，较 2016 年交通事故减少 5.3%，直接财产损失减少 15.4%。2017 年全年全市共淘汰旧车 9.22 万辆。

六、物流业增势强劲

2017 年，全市物流业增加值为 1034.76 亿元，较 2016 年同期增长 21.45%；全市社会物流总费用 2064.64 亿元，较 2016 年同期增长 9.45%；成都市社会物流总额为 50279.63 亿元，较 2016 年同期增长 14.76%。

城市配送试点不断深入，截至 2017 年年底，试点企业达 118 家，标准化集中配送试点车辆合计 2316 辆，可用标准化仓储面积约 117 万平方米。

重庆市

一、对外交通

1. 铁路建设及运营

全市高快速铁路网络加速形成，渝贵铁路、兰渝铁路实现全线贯通，铁路运营总里程达到 2371 千米，形成“一枢纽十干线”的铁路网络。其中高速铁路总长 381 千米，快速铁路总长 537 千米。随着铁路网高速发展，全市铁路客运量保持高速增长态势，连续两增幅超过 20%，持续保持高速增长态势，重庆北站年到发旅客量为 7188 万人次，同比长 21.5%。

2. 公路建设及运营

高速公路建设继续稳步推进，渝广高速、南道高速、九永高速及万利高速 4 个项日建成通车，形成“两环十二射多联线”高速公路网络格局，通车总里程 3023 千米，对外出口通道达到 19 个，省际间联系进一步加强。开城高速及石黔高速等项目顺利推进，新开工渝黔扩能等 4 个项目，全市在建高速公路达到 12 条，在建规模超 1000 千米。

3. 航空建设情况

江北机场航空枢纽能力进一步提升，T3A 航站楼和第三跑道建成投用，成为中西部首个实现三条跑道同时运行的机场。机场国际航线数增至 69 条，国际航空枢纽功能不断增强，2017 年全年完成旅客吞吐量 3872 万人次，保持在全国第 9 位。巫山、武隆机场加快建设，万州、黔江机场启动扩建改造，全市“一大四小”机场格局加速形成。

4. 港口建设及运营

长江上游航运中心初具雏形，基本建成“一干两支”航道体系，航道总里程达到 4472 千米。果园、珞璜、龙头、新田枢纽港均建成投用，“四枢红九重点”港口集群基本形成。全市港口货物通过能力不断提升，货物和集装箱通过能力分别达到 2 亿吨、450 万标箱。水运生产完成年货运量 1.85 亿吨、货运周转量 2125 亿吨千米，其中外地货物周转量超过 40%。

二、主城区交通需求

2017 年年底主城区机动车拥有量 151.1 辆，同比增加 11.3 万辆，增长 8.1%。其中小汽车保有量同比增加 10 万辆，增长 8.7%，增量及增速均相对放缓。摩托车保有量在连续 4 年下跌后再度增长，同比增长 8.2%。内环以内地区汽车日均使用量 76.3 万辆，同比增加 6 万辆，汽车使用量保持快速增长，高峰时段需求集中。

居民机动化日均出行总量为 923 万人次，同比增加 31 万人次，机动化需求保持快速增长。其中个体机动化出行分担率为 34.3%，同比提高 0.8 个百分点。公共交通总客运量同比小幅增加 7.5 万人次，公共交通总分担率为 58.3%，同比下降 1 个百分点。

主城区道路流量续增长，对外通道全日总流量 58.1 万 pcu，同比增长 14.0%；穿铜锣山隧道全日车流量增加 4.1 万 pcu，增长 10.3%，穿中梁山隧道全日车流量增加 3.2 万 pcu，增长 8.2%，特别是中梁山北段（双碑隧道、北碚隧道）流量增长 12%。内环以内各主要干路流量基本达到饱和状态，平均增长率仅 2.7%，长江大桥、鹅公岩大桥、菜园坝大桥、渝澳大桥、黄花园大桥、石门大桥、嘉华大桥等主要通道全日流量已基本稳定。内环以外的礼嘉、照母山等片区路网流量快速上升，主要道路流量平均增幅约 10%，其中金山大道高峰小时流量增长超 30%。

地面公交日均客运量同比下降 6.6 万人次，受此影响地面公交分担率降低 2.3 个百分点，为 43.7%；轨道线网日均客运量同比增加 14.1 万人次，轨道分担率提升 1.3 个百分点。

三、公共交通

主城区公共交通日均客运总量止跌回升，日均客运量总量为 698.3 万人次。其中轨道日均客运量 203.6 万乘次，同比小幅增长 7.4%。轨道方式分担率为 14.6%，同比提高 1.3 个百分点。地面公交日均客运量 494.7 万乘次，保持持续下降趋势，地面公交分担率也持续降低 2.3 个百分点，为 43.7%。地面公交与轨道交通换乘量保持增长趋势，同比增长 8.02%，公共交通各方式间互补作用持续增强。

1. 轨道建设及运营

轨道五号线一期、十号线一期建成通车，新增里程 51 千米，六条线路运营总里程为 264 千米。在建项目总长 155 千米，其中新开工九号线二期约 8 千米。轨道线网年日均客运量为 203.6 万乘次，同比小幅增长 6.9%。轨道方式机动化分担率同比增加 1.3 个百分点，为 14.6%。线网平均负荷强度 0.96 万人次/（千米日），同比增加 0.02 万人次/（千米日），线网负荷强度小幅增加。

轨道车厢高峰小时立席密度超过 5 人/平方米的拥挤区段进一步延长，同比增加 5 千米，达到 42 千米。拥挤区段主要分布在内环以内地区，内环以外地区仅六号线光电园—冉家坝段拥挤突出。线网换乘量持续增加，日均换乘量 60.8 万人次，同比增加 8.0 万人次，增长 15.2%。其中红旗河沟、牛角沱站换乘客流继续保持 10%以上的增速，换乘压力巨大，而随着轨道网络效应的逐步发挥，两路口换乘压力趋于缓解。

2. 地面公交建设及运营

主坡区新增及调整线路 72 条，增加运营车辆 116 辆，公交运能持续提升和优化。

公交优先道实现“零突破”，建设长江一路（大黄路立交至两路口）、长江路（杨家坪环道至大坪）两条公交优先车道约 8 千米。实施后长江一路公交优先道路段运营车速由 13.3 千米/小时提升至 19.2 千米/小时，长江二路优先道路段运营车速由 17 千米/小时提升至 18.5 千米/小时。

主城区地面公交总体运行速度及客流吸引力持续下降。早晚高峰小时运营车速 14.7 千米/小时，同比小幅降低 0.5 千米/小时，公交优先道实施后示范效果明显，运营平均车速在 19 千米/小时左右。地面公交日均客运量继续降至 494.7 万乘次，同比减少 6.6 万人次，客运量持续减少，但降幅缩窄。地面公交机动化分担率为 43.7%，同比下降 2.3 个百分点。

四、城市道路

1. 道路建设

主城区多条骨干通道建成通车，新开通寸滩大桥、高家花园大桥复线桥、华岩隧道及新中梁山隧道 4 条跨江和穿山通道，机场专用快速路（渝航大道）建成通车。龙盛、礼嘉等新开发区干路网骨架加速形成，区域路网密度稳步提高。

2. 路网运行

主城区路网运行效率小幅提升，早晚高峰时段交通运行指数同比下降 0.2，但仍处于缓行状态。早晚高峰平均车速 23.3 千米/小时，同比上升 0.2 千米/小时；早晚高峰拥堵里程比例 7.2%，小幅扩大 0.5 个百分点。

内环以内路网早晚高峰时段交通运行指数同比下降 0.1，稳定在 4.6 左右，早晚高峰平均车速 20.8 千米/小时，高峰车速持续下降的趋势暂时得到缓解，车速同比基本稳定。受交通需求上涨、路网瓶颈及占道施工等多重因素影响，拥堵范围扩大和拥堵时间拉长，路网早晚高峰拥堵里程比例提升 1 个百分点。内环以内跨江桥梁拥堵特征主要表现为全日拥堵时间进一步延长，平均拥堵时长延长约 12 小时。渝澳大桥在严管行车秩序的背景下，全日拥堵时长同比缩短约 2 小时。

内环以外的北部大竹林、人和、汽博等新开发区运行压力提升，拥堵快速扩散。回兴一两路、李家沱、北碚、鱼洞等老城区的部分进出通道及节点呈现常态化拥堵并向周边路网扩散，逐步形成区域内的面状拥堵。中梁山隧道、大学城隧道、真武山隧道常态化拥堵仍未得到缓解，双碑隧道、北碚隧道拥堵进一步加剧，全日拥堵时长超 1 小时，金山大道大坡隧道段、金通大道等与中心区联系通道拥堵凸显。

五、交通管理

2017 年，主城区通过一系列严格的交通执法和精细化管理手段对提高路网运行效率、挖掘通行潜能起到了积极作用。一是创新性开展精细化交通管理，优化交通组织，提升道路通行能力。设置多车道汇入自适应系统 35 处、共享转换车道 3 处、定向车道 6 处以及可变车道 11 处，新增单向交通组织路段 232 处 106 千米，规范主城区瓶颈路段、交叉口行车秩序，改善了交通运行水平。二是不断优化完善交通管理设施，其中新增交通信号灯 90 套、新增 LED 可变情报信息板 105 块、新增交通标志 4182 块。三是持续开展各类专项整治工作，规范行车秩序。主城区共纠正各类交通违法 635.17 万起，同比增加 105.57 万起。

第六篇

纪事篇

2017 年中国智能交通行业大事记

2 月 3 日，国务院发布《“十三五”现代综合交通运输体系发展规划》，其中明确指出到 2020 年，基本建成安全、便捷、高效、绿色的现代综合交通运输体系，部分地区和领域率先基本实现交通运输现代化。

3 月 29 日，西南交通大学与北京航空航天大学、中国交通通信信息中心、北京市交通信息中心、中国铁道科学研究院、民航数据通信有限责任公司等共同成立了综合交通大数据国家实验室。

截至 2017 年 4 月底，全国高速公路 ETC 用户已经突破 5000 万个，主线收费站 ETC 车道覆盖率超过 98%，进度和成果超出预期。这不仅标志着 ETC 发展迈上了联网运营和联网服务的新台阶，还带来了显著的社会效益和经济效益：进一步提升公路通行能力和出行效率；节约了燃油消耗，减少了污染物排放；提升了服务质量，降低了运营成本。据预测，“十三五”时期，全国高速公路 ETC 平均覆盖率达到 85%，实现全国高速公路 ETC 联网运行，ETC 用户量超过 8000 万个。

5 月 5 日，中国首款国际主流水准的干线客机 C919 成功首飞，标志着中华民族半个世纪的航空梦想开启新篇章。

6 月 20 日，中国首个“无感支付”停车库由支付宝在上海虹桥机场开通。

6 月 26 日，由中国铁路总公司牵头组织研制、具有完全自主知识产权、达到世界先进水平的中国标准动车组列车“复兴号”在京沪高铁北京南站和上海虹桥站双向首发。中国高铁技术实现自主化标准化系列化。

7 月 6 日，杭州城市“数据大脑”交通 V1.0 平台上线测试运行，共接入 93 个路口和高架匝道信号灯，140 路监控视频（相当于市区 5%的规模）。

7 月 7 日，港珠澳大桥主体工程实现全线贯通。这个超大型跨海通道，全长 55 千米，抗 16 级台风、8 级地震，它的设计使用寿命长达 120 年，是世界最长的跨海大桥。

7 月 10 日，交通运输部综合规划司为落实《交通运输信息化“十三五”发展规划》和《推进智慧交通行动计划（2017—2020 年）》的要求，开展了智慧公路与新一代国家交通控制网试点承担省份遴选工作，经专家评审，拟由北京、福建、广东、河北、河南、吉林、江西、浙江 8 个省、直辖市（按首字母排序）承担试点工作。

7 月 18 日，交通运输部、国家旅游局、国家铁路局、中国民用航空局、中国铁路总公司、国家开发银行联合发布《关于促进交通运输与旅游融合发展的若干意见》。意见提出，到 2020 年，基本建成结构合理、功能完善、特色突出、服务优良的旅游交通运输体系。建立健全交通运输与旅游融合发展的运行机制，基本形成“快进”“慢游”旅游交通基础设施网络。

8 月，公安部、中央文明办、住房和城乡建设部、交通运输部四部委、办联合印发《城市道路交通文明畅通提升行动计划（2017—2020 年）》，行动计划中规定，重大项目要做交通影响评价，规划、公安、交通三部门要参与新建道路的验收工作中，大型项目要建立部门联合验收制度，重点监督出入口设计、停车配建、交通组织以及配套设施的落实情况，督促整改交通隐患。 在智慧交通管控方面，提出了创新应用汽车电子标识、缉查布控、事件检测和交通仿真等技术手段，实现道路状况自动感知、交通态势自动研判、信号控制自动调整、交通违法行为自动监测、路况信息自动发布。

8月，交通运输部发布“十三五”期全面推进公交都市建设第一批 50 个创建城市名单，通常所说的第三批市场城市名单。创建工作原则上在 2020 年年底前完成。创建工作结束后，部将组织开展评估工作，对达到创建要求的城市授予“公交都市”称号。到目前为止，已经有南京、上海两个城市通过交通运输部评估，获得公交都市称号。

8 月 2 日，经国务院同意，交通运输部、中央宣传部、中央网信办、国家发展改革委、工业和信息化部、公安部、住房和城乡建设部、人民银行、质检总局、国家旅游局 10 部门联合出台了《关于鼓励和规范互联网租赁自行车发展的指导意见》。这是世界上第一部共享单车管理的规章，为全球新业态治理提供了“中国智慧”。

8 月 20 日，国家电网车联网平台实现与普天新能源、特来电、星星充电等 17 家充电运营商互联互通，接入的充电桩总数超过 16.7 万个，日充电量超过 100 万千瓦时。继互联网、物联网之后，车联网成为未来智慧城市的一个重要标志。

9 月 10 日—13 日，2017 年世界物联网博览会期间，由公安部交通管理科学研究所牵头，联合中国移动、华为、中国一汽、奥迪（中国）和无锡交警支队等参与方，联合在实际道路上开展 LTE-V2X 车联网实车展示及试点体验活动。

10 月 18 日，习总书记在十九大报告中提出要建设科技强国、质量强国、航天强国、网络强国、交通强国，交通强国首次进入代表大会报告中，标志着此目标已经由行业愿景上升为国家战略层面。

11 月 4 日，第十二届全国人民代表大会常务委员会第三十次会议决定，通过对《中华人民共和国公路法》作出修改。自 2017 年 11 月 5 日起施行。《中华人民共和国公路法》根据本决定作相应修改，重新公布。修改后的《公路法》第六章《收费公路》第六十条中提到：有偿转让公路收费权的公路，收费权转让后，由受让方收费经营。收费权的转让期限由出让、受让双方约定，最长不得超过国务院规定的年限。

11 月 5 日，我国在西昌卫星发射中心用长征三号乙运载火箭，以“一箭双星”方式成功发射第二十四、二十五颗北斗导航卫星。这两颗卫星属于中圆地球轨道卫星，是中国北斗三号第一、二颗组网卫星，开启了北斗卫星导航系统全球组网的新时代。这是北斗三号卫星的首次发射，也是党的十九大胜利召开后实施的首次航天发射，标志着中国北斗卫星导航系统步入全球组网新时代。

11 月 5 日，“十三五”国家重点研发计划“道路交通安全主动防控技术与系统集成”项目实施方案论证会暨项目启动仪式在西安召开。

11 月 22 日—24 日，2017 第十二届中国智能交通年会在江苏省常熟市举办。

12 月 2 日，中国无人驾驶公交车首次在深圳福田保税区正式上路。

12 月 18 日，北京市交通委等 3 部门联合发布《北京市关于加快推进自动驾驶车辆道路测试有关工作的指导意见（试行）》（以下简称《意见》），《意见》指出，测试车辆应配备有三年驾龄以上、且无毒驾、酒驾经历的测试驾驶人，测试驾驶人应具备随时接管测试车辆的能力。

12 月 29 日，全国标准信息公共服务平台的国家标准目录可检索到六项机动车汽车电子标识标准，包括：机动车电子标识读写设备安全技术要求（GB/T 35787—2017）、机动车电子标识安全技术要求（GB/T 35788—2017）、机动车电子标识安装规范 第 1 部分：汽车（GB/T 35790.1—2017）、机动车电子标识通用规范 第 1 部分：汽车（GB/T 35789.1—2017）、机动车电子标识读写设备通用规范（GB/T 35786—2017）、机动车电子标识读写设备安装规范（GB/T 35785—2017）。

2017年中国智能交通协会大事记

1月5日	中国智能交通协会组织会员单位赴北京市交通运行监测调度中心参观交流
1月13日	2017年智能交通行业发展趋势分析会在京成功召开
2月17日	《2017智能交通产品与技术应用汇编》组织编辑工作正式启动
2月21日	第十二届中国智能交通年会论文征集工作正式启动
2月22日	大韩贸易投资振兴公社拜访中国智能交通协会
3月17日	2017年度中国智能交通协会科学技术奖申报工作启动
4月13日	中国航天科工信息技术研究院拜访协会
4月14日	江苏省常熟市人民市政府拜访协会
4月18日	协会理事长应邀出席“北斗产学研协同创新重大成果联合发布会”
5月4日	中国国际智能交通展览会开幕
5月4日	2017智能交通产业技术创新论坛在沪成功召开
5月5日	第四届中国（上海）城市智能交通创新发展论坛在沪成功召开
5月5日	2017′交通电子支付发展论坛在沪成功举办
5月16日	“十二五”国家科技支撑计划课题“动静态一体化城市交通智能联网联控技术集成及示范”通过验收
7月16日	《中国智能交通行业发展年鉴（2016）》编撰启动会顺利召开
8月30日	第十二届中国智能交通年会优秀论文评审结束
9月20日	协会理事长率协会专家团赴哈尔滨考察
11月8日	2017中国·盐城首届智能交通论坛成功召开
11月10日	2017年度中国智能交通协会科学技术奖评审结束
11月21日	中国智能交通协会第二届会员大会第四次会议在常熟成功召开，选举李朝晨担任中国智能交通协会第二届理事会新任理事长
11月22～24日	2017′第十二届中国智能交通年会在常熟举办
11月22日	王长君当选2017年度中国智能交通协会年度人物
	2017年度中国智能交通协会突出贡献专家、优秀青年专家表彰
	2017年度中国智能交通协会优秀会员单位表彰
	2017年度中国智能交通协会科学技术奖颁奖
	《中国智能交通行业发展年鉴（2016）》发布
	《2017智能交通产品与技术应用汇编》发布
	2017年智能交通领域全国优秀博士学位论文评选活动颁奖
12月22日	第十二期“产业前沿技术大讲堂”在中国科技会堂成功举办

第七篇

附录

附录A 中国智能交通协会单位会员名录

序号	单位名称	电话	通信地址	邮编
1	北京航空航天大学	010-82336306	北京市海淀区学院路37号	100083
2	北京宏德信智源信息技术有限公司	56495492-102	北京市通州区环科中路17号联东U谷西区26A	101102
3	北京交科公路勘察设计研究院有限公司	010-82010894	北京市海淀区花园东路15号旷怡大厦14层	100191
4	北京交通大学	010-51688202	北京海淀区西直门外上园村3号	100044
5	北京交通发展研究院	010-57079728	北京市丰台区六里桥南路甲9号（首发大厦）A座	100055
6	北京速通科技有限公司	010-67617799-8720	北京市丰台区六里桥南里甲9号首发大厦C座7层	100161
7	北京市公安局公安交通管理局	010-68398157	北京市西城区阜成门北大街1号	100037
8	北京市交通信息中心	010-57079656	丰台区六里桥南里甲9号B座6层	100073
9	北京四通智能交通系统集成有限公司	010-59330631	朝阳区东大桥路8号尚都国际中心A座16层1601	100015
10	东南大学交通学院	025-52091255	江苏省南京市江宁区东南大学路2号	211189
11	公安部交通管理科学研究所		江苏省无锡市钱荣路88号	214151
12	青岛海信网络科技股份有限公司	0532-80873060	山东省青岛市市南区东海西路17号海信大厦15层	266071
13	清华大学（自动化系）	010-62782189 010-62772343	北京市海淀区清华大学自动化系	100084
14	上海电科智能系统股份有限公司	021-32557700-3255	上海市武宁路505号能源大楼4楼	200063
15	上海市城乡建设和交通发展研究院	021-64048209	上海市徐汇区宛平南路75号11楼1104室	200032
16	深圳市金溢科技股份有限公司	0755-26030288-888	深圳市南山区科技园北区清华信息港研发楼A栋12楼	510665
17	武汉理工大学	027-86582280	武汉市武昌区和平大道1178号武汉理工大学 智能交通系统研究中心	430063
18	中国第一汽车股份有限公司	0431-8202-2256	长春市东风大街8899号	130013
19	中国民用航空局空中交通管理局	010-87786936	朝阳区东三环中路12号	100022
20	中国汽车工程研究院股份有限公司	023-68829804	重庆北部新区金渝大道9号	401122

续表

序号	单位名称	电话	通信地址	邮编
21	中国汽车技术研究中心	022-84771621	天津市东丽区先锋东路 68 号	300162
22	中国人民解放军军事交通学院		天津市河东区东局子 1 号	300161
23	国家铁路智能运输系统工程技术研究中心	010-51849560	北京市海淀区大柳树路 2 号铁科院通号所 113 室	100081
24	中山大学	020-84112638	广州市海珠区新港西路 135 号中山大学东北区 312 栋	510275
25	重庆长安新能源汽车有限公司	023-67921700-3410	重庆渝北区双凤桥丹湖路 9 号	401120
26	安徽科力信息产业有限责任公司	0551-65338234	中国安徽合肥黄山路 628 号	230088
27	北方工业大学		北京市石景山晋元庄路 5 号	100144
28	北京易华录信息技术股份有限公司	010-52281149	北京市石景山区阜石路 165 号中国华录大厦	100043
29	新智认知数据服务有限公司	021-33637977	上海市杨浦区政立路 421 号中航天盛广场 C 栋	200233
30	广东省智能交通协会	020-37620330	广东省广州市中山二路 3 号粤运大厦 22A	516001
31	广东岭南通股份有限公司	020-83282743	广州市越秀区沿江中路 298 号江湾商业中心 29 楼	510110
32	浙江网新智能技术有限公司	0571-87750779	浙江省杭州市滨江区江汉路 1785 号双城国际 4 号楼 5 楼	310051
33	公安部道路交通安全研究中心	010-67030606-8053	北京市东城区崇文门外大街新世界写字楼 B 座 14 层	100062
34	深圳市智能交通行业协会		深圳市福田区深南大道 6025 号英龙大厦四楼	518040
35	深圳市智慧交通产业促进会	0755-83126292	深圳市福田区车公庙福安大厦东座三楼	518000
36	安徽博微广成信息科技有限公司	0551-65319189-8026	合肥市蜀山区淠河路 88 号	230088
37	北京工业大学交通研究中心	010-67396460	北京工业大学交通研究中心	100022
38	北京理工大学电动车辆国家工程实验室	010-68940589	北京市海淀区中关村南大街 5 号	100081
39	北京全路通信信号研究设计院集团有限公司		北京丰台区汽车博物馆东 500 米中国通号大楼	100073
40	北京四维图新科技股份有限公司	010-82306399-6536	北京市朝阳区曙光西里甲 5 号 北京凤凰置地广场 A 座写字楼 16 层	100028
41	成都深港路通科技有限公司	028-85540762-612	成都市天府软件园 D 座 8 层	610041
42	高德软件有限公司		北京市昌平区昌平科技园区昌盛路 18 号 B1 座	100080
43	广东联合电子服务股份有限公司	020-84214123	广州市天河区体育西路 189 号 12 楼	510101

续表

序号	单位名称	电话	通信地址	邮编
44	广州交通信息化建设投资营运有限公司		广州市黄埔区科学城科汇金谷三街 12 号 5 楼	510405
45	广东利通科技投资有限公司		广州市萝岗区科学大道中科汇金谷三街五号 10 楼	510101
46	国家道路交通管理工程技术研究中心	0510-85522175	江苏省无锡市钱荣路 88 号	100062
47	国家智能交通系统工程技术研究中心	010-62079526-225	北京海淀区西土城路 8 号	100088
48	杭州市综合交通研究中心	0571-87152931	杭州市中河中路 275-1 号	310006
49	华南理工大学智能交通系统与物流技术研究所	020-87114469	广州市南沙区环市大道南 25 号 A3 栋 313	510640
50	吉林大学交通学院	0431-85095086	长春市人民大街 5988 号吉林大学交通学院	130025
51	交通运输部公路科学研究院	010-62079526-225	北京市海淀区西土城路 8 号	100088
52	交通运输部规划研究院	010-59629070	北京市朝阳区曙光西里甲 6 号 2 号楼	100028
53	交通运输部科学研究院	010-58278467	北京市朝阳区惠新里 240 号	100029
54	中国交通通信信息中心	010-84199052	北京市东城区国子监街 28 号	100011
55	兰州交通大学交通运输学院		兰州市安宁西路 118 号	730070
56	启明信息技术股份有限公司	0431-89603621	长春市净月经济开发区百合街启明软件园	130011
57	清华大学汽车安全与节能国家重点实验室	010-62788774	北京市清华大学汽车工程系	100084
58	上海电驱动股份有限公司	021-31615888-234	上海市嘉定区恒裕路 300 号	200240
59	上海宝康电子控制工程有限公司	021-51831088-81115	上海市宝山区杨行工业园区锦富路 298 号	201901
60	上海汽车集团股份有限公司技术中心		上海市嘉定区安研路 201 号	201804
61	上海市国际展览有限公司	021-62792828	上海市闵行区申虹路 666 弄虹桥正荣中心 10 号	200040
62	深圳市城市交通规划设计研究中心有限公司	0755-86729866	深圳市南山区沙河西路深圳湾科技生态园二区 9 栋 B1 座 10 楼	518057
63	水路公路交通安全控制与装备教育部工程研究中心	027-86582280	武汉市武昌区和平大道 1040 号	430063
64	天津大学	022-87898976	天津市南开区卫津路 92 号 9-305	302272
65	同济大学智能交通运输系统（ITS）研究中心	021-69584674	上海市曹安公路 4800 号同济大学校内	201804
66	武汉大学交通研究中心	027-68779785	武汉市珞瑜路 129 号武汉大学测绘遥感信息工程国家重点实验室 430079	430079

续表

序号	单位名称	电话	通信地址	邮编
67	西南交通大学		成都市二环路北一段 111 号西南交通大学科研院	611756
68	浙江浙大中控信息技术有限公司	0571-81118827	浙江省杭州市滨江区滨康路 352 号中控信息大楼 A 幢	310053
69	中国城市规划设计研究院	010-58323103	北京市三里河 9 号	100037
70	中国交通信息化杂志	010-84990502	北京亚运村汇欣大厦 A 座五层	100101
71	中国中车股份有限公司		北京市海淀区西四环中路 16 号院 5 号楼 1307 室	100036
72	中国铁路通信信号股份有限公司	010-51891231	北京市丰台区汽车博物馆南路 1 号中国通号产业园	100071
73	中铁电气化局集团有限公司	010-51846146	北京市万寿路南口金家村 1 号院中铁电气化局集团企划部	100036
74	中通客车控股股份有限公司	0635-8322717	山东省聊城市黄河路 261 号	252000
75	中咨泰克交通工程集团有限公司	51726066-6027	北京北四环中路 229 号海泰大厦 8 层	100083
76	智能交通网		北京市海淀区蓝靛厂南路 55 号金威大厦 803	100142
77	多伦科技股份有限公司	025-52168888	南京市江宁区科学园天印大道 1555 号	211112
78	广州华工信息软件有限公司	020-29002133	广州市天河区元岗 310 号智汇 Park 创意园区 E 栋 6A 层	510663
79	北京万集科技股份有限公司	010- 59766779	北京市海淀区东北旺西路 8 号院中关村软件园 12 号楼万集空间	100193
80	北京金地停车服务有限公司	010-68983138	北京丰台区汽车博物馆东路 1 号院诺德中心二期 11 号楼 1706 室	100070
81	中兴智能交通股份有限公司		北京市丰台区丰台北路 18 号院恒泰中心 D 座 10-1002 室	100089
82	北京航天福道高技术股份有限公司	010-88850718	北京市海淀区闵庄路 3 号玉泉慧谷 21 号	100195
83	北京尚易德有限公司	010-52281059	北京市石景山区阜石路 165 号华录大厦 8 层	100043
84	宁波宁工交通工程设计咨询有限公司	0574-87616866	宁波市江北区风华路 201 号	315211
85	北京精英智通科技股份有限公司	010-88864122-843	北京市海淀区清河小营西小口 27 号海升大厦 C 座	100097
86	浩鲸云计算科技股份有限公司		南京江宁区正方中路 888 号 中兴软创	315000
87	银江股份有限公司		浙江省杭州市西湖科技经济园西园八路 2 号	310030
88	安徽文康科技有限公司	0551-62553661-8002	安徽省合肥市高新区香樟大道168 号科技实业园 B1 栋	230088

续表

序号	单位名称	电话	通信地址	邮编
89	百年金海科技有限公司		郑州市郑东新区商务外环路 12 号绿地世纪峰会 17.18.22 层	450001
90	山东易构软件技术有限公司	0531-55721020	山东省济南市高新区天泺路 88 号龙翔大厦 A 座 701 室	250101
91	瑞斯康达科技发展股份有限公司		海淀区西北旺东路 10 号院东区 11 号楼一至五层	100085
92	清华大学—剑桥大学—麻省理工学院低碳能源大学联盟未来交通研究中心	010-62797229	清华大学旧水利馆 312 室	100084
93	中国民航大学民航空管研究院		天津市东丽区津北公路 2898 号中国民航大学民航空管研究院	300300
94	南京市公安交通科研所	025-84429153	江苏省南京市建邺区庐山路 58 号	210019
95	山东大学综合交通运输科学与技术中心	0531-66680118	济南市高新区新泺大街 1768 号 B 座 A511 室	250101
96	中国人民公安大学交通管理工程系	010-83906342	北京市大兴区金星路中国人民公安大学交管系	102614
97	浙江大学建筑工程学院	0571-88208704	杭州市余杭塘路 866 号浙江大学紫金港校区安中大楼 B820	310058
98	清华大学深圳研究生院	0755-26036849	深圳市南山区西丽大学城清华校区 E101B	518055
99	深圳市公安局交通警察局交通科技处	0755-84469350	深圳市景田莲花路口交通监控中心	518034
100	同济大学交通运输工程学院	021-69584717	上海市曹安公路 4800 号	201804
101	中国交通信息中心有限公司	010-84199666	北京市东城区国子监街 28 号	100007
102	包头市公安局交通管理支队	0472-5180816	内蒙古包头市青山区钢铁大街 18 号交警支队办公室	014030
103	广东方纬科技有限公司		广州市大学城街 22 号数学家庭基地 A 栋 8 楼	510006
104	珠海银隆新能源有限公司		珠海市金湾区三灶镇金湖路 16 号	519015
105	北京千方科技股份有限公司		北京市海淀区东北旺西路 8 号中关村软件园 27 号院千方科技大厦 B 座	100191
106	深圳市航盛电子股份有限公司	0755-66858888—8558	深圳市南山区高新南六道航盛科技大厦 22 楼	518103
107	中盟科技有限公司		深圳市南山区海德三道天利中央商务广场 C 座 30 楼	518057
108	北京握奇智能科技有限公司		望京北路启明大厦 7 层	100015
109	上海遥薇（集团）有限公司		上海市嘉定区南翔镇翔乐路 358 号	200433
110	北京市城市交通信息智能感知与服务工程技术研究中心		北京市海淀区高梁桥斜街 44 号一区科教楼 1006 室	100044

续表

序号	单位名称	电话	通信地址	邮编
111	上海慧昌智能交通系统有限公司	021-64857700-8012	上海市徐汇区桂平路 555 号 45 号楼	200233
112	中国软件评测中心	010-88559315	北京市海淀区紫竹院路 66 号赛迪大厦 12 层	100048
113	惠州亿纬锂能股份有限公司	0752-5751942	广州省惠州市仲恺高新区惠风七路 36 号	516006
114	广州市埃特斯通信设备有限公司	020-32225030	广东省广州市萝岗区永和经济开发区华峰路 5 号	511356
115	中国移动通信集团辽宁有限公司		中国辽宁沈阳市浑南新区新隆街 6 号	110179
116	深圳市易行网交通科技有限公司	0755-83581287	深圳市南山区高新南四道 9 号科技园公交总站 3 楼	518040
117	四川川大智胜软件股份有限公司		成都市武科东一路七号	610045
118	安徽汉高信息科技有限公司	0551-65397930-8018	安徽省合肥市高新区香樟大道 168 号科技实业园 C7 栋	230088
119	北京文通科技有限公司	010-62800286 010-62800815	北京市海淀区北四环西路 9 号银谷大厦 1609	100190
120	辽宁奇辉电子系统工程有限公司		沈阳市铁西区建设东路 43 号和谐大厦 A 座 2409 室	110021
121	深圳市凯达尔科技实业有限公司	0755-33286333-8320	深圳市南山区西丽同沙路 168 号凯达尔集团中心大厦 A 座 23 层	518055
122	普天新能源有限责任公司	010-82484949	北京市海淀区北二街 6 号 10 层	100080
123	中国中铁二院工程集团有限责任公司	028-87665374	四川成都通锦路三号	610000
124	卡斯柯信号有限公司	021-56637080-7367	上海市闸北区民德路 158 号 14 楼	200071
125	北京仲合晟泰科技有限公司	0536-8882979	潍坊高新技术开发区东风东街与潍县中路往南 400 米路西翰林新城 17 号商业楼 6、7 号房	102208
126	成都四为电子信息股份有限公司	028-87823187-8152	成都市高新西区新文路 22 号融智总部公园 16 栋	611731
127	科进英华（北京）智能交通技术有限公司	010-62155498-819	清华大学旧水利楼 310 室	100190
128	北京文安科技发展有限公司	010-50961630-810	北京市海淀区上地东路 1 号院 7 号楼 环洋大厦 4 层	100083
129	北京华飞时代科技有限公司		北京市海淀区安宁庄东路 18 号光华创业园科研楼二层	100085
130	电装（中国）投资有限公司	010-57582658	东三环北路 5 号北京发展大厦	100004
131	深圳榕亨实业集团有限公司	0755-25701111-262	深圳市罗湖区仙湖路莲塘鹏基工业区 702 栋 4 楼东	518014

续表

序号	单位名称	电话	通信地址	邮编
132	西安翔迅科技有限责任公司	029-88151308	西安市太白北路 156 号	710068
133	上海天源迪科信息技术有限公司	021-68329002-306	上海市闵行区联航路 1688 弄 12 号	201112
134	上海爱谱华顿电子科技（集团）有限公司	010-82684071-8003	北京市朝阳区芍药居北里 101 号楼世奥国际中心 A 座 2205 室	100029
135	新疆正阳交通规划设计研究所（有限公司）	0991-8592321	新疆乌鲁木齐市延安路 1230 号新大南区机械院汽车与交通工程研究所	830047
136	四川师范大学交通信息与控制研究所		四川省成都市龙泉驿区成龙大道二段 1819 号四川师范大学计算机科学学院	610101
137	博雅软件股份有限公司	010-82489003	北京海淀区北四环西路 66 号 2-3 层	100085
138	郑州市加滋杰交通科技股份有限公司	0371-68080015	郑州市金水区杨金璐外包产业园 9 号 C5	450000
139	常州市公共交通集团公司	0519-67896565	江苏省常州市中吴大道 2188 号	213023
140	太原市高远时代科技有限公司	0351-7032817-805	太原市长冈街 133 号千禧大厦 22 层	030006
141	北京鼎盈视通安全科技有限公司	010-52497479	北京市海淀区中关村南大街 34 号中关村科技发展大厦 C 座 305	100054
142	华为技术有限公司	010-82882865	北京市海淀区上地信息路 3 号华为大厦	100085
143	扬州市鑫通交通器材集团有限公司		江苏省高邮市郭集镇工业二区扬州兴发照明公司	225654
144	福州北科大舟宇电子有限公司	0591-63661033-806	福州市鼓楼区铜盘路软件园 C 区 13 栋 101-103 室	350003
145	成都锐奕信息技术有限公司	028-85919380	四川成都锦江区金石路 81 路火炬动力港 2 期 9 东 2 单元 8 层	610023
146	中交智能科技股份有限公司	010-62979928	北京市海淀区上地信息路 26 号中关村创业大厦 920	100085
147	浙江智慧车联网有限公司	0579-82252680	浙江省金华市四联路 398 号网络经济中心 8 层	321000
148	北京航天长峰股份有限公司	010-68385399-8811	北京市海淀区永定路甲 51 号航天长峰大楼总裁办公室	100854
149	厦门卫星定位应用有限公司	0592-2939680	厦门软件园二期观日路 44 号 8 楼	361008
150	深圳市交投科技有限公司	0755-82897788	深圳市福田区车公庙泰然四路创新科技广场一期 A 座 1706	518040
151	广州车联网信息科技服务有限公司		广州市白云区机场路 888 号 8 号楼 4 层	510400
152	生茂光电科技股份有限公司	0371-86186355	河南省郑州市高新技术产业开发区西四环 399 号	450001

续表

序号	单位名称	电话	通信地址	邮编
153	中交宇科（北京）空间信息技术有限公司	010-64907119	北京市朝阳区安立路 66 号安立花园写字楼 A 座 7 层	100101
154	深圳华强信息产业有限公司	0755-82892989	深圳市福田区梅林工业区梅秀路 1 号华强云产业园	518049
155	浙江宇视科技有限公司		北京市宣武门外大街 10 号庄胜广场中央办公楼南翼 13 层	100053
156	武汉恒达智慧城市交通研发有限公司		湖北省武汉市东西湖区金银湖路 18 号财富大厦 11 楼	430048
157	交科院检测技术（北京）有限公司	010-58278924	北京市东城区和平里东街 1 号院 706 室	100013
158	北京聚利科技股份有限公司		北京昌平区沙河工业园区	100085
159	杭州中威电子股份有限公司	0571-88373135	杭州市文三路 20 号浙江建工大厦 17 层	310012
160	深圳市三旺通信技术有限公司	0755-26702688	深圳市南山区西丽百旺信工业区 1 区 3 栋 5 楼	518055
161	吴忠市鑫路交通设施有限公司	0953-6588885	吴忠市利通区南环路（交通大队向北 50 米）利宁南街罗渠木材市场 3-19 号营业房	751100
162	厦门蓝斯通信股份有限公司	0592-5799835	厦门市集美区软件园三期诚毅大街 365 号 A04 栋 19-20 楼	361022
163	重庆攸亮科技有限公司	023-62920670	重庆市南岸区花园八村九栋六楼	400060
164	重庆交通大学	023-62652674	重庆市南岸区学府大道 66 号	400074
165	上海正先电子科技有限公司		上海市闸北区延长中路 625 号 5 号楼 307	200072
166	深圳市惟新科技股份有限公司	0755-88850578	深圳市南山区高新技术产业园北区朗山路 13 号清华紫光信息港 C1009	518057
167	锐多视觉系统工程（上海）有限公司	021-68858218-812|012-37042725	上海市民益路 201 号 30 号 202 室	201612
168	北京清华同衡规划设计研究院有限公司	010-82819044	北京市海淀区清河嘉园东甲 1 号楼 E1620	100085
169	厦门市美亚柏科信息股份有限公司	0592-3929988	厦门市软件园二期观日路 12 号美亚柏科大厦	361008
170	富朗巴软件科技（上海）有限公司	021-68599898	上海市浦东新区浦东南路 855 号 23 楼 E 座	200120
171	北京弗雷赛普科技发展有限公司	010-88517450	北京市西城区车公庄大街乙 5 号鸿儒大厦 A 座 7abc	100044
172	北京图行远方信息技术有限公司	010-68318670	北京市西城区西直门外大街 135 号北京展览宾馆公寓写字楼 6323 室	100044
173	北京川速微波科技有限公司	010-62526334	北京市海淀区海淀南路 13 路亿方大厦 808 室	100080

续表

序号	单位名称	电话	通信地址	邮编
174	天津职业技术师范大学	022-88181106	天津市河西区大沽南路 1310 号	300222
175	弘达交通咨询（深圳）有限公司北京分公司	010-85570116	北京市朝阳区光华路甲 8 号，和乔大厦 C 座 1503 室	100026
176	山东亿海兰特通信科技有限公司	0531-66699668	山东省济南市经十路 19288 号鲁商广场 B 座 416 室	250011
177	连云港杰瑞电子有限公司	0518-85981756	江苏省连云港市圣湖路 18 号	222061
178	南京赛康交通安全科技股份有限公司	025-8456293-8048	南京市秦淮区光华路 1 号白下高新园区天安科创中心 E2 座三楼	210000
179	浙江腾翊信息科技有限公司	0571-87205873	浙江省杭州市费家塘路 588 号 15 幢	310000
180	无锡华赛伟业传感信息科技有限公司		江苏省无锡市南湖大道 501 号扬名创智园 F 栋 201	214000
181	北京智芯原动科技有限公司	010-84376122-8007	北京市朝阳区北辰西路 8 号院 2 号北辰世纪中心 A 座 1520 室	100101
182	浙江网联汽车主动安全系统有限公司	0571-82762136	浙江省杭州市萧山区蜀山街道亚太路 1399 号	311203
183	南昌金科交通科技股份有限公司	0791-83728786	江西省南长区新建区工业大道 408 号	330100
184	北京信息科技大学	010-82426093	北京市海淀区清河小营东路 12 号	100192
185	昆明联诚科技股份有限公司		昆明市盘龙区穿金路 205 号霖岚国际广场 A 座 8 楼	650000
186	苏交科集团股份有限公司	025-86577838	江苏省南京市水西门大街 223 号	210007
187	北京鑫虹智显科技发展有限公司	010-62113970	北京市海淀区皂君庙 14 号鑫三元写字楼 5F	100086
188	北京润光泰力科技有限公司	010-80106100	北京市昌平区科技园创新路 27 号 1 号楼 A 座 3-4 层	102200
189	上海鸣啸信息科技股份有限公司	021-32527617	上海市静安区巨鹿路 889 号 23 号楼 8202 室	200040
190	南京城市智能交通股份有限公司		南京市栖霞区马群大道 10 号 三宝科技园	210049
191	安泰得（北京）软件科技有限公司	010-82358500	北京市海淀区罗庄北里锦秋家园 9 号楼 504	100083
192	郑州汉威光电股份有限公司	0371-62003092	河南省郑州市经济技术开发区经北一路 3 号	450016
193	深圳成谷科技有限公司		深圳市龙岗区龙天安数码创新城 2 栋厂房 5F	518172
194	沈阳奥普泰光通信有限公司	024-83990586	沈阳市和平区三好街 54 号 1101	110000
195	安徽超远信息技术有限公司	0551-65370961	安徽省合肥市高新区文曲路 919 号	230088
196	四川星盾科技股份有限公司		四川省成都市高新区天府大道孵化园德商国际 A 座 701	610000

续表

序号	单位名称	电话	通信地址	邮编
197	深圳市厚石网络科技有限公司		深圳市南山区西丽留仙洞中山园路 1001 号 TOL 科学园区研发楼 F1-8B	518000
198	南京华脉科技股份有限公司	025-52707167	南京江宁东山高桥工业集中区润发路 11 号	211103
199	思爱普（中国）有限公司南京分公司	021-60306987	上海市浦东新区东汇路 1001 号	210012
200	山东海博科技信息系统有限公司	0532-58716868-8767	青岛市市北商请路 12 号北 C-2 户	266022
201	乐视控股（北京）有限公司		北京市朝阳区姚家园路 105 号 3 号楼 1102	100025
202	山西中天信科股份有限公司	0351-7551810	山西省太原市经济开发区大昌南路 13 号中天信产业园	030032
203	山东华夏高科信息股份有限公司	0539-8176692	山东省临沂市兰山区育才路 111-16 号	276000
204	北京北方朗拓科技有限公司	010-83681917	北京市丰台区科学城火星路 7 号	100071
205	厦门意诚源电子科技有限公司	0592-7106299	厦门市同安区美禾 11 路 158 号	361000
206	公安部安全与警用电子产品质量检测中心	010-68775142	海淀区首体育馆南路一号	100048
207	北京百度网讯科技有限公司	010-50819020	北京市海淀区上地十街 10 号百度大厦	100085
208	甘肃康道交通设施有限责任公司		甘肃省兰州市西固区环形东路 208 号	730060
209	哈尔滨优先科技股份有限公司	0451-87169852-8666	哈尔滨市松北区世坤路 798 号科技创新城 8 号楼	100102
210	上海安讯士网络通信设备有限公司	010-59847799	北京市朝阳区东三环北路霞光里 18 号佳程广场 A 座 20 层 B 单元	100027
211	广州车行易科技股份有限公司		北京市海淀区北三环西路科技会展中心 B 座甲 15r	510335
212	安徽嘉盛位联网联科技有限公司		合肥市高新区科学大道 79 号科园创业中心 2 号楼 502 室	230088
213	北京盛威时代科技有限公司	010-58858850-8003	北京市海淀区上地东路 1 号院 1 号楼 E701F	100085
214	深圳市科鸿陆技术有限公司		深圳市南山区科技园北区宝深路科陆大厦 A 座 17 层	518057
215	深圳市同鑫科技有限公司	0755-26513038	深圳市南山区西丽麻磡南路深圳市环保产业园 3 栋 5 楼	518071
216	深圳市前海益交通科技有限公司	0755-82564412	深圳市福田区金田路 3037 号金中环大厦 A1327	518048
217	路特迩科技（杭州）有限公司		杭州市杭州经济开发区 6 号大街 452 号 2 号楼 A0713 房	310018

续表

序号	单位名称	电话	通信地址	邮编
218	山东佳泽睿安信息技术有限公司	0531-61389080 -8002	济南市历下区经十路 9999 号黄金时代广场 F 座 1215 室	250000
219	深圳市都市交通规划设计研究院有限公司	0755-36610962	深圳市南山区白石路 2299 号联通沙河信息园 A 栋	518058
220	云鼎智慧（北京）科技有限公司	010-67862306	北京经济技术开发区科创十三街锋创科技园 9 号楼 4 层	100176
221	青岛市交通运输公共服务中心	0532-66007583	山东省青岛市崂山区深圳路 163 号	266100
222	北京亿聚力科技发展有限公司	010-83687826	北京市丰台区南三环西路 88 号春岚大厦 2025	100097
223	浙江大华技术股份有限公司		浙江省杭州市滨江区安路 1199 号	310053
224	深圳信路通智能技术有限公司		深圳市南山区高新南一道 008 号创维大厦 A 座 603 室	518000
225	深圳市以捷智慧交通科技有限公司	0755-84461022	深圳市坂田云里智能园 7 号楼	518129
226	深圳市成为智能交通系统有限公司		深圳市南山区高新区北区清华信息港一期研发楼 A 栋 601 室	518000
227	山西禾源科技股份有限公司	0351-3524355	山西省太原市小店区南中环长治路亚日街同昌创业园 A 座 5 层	30000
228	南京奥杰智能科技有限公司	025-83368185	南京市雨花台软件大道 180 号 07 幢 B1 层 203 室	210000
229	基本立子（北京）科技发展有限公司		北京市朝阳区来广营街甲一号紫月路 18 号院朝来高科技产业园 15 号楼 5 层	
230	中咨数据有限公司	010-5750666-5518	北京市海淀区西三环北路昌运官 17 号院市政大厦 5 层	100089
231	江苏金晓电子信息股份有限公司		江苏省南京市栖霞区栖霞街道十月科创园广月路 30-8 号 S12 栋	210033
232	北京城建设计发展集团股份有限公司	010-88336446	北京市丰台区恒泰中心 D 座 5 层	
233	深圳市智载科技有限责任公司	0755-26901871	深圳市南山区科技园南区 A8 音乐大厦 2208	518000
234	南京慧尔视智能科技有限公司		南京市江宁区苏源大道 19 号国际企业总部园 B1 座 7 层慧尔视	211100
235	广州美凯信息技术股份有限公司		中国广州科学城科学大道 162 号创意大厦 B2 区 11 层	510530
236	武汉六点整北斗科技有限公司	027-87250565	武汉市武昌区小洪山东区 34 号湖北省科技创业大厦 B 座 7 层	430071
237	江苏欣网视讯软件技术有限公司	025-84669989	南京市建邺路 98 号鸿信大厦 12 层	210000
238	中国民用航空总局第二研究所	028-82909376	四川省成都市二环路南二段 17 号	610041

续表

序号	单位名称	电话	通信地址	邮编
239	江苏省邮电规划设计院有限责任公司	025-52868530	南京市南溪江东街 58 号	210019
240	上海智能交通有限公司	021-55970979	上海杨浦区周家嘴路 1229 号 A 座 4 楼	200092
241	南京莱斯信息技术股份有限公司	025-82285032	南京市秦淮区永智路 8 号	210014
242	长沙硕铠电子科技有限公司		湖南省长沙高新开发区岳麓区麓谷大道 658 号湖南麓谷信息港 8001	410205
243	中交基础设施养护集团有限公司		北京市朝阳区安定门外大街丁 8 号江苏大厦 B 座	100050
244	北京京信海诚停车管理有限公司		北京市朝阳区通惠河畔惠河南街 1131 号君天大厦 1009 室	100076
245	知行汽车科技（苏州）有限公司	0512-65001565	江苏省苏州市工业园区东旺路 17 号 5 栋 301 室	215000
246	杭州海康威视系统技术有限公司	0571-88075998-68327	杭州市滨江区阡陌路 555 号	
247	北京奇虎科技有限公司		北京市朝阳区酒仙桥路 6 号院 2 号楼	
248	安徽中科龙安科技股份有限公司		合肥市蜀山区湖光路蜀山电子商务产业园二期 1299 号 17 栋	230088
249	龙腾照明集团有限公司	0514-80951318	江苏省扬州市北郊菱塘回族乡团结路 52 号	
250	中新融创资本管理有限公司	010-85003457	北京市东城区建国门内大街 28 号民生金融中心 B 座 8 层	100005
251	浙江汉维通信器材有限公司	010-62124026-828	长兴县雉城镇经济技术开发区内	10080
252	招商新智科技有限公司	010-56540563	北京市丰台区南四环西路 186 号汉威国际广场三区 4 号楼 407	
253	中汽卡邦汽车智能技术（北京）有限公司	010-67969383	北京市丰台区槐房西路中段 318 号	
254	上海广硕教育科技有限公司	021-65958826	上海市杨浦区长阳路 1687 号长阳创谷 1 号楼	200090
255	中国电信股份有限公司		北京市东城区朝阳门北大街 19 号中国电信	100010
256	宝驾出行（北京）科技有限公司	010-56128791	北京市朝阳区民族园路 2 号唐人街大厦 B 座 7 层	100029
257	德州交通职业学院		山东省德州市经济技术开发区三八路 1735	253000
258	智慧互通科技有限公司		北京市海淀区中关村北大街 27 号中关村大厦 12 层	100089
259	广州市交通规划研究院	020-83352512	广州市越秀区广仁路 1 号广仁大厦 15 楼	510640

续表

序号	单位名称	电话	通信地址	邮编
260	深圳市易成自动驾驶技术有限公司		深圳市南山区高新技术产业园北区朗山路16号华瀚创新园A座	518000
261	江苏未来智慧交通科技有限公司	025-52115755-818	江苏省南京市江宁区菲尼克斯路70号江宁企业总部基地3栋2楼	
262	河北坤视工程技术有限公司	0335-5917320	秦皇岛开发区乐山路5号	
263	山东煜航智能交通工程有限公司	400-009-0533	山东省淄博市张店区南西六路1号	255000
264	广州云杉智行新能源汽车有限公司	0755-83361888	广州市天河区天河东路155、157、159号2201室	518000
265	太极计算机股份有限公司	010-57702888-5813	北京市朝阳区荣达路7号	100102
266	天津中兴智联科技有限公司	022-84809341	天津市空港经济区东二道商务园E12四层	300300
267	北京图盟科技有限公司	010-64734766	北京市朝阳区望京街 9 号望京国际商业中心F座2层 A218	100102
268	中国公路工程咨询集团有限公司	010-57050666-6713	北京市海淀区西三环北路昌运宫17号市政大厦	100089
269	高新兴科技集团股份有限公司	020-32068888-5003	广东省广州市黄埔区科学城开创大道2819号	510530
270	北京小马智行科技有限公司	010-62455409	北京市海淀区北清路68号院用友产业园西区1号楼B座2层	100000
271	常州市华晟福涛光电科技有限公司	0519-86462107-859	江苏省常州市武进高新技术产业开发区凤林南路207号	213167
272	四川科维实业有限责任公司	028-67874567	成都市西航港经济开发区长江路三段19号	610300
273	杭州博达伟业公共安全技术股份有限公司	0571-88013305	杭州市江干区俞章路88号浙宝大厦7楼	310021
274	上海亨泊信息科技有限公司	021-34203156	上海市黄浦区北京东路 666 号科技京城B区 710室	200002
275	林同棪国际工程咨询（中国）有限公司	023-63118891	重庆市渝北区芙蓉路6号	400000
276	成都旸谷信息技术有限公司	028-86522801	成都市武侯区益州大道1800号天府软件园G4	610041
277	北京市启明星辰信息安全技术有限公司		北京市海淀区东北旺西路 8 号中关村软件园21号楼启明星辰大厦	100193
278	四川通信科研规划设计有限责任公司	028-85935124	成都市高新区天韵路 186 号高新国际广场E座5楼	610041
279	福瑞泰克智能系统有限公司	0571-89720952	杭州市滨江区聚光中心A座16层	310000
280	北京交通运行监测调度中心	010-57079648	北京市丰台区六里桥南里甲 9 号首发大厦	100161
281	广州小马达信息科技有限公司	020-31063085	广州市天河区新岑四路二号佳都智慧大厦	510000
282	北京地平线机器人技术研发有限公司		北京市海淀区中关村大街 1 号海龙大厦H座3层	100190

举报电话：（010）88254396；（010）88258888

传　　真：（010）88254397

E-mail:　　dbqq@phei.com.cn

通信地址：北京市万寿路 173 信箱

　　　　　电子工业出版社总编办公室

邮　　编：100036